ALESSANDRO DUCE

STORIA DELLA POLITICA INTERNAZIONALE (1917-1957)

Dalla Rivoluzione d'ottobre ai Trattati di Roma

EDIZIONI STUDIUM - ROMA

Il vero viaggio di scoperta non consiste nel
cercare nuove terre, ma nell'avere nuovi occhi.

VOLTAIRE

Prima edizione: 2009
Seconda edizione: 2013

ISBN 978-88-382-4094-2

www.edizionistudium.it

INDICE

INTRODUZIONE

Questo volume è destinato agli studenti per aiutarli ad approfondire lo studio di alcuni aspetti della politica internazionale in un ben definito arco di tempo. La prevalente attenzione per il mondo studentesco universitario non esclude che il libro possa soddisfare anche esigenze conoscitive di altre persone interessate all'evoluzione storica del sistema politico internazionale.

La stesura di un'opera con queste finalità presuppone la definizione di problemi di natura cronologica, di contenuto e di metodo sui quali è bene offrire alcuni chiarimenti introduttivi. Con l'individuazione di un periodo (1917-1957) si effettua una scelta di tipo temporale, che può essere giustificata dallo svolgimento, in tale arco di tempo, di avvenimenti importanti. Se è vero che la creazione di nette scansioni cronologiche è senz'altro una forzatura sulla continuità e sui collegamenti naturali dei fatti, è pure innegabile che l'individuazione di periodi di studio specifici si rende necessaria al fine di garantire adeguati approfondimenti e completezza nello studio. Anche se un rigido criterio cronologico non è esplicativo, esso costituisce un elemento utile per la ricostruzione storica.

Sul piano dei contenuti il periodo in oggetto è caratterizzato da due guerre mondiali e dai tentativi di promuovere, dopo di esse, quadri stabili nelle relazioni internazionali. Fra l'altro, in questo "mezzo secolo", si sviluppa il confronto fra grandi competitori a livello mondiale: la loro politica, che segna profondamente questi decenni, avrà conseguenze di rilievo fino ai nostri giorni.

La prima guerra mondiale mette in movimento gli elementi più importanti. Troppo spesso l'esame di questo conflitto è stato limitato alle sue origini e ai trattati di pace conclusivi nell'ottica dei rapporti fra vinti e vincitori. L'attenzione risulta concentrata sulla decomposizione di alcuni grandi imperi (tedesco, austro-ungarico, ottomano). Tuttavia, questa lettura, pur opportuna e necessaria, non deve mettere in ombra le conseguenze di questi fatti straordinari, ma evidenziare le loro ripercussioni successive a livello planetario. Da questo scontro traggono origine movimenti, sistemi politici e assetti continentali di imprevista importanza, che aprono pagine nuove nelle relazioni interstatuali e all'interno delle comunità nazionali. Dal disordine bellico nasce la nuova presenza nel panorama internazionale degli Stati Uniti d'America destinata, dopo una breve parentesi, a confermarsi con un decisivo superamento del precedente isolazionismo. In questi anni si registra un progressivo tramonto franco-britannico, non soltanto nei rispettivi imperi d'oltremare, ma anche sulla scena europea. Prendono corpo i risentimenti, nazionalistici prima ed espansionistici poi, italo-tedesco-nipponici destinati, in un periodo assai breve, a convergere e a costituire uno dei poli di riferimento della successiva competizione mondiale. A questo conflitto segue l'esperienza governativa marx-leninista in un grande Paese euro-asiatico, destinata a diffondersi anche in altri continenti e ad esercitare ancora oggi un ruolo primario sia economico che politico sulla scena internazionale. La conclusione dell'esperienza sovietica e del comunismo statale est-europeo non ha esaurito la presenza di questo fenomeno a livello mondiale, in quanto dimostra tuttora vitalità, determinazione e insospettate risorse in un grande Paese dell'Asia com'è la Cina.

Dopo la grande guerra prende corpo e si sviluppa, senza più conoscere arretramenti significativi, il processo di decolonizzazione, che costituirà uno degli elementi più rilevanti dei decenni successivi e che vedrà l'affacciarsi di decine di nuovi Stati indipendenti e sovrani. Emerge anche una diffusa coscienza della necessità di tutelare la pace con strutture, sistemi ed organizzazioni nuove, quale può essere considerata la Società delle Nazioni, che, al di là delle sue ben note limitazioni e impotenze, resta a testimoniare una comune e diffusa volontà di sottrarre, per quanto possibile, la tutela della sicurezza internazionale alle decisioni dei singoli Stati, alla diplomazia tradizionale e alle precedenti logiche delle alleanze contrapposte. Già questi elementi evidenziano l'attualità dei problemi aperti dalla prima guerra mondiale nella comunità internazionale. La successiva, ancora più disastrosa, segnerà il tramonto di alcuni dei nuovi competitori mondiali (Germania, Giappone, Italia), ma non porterà significativi elementi di novità sulla scena politica internazionale. Al contrario, essa accentuerà e, per alcuni versi, renderà più rapidi i processi già avviati e destinati a costituire i fatti di maggior rilievo fino al XXI secolo.

C'è una continuità innegabile che lega i fenomeni più importanti successivi al 1917 agli interrogativi e ai problemi degli anni a noi più vicini. A questa riflessione è facile ricondurre il ruolo planetario degli USA, il permanere di una grande potenza a sistema comunista come la Cina, l'emergere di nuovi grandi Stati ex colonie come l'India, l'evoluzione del mondo arabo, il ritorno sulla scena della Russia, la mancata resurrezione dell'Europa storica con il suo difficile cammino integrativo attuale e il permanere dell'Organizzazione delle Nazioni Unite che risponde ad esigenze di sicurezza, di tutela della pace e di garanzia dei diritti umani.

Dalle macerie del conflitto escono competitori con una presenza a livello globale in precedenza non prevedibile. I principali protagonisti hanno vocazioni di carattere mondiale, cioè si muovono per predisporre proposte e soluzioni indirizzate all'intera umanità. È nato un nuovo sistema ispirato a valori, principi, ideologie e dottrine che superano, nei loro obiettivi finali, i tradizionali confini delle società organizzate del passato. La democrazia liberale, l'internazionalismo comunista, l'organizzazione internazionale pacifista e umanitaria vanno al di là dei tradizionali confini dei rapporti fra le potenze, fra i popoli e i governi.

L'interdipendenza più accentuata tra le diverse aree regionali ha aperto spazi alle proposte politiche indirizzate all'intera popolazione del pianeta, essendo apparsa, in tal modo, via via più evidente la necessità di adeguare, da parte dei maggiori protagonisti, la propria politica estera a queste esigenze. Ciò ha determinato rapide e significative conseguenze, che hanno messo in secondo piano le esigenze specifiche della singola potenza per far risaltare il suo ruolo di "faro", di guida o di operatore per la diffusione di una ideologia o di una specifica dottrina politica. Al tempo stesso, la riaffermata importanza delle Nazioni Unite ha accentuato la proiezione internazionale della politica di molti Stati desiderosi di offrire una immagine di sé sempre più estranea alla esclusiva tutela degli interessi specifici dei propri cittadini. Questo fenomeno, che si è sviluppato in modo crescente negli ultimi decenni, ha messo in luce una presenza insolita, originale dei gruppi dirigenti dei maggiori Stati. Essi hanno cercato, oltre all'approvazione dei rispettivi popoli, anche una specifica accettazione da parte dell'intera umanità con una presenza diretta e continua sul palcoscenico della politica mondiale, pur senza avere ottenuto specifici mandati e senza rivestire ruoli istituzionali in tal senso. Inoltre, hanno interpretato l'esigenza di offrire soluzioni complessive ai problemi e di dare all'azione politica una presenza globale. Sempre meno sono apparsi come rappresentanti dei rispettivi popoli o Stati e sempre più hanno preteso di parlare e di agire per il bene e nell'interesse dell'umanità intera. Questo sdoppiamento curioso si è accentuato nel corso dei numerosi dibattiti e confronti presso gli organi politici dell'ONU, ove la vocazione universale della stessa organizzazione ha offerto occasioni frequenti per esercitare questo ruolo.

Il passaggio dal vecchio pessimismo dell'equilibrio delle forze a quello potenziale del terrore ha lasciato il passo ad un diffuso convincimento dell'assurdità e della teorica impossibilità di una nuova guerra generale, cioè mondiale. Senza volere, in questa sede, esplorare i contenuti e i residui pericoli di questo instabile equilibrio, è evidente che l'impegno delle grandi potenze per la pace è diventato un punto costante di riferimento e, ad oggi, nessuno ha ritenuto di forzare questi rapporti pur in presenza di tensioni e conflitti locali. Anche se l'evoluzione di questo contesto appare difficile da definire sia nei rapporti fra gli attuali grandi sia in quelli con le potenze emergenti, è indubbio che il bene della pace abbia rappresentato un valore accettato e condiviso pur fra sistemi diversi spesso competitivi. È innegabile che l'insieme complesso di questi fenomeni risalga, nei suoi tratti più rilevanti, alle proposte wilsoniane ed abbia trovato conferma dopo le esperienze belliche del periodo 1937-1945. Emerge, nell'esame complessivo di questo arco di tempo (1917-1957), il ruolo preminente esercitato da alcune grandi potenze, l'importanza delle loro ideologie di riferimento, il peso dei leader che le hanno incarnate ed ancor più l'influenza che questo "mezzo secolo" avrà per la vita dei popoli dei decenni successivi.

RINGRAZIAMENTI

Durante lo svolgimento di questo lavoro ho potuto usufruire dei suggerimenti delle indicazioni di numerosi studiosi, di esperti di questioni internazionali e di esponenti politici di consolidata esperienza. A tutti sono debitore per la pazienza dimostrata e per l'attenzione riservata all'oggetto e al periodo esaminato. Un dovere di sincera gratitudine mi obbliga a ringraziarli e a manifestare nei loro confronti sentimenti non formali di riconoscenza. Il timore di dimenticare qualcuno di loro e la preoccupazione di coinvolgerli nelle valutazioni di quest'opera mi consigliano di non citarli singolarmente. Allo stesso modo resto debitore nei confronti dei numerosi addetti agli archivi e alle biblioteche; ancora una volta ho constatato in loro disponibilità, interesse e professionalità non comuni, che hanno contribuito a rendere più agevole il mio lavoro e molto più rapida la sua conclusione.

Un apprezzamento specifico desidero rivolgere al prof. Luciano Monzali, critico scrupoloso, esaminatore intelligente e stimolante che non ha mancato di essere al mio fianco durante l'intera stesura del libro; devo a lui suggerimenti, sollecitazioni, critiche che mi sono state d'aiuto nella impostazione complessiva dell'opera. Apprezzamento, gratitudine e ringraziamenti sono pure doverosi nei confronti dei giovani dottori Davide Duce, Alessandro Mambelli, Rosario Milano, Maria Chiara Venturini e del maresciallo Alfonso Bottazzi; essi sono studiosi e operatori di materie storiche, sociali, giuridiche ed economiche e la loro opera mi è stata preziosa per la rilettura del testo, la correzione delle bozze e, più in generale, nella fase finale della pubblicazione.

Non posso in questa sede dimenticare la preziosa presenza del direttore editoriale Giuseppe Lazzaro e i suoi utili consigli; a questa segnalazione devo associare l'opera del vicedirettore Simone Bocchetta, determinante per il coordinamento editoriale necessario alla definizione finale del volume e il lavoro della dott.ssa Anna Augusta Aglitti, essenziale per una revisione attenta del testo.

È inutile aggiungere che eventuali meriti di questo lavoro sono riconducibili anche a tutte queste persone; al contrario, eventuali carenze ed errori sono imputabili esclusivamente alla mia persona.

Un pensiero riconoscente va rivolto anche alla mia famiglia: mia moglie Dina e i miei figli Stefania e Davide; essi non soltanto hanno manifestato curiosità ed interesse per il mio "lavoro storico", ma hanno anche accettato che esso coesistesse con altri miei innumerevoli impegni.

I. DALLA GUERRA ALLA PACE

1. *Il movimento bolscevico. Il pacifismo sovietico*

Quando, sul finire della prima guerra mondiale, Lenin prevale in Russia, le potenze impegnate nel conflitto sono sorprese: nessuna aveva previsto una decomposizione così rapida dell'esercito e del potere costituito russo ed ancor meno la capacità del gruppo dirigente sovietico di portare a compimento l'originario progetto rivoluzionario. Nei mesi seguenti, le esigenze del conflitto ancora in corso spingono gli Imperi Centrali e gli alleati ad un utilizzo strumentale degli avvenimenti russi, legato ad esigenze belliche immediate. Da parte loro i bolscevichi, giunti al potere con la promessa di garantire «pane ai lavoratori, terra ai contadini, pace a tutti», vedono con favore l'uscita del Paese dalla guerra. Nel decreto sulla pace emesso a San Pietroburgo, nel novembre del 1917, il «governo degli operai e dei contadini, creato dalla rivoluzione del 6-7 novembre, propone a tutti i popoli in guerra ed ai loro governi di aprire immediatamente negoziati che portino ad una giusta pace democratica»: una pace, si precisa, immediata, senza annessioni né di territori né di nazionalità straniere e senza alcuna indennità.

Il nuovo governo nato dalla Rivoluzione d'ottobre dichiara di respingere i vecchi metodi della diplomazia segreta e annuncia l'intenzione di pubblicare tutti i precedenti trattati «riservati» e di volere, in futuro, procedere nei negoziati internazionali «in maniera assolutamente aperta e sotto gli occhi del popolo»: la firma di un armistizio sembra lo strumento più idoneo per «dare agli eserciti sofferenti un respiro» e per favorire intese di pace fra «tutti i Paesi civili». Queste dichiarazioni evidenziano in modo chiaro le priorità dei comunisti: uscire dalla guerra, affrontare i problemi interni ("pane e terra").

A molti il sistema di potere autocratico e illiberale dello zarismo appare inadeguato ed ormai legato ad un mondo superato. Al contrario sono guardati con interesse sia il movimento menscevico che lo stesso governo Kerensky, nato dopo la Rivoluzione del febbraio 1917; essi appaiono idonei a garantire una evoluzione interna capace di rispondere alle nuove esigenze della società russa. Al tempo stesso queste forze confermano gli impegni internazionali russi del 1914, l'opposizione alla politica continentale e balcanica degli Imperi Centrali e di quello turco, nonché la permanenza nel conflitto di San Pietroburgo a fianco dell'Intesa. Si tratta, dunque, di un duplice ordine di garanzie: sul piano interno sono assicurate un'evoluzione pacifica, graduale, riformista e, sul piano esterno, una continuità con la precedente politica zarista. I cambiamenti e le novità non mancano, ma essi non sono di tale rilevanza da risultare sospetti o inaccettabili alle altre maggiori potenze alleate. Anzi si può osservare che esse guardano con interesse a questa evoluzione della politica interna russa nella misura in cui appare inadeguata l'azione dei precedenti governi sia sul piano politico che su quello militare.

Lo scoppio della rivoluzione (1917) è avvenuto all'interno di uno Stato autocratico che non aveva istituzioni parlamentari evolute e non conosceva neanche libertà civili e politiche: da un punto di vista economico era arretrato, poco industrializzato, nettamente in ritardo rispetto agli altri Paesi occidentali. Si potrebbe sostenere che i fermenti innovativi della Rivoluzione francese si erano fermati alle sue frontiere. La situazione era talmente grave da indurre gli stessi menscevichi a ritenere che non fosse possibile avviare trasformazioni socialiste senza prima procedere ad un significativo ammodernamento delle istituzioni, delle strutture e dei processi produttivi russi.

L'ostilità delle forze dell'Intesa nei confronti del bolscevismo non nasce soltanto da preoccupazioni d'ordine bellico. La propaganda della pace, l'ipotesi di un accordo tedesco-(austro)-sovietico, l'uscita della

Russia dal fronte degli alleati, la possibilità del trasferimento di forze militari tedesche sui campi di battaglia francesi costituiscono elementi di allarme e creano reazioni avverse che mettono in gioco la conclusione positiva del conflitto. Ma c'è anche un altro aspetto da tener presente: la preoccupazione per il futuro politico della Russia e per il ruolo che essa potrebbe giocare nella vita politica della comunità internazionale.

Ben diversa è la valutazione del movimento bolscevico. Esso si presenta come una forza rivoluzionaria con obiettivi ben precisi sia per quanto riguarda il futuro della società russa che per la sua collocazione e la sua politica internazionale. Essi vogliono la conquista immediata del potere: quest'ultimo dovrà essere gestito dal partito comunista per avviare subito la rivoluzione sociale e politica. Non ci possono e non ci devono essere due fasi successive (quella liberal-democratica e quella socialista), ma l'immediato avvento della dittatura "democratica" degli operai, dei contadini e dei loro alleati. La partecipazione al potere delle masse sarà garantita non in modo formale, come avviene attraverso i parlamenti nei sistemi liberal-democratici, ma direttamente attraverso i Soviet (Consigli), o gli unici interpreti dei bisogni reali delle masse e capaci di interpretare le esigenze del popolo russo trascinato dal sistema zarista in una guerra disperata e senza prospettive. Non si tratta di un programma "riformatore", ma di un totale cambiamento che si prefigge di avviare la costruzione di una nuova società di tipo socialista.

Lenin (ottobre 1917) assume la guida di un grande Paese, e di uno Stato che ha un ruolo importante nello specifico contesto bellico del momento, ma anche nel quadro più generale delle relazioni internazionali europee e mondiali. Non si tratta più di un piccolo movimento rivoluzionario all'interno della galassia marxista, ma dell'assunzione del potere da parte di un gruppo dirigente che non nasconde precise velleità rivoluzionarie che devono trovare applicazione in Russia, ma possono essere sostenute ed estese negli altri Paesi europei e nelle aree coloniali. In definitiva, si tratta di un messaggio o meglio di una proposta politica a livello planetario che, ora, potrebbe non soltanto essere sostenuta dalla forza delle idee e dall'efficacia della persuasione ideale, ma anche trovare sostegno finanziario, organizzativo e politico da parte di una grande potenza.

Lenin, in più occasioni, ma in particolare nelle famose tesi di aprile del 1917, precisa che bisogna trasformare la guerra fra gli Stati e le nazioni in guerre civili fra gli sfruttati e gli sfruttatori; ai valori falsi del bellicismo patriottico occorre sostituire gli ideali della rivoluzione sociale. La vittoria di alcuni Stati su altri non potrebbe modificare la situazione delle classi inferiori, ma segnerebbe solo il trionfo di alcuni "bellicisti" su altri senza modificare le strutture di potere interne ai singoli Paesi. La guerra ha messo in evidenza in modo brutale questa realtà: l'appello patriottico è risultato più forte, presso il proletariato, di quello rivoluzionario. La Seconda Internazionale era entrata in crisi già nel 1914, quando i partiti socialdemocratici ed in genere riformisti si erano schierati a fianco dei rispettivi governi (un discorso a parte meritano la Russia e l'Italia).

Lenin osserva che questo allineamento, se provoca la morte dell'Internazionale storica, non coincide con la fine dell'internazionalismo proletario. Egli ritiene che questo debba essere più forte delle strutture create negli anni precedenti e dar vita ad una nuova solidarietà: la Terza Internazionale rivoluzionaria (Komintern, che verrà fondata nel marzo del 1919), capace di riunire tutte le forze nazionali che si riconoscono in comuni obiettivi di cambiamento radicale delle strutture di potere e di gestione economica nei rispettivi Stati. Un armistizio o un'eventuale pace fra i Paesi belligeranti sarebbero stati solo una tregua momentanea e una pausa prima della ripresa delle ostilità contro le potenze capitalistiche, portatrici di interessi contrapposti che non possono coesistere con quelli del proletariato; da questi contrasti sarebbero nati nuovi conflitti. La crisi russa è analizzata con molta attenzione e le emergenze belliche hanno un carattere prioritario, ma gli aspetti politici di carattere generale, cioè il confronto fra i sistemi liberal-democratici e un regime comunista, non sono trascurati.

D'altra parte, lo stesso Lenin non nasconde gli obiettivi della sua azione: l'attività svolta negli anni precedenti, le numerose opere pubblicate, la durissima lotta condotta contro lo zarismo e i movimenti riformisti, l'attenzione agli aspetti internazionali delle relazioni socio-economiche non lasciano dubbi in proposito. La sua continua professione di fede nel marxismo non gli impedisce di elaborare interpretazioni, definire tattiche, ricorrere all'opportunismo delle esigenze specifiche. Pretende di essere il più dogmatico interprete del maestro («il vero ed unico marxista»), ma è anche il più duttile, il più spregiudicato, il più pragmatico operatore politico del momento. Si tratta, in realtà, di un adeguamento del marxismo alle nuove condizioni della società europea e russa e dello sviluppo del capitalismo in Europa e nel mondo. Al centro del suo lavoro c'è il partito, uno strumento d'*élite* capace non solo di tutelare la dottrina, ma anche di orientare il proletariato e di condurlo alla guida dello Stato; ad esso è affidato il compito di fare la rivoluzione all'interno di uno Stato ove si era dimostrato impossibile percorrere la via democratica, o meglio l'utilizzo di percorsi legali.

Il partito raccoglie i rivoluzionari migliori, fa proprio il metodo del "centralismo democratico", è cosciente della necessità di assumere la guida del movimento rivoluzionario di cui è l'avanguardia, persegue la dittatura del proletariato, è sicuro di esprimere le esigenze delle classi sfruttate e di interpretare gli interessi reali della nazione. Lenin attribuisce al partito una funzione primaria nella conduzione del processo rivoluzionario; è contrario allo spontaneismo che giudica inadeguato; non crede alla naturale affermazione delle masse; è convinto che esse debbano essere istruite, organizzate, guidate dal gruppo dirigente comunista che, in ultima analisi, rappresenta la «stessa coscienza della classe operaia».

In questa ottica vengono abbandonate le teorie liberal-democratiche: esse hanno fiducia nella spontaneità del progresso, nel confronto, nelle mediazioni fra interessi diversi di persone, di gruppi e di classi. La democrazia borghese, cioè parlamentare e pluripartitica, rappresenta l'ultimo strumento di potere e di governo delle classi dominanti: questo sistema deve essere superato e sostituito da nuove forme statali subordinate alle reali esigenze della società e agli interessi delle classi emergenti e non sovrapposte alla società stessa. I Soviet sono l'espressione più autentica di questo cambiamento, lo strumento di una nuova "democrazia proletaria" rivoluzionaria e di un superamento dell'intera struttura statale precedente. Negli anni successivi, crescerà l'importanza del partito all'interno della società sovietica, la "proclamata dittatura" del proletariato diventerà a tutti gli effetti quella del partito comunista e, più tardi, del suo segretario.

Lenin ha creduto nella possibilità di creare una società "giusta", costituita da «uomini uguali nei diritti e nei doveri» capaci di autogoverno e ha auspicato che la distruzione di tutte le sovrastrutture aristocratico-borghesi aprisse la strada ad un mondo nuovo, più umano e più moderno, senza privilegiati, senza potenti, senza dirigenti «per diritto divino, di casta o di censo». In realtà, il «nuovo mondo socialista» immaginato non risulterà corrispondente a quello reale; la dittatura del proletariato (cioè del partito comunista) da temporanea diventerà stabile, proseguirà nei decenni successivi e darà vita ad una nuova struttura statale e sociale gerarchica, burocratica ed ultracentralizzata. Lenin non si nasconde questi pericoli, ma è convinto che la forza intrinseca del movimento comunista, la sua "anima umanitaria" possa prevalere su queste tendenze ed aprire la strada, dopo una parentesi rivoluzionaria violenta, ad un periodo di equilibrio sociale senza più sfruttati e sfruttatori, in un'armonia più adeguata alle storiche aspirazioni dell'umanità. Nel suo noto testamento, scritto nel dicembre 1922 (non letto al Congresso del partito comunista russo), emergono con chiarezza la sua paura per il crescente burocraticismo della nuova struttura e la sua convinzione che occorra destituire Stalin da segretario del partito, per la sua natura intollerante e violenta e per la concentrazione di poteri che si è attribuito in quei mesi. Sul piano internazionale, Lenin è convinto che il conflitto in atto sia la conseguenza dello sviluppo coloniale e della rottura degli equilibri di potere fra le maggiori potenze: la prima guerra mondiale è un riflesso diretto dell'imperialismo che ha determinato la fusione dei capitali bancari con quelli industriali e ha favorito la concentrazione della produzione e dei capitali e la nascita di organizzazioni monopolistiche di carattere internazionale. Il proletariato russo e quello degli altri Paesi belligeranti non possono trarre alcun beneficio dall'esito del conflitto: si tratta di una prova di forza fra governi reazionari, fra gruppi diversi di capitalisti che ripropongono soltanto i propri interessi e l'estensione dei propri privilegi.

La guerra non rappresenta lo strumento per dare più giustizia, più uguaglianza, più pace per il futuro: essa domanda ai combattenti e alla parte più povera e bisognosa degli Stati belligeranti enormi sacrifici di sangue e di denaro. Al tempo stesso, essa non è in grado di fornire alcuna soluzione ai problemi veri, cioè alla emancipazione del proletariato, alla fine dello sfruttamento del lavoro agricolo e operaio, alla denuncia dei mali del capitalismo e del colonialismo.

2. *Ostilità dell'Intesa verso la rivoluzione russa*

Il Comando militare rivoluzionario sovietico, quando comincia ad avere nelle mani il potere statale (25 ottobre 1917) dopo essersi impadronito del Palazzo d'Inverno, sede del governo provvisorio di Kerensky, ricorda gli obiettivi principali della rivoluzione: 1) portare il proletariato alla guida di un processo rivoluzionario mondiale; 2) costruire in Russia uno Stato proletario socialista. In definitiva, i dirigenti bolscevichi non negano che le forze del socialismo potrebbero prevalere in un certo momento in un solo Paese, ma rifiutano l'idea che questo eventuale risultato possa rappresentare il loro obiettivo finale, lo scopo ultimo della loro azione.

Considerando tali premesse, la Rivoluzione d'ottobre viene giudicata dalle capitali dell'Intesa un pericolo immediato sul piano militare ed una minaccia futura, ma non potenziale, per l'ordine interno dei rispettivi Paesi, poiché preannuncia una politica estera ispirata da fattori ben diversi dal tradizionale equilibrio delle potenze e delle alleanze del periodo zarista.

Non sorprendono pertanto la diffusa ostilità e le iniziative intraprese per impedire l'affermazione dei bolscevichi e il loro rafforzamento successivo. Lenin, con l'ideologia che professa e con la politica che attua, rappresenta un'alternativa radicale sul piano dei principi e degli obiettivi ai sistemi liberal-democratici occidentali e ai loro convincimenti economici liberisti e capitalistici, che si basano sulla libera iniziativa.

Da questo punto di vista, la potenziale carica esplosiva del comunismo rivoluzionario russo potrebbe arrecare danni maggiori degli Imperi Centrali. Il contrasto con questi ultimi ha avuto origine, infatti, da contrapposte aspirazioni balcaniche austro-russe e dalle non sopite rivendicazioni francesi nelle regioni del Reno ma si tratta, oltre che di implicazioni economiche, anche di problemi confinari, di aree di influenza, di tutela degli Stati plurinazionali.

Se è vero che esistono differenze significative nei livelli di sviluppo istituzionale all'interno dei singoli Paesi (alcuni hanno fatto passi avanti sul terreno della rappresentanza popolare, altri sono ancora a livello embrionale), appare evidente che nelle alleanze di guerra non c'è affinità e corrispondenza fra gli alleati: Londra e Parigi combattono a fianco dello Zar e più tardi anche Washington si schiererà con loro. Ben più radicale è la contrapposizione con i bolscevichi, di cui sono note le posizioni politiche: essi non mettono in discussione assetti confinari, ma rivolgono la loro critica alle stesse società dei Paesi belligeranti. Evidenziano la necessità di condurre in tutti i Paesi una lotta di classe sotto la guida del partito comunista con l'appoggio degli "sfruttati". Inoltre non nascondono che questo processo sarà rivoluzionario e violento per l'opposizione dei vecchi e tradizionali gruppi dirigenti; si prefiggono la creazione di un ordine nuovo che potrà essere garantito soltanto dalla "dittatura" del proletariato; alzano la bandiera della rivolta dei popoli assoggettati al colonialismo, li invitano alla ribellione, anche armata, e alla creazione di nuove forme di governo rispettose delle prerogative popolari e nazionali.

Nella prima Costituzione sovietica il diritto di voto è riconosciuto solo ad alcune classi: si tratta di un suffragio elettorale ristretto. All'interno delle stesse masse popolari viene attribuito un "peso diverso" alle categorie che le compongono, risultando il voto operaio più "pesante" di quello contadino, al quale è riservata una quota inferiore di rappresentanza degli eletti.

È una contestazione globale che, ben lungi dal rappresentare l'enunciazione di un programma da parte di una forza politica, rischia, dopo l'ottobre del 1917, di diventare la politica di una grande potenza: il fantasma che si aggira per l'Europa è diventato una realtà che può muoversi nel mondo.

La dittatura del proletariato, il ricorso al «terrore militare e politico temporaneo», la durezza nella gestione della cosa pubblica del comunismo di guerra sono giustificati dalla necessità di difendere i risultati raggiunti e le loro prospettive dalle azioni delle classi reazionarie e dei loro alleati esterni, che conducono una dura lotta controrivoluzionaria. Di fatto la "democrazia proletaria" coinciderà con la dittatura del partito e più tardi col capo dell'apparato statale. Lenin si proclamerà in più occasioni antistatalista e ultrademocratico, ma nella pratica, questa visione utopica finisce per generare centralismo, autoritarismo, burocraticismo e forme esasperate di statalismo.

Nei confronti del nuovo governo comunista c'è soltanto un momento di incertezza iniziale fra le potenze occidentali: non si esclude, da parte di qualcuno, la possibilità di mantenere la Russia nel quadro delle alleanze precedenti e la possibilità che la guerra contro Vienna e Berlino possa continuare, ma sarà una speranza di breve durata.

Si pone subito il problema del blocco, del contenimento, della distruzione e dell'annientamento della nuova realtà: si teme che essa possa consolidarsi in Russia e rafforzare i legami con le forze rivoluzionarie degli altri Paesi. Per raggiungere questo scopo non si esita ad utilizzare quanto resta del vecchio gruppo dirigente civile e militare zarista, a sostenere la borghesia russa, a mettere in campo contingenti militari di terra e di mare dalle estreme province dell'Asia, al Mare Artico, alla Polonia, al Mar Nero e al Caspio. Questo sforzo dà un'idea del pericolo e della stessa dimensione del fenomeno che finisce, da un punto di vista geografico, per coinvolgere tutta la vecchia Russia degli Zar.

Per comprendere la natura della contrapposizione di carattere politico-ideologico è bene ricordare che gli Stati europei già da alcuni decenni sono impegnati in un'opera di trasformazione politica profonda: si vuole transitare dal liberismo del secolo precedente a forme più mature di democrazia (superamento del rapporto esclusivo Stato-cittadino, espansione e riconoscimento dei diritti umani e politici, ruolo delle forze intermedie e dei partiti, partecipazione sociale, strutture istituzionali non autoritarie). Senza rinnegare l'evoluzione politica del secolo precedente, cioè la riduzione dei poteri delle case regnanti e dell'assolutismo statuale, si aprono le porte ad una visione più partecipata della vita statale, a vere e proprie forme di pluralismo sociopolitico; forze di diversa estrazione (liberali, socialiste, cattoliche, riformiste) sono impegnate a ridurre le prerogative della precedente sovranità statale, dilatare la rappresentanza e la partecipazione popolare, estendere forme di decentramento amministrativo e politico, sperimentare nuove forme di rappresentanza del pluralismo (autogestioni industriali, sindacalismo organizzato, funzioni di mediazione fra proprietari e lavoratori, rapporti fra investitori e organi pubblici, riduzione degli spazi del "libero mercato", possibilità di interventi dell'esecutivo in settori economici). Appare sempre più opportuna la ricerca di sintesi e di convergenze fra i fattori che esprimono il liberalismo, la democrazia sociale partecipata e il socialismo. Questi indirizzi, con caratteristiche statuali specifiche, sono in genere perseguiti nel contesto di sistemi parlamentari non ancora espressivi della totalità dei cittadini, ma di una parte soltanto di essi.

Non prevale la volontà di sopprimere o sostituire queste "libere istituzioni", ma di estenderne la rappresentatività e l'autorevolezza attraverso l'auspicato suffragio universale; questa realtà, sotto il profilo dell'evoluzione del pensiero liberale verso forme più moderne di democrazia sociale (e della critica radicale all'autoritarismo zarista), appare inconciliabile con i presupposti della dottrina marx-leninista e con la sua azione per la conquista dello Stato e la promozione della temporanea ma necessaria "dittatura del proletariato".

3. *L'accerchiamento. La "prima resistenza" sovietica*

Le capitali degli Imperi Centrali hanno interessi diversi, divergenti, spesso contrapposti nei confronti della Russia. Berlino e Vienna colgono l'importanza della caduta dello zarismo e le prospettive che l'uscita della Russia dal fronte degli alleati può offrire; vogliono però raggiungere anche altri obiettivi: estendere l'area territoriale del loro controllo militare, garantirsi forniture alimentari e petrolifere, trasferire contingenti militari dal fronte orientale a quello occidentale. La pace firmata a Brest-Litovsk (3 marzo 1918), dopo fasi alterne nei rapporti tedesco-sovietici, è la convergenza di debolezze ed emergenze dei due firmatari. Nessuno trova piena soddisfazione alle proprie attese e le relazioni restano molto precarie anche nei mesi successivi; fra l'altro lo sviluppo della guerra, con la sconfitta austrotedesca, cancellerà ogni traccia di questo accordo.

L’aspetto più importante, per il futuro del movimento comunista, del confronto con Berlino e Vienna sulla delicata questione dei confini è il dibattito interno al gruppo dirigente sovietico: esso è molto acceso, sia prima sia durante e dopo gli accordi. In questo confronto vengono alla luce le aspettative e le tensioni che animano i bolscevichi e la necessità di far seguire a soluzioni d’emergenza (uscita dalla guerra, accordi armistiziali o di pace, ecc.) la definizione di una politica estera dei Soviet. In sostanza si tratta delle prospettive del movimento comunista o meglio della possibilità di spingere a fondo la lotta rivoluzionaria in Europa: tutti i dirigenti concordano sulla vocazione universalistica del movimento, ispirandosi ad una dottrina che rappresenta una risposta per l’organizzazione futura della società umana.

Le emergenze sono di altra natura, cioè di tattica, di azione politica contingente, di strategia nel contesto specifico di una Russia sovietica nata in mezzo ad un conflitto mondiale. Alcuni pensano che si debba privilegiare la difesa del risultato russo, cioè che ad ogni costo debba essere tutelata la repubblica dei Soviet poiché essa è l’unica garanzia che potrà esserci anche per il futuro una prospettiva di sviluppo e di allargamento della rivoluzione in Europa e nel mondo. Altri sono convinti della necessità di legare strettamente i due momenti: la prospettiva rivoluzionaria potrà essere salvata in Russia soltanto se essa troverà attuazione e sostegno da parte del proletariato degli altri Paesi europei, dunque, in una contemporaneità d’azione di cambiamento all’interno e all’esterno. Le posizioni, che in modo superficiale e banale vengono ricondotte a Lenin e a Trotsky, sono molto più simili e convergenti di quanto non appaia e in ultima analisi hanno lo stesso obiettivo: l’affermazione del comunismo in Russia, in Europa e nel mondo.

La terza Internazionale Comunista (nata a Mosca nel 1919) si prefigge di condurre azioni rivoluzionarie a livello mondiale, di combattere nei movimenti operai le spinte social-democratiche e opportuniste, di piegare le resistenze dei borghesi all’interno delle società europee e di favorire la collaborazione di tutti i movimenti e partiti “proletari”. Prende corpo l’idea di promuovere “Fronti politici unitari” all’interno di diversi Stati e coalizioni ispirate ai valori rivoluzionari moscoviti. Ben presto, però, si deve prendere atto dell’estrema difficoltà di "esportare" la rivoluzione e al tempo stesso della debolezza dei partiti comunisti nei Paesi occidentali. Queste loro difficoltà sono anche riconducibili alla volontà di riprodurre tattiche e strategie sovietiche inadatte e controproducenti; anzi, in più occasioni, questi riferimenti e collegamenti all'esperienza dei rivoluzionari russi saranno un fattore decisivo di insuccessi e di arretramenti.

Nel durissimo confronto austro-tedesco-sovietico nessuno ha in animo di sacrificare posizioni ideologiche o di rilasciare alla controparte attestati di approvazione dei rispettivi sistemi politici interni. La logica della trattativa e la sua conclusione sono di altra natura: interessi contingenti, prove di forza militare, ripresa delle ostilità da parte tedesca, emergenza bellica di carattere europeo. Berlino e Vienna hanno favorito e visto con soddisfazione l'opera dei bolscevichi per l'indebolimento del fronte degli alleati e per la caduta dello zarismo; il loro principale obiettivo è stato la promozione di una situazione caotica in Russia. Non pensano né di premiare i "nuovi Zar" né di condividerne gli orientamenti politici; al contrario, combattono con ogni mezzo la propaganda che i comunisti conducono all'interno sia del loro esercito sia del proletariato dei rispettivi Paesi. Si pensa, tuttavia, che i danni di queste azioni siano inferiori ai benefici che si possono avere dalla caduta del fronte orientale e dall'uscita dalla guerra dei russi.

Sarà una valutazione esatta nel contesto specifico dei rapporti austro-tedesco-sovietici, ma non idonea a cambiare le prospettive del conflitto sul fronte Sud e su quello occidentale dopo l'intervento americano. Non è azzardato affermare che i vertici austro-tedeschi hanno pensato di poter utilizzare il movimento comunista per determinare una svolta nel conflitto europeo: ma, contrariamente alle loro aspettative, la guerra sarà perduta, mentre nascerà l'URSS. È bene ricordare che nel marzo del 1918, al momento della firma degli accordi di Brest-Litovsk, i tedeschi sembrano aver vinto la partita. Pochi mesi dopo, nel novembre, con la caduta del Kaiser, con la nascita del governo social-democratico, con la firma dell'armistizio generale, gli austro-tedeschi devono rinunciare al trattato di Brest-Litovsk, mentre i sovietici restano al potere.

Le potenze centrali non attribuiscono un peso particolare alle conseguenze del rafforzamento del bolscevismo nella Russia zarista, poiché sono troppo condizionate dall'andamento dello scontro in atto per valutare con più attenzione le conseguenze politiche di questo fenomeno: c'è una diffusa convinzione nei vertici politico-militari che i rivoluzionari russi possano indebolire l'apparato zarista, rappresentare una minaccia e una corrosione morale, militare e politica, ma nessuno pensa ad una definitiva vittoria politica dei Soviet: se ci fosse stata maggiore consapevolezza della fragilità del fronte interno russo, non sarebbero ricorsi al "soccorso sovietico".

Ben diversi sono, come abbiamo già detto, l'approccio e la politica delle potenze dell'Intesa. È evidente, già dalle prime manifestazioni rivoluzionarie, che il peggioramento della situazione politica interna non può che indebolire l'impegno militare di San Pietroburgo. La propaganda contro la guerra, contro l'economia capitalista e contro lo zarismo non possono certo rafforzare il fronte orientale: esso, già in crisi da mesi, rischia ora di rompersi a favore delle potenze centrali. Queste valutazioni non escludono la speranza, dopo l'avvento al potere dei Soviet, che questi ultimi possano continuare la guerra a fianco degli alleati: non ci sono molti elementi favorevoli a questa aspettativa, ma essa non è ignorata ed esclusa. Certo, se esiste una sola possibilità che questa strada venga scelta, essa può essere favorita soltanto da una politica aperta e conciliante verso i rivoluzionari comunisti. Osteggiare il nuovo movimento, opporsi al nuovo governo può significare essere compromessi con lo zarismo, con la sua severa autocrazia, con il suo sistema semifeudale e, sul piano bellico, favorire l'intesa austro-tedesca-sovietica.

Le singole capitali dell'Occidente dimostrarono attenzioni e sensibilità diverse a questo riguardo, anche se il panorama bellico è sostanzialmente omogeneo e l'emergenza comune.

Per tutti è prevalente il quadro militare: la rivoluzione bolscevica, al di là di altre implicazioni, può avere gravi conseguenze sull'equilibrio delle forze nella misura in cui potrebbe determinare l'uscita della Russia (dal 1922 URSS) dal conflitto e la conseguente chiusura del fronte orientale; c'è da aspettarsi, in questa eventualità, un maggiore impiego di risorse belliche sul fronte occidentale dove la presenza americana non ha potuto ancora mettere in luce tutte le sue potenzialità. D'altra parte, se c'è tanta sensibilità nel mondo politico e militare tedesco per i bolscevichi, non sorprende che a questa attenzione interessata corrisponda un'analoga ma opposta preoccupazione sull'altro fronte: non è pensabile una soluzione che possa favorire entrambi gli schieramenti. La logica di una guerra che dura ormai da diversi anni non ammette altre soluzioni.

Si comprende il rifiuto degli alleati di prendere in esame la proposta di Trotsky, nuovo ministro degli Esteri (21 novembre 1917), inviata a tutti i loro ambasciatori alleati accreditati a San Pietroburgo. Con questo documento il governo guidato da Lenin propone «un armistizio immediato su tutti i fronti» e «un'immediata apertura di negoziati di pace». C'è il timore che un'eventuale trattativa possa essere conclusa soltanto fra Berlino, Vienna e San Pietroburgo. Il pericolo appare tanto grave quanto probabile, poiché gli alleati ricordano ai sovietici che un'eventuale pace separata ad Oriente sarebbe in contrasto con l'accordo del settembre del 1914, il quale stabiliva che gli alleati (fra i quali la Russia) avrebbero condotto la guerra e la pace insieme e si escludeva sia la pace separata sia le sospensioni delle ostilità da parte degli uni o degli altri. A ciò si aggiungono diverse minacce di ritorsioni o d'interventi nel caso in cui la "nuova Russia" avesse proseguito nel suo cammino verso un armistizio bilaterale. Le pressioni e le minacce non determinano un cambiamento: i bolscevichi vogliono portare il Paese fuori dalla guerra (mantenere gli impegni con i combattenti), avviare la riforma agraria (distribuzione delle terre) e consolidare il governo provvisorio. L'accordo del 1914 è considerato "lettera morta". Si è convinti di poter resistere ad interventi militari esterni, si minaccia di far sollevare il proletariato (operai, contadini e soldati) in tutti i Paesi europei nemici della Russia.

Il confronto fra i sovietici e gli alleati è dunque determinato, in un primo periodo, dalle esigenze belliche, che lasciano in ombra altri problemi di natura politico-istituzionale e di contenuti ideologici. Questi non mancano nelle valutazioni delle capitali dell'Intesa, ma la caduta del fronte orientale primeggia rispetto alle questioni di ordine ideologico. C'è anche il convincimento che il nuovo governo non abbia la forza per resistere alle pressioni interne ed esterne, ma fra gli alleati non c'è unità operativa: se tutti concordano sull'obiettivo strategico di impedire una saldatura fra Berlino e San Pietroburgo, diverse sono le strade che si pensa di percorrere. C'è chi è favorevole ad aiutare la ricostruzione dell'esercito russo-zarista per contenere i tedeschi, c'è chi pensa sia meglio effettuare sbarchi di truppe alleate piuttosto che utilizzare le "forze bianche", c'è chi ritiene di poter adoperare entrambi questi strumenti prima per fermare i tedeschi e poi per abbattere il nuovo governo russo.

Nei primi mesi del 1918 il confronto fra i sostenitori del "piccolo" e del "grande" intervento non è risolto, ma poco dopo prevarranno questi ultimi: un'eventuale presenza armata in Russia deve servire sia per contenere i tedeschi sia per far cadere il governo dei Soviet.

L'azione condotta a Londra, a Parigi, a Washington e a Roma dalla propaganda degli ambienti politici e militari zaristi, il timore dell'uscita dalla guerra della Russia e la fondamentale avversione per il nuovo regime riescono ad unificare gli alleati e ad aprire la strada ai fautori di un intervento significativo. In sintesi le potenze dell'Intesa, alla fine di una fase d'incertezza, dopo aver pensato di poter intervenire in Russia con l'approvazione dei Soviet, decidono di associarsi ai nemici interni del governo di Mosca e a quelli esterni come il Giappone, che non nasconde mire espansionistiche in Siberia.

Questa decisione provoca grandi difficoltà al nuovo gruppo dirigente moscovita: esso, in realtà, controlla una piccola parte del territorio russo, ha un esercito debole, non dispone di grandi riserve di materiale bellico e ancor meno di natura alimentare. Al contrario, i suoi avversari controllano gran parte della Siberia, del Caucaso, dell'Ucraina e delle aree settentrionali della Russia europea. Si tratta delle regioni più sviluppate sul piano industriale, ricche di terre agricole e di materie prime.

Si forma, pertanto, un ampio fronte ostile ai sovietici: tra gli altri vi sono Washington, Londra, Parigi, Roma, Tokyo, Belgrado e gli Stati baltici. Essi si avvalgono sul territorio russo di esponenti politico-militari di rilievo di diversa provenienza: Kolchak, Denikin, Yudenich, Wrangel, Semenov, Kalmikov, Petliura, ai quali si devono aggiungere i vertici menscevichi, molti esponenti dell'ex esercito zarista e in genere la "borghesia russa". Nel corso dei mesi successivi, l'attività nei confronti di Mosca si concretizza con azioni precise che portano ad un vero e proprio accerchiamento della Russia centrale, cioè del territorio controllato dai Soviet: ad Ovest ci sono i tedeschi, gli Stati baltici, la Polonia con il sostegno delle navi inglesi, a Nord le forze armate americane, britanniche, francesi, italiane e serbe, nel Sud (in Ucraina) Denikin e i francesi, nelle aree caucasiche i britannici, nella Siberia occidentale le armate di Kolchak e dei cecoslovacchi e più a Est (nella parte estrema della Siberia) i giapponesi con gli atamani loro alleati.

La situazione, sul finire del 1918 e all'inizio del 1919, appare disperata: Lenin e i suoi collaboratori temono che non ci sia un futuro per il neonato stato sovietico. In questo contesto, rafforzano la propaganda presso i contadini e gli operai, organizzano l'Armata Rossa, predispongono piani di difesa agevolati dai collegamenti interni di cui possono disporre, avviano proposte diplomatiche per alleggerire la pressione militare. Da questo punto di vista, le forze ostili al nuovo governo sono numerose, ma dislocate su teatri geografici molto lontani fra loro e senza collegamenti operativi. Mosca, al contrario, deve difendere un territorio circoscritto; può spostare le forze da un punto all'altro delle "frontiere militari" e può combattere separatamente gli avversari. I bolscevichi godono di un comando centralizzato ed accettato da tutti, reso ancora più indispensabile dall'emergenza della situazione militare. Nessuno mette in dubbio l'autorità di Lenin e di Trotsky, che garantiscono l'unità del movimento, la rapidità delle decisioni e la compattezza operativa, considerando che la propaganda comunista ha ottenuto risultati apprezzabili nel mondo militare, in quello agricolo e, infine, in quello operaio.

Il combattente dell'Armata Rossa, che negli anni precedenti doveva difendere il vecchio sistema oppressivo e reazionario e opporsi ai tedeschi, ora ha un orizzonte diverso e più definito. Gli viene prospettata la possibilità di accedere alla proprietà agricola, al controllo degli opifici e delle fabbriche, di controllare, attraverso i consigli, tutta l'attività sociale ed economica e di tenere in pugno lo stesso governo rivoluzionario. Esso acquista una nuova coscienza di sé, un ruolo decisionale e costruttivo che l'autoritarismo zarista e i deboli governi menscevichi mai gli hanno fatto balenare. Si tratta di speranze, di promesse future, in parte di utopie, ma, rispetto al passato, esse paiono un sogno capace di aprire le porte ad una realtà assolutamente nuova e rivoluzionaria per tutta la Russia; non sorprendono, dunque, il “morale alto” delle forze armate bolsceviche e la loro determinazione negli anni della guerra civile.

In questo periodo, il gruppo dirigente del Cremlino è riuscito in una doppia operazione di propaganda. In un primo momento ha demotivato i combattenti dell'esercito zarista, li ha invitati ad abbandonare le trincee e a tornare a casa: la guerra zarista non è la guerra del popolo russo, essa serve soltanto ai Romanov e all'aristocrazia che vogliono tornare in fretta ai lavori agricoli e agli opifici. E anche in caso di vittoria militare delle potenze alleate (ed associate) non può derivarne alcun vantaggio concreto per la maggior parte della popolazione, che al contrario pagherà il prezzo delle perdite umane e della miseria postbellica. In un secondo momento, dopo la conquista del potere, sarà rivolto agli ex combattenti un appello opposto. Essi devono riprendere le armi, abbandonare i lavori civili, dare forza all'Armata Rossa: questa scelta deve essere compiuta per difendere i propri interessi, i risultati della rivoluzione, impedire che le forze della restaurazione neozarista o menscevica possano prevalere.

Sia il primo che il secondo appello hanno successo e confermano la sfiducia popolare nel vecchio gruppo dirigente, la diffusa insoddisfazione sociale, la capacità propagandistica dei comunisti e il potere di suggestione del marx-leninismo in una società arretrata che non ha ancora assimilato gli elementi innovativi della stessa Rivoluzione francese. A differenza di molte potenze europee, la Russia non costituisce uno Stato a base nazionale e non è mai esistita come “nazione”. La sua estensione euro-asiatica, la presenza di etnie e popoli tanto diversi, l'esistenza di una forte componente musulmana, la realizzazione di un'espansione coloniale in Asia in territori contigui a quelli originari (e non in continenti lontani come nel caso degli imperi delle altre potenze europee) ha accentuato il carattere autoritario e repressivo dei governi di San Pietroburgo, spesso necessario per mantenere il controllo di un territorio sterminato e così poco omogeneo in senso economico e sociale.

I “russi” hanno cercato, nel corso dei decenni precedenti, di evidenziare il ruolo “modernizzatore” della loro presenza, ma sempre coscienti dei pericoli non episodici insiti nella stessa natura di questa compagine statuale. Ad uno sforzo di omogeneizzazione culturale si è affiancato un insediamento amministrativo-militare di servizi e di garanzia, ma ciò non ha escluso che un diffuso e permanente senso d'insicurezza sia rimasto nel cuore dei dirigenti di San Pietroburgo nel XIX secolo sia per la instabile struttura interna sia per la difesa delle frontiere esterne, tanto estese quanto remote e comunque insidiate da molti nemici. Alla precedente insicurezza si salda in modo quasi naturale quella del periodo bellico e postbellico che ora i sovietici devono affrontare in una realtà molto più complessa e difficile; non ci sono timori, rivolte locali, pressioni confinarie, ma c'è uno stato di guerra che coinvolge quasi l'intero arco delle frontiere e delle diverse "nazionalità" del vecchio impero zarista. Dalle paure dell'insicurezza si è passati alla certezza della guerra su molti fronti; i bolscevichi si presentano come i sostenitori della causa russa contro gli stranieri, come i fautori della nuova giustizia sociale contro il vecchio sistema e come gli unici promotori della fine immediata delle ostilità. Al contrario, i "bianchi" faticano a spiegare le ragioni della loro lotta, sembrano i custodi dell'eredità zarista, i restauratori dei passati privilegi legati a doppio filo ad interessi e a pretese di potenze straniere nemiche del bolscevismo e anche storicamente avversarie della "madre Russia".

La controrivoluzione è indebolita anche dalla fuga all'estero di molti rappresentanti della nobiltà e dell'aristocrazia e deve prendere atto della poca consistenza della borghesia e della inadeguatezza dei quadri militari zaristi a fronteggiare una guerra imprevista, cioè "civile". Le azioni militari su più fronti potevano essere un fattore positivo d'accerchiamento, ma esso si rivela negativo per la lontananza dei contingenti impegnati, per l'assenza di coordinamento operativo e per la discontinua assistenza logistico-militare delle potenze straniere impegnate a sostenere la controrivoluzione. D'altra parte, le forze alleate non conducono in Russia una guerra propria a difesa del territorio nazionale, ma un'operazione esterna per impedire il consolidamento di un regime diverso o la conclusione di una pace con le potenze centrali. Si tratta di motivazioni deboli, dopo anni di guerra, non idonee a creare forti aggregazioni ideali ed ancor meno a determinare un impegno militare prolungato. Non stupisce quindi l'evoluzione di questo "intervento".

Le forze combattenti spesso si ribellano ai comandanti e premono per un rimpatrio rapido, gli esponenti politici nutrono dubbi crescenti sulla possibilità di piegare con la forza armata il bolscevismo, molti intellettuali e movimenti progressisti guardano con simpatia agli sforzi del popolo russo per liberarsi dallo zarismo e dallo sfruttamento semifeudale, gli investitori e i creditori pensano al recupero dei mezzi finanziari e delle proprietà compromessi dalla rivoluzione e molti esponenti del mondo degli affari e dell'industria credono che sia possibile sviluppare proficue attività future anche con la Russia di Lenin.

4. *Mosca e Washington. Anticolonialismo, internazionalismo*

Merita un esame particolare la politica di Washington: gli Stati Uniti non sono alleati, ma "associati" delle altre potenze belligeranti. Non hanno sottoscritto l'accordo del 1914 e dunque hanno una posizione diversa dalle altre capitali. Il presidente Wilson sottolinea in più occasioni il significato e la particolarità della presenza americana nel conflitto: gli scopi della guerra sono diversi. Washington vuole la tutela delle minoranze nazionali, la fine del militarismo tedesco e prussiano, ma anche la salvezza politica ed economica della Germania e desidera dar vita ad una nuova organizzazione internazionale capace di garantire una pace "durevole". La stessa decisione di prendere parte al conflitto è maturata con lentezza e ha dovuto superare molte difficoltà.

Gli USA non hanno conosciuto, come gli europei e i russi, la paura delle aggressioni ed ancor meno hanno dovuto prendere parte a sistemi d'alleanza, cioè ad accordi internazionali per bilanciare le forze militari. Non c'è, nel loro vocabolario politico, il concetto europeo di «garanzia della propria sicurezza». Washington ha considerato i due oceani che lambiscono le sue coste un formidabile baluardo a garanzia della propria indipendenza e sovranità. La storia di questo giovane Stato, la sua geografia e il suo sviluppo economico hanno creato la politica isolazionista e non viceversa; essa è vissuta come una naturale conseguenza di fattori oggettivi. Si guarda al contrario con sospetto e con dichiarata avversione al sistema politico europeo, frutto di secoli di lotte, di contrapposizioni e di guerre, che ha generato rapporti inaccettabili fra gli Stati, l'equivoca politica dei trattati segreti, la pericolosa ragnatela dei legami diplomatici sotterranei, l'ipocrita tesi della "ragione di Stato", l'instabile equilibrio scaturito dal tradizionale ammonimento *si vis pacem para bellum*. Gli Stati Uniti, piuttosto, hanno ispirato la politica estera a valori etici, hanno privilegiato (anche se non in modo esclusivo) una morale internazionale basata su principi ben definiti come il rispetto del diritto internazionale, lo sviluppo e la protezione dei regimi democratico-parlamentari, la libertà dei mari e il conseguente traffico commerciale. Sotto questo profilo hanno creduto ad un ordine globale di carattere morale ben lontano dalle concezioni prevalenti in Europa basate sulla *Realpolitik* e sugli equilibri di potenza.

Questa diversa impostazione di fondo ha generato opposte perplessità, critiche e contrapposizioni. Se da parte americana è stata sottolineata la potenziale pericolosità di un ordine basato su interessi nazionali o d'alleanze e sulla forza militare controllata e bilanciata, da parte europea si sono evidenziate la superficialità (a volte l'ipocrisia) e l'estrema ed astratta semplificazione delle analisi e delle ricette d'oltreoceano.

Esiste, nella cultura politica statunitense, una serrata e duratura dialettica fra i sostenitori dell'isolazionismo e quanti sono (in questo tempo più numerosi) fautori di impegni internazionali esterni diretti. Da questo confronto, che sarà superato negli anni Quaranta, scaturisce un'apparente, e a volte rinunciataria, incertezza che pare relegare una grande potenza in un ruolo marginale, che la rende più uno spettatore che un operatore internazionale; ma una valutazione più approfondita permette di cogliere altri aspetti e di capire risvolti importanti, anche se non evidenti, di questa psicologia politica. C'è, nel popolo americano, una sostanziale unità di consensi sul ruolo che debbono avere i valori di riferimento della politica estera (diritti dell'uomo, rispetto delle leggi internazionali, solidarietà, democrazia politica, libertà economica, di navigazione, dei commerci, ecc.); ciò che cambia è la strategia della loro affermazione e diffusione nel mondo. A giudizio degli isolazionisti, gli USA devono praticare ed affermare questi principi, renderli evidenti come modello valido per tutti. Lo

Stato americano deve essere una fiaccola di libertà ben evidente ed esposta di fronte alla comunità internazionale. La sua luce è sufficiente per illuminare le coscienze e i gruppi dirigenti di tutto il mondo e per suggerire scelte e direzioni di marcia. Washington è come "un faro" acceso sulle due coste oceaniche per indicare la rotta a tutti i popoli del mondo. I fautori di una presenza internazionale più diretta ed attiva, senza mettere in discussione i fattori morali comuni, sottolineano l'urgenza di un impegno diretto per superare le inconcludenze del semplice esempio morale, il pericolo di interventi successivi e non preventivi di fronte alle crisi internazionali, l'indubbia interdipendenza pratica, cioè operativa e fattuale, fra gli Stati. Quest'ultimo aspetto evidenzia l'impotenza, l'intempestività e i rischi di un atteggiamento ottimistico e contemplativo; com'è noto, mentre durante la prima parte del secolo XX prevale negli USA l'indirizzo isolazionista, nella seconda si afferma quello interventista, frutto di un riesame della strategia politica globale del Paese secondo la logica dell'interdipendenza dell'intera comunità internazionale.

Secondo la visione americana, la promozione di un nuovo ordine internazionale pacifico non può avere un fondamento pattizio frutto di alleanze e di equilibri politico-militari, ma deve essere basata sull'accettazione di presupposti morali, sull'affermazione dei sistemi democratici, sull'adesione a principi generali della libertà umana. Non è la pace a favorire e promuovere la democrazia; al contrario soltanto la progressiva affermazione di questo sistema politico potrà determinare nuovi e giusti rapporti fra i popoli e gli Stati. La garanzia estrema della pace sta nella vittoria dei sistemi democratici su quelli totalitari, dispotici, tirannici ed autocratici e soltanto il crepuscolo di questi ultimi può segnare il tramonto delle minacce, degli *ultimatum*, delle aggressioni e dei conflitti.

Il presidente Wilson ha temuto che l'Europa potesse cadere nelle mani della Germania imperiale e dei suoi alleati e ha condiviso questa preoccupazione con Londra. Al tempo stesso ha proposto alle nazioni europee una pace fondata su quei principi che hanno regolato per decenni la politica estera del suo Paese. Al fondo dei suoi convincimenti c'è la certezza che l'Europa possa riprendersi dal baratro della guerra accettando l'autodeterminazione dei popoli, nuovi criteri e sistemi di sicurezza collettiva e la diffusione di strutture istituzionali ispirate a forme sempre più avanzate di partecipazione democratica. Dopo la “guerra civile di massa” appare evidente che una rinascita europea non è possibile soltanto con il superamento delle storiche contrapposizioni e della prevaricazione sui “vinti di turno”, ma con la nascita di democrazie più mature, consapevoli dell’urgenza di superare i vecchi criteri d’equilibrio che hanno fallito e precipitato il continente in un sanguinario disastro pluriennale. C’è la certezza che il popolo europeo attende una parola nuova, una proposta audace, una speranza per il futuro al di fuori dalle precedenti e irrazionali politiche dei blocchi e delle alleanze contrapposte. Wilson è certo che il riformismo globale degli USA non può che incontrare l’approvazione popolare in Europa, anche se i suoi gruppi dirigenti appaiono più attenti alle esigenze specifiche statali e poco rispettosi di disegni ideali che, pur apprezzabili, non paiono adeguati alle esigenze dei singoli contesti geopolitici.

Nel gennaio del 1918 il presidente americano espone i principi generali del suo programma (i cosiddetti «quattordici punti»): condanna della politica degli armamenti, rifiuto della diplomazia segreta, superamento delle barriere doganali, necessità di tutelare la libertà di navigazione in tutti i mari, garanzia di indipendenza e di integrità territoriale per tutti gli Stati con la Società delle Nazioni, composizione imparziale di tutte le rivendicazioni coloniali. Nei punti 6 e 13 parla espressamente del futuro della Russia: i territori occupati dovranno essere evacuati; sarà garantito, «senza ostacoli né imbarazzi», il pieno sviluppo politico ed economico del Paese; il nuovo governo, scelto liberamente, sarà accolto nella Società delle Nazioni; dovrà essere ricostituito uno Stato indipendente polacco, abitato da popolazioni polacche, con accesso al mare e garantito da una convenzione internazionale.

Queste affermazioni di carattere generale possono soddisfare sia i bolscevichi che i loro avversari, poiché esse promettono la liberazione dei territori russi da eventuali occupazioni belliche, ma non precisano con quale governo si intende avviare le future trattative. San Pietroburgo le accoglie con favore perché esse possono costituire la base per successivi negoziati sia con i tedeschi che con le potenze alleate; in realtà, queste premesse rimarranno tali perché la guerra continuerà e avrà fine soltanto con gli armistizi con la Turchia (ottobre 1918), l'Austria-Ungheria e la Germania (novembre 1918).

Non si può parlare di una "esplicita" apertura di Wilson ai sovietici, di un riconoscimento della loro presenza e del loro ruolo. Se è vero che il governo di Washington sarà il più restio a sostenere i fautori del "grande intervento", è pur vero che cederà alle loro pressioni. In Siberia si opporrà all'espansionismo giapponese: ciò appare tuttavia più dettato dal timore di una penetrazione nipponica in queste aree che da simpatia per la causa sovietica. Nella politica americana emerge una sensibilità maggiore rispetto agli alleati per i problemi dell'autodeterminazione dei popoli, per la tutela delle nazionalità e delle minoranze e per lo sviluppo della decolonizzazione; ma nella sua azione concreta Washington non si dissocia né si contrappone a quella delle altre capitali: alla fine anche sulla "questione russa" sarà coinvolta negli interventi antisovietici.

Quando gli Stati Uniti entrano direttamente nel conflitto (1917) e ne determinano la svolta conclusiva sul piano militare, vogliono un nuovo ordine fra gli Stati. Il loro intervento non risponde ad esigenze favorevoli o contrarie al bolscevismo; il loro progressivo allineamento al progetto controrivoluzionario delle altre capitali è una conseguenza della situazione politica e militare, non la premessa. Nella società nord-americana non ci sono significativi movimenti socialisti o rivoluzionari di ispirazione marx-leninista; non esistono timori e tanto meno pericoli di rivolte del proletariato urbano o rurale nei confronti delle forze politiche dominanti o delle classi dirigenti al potere. C'è, di conseguenza, una valutazione del fenomeno bolscevico diversa da quella di altre capitali europee, che devono tener conto di specifiche situazioni belliche continentali e di emergenze sociali interne che possono mettere in discussione gli equilibri esistenti, spesso fragili e precari.

Il rifiuto dell'ideologia marx-leninista e del bolscevismo russo è anche presso Washington senza riserve; i governi e le forze politiche di questo Paese si ispirano a concezioni liberal-democratiche liberiste che non sono conciliabili con quelle che guidano l'*élite* moscovita.

In sostanza, solo a partire dall'inizio degli anni Venti i bolscevichi ritengono di avere eliminato i pericoli maggiori e di poter guardare con più tranquillità al futuro del loro nuovo sistema politico: i timori che esso potesse essere travolto dalle convergenti opposizioni interne ed esterne e dai contraccolpi del conflitto mondiale appaiono superati. Ciò non è il risultato della disponibilità delle potenze alleate (e dei loro associati), della rinuncia dei "bianchi civili e militari", del cedimento degli Stati confinanti, ma è il frutto di una lotta politica e diplomatica durata alcuni anni e della riorganizzazione dell'Armata Rossa, che ha dimostrato un forte attaccamento alla causa rivoluzionaria, radici profonde nella parte comunista della società russa e capacità operative che nulla hanno in comune con i precedenti eserciti zaristi, falcidiati dalle diserzioni e dall'assenza di forti motivazioni ideali.

Non c'è stata alcuna concessione né da parte delle potenze centrali né da parte degli alleati: la sopravvivenza del governo comunista è il frutto di una lotta durissima condotta senza quartiere su tutti i fronti interni e lungo alcune frontiere. Questi primi anni di confronto e di contrapposizione servono a comprendere l'irriducibile contrasto esistente fra i sistemi parlamentari democratici, capitalisti e coloniali e la politica interna e internazionale bolscevica. Non si tratta di revisioni confinarie o di definizione di aree di influenza, ma di progetti sociopolitici contrapposti, tutti con aspirazione a ruoli egemonici nelle organizzazioni delle società politiche. Non può comprendere la natura profonda di questo contrasto chi non conosce la forza della contrapposizione ideologica dei due sistemi ed il pericolo che la vittoria degli avversari rappresenta per i gruppi dirigenti al potere; nella misura in cui ognuno rigetta e combatte l'organizzazione politica dell'altro mette in discussione la legittimità del suo potere: gli obiettivi veri della lotta sono dunque altri equilibri, altre istituzioni, altre gerarchie di comando degli Stati "nemici". Questa posizione radicalizza lo scontro e ne rende impossibile la soluzione pacifica; eventuali accordi su problemi particolari non allontanano né i sospetti né le tensioni specifiche. Non ci può essere pace autentica fra sistemi tanto diversi né può esistere indifferenza; ambedue perseguono progetti di carattere ideale e modelli organizzativi a vocazione universale, idonei cioè ad ispirare i popoli di tutto il mondo, e pretendono di offrire soluzioni adeguate per ogni emergenza e per ogni necessità.

Nel progetto bolscevico c'è da analizzare anche un altro elemento: ricorre spesso, nei documenti degli organi dirigenti e nelle dichiarazioni dei capi comunisti, il richiamo alla lotta contro il colonialismo e alla necessità di dar vita a nuovi governi nei territori "d'oltremare" ora sotto il controllo delle potenze europee. Questo appello rivoluzionario ha un duplice e ben definito scopo: si vuole la ribellione dei ceti e dei gruppi sociali più consapevoli nei confronti dei colonialisti e dei governanti da loro condizionati. Questa eventualità aprirebbe la strada a nuovi collegamenti internazionali, a nuove alleanze ed intese fra Mosca ed i Paesi liberati dal "giogo straniero", ma non si tratta soltanto di questa prospettiva. La liberazione di ampi territori e la loro uscita dalla dipendenza economica coloniale possono portare ad altre dirette e più significative conseguenze. Il crollo della rete di influenze, di controlli, di ingerenze non può che determinare delle crisi all'interno degli Stati che hanno dato vita ai grandi Imperi coloniali. Gli Stati colonialisti europei, privati di facili mercati di materie prime, impossibilitati a determinare le politiche dei prezzi, ostacolati nei trasporti terrestri e marittimi, costretti ad estenuanti confronti di natura economica, militare e politica, non possono mantenere i rapporti di forza ora in essere.

La rivolta anticoloniale, nella misura in cui accentua i disagi e riduce le quote di ricchezza a basso costo provenienti dall'estero, non può che favorire i germi rivoluzionari all'interno dei Paesi imperialisti e dunque costituire un elemento oggettivo di sostegno alla causa della diffusione dei movimenti e dei partiti marx-leninisti. Inoltre un rapido avvio della decolonizzazione può aprire anche un altro scenario. Le potenze coloniali hanno già avuto scontri e conflitti per la definizione e il controllo delle rispettive aree di influenza, ma queste divergenze cresceranno con le nuove tensioni sociali interne e per la rottura degli equilibri nei territori colonizzati.

La rivolta nei territori coloniali non porterà dunque soltanto alla contrapposizione fra i popoli sottomessi e le potenze dominanti, ma determinerà anche un confronto durissimo fra queste ultime. Si tratta di un progetto rivoluzionario di grande respiro che parte dal proletariato urbano dei Paesi europei industrializzati (cioè più moderni) ma si allarga all'intera comunità internazionale, coinvolgendo anche le popolazioni e i ceti più evoluti degli altri continenti. Lenin stesso precisa in più occasioni che nei Paesi soggetti a regime coloniale la borghesia locale può essere alleata delle masse popolari per l'indipendenza e il progresso, mentre non si deve dimenticare, a proposito dell'Asia, che «la borghesia europea è alleata della reazione asiatica».

In generale, dunque, in Europa la borghesia rappresenta un nemico di classe che deve essere isolato e sconfitto, mentre nella realtà di altri continenti essa può e deve essere utilizzata (anzi, può essere una forza decisiva) come possibile alleata con il proletariato nella lotta contro lo sfruttamento straniero. Il ruolo rivoluzionario che viene riconosciuto alla borghesia asiatica è negato a quella europea; nei Paesi coloniali e in quelli semicoloniali la prima fase della lotta perseguirà l'indipendenza, alla quale faranno seguito l'avvio della modernizzazione e la costruzione di società socialiste. Questo processo dovrà garantire piena parità di diritti fra tutte le nazioni e il più rigoroso rispetto all'autodeterminazione dei popoli.

Il cammino verso il socialismo non potrà essere analogo per tutti i Paesi: «Tutte le nazioni giungeranno al socialismo – osserva Lenin – [ma] ognuna darà la sua impronta originale [...]». Già nel dicembre del 1917 il Consiglio dei Commissari del Popolo emana un proclama firmato da Lenin e da Stalin (allora Commissario alle Nazionalità) indirizzato ai «Lavoratori musulmani di Russia e d'Oriente»: ai fedeli del Corano si chiede di insorgere contro i loro oppressori per porre termine allo sfruttamento coloniale in tutta l'Asia. In più occasioni i dirigenti sovietici tornano sull'argomento: a chi sostiene la necessità di liberare popoli e nazioni (come il Belgio, la Polonia, la Serbia e i Paesi sotto il controllo austro-ungarico) dal giogo di Berlino e di Vienna essi fanno notare, con toni polemici, che non vi sono analoghe dichiarazioni a favore delle popolazioni colonizzate o sottomesse (Irlanda, Egitto, India, Filippine, ecc.). Anche l'Internazionale Comunista (Komintern) prosegue nell'azione di propaganda e di organizzazione contro le potenze coloniali, in primo luogo l'Impero britannico.

Nell'autunno del 1920, a Baku, viene convocato un «Congresso dei popoli dell'Oriente», che registra la presenza di circa 2.000 delegati appartenenti a molte nazionalità. I sovietici presenti sottolineano la libertà già concessa ai tartari, ai kirghisi e ad altre popolazioni a fronte della indisponibilità degli occidentali. In sostanza, viene esaltata la nuova politica bolscevica, che, pur mantenendo all'interno della compagine statuale russa i territori ereditati in Asia dal colonialismo zarista, riconosce ad essi ampia autonomia nel quadro della solidarietà e della eguaglianza socialista che deve legare tutti i popoli nel nome della comune causa anticoloniale. Senza dubbio queste dichiarazioni, pur evidenziate nella nuova Costituzione sovietica, non troveranno adeguate applicazioni, ma rappresentano uno strumento di propaganda efficace e persuasivo.

Zinoviev e Radek (presidente e segretario del Komintern) invitano i convenuti alla ribellione, a proclamare una vera e propria guerra santa contro gli infedeli che occupano le loro terre. In questa occasione è ripresa una tesi di Lenin: secondo un calcolo da lui fatto in quel periodo, Stati Uniti, Gran Bretagna, Francia e Giappone con una popolazione di circa trecento milioni di persone controllano un'area coloniale abitata da più di due miliardi di persone.

In ultima analisi, sono previsti due assetti possibili, a livello mondiale. Il primo risponde alle esigenze del capitalismo economico e dell'imperialismo coloniale ed è, per sua natura, destinato al tramonto con la fine dello sfruttamento fra le classi e fra i popoli e ad un'esistenza temporanea e provvisoria. L'altro, quello socialista, nasce con il superamento dei rapporti di dipendenza interpersonali, interclassisti ed interstatuali, è destinato ad affermarsi e a durare nel tempo, risponde in modo adeguato alle esigenze di uguaglianza, di giustizia e di benessere dell'uomo e non può che trionfare in un futuro non lontano.

Il programma dell'Internazionale Comunista riassume con chiarezza gli obiettivi di questa lotta: è necessario distruggere l'imperialismo coloniale sul quale si regge il sistema economico capitalista europeo, bisogna sostenere con ogni mezzo la lotta dei movimenti anticoloniali in tutte le aree del globo. Il sostegno a questa "liberazione" ha come obiettivo la nascita di nuovi Stati indipendenti con strutture istituzionali, politiche ed economiche ispirate al marx-leninismo; si vuole anche provocare lo scontro fra le capitali europee, esasperare i loro contrasti interni ed aprire anche qui la strada alle forze della rivoluzione comunista. La guerra anticolonialista è un aspetto della battaglia mondiale per l'affermazione di una nuova ideologia, che mantiene una specifica vocazione globale, cioè l'ambizione di cambiare le condizioni di vita dell'intera umanità.

Questa posizione anticolonialista è in parte analoga a quella sostenuta dal presidente Wilson; anch'egli, in più occasioni, sempre in sedi autorevoli, espone argomenti "forti" a sostegno della tesi anticolonialista. Washington non ha difficoltà a ricordare la rivoluzione con la quale sono stati sconfitti e allontanati gli inglesi o l'esempio e il sostegno forniti dagli USA ai popoli del Sud America per porre fine alla dominazione ispano-portoghese.

Fin dal 1823 Monroe ha precisato che i continenti americani, divenuti liberi ed indipendenti, non potranno mai più essere «oggetto di future attività coloniali da parte di potenze europee». Non sarà tollerata alcuna ingerenza europea a «scopo di oppressione o di controllo sui destini dei Paesi che hanno dichiarato e mantenuto la propria indipendenza» e che gli USA hanno riconosciuto: ciò sarebbe una minaccia per la «pace e la tranquillità dell'uno e dell'altro continente americano».

Pochi anni dopo (1845) anche Polk rifiuta qualsiasi applicazione del concetto europeo d'equilibrio preventivo delle forze, che considera uno strumento per frenare la crescita americana e non può essere accolto da Washington. Al tempo stesso, ribadisce che il rifiuto di ogni colonizzazione europea sul continente americano «sarà applicato con forza grandemente accresciuta». I presidenti Cleveland (1895) e Roosevelt (1904) riconfermano la "dottrina del 1823" e non escludono la possibilità di un intervento USA a tutela della libertà conseguita anche esercitando «un potere di polizia internazionale in casi flagranti di malgoverno o impotenza».

Wilson (1918) precisa che gli USA «non sono mai stati un Paese colonialista e non lo potranno diventare»; il credo democratico del suo Paese ha come presupposto la tutela dei diritti umani e, in ultima analisi, il vero obiettivo della sua azione politica nel mondo non è l'esclusiva e circoscritta protezione dei cittadini americani, ma il compimento di una missione più significativa e necessaria dopo la tragedia bellica: deve essere chiaro che Washington pone «i diritti umani sopra ogni altro diritto e la sua bandiera non è solo dell'America, ma dell'umanità». Con ciò evidenzia che l'impegno americano non deve limitarsi ad ottenere garanzie di sicurezza, commerciali, compensi, acquisizioni territoriali per le proprie giuste esigenze, ma deve allargarsi ad un orizzonte più vasto e a domande di giustizia più generali in un lavoro nuovo per tutti gli uomini («per l'intera umanità»). C'è la condanna dei rapporti di prepotenza e di forza che sono alla radice dell'espansione coloniale, ma c'è anche la piena coscienza di poter offrire un aiuto per superare quelle situazioni di squilibrio storico; si pensa di proporre un modello politico-economico-finanziario adeguato ad una protezione dell'uomo moderno in qualsiasi parte del globo. Egli insiste sulla necessità che i «governati scelgano i propri governanti», perché i popoli hanno il diritto di scegliere il loro governo. Le dominazioni d'oltremare (pur utili e comprensibili in certi momenti storici) devono scomparire di fronte alla crescita sociale e politica dei Paesi nuovi e alla capacità di autogoverno. La gradualità del processo di liberazione non deve essere né un pretesto né un alibi rispetto agli obiettivi finali: il colonialismo deve essere considerato un fenomeno temporaneo in fase di superamento.

C'è in questa politica la volontà di porre fine all'esperienza storica del colonialismo senza arrecare danno o gravi ripercussioni politiche ed economiche alle potenze europee. Si colgono le affinità e le diversità fra le tesi di Washington e di Mosca. L'anticolonialismo è radicato e proclamato da entrambi, Mosca pensa di farne uno strumento di un disegno più vasto, un mezzo, fra i tanti, per dar vita alla nuova società internazionale socialista; gli USA, al contrario, vedono nella emancipazione di intere popolazioni la via obbligatoria per la nascita di nuove realtà statuali indipendenti: questi cambiamenti non dovranno "distruggere" gli Stati ex coloniali, ma garantire anche a loro rapporti più pacifici e convenienti, ispirando i sistemi politici interni ai criteri della democrazia liberale. In sintesi, la battaglia contro il colonialismo è condotta dagli Stati Uniti in nome degli ideali umanitari, liberali e democratici, dall'Unione Sovietica in nome di quelli del marx-leninismo: i due mondi si prefiggono il superamento della situazione presente, ma con metodi e approdi finali assai diversi. Ciò non esclude che il contributo arrecato dalle due ideologie, americana e sovietica, sia enorme e che i movimenti di liberazione traggano incoraggiamento, sostegno e coperture politiche da ambedue.

C'è da osservare un'altra differenza. Gli americani in questo impegno anticolonialista vedono uno strumento di rafforzamento del sistema complessivo delle democrazie liberali, ritenendo che il colonialismo possa arrecare gravi danni ai Paesi coloniali nel momento in cui si accrescono una coscienza nazionale e la consapevolezza di diritti da parte dei popoli sottomessi. Prendere coscienza di ciò non è soltanto favorire l'emancipazione dei colonizzati, ma anche aiutare i colonizzatori ad evitare lunghi confronti, tensioni e guerre; prima si compirà questo tragitto e meglio sarà per le potenze europee. L'anticolonialismo americano è un aspetto della fiducia nutrita nella dinamicità, nel valore intrinseco e nella forza politica delle idee democratiche liberali e dello sviluppo di un'economia internazionale "aperta". Wilson e Lenin sono "alleati" contro il colonialismo (ed il "semicolonialismo"), ma sono "nemici" sugli scopi di questa "guerra": questo apparente parallelismo sovietico-statunitense durerà diversi decenni, cioè per gran parte degli anni della decolonizzazione. In questo confronto, Lenin ha le mani più libere di Wilson, che è condizionato dalle esigenze delle potenze coloniali cui è legato sul piano politico. A questi elementi esterni se ne affiancano anche alcuni di carattere interno ai Paesi colonialisti. La guerra ha ridotto le loro capacità operative sui teatri esterni; essi hanno dovuto incoraggiare le aspettative di indipendenza per arruolare indigeni, sono stati costretti a riconoscere l'esistenza di "trattati ineguali" (cioè imposti con la forza e dunque ingiusti), hanno dovuto prendere atto della nuova forza liberatrice dei movimenti locali di natura nazionale, religiosa, a volte anche ideologica. L'influenza di questi elementi varia nelle diverse aree coloniali; tutti hanno alle spalle precedenti presenze, iniziative, manifestazioni, proteste, organizzazioni all'interno delle società nelle quali si manifestano. Nei confronti di Washington e di Mosca si registrano indifferenze, attenzioni, aperture e collaborazioni, mentre verso l'Europa c'è una netta ed irriducibile ostilità. Ciò vale per l'India di Gandhi, per l'Afghanistan di

Amanullah, per l'Egitto di Zaghlul, per gli esponenti anticolonialisti in Algeria, in Marocco, in Indocina, per il Gran Senusso Idriss in Libia, per Abdel Krim nel Marocco spagnolo, nelle Indie olandesi, per i movimenti di ispirazione nazionale, religiosa e comunista (di cui è leader Semaoen aderente alla Terza Internazionale), per Sun Yat-sen in Cina, per Mustafà Kemal in Turchia.

5. *La difesa della pace (Società delle Nazioni). L'esclusione della Russia e dei Paesi vinti*

Nei punti programmatici di Wilson viene proposta la costituzione di una Società della Nazioni per garantire a tutti gli Stati «indipendenza politica e integrità territoriale»: questo progetto riprende precedenti iniziative e sensibilità pacifiste ora rafforzate nell'opinione pubblica mondiale dalla terribile esperienza della guerra. Il presidente Wilson è convinto di essere seguito dall'elettorato americano, benché questa nuova istituzione rappresenti un superamento dei tradizionali convincimenti del suo Paese. L'ipotesi di una partecipazione diretta e permanente nella difesa della pace e l'assunzione di precise responsabilità per la tutela di altri Stati non è conciliabile con il tradizionale isolazionismo nord-americano. Quest'ultimo esclude potenziali pericoli d'aggressione («il Paese è difeso da due oceani») e non accetta il ruolo di mediatore sui teatri europei e coloniali ove le tensioni e le crisi sono originate da interessi contrapposti estranei agli USA. Una politica di sicurezza può essere attivata senza dar vita ad accordi internazionali che pregiudichino la libertà d'azione e senza vincoli permanenti con le maggiori potenze europee. Wilson riesce ad inserire nei trattati di pace la creazione della Società delle Nazioni come strumento permanente di tutela della pace, contro la politica della diplomazia segreta, contro il tradizionale equilibrio delle potenze europee e contro il "vecchio" sistema del "direttorio delle grandi potenze", a causa del quale i piccoli Stati dovevano subire le iniziative di quelli maggiori.

Questo nuovo strumento di presenza e di azione presuppone l'accettazione di precise condizioni; è necessaria una preventiva solidarietà fra gli Stati aderenti per far fronte ad un qualsiasi pericolo (minaccia, aggressione), anche se quest'ultimo fosse diretto nei confronti di un altro Paese. I vincoli statutari presuppongono l'unità difensiva anche se non si è oggetto diretto dell'aggressione e pongono il problema della sicurezza in termini collettivi e concreti: «tutti insieme contro un potenziale nemico della pace». Mentre le alleanze dei decenni precedenti erano dirette a tutelare gli Stati contraenti e indicavano, più o meno esplicitamente, il potenziale avversario, ora il quadro è profondamente mutato. Il nuovo sistema di garanzie proposto da Wilson aspira a garantire l'intero sistema postbellico da ogni potenziale violazione della sovranità e della integrità degli Stati. Non ci sono più alleati e potenziali avversari, equilibri militari, pesi e contrappesi, ma una sostanziale unità di tutti contro l'ipotetico ricorso alla forza per modificare la situazione esistente. Questa impostazione, assolutamente nuova, determina una singolare coincidenza della pace con la sicurezza collettiva messa in atto da tutti con uno strumento comune e mette da parte vecchi e precedenti meccanismi della diplomazia tradizionale.

Viene affermato un principio che con la nascita dell'Organizzazione delle Nazioni Unite (ONU) sarà destinato a durare fino ad oggi.

La nuova istituzione nasce nel gennaio del 1920, e di essa faranno parte Parigi, Londra, Roma, Tokyo ed altri Stati. Tuttavia, Washington, contrariamente alle aspettative del presidente, non ratifica i trattati di pace e rifiuta l'adesione alla nuova organizzazione. Fanno parte della Società i firmatari dei trattati di pace del 1919-1920 (Stati vincitori), 13 Stati rimasti neutrali durante il conflitto e tutti gli altri disponibili a sottoscrivere lo statuto costitutivo. La nuova organizzazione esclude dal suo seno, in una fase iniziale, tutti i Paesi vinti. Al suo interno sono previsti tre organi principali: l'Assemblea, il Consiglio e il Segretariato. L'organo politico per eccellenza è il Consiglio: esso è formato da cinque potenze con seggio permanente (poi ridotto a quattro con il ritiro degli USA) e da quattro a rotazione (più tardi cresciute a sei e a nove). Quest'organo è competente su tutte le questioni di natura politica inerenti alla pace e deve decidere con il consenso di tutti, cioè all'unanimità.

È evidente che l'assegnazione prevista dei cinque seggi permanenti alle più forti potenze vincitrici del conflitto (USA, Gran Bretagna, Francia, Italia e Giappone) ricostituisce una gerarchia di ruoli e di potere. Si tratta, in pratica, di un "direttorio delle grandi potenze", simile a quelli costituiti dopo il congresso di Vienna e durante il periodo bismarckiano, ma in questa formula societaria esso appare meno determinante perché condizionato da vincoli statutari e dalla presenza di altri Stati minori. Il Consiglio sarà però mutilato per il ritiro americano. Inoltre, è da osservare che sono esclusi gli Stati vinti e la Russia, «per le sue origini violente e rivoluzionarie». Non senza motivo un ruolo di primo piano, all'interno della nuova organizzazione, è assunto da Londra e da Parigi a causa della debolezza degli altri Stati partecipanti e per il rilievo di molti degli esclusi o dei non aderenti.

Nel contesto di questa organizzazione risultano in tal modo evidenziati due aspetti fondamentali del nuovo assetto internazionale: la palese e dichiarata intenzione dei Paesi vincitori di assumere un ruolo preminente (sia di proposta che di controllo) e la coincidenza dell'assegnazione dei seggi permanenti con le grandi potenze del fronte militare che ha prevalso.

L'esclusione dei vinti, la Russia e la non prevedibile assenza americana riducono la rappresentatività e l'autorevolezza della nuova organizzazione internazionale. Anche se gli obiettivi proclamati (indipendenza, integrità, sovranità, difesa della pace, ecc.) rimangono in tutta la loro importanza, appare evidente il tentativo di affidare la custodia diretta del nuovo contesto internazionale al circolo dei "generali dei Paesi vincenti". A ciò si associa un'altra considerazione: il rilievo degli obiettivi perseguiti ne indica anche il limite. Nel momento in cui le grandi potenze restano all'interno della Società delle Nazioni (titolari dei seggi permanenti), evidenziano una dissociazione fra la loro politica e i problemi specifici della difesa della pace. Esse, per quanto riguarda i pericoli di minacce, di aggressioni, di conflitti, svolgono la loro azione all'interno della nuova Società, mentre sviluppano per le altre questioni di natura interstatuale azioni dirette e specifiche.

Si tratta, in teoria, di uno sdoppiamento delle tradizionali funzioni estere esercitate sulla scena internazionale. La realtà sarà diversa: queste potenze proseguiranno anche nella loro azione tradizionale per la tutela dei propri interessi specifici e delle alleanze cui, di volta in volta, daranno vita. Ciò non deve sorprendere per l'impossibilità degli Stati sovrani di delegare a sedi esterne questioni di enorme rilievo politico, finanziario ed economico. Si sono comunque riservate, in ogni circostanza, la possibilità di bloccare le decisioni contrarie ai propri presunti interessi o diritti attraverso il meccanismo dell'unanimità all'interno del Consiglio. Si apre, in tal modo, una fase nuova nella vita della comunità internazionale, che vede affiancata all'azione tradizionale delle grandi potenze la Società delle Nazioni: essa è creata, condotta e condizionata, ma gode, al tempo stesso, di una propria esistenza autonoma, è la sede naturale di confronto e di scontro; ciò avviene anche se non possiede mezzi autentici e adeguati per intervenire in evidenti contrasti o in minacce serie per la pace. La vita di questa organizzazione risentirà di queste limitazioni negli anni seguenti ed evidenzierà, durante la seconda guerra mondiale, l'urgenza di dar vita a nuovi strumenti per garantire rapporti pacifici fra gli Stati.

L'autoesclusione americana priva la Società delle Nazioni della presenza diretta della potenza che ha determinato la svolta nel conflitto: in tal modo, alle funzioni e ai compiti universalistici proclamati con tanta solennità non corrispondono adeguate adesioni e tanto meno idonei strumenti per garantire la "sicurezza collettiva". Le stesse garanzie offerte per eventuali interventi diplomatici, politici e militari restano precarie. Non c'è alcuna certezza che di fronte ad una eventuale aggressione si potrà ottenere un voto unanime da parte dei membri del Consiglio: non si può essere certi di questo aiuto, né della sua consistenza, né dei tempi nei quali esso si manifesterà. Le assicurazioni fornite a proposito non sono credibili: la volontà di garantire il diritto, di evitare il prevalere aggressivo dei più forti, di impedire il ripetersi della corsa verso il "disastro bellico" produce importanti dichiarazioni formali, uno statuto vincolante, ma non è in grado di assicurare l'adesione convinta degli Stati che posseggono gli strumenti per realizzare questi obiettivi, perché la proclamata esigenza di pace non trova un sostegno adeguato e rimane condizionata dalle autonome valutazioni dei singoli Stati.

Questa nuova presenza istituzionale, tuttavia, arricchisce lo scenario dei soggetti che possono agire per scongiurare altre catastrofi e riflette la traumatica esperienza vissuta da popoli e da gruppi dirigenti durante la grande guerra: l'inadeguatezza dello strumento adottato non cancella la domanda di condizioni nuove di sicurezza ed ancor meno l'idea della gravità delle emergenze che possono nascere. Essa rileva, al contrario, il grado di questa consapevolezza, la coscienza della fragilità della pacificazione postbellica e il convincimento di cercare nuove e più adeguate soluzioni. La proclamata intenzione di voler difendere la pace e dunque di promuovere un nuovo sistema per garantire la sicurezza di tutti esclude i vinti e la Russia. Ciò sottolinea il ruolo prioritario che si attribuiscono i vincitori, un giudizio indiretto sulla responsabilità dello scatenamento del conflitto e una serie di timori, di riserve e di ostilità nei confronti della Russia.

Quest'ultima non può per alcuna ragione essere assimilata agli sconfitti: si tratta di una realtà statuale nuova. Essa ha operato per uscire dalla "guerra capitalista" e ha subito numerose azioni ostili sia da parte dei tedeschi che degli alleati su buona parte delle sue frontiere e all'interno del suo spazio statale storico, quello cioè dell'impero zarista. La sua assenza è uno dei fattori di squilibrio sul piano giuridico-politico, perché riduce la potenziale capacità di reazione della Società delle Nazioni di fronte a trasgressioni significative dei diritti statali in materia di integrità, indipendenza e sicurezza e lascia, inoltre, al governo di Mosca grande libertà di azione in tutti i settori.

A ben guardare, già da questo momento i veri antagonisti sembrano essere Washington e Mosca: l'America guidata da Wilson interpreta le più autentiche esigenze del mondo liberal-democratico, ha dimostrato di disporre delle forze necessarie per domare gli Imperi Centrali, ha una visione realistica del futuro processo di decolonizzazione ed ha alle spalle un Paese con enormi potenzialità economico-finanziarie. Dopo aver determinato la sconfitta di Berlino e di Vienna dimostra di saper condurre una partita di carattere generale che coinvolge Londra, Parigi, Roma e gli altri alleati. Inoltre, la successiva retromarcia imposta dall'elettorato americano, più sensibile alle suggestioni isolazioniste, non modifica lo stato delle cose. Il rifiuto a continuare lungo la strada intrapresa non è frutto di una consapevole impotenza ma, al contrario, di un'autoesclusione, di un disimpegno volontario, di un ritorno ad un ruolo più marginale, del timore di compromissioni a livello mondiale.

Il presidente Wilson è convinto che la guerra abbia rappresentato un cambiamento nello scenario internazionale senza precedenti; i suoi successori, al contrario, vogliono un ritorno al passato: la guerra è stato un incidente, una parentesi, si deve tornare alla vecchia politica. Lenin, da parte sua, è riuscito a rovesciare lo zarismo, a contenere le offensive tedesche, dei "bianchi" e dei loro alleati europei ed asiatici (Giappone), controlla un Paese arretrato, ma con potenzialità di rilievo, propaganda un nuovo sistema che può servire da modello per forti cambiamenti nelle società sviluppate e in quelle coloniali. Al di là degli aspetti particolari dei singoli settori geografici, già in questo periodo si delinea il confronto planetario fra i due sistemi, le due potenze e i due leader (Wilson e Lenin).

La presentazione di questo confronto in chiave personale («scontro fra i due») è senz'altro riduttiva ed inadeguata, anche se efficace sul piano della rappresentazione di una nuova realtà internazionale; appare invece adeguata l'osservazione inerente ai nuovi rapporti postbellici e postrivoluzionari e la consapevolezza che i principali attori hanno dell'avvio di una fase nuova nei rapporti fra gli Stati e nella lotta fra ideologie tanto diverse, anzi contrapposte.

Lenin rifiuta la logica della Società delle Nazioni. Ricorda che gli Stati Uniti, mentre diffondono messaggi umanitari e pieni di buone intenzioni nei confronti del popolo russo, attivano iniziative ostili alla rivoluzione bolscevica e collaborano con chi occupa territori russi. Mosca, dopo le dichiarazioni al Congresso del presidente americano, si attendeva una politica diversa, un comportamento più coerente e costruttivo. Non c'è motivo per cui egli possa avere fiducia nella prospettata Società della Nazioni. Essa dovrebbe rappresentare lo strumento per garantire la pace futura e la tutela di tutti gli Stati, piccoli e grandi, ma questo progetto non è credibile: le guerre traggono origine dall'avidità del capitalismo, dalla ricerca senza scrupoli di dividendi, di profitti e di mercati. Non si può immaginare una comunità pacifica internazionale senza prima abbattere le strutture capitalistiche, il colonialismo e gli Stati imperialisti. Un nuovo ordine incapace di risolvere questi problemi non può essere che una finzione, uno strumento effimero dietro al quale si celano i vecchi e decisivi poteri delle oligarchie tradizionali. Soltanto dopo la fine dello sfruttamento di alcuni uomini e Stati su altri si potrà realizzare un'autentica Società delle Nazioni.

È necessario fare ogni sforzo – osserva Lenin – per impedire che questa nuova organizzazione diventi «una società di capitalisti contro le nazioni»; per i dirigenti bolscevichi la proposta è inadeguata nelle sue stesse premesse, pertanto non può garantire il raggiungimento degli obiettivi che si prefigge. Un mondo pacifico presuppone un periodo di trasformazione radicale della società, l'avvento al potere della classe operaia e contadina, l'avvio di una strategia istituzionale socialista; soltanto nuovi e costruttivi rapporti fra Stati che hanno compiuto al loro interno le "necessarie rivoluzioni" possono garantire la sicurezza di tutti ed una pace autentica.

D'altra parte, non si deve dimenticare che nel 1920 (data di nascita ufficiale della Società delle Nazioni) ancora molti esponenti politici sono convinti che il nuovo regime russo non potrà sopravvivere alle pressioni interne ed esterne cui è sottoposto: esso potrebbe rimanere una parentesi all'interno della società russa duramente provata dalla guerra e dall'inadeguatezza dell'autocrazia zarista. Queste opposte valutazioni rendono più fragile la vita della nuova struttura ginevrina ed accentuano nei comunisti russi il convincimento che anch'essa rappresenti il prolungamento postbellico del potere degli Stati capitalisti, un ennesimo strumento della loro influenza e della loro volontà di mantenere le posizioni egemoniche raggiunte. Neppure una eventuale permanenza di Washington al suo interno avrebbe potuto modificare queste valutazioni: nella misura in cui si vuole creare un ordine pacifico basato sull'equilibrio e sul controllo dei maggiori Stati vincitori questa proposta è di "natura controrivoluzionaria" e non va neppure tollerata, ma combattuta con determinazione.

Il rifiuto categorico della logica della pace e della sicurezza collettiva attraverso lo strumento della nuova organizzazione internazionale nasce dalla sfiducia nei confronti delle potenze capitaliste e della loro avversione verso il nuovo sistema. Non si può credere ad un'ipotetica apertura nei confronti di Mosca da parte di coloro che hanno organizzato operazioni militari aggressive sul suo territorio e sostenuto con ogni mezzo le forze controrivoluzionarie. La decisione sovietica è agevolata dalla esclusione che gli stessi costitutori della nuova struttura hanno deciso nei confronti della Russia. Questa scelta è motivata con l'origine violenta e rivoluzionaria del nuovo regime. Inoltre, si rilevano molta finzione e ipocrisia: lo scopo perseguito non è la democratizzazione parlamentare degli Stati aderenti, ma la difesa della pace e dell'integrità degli Stati. In tal modo, si confrontano due posizioni non conciliabili nel 1920; da una parte la volontà di escludere e dall'altra la decisione di non partecipare. Queste decisioni subiranno un'evoluzione negli anni seguenti con l'ingresso dell'URSS nella Società delle Nazioni (1934) e con la sua successiva espulsione (1939). Ciò a conferma della fondamentale contrapposizione esistente fra l'URSS e le altre potenze e del peso che le situazioni particolari esercitano nelle rispettive politiche estere.

6. *Problemi ed equilibri postbellici*

Un esame attento del quadro complessivo dei trattati di pace e delle condizioni dei rapporti reali esistenti fra i maggiori Stati al termine del primo conflitto mondiale evidenzia una situazione di precarietà potenziale: alle proclamate intenzioni di garantire la "sicurezza collettiva" corrisponde un'incertezza diffusa. Perché? Non esiste una solidarietà concreta fra i vincitori: essi appaiono condizionati dalle necessità post-belliche o meglio dall'urgenza di porre fine allo sforzo militare, mentre la potenza più significativa nega l'appoggio alla politica «idealistica ma preveggente» di Wilson e si ritira nel tradizionale isolazionismo («chiude gli occhi sul mondo»). Dopo il decisivo intervento nel conflitto la "ritirata" di Washington genera uno squilibrio evidente fra la parentesi bellica e quella successiva; l'artefice della vittoria è l'assente del periodo successivo, non garantisce l'ordine nuovo e neppure sottoscrive i trattati di pace frutto della sua stessa azione politica e militare. Nonostante questo "riflusso strategico", dopo aver sollevato attese e speranze in tante aree e minoranze europee, Washington non può sottrarsi a una presenza economico-finanziaria. Questa nuova significativa azione è in controtendenza rispetto alle scelte politiche che privilegiano il disimpegno. Si manifesta dunque un doppio equivoco squilibrio: la ritirata politica è accompagnata da un'avanzata sul terreno economico. Il successo di questa duplice e consapevole decisione presuppongono un nuovo ordine europeo capace di autogestirsi e la presenza di alcune potenze idonee a garantire l'equilibrio continentale senza rivalità e contrasti fra loro. Ma nessuno di questi presupposti troverà adeguata e significativa conferma.

Italia e Giappone, per motivi diversi, sono delusi dalle sistemazioni europee ed asiatiche. Tokyo, in particolare, arriverà presto ad un duro confronto con Washington per le questioni cinesi e per gli armamenti navali. Restano Londra e Parigi, che sono troppo deboli per garantire un equilibrio stabile del dopoguerra, hanno troppi interessi vitali da tutelare rispetto alle energie di cui dispongono, non dimostrano adeguata capacità politica di fronte alle inquietudini delle aree coloniali: la loro "solitudine" nel Consiglio della Società delle Nazioni non promette nulla di buono.

Fra i vinti ci sono amarezze, insoddisfazioni e tendenze alla ribellione: la Germania lamenta confini ingiusti e debiti di guerra sproporzionati, l'Austria, ridotta «alla sola testa» del vecchio Impero, fatica a trovare una nuova collocazione all'interno della società europea. Verso il mondo tedesco ci sono forti incongruenze fra i vincitori: si vuole da un lato rendere la Germania "mononazionale", con esclusione di territori lungo i suoi confini a popolazione mista (anche se tradizionalmente inseriti nello Stato tedesco), mentre dall'altro si impedisce la riunificazione tedesco-austriaca, che pure risponde al tanto proclamato principio dell'autodeterminazione dei popoli; c'è un'applicazione distorta e contraddittoria degli stessi riferimenti ideali cui i vincitori dichiarano di volersi attenere. Sono evidenti lo spirito punitivo e le preoccupazioni politiche che ispirano queste decisioni antitedesche dei governi di Parigi, Londra e Roma.

La Turchia vive una fase rivoluzionaria al suo interno e deve difendere con le armi parti del suo territorio. La Russia è isolata, ma il regime comunista non è crollato: tutti si chiedono quali potranno essere le conseguenze della sua presenza futura nelle relazioni internazionali. Sul piano generale si tratta di tre debolezze: i vincitori non riescono a mantenere la loro unità; la Russia non può "esportare" la rivoluzione in altri Paesi e deve accontentarsi di salvare il comunismo soltanto al suo interno; le forze anticolonialiste, anche dove dispongono di capi prestigiosi, non sono al momento in grado di allontanare le potenze coloniali. Saranno avviate a "liberazione" le ex colonie tedesche, con il sistema dei mandati affidati, fra l'altro, a governi colonialisti come quelli inglese, francese e belga, e ad altri vincitori come il Sudafrica e il Giappone.

Gli stessi sottoscrittori dei trattati di pace ne percepiscono la fragilità e i loro interessi più immediati e vitali li spingono a ricercare anche altre soluzioni al di fuori di quei patti. A ben guardare, si dovrebbe parlare di "tregua" più che di "pace"; la cessazione delle ostilità non mette fine al disordine prebellico, ma dà vita ad un equilibrio precario che si rivela già nei primi anni carico di incertezze e di pericoli. Alla base di questa instabilità c'è la stessa ricerca delle responsabilità della guerra che è ricondotta alla politica delle potenze centrali e al loro attivismo aggressivo balcanico-danubiano. In questa analisi, inadeguata e di parte, risiedono le origini degli errori delle soluzioni adottate e i limiti dei trattati di pace. Se l'esame condotto dai vincitori e le soluzioni adottate fossero state adeguate, non si capirebbero la successiva convulsione postbellica e la precarietà degli accordi. La pretesa responsabilità esclusiva dei vinti può essere una risposta alle esigenze psicologiche dei combattenti e delle popolazioni degli Stati vincitori, ma preclude la strada ad una lettura più significativa della crisi nei rapporti sociali e nelle relazioni interstatuali creatisi dagli inizi del Novecento in Europa e nelle aree coloniali.

In ultima analisi, una parentesi bellica, tanto duratura quanto estrema e violenta, ha dato vita per sua stessa natura ad una "pace ingiusta" animata più dal desiderio della vendetta e della ritorsione che da quello della pacificazione e della risoluzione dei contrasti; c'è, al fondo del confronto diplomatico, un'anima vendicativa che rende impossibile la normalizzazione dei rapporti. A Versailles (1919) una parte dei vincitori è alla ricerca del proprio "bottino di guerra" per giustificare di fronte ai propri connazionali gli enormi sacrifici sopportati. Non c'è adesione convinta al progetto wilsoniano di un nuovo ordine mondiale, presupposto di una normalizzazione duratura. Questi elementi contribuiscono ad accentuare gli squilibri politici generali degli anni successivi e a riaccendere tensioni e rivalità.

Occorre, inoltre, avere sempre presente il profondo mutamento avvenuto durante gli anni della guerra nei Paesi europei con conseguenze significative sul piano morale, istituzionale e politico: il liberalismo, la centralità dei diritti del cittadino e dell'individuo, il suffragio universale, la pluralità dei partiti, la rappresentatività delle assemblee parlamentari, il rispetto e la credibilità del potere esecutivo appaiono indeboliti. La crisi nasce da un esame critico della capacità del sistema democratico-liberale di fronte alle responsabilità del periodo bellico, dalla gravità della situazione sociale successiva, dalla propaganda populista di nuove idee e di nuovi modelli sociali (nazionalismo, comunismo, autoritarismo, ecc.). Le tradizionali regole della democrazia liberale sono oggetto di critiche e d'opposizione, mentre i vecchi dirigenti faticano a tenere sotto controllo la situazione e a dare risposte adeguate alle nuove emergenze. Dopo il "terremoto bellico" seguono "scosse di assestamento" destinate a provocare in alcune aree profondi cambiamenti e nuove tensioni, di cui non sarà possibile rimuovere le cause con mezzi pacifici.

II. L'INSICUREZZA COLLETTIVA

1. *Il "cordone sanitario europeo" e l'isolazionismo sovietico*

La vita politica della società americana ha avuto un'evoluzione diversa da quella del continente europeo. Liberali e democratici statunitensi ispirano e sostengono istituzioni che dimostrano una forza e una vitalità superiori a quelle europee che risultano adeguate alle sfide dell'inizio del Novecento. Gli USA non conoscono l'ascesa del comunismo organizzato, la violenza dei nuovi nazionalismi e neppure la tentazione dei movimenti ispirati all'anarchia e all'irrazionale. Il superamento del tradizionale individualismo avviene, inoltre, con gradualità ed evolve verso forme di democrazia più matura, capace di elaborare una visione nuova della società. Essa, senza rinunciare alle prerogative fondamentali delle libertà individuali, si orienta infatti a definire nuovi modelli di democrazia sociale e, più tardi, interventi pubblici in campo economico.

Wilson in più occasioni si mostra critico nei confronti del sistema con cui «il mondo è stato finora retto», aggiungendo che il «veleno del bolscevismo» è una reazione a molte ingiustizie: per esorcizzarle occorre rimuoverle, non basta combattere i comunisti. I suoi convincimenti liberal-democratici rappresentano uno strumento sottile ed efficace nella lotta al governo di San Pietroburgo. Già nel 1918 non esclude la possibilità di operare una distinzione fra il popolo russo affamato che deve essere aiutato e il governo dei Soviet che deve essere combattuto. Da parte americana sono esaminate diverse proposte per l'invio d'aiuti (alimenti, vestiario, articoli sanitari) alle popolazioni di quel Paese, almeno a coloro che risiedono nelle aree non soggette al potere di Lenin: opposizione da parte dei "bianchi", riserve da parte degli alleati, mancata risposta bolscevica alla richiesta di sospensione delle operazioni militari a ridosso delle "aree aiutate" bloccano l'iniziativa. L'epilogo negativo non cancella le intenzioni e il problema che ha posto: l'aiuto alle popolazioni può indebolire il governo rivoluzionario; la generosità degli americani può risultare apprezzabile agli occhi della popolazione affamata ed essere al contrario così deprecata l'inefficienza delle nuove autorità comuniste.

La crisi di questo approccio, con qualche limitata eccezione, apre la strada ad altre scelte e suggerisce ai nemici della rivoluzione l'adozione di rimedi più radicali, capaci di fare emergere e scoppiare le tensioni fra la popolazione e i nuovi vertici moscoviti. In generale, finirà per prevalere nei circoli politici alleati l'idea del "cordone sanitario", secondo una felice espressione del maresciallo Foch. Questa rivela la volontà di isolare l'esperienza rivoluzionaria in atto per impedirle di diffondersi all'esterno, sottolineando il carattere "infettivo" del male, cioè la sua capacità di contagio. Oltre al suo isolamento si manifesta la volontà di estirparlo attraverso adeguate terapie: non si ritiene possibile realizzare nuovi interventi su larga scala di carattere militare, ma solo presenze contenute con contingenti limitati ed eventuali aiuti (alle diverse forze controrivoluzionarie) di carattere militare, logistico, finanziario ed economico. La politica del cordone sanitario persegue, nei suoi sviluppi europei ed asiatici, un disegno preciso e finalizzato a dare vita, lungo le estese frontiere dell'URSS, ad una rete di Stati ostili al nuovo governo comunista e, ove è possibile, a collegarli fra loro con intese o alleanze difensive che devono avere una funzione di contenimento e di dissuasione. Al tempo stesso, si pensa di attivare tutte le energie interne per impedire la diffusione della propaganda marx-leninista e per frenare l'opera dei suoi attivisti. Si tratta di una mobilitazione generale che presuppone la solidarietà fra gli Stati e l'impegno sui fronti interni (da questo punto di vista essa presenta alcune similitudini con il Patto anticomunista nippo-tedesco-italiano del 1936-1937).

In sintesi, la scelta del "cordone sanitario" dopo le tentazioni di un ampio intervento non nasce da un affievolirsi dell'anticomunismo degli alleati e del consociato d'oltremare, ma dalla necessità di far fronte ad obiettive difficoltà: la fame delle popolazioni in molti Paesi europei, la stanchezza dei militari dopo anni di guerra, la crisi sociale interna, i frequenti ammutinamenti di truppe di terra e di mare, le agitazioni e le rivolte di prevalente matrice nazionalistica in Asia e in Africa.

Il problema russo appare sempre più secondario rispetto alle emergenze interne e alla difesa dei rispettivi Imperi coloniali. L'esasperazione dei nazionalismi influisce sul fallimento del "cordone sanitario", ma non ne costituisce l'unico elemento e neppure il più rilevante. È innegabile che le rinate rivalità fra le potenze europee riducono la loro capacità di "ibernare" l'URSS, ma sono anche evidenti il successo militare dell'Armata Rossa, la dinamicità della diplomazia bolscevica e la debolezza interna postbellica degli altri Paesi. In questo contesto si collocano le confuse iniziative degli alleati europei per ottenere l'appoggio di Berlino nell'azione antibolscevica: i nuovi capi della politica tedesca, pur ostili al sistema moscovita, guardano con interesse ad Oriente, anche per spaventare gli alleati e ottenere le auspicate revisioni delle clausole di Versailles e la riduzione dei risarcimenti per i danni bellici. La diplomazia sovietica non ha difficoltà a sfruttare a proprio favore questa situazione: in altre parole, le pressioni nazionalistiche sono influenzate dai rapporti non normalizzati fra i vinti e i vincitori europei.

Ben presto il "cordone sanitario" appare superato, poiché numerosi governi mostrano attenzione per la ripresa di scambi commerciali con Mosca, molti operatori, autorizzati e non dai propri esecutivi, riallacciano contatti e sviluppano nuove relazioni. Da parte loro, i sovietici possono mettere sul tavolo rilevanti riserve d'oro e di materie prime: l'immenso tesoro aurifero degli Zar (stimato a quel tempo in 1.350 tonnellate, pari a un miliardo di dollari) cade in gran parte nelle mani della rivoluzione. Con queste riserve si può far fronte agli impegni verso Berlino (prima della fine del conflitto ad Occidente) e presentarsi con credibilità per futuri acquisti sui mercati internazionali. Successivi provvedimenti di blocco nei confronti dell'oro sovietico, adottati da Washington, Londra e Parigi per rendere più difficile la normalizzazione dei rapporti del nuovo governo con l'estero non avranno successo: si vuole impedire che il nuovo governo riattivi in tempi rapidi rapporti economici con l'estero con lo scambio di merci, la circolazione di operatori specializzati e l'afflusso di capitali. Il blocco delle risorse pare uno strumento adeguato per tenere sotto pressione le autorità moscovite, per incrinarne il prestigio e per condizionarne le scelte, ma troppi interessi economici premono per la ripresa dei rapporti sia nel mondo occidentale che all'interno dello Stato sovietico. Le misure di carattere restrittivo adottate si rivelano deboli e di breve durata, e già a metà del 1920 si sviluppano crescenti rapporti commerciali con acquisti significativi di macchinari e di locomotive pagate con oro e cotone.

Il blocco nei confronti dell'URSS cade dunque di fronte alla pressione degli interessi e degli scambi, andando al di là delle aspettative dei vertici politici. Da parte del governo francese si propone anche un piano che prevede lo sfruttamento di risorse naturali russe a fronte dei danni, delle confische e della violazione di diritti e di interessi francesi arrecati dalla guerra rivoluzionaria. Già nel giugno del 1921 prende corpo un primo accordo commerciale anglo-russo che dimostra la prevalenza dei fattori commerciali su quelli politici e l'accettazione implicita del nuovo sistema sovietico. Quest'ultimo, da parte sua, per esistere e crescere, ha bisogno di sviluppare i volumi dell'*import-export* in molti settori.

Londra di fatto rinuncia ad azioni contro l'URSS e Mosca da parte sua frena la propaganda in Gran Bretagna e in Asia: di fatto è una tacita accettazione dello *status quo*. L'accordo commerciale anglo-russo e quelli con la Persia e la Polonia rappresentano soprattutto priorità politiche: è innegabile il diffuso convincimento nei vertici sovietici che occorre in primo luogo salvare la "rivoluzione compiuta" e procedere alla costruzione del nuovo Stato socialista. L'aiuto ai partiti fratelli non è negato, la visione della rivoluzione mondiale non è rinnegata, anzi è ribadita, ma la solidarietà internazionale non può e non deve pregiudicare la vittoria conseguita in Russia. Tramonta la tesi della continuità, o meglio della contemporaneità, della rivoluzione in Europa e nel mondo e prevale una visione più realistica ma anche moderata e circoscritta: l'URSS deve "esistere" per essere il motore che spinge in avanti le classi sfruttate di tutto il mondo.

L'esportazione dei fermenti rivoluzionari può attendere: lo Stato russo può da solo rappresentare un modello ed essere d'esempio ad altri Paesi. È più urgente ottenere riconoscimenti ufficiali da parte delle altre capitali europee e concludere patti di non aggressione per scongiurare tentazioni aggressive lungo le frontiere: i problemi interni prevalgono su quelli esterni. La teoria del «socialismo in un solo Paese» finisce per essere una sorta di dottrina "isolazionista" sovietica basata su alcuni fattori oggettivi: la necessità di impegnare le forze per la grande rivoluzione russa, la consapevolezza dei limiti delle proprie risorse e della debolezza dei partiti comunisti euroasiatici, la speranza che la nuova dottrina marx-leninista possa costituire un riferimento per tutta l'umanità anche senza un impegno attivo e preponderante dell'apparato bolscevico all'estero. Le idee professate, il programma indicato, i valori umani richiamati (la lotta contro lo sfruttamento) possono da soli costituire un punto di riferimento essenziale per l'emancipazione di intere collettività.

D'altra parte, Lenin e i suoi collaboratori vedono con chiarezza che la guerra civile e le azioni militari sui vari fronti, anche se vittoriose, hanno impoverito le popolazioni, creato condizioni di caos economico e possono ora condurre a rimpiangere il passato. Si ritiene urgente uscire dal "comunismo militare", trovare soluzione ai grandi problemi interni e dimostrare la capacità del nuovo sistema di affrontare e risolvere le emergenze sociali in atto, poiché si manifestano insurrezioni di contadini, di soldati, di marinai in diverse province. C'è il rischio che, dopo aver vinto le forze controrivoluzionarie, si possa essere sconfitti da spontanee rivolte popolari che non godono di alcun sostegno straniero.

È in questo contesto che viene avviata la Nuova Politica Economica (NEP). Essa, mentre riafferma i principi fondamentali della dottrina comunista, apre le porte al profitto individuale e tenta, con questa apertura, di sollecitare l'iniziativa individuale sia nel settore agricolo che in quello commerciale, ricorrendo a un significativo intervento di tecnici, tecnologie e capitali stranieri. La NEP legalizza spazi commerciali fra cittadini, in quanto in sostanza permette ai contadini di vendere prodotti agricoli in cambio di manufatti. In questo modo si avvia una fruttuosa collaborazione fra città e campagna, una sorta di volano nei settori di base, mentre nelle campagne si introducono la cooperazione, lo sviluppo della meccanizzazione e lo sfruttamento dei terreni agricoli con criteri più moderni, come l'utilizzo su larga scala dei fertilizzanti. Questo indirizzo, previsto per un breve periodo, sarà mantenuto per oltre un quinquennio per poi lasciare posto alle successive pianificazioni basate sul potenziamento dell'industria pesante e sull'avvio delle comuni agricole.

La debolezza della struttura produttiva russa nel settore meccanico e in quello elettrico determina un continuo e consistente rapporto di collaborazione con l'estero, in primo luogo con le potenze europee. La NEP e il contenimento delle iniziative dell'Internazionale Comunista costituiscono precisi messaggi alle potenze occidentali: nella misura in cui esse rinunciano a misure ostili o ad appoggiare le forze della controrivoluzione è possibile trovare terreni d'intesa e di collaborazione e sperimentare anche forme di coesistenza. In sintesi, non c'è alcun dubbio che gli interessi economici abbiano avuto un ruolo determinante nell'avviare e nel sostenere questo processo, al di là delle contrapposizioni politiche e ideologiche.

Con queste scelte prendono corpo le due politiche isolazioniste messe in atto da Washington e da Mosca; le decisioni adottate, anche se con motivi diversi, conducono ad un'assenza delle due potenze dalla scena internazionale. Gli USA, autentici vincitori della guerra, hanno rifiutato un ruolo attivo nella conduzione del direttorio dei vincitori e, senza rinnegare i rapporti con i "consociati", hanno privilegiato il ritorno ad un ruolo di basso profilo. Hanno concentrato gli sforzi sullo sviluppo del Paese per renderlo sempre più prospero e pertanto capace di rappresentare un modello politico-economico per la collettività mondiale. Da parte sua, l'URSS accentua il disimpegno rivoluzionario esterno e focalizza la propria attenzione sulla crescita della società russa con il convincimento che sia possibile ottenere risultati positivi e avvicinare i livelli di benessere dei Paesi capitalisti. Si crede che sia più opportuno realizzare obiettivi apprezzabili all'interno che esportare una dottrina rivoluzionaria di dubbia possibilità attuativa. Pur con punti di partenza diversi, pur con strumenti operativi contrapposti, le due potenze attuano politiche isolazioniste e finiscono per privare la comunità internazionale di una loro presenza rilevante. C'è un parallelismo curioso nelle linee di fondo della loro politica estera, nella volontà di sperimentare o di rafforzare i rispettivi modelli socioeconomici e di non compromettere questi sforzi con impegni sproporzionati o con pericolose avventure.

Per quanto attiene all'URSS, il passaggio del potere da Lenin a Stalin (1923) mette in luce un profondo cambiamento di prospettive nella costruzione della nuova società. Il "georgiano" proviene dalla struttura interna del partito, dove ha ricoperto molte cariche, ha proceduto passo dopo passo, è arrivato al vertice con gradualità, ha avuto un rapporto più intenso e diretto con l'apparato e poco con il popolo comunista e con le masse. Nella seconda metà degli anni Venti egli dimostra di essere consapevole delle emergenze sociali, dell'insicurezza e della precarietà dei risultati raggiunti dalla rivoluzione. Ritiene che occorra superare l'arretratezza del Paese e saldare il «nuovo potere operaio» con le attese di tutta la patria russa considerando lo sviluppo economico (agricolo e industriale) come la premessa necessaria per affermare un'autorità interna non consolidata e la potenza sovietica all'esterno. Gli impegnativi piani economici predisposti dal Cremlino costituiscono la premessa della sua successiva politica militare neutrale, nella convinzione che occorra in ogni modo evitare confronti bellici e ritardare eventuali conflitti con le potenze capital-imperialiste per essere pronti ad affrontare queste prove in condizioni di assoluta superiorità. Si tratta di un pensiero povero sul piano ideologico, quasi scheletrico, ma chiaro, motivante, vigoroso, capace di ispirare un lavoro organizzativo e di creare condizioni d'operosità e d'obbedienza. In realtà questa rigida impostazione, affidata alle strutture centrali e periferiche del partito, è destinata a creare una chiusa e potente burocrazia politico-amministrativa responsabile soltanto di fronte ai poteri centrali.

Il cammino verso la "grande Russia" crea una superstatalizzazione che per sua stessa natura è contraria al marxismo ortodosso ed era stata considerata da Lenin stesso come un potenziale pericolo per il movimento comunista. In tal modo, Stalin si colloca al centro di questo enorme potere burocratico, lo rafforza e ne diventa "il padrone". In questo ruolo è ad un tempo un despota assoluto, ma anche una guida sicura, un punto di riferimento in anni drammatici. Di fatto sostituisce, nel giro di pochi anni, la conduzione collegiale del partito voluta da Lenin con un controllo e un dirigismo personali, con la concentrazione nelle sue mani di un immenso potere decisionale. Contro le difficoltà, le incertezze, i fallimenti, propone un modello monocefalo, uno Stato centralizzato, sotto la guida di un "capo illuminato", cioè cosciente dei pericoli e delle necessità storiche nazionali. Questa impostazione nasce dal suo convincimento di dover guidare una società complessa presente su un territorio esteso e attraversata da profonde differenze e di poter tenere unito lo Stato e perseguire gli obiettivi del socialismo soltanto attraverso una guida forte. Da questo punto di vista dimostra di avere poca fiducia nelle capacità del partito come nucleo avanzato del movimento comunista e finisce in tal modo per esasperare una dittatura personale appoggiata da una potente e sottomessa burocrazia. Questa svolta, rispetto agli anni precedenti, mette in risalto la continuità del lavoro staliniano rispetto al periodo leninista, ma evidenzia pure che Stalin abbandona i presupposti ideali del predecessore e "affossa" la fiducia nella forza creativa, popolare e spontanea del populismo di Lenin. Non senza motivo Trotsky, nello scontro con Stalin, denuncia la degenerazione del comunismo che è diventato «parassitismo e burocraticismo». Con l'affermarsi degli indirizzi staliniani c'è un'evoluzione del marxismo: esso non è più considerato un metodo d'indagine dei fatti sociali, ma diventa un complesso di norme, di verità assolute, di dogmi universali, che cristallizzano il sistema, gli tolgono vitalità e autocritica e tendono a tutelare e a perpetuare la classe dirigente al potere.

Lenin ha affermato con determinazione la dittatura del proletariato contro ogni aspirazione pluralistica di altri partiti, di classi sociali e di altre forze del socialismo moderato. Ha tuttavia accettato, anzi voluto, una dialettica interna al partito comunista nella sua base e nei suoi vertici e ha promosso una democrazia diretta nel popolo comunista: mentre è stato un intransigente antidemocratico verso tutte le espressioni non comuniste della società russa, ha tutelato e valorizzato la pluralità delle posizioni all'interno del suo movimento e ha capito i vantaggi che potevano derivare, alla sua guida e ai vertici del partito, da questo confronto interno.

Stalin, al contrario, mentre mantiene la stessa chiusura dogmatica e intransigente verso le forze ostili ed esterne al bolscevismo, spegne anche la "vitalità democratica" all'interno del partito. Con questa scelta accentua il ruolo della segreteria (da lui occupata), impoverisce il gruppo dirigente "al vertice" e finisce per attribuire un ruolo primario alle strutture esecutivo-burocratiche centrali e periferiche. Le diverse soluzioni adottate da Lenin e da Stalin mettono in luce, ove fosse necessario, l'enorme diversità esistente sul piano politico, culturale e morale fra i due dirigenti del comunismo russo: il primo, con le dovute riserve, è più attento ad una concezione del potere di "derivazione occidentale", l'altro è più vicino ad una valutazione e ad un esercizio dell'autorità di "stampo asiatico".

Quest'ultima impostazione subirà nei decenni successivi una progressiva degenerazione con il consolidamento di una struttura dittatoriale responsabile di nefandezze nei confronti del popolo russo. Stalin non esiterà, per mantenere il controllo della situazione interna, a ricorre ai sistemi più estremi sia nei confronti della popolazione ostile ai provvedimenti socio-economici adottati sia verso gli oppositori politici esterni e interni al movimento comunista (incarcerazioni, concentrazioni, deportazioni, eliminazioni). Questi crimini lesivi dei più elementari diritti dell'uomo e contrari alle stesse disposizioni della Costituzione sovietica saranno a lungo negati dai vertici moscoviti. Soltanto dopo il decesso del dittatore essi verranno pubblicizzati e condannati dai suoi successori.

La costruzione del socialismo in un solo Paese rafforza questa impostazione e rende quasi inamovibile il gruppo dirigente che lo controlla e lo guida. La coscienza di essere arretrati rispetto agli altri Paesi industrializzati, l'aspirazione ad un rapido e nuovo sviluppo, la volontà di costruire uno Stato potente e moderno sono motivazioni convincenti. Da queste certezze può nascere una nuova presenza internazionale che presuppone, tuttavia, un lungo periodo di "solitudine" preparatoria, cioè un "isolazionismo" prudente ma carico di potenzialità per il futuro. Questa collocazione non è frutto delle pressioni del "cordone sanitario", ma di precise e consapevoli scelte del gruppo dirigente moscovita.

2. *Riconoscimenti, intese, alleanze.* Status quo

Allo sviluppo dei rapporti commerciali segue la normalizzazione delle relazioni diplomatiche: questa evoluzione non sorprende e riflette non solo le condizioni generali interstatuali, ma anche le oggettive debolezze postbelliche dei principali contendenti. Alla ripresa dei rapporti con Berlino segue il riconoscimento *de jure* del governo sovietico da parte di Londra (1924), di Roma, di Oslo, di Vienna, di Atene, di Stoccolma e di molti altri Paesi mentre il governo di Washington tarderà un decennio (1933). Le nuove relazioni non riducono la conflittualità di fondo esistente e non esauriscono il confronto fra queste potenze. Né da parte occidentale né da parte sovietica si nutre questa illusione: ambedue sono ben consapevoli dell'irriducibile rivalità esistente, a causa dei naturali richiami alla ribellione europea e coloniale che Mosca non può abbandonare. Di contro, il bolscevismo è consapevole di rappresentare un esperimento non consolidato, di essere oggetto di iniziative ostili, di costituire un modello sconvolgente per le realtà istituzionali degli altri Stati capitalisti. Il dichiarato rifiuto dell'uso della forza non significa allentare la vigilanza sulle frontiere e l'avvio di relazioni diplomatiche non significa abbandonare al loro destino i "partiti fratelli" dell'estero o ammainare la bandiera dell'internazionalismo vigilante. Si resta in allarme su ambedue i fronti, interno ed esterno. Gli avvenimenti più significativi degli anni successivi possono essere ricondotti a queste esigenze.

Non si deve dimenticare che la popolazione russa è reduce da tre anni di conflitto europeo, altri due di guerra civile, due di "cordone sanitario" ed è colpita da una grave carestia. Ha pertanto certezza delle prove superate, delle ostilità dei Paesi europei e degli USA, dei pericoli che ancora incombono sulla giovane repubblica socialista. Non nutre alcuna illusione in merito alle intenzioni di gran parte degli Stati confinanti in Europa, né ha alcuna intenzione di percorrere una strada comune per il futuro. Rinviene l'unica possibilità di cooperazione nella consapevolezza di non poter affrontare nuove prove di forza o fornire un sostegno forte ai partiti comunisti esteri.

L'URSS, da poco costituita, non può essere considerata in alcun modo come una possibile alleata dell'Europa, al contrario costituisce un potenziale formidabile avversario, un competitore radicale ed estremo di tutto il sistema democratico-capitalista, di cui si prefigge di annientare la presenza internazionale e le istituzioni statali. C'è da osservare che il confronto fra le democrazie liberal-capitaliste e l'URSS si colloca in un contesto più ampio, che vede anche le contrapposizioni e le tensioni fra vincitori e vinti e l'evoluzione dei loro rapporti.

Per superare le difficoltà postbelliche legate al mancato inserimento di Mosca nel contesto del nuovo equilibrio europeo prende corpo la conferenza di Genova (aprile 1922). I contrasti franco-tedeschi in materia di pagamento delle riparazioni e il dissidio sui debiti finanziari rendono impossibile una soluzione positiva dei problemi sul tappeto. Si vuole infatti ottenere dai sovietici il riconoscimento dei debiti dello Stato russo, di quelli verso i cittadini stranieri che hanno investito nel Paese prima della rivoluzione e condizioni di trattamento particolare per coloro che intendono lavorare ancora in Russia. Mentre questi problemi non trovano soluzione, a sorpresa prende corpo un accordo di natura politico-commerciale tedesco-sovietico, che viene firmato nella vicina località di Rapallo. Questo incontro, avviato da precedenti iniziative sovietiche per riallacciare rapporti economici con i Paesi capitalisti, si conclude con l'esclusiva intesa con Berlino, mentre Parigi e Londra si sottraggono all'accordo. L'intesa ligure normalizza i rapporti fra le due capitali con il reciproco riconoscimento e la rinuncia a pretendere pagamenti per i danni di guerra. L'accordo è un "frutto inevitabile" della perdurante ostilità dei vincitori contro Berlino e dell'ostinata esclusione dell'URSS. Soltanto due anni più tardi le trattative, riprese separatamente, con i due Paesi daranno risultati positivi sul piano commerciale e diplomatico.

Alle spalle di questi accordi e dei riconoscimenti ci sono le amarezze, i risentimenti e le riserve anglo-franco-tedesche. Berlino vuole dimostrare la propria capacità di riprendere un'efficace azione politica internazionale e far comprendere agli alleati europei che il Trattato di Versailles è superato e che occorre tener presenti le aspirazioni, le richieste e gli interessi tedeschi. L'accordo con i sovietici, al di là dei vantaggi economici, è pertanto un avvertimento politico. Da queste aspirazioni non è esclusa la "grande Polonia" che, dopo la prima guerra mondiale, ha potuto estendere le proprie frontiere a danno della Germania e dell'URSS. Varsavia ha portato i suoi confini orientali a ben 200 km a Est della prevista linea confinaria Curzon. Questa avanzata verso Est dei polacchi è tanto più preoccupante se si considera che il Cremlino aveva giudicato questo confine troppo orientale ed aveva rivendicato un suo spostamento a occidente. Mosca deve pertanto prendere atto non solo del rifiuto della sua precedente richiesta, ma anche dell'enorme avanzata polacca in Ucraina. Ciò spiega, almeno in parte, i successivi comportamenti antipolacchi di Stalin del 1939.

In questo riavvicinamento fra Mosca e Berlino c'è anche l'intenzione di provocare dubbi nei governi inglese e francese e di spingere l'Inghilterra ad allentare i propri legami con Parigi. Londra è attenta alle prospettive del mercato russo, ma attende soddisfazione per le imprese nazionalizzate dai bolscevichi (attività minerarie, energetiche, industriali, trasporti e settore tessile), mentre da parte francese si insiste perché il nuovo governo faccia fronte ai debiti contratti dagli esponenti della finanza zarista. Mosca non si sottrae completamente a queste richieste: chiede gradualità nei rimborsi, adozione di tassi di interesse molto contenuti, l'accettazione di particolari cautele per nuove iniziative.

In questo contesto s'inserisce anche l'azione del nuovo governo italiano: a sorpresa, nel 1924, Mussolini apre all'URSS dichiarando che, al di là di ogni considerazione d'altra natura, i tempi sono maturi per normalizzare i rapporti economici e politici con Mosca e anche le altre potenze si muovono nella stessa direzione. Nel periodo successivo si creano, in diverse occasioni, momenti di tensione che sembrano mettere in discussione i risultati raggiunti e compromettere le relazioni costituite. Nonostante le difficoltà economiche in diversi settori, le tensioni politiche create dalla morte di Lenin e dallo scontro fra Stalin e Trotsky e i mutamenti di governo in alcuni Stati, prevale la forza degli interessi economici e dell'attivismo commerciale. Infatti il volume degli scambi resta consistente e anzi registra continue lievitazioni.

Un momento di grave tensione si registra con la firma degli accordi di Locarno (ottobre 1925), che cercano di garantire l'assetto politico-territoriale dell'Europa occidentale. Mosca teme che il governo tedesco abbia trovato un'intesa con le altre potenze e possa assumere un ruolo antisovietico. Queste preoccupazioni sono in parte fugate dalla successiva adesione della Germania alla Società delle Nazioni, che mette in secondo ordine il pericolo di iniziative ad Est: esse potrebbero, in queste circostanze, essere ricondotte alle tipologie della minaccia e dell'aggressione. Eventuali azioni esterne tedesche di rivendicazione di territori perduti potrebbero essere sanzionate dal Consiglio e preludere anche ad azioni militari antigermaniche difensive.

Le successive trattative tedesco-sovietiche portano alla stipula di un patto di neutralità (1926): Berlino si impegna a restare neutrale nel caso di un attacco di una terza potenza contro Mosca e a non aderire ad eventuali accordi che si prefiggano il blocco finanziario o economico dell'URSS.

Gli accordi russo-tedeschi e quelli di Locarno mettono a nudo timori, aspettative, esigenze immediate di un gruppo di potere sovietico che non ha raggiunto una stabilità autentica, ma al tempo stesso ne rivelano l'incapacità di gestire gli equilibri costituiti. Alla fine, con garanzie mutevoli e con assicurazioni temporanee e parziali, si consolida lo *status quo*: l'impotenza anglo-francese, le oscillazioni germaniche e la debolezza sovietica creano un circolo vizioso di incontri, di relazioni e di accordi, ma non sono in grado di determinare una politica chiara. Prevalgono i dubbi, i sospetti, le riserve mentali e a fianco di una politica estera confusa ed incerta hanno spazio gli affari, si afferma la logica degli interessi economico-commerciali, si dilatano le occasioni di scambi di prodotti, di mezzi finanziari e di esperti.

Lo sviluppo dei rapporti commerciali non esclude il permanere di tensioni e reciproci sospetti e neppure l'accensione, in più occasioni, di crisi nei reciproci rapporti. Queste ultime sono originate dal timore che prenda corpo una rinnovata intesa antisovietica o da soluzioni a problemi specifici, spesso di natura confinaria, che il governo di Mosca considera conclusi a suo danno. È il caso della "Piccola intesa baltica", della conferenza franco-russa di Parigi (1925) per definire il rimborso dei debiti zaristi, della ratifica del protocollo del 1920 che attribuiva la Bessarabia alla Romania, degli scioperi in Inghilterra del 1926 approvati e sostenuti da autorevoli esponenti del comunismo sovietico e della rottura delle relazioni diplomatiche con la Svizzera dopo l'uccisione di un diplomatico russo.

3. *Riparazioni, debiti, indennizzi. Contrasti economici*

Nei primi anni del dopoguerra è all'ordine del giorno di tutte le potenze ex belligeranti il problema dei danni di guerra, delle riparazioni e degli indennizzi. Si tratta, al di là delle terminologie usate, della pretesa dei Paesi vincitori di poter ottenere adeguati compensi economico-finanziari a fronte delle devastazioni, delle spese e dei costi umani (feriti e deceduti) causati dal conflitto. L'attenzione è rivolta prevalentemente alla Germania sia perché essa è sopravvissuta come realtà statuale significativa sia perché, insieme all'Austria-Ungheria, è ritenuta responsabile dello scoppio delle ostilità. D'altra parte, questa posizione è una prevedibile conseguenza della sconfitta militare tedesca. Com'è noto, Berlino dovrà far fronte (con l'Austria) a cospicui pagamenti in valuta pregiata e in metalli preziosi che comporteranno un oneroso impegno finanziario rateale destinato a protrarsi per oltre un decennio.

Anche nei confronti dell'URSS esiste un contenzioso, ma esso è in parte di natura diversa. Le richieste tedesche relative ai danni di guerra sono superate con gli accordi di Rapallo, ma ci sono pure le proteste e le pretese di molte potenze a causa dei danni prodotti dalle violenze rivoluzionarie e dai provvedimenti di nazionalizzazione messi in atto dal governo sovietico, che hanno colpito gli interessi di cittadini e Stati stranieri. Si apre in tal modo un contenzioso che inasprisce i già tesi rapporti fra Mosca e le altre capitali. I sovietici vedono in queste rivendicazioni un ulteriore strumento per indebolire la repubblica dei Soviet e per accentuare il peso del "cordone sanitario economico".

Si è parlato di interessi economici delle potenze occidentali e di pressioni commerciali. Ma di che cosa si tratta con esattezza? L'avvio della NEP ha dato vita a molte speranze e illusioni anche all'esterno: una parziale liberalizzazione economica ha fatto sperare in una rapida evoluzione di tutto l'impianto bolscevico. La conquista del potere e le esigenze della sua gestione avrebbero potuto aprire strade nuove e rendere più "possibilisti" i rigidi rivoluzionari degli anni precedenti; d'altra parte, anche gli altri governi desiderano pace e sviluppo economico. Un posto di primo piano spetta alle concessioni per lo sfruttamento delle risorse (energetiche, minerarie, boschive, idriche) russe che ha un grande interesse sia per coloro che già godevano prima della rivoluzione di tali concessioni (e sono ora bloccati dalle nazionalizzazioni) sia per tutti coloro che aspirano ad ottenerne altre da parte del nuovo governo. È sufficiente osservare gli interessi in Siberia della Russian-Asiatic-

Corporation (concessioni negli Urali e negli Altai per oro, rame, piombo, zinco, depositi di carbone, impiantistica industriale, pesca) o quelli della Royal Dutch-Shell Petroleum Company o dei numerosi istituti finanziari impegnati nel sostegno alla industrializzazione e alla creazione di infrastrutture viarie, fluviali e ferroviarie.

A questi problemi si devono sommare altre pressioni del mondo petrolifero russo privato in parte già statalizzato: tutti domandano indennizzi, prolungamento temporaneo delle loro gestioni o compensazioni in altri settori. A ciò si deve aggiungere la folla di creditori esteri che, a vario titolo, domanda di essere risarcita per i danni subiti durante e dopo gli avvenimenti che hanno travolto lo zarismo, come abbiamo già detto. Questi problemi non hanno una soluzione univoca neppure nei medesimi settori, poiché spesso i danneggiati e i nuovi postulanti sono o in aperta concorrenza fra loro addirittura in contrasto.

In questo periodo prende corpo anche l'ipotesi di una tutela collettiva di tutti coloro che avevano investito negli anni precedenti: si pensa, da parte di diversi governi, di dar vita ad un "consorzio europeo", che potrebbe soddisfare le pretese "sul tappeto" con un pluriennale sfruttamento di una parte delle risorse russe (è ipotizzato anche l'impiego di nuovo capitale straniero). Già agli inizi del 1922 l'ipotesi di dar vita ad un tale progetto è respinta dal governo sovietico: eventuali accordi di indennizzo non possono in alcun modo dar vita ad «una dominazione economica della Russia». Nei mesi successivi il progetto tramonta: alle contrarietà di Mosca si aggiungono le divisioni degli Stati proponenti sia durante la fase istruttoria sia nel corso della conferenza di Genova.

In sostanza, la posizione sovietica è semplice: ci sono danni subiti anche dalla Russia a causa degli interventi delle forze alleate in diversi teatri di scontro (senza, fra l'altro, alcuna dichiarazione di guerra), ci sono indennizzi da pagare per le nazionalizzazioni, ma si ritiene si possa far fronte a tutto purché vengano definiti con equità l'ammontare degli uni e degli altri. Nel caso in cui Mosca dovesse risultare, com'è probabile, debitrice, è necessario che i governi occidentali permettano alle loro strutture bancarie di concedere crediti adeguati e di garantire un'assistenza tecnico-finanziaria per la stipulazione di contratti pluriennali a tassi accettabili. D'altra parte, dopo le promesse formulate nel trattato di Rapallo a favore dei tedeschi, la soddisfazione di queste richieste appare molto problematica: Berlino ha rinunciato ad ogni pretesa (danni di guerra ed indennizzi) purché il governo sovietico si comporti allo stesso modo verso gli altri Stati. Soddisfare questi ultimi comporta il rischio di far cadere gli accordi con i tedeschi e di riaprire il contenzioso con Berlino con negative conseguenze economiche e politiche.

L'URSS finisce per sostenere la cancellazione di ogni riparazione e per giustificare questa posizione si appella a molti precedenti storici che riguardano gli Stati che ora pretendono pagamenti; alcuni di essi hanno «ripudiato i debiti e gli obblighi precedentemente contratti» e hanno «confiscato e sequestrato le proprietà straniere o dei propri cittadini». I governi e i sistemi che hanno origine rivoluzionaria non devono mantenere gli impegni «dei governi caduti»: nel dicembre del 1792 la Convenzione francese, di cui la Francia si dichiara legittima discendente, ha proclamato che «la sovranità dei popoli non è legata dai trattati dei tiranni», ha rifiutato molti accordi firmati «dai vecchi regimi», ha ripudiato i debiti nazionali. La Francia ha in seguito, per opportunità politica, accettato di pagare un terzo di quei debiti e per ragioni analoghe il governo sovietico si è dichiarato disposto a discutere le richieste delle potenze, sperando di ottenere una pace sicura, crediti adeguati alle necessità dell'emergenza postbellica, nuovi investimenti a condizioni accettabili. Nella misura in cui tutto questo è venuto a mancare si è costretti a ritornare all'originario rifiuto di far fronte a presunti debiti esteri. Per i sovietici, poi, è evidente la sproporzione esistente fra i danni subiti e i pretesi risarcimenti: sono molto maggiori le sofferenze patite dal popolo russo per le azioni militari condotte sul suo territorio rispetto alle perdite sofferte dagli stranieri colpiti da provvedimenti di nazionalizzazione delle proprietà e di blocco delle concessioni.

Sia la questione della liquidazione dei debiti di guerra che quella dei pagamenti per le riparazioni non trovano adeguate soluzioni. L'URSS si sottrae ad esami e intimidazioni, invoca i propri diritti e riafferma l'esigenza di crediti finanziari senza i quali rischia di mettere in difficoltà la propria economia, ma in questo settore anche i rapporti anglo-franco-americani non sono facili. Washington pretende il pagamento dei suoi crediti nei confronti degli alleati anche se accetta di allungare il periodo del rientro e la riduzione dei tassi concordati in precedenza. Londra e Parigi, senza mettere in dubbio l'esistenza e la consistenza del debito, auspicano l'accettazione di un collegamento fra i loro pagamenti «all'associato americano» e la riscossione dei crediti da loro vantati a Berlino; in altre parole: «Noi pagheremo se la Germania ci pagherà».

Gli USA riescono a imporre il rispetto degli accordi esistenti pur con molte difficoltà, rinvii e ricalcoli delle somme dovute. Gioca a loro favore la stessa forza finanziaria: minacciano in più occasioni di non erogare altri crediti e di adottare misure commerciali restrittive nei confronti dei Paesi europei.

In questo contesto di disordine nelle relazioni commerciali, di tensioni nazionalistiche politiche ed economiche e di rigide barriere doganali, la Società delle Nazioni promuove la conferenza economica internazionale (1927) a Ginevra: si vuole sottolineare l'urgenza di una più stretta collaborazione economica e commerciale fra gli Stati Uniti e l'Europa. I lavori non portano risultati apprezzabili: la conferenza si chiude senza accordi specifici in materia di emigrazione intercontinentale, di crisi occupazionale, di instabilità monetaria e di revisione delle barriere doganali. L'orizzonte dei lavori e la loro negativa conclusione restano nell'ambito delle "economie capitaliste" e non si allargano all'area più orientale dell'Europa: questo tentativo segnala in ogni modo il fallimento degli sforzi per avviare nuove cooperazioni economiche e finanziarie.

Anche in questo specifico comparto, legato ai presunti crediti e alle auspicate riparazioni, viene alla luce il persistere dello squilibrio esistente fra i vincitori sia per la diversa entità dei danni subiti sia per l'abissale sproporzione esistente nelle condizioni economiche postbelliche fra gli USA e gli alleati europei. Washington conosce un momento di straordinaria prosperità economica mentre Londra, Parigi e Roma sono alle prese con un ciclo economico negativo e con i sussulti sociali conseguenti alla crisi produttiva, alla contrazione dei mercati agricoli e al reinserimento dei combattenti nel mondo del lavoro. I paesi vinti e "mutilati" devono fronteggiare emergenze economiche ancora più traumatiche, predisporre apparati pubblici e servizi adeguati alle loro nuove condizioni territoriali, fronteggiare contesti sociali inquieti, anzi spesso in aperta ribellione contro i fragili poteri costituiti. Né migliore è il quadro sovietico, ove, dopo le tormentate vicende dell'ultimo decennio, il reperimento di risorse da destinare all'estero per danni e indennizzi comporta sacrificare gli sforzi per urgenti investimenti interni a fronte di un'economia al collasso e di una popolazione che in gran parte conosce l'assedio della fame.

4. *Disarmo. Speranze, tentativi, delusioni*

Anche sul delicato terreno del disarmo non si ottengono risultati apprezzabili. Le numerose e importanti iniziative avviate a questo fine non portano ad un cambiamento nel contesto della sicurezza europea e non trovano adeguati consensi gli sforzi per rendere più autorevoli eventuali decisioni della Società delle Nazioni in materia d'intervento militare contro possibili aggressioni. Destino migliore non hanno i tentativi di ottenere un'adesione degli USA. Viene al contrario accolto, dopo delicate e complesse trattative, il Patto Briand-Kellogg (1928), che prevede la collaborazione di tutti gli Stati contro coloro che violassero le disposizioni a favore della pace della Società delle Nazioni o degli accordi di Locarno. A questa formula, pur carica di interrogativi e di equivoci, aderiscono, oltre agli USA, anche Germania, URSS e Giappone.

Questa politica di «fare guerra alla guerra» implica, per sua stessa natura, l'adozione di misure di disarmo: esse rappresentano lo strumento concreto per ridurre le tensioni esistenti, scoraggiare eventuali tentazioni aggressive, porre in essere un sistema nuovo in cui la sicurezza sia fondata sulla impossibilità concreta di scatenare conflitti. È necessario affiancare agli accordi raggiunti a favore della pace passi concreti per la riduzione degli armamenti e per la limitazione degli effettivi. A dire il vero, le misure imposte agli Stati vinti sono state adottate con questa prospettiva: non si vuole soltanto scoraggiare eventuali tentazioni revansciste, ma anche aprire la strada a forme di disarmo generalizzato.

Purtroppo, la commissione a ciò predisposta dalla Società delle Nazioni non riesce ad approdare a risultati concreti. Le discussioni si arenano sulla definizione dei materiali offensivi, sulle industrie belliche, sul numero degli effettivi e delle riserve, sulle possibilità di reclutamento, sul confronto delle potenzialità aeree e marittime, sulla sicurezza delle frontiere, sulle condizioni operative reali delle diverse forze armate. Le generiche proposte finali della commissione del disarmo non trovano l'adesione neppure dell'URSS. Mosca teme che queste indicazioni possano pregiudicare la propria sicurezza e favorire potenziali intenzioni aggressive dei Paesi capitalisti. La Germania, da parte sua, si oppone: non può accettare una posizione iniziale sfavorevole che non le consenta di trattare in modo paritario con le altre potenze.

La negativa conclusione di questo tentativo nel 1930 evidenzia non solo il permanere di tensioni postbelliche fra le potenze europee, ma anche la mancata normalizzazione dei rapporti con l'URSS. I nazionalismi restano i principali nemici del disarmo sia per la inadeguatezza delle soluzioni adottate a Versailles sia per i nuovi problemi maturati nel decennio successivo, ma pesa su questo insuccesso anche la perdurante tensione fra il mondo liberal-democratico e quello comunista. Si tratta di un confronto su più settori: da un lato fra Stati liberal-democratici e quelli con regimi più autoritari, dall'altro fra tutti questi e l'URSS.

Ci sono da considerare anche altri scenari: le potenze coloniali europee devono fronteggiare il dopoguerra nelle aree sotto il loro controllo e in quelle uscite dall'influenza turca. Le spinte al cambiamento nel mondo islamico sono a prevalente vocazione nazionale (anche se si registrano influenze religiose): questo vale per la Turchia, in genere per il mondo arabo, per l'Afghanistan e per l'Iran, dove la presenza di movimenti d'ispirazione comunista risulta ininfluente o marginale nonostante gli appelli moscoviti. C'è da precisare che la mancata influenza diretta in questa fase di decolonizzazione non significa disinteresse verso i movimenti di liberazione: nella misura in cui riducono la presenza delle capitali europee, essi sono comunque seguiti con attenzione, sostenuti e difesi. L'Egitto raggiunge una condizione di semilibertà (1922), mentre è più difficile il cammino dei movimenti indipendentisti in Libia, Marocco, Tunisia e nelle aree poste sotto mandato francese o britannico (Palestina, Siria, Libano, Iraq).

Già nel 1920 i bolscevichi, ripreso il controllo del Caucaso, si prefiggono di sostenere le popolazioni di tutta l'Asia: alla propaganda si uniscono la pressione diplomatica e in taluni casi l'aiuto militare. Mosca trova un'intesa con il nuovo governo dei nazionalisti persiani, che di fatto riduce l'influenza di Londra; poco dopo (1927) sottoscrive con Teheran un trattato di non aggressione. L'Afghanistan torna indipendente nel 1919 e nel 1927 firma un trattato di non aggressione con l'URSS. Anche qui l'influenza di Londra viene ridotta, ma non viene auspicata alcuna presenza sostitutiva russa.

In sostanza, si assiste ad una parziale emancipazione di queste aree, che sfuggono al controllo diretto inglese ma non finiscono nell'orbita moscovita: per Mosca ci sono vantaggi sul piano della sicurezza delle frontiere asiatiche, ma non sul piano della diffusione della propria dottrina e dei movimenti comunisti locali. Nel complesso, il nazionalismo dei popoli islamici non dimostra di possedere le energie per liberarsi delle presenze coloniali, mentre resta impermeabile alla dottrina marx-leninista: all'URSS si guarda come ad un potenziale alleato o a un fiancheggiatore, ma non si pensa né ad alleanze organiche né ad analogie di sistemi politici da realizzare.

Anche la decisione della Società delle Nazioni di promuovere una graduale emancipazione del mondo coloniale sotto l'influenza dei Paesi vincitori attraverso il sistema dei mandati è stata oggetto di riserve, di critiche e di contestazioni. Se è vero che esso è stato presentato come una svolta rivoluzionaria, come una "missione sacra di civiltà", in realtà risulta punitivo nei confronti dei "vinti" e rafforzativo della presenza politica di altre potenze coloniali. C'è il timore che questo processo non costituisca l'avvio di un cambiamento ma l'estensione, con altre motivazioni, di vecchie dominazioni.

Il cambiamento operato con i mandati non può garantire un rapido passaggio all'indipendenza delle ex colonie tedesche e dei territori ottomani. Ciò è avvenuto, invece, per le sole aree europee oggetto, a suo tempo, della dominazione asburgica dopo la decomposizione della duplice monarchia. Appare evidente la diversità di trattamento di cui hanno goduto popolose comunità europee sotto i precedenti domini zarista, austro-ungarico e tedesco rispetto a quello riservato negli altri continenti ai popoli soggetti alla colonizzazione tedesca o al potere degli ottomani: per i primi sono stati creati nuovi Stati indipendenti e sovrani, per gli altri sono stati creati sistemi in sostanza neocoloniali, che appaiono temporanei ma non offrono alcuna garanzia certa di evoluzione verso la piena indipendenza.

5. *Washington contro Mosca e Tokyo. Il "cordone sanitario asiatico"*

Anche in Asia orientale, negli anni successivi al conflitto, si assiste ad un aspro confronto fra le potenze: Tokyo deve rinunciare a gran parte dei risultati conseguiti ai danni della Cina e in parte della Russia. Gli Stati Uniti, per ragioni diverse, rappresentano la forza di contenimento più significativa ed ottengono in questa azione anche l'appoggio di Londra, che era stata per decenni a fianco del Giappone per contrastare la presenza zarista in quest'area, e ora è più sensibile alle richieste americane.

Il Trattato di Versailles ha attribuito al Giappone i diritti tedeschi nello Shantung, reclamati con forza come uno dei compensi più importanti per l'adesione all'Intesa, ma la mancata sottoscrizione dei patti di pace da parte di Washington determina anche il disimpegno americano da quella promessa. Negli USA è diffuso il convincimento che i «guadagni di guerra giapponesi siano scandalosi» in rapporto al reale impegno nipponico nei teatri di guerra. Si pensa che i vantaggi economici acquisiti con le forniture tecnico-militari siano più che adeguati a compensare il sostegno offerto. Questa opposizione americana costituisce un aiuto prezioso e decisivo per le forze cinesi, che cercano in ogni modo di resistere all'ingerenza giapponese che pretende di sostituire la Germania.

I nipponici, con gli accordi conclusi nel corso della conferenza di Washington (1921-1922), devono anche accettare per dieci anni lo *status quo* insulare nel Pacifico, riconoscere la piena sovranità, l'indipendenza, l'integrità territoriale e amministrativa dello Stato cinese e aderire ad un accordo per la limitazione degli armamenti navali. Oltre a ciò promettono di ritirarsi dalla Provincia Marittima e da alcuni territori siberiani di cui hanno preso possesso negli anni precedenti. Queste intese costituiscono una netta affermazione della politica statunitense nella regione e l'avvio di un'opera di "protezione" della Cina destinata a durare anche in seguito.

Alla conferenza di Washington l'URSS, non ancora riconosciuta dagli altri Stati, non è stata invitata, nonostante la sua presenza in Siberia e i suoi interessi preminenti nei mari di Bering, di Okhotsk, del Giappone, nell'Oceano Pacifico e nella Cina orientale (Manciuria). Le sue proteste e richieste restano senza risposta. Ciò evidenzia la volontà di Washington e di Londra di escludere l'URSS da una partita politica strategica. Qui, come in Europa, si vuole impedire la nascita di nuove presenze continentali e fugare pericoli di future egemonie (si pensi alla collocazione geografica del Giappone, che fra l'altro già controlla la Corea, Formosa, fronteggia le coste cinesi e si affaccia su spazi marini vasti e strategici). Si pensa di circondare anche l'URSS, di operare un accerchiamento preventivo, che si prefigura come una frontiera che va dal Mare di Barents alla Finlandia, al Baltico, al centro Europa, al Mar Nero, attraverso le aree coloniali asiatiche, include la Cina e si chiude nel Pacifico all'estremo della penisola di Bering dove Asia e America quasi si toccano; al Nord rimangono i confini invalicabili delle terre e dei mari artici.

Questo è, in verità, il completamento geografico asiatico del noto "cordone sanitario intercontinentale". La chiusura del nuovo Stato sovietico, che appare ancora fragile anche se ha superato la fase più acuta della crisi interna, è un obiettivo importante e cosciente dell'azione delle grandi potenze euro-americane, la cui volontà di arginare l'espansionismo nipponico non è disgiunta dal desiderio di rimanere vigilanti sulle frontiere dell'URSS, capaci di far fronte in modo adeguato a qualsiasi emergenza.

In Asia orientale non esiste un'azione statunitense favorevole all'URSS, dove si registra una politica antinipponica che frena la pressione giapponese sulle aree estreme della Siberia (Transbaikalia), anche se il suo obiettivo è fermare l'espansionismo di Tokyo, non certo favorire Mosca. I transitori vantaggi che l'URSS ottiene da questo comportamento non devono essere confusi con gli scopi reali e duraturi di quelle iniziative diplomatiche e politiche avverse alla potenza del Sol Levante. La reciproca ostilità nippo-americana non è sostitutiva di quella dei due Paesi contro l'URSS, ma rappresenta una partita a sé, legata alla tutela di interessi e a prospettive di carattere politico specifiche fra i due Stati. Si tratta di aspetti che non devono essere separati: la partita con il Giappone è giocata dai due principali attori, Washington e Londra (oltre ai firmatari "minori"), in contemporanea. Si tratta di due esclusioni: una è retroattiva e prospettica rispetto a risultati già ottenuti o temuti, l'altra è preventiva, ma lo spirito che la anima è il medesimo: si vuole precludere l'area dell'Asia orientale al Giappone e all'URSS e la difesa dello Stato cinese è la giustificazione ufficiale di questa politica. Essa può essere meglio valutata se si osservano due preoccupazioni americane: una è di carattere esterno, l'altra di natura interna. Dietro alla prima c'è Tokyo, dietro l'altra c'è Mosca.

I giapponesi non hanno solide articolazioni o legami all'interno della società cinese: la loro azione si sviluppa a livello governativo. Attraverso pressioni, ingerenze e minacce cercano di rafforzare la loro presenza con l'estensione di vecchi privilegi e la concessione di nuovi, promuovendo un'azione che coinvolge gli ambienti politici, diplomatici, finanziari, economici e militari.

La presenza sovietica in Cina, a differenza di quella nipponica, è di natura molto diversa. C'è senza dubbio un rapporto interstatuale, ma su quest'ultimo prevale l'interesse per la creazione di un forte partito comunista cinese di ispirazione marx-leninista capace di assumere la guida di un futuro processo rivoluzionario in quel Paese. Anche qui il comunismo conduce una lotta comune alle altre forze cinesi anticolonialiste, ma vuole collegare questo cambiamento alla riforma della repubblica in senso comunista, coinvolgendo i contadini, gli operai e la parte più progressista della borghesia. I dirigenti comunisti sono dunque impegnati su due fronti: contro i nuovi e i vecchi colonialisti asiatici ed europei e contro i fautori interni della repubblica liberal-democratica capitalista. Mentre i comunisti hanno una prevalente vocazione proletaria internazionalista, gli altri soggetti rispondono a logiche e/o ad esigenze nazionali.

Nel risveglio cinese i due movimenti, quello comunista e quello nazionalista, evidenziano nei loro rapporti fasi alterne: coesistenza, collaborazione, lotta cruenta. Le esigenze di equilibrio competitivo fra le potenze in Estremo Oriente favoriscono l'URSS: essa è più vicina all'area cinese e alla Manciuria di quanto non siano gli USA. Da parte sovietica, almeno in questo periodo, la contrapposizione fra Washington e Tokyo è osservata con una certa soddisfazione, nella speranza che essa riduca le possibilità di azioni congiunte anticomuniste e per aprire nuove prospettive in Cina.

Le iniziative nordamericane antinipponiche alleggeriscono le pressioni sulla Siberia: da questo punto di vista, strettamente tattico, esse costituiscono un contributo alla resistenza bolscevica nella difesa dell'integrità territoriale dell'antico Impero russo. La tutela delle vecchie frontiere russe non esclude, da parte di Washington, di considerare i bolscevichi degli "usurpatori" e la speranza che il loro "interregno" abbia vita breve. Non si deve dimenticare che il governo americano ha visto con simpatia Kerensky e non gli ha negato aiuti economici, militari e crediti finanziari durante gli anni della resistenza a Lenin e all'Armata Rossa.

La questione cinese è un elemento importante nel complesso gioco degli interessi nell'Oriente asiatico. Gli USA e le potenze coloniali europee operano per la difesa dell'integrità della Repubblica cinese, ma hanno anche altri obiettivi. La loro presenza, in questo territorio, è stata caratterizzata da pressioni politiche, economiche e militari per ottenere condizioni di favore che ancora in gran parte detengono. Sono ora impegnati a sviluppare rapporti di collaborazione con gli esponenti del Kuomintang che permettono di estendere i rapporti economici con reciproci e più fruttuosi contratti. Da questo punto di vista vengono concepiti come pericoli sia il movimento comunista cinese sia l'URSS: si tratta di minacce in parte potenziali e in parte più immediate e concrete. Mentre non pare possibile, al momento, un'azione aggressiva espansiva di Mosca verso la Cina, le possibilità di propaganda della dottrina marx-leninista nel mondo contadino ed operaio (e in parte negli ambienti borghesi e culturali) non sono da sottovalutare. C'è dunque un problema comunista da tenere sotto controllo. Si vuole impedire che i marx-leninisti scavalchino i nazionalisti nella lotta per la definitiva riunificazione del Paese, per tenere a freno le ambizioni nipponiche e per proporre un modello di sviluppo "utopico ma seducente". C'è poi la questione giapponese, cioè la ferma determinazione di bloccare la progressiva continentalizzazione del potente e insidioso Stato insulare. Si teme che ciò possa comportare la formazione di una realtà nuova capace di chiudere le porte alle potenze straniere (europee e americane) con il risultato di porre fine ad ogni forma precedente di influenza neocoloniale, ma anche di dar vita ad una nuova forma di colonialismo asiatico.

Washington, in particolare, guarda con preoccupazione al sistema politico autocratico giapponese, capace di azioni risolute ed unilaterali. È dunque più interessata a tutelare la giovane Repubblica democratica cinese muovendosi nella direzione istituzionale delle democrazie parlamentari mantenendo un sistema economico liberal-capitalista, non rifiutando la concezione del libero commercio e l'apertura dei mari.

Tokyo, al contrario, non nasconde precise aspirazioni sul continente e invoca la riconoscenza degli alleati per il contributo dato nella guerra contro gli Imperi Centrali, pretende di subentrare (nella vecchia logica del "banchetto cinese") in tutti i diritti acquisiti dalla Germania in Cina e in Asia, evidenziando le proprie esigenze geopolitiche (poco territorio, forte sviluppo industriale, eccedenza di popolazione, carenza di materie prime e di derrate alimentari). Da questo punto di vista, i vertici politici nipponici finiscono per giustificare le proprie emergenze e necessità secondo la logica di un tardo colonialismo asiatico che risulta contrapposta a quella decolonizzatrice americana e sovietica. Mentre le potenze europee, interessate ma più deboli, non sono nelle condizioni di creare un argine a queste pretese e pressioni, la diplomazia americana non esita a usare gli strumenti di cui dispone per frenare l'espansionismo del Sol Levante.

Questo contenimento asiatico proseguirà nei decenni successivi e sarà all'origine dello scoppio della guerra tra le due potenze del Pacifico nel dicembre del 1941.

Ma già all'inizio degli anni Venti Washington non è estranea al mantenimento del cordone sanitario europeo nei confronti di Mosca, determinando in Asia una politica analoga di contenimento verso l'URSS e il Giappone.

Si tratta come abbiamo già detto del "cordone sanitario asiatico" (se è lecito utilizzare questa espressione d'origine europea) a tutela dell'integrità e della sovranità cinesi di fronte ai pericoli dei suoi confinanti terrestri e marittimi a Nord-Est e a Sud.

Gli americani si dimostrano più attenti allo scacchiere est-asiatico di quanto non abbiano dimostrato nel settore europeo, nel quale, dopo aver deciso l'esito del conflitto e ispirato i trattati di pace (e la Società delle Nazioni), hanno abbandonato il campo secondo la precedente logica isolazionista. In Estremo Oriente, ove non hanno combattuto, sembrano più wilsoniani, cioè più attenti alle esigenze di prevenire la crisi che non di risolverla in un periodo successivo. Ci sono azioni dirette, impegni precisi, capacità di regia diplomatica (conferenza di Washington, 1921) e una determinazione lucida e cosciente. In quest'area geografica pare che i sussulti isolazionisti abbiano ceduto il passo alla realtà dell'interdipendenza dei fattori politici internazionali e alla necessità di politiche preventive.

6. *La questione cinese*

C'è un parallelismo curioso per quanto attiene alla Cina. Washington e Mosca guardano con estremo interesse alla sua posizione internazionale e al suo quadro sociopolitico interno e mettono in luce un singolare attivismo in questo settore geografico con iniziative specifiche e di rilievo: il contenimento del Giappone, l'impegno per l'affermazione della nuova Repubblica, la tutela della Mongolia Esterna (bolscevizzata), l'appoggio al Kuomintang, la nascita del partito comunista cinese e un analogo impegno a ridurre i vincoli dei vecchi trattati ineguali. Si vuole, con queste iniziative, favorire l'evoluzione interna del Paese, essere amici delle future forze di governo, impedire che una nuova colonizzazione, da parte di un Paese asiatico, si affianchi a quelle precedenti. La presenza e l'attivismo in Cina, pur dettati da ragioni diverse e con obiettivi finali contrapposti, segnano il cammino della politica estera sovietica e americana.

Gli indirizzi adottati dai due governi in altri settori registrano un'eccezione a proposito della Cina. Qui si evidenziano interessi prioritari e si svolgono attive politiche interventiste, poiché è evidente l'importanza che viene attribuita alla evoluzione di questo sub-continente e alla sua collocazione nel contesto internazionale. Non c'è alcun dubbio sul fatto che dopo il conflitto mondiale l'area di maggior dinamismo sia l'Asia orientale, dove il risveglio della Cina è affiancato dall'attivismo espansivo nipponico che incontra una resistenza determinata e non prevista da parte di Washington. In sostanza i due isolazionismi, americano e sovietico, presentano l'eccezione cinese. In quest'area le loro azioni sono importanti ed ispirate ad una presenza consapevole di tutela, di contenimento reciproco, di blocco del Giappone e di influenze sul futuro del grande Stato cinese. Mentre l'Europa postbellica pare "cristallizzata" in un clima assai diffuso d'insicurezza collettiva, l'Asia orientale è in fermento e le scosse che si verificano possono aprire la strada a molti e divergenti nuovi equilibri politici e di potenza.

Mosca dimostra molta attenzione per la Cina, che può essere lo strumento per avviare la rivoluzione in tutta l'Asia. La vittoria di forze anticolonialiste e nazionali può essere un esempio per altre aree come l'India e può indebolire la capacità di controllo inglese. Già nel 1923 Lenin ha evidenziato l'importanza di questo teatro politico: la liberazione della Cina dalle influenze dell'imperialismo coloniale è un traguardo prioritario per «la vittoria del socialismo nel mondo» e questo grande Paese asiatico può diventare «un secondo focolare» della rivoluzione mondiale, uno strumento strategico nella lotta contro il colonialismo asiatico e contro il capitalismo euro-americano.

Nel 1921 a Shanghai si tiene il primo congresso del partito comunista cinese, di cui Mao Tsé-tung è uno dei dirigenti. In tale occasione si avverte una sensibilità delle popolazioni asiatiche ostile alle presenze straniere (Londra, Parigi e altri Paesi europei) molto più diffusa e radicata di quanto non si immagini. I numerosi appelli per «l'Asia agli asiatici» e per la creazione di una vera e propria «Società delle Nazioni Asiatiche» indicano una comune visione, una speranza condivisa, anche se non ci sono le condizioni per generare un rapido processo politico in questa direzione.

Quale Cina si presenta dopo il conflitto mondiale agli USA e all'URSS? Sia la dinastia Ming che quella più recente Manciù hanno accentuato l'isolamento dell'Impero Celeste, ridotto i rapporti con l'estero, frenato le spese per gli armamenti navali e glorificato la civiltà cinese rispetto al mondo esterno. Nella fraseologia corrente gli europei e gli occidentali in genere sono definiti barbari o "diavoli bianchi", verso i quali esistono profondi pregiudizi e sospetti. In effetti, a differenza di quanto avviene in Giappone, non ci sono né disponibilità né aperture verso l'estero. Si pensa che la Cina disponga di risorse adeguate in tutti i campi per far fronte alle necessità del presente e del futuro. Al di là di questa sicurezza e di questo senso di autosufficienza e superiorità si tratta di un Paese gestito da un'autorità centrale che non dimostra una conoscenza precisa dell'evoluzione culturale, economica e finanziaria dei Paesi più avanzati.

Agli inizi dell'Ottocento Pechino resiste ancora alle pressioni dei governi e dei mercanti stranieri: soltanto il porto di Canton è "aperto" ai navigli e alle merci estere. Nel 1842 c'è una prima prova di forza fra le autorità cinesi e gli inglesi. Da anni partite di oppio, provenienti dall'India, sono trasportate e diffuse in Cina nonostante le normative contrarie a questo traffico. Si tratta di un afflusso sempre più consistente, non autorizzato ma tollerato. Di fronte ad una reazione cinese per fermare questo commercio scoppia la guerra dell'oppio, che vede l'affermazione inglese: dopo due anni di lotta il governo imperiale deve cedere a Londra la città di Hong Kong e disporre l'apertura di numerosi porti fra i quali Shanghai. Alcuni anni dopo Pechino è di nuovo in conflitto con Londra e subisce, dopo quattro anni di scontri, un'altra sconfitta. Pertanto nel 1860 deve aprire al commercio le più importanti vie fluviali del Paese ed accettare l'avvio di rapporti diplomatici ufficiali con gli Stati occidentali.

Grazie a queste nuove intese crescono i volumi dei traffici commerciali, si estendono i "privilegi", aumentano le "concessioni speciali" e si diffondono le "aree extraterritoriali", dove le potenze europee non sono soggette alle leggi cinesi. Inoltre l'erogazione di finanziamenti, di crediti, di enormi prestiti (anche ad autorevoli rappresentanti della corte imperiale) crea condizioni di dipendenza progressiva e di debolezza nei confronti delle capitali e degli istituti finanziari stranieri. Il progressivo indebolimento dell'autorità imperiale, la crescita dei prelievi fiscali e della corruzione, l'evidente invadenza degli europei, la sottoscrizione di una rete di trattati ineguali (cioè accettati da Pechino in condizioni ultimative di inferiorità militare) danno origine a movimenti di contestazione e di ribellione interna.

Già nel 1850 c'è una rivolta interna (dei Taiping) contro il conservatorismo della corte e lo sfruttamento della grande proprietà terriera con la complicità della burocrazia amministrativa: questa "rivoluzione" dura un decennio e produce gravi danni e alcuni milioni di vittime. Più tardi, agli inizi del secolo, i membri di una società segreta a carattere paramilitare (i Boxer) conducono un'insurrezione contro la presenza straniera. Il movimento ottiene crescenti consensi e pone gravi interrogativi alle stesse capitali europee sia per la sicurezza dei loro cittadini residenti in Cina sia per il futuro dei loro investimenti e dei loro commerci. Prende corpo una spedizione militare interalleata con la partecipazione di contingenti dei diversi Paesi (anche USA e Giappone). Le forze colonialiste alleate prevalgono, pongono fine alla rivolta e occupano Pechino (1900). Dopo questa affermazione militare viene richiesto al governo cinese il pagamento di gravose indennità, che lo costringono ad inasprire i prelievi fiscali e a ricorrere a nuovi e più onerosi prestiti internazionali.

Per quanto attiene ai rapporti successivi con la Cina, dopo la disfatta dei Boxer non c'è unità di vedute fra le diverse capitali. Washington si mostra più favorevole ad una politica di presenza di tutti sullo stesso piano con un sistema di garanzie collettive ("porta aperta"), mentre le capitali europee sono più propense a definire rispettive zone di prevalenza commerciale finanziaria, cioè ad una "spartizione" del vasto territorio dell'Impero Celeste in aree di influenza. Tutti concordano sulla necessità di mantenere, anzi di estendere la propria presenza e rifiutano ogni tentativo di preclusione o di "chiusura" da parte delle autorità imperiali. Il governo americano in diverse note (settembre 1899 e luglio 1900) auspica (nel caso in cui fosse accettata la logica delle "aree d'influenza") una presenza amichevole e concordata delle varie potenze, nel rispetto reciproco e senza discriminazioni tariffarie e doganali (né sui traffici portuali, fluviali o ferroviari), riafferma di volere la pace con la nazione cinese, di cui vuole rispettare «l'entità territoriale e amministrativa» e al tempo stesso ribadisce la necessità che sia garantito «per il mondo il principio di un commercio uguale e imparziale con tutte le parti dell'Impero Cinese». Washington dichiara che in questo auspicato contesto garantirà «la protezione della vita e delle proprietà dei propri cittadini con tutti i mezzi garantiti dal trattato di extraterritorialità e dal diritto internazionale».

Dal contrasto economico-militare-politico fra la società cinese e i colonialisti prende avvio la formazione di un consistente movimento a vocazione nazionale. Già nel 1898 un significativo gruppo di intellettuali ha redatto un manifesto-proclama per la difesa della Cina e per il suo sviluppo. In seguito, il movimento nazionalista si rafforza e definisce le linee del suo programma: rifiuto del sistema imperiale e della dinastia mancese, vocazione repubblicana, Carta costituzionale, preferenza per un sistema politico parlamentare di tipo occidentale in una economia di mercato. Nel 1912 un'Assemblea Nazionale, convocata a Nanchino, proclama la nascita della Repubblica (alla cui guida è chiamato Sun Yat-sen) e la decadenza della dinastia Manciù. Ha preso corpo, in questi anni, dall'originario movimento nazionale, una forza politica consistente, il Kuomintang (partito nazionale del popolo), destinata a segnare per diversi anni la vita politica del Paese e ad esprimere dirigenti di rilievo, fra i quali lo stesso Chiang Kai-shek. In realtà, con l'affermazione di questa forza nazionalista e con la nascita del partito comunista cinese sono entrate in scena due componenti nuove della lotta politica, che hanno articolazioni sociali solide: si è creata un'attenzione da parte della pubblica opinione, si sono attivate strutture rappresentative delle categorie produttive e mercantili, hanno preso corpo organizzazioni sindacali. Rispetto ai precedenti fermenti scaturiti dalle iniziative delle "Società segrete" si è fatto un grande passo in avanti e si assiste ad una partecipazione più diffusa e consapevole di larghi strati della società. Il governo di Canton, espressione di queste forze, è in grado di condurre un'azione militare contro il governo del Nord (dominato da una parte residua dei cosiddetti "signori della guerra"), di sconfiggerli e di occupare la stessa Pechino (1928). Nello stesso periodo è condotta una intransigente campagna nazionale contro le concessioni britanniche e contro altri privilegi coloniali, contro i consolati, le strutture commerciali, gli edifici e gli stabilimenti di proprietà europea o americana (1927).

In questi anni Tokyo assume una posizione cauta, d'approvazione per la lotta anticoloniale del governo cinese. Da questo punto di vista sembra provare soddisfazione per le difficoltà che incontrano gli euro-americani, gli stessi cioè che gli hanno impedito di associarsi a loro con il riconoscimento dell'"eredità tedesca". Soltanto nella parte meridionale della Manciuria i contrasti restano cruenti per la crescente immigrazione coreana e nipponica, per lo sviluppo delle attività commerciali, agricole e industriali dei cittadini del Sol Levante, per i tentativi di acquisto di terreni agricoli di vaste dimensioni e per i controlli sempre più rigorosi da parte di esponenti giapponesi nelle linee ferroviarie mancesi.

Nel 1922-'23 prende corpo la collaborazione fra i comunisti cinesi e il Kuomintang. Nessuno nasconde le diverse identità, ma tutti perseguono parziali e urgenti obiettivi comuni. Si vuole la riunificazione della Cina del Nord con quella del Sud (ora rappresentata da due diversi governi), porre fine alla lotta dei "signori della guerra", affermare l'indipendenza contro i privilegi che le potenze coloniali hanno ottenuto nei decenni precedenti: le concessioni straniere, le estese extraterritorialità, i controlli di molti uffici doganali, i trattati ineguali, la mancata certezza e garanzia dei prestiti finanziari, la continua intromissione negli affari interni, la presenza di forze armate (di terra e di mare) per garantire le legazioni, gli operatori stranieri e i loro traffici ritenuti spesso illeciti (o comunque contrari agli interessi del popolo cinese: armi, oppio, alcolici, opere d'arte, seta, tessuti di pregio).

Già nel 1925 i responsabili del Kuomintang nutrono sospetti nei confronti dei comunisti cinesi e della delegazione sovietica presente in Cina sotto la guida di Borodin dal 1923: i nazionalisti del Kuomintang, presenti in gran parte della borghesia e dei settori della finanza e dell'imprenditoria del Paese, non condividono gli obiettivi rivoluzionari dei marx-leninisti. Se c'è convergenza nella lotta di liberazione, c'è invece dissenso sul futuro politico del Paese. Si teme che una prevalenza comunista possa determinare una situazione antidemocratica e antiliberale e minacciare la stessa indipendenza nazionale per possibili successivi legami di natura ideologica con l'URSS. In definitiva, ci sono preoccupazioni e riserve d'ordine interno ed estero. La contrapposizione fra questi due mondi continuerà per oltre un ventennio ed avrà fine nel 1949 con la proclamazione della Repubblica popolare cinese.

Negli anni compresi fra il 1926 e il 1928 si afferma il movimento nazionalista, che riesce ad occupare Pechino (giugno 1928) e a ristabilire l'unità dello Stato, come abbiamo già detto. Questo risultato evidenzia il ruolo prioritario di Chiang Kai-shek (che ha assunto la guida del movimento nel 1925 dopo il decesso di Sun Yat-sen) e la posizione predominante assunta dal suo movimento e dalle sue forze armate. C'è anche da osservare che i nazionalisti, dopo l'iniziale fase di collaborazione con i comunisti, li hanno emarginati e combattuti (repressioni a Shanghai, massacro di Canton, 1927), hanno rotto le relazioni diplomatiche con Mosca, hanno chiuso le rappresentanze commerciali sovietiche ed espulso cittadini e collaboratori militari russi, hanno promosso violente e ripetute campagne di stampa anticomuniste e antisovietiche.

Nel 1928, dopo che il partito comunista cinese è dichiarato "fuori legge", i dirigenti, i loro collaboratori e molti militanti si ritirano prima nel Sud e più tardi nel Nord-Ovest del Paese (Shaanxi), con una "lunga marcia" diventata storica per le difficoltà dell'impresa e per la determinazione dimostrata dalla dirigenza comunista. I rapporti fra i nazionalisti e il comunismo cinese restano difficili anche negli anni seguenti. Soltanto l'aggressione giapponese del 1937 aprirà la strada ad una nuova, temporanea e parziale collaborazione.

La chiusura a Mosca e la costituzione di un'autorità centrale cinese autorevole inducono britannici e statunitensi a riconsiderare le posizioni precedenti. Essi offrono collaborazione economica e finanziaria al nuovo governo cinese, riducono i privilegi di cui godono, capiscono che il nuovo ordine cinese può portare ad una fruttifera collaborazione purché esso non scivoli verso il marx-leninismo. Si possono ridurre le prerogative coloniali ed accettare molte delle richieste della "coscienza nazionale cinese". Essi hanno molti interessi: c'è una enorme rete commerciale, ci sono le associazioni missionarie protestanti (con decine di sedi), rimangono le grandi imprese, c'è il mondo finanziario.

In questo contesto, il Kuomintang rilancia i suoi progetti di modernizzazione: la Cina, liberata dai vincoli coloniali, può godere degli aiuti tecnici, imprenditoriali e finanziari delle potenze occidentali. Un compromesso appare dunque vantaggioso ed opportuno per entrambe le parti in causa, pur con alcune rinunce. Gli ambienti politici del nazionalismo cinese, Washington e Londra convergono sulla necessità di trovare un equilibrio (l'accettazione della rinnovata unità della Cina e il rispetto per il nuovo governo) per evitare di aprire la strada ai comunisti cinesi e agli elementi radicali di sinistra del Kuomintang. Al contrario, Mosca deve prendere atto di un totale insuccesso: emarginazione del partito comunista, rottura dei rapporti diplomatici, netta affermazione dei nazionalisti, avvio del dialogo e della collaborazione fra il governo di Pechino, gli anglo-americani e le altre potenze europee. Non ripiegano soltanto le prospettive rivoluzionarie, ma c'è il timore che le forze del movimento di liberazione cinese possano coesistere con gli interessi e le esigenze prioritarie delle grandi potenze occidentali. Esse aspirano ad una presenza non provvisoria e lavorano per diventare cooperatori indispensabili del processo di rigenerazione del Paese. Da questo punto di vista, assumono un ruolo nuovo e carico di prospettive: nella misura in cui accettano di coesistere e di collaborare con il nuovo governo ne diventano una "parte" importante e in pratica possono essere considerati "difensori" della nuova realtà.

Lo stesso Stalin, di fronte a questa sgradita evoluzione, affronta il problema della rivoluzione cinese e dimostra una conoscenza precisa della situazione e delle sue difficoltà. Questo Paese è pronto per una rivoluzione di carattere nazionale e anticolonialista, ma non per quella marx-leninista. Per questa svolta occorre attendere una profonda evoluzione della società. Ricorda tuttavia che Lenin, nell'aprile del 1917, non aveva giudicato matura la Russia per una «piena bolscevizzazione», mentre, alcuni mesi più tardi, cambiò posizione e la sostenne con tutte le sue forze. Per garantire il successo dei movimenti popolari, a suo parere, bisogna capirne e guidarne le tendenze senza indulgere a tentazioni ideologiche o a frettolose e superficiali analisi politiche.

Questa valutazione sconfessa anche un'altra speranza dei vertici moscoviti: il convincimento sull'affidabilità e sulla possibile collaborazione immediata con la borghesia asiatica (in questa sede cinese) si rivela un'illusione. Questa classe sociale è in gran parte ostile alle prospettive di una rivoluzione comunista, mentre è senz'altro favorevole alla causa nazionale, cioè alla riaffermazione dell'integrità e dell'unità dello Stato e all'estromissione delle potenze coloniali. Questo contesto subirà cambiamenti significativi nel giro di pochi anni. Anche il Giappone chiude questa fase politico-diplomatica con pochi risultati e deve prendere atto dell'evoluzione del movimento nazionalista e delle iniziative diplomatiche cinesi nei confronti dei Paesi stranieri che hanno ottenuto posizioni di privilegio all'interno del Paese. La sua attenzione si concentra sulla Manciuria, dove da anni la sua presenza economica è rilevante: da questo territorio prenderà l'avvio una nuova fase espansiva (1931) che farà sentire le sue conseguenze per circa quindici anni.

Una visione complessiva degli anni Venti nel Sud-Est asiatico segnala l'affermazione del nuovo governo di Pechino con la ricostituzione dell'unità statale cinese. Al tempo stesso, esso ha dimostrato di voler eliminare i più umilianti residui del colonialismo, ma anche di essere disponibile a collaborare su nuove basi con le potenze europee e gli USA, ha utilizzato il partito comunista nella fase iniziale ma se ne è liberato successivamente e ha troncato ogni rapporto politico con Mosca nel timore di dover subire ingerenze eccessive, ha saputo sfruttare ogni forza contraria a nuove presenze nipponiche e deve fronteggiare pretese e pressioni di Tokyo nell'area più meridionale della Manciuria. Si tratta di un bilancio provvisorio, ma soddisfacente, per il gruppo dirigente del Kuomintang nell'ottica di una lettura esclusivamente cinese di quanto è avvenuto.

Al contrario, se questo complesso di fatti è collocato nel contesto più generale del confronto Washington-Mosca-Tokyo, pare evidente che la partita politica si chiuda con significativi successi americani. Gli USA sono riusciti a collocarsi al fianco del nuovo governo cinese con credenziali anticolonialiste e anticomuniste e assistono alla distruzione del partito comunista cinese (e alla fuga dei suoi esponenti più autorevoli nel Nord-Ovest, al ritiro della missione Borodin e alla rottura diplomatica con Mosca). A ciò si aggiunge il contenimento dei giapponesi, che devono accontentarsi di una presenza economico-commerciale in un'area periferica del grande Stato. Pechino, inoltre, è consapevole che per la modernizzazione e per la sicurezza ha bisogno di Washington.

7. *La crisi economica mondiale. Prudenza sovietica*

La crisi economica e finanziaria che si manifesta sul finire del 1929 negli USA e che si allarga in tutti i continenti rappresenta una rottura traumatica del quadro preesistente. Essa non è soltanto imprevista, ma si rivela anche di dimensioni insolite ed è causa di profondi cambiamenti nelle società del tempo. Alle origini di questa bufera ci sono squilibri nei volumi produttivi dell'industria rispetto alla domanda, esposizioni creditizie esagerate nel mondo agricolo, eccedenze negli investimenti in rapporto ai beni prodotti, supervalutazioni dei titoli borsistici, incapacità del sistema bancario di tenere sotto controllo l'erogazione delle risorse finanziarie e il pagamento del servizio sui debiti.

Si tratta, come oggi è assai più facile comprendere, di una spirale perversa, improvvisa e rapida di eventi negativi. Di fronte a tali avversità le autorità del tempo e gli stessi esperti economici e finanziari risultano impreparati sia negli Stati Uniti che in Europa: indebitamento progressivo delle imprese agricole, industriali e commerciali, caduta dei prezzi dei prodotti industriali, agricoli e delle materie prime, flessione rilevante del commercio internazionale, forte espansione della disoccupazione in particolare nelle aree con più elevato indice di industrializzazione. Entra in crisi il meccanismo dell'accumulazione e dell'utilizzo delle risorse finanziarie, cioè il "circolo virtuoso" della costituzione e dell'impiego del capitale e dello sviluppo e si blocca il sistema dei pagamenti internazionali e dei trasferimenti. Gli investimenti finanziari vengono ridotti, sospesi, a volte annullati, crescono le difficoltà aziendali, molti istituti creditizi devono abbandonare il mercato. La lievitazione della crisi la trasforma da finanziaria in economica e finisce per investire i principali settori produttivi e le stesse strutture commerciali.

La necessità di tutelare le economie nazionali spinge all'adozione di misure di tutela protezioniste. Ciò si verifica anche in Paesi liberoscambisti dov'erano stati sostenuti sistemi produttivi e commerciali liberisti. Non sfuggono a queste tentazioni neppure Londra e Washington: c'è il diffuso convincimento di poter rallentare la recessione interna attraverso drastiche riduzioni delle pressioni esterne, alzando barriere doganali più severe e rigide e dunque riducendo l'interscambio.

La caduta molto rilevante dei titoli azionari, legata a sopravvalutazioni precedenti, induce a drastiche contrazioni nell'erogazione del credito. Questi provvedimenti colpiscono aziende "malate e sane", determinano contrazioni produttive, tensioni dei prezzi dei prodotti agricoli e industriali e, com'è ovvio, accrescono la disoccupazione.

Non stupisce la reazione dei governi, in genere impreparati ad affrontare un'emergenza di questa portata, ma purtroppo i rimedi d'urgenza (svalutazioni monetarie, tariffe doganali, credito agevolato, ecc.) non curano il male e spesso lo radicalizzano. Le diverse misure adottate dai singoli governi, in genere ispirate dalla esclusiva volontà di limitare i danni interni senza un'adeguata considerazione del fenomeno complessivo e una lettura delle difficoltà dell'intero sistema, si rivelano inefficaci. Si parla in modo esplicito di protezionismo, di politiche economiche autarchiche, di tutela degli interessi all'interno dei sistemi imperiali, di nuovi regolamenti negli scambi, di equilibri garantiti fra le monete.

Al di là degli aspetti nazionali e delle reazioni dei singoli gruppi dirigenti, l'ampiezza prima della stagnazione e poi della violenta recessione finisce per aprire un dibattito sullo stesso sistema economico-finanziario che ha guidato la ripresa e lo sviluppo postbellico: la libera iniziativa, la forza selettiva della concorrenza, il ruolo del capitale, l'importanza delle strategie finanziarie, i limitati interventi governativi, le politiche di assistenza, la solidarietà e la sussidiarietà sociale, i meccanismi fiscali sia come strumento di ridistribuzione del reddito sia come stimolo allo sviluppo. Sono questi temi complessi di carattere generale che inducono ad una riflessione profonda sull'intero sistema adottato, sulla sua validità e sulla sua capacità di superare un momento così delicato. Non si dimentichi che la recessione spalanca le porte della disoccupazione e della miseria per milioni di persone, mette a nudo i limiti del meccanismo di sviluppo e di accumulazione capitalistica, evidenzia l'impotenza dei governi, teorici del liberismo, a fronteggiare emergenze sociali drammatiche e mette in luce lo smarrimento degli economisti per non aver previsto né fronteggiato questo "grande diluvio".

Si possono in tal modo osservare le diverse fasi della politica estera americana dopo il conflitto. In un primo momento prevale una spinta isolazionista con l'eccezione di un attivismo nel Sud asiatico proteso al contenimento del Giappone e alla tutela della Repubblica cinese, come abbiamo già detto. Nel periodo della "grande depressione" questo orientamento è confermato sul piano politico, si estende anche a quello economico ed interessa anche l'area del Sud-Est asiatico. Questa evoluzione è la conseguenza di uno stato di necessità americano, non di un mutamento di giudizio sui rapporti nippo-cinesi. Il primo disimpegno dai problemi europei e dalla Società delle Nazioni è frutto di una decisione ben precisa, voluta e perseguita, il secondo è subito come conseguenza di una crisi che rende impossibile svolgere un ruolo attivo e incisivo. Soltanto nella seconda metà degli anni Trenta si assiste ad una ripresa d'iniziativa della diplomazia americana sui teatri europei e asiatici. Anche questa nuova presenza avrà caratteristiche molto peculiari; da un lato essa conferma la vocazione isolazionista di fondo, sottolineata dal varo delle leggi sulla neutralità politica ed economica da osservare nei confronti di ogni potenza belligerante; dall'altro Washington non potrà ignorare le turbative nippo-tedesche che si affacciano nei due continenti e sarà costretta a fronteggiare le nuove emergenze, a rincorrere le iniziative di Tokyo e Berlino, a rafforzare il fronte degli Stati amici, a chiedere e sostenere (seppure dall'esterno) l'intervento della Società delle Nazioni. L'indubbia collocazione sul fronte dei Paesi democratici non sarà sufficiente a superare le riserve isolazioniste, che cadranno in modo irreversibile più tardi, nel dicembre del 1941, con le azioni aggressive e con le dichiarazioni di guerra delle potenze aderenti al Patto Tripartito. Il radicamento dei convincimenti isolazionisti si dimostra assai profondo e alla fine non viene superato da allineamenti ideologici, ma soltanto di fronte a gravi azioni militari che colpiscono lo Stato nord-americano nei suoi interessi e nel suo prestigio.

A questi elementi si deve aggiungere l'incapacità degli Stati con maggiori responsabilità nei settori finanziari (USA, Gran Bretagna, Francia) nell'affrontare l'emergenza con strumenti e obiettivi di carattere generale. La loro ritirata in difesa dei rispettivi popoli non soltanto non ne permette la tutela, ma abbandona il sistema in balia di se stesso. La scarsa fiducia nella cooperazione e il convincimento che ognuno dovesse pensare per sé non rendono possibile l'adozione di politiche concordate e convergenti. Non può sorprendere che questa strategia "isolazionista" apra la strada al protezionismo e al nazionalismo, a cure e rimedi nel quadro di orizzonti statuali.

Si tratta di interventi che esasperano e contrappongono le diverse capitali e di conseguenza danno vita a sentimenti, speranze, esigenze dei singoli popoli. Anche la conferenza economica del 1933, promossa dalla Società delle Nazioni, non raggiunge risultati apprezzabili per la mancanza di coordinamento delle politiche economiche dei principali Stati. Un rilievo di prim'ordine acquista la flessione della presenza americana sul mercato dei capitali finanziari, che non è più in grado di impegnare all'estero i volumi rilevanti degli anni precedenti. In tal modo, agli inizi degli anni Trenta, all'isolazionismo politico si affianca quello economico-finanziario.

Per superare la grande depressione c'è la ricerca di soluzioni nelle direzioni più disparate: c'è chi invoca un liberismo assoluto capace da solo di riequilibrare il sistema corrotto da falsi assistenzialismi e da inopportuni interventi statali e c'è chi crede di poter far leva sugli elementi protezionisti e nazionalisti («le vie nazionali alla ripresa»). Questa ricerca di soluzioni disparate, egoiste, in chiave statalista, non è, come spesso si pensa, una rinata logica di potenza delle diverse capitali, ma al contrario fa nascere la loro consapevolezza della propria fragilità e la speranza di poter uscire dalle difficoltà attraverso rimedi nazionali. Si vuole abbandonare al più presto un convoglio di Stati che sembra destinato ad un deragliamento disastroso. Sia gli USA che le maggiori potenze industrializzate non sono alla ricerca di affermazioni esterne o di primati reciproci, ma prevale la logica dell'estremo pericolo e la ricerca della propria salvezza: «Si salvi chi può se ancor lo può».

Mentre le classi politiche dei Paesi democratici con sistemi economici liberal-capitalisti cercano di fronteggiare l'emergenza e di trovare rimedi efficaci, non mancano coloro che mettono in discussione l'intero sistema economico, cioè i meccanismi della proprietà, della produzione e dell'impiego delle risorse finanziarie. Fra questi assumono un ruolo di particolare rilievo i comunisti: pare che la grande depressione, che essi avevano previsto come conclusione della guerra mondiale, arrivi implacabile con alcuni anni di ritardo, evidenziando le contraddizioni interne al sistema capitalista, l'impossibilità di mantenere un equilibrio fra le potenze nello sfruttamento delle risorse dei Paesi coloniali, l'accresciuta conflittualità fra le classi sociali per la riduzione della ricchezza prodotta e la sua distribuzione. Nei Paesi capitalisti che erano stati impegnati in conflitto, oltre alle altre difficoltà, è cresciuta la tensione sociale per le rinnovate richieste di miglioramenti normativi ed economici dei lavoratori dell'industria e dell'agricoltura: le tradizionali politiche di contenimento di queste esigenze, basate sull'emergenza bellica e sulla necessità di "stringere i denti" per risalire la china del dopoguerra, sembrano esaurite. Se da un lato s'impone una svolta riformista, dall'altro la crisi economica e l'autoritarismo di molti governi precludono questa via e radicalizzano lo scontro fra le classi sociali.

Si tratta di molte delle note previsioni di Lenin, il fondatore dell'URSS, che aveva teorizzato, nelle numerose opere dedicate allo sviluppo del sistema capitalista, il suo ineludibile superamento per le sue difficoltà interne e per la concorrenza del socialismo. Anzi, il leader sovietico aveva previsto l'avvento del comunismo come necessità "naturale" per far fronte al decadimento inarrestabile degli Stati capitalisti, per gestire il fallimento storico di questo sistema e per assicurare il passaggio ad un nuovo equilibrio fra le classi e le nazioni.

Il nuovo «ordine economico, sociale e politico», anche se ha avuto bisogno della violenza rivoluzionaria per imporsi in un grande Stato, appare in questo contesto come un erede designato, un successore necessario al decadimento e alla decomposizione dell'equilibrio capital-imperialista. Non c'è soltanto una sostituzione prevedibile, imposta dalla frantumazione del vecchio mondo, ma viene alla luce l'aspetto salvifico, rigeneratore, del nuovo modello, che appare agli occhi dei dirigenti moscoviti come una speranza di salvezza per l'umanità disorientata e impoverita. La dottrina marx-leninista è una risorsa vitale per superare le difficoltà e spalancare le porte del futuro ad una convivenza nuova all'interno degli Stati e fra loro. Non c'è più bisogno delle crisi rivoluzionarie antiborghesi perché la rottura dei precedenti equilibri socioeconomici sgombra la strada ai costruttori del socialismo. Essi devono prepararsi ad assumere la guida di un grande processo di stabilizzazione e di sviluppo. Se nel periodo precedente si studia la possibilità di fare la rivoluzione nei singoli Paesi, ora si è certi che il frutto maturo, anzi marcio, cadrà da solo. Si deve pensare a risolvere gli enormi problemi causati da questo crollo e a trovare le strade migliori per far avanzare i popoli sulla via del socialismo.

La crisi è talmente grave e diffusa che, anche senza eccessive pressioni interne o azioni dall'esterno, gli assetti preesistenti appaiono condannati a morte dalle loro stesse debolezze e dall'incapacità di tenere sotto controllo lo sviluppo del sistema.

Le critiche al mondo capitalista e imperialista non appartengono soltanto alle elaborazioni marx-leniniste, anche se esse sono portate ad un punto estremo di radicalizzazione proprio dagli esponenti di questo indirizzo. In realtà, riserve e condanne sono manifestate, con argomenti diversi, anche da movimenti d'ispirazione liberal-democratica, socialista riformista e da settori del cristianesimo sociale europeo. Il momento può essere favorevole per assestare una "spallata" all'Occidente e aprire la strada alla rivoluzione e al potere proletario: si tratta di condizioni di sbandamento, di crisi economica e di debolezza delle istituzioni parlamentari non lontane da quelle conosciute in Europa dal 1918-1921 ed ora presenti, per molti aspetti, anche negli USA. È forte la tentazione di far leva sui partiti comunisti locali, sulle risorse dello Stato sovietico e sulla crisi di identità e di fiducia che colpisce i ceti medi euro-americani, sulla capacità del sistema di risolvere le contraddizioni del presente. Ciò nonostante, Mosca non impugna la fiaccola della rivoluzione mondiale e si limita ad una ripresa della propaganda comunista e ad una esternazione più costante e dettagliata della propria dottrina economica. Incoraggia e sostiene i partiti filosovietici, ma non scatena un'offensiva a largo raggio con lo scopo di travolgere i governi borghesi.

I sovietici tengono un atteggiamento prudente: non vogliono compromettere i risultati dei piani economici già avviati, temono ripercussioni negative per il commercio estero, non dispongono di adeguati mezzi finanziari e militari per sfidare con sicurezza l'Occidente. Credono, al contrario, che sia opportuno garantire lo *status quo* con una serie di accordi diplomatici: nel 1933 ci sono la ripresa delle relazioni diplomatiche con gli USA e la stipula di un accordo di non aggressione con l'Italia fascista e nell'anno successivo il governo dei Soviet entra nella Società delle Nazioni. Perché maturano queste decisioni? Perché il momento di profonda confusione e di debolezza delle potenze occidentali non spinge ad una prova di forza?

Da più parti è stato osservato che, oltre agli elementi già rilevati, Mosca teme che una pressione diretta possa unificare i Paesi in difficoltà ed aiutarli a superare il momento drammatico che attraversano. L'argomento, non privo di fondamento, pare fragile e quanto meno inadeguato a spiegare la linea adottata dalla grande potenza euro-asiatica.

In realtà, due nuovi fenomeni si affacciano sul teatro europeo ed asiatico e possono provocare conseguenze gravi per Mosca: l'espansionismo nipponico nel continente asiatico con l'occupazione della Manciuria (provincia nord-orientale della Cina) e l'affermazione in Germania del partito nazionalsocialista, che nel 1933 assume la guida del governo. Questi due elementi sono affiancati da altre vicende: dopo la rapida diffusione della crisi si assiste all'avvio, in tutti i Paesi, di terapie economico-finanziarie e sociali.

La risposta dei Paesi democratici industrializzati alle difficoltà degli anni Trenta, dopo i primi sbandamenti e le iniziali incertezze, è in parte basata su indirizzi già maturati nei decenni precedenti e durante la parentesi bellica e in parte su scelte coraggiose assolutamente innovative. Già da anni la storica distinzione liberale fra Stato, economia e società è stata superata con l'ampliamento del suffragio elettorale, lo sviluppo dei partiti politici (che tendono a diventare di massa) e la nascita di legislazioni sociali e di politiche economiche. Senza cedere al dirigismo sovietico e all'idea del controllo economico con i "piani" da parte delle autorità statali, si accentua la presenza degli organi pubblici nella vita economica e sociale dei vari Paesi. Senza rinunciare alle garanzie costituzionali, al pluripartitismo e alle Assemblee elettive "aperte", il rapporto fra politica ed economia subisce un cambiamento radicale: con la sfiducia nei meccanismi automatici ed equilibratori del mercato e del *laissez faire* si fa strada l'idea di controllare e correggere in modo costante l'andamento della congiuntura dei cicli economici per garantire l'utilizzo ottimale delle risorse ed evitare eccessi di disoccupazione e di sovrapproduzione.

Per garantire il funzionamento del sistema in momenti di depressione o recessione si sceglie la strada del sostegno della domanda interna attraverso iniezioni finanziarie che prevedono una dilatazione della spesa pubblica. Questo meccanismo, che abbandona le precedenti riserve sull'intervento pubblico, pare il più adeguato per rimettere in movimento la macchina economica anche se allarga il *deficit* pubblico. Una parte rilevante degli interventi pubblici deborda dai volumi incassati attraverso il gettito fiscale e si forma con il ricorso a titoli del debito pubblico. Politiche adeguate di spesa rispondono alle esigenze complessive di un'economia di mercato in temporanea difficoltà. Prevale la necessità di far crescere la domanda, rispetto ai rischi di una stagnazione o di una recessione che avrebbero gravi conseguenze sociali e politiche. Non sono abbandonati i canoni dell'economia tradizionale del mercato, ma vengono definiti aggiustamenti e rimedi per attivare consistenti investimenti a vocazione popolare-sociale. Questa terapia, sperimentata e attuata in particolare negli USA, farà scuola, e le teorie del noto economista Keynes diventeranno un modello per molti Stati anche negli anni successivi.

Con metodi diversi e in tempi non identici, i singoli governi mettono a punto tattiche e strategie per superare la grande depressione. In genere si estende e si rafforza la presenza dei poteri statali nell'economia e nella finanza in vari modi: tendenze autarchiche, ambizioni espansionistiche, accentuato controllo di materie prime ed energetiche sui mercati esteri, riorganizzazione dei sistemi fiscali, limitazione delle importazioni "non necessarie", concentrazione delle maggiori imprese, controlli severi sul volume e sui costi del credito (tassi d'interesse), sostegno dei prezzi, interventi a favore di alcuni settori produttivi, sviluppo dei lavori pubblici, difesa del potere d'acquisto dei salari, disponibilità alla "svalutazione" delle monete per sostenere le esportazioni, generale tendenza a ridurre le competenze degli organi parlamentari a favore degli esecutivi.

Si tratta di strategie radicali, giustificate da un'emergenza eccezionale che impegna tutti i gruppi dirigenti. Questa reazione darà frutti positivi: nel giro di pochi anni, a prezzo di grandi sacrifici e con pesanti costi sociali, la crisi sarà superata e le condizioni delle economie del mondo capitalista tornano in equilibrio, anzi, in alcuni casi, allo sviluppo. Viene in tal modo smentita la speranza della rottura naturale e inevitabile dei meccanismi dell'accumulazione capitalista e dell'esplosione delle contraddizioni all'interno del sistema liberal-democratico e ancor più vengono disattese le previsioni di una traumatica rottura del mondo coloniale. Al contrario, Mosca deve prendere atto della capacità del "sistema occidentale" di analisi della crisi, di adozione di misure correttive e di riattivazione dei meccanismi fondamentali della libera iniziativa economica, della concorrenza, in sostanza del mercato interno ed estero.

Le difficoltà non hanno portato all'adozione, né per via pacifica né per via rivoluzionaria, dei principi economici del marx-leninismo, anche se l'URSS non è stata travolta dalla grande depressione. Si preferisce adottare rimedi estremi per uscire dalla situazione, senza tuttavia mettere in discussione i pilastri delle dottrine economiche liberiste. Molti provvedimenti adottati sembrano in contraddizione con quei presupposti, ma essi sono adottati ed accettati, nella loro straordinarietà e temporaneità, per ristabilire quanto prima il funzionamento dei normali meccanismi del mercato. Ai più il credo moscovita non pare applicabile ai Paesi con più elevato grado di sviluppo e di industrializzazione. Se dunque questa tentazione è rigettata in un momento di flessione della vita economica finanziaria, appare ancora più remota la possibilità che essa possa essere accolta in successivi momenti di tranquillità e di sviluppo.

La mancata iniziativa politica sovietica in questo frangente così straordinario, generale e difficilmente ripetibile, è comprensibile alla luce dei problemi che l'URSS deve in ogni modo affrontare al suo interno e per le nuove situazioni internazionali. I due sistemi, sovietico e capitalista occidentale, prendono fiato: uno pensa al consolidamento postrivoluzionario, allo sviluppo industriale, alla meccanizzazione agricola, alla collettivizzazione delle campagne (colpite quasi ovunque da una forte carestia), l'altro deve fronteggiare l'esplosione di meccanismi di sviluppo che parevano aver garantito la ripresa dopo il rallentamento del periodo bellico e postbellico. La politica estera sovietica di questo periodo è in sostanza "prudente e pragmatica". Mosca cerca garanzie, promuove accordi per sviluppare il suo commercio estero, per accrescere la sicurezza delle sue frontiere, ma non è tentata dall'avventura anticapitalista; questa scelta è anche la conseguenza della realtà socio-economica che deve fronteggiare in questo periodo.

Nel 1928 prende corpo il primo piano quinquennale, i cui obiettivi sono l'industrializzazione e l'avvio delle esperienze collettive in agricoltura. Si tratta di progetti di ampio respiro, che modificano profondamente la società russa. Il Paese ha bisogno di risorse finanziarie che all'estero, per le note vicende, è sempre più difficile reperire: è necessario utilizzare il credito interno, requisire i prodotti agricoli (per sfamare il proletariato urbano e l'apparato statale-militare), sviluppare la meccanizzazione agricola per aumentare le produzioni e per liberare forza-lavoro da trasferire nell'industria, godere della collaborazione di tecnici, di esperti e di scienziati stranieri. Questa grande e rapida trasformazione della Russia è vissuta dai dirigenti comunisti come una missione storica alla quale devono essere sacrificate altre esigenze popolari, in particolare quelle del mondo rurale.

Lo stesso Stalin agli inizi degli anni Trenta, durante un incontro con esponenti del mondo economico e industriale, afferma: «[...] la storia della vecchia Russia dimostra [...] che essa fu costantemente sconfitta a causa della sua arretratezza. Fu sconfitta dai mongoli, dall'aristocrazia polacco-lituana, dai capitalisti anglo-francesi [...]. Sconfitta a causa della sua arretratezza militare, culturale, politica, industriale ed agricola [...]. Siamo indietro di centocinquant'anni rispetto ai Paesi sviluppati. Dobbiamo colmare questo divario in dieci anni. Se non ci riusciamo, soccombiamo». Questa politica presuppone l'adozione di misure estreme, una «lotta feroce» contro i nemici di classe «veri o presunti» e contro tutte le forze controrivoluzionarie (capitalisti stranieri, proprietari, militari e politici russi emigrati, sabotatori economici interni, ecc.) e l'adozione di violente misure repressive: requisizione dei prodotti agricoli, controllo sul patrimonio animale, ridistribuzione della proprietà fondiaria, creazione delle fattorie collettive, vigilanza sui contadini, sugli amministratori, sui dirigenti di partito. Non si tratta di fenomeni spontanei o realizzati con gradualità, ma di scelte centraliste imposte con la forza, spesso con il ricorso alla violenza "rivoluzionaria".

Sono anni difficili per i lavoratori agricoli, che conoscono la fame e le carestie in molte aree dell'URSS. Ciò nonostante, la determinazione del Cremlino è ferma, per alcuni aspetti implacabile: gli obiettivi del piano vanno realizzati ad "ogni costo" e i prezzi umani e sociali sono molto elevati. Stalin afferma in più occasioni che occorre perseguire due obiettivi: «Fare la rivoluzione e rifare la Russia». In questi anni, l'andamento della produzione agricola non è omogeneo e spesso non favorevole: al 1930, che registra raccolti eccezionali, seguono il '31, il '32 e il '33 con risultati molto negativi. Ciò nonostante si procede alle requisizioni e al perseguimento degli obiettivi del piano. Qucsta azione mette in luce la volontà di Mosca di giungere al controllo e alla gestione di gran parte delle attività agricole e alla totale sottomissione delle classi rurali che, sin dal 1917, hanno dimostrato maggiore resistenza alla nuova dottrina. In questo periodo, nonostante carestie drammatiche in diverse aree del Paese, Mosca esporta notevoli quantitativi di grano e di altri prodotti agricoli per poter accedere a valuta pregiata, macchinari e in genere a tecnologie moderne. Le battaglie intraprese per le requisizioni agricole, anche durante gli anni di cattivi raccolti e di dolorose carestie, servono a sostenere i consumi interni dei grandi centri urbani industrializzati dove risiedono gli operai sostenitori del sistema e strumento della crescente industrializzazione. Questo sforzo grava sulle spalle delle campagne (anche quelle dove ormai operano le fattorie collettive) ove, è bene non dimenticarlo, risiedono i 2/3 della popolazione. D'altra parte, già nel periodo 1928-'29 era stato introdotto il razionamento del pane e di altri generi alimentari, a conferma delle difficoltà esistenti e dei sacrifici richiesti.

Questo sforzo rende meno dinamica la politica estera e obbliga i dirigenti comunisti ad un'azione interna costante e impegnativa per dare stabilità e credibilità al sistema. La crisi degli anni Trenta che colpisce i Paesi capitalisti è dunque molto diversa da quella che attraversa l'URSS nello stesso arco di tempo. Si tratta di fenomeni che hanno pochi punti in comune: le difficoltà del mondo capitalista nascono all'interno di un sistema sperimentato e applicato da decenni che deve affrontare una "crisi di crescita" economico-finanziaria, mentre quelle della società comunista scaturiscono da un complesso di fattori nuovi, che non hanno precedenti e che rappresentano un esperimento carico di speranze e di rischi. È in atto il tentativo, sotto il controllo di un'autorità statale, di cambiare gran parte della base economica tradizionale di un grande e popoloso Paese. Si vuole il passaggio da una realtà semifeudale ad una industriale, da un'agricoltura gestita in prevalenza da latifondisti e da proprietari medi e piccoli a forme di gestione e proprietà collettive, ad un esercizio delle attività finanziarie e creditizie con gestione pubblica. In sostanza, c'è il passaggio ad una conduzione della vita economica da parte dell'autorità pubblica per quanto attiene all'impiego delle risorse (uomini, strutture, mezzi, produzione, commercio, ecc.): «Col socialismo abbiamo costruito l'industria pesante. Abbiamo convertito al socialismo il contadino medio. Sono state già compiute – osserva Stalin nel 1931, parlando a Mosca ai dirigenti del partito comunista –, le cose più importanti per la costruzione (del socialismo). Le cose che ci restano da fare sono relativamente poche: apprendere la tecnologia, impadronirci della scienza. Quando ci saremo riusciti, avremo livelli di industrializzazione che in questo momento non osiamo neppure immaginare. E, se ci mettiamo d'impegno, ci possiamo riuscire».

8. *Allarme in Europa e in Asia*

Agli inizi degli anni Trenta due nuovi allarmi suonano sulle frontiere asiatiche e centroeuropee dell'URSS. Sono fenomeni che possono determinare cambiamenti di rilievo nei rapporti politici di quelle aree e mettere in discussione la nuova realtà statuale sovietica. Anche se questi movimenti non rappresentano un pericolo immediato per il bolscevismo, contengono potenziali sviluppi in tal senso. In Giappone e in Germania prendono corpo politiche estere "revisioniste" nei confronti sia dei trattati postbellici sia delle situazioni contingenti creatisi nel decennio 1920-1930. Si tratta dell'espansionismo del governo di Tokyo in Manciuria e della conquista del potere da parte dei nazionalsocialisti in Germania, come abbiamo ampiamente analizzato nel paragrafo precedente.

Le forti turbolenze politiche determinate da questi nuovi elementi ai confini estremi dello Stato comunista appaiono subito in grado di scuotere profondamente l'edificio della Società delle Nazioni, custode prioritario, anche se formale, della sicurezza collettiva. I due fenomeni non hanno origini comuni, perseguono obiettivi diversi, si basano su realtà sociopolitiche interne non omogenee, ma ambedue mettono in discussione equilibri strategici fino ad allora accettati (o subiti). Il direttorio delle grandi potenze non pare essere adeguato a fronteggiare la sfida del cambiamento. Questi Paesi, impegnati a superare le emergenze economiche interne e internazionali, divisi nel valutare l'urgenza e la necessità d'interventi congiunti, gelosi delle rispettive prerogative ed ambizioni, non sono nelle condizioni di reagire, ma soltanto di protestare ed attendere.

Se Washington, Londra e Parigi (e il governo cinese) si trovano in queste condizioni, Mosca sviluppa una lettura diversa della crisi politica aperta dall'attivismo nippo-tedesco. Il Cremlino teme per il futuro della Rivoluzione russa: non si tratta di un pericolo immediato, ma di premesse che possono rendere più stretto l'"accerchiamento capitalista". A ciò si deve aggiungere la paura che i nuovi interlocutori incutono per il ricorso alla forza militare, per l'esternazione di progetti espansivi (da loro ritenuti "vitali") che interessano anche estese aree sotto controllo sovietico. Questi timori non sono dissipati dai contrasti di questi Stati con le democrazie occidentali. Mosca teme che possano essere trovati accordi successivi con quest'ultime anche ai danni dell'URSS. C'è pure la preoccupazione che i Paesi revisionisti possano essere utilizzati in una strategia di più ampio respiro come strumenti di pressione, di contenimento e di ingerenza negli affari interni sovietici. Per fronteggiare questa nuova realtà, il governo dei Soviet apre una stagione di negoziati e di intese in tutte le direzioni per far scendere la pressione e consolidare il quadro esistente per quanto riguarda le sue frontiere. In questo contesto si deve collocare anche il cambiamento di giudizio verso la Società delle Nazioni. Nel 1934 l'URSS entra nell'organizzazione, come abbiamo già detto: questo strumento, da oltre un decennio criticato e respinto, appare ora idoneo per rafforzare la sicurezza russa.

L'iniziale e determinata opposizione alla Lega delle Nazioni mostra qualche ripensamento già nel 1923 con gli inviti a prendere parte alla conferenza per il disarmo mondiale, con la presenza alle conferenze economiche indette dalla stessa organizzazione (1922 e 1927). C'è una coincidenza cronologica eloquente fra l'uscita della Germania, decisa dal nuovo governo nazionalsocialista (1933), e il cambiamento radicale delle posizioni dell'URSS verso la Società della Nazioni. La decisione sovietica rappresenta una svolta clamorosa rispetto alle posizioni assunte nel decennio precedente. È necessario precisare che la Lega delle Nazioni non è più considerata, secondo le dichiarazioni di Molotov, «un'arma puntata contro il bolscevismo». Si ritiene che i Paesi ad essa aderenti siano convinti della necessità di preservare la pace e che non esista più la congiura antisovietica di un «gruppo di dirigenti imperialisti».

In realtà, il nuovo contesto europeo e asiatico costituisce un potenziale elemento di pericolo per l'URSS sia sul piano del sistema politico sia su quello dell'integrità territoriale. La partecipazione sottolinea la ricerca di un dialogo con potenze che sembrano ostili alle nuove aspirazioni nippo-tedesche, la volontà di ricercare nuovi strumenti difensivi anche attraverso i vincoli statutari della Lega, la certezza di poter recitare, sul palcoscenico mondiale, un ruolo più autorevole non soltanto da Mosca ma anche da Ginevra. Si nutre, in ultima analisi, la speranza di far crescere potenziali solidarietà nel momento in cui si sostiene una Società delle Nazioni in difficoltà per l'uscita di altre potenze e per i contrasti non risolti in Europa e in Asia. La mancata partecipazione, per l'esclusione iniziale, e le conseguenti radicali polemiche del periodo leninista sono superate dal convincimento di un duplice stato di necessità, cioè di fronte ad emergenze che possono toccare sia la solidità della Lega delle Nazioni sia interessi importanti del Cremlino.

Stalin non dispone della forza per affrontare conflitti impegnativi e deve raggiungere gli obiettivi economici fissati dai piani. C'è una lettura moscovita della grande depressione (1929-'32) che non coincide con quella di altri Paesi: secondo l'interpretazione sovietica, essa è la prevista implosione del capitalismo imperialista che ne segnerà la fine. Le politiche nippo-tedesche appaiono come le convulsioni più profonde perché ripercorrono la strada dell'espansionismo come soluzione ai problemi di stabilità e di crescita interna, ma gli uni e gli altri rappresentano un pericolo perché possono aprire la strada ad avventure militari e mettere in discussione l'integrità e l'esistenza dello Stato sovietico. È palese il timore che queste tensioni possano essere pilotate in senso anticomunista e che Tokyo e Berlino possano diventare l'avanguardia di un'azione ostile più generale condotta nel nome di tutte le dottrine anticomuniste. Neppure si può escludere che le due capitali possano, in futuro, trovare un'intesa per un'azione comune ostile ai sovietici obbligandoli ad una contemporanea difesa militare in Asia e in Europa.

Non si deve fraintendere la politica estera di Stalin. La difesa del «comunismo in un solo Paese» non cancella la visione mondiale della politica sovietica e la vocazione globale della sua ideologia; in nessun momento la chiusura nazionale significa rinuncia ad un ruolo di carattere planetario. La posizione di cauta difesa e la ricerca di accordi e di garanzie, impensabili negli anni precedenti, sono il frutto di scelte meditate e realistiche. Esse rispondono alla consapevolezza dei propri limiti temporali e non sono, dunque, segnali di rinunce o di ripiegamenti strategici, ma l'espressione di oggettive impossibilità. Mosca non rinuncia a "saltare", cioè a fare la rivoluzione mondiale, ma si "raccoglie", prende la rincorsa per essere pronta ad una sfida per la quale occorre una maggiore preparazione. Questa tensione è ben presente nei dirigenti sovietici anche dopo l'allontanamento di Trotsky e il formale abbandono delle sue teorie più internazionaliste.

La crisi economica degli anni Trenta e le nuove condizioni politiche in Germania e in Giappone determinano un contesto nuovo che va oltre le temute revisioni delle soluzioni di Versailles. Non c'è più alcun rapporto diretto fra i nuovi progetti tedeschi e giapponesi e una parziale revisione dei contenuti di quelle intese. L'idea diffusa che le spinte dei nuovi attori siano indirizzate alla semplice modifica di quel contesto (revisionismo dei trattati) è fuorviante ed illusoria. Berlino e Tokyo perseguono obiettivi nuovi, più ambiziosi, che vanno ben oltre le precedenti rivendicazioni avanzate dai rispettivi governi degli anni Venti. La ripresa delle polemiche contro le ingiuste soluzioni adottate a Versailles e alla conferenza di Washington è l'inizio di una contrapposizione nuova e più radicale. Essa non è finalizzata ad ottenere soddisfacimenti conclusivi in quelle specifiche questioni, ma serve per acutizzare i contrasti, mobilitare i "fronti nazionali interni", spingere ad un grande sforzo negli armamenti in vista di progetti espansivi centroeuropei e asiatico-continentali. Questi obiettivi nulla hanno in comune con quelli perseguiti in precedenza, legati alle frettolose e punitive sistemazioni postbelliche volute dalla maggioranza dei vincitori.

Il nuovo attivismo nippo-germanico sfrutta i risentimenti e le ingiustizie subite dal nuovo ordine della pace, ma ha di fronte a sé progetti espansivi ben più generali e rivoluzionari, esce dal sistema logico precedente dei rapporti fra "vinti e vincitori" e si colloca oltre la ristretta e ormai superata logica degli squilibri postbellici. Le due potenze pensano a presenze più incisive nelle rispettive scene continentali e dunque a ruoli attivi e decisivi nella politica internazionale, cioè nel gioco delle grandi potenze. S'intravede con chiarezza la volontà di protagonismo su scala mondiale non tanto per rivedere i vecchi equilibri, cioè per aggiustare le inadeguate soluzioni adottate, quanto per determinare scenari rispettosi delle potenzialità dei due Stati.

Questo espansionismo nippo-tedesco mette in allarme i due grandi isolazionisti (Washington e Mosca) e le maggiori potenze coloniali europee. Alla comune consapevolezza di avere di fronte interlocutori determinati e impegnativi non corrisponde un'analoga lettura dei rischi e dei pericoli connessi alle novità emergenti. Washington, con le difficoltà di cui si è già parlato, lascia a Londra e a Parigi la maggiore responsabilità di fronteggiare l'emergenza tedesca, sottovaluta il peso crescente della Germania e sopravvaluta la possibilità di resistenza e contenimento anglo-francese, mentre sul fronte asiatico affida, al di là delle proprie proteste, alla Società delle Nazioni il compito di condannare e frenare le pressioni nipponiche. Si tratta di quella organizzazione di cui gli USA non fanno parte, che fino ad ora ha escluso l'URSS e che non dimostra di possedere le energie adeguate ai pericoli che si preannunciano.

Londra e Parigi cercano di affrontare la minaccia con l'accettazione delle iniziali richieste di Berlino su problemi confinari, sul riarmo, sulle occupazioni di aree smilitarizzate, sul rientro di popolazioni tedesche e sull'abbandono dei territori da esse occupati, mentre lasciano in ombra le aspettative razziali-imperialistiche del nuovo governo. Sul fronte extraeuropeo prevale la necessità di tutelare i propri imperi coloniali; anche Gran Bretagna e Francia non dispongono né delle risorse né della volontà di fronteggiare l'attivismo della grande potenza insulare asiatica. Anch'esse giocano la carta della Società delle Nazioni, di cui rappresentano il "cuore politico", cioè la parte più solida, ma a questo proposito le energie disponibili appaiono inadeguate alle nuove pressioni internazionali.

Mosca vede, nelle ambizioni nippo-germaniche, l'espressione delle convulsioni estreme dell'agonia del sistema capitalistico. Le difficoltà interne a quei Paesi spingono le classi dirigenti a promuovere forme di tardo colonialismo di tipo militare con ambizioni imperiali; l'uno pensa alle aree dell'Est europeo, l'altro a quelle cinesi e siberiane. Ambedue sono nemici potenziali dell'integrità territoriale dell'URSS e irriducibili avversari del sistema marx-leninista. Questi due Paesi rappresentano in questa fase le due maggiori insidie ed occorre mettere in atto politiche di difesa adeguate. Non c'è alcuna intenzione di contrastare con le armi i "nuovi arrivati" e ancor meno di predisporre accordi per rispondere a potenziali aggressioni con azioni preventive di carattere militare. Prevale, al contrario, la ricerca di intese di pace, l'ingresso nella Società delle Nazioni, un dialogo più aperto nei confronti delle democrazie. Da un lato si vuole impedire la possibile e temuta saldatura di queste ultime con Tokyo e Berlino, dall'altro si cerca di migliorare i rapporti con tutti. Questo orientamento non esclude che il Cremlino valuti con maggiore preoccupazione i progetti nippo-tedeschi e consideri una priorità fronteggiare questa emergenza. Sarà proprio con Germania e Giappone che stipulerà patti di grande rilevanza politica: nel 1939 i trattati di non aggressione, di frontiera e di amicizia con Berlino e nel 1941 quello di neutralità con Tokyo.

I timori per i nuovi progetti nippo-tedeschi determinano reazioni molto diverse a Washington, Londra e Parigi. È cambiato sostanzialmente, nel giro di un decennio, il rapporto fra questi Stati. Dopo la prima guerra mondiale gli USA sono in una posizione attiva: conducono le trattative per la pace, determinano la nascita della Società delle Nazioni e gestiscono la situazione nel Sud-Est asiatico per la tutela della Cina. Le spinte isolazioniste per un progressivo disimpegno non sono dovute a fattori di debolezza o rinuncia, ma ad una decisione autolimitante. I governanti americani, pur consapevoli dell'energia della nazione, non ritengono necessaria una presenza diretta e permanente sul palcoscenico della politica mondiale. Di fatto negano l'esistenza dell'interdipendenza degli avvenimenti internazionali.

Londra e Parigi, pur con la copertura americana prima e con un appoggio indiretto poi, si presentano come candidati autorevoli per la guida della nuova organizzazione e come garanti e gendarmi del nuovo ordine europeo nei confronti dei nuovi Stati, del mondo tedesco e del cordone sanitario antisovietico. Sono in prima fila, a fianco degli USA, nel decretare il blocco di Tokyo in Cina, mentre riaffermano con determinazione il diritto di difendere i propri imperi coloniali.

L'URSS mantiene una posizione cauta, vuole difendere i risultati conseguiti con la rivoluzione, procedere nell'edificazione della nuova società socialista, difendere le frontiere esistenti e impedire la nascita di tentazioni aggressive lungo i suoi sterminati confini terrestri e marittimi.

Negli anni Venti Berlino e Tokyo subiscono l'uno le conseguenze della sconfitta e l'altro il peso dello squilibrio economico del dopoguerra e l'incomprensione dei suoi ex alleati. Sono ambedue in una posizione nettamente difensiva, costretti ad accettare riduzioni territoriali, pagamenti di danni, restrizioni di diversa natura ed anche (è il caso del Giappone) a dover rinunciare ad aspirazioni compensative ai danni di un Paese sconfitto.

Negli anni Trenta il quadro è molto cambiato: Tokyo e Berlino hanno un ruolo attivo, quasi offensivo, rigettano molti dei vincoli che hanno dovuto accettare nel precedente decennio, condannano apertamente i contenuti e lo spirito della politica dei loro competitori, non esitano a dichiarare i loro progetti, anche se hanno un chiaro contenuto revisionista o rivoluzionario rispetto alla situazione esistente. Scendono in campo con determinazione, invocano la fine di un sistema che giudicano punitivo e ingiusto per gli interessi dei rispettivi popoli, non temono le reazioni dei "vecchi guardiani" ed esplicitano aspirazioni e programmi che disegnano nuove aree d'influenza per garantire "spazi vitali" ai popoli giovani. A fronteggiare questa nuova realtà USA, Gran Bretagna e Francia appaiono ora in una posizione difensiva, incapaci, per le ragioni già esaminate, di condurre una energica politica preventiva di contenimento, ma sono, al contrario, propense alle concessioni, all'approvazione dei mutamenti e a ricorrere alle proteste diplomatiche o ai giudizi morali e politici della Società delle Nazioni.

III. L'ASCESA DEGLI IMPERIALISMI GIAPPONESE, ITALIANO E TEDESCO NEGLI ANNI TRENTA

1. *L'espansione del Giappone. La guerra dei 15 anni (1931-1945)*

Negli anni della "grande depressione" la comunità internazionale è scossa dalle gravi decisioni politiche prese dal governo giapponese. Il quadro dell'Asia orientale, definito a Washington nel 1921-'22, viene infranto, infatti, dall'espansione nipponica sul continente: l'occupazione di un vasto territorio cinese viene attuata con il ricorso a imponenti mezzi militari in palese violazione sia dell'integrità e della sovranità dello Stato cinese sia dei vincoli statutari della Società delle Nazioni. Per comprendere questa svolta inattesa e clamorosa della politica estera di Tokyo è utile ricordare le tappe più importanti del suo più recente passato: l'incontro con il mondo occidentale euro-americano nel XIX secolo, l'espansione in Corea e a Formosa, il processo di modernizzazione, l'alleanza con l'Intesa durante la prima guerra mondiale. L'esame di questi avvenimenti aiuta a spiegare, e in parte a comprendere, le motivazioni di queste iniziative, i progetti e gli obiettivi che i vertici politici del Sol Levante si prefiggono per i decenni successivi.

Già sul finire del XVIII secolo e all'inizio del XIX si registrano iniziative russe e inglesi nei confronti del Giappone, che permette alle navi straniere soltanto l'accesso al porto di Nagasaki. Gli Stati Uniti, dopo il rafforzamento delle strutture portuali sul Pacifico e lo sviluppo dei rapporti con la Cina a metà dell'Ottocento, sono interessati ad ottenere dai nipponici nuovi rapporti commerciali e l'apertura di altri approdi per il naviglio di passaggio in quei mari. Nel 1853 il commodoro Perry, su incarico del governo americano, presenta queste richieste, che sono accolte in parte nel 1854. La parziale apertura nei confronti dei "barbari stranieri" è una delle cause della crisi interna del Paese, che accelera un processo di rinnovamento sociale, economico e politico. Emergono la debolezza della tradizionale struttura feudale, l'inadeguato livello degli armamenti navali e la precarietà degli apparati amministrativi.

Successivi trattati, anch'essi considerati "ineguali" (per la debolezza giapponese), conclusi con Russia, Gran Bretagna e Olanda, accentuano la crisi interna e portano ad una riconsiderazione della funzione imperiale da secoli ridotta ad un ruolo formale e marginale. La restaurazione del potere imperiale (1868) e l'insediamento della corte e del governo a Tokyo (la vecchia Edo) segnano l'avvio di una nuova fase politica. Nel tormentato ventennio di passaggio dal dominio feudale a quello imperiale cresce l'opposizione verso la presenza straniera.

Anche qui, come in Cina, l'apertura di numerosi porti alle navi delle potenze "coloniali" ha comportato conseguenze di rilievo: insediamenti di rappresentanze diplomatiche, riduzione dei dazi doganali all'importazione, rifiuto di politiche protezionistiche, concessione di diritti di extraterritorialità, riconoscimento iniziale a Washington della clausola di «nazione più favorita». La presenza straniera e l'accettazione di molte di queste condizioni appaiono in contrasto con gli interessi del Paese e sembrano limitazioni della sovranità imperiale. Anche in Giappone si manifestano azioni violente contro i nuovi arrivati e si registra un sentimento xenofobo molto diffuso, ma, nonostante queste reazioni e preoccupazioni, la classe dirigente non si chiude in difesa; al contrario si interroga sui contenuti della superiorità tecnico-militare degli stranieri e decide di percorrere la strada della modernizzazione per potersi difendere e competere con essi.

C'è dunque, di fronte ad un'analoga politica delle potenze europee e nord-americana, una reazione molto diversa a Tokyo e a Pechino: prende corpo una vera e propria "rivoluzione", sostenuta da un'*élite* attenta e responsabile, che dimostra una non comune capacità di osservazione e d'azione. Si tratta di appartenenti alle famiglie dell'aristocrazia terriera e al ceto dei samurai, di funzionari, di intellettuali, di commercianti. Emerge, in questo passaggio epocale, un gruppo dirigente con piena coscienza delle difficoltà, dei pericoli e della necessità di fronteggiarli rapidamente e con una coscienza nazionale.

In questo contesto, nel rispetto delle tradizioni culturali e religiose giapponesi, sono riprese e valorizzate le radici dello shintoismo. La tradizione della religione "Shinto" affonda le radici nella più antica storia del Giappone. Le originarie popolazioni, provenienti dalla Cina meridionale, dalla Corea e dalle isole polinesiane, danno vita a una nuova società insulare sedentaria che, superata l'influenza delle precedenti culture religiose, promuove originali concezioni del mondo, del divino, dei culti e dei riti. I miti s'intrecciano con i fatti storici, prevale l'idea di una sostanziale unità fra il divino, l'umano e il terreno (natura). I miti esaltano antiche azioni eroiche di dei, di imperatori, di principi che si collegano, con una singolare continuità temporale, alle più recenti dinastie. I testi fondamentali della tradizione culturale e religiosa shintoista (che risalgono ai secoli VIII e IX), nella misura in cui riassumono tradizioni consolidate e accettate, propongono credenze, teorie, concetti, simboli, riti, gerarchie e strutture politico-religiose che costituiscono la spiritualità della nazione.

Già nel X secolo questo sistema produce caste sacerdotali, luoghi di culto, pratiche frequenti di natura religiosa, coinvolge larghi settori del mondo rurale. Questi convincimenti finiscono per rappresentare i punti di riferimento della condotta morale e politica e diventano l'espressione dei valori più autentici dell'anima popolare. Si sviluppano in tal modo una forte coscienza dell'appartenenza social-nazionale e una legittimazione del potere dell'Imperatore, al quale viene attribuito un carattere sacrale, di derivazione divina. Un'autorità suprema appare così utile per la tutela e la difesa della comunità e ad essa si deve obbedienza, sottomissione e riconoscenza, e ciò sembra tanto più necessario nei momenti di tensioni interne che sembrano disgregare l'unità del popolo insulare o di fronte alla minaccia di invasioni straniere. C'è una sostanziale unità dell'ambiente fisico, delle persone, della comunità, degli antenati che esprime la collettività nipponica, il suo essere e voler essere specifico, la sua "purezza intrinseca": il valore dell'unità del Paese è ad un tempo religioso e temporale e rappresenta un bene supremo. Si "è ciò che si è" in quanto espressione di una terra (boschi, fiumi, rocce, ecc.), di una stirpe (antenati), di un modo di essere culturale. In altre parole, c'è un'esperienza collettiva che vive e si manifesta in forme sociali più che individuali. La pluralità dei culti, sia a livello familiare che sociale, nulla toglie alla coscienza di essere parte di un tutto grazie al quale può esistere il particolare. L'adorazione degli antenati d'origine divina, di quelli più recenti, protettori dei singoli e delle famiglie apre la strada alla sacralità della famiglia imperiale, che discende dalle più antiche divinità.

È bene non dissociare, nella lettura di questo fenomeno, l'artificiosa costruzione delle origini divine dell'Imperatore e della sua dinastia (che veniva fatta risalire a Amaterasu, la dea del Sole) dalla concreta esigenza di garantire l'accettazione del suo ruolo, di giustificare la sottomissione al suo potere, di ottenere la solidarietà popolare. Questa sacralità imperiale, pur con diversi modi d'esercizio del potere, condiziona il destino storico del Giappone e diventa lo strumento operativo più solido per garantire la scelta di obiettivi, metodi, strumenti d'interesse nazionale.

Questo mondo politico-religioso è scosso in profondità nel XIX e nel XX secolo dall'impatto con il mondo occidentale euro-americano. La decisione di apprendere la "ricchezza" dei nuovi venuti e dunque di aprire il Paese ad una rapida modernizzazione comporta la riscoperta delle tradizioni più antiche e il rilancio del ruolo imperiale come garanzia della tutela della «purezza originaria giapponese». In tal modo, l'avvio dell'«avventura modernista» è affiancato da un forte ritorno ai valori e ai miti del passato che paiono adeguati a salvare l'anima del popolo giapponese e a tutelare quello che è chiamato «il corpo mistico della Nazione».

La consapevolezza di dover difendere il passato senza chiudere la porta al «progresso dei barbari bianchi» determina precise scelte di politica religiosa. Già alla fine dell'Ottocento, il Ministero dei Riti Divini crea un sistema di santuari nazionali, e poco più tardi nasce il Ministero della Dottrina. Negli anni successivi gran parte delle competenze in materia religiosa passa al Ministero degli Interni, che accentua il principio dell'unione di tutti i riti nel quadro dell'azione governativa. Al tempo stesso, si rafforzano gli indirizzi educativi e amministrativi di carattere teocratico, mentre sono perseguitate le nuove religioni e le diverse scuole del buddhismo. In tal modo, l'impatto con il mondo esterno origina due fenomeni molto importanti per i decenni successivi: l'apertura alla modernità (intesa come esperienza scientifica, economica, amministrativa, istituzionale, commerciale, ecc.) si affianca ad un rigoroso ritorno alle tradizioni religiose e culturali nazionali e ad una riscoperta e ad un rafforzamento dell'autorità imperiale. Ad essa si guarda e ci si affida, con maggiore disponibilità, per ottenere da un lato la tutela dei valori dell'antico Giappone e dall'altro per fargli compiere in pochi anni un passo in avanti che gli euro-americani hanno compiuto in alcuni secoli.

Il restaurato potere imperiale è affiancato da una esaltazione crescente della figura dell'Imperatore. Questa glorificazione vuole accrescere l'adesione popolare allo sforzo intrapreso e dare maggiore unità alla nazione. Questa acclamazione della funzione e della persona finisce per produrre una sorta di "deificazione" dell'istituzione imperiale, alla quale sono attribuite capacità, intuizioni, previsioni eccezionali per quanto attiene alla guida della cosa pubblica. Si forma, in tal modo, un culto dell'Imperatore che finisce per essere una forma di "idolatria moderna" difficile da comprendere e da spiegare razionalmente, ma molto utile per rafforzare l'unità nazionale e per giustificare i sacrifici e l'impegno di cui ha bisogno il Paese. Nella misura in cui colui che siede sul trono dell'Impero del Sol Levante s'identifica con la nazione e ne è l'espressione più completa ed autentica, tutti finiscono per sentirsi parte di questa espressione superiore e ogni persona è consapevole di dover contribuire alla sua difesa e alla sua magnificenza. I due concetti, Giappone e Imperatore, finiscono per coincidere e dunque per costituire i due lati di una stessa medaglia.

Questo processo nazionale di riscoperta del ruolo e dell'importanza suprema del potere imperiale da un lato mette in ombra i potentati feudali e alcune caste e gruppi sociali assai potenti come i samurai, dall'altro apre le porte ad un ritorno ai valori religiosi più strettamente nipponici. Ci sono una riscoperta e una valorizzazione di quelle originarie e mai sopite credenze che affondano le loro radici nell'animo popolare. Si vuole guardare avanti e non indietro, alla luce di un programma che ben sintetizza lo sforzo di rinnovamento intrapreso: rendere «ricco il Paese e forte l'esercito». Molto incisive risultano le riforme e le iniziative intraprese: i feudi sono trasformati in province, i feudatari nominati amministratori, sono create assemblee popolari di vario livello territoriale per promuovere responsabilità e partecipazione, nasce il Ministero degli Interni, viene varata una costituzione provvisoria (previsione della nomina di alcuni ministri, assemblea deliberativa), sono ottenuti il superamento della classe samuraica, l'introduzione della coscrizione obbligatoria, l'invio negli USA e in Europa di commissioni di studio, la promozione delle attività industriali, finanziarie e bancarie, l'avvio di un'adeguata rete stradale e ferroviaria, l'acquisto di tecnologia estera, l'impegno diretto delle autorità statali nel settore economico, la liberalizzazione della proprietà e del mercato delle terre e l'apertura ad esperti e consiglieri stranieri. In generale, si afferma la tendenza ad imparare dall'Occidente, cioè ad acquisire tutti gli elementi tecnici, istituzionali e scientifici che ne hanno permesso lo sviluppo e si rifiuta sia la contrapposizione immediata, cioè in condizioni di inferiorità, sia la chiusura nel nome dei valori del passato e della prepotenza dei nuovi arrivati.

Già negli anni 1870-'80 Tokyo manifesta tendenze espansionistiche nei confronti della Corea, di Formosa e del Regno delle Ryukyu. Sempre in questi anni si formano i primi partiti politici con obiettivi di carattere costituzionale, per ottenere governi parlamentari e la revisione dei vecchi trattati ineguali. Sul finire degli anni Ottanta vede la luce la Costituzione dell'Impero del Grande Giappone, che essa sancisce la suprema autorità dell'Imperatore (esercita un potere legislativo superiore a quello del parlamento), può nominare il governo, che è responsabile nei suoi confronti, e prevede il parlamento, una camera per i nobili e una elettiva a suffragio ridotto, mentre riconosce al popolo diritti e doveri. Questa struttura costituzionale, pur con limiti evidenti, rappresenta un tentativo importante di cambiamento nella direzione delle potenze occidentali ed è il primo esempio costituzionale parzialmente democratico in Asia. C'è anche da ricordare la riforma dell'intero sistema educativo, sulla falsariga di quello europeo: è affermato il diritto all'istruzione e l'autonomia professionale e d'insegnamento dei docenti. Successivi provvedimenti introducono nuovi fattori educativi per rafforzare gli elementi morali della proposta pedagogica, della lealtà nei confronti dell'Imperatore e del senso di appartenenza alla nazione.

Questa impostazione tende a confermare il ruolo prioritario dell'Imperatore, Sovrano divino, «discendente dal Cielo», e dell'unità nazionale basata su elementi etnici e razziali. Questi indirizzi contribuiscono a definire l'identità del Giappone in modo diverso dall'esperienza consolidata in Occidente. Al tempo stesso il Giappone, forte dello sviluppo e dell'emancipazione raggiunti, acquista una coscienza nuova della sua posizione nei confronti delle potenze euroamericane e degli altri Paesi asiatici. Questi ultimi gli appaiono sempre più lontani, perché arretrati, incapaci di aprirsi alla modernità. La nuova situazione comporta la definizione di una politica estera adeguata alle esigenze di sviluppo e di prestigio del risorto Impero. Al ruolo primario attribuito alla «sfera della sovranità» (territorio storico) viene affiancata un'area esterna più estesa e strategica definita «sfera d'interesse nazionale». Questa apertura spalanca le porte, con motivazioni diverse, all'avventura imperial-coloniale ed è ad un tempo un fattore di squilibrio e di scontro sia con altri Paesi asiatici sia con le potenze occidentali presenti nell'Asia orientale.

La guerra vittoriosa con la Cina (1894-1895) è il primo passo di questa nuova presenza: Tokyo impone pesanti condizioni a Pechino, proclamando l'indipendenza della Corea, conquistando le isole Pescadores e Formosa, aprendo al commercio nipponico nuovi porti, riconoscendo un oneroso risarcimento per i costi del conflitto. Poco dopo (1900) un contingente nipponico contribuirà alla sconfitta del movimento xenofobo dei Boxer e alla liberazione del quartiere delle Legazioni assediato.

Allo scontro con la Cina segue quello con la Russia (1904-1905), originato dalle contrapposte aspirazioni nei confronti della Manciuria. Anche in questo caso le forze nipponiche (terrestri e navali) prevalgono. Appare evidente il rafforzamento militare del Giappone, in particolare della marina imperiale, che è in grado di fermare la flotta russa del Pacifico e di sconfiggere quella del Baltico nella nota battaglia di Tsushima.

La consapevolezza di essere in grado di affrontare e sconfiggere potenze asiatiche ed euro-asiatiche rafforza il convincimento di poter inaugurare una politica espansiva alla pari con le altre potenze presenti nel settore. Dai primi e prudenti accenni ad una vocazione asiatica i vertici di Tokyo passano ora ad immaginare e a definire con più esattezza i confini teorici delle possibili future espansioni. Si tratta di azioni continentali per le quali è necessario rafforzare l'esercito o di iniziative nei mari del Sud (arcipelaghi del Pacifico e dell'Australia) per le quali è indispensabile un potenziamento della flotta. Anche se, all'inizio del secolo, non è formulata una strategia precisa, il gruppo dirigente non ha dubbi sulla naturale evoluzione delle cose e sulla necessità improrogabile di una presenza asiatica del nuovo Impero.

Negli stessi anni si accentua il carattere autoritario dei governi; vengono mal tollerati, ostacolati e sciolti i nuovi partiti di ispirazione liberale, socialista e comunista e le organizzazioni sindacali e spesso vengono adottati provvedimenti repressivi nei confronti dei loro rappresentanti più autorevoli. Numerosi provvedimenti a tutela dell'ordine pubblico sono introdotti come strumenti repressivi di carattere politico e frequenti disposizioni di polizia accentuano il controllo dell'apparato amministrativo e politico sui cittadini.

Durante il primo conflitto mondiale, come abbiamo già detto, Tokyo si schiera a fianco dell'Intesa. La guerra rappresenta un'occasione di rafforzamento per le sue attività industriali più moderne ed anche per estendere la sua influenza in Asia. La sua attenzione è rivolta ad ottenere la conquista dei possedimenti insulari e dei diritti continentali tedeschi (isole Caroline, Marianne e Marshall, territorio dello Shantung) e nuove condizioni più favorevoli da parte del governo di Pechino. In questo contesto postbellico si collocano anche le iniziative contro il nuovo governo bolscevico con operazioni militari in Siberia. Tokyo teme sia l'influenza del comunismo all'interno della società nipponica sia possibili future azioni di un "comunismo consolidato" in Asia orientale. Già alla conferenza di Versailles i rappresentanti giapponesi devono prendere atto di una chiusura da parte degli altri vincitori poiché molte delle loro richieste sono respinte, in particolare la successione ai precedenti diritti tedeschi nello Shantung. A ciò si associa la chiusura all'immigrazione asiatica verso gli USA e l'Australia, che viene interpretata in chiave razzista: i bianchi d'oltreoceano non vogliono i "gialli" e in particolare i giapponesi.

Così, mentre, all'interno del Paese i gruppi dirigenti hanno rafforzato una propaganda politica basata sulla superiorità dell'Impero, della nazione, delle tradizioni spirituali, religiose e militari e quindi su elementi nazionali e razziali, all'estero lamentano una discriminazione razzista. Questo doppio binario della politica giapponese dà risultati molto diversi: all'interno accentua la convergenza di gran parte della popolazione intorno ai poteri costituiti e rafforza l'idea di un accerchiamento da parte delle potenze coloniali nemiche dei popoli asiatici e ostili alla loro emancipazione; all'estero, presso le capitali occidentali, aumenta il sospetto e la preoccupazione per le crescenti aspirazioni della nuova potenza asiatica. Essa pare pericolosa per i loro interessi già in questa fase, ma ci si interroga anche sul futuro: le conseguenze nell'intero quadrante orientale del continente potrebbero essere molto gravi qualora il Giappone fosse nelle condizioni di assumere un ruolo di guida ed esercitare funzioni egemoni, cioè attivare un "Impero" di tipo coloniale.

I precari equilibri asiatici creati con la conferenza di Versailles subiscono un ulteriore indebolimento con la conferenza di Washington (1921-1922) ove è esaminata la situazione della Cina e la consistenza delle flotte militari nell'Oceano Pacifico. Si tratta dei diritti sui possedimenti insulari nella «zona dell'Oceano Pacifico» degli USA, della Francia, dell'Impero Britannico e del Giappone, dei principi che nove potenze (USA, Belgio, Impero Britannico, Cina, Francia, Italia, Paesi Bassi, Portogallo, Giappone) definiscono per garantire la sovranità, l'indipendenza e l'integrità della Cina e le future relazioni con questo Stato «sulla base dell'eguaglianza delle possibilità», delle limitazioni agli armamenti navali concordate da USA, Impero Britannico, Francia, Italia e Giappone.

La stabilizzazione ottenuta dal governo americano con la collaborazione delle potenze europee firmatarie degli accordi di Washington, pur sottoscritta e accettata da Tokyo, appare uno strumento "repressivo", una palese violenza nei confronti del popolo giapponese e una ingiusta conclusione dei rapporti di amicizia e di alleanza degli anni precedenti. L'allineamento alle decisioni adottate non è frutto di una soddisfazione, ma di uno stato di necessità che pare inadeguato rispetto alle attese e alle richieste formulate nei mesi precedenti. L'insoddisfazione nipponica è simile a quella italiana, in quanto si manifesta nel fronte dei "vincitori", mentre quella tedesca appartiene al gruppo dei "vinti".

Questi avvenimenti determinano un significativo cambiamento nell'opinione pubblica giapponese e nel suo gruppo dirigente. L'indisponibilità delle potenze occidentali ad accettare il Giappone nel gruppo ristretto delle "grandi potenze" ed ancor più il mancato riconoscimento di un suo ruolo primario, quanto meno "alla pari", in Asia orientale e la politica di controllo e di vigilanza nei confronti delle sue iniziative radicalizzano un convincimento.

Le potenze occidentali appaiono dunque non soltanto ostili, ma anche ingrate nei confronti di Tokyo, che ha collaborato alla lotta contro le potenze centrali e l'Impero ottomano. Più in profondità si annida un'altra domanda che non trova risposta e, a sua volta, genera altri interrogativi, altre inquietudini e altri sospetti: i «bianchi d'Europa e d'America» dopo aver costruito in Asia imperi estesi e sistemi di «privilegi tanto radicati» non accettano un'analoga presenza asiatica che si affaccia alla modernità? Appare ingiusto e inaccettabile che quanto è stato concesso in Asia ai "bianchi" sia negato al Giappone dalle potenze coloniali.

In un primo tempo, le autorità di Tokyo sembrano lasciare in ombra la questione dello sviluppo e della piena libertà politica dei popoli e degli Stati della parte orientale del continente asiatico e perseguire, al contrario, il proprio inserimento nel gruppo dei colonizzatori, ma questa posizione subirà negli anni un cambiamento radicale. Anche la struttura politica del Paese subisce in questi anni una sostanziale evoluzione, che finisce per approdare ad un sistema autoritario basato sempre più sul rispetto della trascendenza dell'Imperatore, sulla priorità degli interessi nazionali, sulla compattezza del fronte interno per garantire gli obiettivi governativi. In genere si parla di governi "trascendenti" per indicare quelli in cui prevalgono i consiglieri dell'Imperatore e gli esponenti dell'esercito e della marina e dei potentati economici (cioè i più autorevoli componenti della Camera Alta). Vengono definiti, al contrario, governi "di partito" quelli indicati e composti con una partecipazione più ampia dei membri della Camera Bassa (anche se al loro interno alcuni "dicasteri chiave" restano sempre nelle mani di quella Alta, come la Difesa, la Marina, gli Interni, le Finanze, gli Esteri, ecc.), ma è bene ricordare che i "partiti" presenti nella Camera Bassa sono anch'essi legati alla stabilità del sistema e accettano i principi fondamentali di riferimento. I partiti d'ispirazione liberale, socialista o comunista non sono rappresentati, spesso sono perseguitati o sciolti, perché considerati dal gruppo di potere dominante "pericolosi" per i superiori interessi nazionali.

In questo contesto, sono varate "leggi speciali" repressive per isolare e reprimere ogni manifestazione di dissenso, vengono definiti rigorosi provvedimenti per la tutela dell'ordine pubblico, rafforzate le forze di polizia (autorizzate ad interventi senza controlli adeguati) e viene creata una fitta rete di associazioni, enti, club, circoli per estendere la partecipazione, la solidarietà e il controllo sui cittadini nel nome dei «supremi interessi del Giappone» (associazioni di riservisti, associazioni giovanili governative, associazioni patriottiche, associazioni corporative, associazioni di vicinato, di rione, di caseggiato, comunità agricole, ecc.). Si crea in tal modo una fitta rete di relazioni, di pressioni e di coinvolgimenti delle persone che parte dalla famiglia, si estende all'ambiente di lavoro, coinvolge le comunità abitative, di Paese, di quartiere e arriva a lambire i circoli ricreativi e i gruppi di amici.

L'adesione alla politica del governo e l'accettazione della sacralità dell'Imperatore sono alla base del concetto nipponico dell'"armonia sociale". In altre parole, al suddito è richiesta un'adesione senza riserve alla comune causa nazionale, senza la quale egli rappresenta ben poco. I modelli, propagandati con efficacia e insistenza, riconducono alle virtù confuciane: lealtà, obbedienza, senso comunitario, spirito di sacrificio. Quest'opera di continua propaganda, associata all'azione unitaria delle autorità governative e all'assenza di formazioni politiche significative (sia d'opposizione sia di governo), produce un crescente fenomeno d'adesione e di omogeneità nazionale che finisce negli anni per legittimare le azioni politiche decise dai vertici statali.

La struttura costituzionale non è riconducibile a quelle dei Paesi europei o americani e presenta caratteristiche proprie specifiche. L'introduzione del suffragio universale maschile (1925) sembra aprire le porte ad una nuova e significativa partecipazione popolare all'elezione della Camera Bassa ed inaugurare una nuova stagione sul fronte dei diritti politici e della libertà. In realtà, al provvedimento sono subito affiancate pesanti restrizioni che ne modificano la sostanza: sono esclusi dal voto tutti coloro che usufruiscono dell'assistenza pubblica e che non risiedono nel collegio elettorale da un certo periodo di tempo e i candidati devono versare una forte somma, prima delle elezioni, destinata a confluire nelle casse statali in caso di mancata elezione. Si costituiscono in tal modo pesanti condizionamenti sull'elettorato passivo e attivo e si riduce l'importanza delle riforme introdotte. Questo complesso sistema d'integrazione politico-sociale crea un blocco di potere di fatto egemone, che è costituito dalla Corte Imperiale, dalla burocrazia, dai comandi militari, dalla Camera Alta, dai maggiori gruppi finanziari e industriali e, di fatto, gode anche del sostegno implicito dei più autorevoli rappresentanti della Camera Bassa. In tal modo, un gruppo dirigente autoreferenziale condiziona la società, ne orienta le scelte e i comportamenti, con un'autorità che viene esercitata "dall'alto", che proviene dai vertici ed è diretta al popolo.

Questa situazione è diversa da quella che conoscono alcuni Paesi europei, come l'Italia e la Germania, dove consistenti masse popolari danno vita a movimenti e partiti politici che conquistano il potere e successivamente lo Stato. In questa situazione si può parlare di una origine "dal basso", cioè dal popolo stesso. C'è da osservare che anche in queste tipologie europee, nella fase successiva, con l'affermazione di regimi totalitari, il potere finisce per essere esercitato, senza controlli e opposizioni, da gruppi ristretti di persone. C'è dunque una sostanziale differenza fra il fascismo, il nazismo e l'autoritarismo nipponico, anche se, per molti aspetti, vi sono coincidenze e convergenze. La coscienza nazionale, la sensibilità razziale, l'unità popolare, l'accettazione dell'autorità imperiale finiscono per dar vita ad una realtà originale; questa nuova "coscienza di sé" e la volontà di esprimere al meglio le proprie possibilità interne ed esterne sono la molla delle scelte successive.

Il Giappone è consapevole dei risultati raggiunti in quasi mezzo secolo ed è convinto di poter compiere altri passi in avanti e di essere nelle condizioni di guidare l'emancipazione asiatica. Tokyo vede in questi obiettivi il futuro della sua presenza continentale, l'approdo naturale della sua azione rinnovatrice. I giapponesi, pur sensibili ai richiami ideali della "razza insulare" superiore e destinata ad un ruolo di avanguardia e di guida, non giungono a formulare teorie razziali radicali per distinguersi dagli altri popoli dell'Asia orientale. Preferiscono immaginare un'area comune di prosperità e di pace, dopo aver cacciato dalla regione «i barbari bianchi d'Oriente (americani) e d'Occidente (europei)». Questa idealità liberatrice dall'oppressione colonialista sarà in realtà ben presto sostituita dalle esigenze di un nuovo imperialismo, determinato dalle esigenze di occupazione militare di vasti territori, di sfruttamento di terreni agricoli per derrate alimentari e di prelievo di materie prime minerarie ed energetiche. In ultima analisi, questa nuova fase rappresenta un'evoluzione di quella già avviata cinquant'anni prima con l'ingerenza a Formosa, in Corea e in altre aree insulari.

Nell'autunno del 1931 Tokyo compie la prima mossa: le sue forze armate occupano la Manciuria, provincia orientale cinese. Quest'azione segna un'inversione di tendenza della politica estera che il Paese ha seguito dopo gli accordi di Washington (1921-1922); evidenziando il prevalere delle forze favorevoli ad una espansione di carattere imperialistico, in contrasto con gli indirizzi precedenti. Questo cambiamento è stato determinato in parte dalla crisi economica, flessione delle esportazioni (in particolare verso gli USA), diminuzione di valuta pregiata per acquisto di materie prime, rallentamento della produzione industriale, caduta dell'occupazione, riduzione dei volumi delle derrate agricole (riso), squilibrio nella bilancia dei pagamenti. L'occupazione della Manciuria sembra offrire una risposta ad alcune di queste esigenze: abbondanza di terreni coltivabili e di prodotti agricoli, riserve consistenti di carbone e di minerali di ferro. Ma consente di raggiungere anche altri obiettivi: si pensa che la presenza in questa provincia renderà più facile allargare l'interscambio commerciale con la Cina, ove prevalgono gli interessi americani, inglesi e delle altre potenze europee. Né si può dimenticare che l'aumento rilevante della popolazione giapponese chiede maggiori risorse alimentari per rispondere ad una domanda di consumi crescenti. C'è bisogno di allargare e di mantenere in piena efficienza, anzi di estendere l'apparato produttivo industriale: occorrono «cibo e posti di lavoro», beni senza i quali nessun governo è in grado di assicurare stabilità politica.

Una politica estera più attiva, cioè espansionistica, soddisfa molti ambienti giapponesi, ai quali quella tradizionale, a prevalente vocazione commerciale, pare inadeguata a tutelare gli interessi nazionali e a fronteggiare l'emergenza "importata" dalla crisi mondiale. Si tratta di un passo grave, di un cambiamento radicale, perché comporta l'occupazione di vasti e importanti territori appartenenti ad un altro Stato. Si pensa di curare una malattia interna con una medicina esterna. Le tappe di questa operazione sono note: occupazione di Mukden e dell'intera provincia (1931), proclamazione dell'indipendenza della Manciuria dalla Cina (marzo 1932), riconoscimento del nuovo Stato chiamato Manciukuò (settembre 1932), assunzione da parte nipponica di precisi impegni per garantirne l'integrità territoriale.

Ci si trova dinanzi alla nascita di un nuovo Stato (alla cui guida sarà posto il principe mancese Pu Yi), alla sottrazione di ampi territori alla Cina, ad una presenza permanente di forze armate giapponesi sul suo territorio: di fatto è la più significativa continentalizzazione del Giappone degli ultimi decenni (la stessa presenza in Corea, che risale agli inizi del Novecento, ha un significato meno emblematico e provocatorio). La collocazione geografica del Manciukuò è strategica: può aprire le porte ad un'invasione della Cina, può minacciare la Mongolia o insidiare e isolare le province marittime russe e diventare un trampolino di lancio verso la Siberia orientale. Anche le comunicazioni con il Giappone diventano dirette e più sicure: di fatto le coste coreane, quelle nipponiche e quelle mancesi rappresentano quasi una linea continua che racchiude il Mar del Giappone diventato, in questa nuova realtà, un "lago giapponese". Anche Vladivostok, in questo contesto, appare vulnerabile sia per le comunicazioni terrestri sia per quelle marittime, dato che l'isola di Hokkaido è molto vicina al litorale russo e il transito sulle diverse ramificazioni della Transiberiana può essere facilmente bloccato.

Non è difficile, alla luce di queste osservazioni, capire le ragioni delle precedenti politiche russe e nipponiche in Manciuria e la tenacia con cui i governi di San Pietroburgo e di Tokyo avevano cercato e ottenuto, in questa provincia cinese, condizioni di favore e di privilegio (gestione di linee ferroviarie, diritti di sfruttamento di risorse minerarie, possibilità di acquisto di terreni agricoli, permessi d'immigrazione, ecc.). Se Tokyo, con il controllo della Corea, aveva messo un piede sul continente, ora ne ha messi ben due ed è nelle condizioni di sviluppare una politica asiatica più attiva e diretta. Anche se formalmente ha preso corpo un nuovo Stato, in realtà si è costituita una "nuova provincia giapponese", ricca ed estesa, sul continente, che può diventare lo strumento di una penetrazione ulteriore, ma al momento appare uno strumento formidabile per inaugurare una fase nuova della influenza di Tokyo nella regione.

È indicativa di questo nuovo e ben preciso orientamento la crescita esponenziale della spesa militare: nei primi anni Trenta (1931-1935) essa registra un aumento del 250% a favore delle forze armate di terra e della marina. Si creano in tal modo le strutture per sostenere una presenza continentale "ampia e duratura" e le condizioni per avviare un'espansione ulteriore verso i mari del Sud. Per gli ambienti politici giapponesi questa iniziativa non ha carattere provvisorio. Ciò è da intendere in due sensi diversi. Nessuno pensa che la novità statuale, frutto di un'emergenza provocata, rappresenti un'eccezione temporanea e che in tempi brevi questa "provincia cinese" debba rientrare sotto il controllo di Pechino, ma c'è anche un altro aspetto: molti ritengono che il rafforzamento della presenza economica, militare e umana del Giappone in quest'area sia la premessa di nuove iniziative espansioniste. Nessun ritorno al "vecchio ordine", ma la possibilità di andare oltre il Manciukuò verso altre aree del Sud-Est asiatico.

Molti sostengono che questa iniziativa è il primo passo del disfacimento sostanziale del sistema creato a Versailles nel 1919; ma è vero? Si tratta di interpretazioni fantasiose e superficiali, che non permettono una comprensione adeguata dei progetti euro-americani per il dopoguerra. Il fatto che il Giappone abbia legato la sua presenza internazionale alla fine dell'Ottocento a molte delle vicende europee e sia stato fra i Paesi vincitori (anche se belligerante "simbolico") ne ha limitato gli orizzonti. Obiettivo costante della sua azione è rimasto l'esercizio di un ruolo primario in Asia orientale, a volte con il ricorso alla forza, a volte con la diplomazia, ma pur sempre per estendere la propria influenza. Dove non è stato possibile ha ridotto o escluso precedenti egemonie coloniali, mentre in altre occasioni ha cercato il rafforzamento dei privilegi ai danni di governi asiatici. Anche dopo il 1918 non emerge l'intenzione chiara di essere parte attiva nella promozione di un ordine internazionale nuovo, garante dello *status quo*, e di un sistema di garanzie o di meccanismi diplomatici plurilaterali né fuori né all'interno della Società delle Nazioni. Al contrario, è evidente una strategia politico-diplomatica orientata al rafforzamento del ruolo del Paese e all'esercizio di una presenza più incisiva che, col passare degli anni, diventerà un'aspirazione egemonica. Questa non è dettata dalla volontà di diffondere una dottrina politica o un'ideologia, ma dalla centralità politica del Giappone, destinato, per i progressi fatti, ad avere un ruolo primario in un'ampia area dell'Asia.

Questa politica differenzia nettamente la classe dirigente nipponica da quella delle democrazie occidentali e dall'URSS. I partiti giapponesi di questo periodo, gli ambienti commerciali, industriali, finanziari e militari formulano spesso giudizi diversi sui metodi da seguire per questa "naturale espansione", ma non sulla sua necessità e urgenza. Alcuni sono più favorevoli al potenziamento delle strutture commerciali e altri, senza mettere in ombra queste ultime, sono convinti che il successo possa essere garantito attraverso presenze e garanzie esterne di carattere militare. L'iniziativa in Manciuria finisce per interessare direttamente, ma per motivi molto diversi, Mosca, Washington e Londra. La discussione presso la Società delle Nazioni del problema e la condanna dell'avventura mancese rimangono senza conseguenze. Questa parentesi è un'altra prova della sostanziale debolezza dell'organizzazione dalla quale, subito dopo, il Giappone prenderà le distanze. Ciò, però, costituisce una prova del fatto che l'originaria adesione nipponica al progetto wilsoniano trovasse spunto più dalla volontà di mantenere il collegamento con il "gruppo dei vincitori" che da una convinta adesione ai criteri ispiratori dell'iniziativa. Il breve periodo intercorso fra l'adesione e la fuoriuscita lascia pochi dubbi in proposito ed illumina sullo stato d'animo complessivo della classe dirigente giapponese.

Al di là delle proteste, delle richieste di ritiro delle truppe e della nomina di una Commissione d'indagine, non sarà emessa alcuna condanna ufficiale dell'aggressione. Si preferisce evitare un giudizio tanto drastico nel timore di dover adottare "sanzioni adeguate" che nessuno pensa possano essere in realtà applicate. Da parte sua, Tokyo si sottrae ad ogni invito e ad ogni pressione per far ritirare le proprie forze armate e riportarle all'originaria funzione di controllo lungo le linee ferroviarie mancesi costruite o gestite dai giapponesi e compie subito dopo un altro grave passo: nel marzo del 1933 esce dalla Società delle Nazioni dopo averne denunciato l'insensibilità e la parzialità. Non ritiene che l'organizzazione abbia una effettiva capacità di interpretare e gestire le esigenze di sicurezza e di sviluppo del popolo giapponese e che rappresenti gli "interessi storici" di alcune grandi potenze coloniali. Già nel 1935, dopo ulteriori invasioni nell'area sottostante alla Grande Muraglia, Tokyo dà vita ad un governo filonipponico nella Mongolia Interna ed inizia una lenta ma determinata penetrazione verso Pechino e Tientsin. Le inadeguate reazioni alle precedenti aggressioni hanno incoraggiato queste successive avventure. La protesta più significativa viene dal governo di Washington attraverso la dottrina Stimson, che è una curiosa sintesi di idealità, di ipocrisie e di contraddizioni: si rifiuta di accettare trattati o accordi lesivi di interessi americani derivanti da intese con Pechino, si riaffermano la sovranità, l'integrità territoriale, l'indipendenza della Repubblica cinese, si ribadisce la volontà della politica della libertà di commercio (porta aperta), si ricorda l'importanza del rispetto del Patto Briand-Kellogg.

La nota resta senza conseguenze politiche: essa è la testimonianza formale di una condanna alla quale non fanno seguito iniziative punitive conseguenti. Ci si interroga spesso su questo comportamento: in genere esso è spiegato con le difficoltà economiche interne degli USA, con la necessità di mantenere in piedi l'*export* americano (macchine e petrolio), con la freddezza anglo-francese, con la marginalità geopolitica del teatro geografico di questi avvenimenti.

In realtà, non si mette in evidenza l'aspetto più importante, cioè la lotta per la nuova egemonia in Asia orientale fra Washington e

Tokyo. Sostenere che l'azione nipponica mette in crisi la Società delle Nazioni e pregiudica la sicurezza collettiva non coglie l'essenza del problema. C'è anche chi legge nella remissività della Società delle Nazioni la prova della sua impotenza di fronte ad un'aggressione da parte di un grande Stato, ma quest'analisi è una grossolana finzione: non esiste una Società delle Nazioni con alle spalle una presenza forte e significativa delle più grandi potenze; queste l'hanno costituita, ma la loro politica non si esprime nella nuova organizzazione. La prova di forza non è fra Tokyo e Ginevra, ma con altre capitali; i dibattiti, il confronto e le ridicole sanzioni adottate sono un filtro che offusca i termini reali dello scontro asiatico che si gioca su altri tavoli, alla luce di altri interessi da difendere o da affermare. Da parte delle autorità nipponiche, nel momento in cui intraprendono l'avventura mancese, che sarà il primo passo della guerra dei 15 anni (1931-1945), non c'è né l'intenzione di ottenere l'approvazione della Società delle Nazioni né la preoccupazione di diminuirne il prestigio: la questione è marginale, quasi inesistente, alla luce delle priorità strategiche che Tokyo intende tutelare.

Non si possono ignorare l'ultradecennale aspirazione nipponica di estendere la propria influenza sul continente asiatico, in Cina in particolare, e la coerente e ostile politica americana a tale aspirazione. Non si possono ignorare i risultati della conferenza di Washington del 1921-'22. In generale, questi strumenti non sono finalizzati né alla sicurezza collettiva, né alla tutela cinese, né alla valorizzazione del nuovo organismo internazionale. La logica alla quale rispondono è il contenimento postbellico giapponese, la volontà di mantenere equilibri asiatici favorevoli agli euro-americani. La stessa protezione dei governi cinesi appare dettata dalle intenzione di evitare l'arrivo di "nuovi commensali" al banchetto dei neocolonialisti. La convergenza non immotivata degli interessi di questi ultimi con quelli del gruppo dirigente cinese non esclude le loro reali contrapposizioni, che si manifesteranno in modo sempre più clamoroso nel ventennio successivo.

La questione vera è un'altra: perché Washington non permette al Giappone di avere un'area d'influenza in Asia orientale analoga a quelle che esso detiene nel mondo e simile ai grandi imperi coloniali delle altre potenze europee? Il centro del contrasto è nella diversa valutazione del contesto asiatico e del rifiuto di ammettere un ruolo primario al Giappone. L'insoddisfazione nipponica trae origine da una discriminazione che è considerata ingiusta. Non si capiscono infatti le ragioni di una preclusione verso una presenza in Asia di una moderna potenza asiatica, mentre si concede un ruolo di questo tipo, in vaste aree africane e asiatiche, alle potenze europee e anche agli Stati Uniti. Non è dunque il preteso militarismo espansionista nipponico a mettere in crisi gli equilibri esistenti, ma è la loro stessa fragilità e la loro sostanziale parzialità a determinarne l'inadeguatezza e il tramonto. Per essere credibili e autorevoli presso il governo di Tokyo e responsabili nei confronti della comunità internazionale, occorreva procedere lungo due strade che non vengono percorse: l'una poteva essere l'accelerazione del processo di decolonizzazione, il superamento dei trattati ineguali, la fine di tutti i meccanismi dei privilegi, delle concessioni speciali, ecc. a favore delle potenze coloniali, l'altra erano l'accettazione del Giappone nel "direttorio" e la soddisfazione delle sue richieste a subentrare ai diritti tedeschi in Cina (o a farli tramontare assieme a quelli degli altri stranieri).

La prova di forza mancese non è l'esplosione di un'incontrollata aggressività, ma il pezzo di un mosaico che si è costruito nel tempo: essa affonda le sue radici nel rifiuto giapponese dell'egemonia euro-americana in Asia, nel convincimento di essere oggetto di una discriminazione anche razziale (rifiuto di riconoscere un ruolo dirigente agli asiatici), nella fiducia nelle capacità nipponiche e nel futuro della grande potenza insulare. L'aspetto razziale è stato spesso ignorato, a volte messo in ombra dagli argomenti politici contingenti. In realtà, da diversi decenni i gruppi dirigenti dell'arcipelago lamentano il razzismo degli europei e denunciano in più occasioni quello americano. Le iniziative politiche di contenimento, il rifiuto delle politiche di emigrazione, il blocco dei lavoratori giapponesi diretti verso gli USA sono spesso interpretati come il frutto di sentimenti e di veri e propri convincimenti razzisti. Si pensa che gli americani si considerino superiori agli asiatici. La consapevolezza di questa "falsità", il senso di frustrazione per essere relegati in un ruolo insulare, la piena coscienza di avere vissuto una profonda trasformazione economica, militare e finanziaria (cioè di modernizzazione) sono ingredienti fondamentali a sostegno della nuova politica asiatica del Paese del Sol Levante.

I maggiori partiti politici che nel dopoguerra si affermano nei confronti dei gruppi di potere tradizionale sono sensibili alle suggestioni espansioniste sia sul piano economico-commerciale e finanziario sia su quello militare. Gli uni e gli altri sono legati fra loro e sembrano condizionarsi a vicenda: i proprietari terrieri, la grande industria, le reti finanziarie, le strutture commerciali, gli ambienti militari guardano tutti con particolare interesse alla Manciuria per le sue risorse, per la sua posizione geografica, per gli investimenti già realizzati, per le concessioni ottenute nei decenni precedenti, per l'immigrazione coreana e giapponese. Questa regione, al centro di molti interessi nipponici, appare il naturale entroterra continentale dell'arcipelago, capace di completare e rafforzare la presenza già in essere con il controllo della penisola coreana. È difficile capire fino in fondo la questione mancese se non si ha presente questo stato d'animo giapponese. Lo è ancora di più per gli anni successivi, nei quali matura la decisione di giocare la partita più ardita, cioè lo scontro politico-militare diretto con gli USA. Parlare di attentato alla "sicurezza collettiva" o alla credibilità della Società delle Nazioni risulta fuorviante, ma pare più adeguata l'analisi che accetta di discutere lo scontro di potenze per il controllo o l'influenza in una vasta area asiatica.

È una questione ben nota: è sempre più facile parlare di disarmo per chi dispone di elevati mezzi militari rispetto a chi ne è privo o è indifeso. C'è sempre, in quest'ultimo, il timore che eventuali accordi possano sancire la sua inferiorità di fatto e rendere permanente la sua debolezza. È più esatto affermare che l'attivismo della potenza insulare è una ribellione all'ordine nuovo imposto negli anni Venti nell'Asia orientale dalla supremazia americana ed europea e non pare adeguato neppure il riferimento al sistema di Versailles per la marginalità che in esso ricopre la questione cinese e per la scarsa attenzione che ad essa viene attribuita nel contesto complessivo degli accordi finali. Anzi, un esame attento di questi ultimi e dello svolgimento dei lavori diplomatici fa emergere una sorta di consapevole provvisorietà. C'è anche la non dichiarata ma trasparente consapevolezza di un rinvio di quei problemi, di una delega rilasciata a Washington per un esame adeguato delle priorità e delle emergenze del settore.

Nessuno può negare il carattere di compromesso e la fragilità della sistemazione delle questioni dell'Est asiatico fra i vincitori (la Cina non firma gli accordi conclusivi) e il ruolo preponderante giocato dalle due potenze che si affacciano sul Pacifico. I rapporti fra Washington e Tokyo si deteriorano negli anni successivi, fino alla conclusione del secondo conflitto mondiale. C'è un'altra considerazione da sviluppare: la creazione del Manciukuò, come realtà statuale autonoma, sotto la guida di un principe mancese, è rivelatrice di un'accorta scelta nipponica, che mette in luce un duplice messaggio: uno indirizzato ai mancesi, l'altro ai cinesi e in genere alle popolazioni asiatiche. Le ingerenze e le prove di forza del Giappone non portano ad annessioni o a incorporazioni o a forme di sudditanza coloniale: la cacciata dei vecchi gruppi dirigenti porterà al potere rappresentanti di quelle società "liberate" e quest'ultime potranno godere del sostegno politico e militare del Giappone. A fronte di queste formulazioni a nessuno sfugge che il nuovo governo di Mukden si regge sulle baionette del potente vicino e che il controllo diretto è costante e consistente. Ma ciò non toglie che la formula adottata rappresenti un'ipotesi suggestiva e un modello attraente per molti contestatori dello *status quo* asiatico. Questi ultimi possono presentare la politica nipponica come una forza di emancipazione nei confronti delle perduranti presenze coloniali extraasiatiche e dei governi al potere che con esse mantengono legami vitali.

La vicenda mancese finisce per assumere diversi significati: risponde ad esigenze economiche di Tokyo, offre l'occasione di un ritorno al potere, anche se in un'area "provinciale", ad una dinastia locale (Manciù), mette sotto processo i sistemi coloniali classici, induce alla riflessione su un nuovo possibile "ordine asiatico" con egemonia insulare. Tokyo pensa ad una rete di Stati indipendenti sul piano formale, legati fra loro da un'integrazione economico-finanziaria, protetti da un sistema di alleanze di mutua difesa: un sistema articolato e coeso al cui centro, come garante e propulsore, si colloca il Paese del Sol Levante.

In questa prospettiva, che si sviluppa negli anni successivi, si manifesta la logica politica della cosiddetta area della "prosperità asiatica" ed emergono fattori di novità e di modernità molto diversi da quelli che prendono corpo nello stesso periodo in Europa, dove i "Paesi rivoluzionari" fascisti procedono con altri obiettivi e strumenti politici. Sia Roma che Berlino mettono in atto annessioni, sottrazioni di territori, non esitano a distruggere realtà statuali preesistenti, cancellano monarchie (africane e adriatiche) consolidate da decenni, si spingono alla proclamazione di Imperi.

Mentre Roma e Berlino presentano come obiettivo e modello iniziali la "nuova Germania" o l'"Impero italiano", Tokyo propaganda la "nuova Manciuria" indipendente dalle potenze coloniali, dall'influenza bolscevica e dalla Cina. Anche se in sostanza è stato attivato un "protettorato" giapponese, sul piano formale è presentato come un'esperienza originale, un "fatto politico" rivoluzionario per il popolo mancese e in ultima analisi come un potenziale modello asiatico. Viene alla luce una sensibilità molto diversa per l'affermazione dei propri interessi da parte di Tokyo, Berlino e Roma ed emerge anche un approccio differenziato nel confronto con Parigi, Londra e Washington sulla revisione del "sistema di Versailles", sul superamento, sul mantenimento e sul rilancio del colonialismo e sulle aree di influenza o di egemonia cui queste potenze aspirano. Queste politiche "espansive o imperiali" saranno imposte con pressioni o con le armi a diversi popoli e costituiranno una delle pagine più negative della storia di questo travagliato periodo.

Gli avvenimenti mancesi sono un avvertimento: evidenziano le rivalità egemoniche presenti nell'Est asiatico, allarmano il governo cinese, che non si sente più garantito neppure sul piano dell'integrità territoriale, inducono i sovietici ad un ripensamento della propria politica, riflettono la debolezza anglo-americana, sono una proposta provocatoria ai governi e ai popoli della regione, confermano ed evidenziano l'impotenza degli strumenti realizzati per la sicurezza collettiva (compresa la stessa Società delle Nazioni). In sostanza, questa iniziativa di Tokyo è un segnale preciso e inequivocabile, vale a dire l'annuncio della presenza di un nuovo competitore internazionale, la discesa in campo di un attore deciso a giocare un ruolo primario in un'area importante dove sono già consolidati altri interessi non marginali. Questa nuova presenza presuppone dei rischi e la loro implicita accettazione. Il mantenimento degli interessi acquisiti da tempo in Cina, il controllo di Formosa e degli arcipelaghi ex tedeschi nel Pacifico e la sicurezza delle stesse isole storiche nipponiche necessitavano di risorse militari (terrestri, aeree e navali) illimitate. Il nuovo orizzonte non esclude tensioni e scontri di più vasta portata continentale e oceanica, sia con la Cina e l'URSS sia con gli Stati Uniti. A fronte di questi rischi un'espansione egemonica o la creazione di un'area continentale d'influenza presuppongono l'esistenza di un esercito e di una flotta moderni. D'altra parte, la sfida con Washington esige una capacità offensiva aeronavale adeguata al potenziale nemico; qui non si tratta di insediamenti da realizzare o di controlli territoriali, ma di assicurarsi un predominio idoneo a garantire la sicurezza dei progetti sul continente e nei mari del Sud. La nuova politica dei governi giapponesi apre orizzonti inesplorati e comporta il rischio di confronti terrestri e oceanici.

Washington deve prendere atto di alcuni successi, ma anche di pericolose sconfitte: è riuscita a fermare l'azione del comunismo cinese, a ridurre la presenza dei "signori della guerra", a rafforzare il governo nazionalista e anche a trovare un equilibrio fra le esigenze di questo ultimo e i perduranti interessi delle potenze europee. Non può, al contrario, garantire l'integrità cinese a oriente quando nasce il Manciukuò; può tuttavia denunciare l'aggressione militare e il ricorso ad un'azione in netto contrasto con i dettati statutari della Società delle Nazioni. Se è vero che Tokyo ha cercato di inserirsi, senza successo, nel sodalizio degli "amici occidentali" di Pechino, è pure evidente che ora ricorre a mezzi estremi per sostenere le sue esigenze ed affermare i propri interessi. Non c'è ragione, osserva Washington, che possa giustificare un'aggressione nei confronti di uno Stato sovrano, ancor meno quando si pensa di legittimarla adducendo pretestuose condizioni di favore godute da altre potenze in quel Paese e presunte esclusioni nei propri confronti. Gli USA sottolineano, inoltre, che l'approvazione della condotta nipponica non sarebbe soltanto un grave attentato al diritto internazionale e alla Repubblica cinese, ma anche la giustificazione della politica aggressiva di potenza e imperialista di un governo che non gode di un adeguato sistema politico di rappresentanza democratica al suo interno.

Viene in tal modo avviata una polemica più sottile e insidiosa sul terreno del sistema politico giapponese che lo distingue in modo negativo dalle democrazie parlamentari euro-americane. L'apertura alle richieste di Tokyo può significare il rafforzamento interno ed estero di un sistema autocratico (semidittatoriale) capace di costituire un'area egemonica (protezionista e non liberista) ostile. Il completamento di questo disegno senza risolvere i problemi dell'Est asiatico e aprirebbe un conflitto ben più radicale e pericoloso con gli USA. Questi ultimi non conducono – essi spiegano – un'azione ostile al Giappone, ma ad una sua eventuale espansione continentale ed ancor più all'ipotesi che essa possa dar vita ad un Impero giapponese. Questi argomenti finiscono per costituire le basi di un'azione politica preventiva, dando origine prima alla difesa dell'integrità dello Stato cinese, poi alla sua indipendenza in seguito ad una reazione militare di fronte all'aggressione del Giappone. Il deterioramento dei rapporti nippo-americani ha le sue origini nelle premesse dell'immediato dopoguerra: lo sviluppo successivo è una conseguenza logica di quelle premesse e cioè del rifiuto della coesistenza con un grande Giappone o, se si preferisce, con un Impero nipponico continentale ed insulare.

2. *Il fascismo italiano. Popolo, Stato, Impero*

Nella prima metà degli anni Trenta si accelera il processo di decomposizione del fronte dei vincitori del conflitto mondiale. La mancata regia comune del dopoguerra accentua insicurezza, sospetti e rivalità. Da questo complesso di reazioni prende l'avvio una politica estera delle diverse capitali confusa, incerta, spesso contraddittoria nel contesto della crisi economica che, in maniera più o meno accentuata, colpisce la comunità internazionale. Ha poco senso una lettura di questo periodo alla luce dell'insuccesso della Società delle Nazioni e della cosiddetta politica della "sicurezza collettiva": queste lenti sono opache e non lasciano trapelare alcuna luce. Al di là degli aspetti formali e idealistici, non c'è stato alcun declino della

Società delle Nazioni perché non c'è mai stata alcuna affermazione iniziale significativa. Si tratta, in sostanza, di progetti ai quali sono mancate la forza politica necessaria al perseguimento degli obiettivi proposti e la sostanziale adesione delle grandi potenze. È fuorviante parlare di declino di ciò che, sul piano politico reale, non è "nato" ma è rimasto un auspicio. Occorre, al contrario, cercare le volontà reali delle forze in campo, individuare i loro veri intenti, enucleare gli interessi vitali che ne hanno determinato le scelte. C'è dissociazione fra i vincitori del conflitto mondiale, c'è confusione fra gli sconfitti e c'è disimpegno e autotutela da parte di altri. Domina, in questo contesto, il neoisolazionismo americano: se dopo la guerra esso è giunto a sconfessare il suo stesso presidente, ora, di fronte alla crisi economica, Washington avverte il bisogno di rinchiudersi ancora di più e di cercare al suo interno una via d'uscita dalle terribili e impreviste difficoltà del suo sistema produttivo, sociale e finanziario.

L'Italia, quella liberale prima e quella fascista poi, non è soddisfatta delle conclusioni di Versailles: si sente tradita nelle aspettative maturate negli anni precedenti. Né diversa è la situazione tedesca: gli esponenti di Weimar (e più tardi i nazionalsocialisti) contestano e rifiutano molte di quelle clausole e premono per il loro superamento. Il fronte "revisionista", nelle sue espressioni più significative asiatiche ed europee, è dunque composito: Tokyo e Roma fanno parte dei vincitori, mentre Berlino è tra i vinti. C'è stata una dissoluzione del gruppo dei vincitori e una nuova, anche se non articolata, composizione di potenze contestatrici.

E che dire di Mosca? Essa è impegnata nella costruzione del nuovo Stato socialista, teme alleanze o iniziative aggressive lungo le sue sterminate frontiere euro-asiatiche, cerca, di fronte a nuovi pericoli, alleanze e intese, riduce l'impegno a favore dei movimenti comunisti in altri Paesi, privilegia la salvezza della rivoluzione.

Uno sguardo d'insieme sul periodo e sui protagonisti mette a nudo una singolare mancanza, un'assenza evidente e clamorosa: il ritiro degli USA. Lo squilibrio fra il ruolo decisivo esercitato nel conflitto e le successive scelte politiche è la causa principale del disorientamento successivo nel mondo e in Europa.

È l'assenza del "principale vincitore" che toglie credibilità al nuovo sistema e lo priva degli strumenti operativi necessari per impedire o accettare le successive proposte dei "grandi revisionisti". La dissoluzione dell'Europa non è da ricercare soltanto nella debolezza dei sistemi politici interni ai singoli Stati o alla estrema determinazione delle nuove dittature italiana, tedesca e spagnola, ma anche nella sostanziale assenza di Washington. Per quest'ultima c'è una parziale giustificazione: la crisi economica degli anni Trenta. Ma questa interpretazione resta "parziale", perché la decisione di rinchiudersi nella fortezza continentale americana è precedente di quasi un decennio alla tempesta finanziaria e monetaria.

Negli anni Venti fra i fattori di novità ci sono l'affermazione in Italia del movimento fascista e l'avvio della sua politica estera. Esso è, per un verso, espressione della dissoluzione dello Stato liberale e costituzionale, per l'altro è un movimento in lotta contro i partiti e le classi dirigenti tradizionali. Si tratta di una rivolta contro la lentezza e l'impotenza del riformismo sociale, di una ribellione alla progettata evoluzione "lenta e graduale" della società italiana come era stata prospettata dai movimenti neoliberali, socialisti e cattolici. Non ci sono premesse ideologiche o dottrinarie organiche né programmi precisi e vincolanti. Prevale una forte capacità d'interpretazione delle insoddisfazioni popolari, della crisi ideale, morale, economica e politica del dopoguerra.

Si tratta di una nuova forma di nazionalismo italiano che esalta il valore primario della nazione, evoca la grandezza della Roma imperiale, sollecita la mobilitazione delle masse per dar vita ad una nuova Italia, rigetta la democrazia parlamentare per la sua impotenza e minimizza il valore del suffragio universale. In conseguenza di questi rifiuti viene proclamato il ruolo delle minoranze creative e combattive, ed è esaltato il ruolo dei capi e del capo, viene attribuita al partito la funzione di guida del popolo e allo Stato il compito di unificare esigenze, interessi, idealità per il bene supremo della Nazione. Si pensa di dar vita ad un "italiano nuovo", ad un cittadino adeguato alla realtà rivoluzionaria fascista, ai grandi compiti che aspettano l'Italia nel contesto dei popoli del mondo. «A volte mi sorride l'idea delle generazioni di laboratorio – osserva Mussolini – di creare cioè la classe dei guerrieri, che è sempre pronta a morire; la classe degli inventori, che persegue il segreto del mistero; la classe dei giudici; la classe dei grandi capitani d'industria, dei grandi esploratori, dei grandi governatori. Ed è attraverso questa selezione metodica che si creano le grandi categorie, le quali a loro volta creano gli Imperi».

Tutto si realizza, anche l'individuo, nello Stato, il cui bene coincide con quello dei singoli cittadini: la coesione, l'unità e la convergenza fra tutte le componenti sociali sono la garanzia della tutela finale dei singoli individui e delle comunità intermedie. Da questo punto di vista, non ha alcun senso la competizione fra i partiti e ancor meno la lotta fra le classi: sono fenomeni deteriori, decadenti, disgregatori, che minano dall'interno la compagine nazionale e ne pregiudicano lo sviluppo. Appare evidente la contrapposizione teorica e pratica con le dottrine e i movimenti d'ispirazione marx-leninista. Le corporazioni, il partito unico, l'impegno del capo e dei suoi collaboratori portano ad una confluenza delle energie vitali del Paese nello Stato: tutto deve essere al suo interno, nulla al di fuori e ancor meno contro e soltanto in questo contesto di pacificazione operosa, disciplinata e cosciente sono possibili il progresso, la crescita sociale economica e culturale della collettività nazionale.

Unità interna, sviluppo vigoroso, tensione ideale, che scaturisce dalla consapevolezza della propria storia e dal contributo arrecato nel corso dei millenni all'umanità, costituiscono la premessa di una presenza nuova sulla scena internazionale. Solo uno Stato unito e forte, cosciente dei valori della sua storia "romana ed imperiale", può svolgere un ruolo attivo nel mondo: esso può essere esempio, modello e forza di civilizzazione. Si apre in tal modo una fase nuova, con la pretesa dichiarata di poter avere, sulla scena internazionale, un posto più adeguato alle proprie risorse e alle proprie aspirazioni espansionistiche, legate sia alla pressione demografica sia alla potenza che si può esercitare. C'è una polemica esplicita nei confronti delle potenze che hanno avuto vantaggi dalla guerra mondiale, che hanno conquistato estesi domini coloniali, che hanno ostacolato in ogni modo le naturali aspettative di popoli giovani carichi di fede in se stessi, di speranze e di potenzialità.

Il fascismo immagina una nuova presenza italiana nel quadro delle potenze vincitrici, in Europa e sulla scena mondiale. La nuova Italia vuole estendersi su aree vicine e lontane: alcune di esse hanno avuto già in passato collegamenti diretti con la "romanità", altre rappresentano potenziali approdi extramediterranei ed europei grazie ai quali si può assurgere ad una dimensione mondiale.

Alle premesse teoriche, alle idealità dichiarate e professate e a reali potenzialità corrisponde, nel corso del ventennio, l'espressione di una politica estera vivace, movimentata, articolata, che si sviluppa in tempi e in teatri diversi anche se mantiene una sua linea direttiva coerente alle premesse iniziali. Cambiano le attenzioni verso le diverse capitali, mutano intese e alleanze, si modificano le emergenze e le esigenze più pressanti, ma restano gli obiettivi iniziali; vale a dire la difesa rigorosa degli interessi nazionali e la nascita dell'Impero. Si tratta di due aspetti opposti, ma non disgiunti: la parabola evolutiva delle aspirazioni del regime nella fase conclusiva non rifiuta alleanze aggressive per confermare ed estendere il traguardo imperiale. Questo obiettivo pare essere la meta più ambita per dare adeguate risposte alle esigenze della collettività nazionale, per affermare in modo palese le capacità della nazione italiana e per ottenere rispetto e dialogo "alla pari" con le altre potenze del mondo.

La politica imperiale fascista inizialmente non è determinata dalla volontà d'imporre un ordine nuovo al mondo, ma da quella di dare all'Italia un peso adeguato sullo scenario internazionale. Si tratta di un progetto di riallineamento e di riclassificazione nella gerarchia del "potere internazionale", non della sua distruzione o dell'assunzione di un ruolo prioritario ed egemone. Si cerca di avere un posto "alla pari" al tavolo dei grandi e di perseguire questo obiettivo attraverso una rete di iniziative in parte legate a specifiche esigenze italiane, in parte ad azioni esterne di carattere espansionista, in parte all'assunzione di funzioni diplomatiche in momenti di tensione o contrapposizione fra altre potenze o gruppi di esse.

L'esaltazione della italianità e della romanità imperiale comporta in seguito una riflessione sulle potenziali capacità della razza italica, che deve essere difesa in quanto tale, e il popolo italiano deve prendere coscienza dell'importanza di questo problema e della sua tutela. A questa riflessione non sono estranee le influenze tedesche e lo sviluppo di una legislazione razzista, in genere antisemita, che si è diffusa in molti Paesi europei amici della Germania. L'approccio italiano al problema razziale è diverso da quello tedesco: nella penisola prevale un orientamento difensivo. Si vuole proteggere un fattore esistente per impedire un suo inquinamento sia in patria sia nei domini coloniali, in particolare in Etiopia. Esistono dunque un problema ebraico e una questione africana, cioè il diffondersi del meticciato. Si tratta di due questioni molto diverse, anche se entrambe sono oggetto di provvedimenti legislativi specifici. La posizione del fascismo sulla "razza" viene definita in un documento messo a punto da un gruppo di docenti universitari sotto l'egida del Ministero della cultura popolare (1938).

Nel testo si afferma l'esistenza delle razze umane che non sono *a priori* definibili come superiori o inferiori le une alle altre. La distinzione razziale è biologica, nel senso che esistono caratteri fisici e psicologici simili per milioni di persone. Il fondamento di questi elementi costitutivi va oltre i concetti di popolo, di nazione, di comunanza di lingua, di storia, di costumi, di tradizioni e di religione. Nel testo si afferma che la popolazione dell'Italia attuale è di origine ariana e che ben poco è rimasto delle genti preariane: «La composizione razziale di oggi è la stessa che era mille anni fa». Esiste pertanto «una pura razza italiana», perché c'è una purissima parentela di sangue che unisce gli italiani di oggi alle generazioni che da millenni popolano l'Italia. Questa antica purezza è il più grande titolo di nobiltà della nazione italiana. «È tempo che gli italiani si proclamino francamente razzisti»; questo non vuol dire, prosegue il testo, che devono essere introdotte «in Italia le teorie del razzismo tedesche come sono». Occorre rafforzare nel popolo una forte coscienza d'appartenenza razziale. Gli ebrei, si precisa, non appartengono alla razza italiana; nulla è rimasto dei semiti approdati «sul sacro suolo della Patria» (come dell'occupazione araba della Sicilia). Occorre fare chiarezza, prevenire i pericoli, difendere la razza italica: «Il carattere puramente europeo degli italiani viene alterato dall'incrocio con qualsiasi razza extraeuropea e portatrice di una civiltà diversa dalla millenaria civiltà degli ariani» (africani, mediterranei del Sud, orientali, ecc.). A queste affermazioni, di nessun fondamento scientifico, fanno seguito altre dichiarazioni e il varo di provvedimenti legislativi in materia (le note *Leggi razziali*).

Queste misure adottate nei confronti degli appartenenti ad altre collettività a prescindere da specifiche e personali responsabilità o reati, creano una sostanziale diseguaglianza fra i cittadini, inoltre risultano lesive dei diritti delle persone e in contrasto con le norme giuridiche e costituzionali dell'intero periodo postunitario italiano.

Nell'agosto del 1938 un'informativa del Ministero degli Esteri ricorda che già nel 1919 Mussolini, ben prima di altri, aveva affermato che il fascismo doveva preoccuparsi della razza, perché con essa «si fa la storia». La conquista dell'Impero ripropone in modo drammatico la questione: mentre altri popoli mandano «nelle terre dei loro Imperi pochi e sceltissimi funzionari», l'Italia manda in Libia e in Africa orientale milioni di uomini: «Ora a evitare la catastrofica piaga del meticciato, la creazione cioè di una razza bastarda, né europea né africana, che fomenterà la disgregazione e la rivolta, non bastano le leggi severe promulgate ed applicate dal Fascismo: occorre anche un forte sentimento, un forte orgoglio, una chiara onnipresente coscienza di razza».

Questa precisazione va rivolta, osserva il documento, anche agli ebrei: per il fascismo «discriminare non significa perseguitare». Essi sono in Italia, secondo i dati statistici, 44.000, cioè in proporzione «di un ebreo ogni mille italiani». D'ora innanzi la loro partecipazione «alla vita globale dello Stato dovrà essere e sarà adeguata a tale rapporto». Nessuno potrà contestare questo diritto allo Stato fascista, «meno di tutti gli ebrei i quali – come risulta in modo solenne anche dal recente manifesto dei rabbini d'Italia – sono stati sempre e ovunque gli apostoli del più integrale, intransigente, feroce e, sotto un certo punto di vista ammirevole, razzismo; si sono sempre ritenuti appartenenti a un altro sangue, a un'altra razza e si sono autoproclamati "popolo eletto" ed hanno sempre fornito prove della loro solidarietà razziale, al di sopra di ogni frontiera. [...] E qui non vogliamo parlare dell'equazione, storicamente accertata in questi ultimi vent'anni di vita europea, fra ebraismo, bolscevismo e massoneria». Il clima politico, conclude il testo, è maturo per un razzismo italiano, che costituisce «un patrimonio spirituale del popolo» e deve diventare un baluardo «di sicurezza per il nostro Impero».

Mussolini, fin dall'inizio della sua esperienza governativa, sottolinea la necessità di ridare all'Italia la «grandezza» del passato contro la precedente politica dei «governi inetti» dei Nitti, dei Giolitti, degli Sforza. Denuncia in più occasioni lo «stato di soffocamento» in cui si è venuto a trovare il Paese a seguito di passate vicende storiche che hanno dato «enormi e sproporzionati vantaggi ad altre potenze». Ciò è tanto più vero quando si osserva la realtà mediterranea, l'area naturale di prevalenza italiana (il *mare nostrum*).

Assume una posizione revisionista rispetto ai trattati di pace, condanna il mantenimento dello *status quo* che appare troppo favorevole a Parigi e a Londra, teme l'assorbimento tedesco della repubblica austriaca, la ricostituzione di una federazione balcanica sotto l'influenza del mondo germanico, manda ammonimenti espliciti agli alleati vittoriosi del conflitto mondiale: se non ci sarà uguaglianza «di diritti e di doveri» nessuno può illudersi sulle scelte italiane. Roma non resterà «debole e servile» a fianco delle altre potenze, ma percorrerà la sua strada in piena libertà d'azione a difesa dei suoi diritti balcanici, adriatici e mediterranei. In questo contesto si collocano le azioni a Corfù, l'annessione della città di Fiume, la pressione sulla Dalmazia, l'ingerenza nelle vicende albanesi, le tensioni con la Grecia e la Jugoslavia, i nuovi rapporti con la Romania e la Bulgaria e l'ostilità nei confronti della "Piccola Intesa".

Fra il 1922 e il 1923, la politica estera del regime, pur ferma nelle dichiarazioni ufficiali e nei traguardi finali di "grandezza", è incerta nel definire le priorità negli obiettivi concreti e nella strategia delle alleanze. Si esita fra Adriatico, Mediterraneo e aree coloniali e si evita (dopo il rigetto del Patto a quattro e il peggioramento dei rapporti anglo-franco-tedeschi) di fare scelte definitive nelle alleanze con Parigi, Londra e Berlino. Da più parti si parla di un pendolarismo della politica estera italiana. Negli anni successivi la decisione matura a favore della Germania ed imprime una svolta radicale nel quadro politico precedente. Negli anni 1934 e 1935 avvengono dei chiarimenti significativi, grazie ai quali la politica estera italiana assume una fisionomia più definita sia nella priorità degli obiettivi sia nella selezione dei possibili alleati. La scelta non è dettata da affinità ideologiche e da solidarietà di sistemi e di criteri economici e politici ma, al contrario, da convergenze e da contrapposizioni di aspirazioni espansive. Roma, di fronte alle difficoltà balcaniche, preoccupata del nuovo contesto centro-europeo (in cui prende corpo la rivoluzione nazionalsocialista), decide di giocare la carta coloniale: l'obiettivo è il controllo dell'Etiopia. Su questo tavolo intende verificare indifferenze, resistenze, ostilità, disponibilità, collaborazioni delle altre capitali. C'è un'apertura nei confronti delle richieste e delle preoccupazioni francesi (ed inglesi), ma si vuole una contropartita concreta e rapida. Non si deve dimenticare la delusione italiana per l'insuccesso del Patto a quattro, cioè per il rifiuto di riconoscere un ruolo comprimario e significativo nel contesto continentale. La "prova d'amore" diventa africana e si colloca nella strategia del rilancio della italianità capace di civilizzazione. Gli argomenti a favore dell'impresa non mancano: già nel 1906 Roma, Parigi e Londra hanno definito rispettive zone d'influenza nell'Impero etiopico, riconoscendo gli interessi italiani nelle aree interne situate alle spalle dell'Eritrea e della Somalia e progettando collegamenti ferroviari con l'interno. A questi progetti non si oppongono né Parigi né Londra; al contrario, si deve registrare una netta resistenza da parte del Negus.

Mussolini, nei primi anni Trenta, matura la decisione di trasformare questa influenza economica in una dipendenza politica, senza la quale la prima rischia di rimanere provvisoria e incompleta. L'appartenenza dell'Etiopia alla Società delle Nazioni (1923) può costituire un ostacolo, ma Roma non si ferma di fronte a questo problema e le esigenze espansionistiche e coloniali prevalgono: dopo gli incidenti dei mesi precedenti, nell'ottobre del 1935 si apre il conflitto italo-etiopico. Appare chiaro, alla diplomazia europea, che la posta in gioco è il passaggio dall'influenza economica al controllo politico dell'intera regione: questo cambiamento mette in discussione consolidati interessi franco-inglesi e lascia prevedere un sostanziale cambiamento negli equilibri strategici nell'Africa orientale. Si tratta delle rotte lungo il Mar Rosso, del controllo di gran parte delle sorgenti del Nilo Azzurro, della base navale di Gibuti. La partita africana per il fascismo può trovare una soluzione diplomatica grazie alle tensioni europee che scaturiscono dalla nuova situazione tedesca: Londra e Parigi devono dare il via libera all'impresa etiopica se desiderano l'appoggio italiano per contenere l'attivismo revisionista germanico, sempre più dinamico e determinato.

L'apertura del "fronte etiopico", al di là dei cambiamenti locali, ha ripercussioni significative nei rapporti fra le potenze sul piano europeo e finirà per determinare nuove convergenze e allineamenti. È curioso constatare come una questione coloniale finisca per generare un nuovo contesto europeo, che non è legato alla specifica questione africana, ma all'importanza che ad essa viene attribuita dal governo di Roma. Quest'ultimo privilegia l'espansione e condiziona le proprie alleanze all'accettazione o al rifiuto di questa prospettiva.

Questo "tardo colonialismo" ha un riflesso più importante nei rapporti con i Paesi europei rispetto alle realtà in via di decolonizzazione. Parigi è in allarme per le iniziative tedesche, che devono essere in qualche modo contenute: si tratta di formare un fronte di Paesi interessati a contenere la Germania o, quanto meno, a scoraggiare nuove pressioni. Oltre al coinvolgimento di Londra si pensa a quello di Roma e di Mosca; non sono dunque errate la valutazione di Mussolini e la sua speranza di poter ottenere l'assenso per l'Africa a fronte di un accordo europeo.

In questa logica prendono corpo gli accordi di Stresa (aprile 1935) e l'intesa franco-sovietica (maggio 1935). Il primo prevede l'impegno anglo-franco-italiano a resistere (anche con le armi) a cambiamenti unilaterali di trattati che potrebbero compromettere la pace in Europa. Con il secondo Parigi e Mosca promettono «aiuti reciproci immediati» se uno dei due Stati fosse aggredito da una terza potenza europea. Questo sistema sembra precludere alla Germania la possibilità di risolvere a suo favore la questione austriaca e altre aspirazioni territoriali. Di fatto esso prefigura un vero e proprio "accerchiamento" di Berlino, una sorta di nuovo cordone sanitario, in questo caso antitedesco. C'è da osservare che in quest'ottica il realismo politico francese non esita ad utilizzare, in funzione antigermanica, anche la Russia sovietica. Il sistema franco-anglo-sovietico-italiano avrà vita breve e poca influenza sugli avvenimenti futuri, ma è importante non tanto per i risultati conseguiti, quanto come prova della non conciliabilità degli interessi dei contraenti, se si esclude una momentanea convergenza antigermanica. In realtà, le aspirazioni italiane in Etiopia non ottengono il nulla osta franco-inglese. I britannici si dicono disposti a dare un via libera ad iniziative economiche, ma non alla vera e propria conquista politica, anzi minacciano, nel caso in cui l'Italia proceda in questo senso, di ricorrere alla Società delle Nazioni per la tutela degli Stati aggrediti.

Emerge in tal modo l'equivoco di fondo: Londra e Parigi vogliono il sostegno italiano in chiave antitedesca senza alcuna contropartita sostanziale nella questione etiopica. C'è da precisare un aspetto importante: le due capitali pensano ad un compenso per l'Italia diverso da quello preteso da Mussolini, essendo convinte che il pericolo tedesco minacci anche Roma. Il loro appoggio a Roma per difendere l'Austria e quindi la sicurezza della frontiera al Brennero può essere un risultato adeguato per il fascismo. Si tratta di una valutazione realistica ma fuorviante delle priorità del governo romano: se la questione austriaca è rilevante, l'interesse per il successo dell'impresa etiopica è assoluto.

Le posizioni, nei mesi successivi, si radicalizzano: opposizione inglese, minaccia di chiusura del Canale di Suez alle navi italiane, veto della Società delle Nazioni. Da parte italiana si registra l'avvio delle ostilità in Etiopia e la denuncia del Patto di Stresa: la collaborazione franco-anglo-italiana non ha funzionato. Non ha destino migliore l'accordo franco-russo che nasce in funzione antitedesca nella misura in cui i due Paesi temono la nuova politica nazionalsocialista. C'è il timore di una fiammata revanscista ad Occidente e di una spinta per lo spazio vitale ad Oriente, ma queste comuni preoccupazioni non fanno maturare un'intesa completa per le difficoltà create dagli accordi franco-polacchi e sovietico-polacchi, per la distanza geografica fra i due Paesi e per l'incapacità di dar vita ad un sistema comune di sicurezza militare. Si potrebbe affermare che il sistema di Stresa è progettato più che realizzato o, meglio, che viene sottoscritto, ma non trova successiva attuazione. Anche in occasione della crisi etiopica, appare in tutta evidenza la sostanziale inconsistenza politica della Società delle Nazioni: le sanzioni adottate, limitate e non strategiche ai fini dello sforzo bellico e dell'economia italiana, trovano parziale e non convinta adesione. Ancora una volta risulta evidente la debolezza dell'organizzazione: non è l'attivismo coloniale italiano, come spesso si pensa e si scrive, a metterne in ombra la vitalità e l'autorevolezza, ma al contrario, l'impresa africana ne evidenzia l'inconsistenza. Non c'è alcuna intenzione da parte dei vertici fascisti di dar luogo ad una prova di forza con il sistema societario ed ancor meno di dimostrarne la fragilità: l'obiettivo, unico e ribadito, è l'estensione di un "dominio" sull'Impero etiopico. L'unica barriera contro questo progetto poteva essere la discesa in campo di Londra e Parigi: schieramento delle forze navali nel Mediterraneo, blocco del Canale di Suez, disponibilità ad uno scontro militare con Roma. Tutte queste eventualità sono accantonate per ragioni diverse: timore della Germania, assenza degli Stati Uniti, disimpegno sovietico, preoccupazioni per una convergenza italo-tedesca.

La conseguenza di questa "mezza opposizione" è negativa. Roma conclude la sua azione africana, si convince dell'ostilità anglo-francese, apre le porte ad una nuova stagione nei rapporti con Berlino che, nel giro di pochi anni, vedrà nascere un'alleanza organica fra i due Paesi. Non è esagerato affermare che le conseguenze dell'occupazione dell'Etiopia non saranno né africane né coloniali, ma in prevalenza europee. *A posteriori*, nel marzo del 1938, il ministro degli Esteri italiano, Ciano, scrive per la rivista della gioventù hitleriana «Wille und Macht» («Volontà e Potenza») un articolo dal titolo *L'Asse*: «Questa formula, "Roma-Berlino", ha fissato per oggi e per domani il saldo legame che unisce le nostre due nazioni, [...] una sicura garanzia di stabilità e di pace in Europa. [...] La Germania intese, mentre il resto dell'Europa cercava di strangolare l'Italia, la necessità che aveva l'Italia di creare ai suoi figli un Impero in Abissinia. L'Italia ha proclamata alta e aperta la necessità che il popolo tedesco abbia il posto che gli spetta nel suolo africano».

La conquista dell'Etiopia determina un chiarimento nei rapporti fra le potenze, contribuisce a definire gli schieramenti successivi e mette da parte le trattative diplomatiche anglo-franco-italiane dei mesi e degli anni precedenti. C'è ancora da osservare che questa evoluzione e questa frattura non sono state determinate dall'operato della diplomazia tedesca, anche se Berlino ne avrà, a breve, i maggiori benefici. Nel confuso panorama politico della prima parte degli anni Trenta in Europa, di fronte ad un insieme di trattative, intese, accordi, alleanze, sembrano prevalere la determinazione e l'audacia italo-tedesche. I due Paesi sfidano il fronte antirevisionista, convinti dell'impotenza dei loro avversari.

3. *Il nazionalsocialismo. Mito ariano, purezza razziale, nuovo ordine mondiale*

Anche la Germania gioca, in questo periodo, una partita decisiva per il suo futuro. L'assunzione del potere da parte dei nazionalsocialisti nel 1933 segna l'avvio di una nuova fase politica, che in parte fa proprie le precedenti posizioni critiche degli esponenti di Weimar, in parte ne assume altre molto diverse.

Il sistema nazionalsocialista si sviluppa in un decennio, dal 1933 al 1945, ed è giusto osservare che, in linea di massima, le idee e i progetti presenti nell'opera più importante di Hitler, il *Mein Kampf* (*La mia battaglia*), costituiscono i punti di riferimento dell'azione del partito e del governo tedesco.

Che cos'è il movimento nazionalsocialista guidato da Hitler? All'inizio non esistono una dottrina precisa, un decalogo ideologico o un insieme di pensiero ben definito. Il movimento interpreta le frustrazioni postbelliche di gran parte del popolo tedesco, assorbendo contraccolpi della crisi economica e dei risentimenti per la "pace ingiusta" di Versailles. Da questo punto di vista c'è un appello vigoroso, un richiamo propagandistico al popolo tedesco. Si chiede una ribellione, una svolta contro la debolezza e i cedimenti delle classi politiche al potere, si vuole una rottura drastica con una presunta tradizione di arrendevolezza, di remissione e di passività. «Noi tutti abbiamo conosciuto il contenuto di questa tremenda constatazione dopo il novembre del 1918, per 15 anni – dichiara Hitler – il nostro popolo è stato oppresso dal peso della più grande sconfitta della nostra storia, non dell'esercito o dell'economia, ma del nostro onore, della nostra dignità e quindi della nostra libertà. Per 15 anni siamo stati la vittima senza volontà di una tirannia internazionale. [...] Nel 1932 la situazione era totalmente disperata. [...] Di fronte ad una simile situazione catastrofica era necessario adottare misure totalitarie e poi agire con decisione e rapidità».

Si tratta di una riscoperta della cosiddetta «genialità creativa germanica», del rifiuto del sistema socio-politico esistente, non soltanto perché non funziona, ma perché è in contrasto con le radici autentiche del germanesimo, anzi ne ha distrutto l'anima e ne compromette il futuro. L'azione politica diventa radicale, non esclude il ricorso a mezzi violenti e a metodi terroristici, vuole creare un "tedesco nuovo" che è in realtà una copia aggiornata del "vecchio germanico" idealizzato, che è padrone assoluto del suo territorio, della sua vita e del suo futuro. Vengono ripetuti appelli di carattere propagandistico, che rievocano un passato felice, e sono evidenti gli aspetti fantastici, le creazioni e le immagini arbitrarie, le rievocazioni di lontane condizioni di dominio e di felicità di cui è impossibile stabilire l'esistenza reale. Da questi elementi è facile capire la base razzista dell'intero impianto ideologico nazionalsocialista: l'identità tedesca affonda le sue radici nel passato comune di un popolo che ha una identificazione nel territorio e nel sangue (*Blut und Boden*).

Occorre comprendere con esattezza questo passaggio fondamentale, che distingue esattamente il nazionalsocialismo da altri movimenti politici e da altre ideologie del Novecento. A parere dei nazionalsocialisti, le comunità primitive, originarie di un certo territorio, hanno, nel corso dei millenni e dei secoli, acquisito elementi unici e specifici di identificazione: ancora prima della lingua, dei costumi, della cultura, della religione e delle tradizioni, vi si sono formate delle affinità profonde dovute alla riproduzione sessuale di quei gruppi e alla loro convivenza isolata da altre comunità. Da qui è nata una omogeneità biologica che distingue ogni gruppo originario dagli altri: questa identità biologica dà vita alla razza. Non ha senso parlare di "razza umana", perché ogni comunità originaria fa "razza a sé": nel corso dei secoli vi sono state confluenze fra comunità diverse, mescolanze, unioni di persone, di famiglie e di intere collettività. Questo miscuglio, secondo gli ideologi nazionalsocialisti, ha indebolito l'originaria purezza biologica dei gruppi più capaci, più creativi e dinamici, confondendoli con altri dalle caratteristiche deteriori o rinunciatarie: è bene ritornare allo stato di natura originario, ristabilire la divisione primordiale, fare in modo che ogni comunità abbia, se la può vantare nel suo passato storico, una purezza di sangue (cioè autentica identità di gruppo) e un dominio sul proprio territorio d'origine.

Questa purificazione riapre il confronto fra le diverse razze originarie ed è, secondo i teorici nazionalsocialisti, il più valido motore del progresso della intera umanità: le stirpi originarie ariane, e quelle germaniche in particolare, ricondotte a queste primitive e creative condizioni, potranno dare grandi contributi al proprio benessere e a quello di altre collettività disponibili a recepirlo. In questa logica, si afferma l'esistenza di una gerarchia naturale fra le razze: alcune superiori capaci di progredire, di innovare, di immaginare, in una parola "creatrici", altre più deboli, ripiegate su se stesse, più opache e improduttive.

Alfred Rosenberg, «teorico del culto razzista», dichiara: «Ciò che importa è la riconquista di questo ordine gerarchico. Restaurare la purezza del sangue sano». L'ordine fra le une e le altre, secondo i nazionalsocialisti, presuppone distinzioni e separazioni nette: la convivenza o, meglio, la mescolanza delle une e delle altre è un fattore grave di pregiudizio per il progresso ed elemento certo di confusione, di traviamento morale, di indebolimento biologico dei migliori. I popoli conquistatori, scrive Hitler nel *Mein Kampf*, «creano spesso in pochi millenni, anzi a volte in pochi secoli, culture che mostrano quei tratti intrinseci del loro essere che sono adeguati alle particolari qualità sopraccentuate del suolo e degli uomini sottomessi. Alla fine, però, i conquistatori si discostano da quella purezza del loro sangue che inizialmente era stata mantenuta e cominciano a mischiarsi con i popoli soggiogati ponendo fine, in questo modo, alla loro esistenza». La perdita della purezza razziale è un incubo per i sostenitori del razzismo biologico. «La nazione, o meglio la razza, non consiste nella lingua, ma solo nel sangue [...]».

Le reazioni a questa azione di separazione possono essere diverse: se le "razze inferiori" l'accettano, esse potranno, in una dialettica di sottomissione spirituale, trarre beneficio dall'opera di quelle superiori in tutti i campi; se al contrario esse si rifiutassero e volessero in ogni modo «vivere avvinghiate» ai dominatori naturali «dello spirito e della scienza», allora dovrebbero essere costrette con la forza a non nuocere o con la totale esclusione o con la sottomissione o con lo sterminio. Da questa visione ideologica razziale scaturisce la politica internazionale dei nazionalsocialisti. Hitler insiste in più occasioni sul tema razziale e spiega che la costituzione della "razza pura" non è l'obiettivo della sua politica, ma ne è la premessa inscindibile ed irrinunciabile. Cosa vuol dire questa affermazione? C'è un «principio aristocratico della natura» che privilegia ed evidenzia l'esistenza di razze superiori, che devono lottare per l'esistenza e per il controllo di territori adeguati alle loro potenzialità; l'elemento razziale è strettamente legato all'idea dello "spazio vitale" e all'incremento demografico. Senza coscienza razziale, senza aumento di popolazione e senza territorio la razza non ha futuro: «Chi vuole vivere – scrive Hitler – deve lottare e chi invece non vuole combattere in questo mondo di eterna lotta, non merita di vivere». A parere del Führer, «i nazionalsocialisti devono essere pronti a combattere per la garanzia della conservazione e della moltiplicazione della nostra razza e del nostro popolo, l'alimentazione dei suoi figli e la purificazione del suo sangue, la libertà e l'indipendenza della patria affinché il nostro popolo possa maturare per compiere la missione assegnatagli dal Creatore dell'Universo».

La nuova Germania deve realizzare, al suo interno, l'omogeneità biologica dei suoi cittadini: questa condizione è la premessa delle azioni future e del loro successo. Senza avere raggiunto questo traguardo, qualsiasi iniziativa è destinata a modesti risultati e renderebbe sproporzionati gli sforzi compiuti rispetto ai traguardi perseguibili. C'è bisogno dunque di raggiungere subito la "purezza razziale" per potere, in un secondo momento, "scatenare" le inespresse potenzialità del germanesimo e più in generale quelle del mondo ariano. Con queste premesse, sono adottati diversi provvedimenti governativi ispirati da una rigorosa necessità di «igiene razziale» (*Rassenhygiene*) e prenderà corpo nel 1939 il sistematico ricorso all'eutanasia sia nei confronti di cittadini tedeschi che dei «non ariani». Il governo nazionalsocialista arriva, con questa logica folle, al punto di chiedere «questo sacrificio per il bene della vittima». Deve essere letta ed interpretata in tutta la sua evidente forzatura l'espressione «purezza razziale», che rappresenta, sul piano ideologico, l'elemento più caratteristico dell'ideologia nazionalsocialista. Assai diversa è, ad esempio, la posizione del fascismo, che parla di «difesa della razza»: i nazionalsocialisti tedeschi vogliono ripulire, purificare, rifondare le basi della convivenza della società tedesca estirpando ogni traccia di intromissione razziale esterna sedimentata nel corso dei decenni o dei secoli, mentre i fascisti italiani pensano che le condizioni razziali in essere siano accettabili e che si debba difenderle da nuovi pericoli, cioè da successive intromissioni che potrebbero modificarne la struttura. Si pensa alle immigrazioni, alla diffusione di comunità esterne (ebrei ecc.), al pericolo, dopo le conquiste coloniali, di una terza razza, cioè il meticciato (l'allarme è grave dopo la conquista d'Etiopia per il diffondersi degli accoppiamenti fra italiani e donne etiopi). Il razzismo dei tedeschi è rivoluzionario e sovversivo, mentre quello italiano è conservatore e tradizionalista. I nazionalsocialisti riprendono spesso il tema della decadenza di alcune città e regioni della Germania: sostengono che dove ci sono state immigrazione e integrazione di folte collettività esterne sono seguite corruzione, decadenza, abbrutimento; al contrario, le aree tedesche impermeabili a queste pressioni e a questi ingressi sono rimaste integre ed hanno conosciuto sviluppo, benessere e progresso.

Sul piano naturale, spingono i confronti anche più avanti con esempi e riferimenti dedotti dalla vita degli animali. Argomenti naturalistici sono sostenuti per condannare la mescolanza delle razze: «Ogni bestia – scrive Hitler – si accoppia soltanto con una femmina della sua specie [...]. Ogni incrocio di due esseri di carattere diverso dà come prodotto una via di mezzo tra i due livelli dei due genitori [...]. Simili accoppiamenti contraddicono la volontà della natura [...]». Mentre nel corso degli anni (dal 1920 al 1945) molti dei convincimenti del dittatore nazista e dei suoi principali collaboratori subiscono alcuni cambiamenti, la base razziale della loro politica non viene abbandonata né è oggetto di revisioni. L'idea fondamentale della purezza razziale, della lotta di natura e dello spazio vitale accompagna dall'inizio alla fine la parabola storica dell'orizzonte nazionalsocialista. Questa dottrina razziale si presta anche ad applicazioni più elementari di forte impatto propagandistico ed è uno strumento psicologico per ottenere nuove adesioni. Ai giovani, insoddisfatti dei propri risultati in campo artistico, culturale, professionale, sportivo (in pratica in ogni settore), si suggerisce una lettura razziale delle proprie insufficienze e difficoltà: se tu, giovane tedesco, non trovi piena aderenza fra le tue aspirazioni e la tua realtà dell'oggi è perché un tuo antenato (padre, nonno, bisnonno) si è inquinato con persone di razze inferiori; tu oggi ne paghi in parte le conseguenze; ora è possibile togliere queste frustrazioni e questi limiti ai tuoi figli, ai tuoi nipoti, purificando la razza. Occorre creare le condizioni concrete, nell'ottica nazionalsocialista, perché gli accoppiamenti "misti", frutto delle convivenze interetniche o razziali, scompaiano. Ciò è possibile e ogni tedesco deve contribuire per fare di quella germanica una razza pura.

Con queste teorie si recupera parte del misticismo irrazionalistico dei pensatori razzisti tedeschi del passato. Si propugna, in ultima analisi, l'approvazione dell'ineguaglianza umana e della competizione fra i singoli e le razze come motore della storia o meglio della civiltà autentica. L'affermazione del primato della razza indoeuropea, ariana, germanica, mentre riconduce ad essa le creazioni più significative dell'umanità, condanna senza possibilità d'appello tutte le teorie politiche a vocazione egualitaria. Questo rifiuto riguarda tutte le ideologie internazionaliste e democratiche, il pacifismo, la massoneria, il marx-leninismo, i vari socialismi, il giudaismo e il cristianesimo. Nella misura in cui queste ultime proclamano l'unicità della razza umana e la sostanziale eguaglianza degli uomini, sono in aperto contrasto con il nazionalsocialismo e ne costituiscono un naturale avversario. Non si tratta di un antagonismo marginale o episodico, esso investe nella sua totalità l'esperienza dei popoli e delle loro organizzazioni statali: «La democrazia russo-sovietica o ispano-sovietica, cioè di razza ebraica, non sarebbe mai riuscita a fare della Germania un paese dell'ordine da un punto di vista materiale, o di rinascita in genere [...]. Il bolscevismo – osserva Hitler – distrugge con sicurezza mortale il miglioramento del livello di vita e dello spirito del lavoro. Questi apostoli del caos (i comunisti) si trovano di fronte quei cittadini borghesi per i quali la salvezza della Nazione non era altro che la sicurezza di un guadagno minimo, senza riguardo agli interessi della comunità». Senza queste ambizioni e senza la possibilità espansionistica e creativa delle razze superiori, la ruota della storia gira a rilento o si ferma. Questa situazione è negativa per tutti, ma è drammatica per i popoli creatori: essi da un lato avvertono questa condizione d'impotenza e dall'altro non possono rimuoverla.

La guerra appare ai nazionalsocialisti tedeschi come uno strumento estremo di riordino negli equilibri razziali, il mezzo concreto più idoneo per riaffermare le gerarchie, il volano per rimettere in movimento il progresso dei popoli. Siamo molto lontani dalle tradizionali interpretazioni dei conflitti originati dalle rivalità geografiche, dal controllo delle risorse, dall'espansione dei confini, dalle esigenze economiche o da semplici "deliri di potenza". Questi elementi costitutivi possono essere presenti e coesistere, ma i fattori finali ed essenziali sono la coscienza razzista e la volontà di affermarla all'interno e all'esterno di una comunità. La valorizzazione estrema dell'elemento etnico del germanesimo antico e delle sue più remote origini finisce in realtà per confondersi, nella notte dei tempi, con realtà non verificabili e dà vita, in tal modo, ad un vero e proprio "mito ariano" che alimenta e sostiene l'intera impalcatura del neorazzismo biologico. Secondo il sociologo inglese Z. Beuman, il razzismo può essere espresso in forma sintetica con questa espressione: «L'uomo viene prima dei suoi atti. Nulla di ciò che fa può cambiare ciò che egli è. Questa è l'essenza filosofica del razzismo».

La lotta senza quartiere al giudaismo va collocata all'interno di questa cornice ideologica e irrazionale. Da parte del governo tedesco viene attuata una politica criminale di sterminio delle comunità ebraiche prima nel Reich e in seguito in tutti i territori occupati dalle forze armate germaniche. L'antisemitismo era già diffuso in Germania nei decenni precedenti ed anche nel periodo della Repubblica di Weimar. Allo stesso modo, nei Paesi dell'Europa orientale con una forte immigrazione ebraica, avevano preso corpo iniziative e legislazioni antiebraiche. Ciò che caratterizza l'azione dei nuovi vertici di Berlino è la radicalizzazione della lotta all'ebraismo che porterà allo sterminio su larga scala di tutti gli appartenenti a questo popolo.

Agli ebrei i nazionalsocialisti imputano due gravi responsabilità. La prima è di natura storica contingente, legata al primo conflitto mondiale: i dirigenti di Berlino sostengono che l'entrata in guerra degli USA sia stata determinata dalle pressioni degli ambienti ebraici americani e che questi ultimi siano stati spinti dalle sollecitazioni delle comunità ebraiche europee, fra le quali quella tedesca, dalla sete di denaro che potevano facilmente ottenere dal commercio delle armi e per impedire la vittoria delle potenze centrali. È noto che la resa tedesca del 1918 è conseguente all'insuccesso dell'offensiva ad Occidente e all'arrivo dei primi contingenti militari americani. Da queste premesse scaturisce la sete di vendetta contro l'ebraismo internazionale e contro gli ebrei tedeschi, accusati di complicità col nemico e di tradimento.

È difficile capire la sinistra e terribile minaccia di morte indirizzata agli ebrei europei da Hitler all'inizio del secondo conflitto mondiale se si ignorano questi precedenti e quale profondo significato essi avessero nella propaganda nazionalsocialista. Il cancelliere tedesco dichiara che il mondo ebraico non deve farsi illusioni: se scoppierà un altro conflitto mondiale, il suo esito può essere incerto, ma una cosa è sicura: esso segnerà la distruzione di tutti gli ebrei d'Europa ad opera del suo governo: «Oggi voglio di nuovo essere profeta: se il giudaismo della finanza internazionale in Europa o altrove riuscisse ancora una volta a gettare i popoli in una guerra mondiale, il risultato non sarà la bolscevizzazione della terra e la vittoria del giudaismo ma l'annientamento della razza ebraica in Europa». Queste parole acquistano negli anni successivi una valenza profetica drammatica: espulsioni, concentrazioni, sfruttamento, sterminio.

La seconda colpa attribuita al giudaismo è l'inserimento in altri popoli o razze con il mantenimento della propria autonomia e identità. Si osserva che i giudei, pur presenti in tanti Stati europei ed extraeuropei, non si sono mai completamente assimilati, ma hanno mantenuto legami, tradizioni, strutture associative, vincoli religiosi autonomi. In altre parole, sono e restano "stranieri in patria" con collegamenti esterni duraturi e solidi. Essi rispondono ad interessi extranazionali e sono quindi un potenziale pericolo: sono ad un tempo cittadini tedeschi, ma anche, in modo più vincolante, fratelli dell'ebraismo internazionale. Grazie a questa equivoca e ipocrita collocazione, molti di loro hanno ottenuto posizioni privilegiate, con il sostegno sotterraneo ma proficuo che li lega gli uni agli altri. La Germania deve produrre una legislazione adeguata che tuteli la razza e spezzi questo intreccio perverso di interessi e di collegamenti. Non si può essere ebrei tedeschi e neppure tedeschi ebrei: si può e si deve essere soltanto tedeschi.

Già nel 1935, al congresso di Norimberga, sono votate, per acclamazione, tre leggi fondamentali per la "purezza razziale": la «Legge sulle bandiere del Reich», la «Legge per la protezione del sangue e dell'onore tedesco» e la «Legge sui cittadini del Reich». Hitler ribadisce che è un preciso dovere del suo governo «purgare il mondo tedesco dall'infiltrazione ebraica multisecolare». Più tardi, in più occasioni, ribadisce l'importanza della biologia razziale e i fondamenti social-darwinisti dell'impianto ideologico nazionalsocialista. Si attribuisce il merito di avere ridato «al popolo tedesco piena cognizione della sua missione» e delle sue potenzialità, che possono derivare «dall'unificazione di tutti i tedeschi in un Impero Grande-Tedesco». C'è un richiamo morale-politico che ricorre con frequenza: «Il calpestato popolo tedesco dovrebbe impegnarsi [...] a tenere alte le leggi della dottrina della razza, da noi approvate. In un mondo sempre più inquinato dal veleno giudaico, un popolo immunizzato contro questo veleno deve in definitiva avere il sopravvento». Con fraseologia sprezzante e intimidatoria i nazisti definiscono, nei loro giornali, discorsi, documenti, l'ebreo nel modo più spregevole: «portatore di infezioni», «verme di carne in putrefazione», «scarafaggio di fogna», «ragno velenoso», «topo sanguinario», «sanguisuga insaziabile e parassita di ogni società e Stato».

Lo sterminio della razza ebraica è considerato da Hitler e dai suoi collaboratori come una «missione storica» da compiere «segretamente e senza incertezze» per il bene futuro del popolo tedesco. Himmler, comandante delle SS, parla in più occasioni della strage totale che deve essere compiuta: «Un'altra questione determinante per la sicurezza interna del Reich e dell'Europa – dichiara Himmler – è stata la questione ebraica. Essa è stata risolta secondo gli ordini [...]. Non mi sono ritenuto giustificato, per quel che riguarda le donne ebree ed i bambini, a lasciar crescere nei bambini i vendicatori che uccideranno poi i nostri [figli] e nipoti. Questo sarebbe stato vigliacco. La questione è stata perciò risolta senza compromessi [...]». In queste dichiarazioni ricorre l'ammissione esplicita dello sterminio come mezzo di purificazione razziale e di vendetta storica applicata all'intero popolo ebraico, per il quale è stata emessa una «sentenza di morte collettiva».

Nei vertici del nazionalsocialismo è diffuso un altro convincimento: esiste un progetto ebraico per il dominio del mondo, che è gestito dai vertici di queste comunità presenti nei diversi Stati: questa *élite* ebraica può condizionare il mondo finanziario, le banche, le grandi imprese e i mezzi di comunicazione. Grazie a questi strumenti gli ebrei influiscono sui governi e sulla vita dei popoli, sebbene il loro potere non appaia in modo evidente. Soltanto in alcuni momenti questa presenza è palese e invadente, ma in genere essa resta occulta e prudente. Ciò non significa che sia di scarso rilievo, anzi, essa è lo strumento di un controllo internazionale al di sopra dei popoli e dei governi ufficiali.

La razza ebraica sarebbe un'etnia senza uno Stato, senza un territorio ben definito, senza frontiere certe: «Lo Stato ebreo è universalmente illimitato per quanto riguarda lo spazio, ma è limitato per quanto concerne la razza. Perciò questo popolo ha sempre rappresentato anche uno Stato in tutti gli Stati. In questa lotta per il controllo della comunità internazionale l'ebraismo, dopo aver "inventato la democrazia ed il pacifismo" ha adottato la nuova arma del marxismo bolscevico come nuovo strumento di dominio e di genocidio globale. [...] Ora comincia la grande ultima rivoluzione. [...] L'Ebreo democratico popolare diventa l'ebreo sanguinario e tiranno dei popoli. In pochi anni tenta di sterminare i rappresentanti nazionali dell'*intellighenzia* e depredando i popoli della loro naturale *leadership* intellettuale li rende maturi per la sorte di schiavi oppressi da un giogo definitivo. [...] Ma la loro fine non è soltanto la fine della libertà dei popoli oppressi dall'ebreo ma anche la fine di questo stesso parassita dei popoli. Dopo la morte della vittima muore anche, prima o poi, il vampiro».

Berlino denuncia questa «congiura dei vertici ebraici» contro i popoli, ne vuole spezzare i collegamenti: si tratta, per altro verso, di un aspetto della competizione per il controllo del mondo al quale i nazionalsocialisti non vogliono rinunciare. Esiste una contrapposizione estrema fra il nazismo e il giudaismo: quest'ultimo contende alla razza ariana la supremazia mondiale, ma c'è difformità negli strumenti adottati per raggiungerla: a parere dei nazionalsocialisti tedeschi, gli ariani credono nella lotta e nel confronto selettivo fra le comunità umane, mentre gli ebrei ricorrono all'infiltrazione, al travestimento interno ai popoli, sono in ultima analisi "avvelenatori" sociali del sangue dei popoli e diffusori di teorie ipocrite basate sull'eguaglianza degli uomini che essi, però, si guardano bene dal praticare. Ancora nel suo testamento politico, il dittatore nazista, poco prima del suicidio, insiste sullo stesso tema e ne raccomanda l'osservanza «ai suoi successori»: «Soprattutto faccio obbligo, alla guida della nazione ed al suo seguito, di mantenere minuziosamente le leggi razziali e di opporsi spietatamente all'avvelenatore di tutti i popoli, il giudaismo internazionale».

Secondo taluni l'antisemitismo non è lo strumento, ma l'essenza stessa del nazionalsocialismo, che prevale anche sulla sua volontà di espansione territoriale. È un'interpretazione che non trova riscontri reali: il giudaismo è uno degli ostacoli da superare, un nemico mortale del popolo tedesco, ma la sua distruzione è uno degli obiettivi da raggiungere, non è l'unico. Anch'esso, tuttavia, non garantirà il nuovo «paradiso terreste ariano», che avrà luogo con la fine di tutti i condizionamenti culturali, biologici, storici, quando il sangue tedesco, purificato, potrà esprimere in tutti i campi il meglio di se stesso. L'essenza del sistema è la "purezza razziale", il decondizionamento storico, lo slancio vitale del popolo rigenerato, la conquista dello stato di natura selvaggia originaria.

Non pare azzardato osservare che in questa distorta concezione dell'uomo e del mondo, in questa visione lambita da una nostalgia infinita di un mondo perduto, emerge in pieno l'anima nazionalsocialista, l'idea dell'uomo dominatore in continuo conflitto con gli altri esseri viventi per affermare una supremazia che deve essere ribadita ogni giorno. In fondo, il futuro nazionalsocialista è un ritorno al passato, il ripristino di una condizione primitiva di lotta. L'elemento razziale è il fondamento del potere e della sua giustificazione: a questo proposito non si deve confondere il modo con il quale il partito nazista raggiunge il potere con le successive evoluzioni e la distruzione del sistema democratico. Il popolo è il detentore del potere, ma esso lo attribuisce a chi ne può garantire la tutela e il progresso. Soltanto una guida politica con sviluppata coscienza razziale è nelle condizioni di farlo. Una collettività esprime e accetta un capo, una guida che interpreta questa estrema necessità e adempie ad un dovere storico; questo capo è legato al destino della comunità, ne è l'espressione e deve godere di una delega completa nell'esercizio di tutti i poteri: in lui si sommano quello legislativo, giudiziario ed esecutivo. Anche se esistono più organi e molte funzioni, la parola decisiva su ogni questione spetta a lui, soltanto a lui. C'è un diritto innato al comando, una fideistica accettazione di un ruolo prioritario, una speranza nella sua azione di natura provvidenziale: «Colui che assume la direzione di un popolo in un momento tanto tragico – afferma il cancelliere – non è soggetto alle responsabilità delle leggi parlamentari, ma esclusivamente alla missione che gli è affidata. Chi turba questa missione è un nemico del popolo, sia che egli cerchi di turbarla quale bolscevico o democratico, o terrorista o reazionario. In un momento critico come questo non agisce in nome di Dio neanche colui che percorre il paese con citazioni della Bibbia, bensì colui che dà alla sua preghiera quella forma che più unisce l'uomo al suo Dio, cioè la forma del lavoro».

Il fondamento razziale del potere significa negare secoli di storia europea e di evoluzione degli istituti democratici, ammettere che ogni atto di comando si autolegittima e che la moderna legalità è una struttura inutile. Il potere stesso può, anzi deve, essere personalizzato, cioè legato alle funzioni magiche, carismatiche, eccezionali di un uomo. Egli è ad un tempo solo ma anche espressione della volontà inespressa dell'intera collettività; ascolta, progetta, decide su tutto e per tutti. Evidenzia con efficacia questa realtà uno *slogan* del tempo: «Hitler è la Germania».

Sorprende che un movimento ispirato a riferimenti ideologici così rozzi abbia avuto successo in un Paese di alto livello culturale, di sperimentata solidità democratica e in presenza di partiti con larga adesione popolare. Può, in parte, aiutare la comprensione del fenomeno il considerare le conseguenze della guerra sulla Germania, l'impoverimento della popolazione e la caduta dei redditi del ceto medio, l'avversione per i trattati di pace. A questo si devono aggiungere la conflittualità crescente fra i partiti tradizionali, il timore di una rivoluzione dei comunisti tedeschi, la capacità propagandistica dei nazionalsocialisti, l'uso sistematico della violenza e del terrorismo politico. C'è ancora da osservare che l'occupazione dello Stato avviene con gradualità, dopo l'approvazione della legge che attribuisce ad Hitler pieni poteri. Anzi, nei primi anni di governo lo stesso Hitler sottolinea in più occasioni il carattere "pacifico" e popolare della rivoluzione nazionalsocialista rispetto ad altre, sanguinose e crudeli, come quella francese e quella bolscevica: «La rivoluzione tedesca è avvenuta senza spargimento di sangue: [...] prova ne è che il numero dei morti dei nostri avversari non ha ancora raggiunto la metà dei nazionalsocialisti che essi avevano ucciso in precedenza. [...] Debbo forse ricordarvi – esclama Hitler nel Reichstag – il più grande esempio di tutte le rivoluzioni, in cui la ghigliottina fece strage per cinque anni, oppure forse la rivoluzione bolscevica del 1917?» Ribadisce ancora lo stesso concetto: «La rivoluzione nazionalsocialista è stata la rivoluzione delle rivoluzioni, l'emancipazione cioè delle rivoluzioni. [...] La rivoluzione nazionalsocialista è l'unica (a parte quella fascista in Italia) al mondo che si sia operata quasi senza spargimenti di sangue. [...] Soltanto quando l'avidità delittuosa bolscevica ha creduto di impedire con la violenza la vittoria dell'idea nazionalsocialista, abbiamo risposto con fulminea rapidità, con la violenza». Da queste premesse prende corpo uno spietato sistema dittatoriale, che mette in luce una vocazione totalitaria nell'esercito del potere che disprezza e reprime ogni forma di opposizione interna sia di carattere politico che associativo.

Già nel 1933, in questa progressiva occupazione delle istituzioni pubbliche, gioca un ruolo di rilievo il partito, che rappresenta la parte più cosciente del popolo. In diverse occasioni, anche per quanto riguarda la politica estera, vengono creati organi indipendenti *a latere* di quelli statali, che spesso sono estranei gli uni agli altri, a volte sostitutivi, non di rado in aperto contrasto e sono destinati, prima o poi, a sostituire quelli ufficiali delle diverse amministrazioni.

Nel complesso, la dottrina nazionalsocialista estremizza ed esaspera temi già presenti nella società tedesca ed europea. La stessa questione razziale aveva suscitato dibattiti appassionati negli ambienti della cultura umanistica e scientifica dell'Ottocento e nei primi decenni del Novecento. La loro progressiva elaborazione dà vita alla cosiddetta "ideologia nazionalsocialista". Con questa espressione si vuole indicare un insieme di valutazioni che non si prefigge di argomentare sull'essere (cioè sui fattori fondamentali della speculazione filosofica), ma rimane in superficie: essa si occupa dell'uomo terreno, pretende di conoscerne le più remote radici storiche, ne vuole esaminare i comportamenti, indica per i singoli e le collettività pericoli e obiettivi, suggerisce azioni, utilizzando un orizzonte molto terreno, una speculazione limitata e superficiale, il desiderio di offrire un bagaglio culturale d'immediato e pratico utilizzo. La stessa questione di Dio resta imprecisata e confusa, non c'è approfondimento in materia. Si accenna spesso ad una realtà superiore, ad un essere creatore. C'è al contrario, in più occasioni, un richiamo alle antiche divinità germaniche, ai propiziatori di quel tempo e al valore che quelle tradizioni possono avere per rafforzare l'unità e l'operosità delle genti ariane.

Si cercano tracce, si effettuano riferimenti, si sviluppano manifestazioni celebrative che esaltano le radici delle antiche popolazioni celtiche e germaniche. Si inviano spedizioni scientifiche anche in Tibet alla ricerca di primordiali radici ariane.

C'è un particolare interesse per i Celti, insediati già nel I millennio a. C. nelle aree comprese fra il Mare del Nord, le Alpi, il Danubio e il Reno (in seguito anche in Spagna, Portogallo, Pianura Padana, Sicilia, Puglia, Grecia). Gli studi promossi dai nazionalsocialisti approfondiscono e onorano le imprese belliche, lo spirito libero, l'autosufficienza, l'eroismo di queste antiche popolazioni. Un ruolo particolare e misterioso è riservato al Dio Donn ("oscuro"), signore di un mondo tenebroso nel Mare d'Irlanda, dove trovano riposo i guerrieri caduti in battaglia. Maggiore attenzione è riservata ad altre popolazioni germaniche e al culto delle loro divinità. Si parla dei popoli che risiedevano in un ampio spazio compreso fra la Penisola scandinava, lo Jutland, il centro Europa, il Reno, le Alpi e il fiume Vistola già dal 1400-1500 a. C., che non avevano immagini di dei, ma riservavano spazi votivi sacri nelle foreste a culti religiosi (con sacrifici di animali e di uomini). Una particolare attenzione è rivolta ad Odino (antico tutore degli eroi caduti in battaglia), a Thor, lo sterminatore armato di un pesante martello, a Tyr, dio della guerra (analogo al Marte dei romani).

Si forma in tal modo un *pantheon* germanico che esalta le virtù guerriere, il furore bellico, l'eroismo e il sacrificio dei capi: su tutti prevale Odino, considerato il Dio degli Dei per sua stessa natura e funzione nel firmamento religioso degli antichi germani. È padre e tutore della stirpe, che può vivere e progredire per lo spirito unitario del gruppo sociale, per la sua volontà di combattere, per la capacità di sacrificio dei suoi componenti. L'esaltazione delle virtù guerriere, del furore bellico, dello spirito eroico non appartengono soltanto alla tradizione dei germani, ma a molte delle vecchie etnie indoeuropee. Queste posizioni sono l'evidente necessità di esaltare gli strumenti primari di garanzia per la sopravvivenza in un clima di "scontro selvaggio" fra gruppi primitivi in una lotta estrema di "vita e di morte". Non sorprende la ricerca di queste radici, la loro sottolineatura e la loro riproposizione in chiave di eredità storica, ma anche di modello attualizzato da parte dei sostenitori delle nuove teorie ariane del nuovo razzismo biologico.

Questa dottrina rifiuta l'idea dell'unicità della stirpe umana, l'esistenza di un destino comune che può e deve legare l'umana famiglia. Secondo alcuni politologi, questi presupposti evidenziano la vocazione di questo movimento ad una naturale e automatica distruzione ed esso è, in ultima analisi, l'espressione del "nichilismo assoluto". Questa valutazione meriterebbe di essere esposta con più completezza e chiarezza, perché si può prestare a diverse interpretazioni, potendo significare che le premesse teoriche hanno in sé il germe della distruzione totale come obiettivo naturale e necessario di questa sconvolgente esperienza politica. Da questo punto di vista, lo scontro razziale e la stessa criminale persecuzione antiebraica sono aspetti di una tendenza finale all'annientamento della civiltà e dell'uomo. Esistono molte riserve ad accettare queste spiegazioni, poiché non interpretano in modo adeguato lo svolgimento dei fatti e dei progetti proclamati. C'è una dimensione propositiva del nazionalsocialismo che non può essere ignorata: la distruzione del vecchio sistema, l'eliminazione dei nemici del popolo tedesco, la rinascita della razza ariana sono i presupposti di un nuovo ordine in Europa e nel mondo. Sembra dunque manifesta l'intenzione di promuovere una fase diversa dei rapporti umani, ma non si propugna ancora alcun progetto di sterminio totale o di autodistruzione. Spesso i vertici tedeschi parlano di un Reich destinato a durare secoli, di una nuova civiltà millenaria, e progettano, sul piano urbanistico, la nuova Berlino come capitale d'Europa.

La tensione rivoluzionaria e la passione razziale sono destinate a superare il tempo della distruzione del vecchio mondo per procedere alla costruzione del nuovo. Questo carattere propositivo, anche se utopico, non può essere cancellato dagli avvenimenti dell'ultimo periodo bellico. Le distruzioni, l'accanimento persecutorio antiebraico, il ricorso al suicidio di molti esponenti (fra i quali lo stesso Führer), gli appelli per una sistematica e nibelungica autodistruzione della nazione tedesca non rappresentano la conclusione teorica di una ideologia, ma sono la reazione, furibonda e drammatica, alla sconfitta militare e all'avanzata inarrestabile degli eserciti alleati ad Oriente e ad Occidente. Ben diverse erano state le previsioni di Berlino nel 1939 e nel 1941: la guerra era destinata ad essere lo strumento per la riaffermazione di una gerarchia razziale continentale e, in un secondo tempo, anche extraeuropea.

L'incapacità di capire l'impianto ideologico di questo movimento, nella sua autenticità e nella dimensione profetica nazional-razzista, impedisce una lettura critica del fenomeno priva di pregiudiziali culturali e politiche. Ne deriva un accostamento improprio, povero sul piano culturale e inutile su quello storico-politico. Lo sviluppo di un'azione politica interna e internazionale molto attiva, anzi frenetica se si pensa al breve periodo in cui si manifesta (1933-1945), è l'espressione di obiettivi concreti, ritenuti possibili, capaci di dare origine a mutamenti profondi e significativi nel contesto dell'umana convivenza. Qualcuno può pensare che proprio l'assurdità, l'enormità, la criminalità intrinseca ad un ritorno primordiale alla "vita selvaggia" e alla competizione estrema fossero le premesse di una conclusione tragica dell'intero percorso per i suoi stessi sostenitori, ma per questi ultimi l'orizzonte è diverso: le scelte adottate non sono finalizzate ad una sorta di obbligato e fatale annullamento di tutto. Al contrario, essi credono di essere le avanguardie coscienti e rigorose di un nuovo mondo, gli artefici del ripristino di un «ordine naturale, della convivenza, propulsori di una spinta creativa capace di dar vita ad una civiltà millenaria, gerarchica razzialmente, ma sviluppata e progredita come non mai».

L'attenzione dello studioso deve essere dedicata a questi convincimenti dei nazionalsocialisti tedeschi come di fronte ad ogni altro fenomeno che si vuole conoscere e interpretare con serenità e distacco. Può essere utile un'altra riflessione: anche gli appelli finali di alcuni autorevoli esponenti del regime al suicidio collettivo e all'autodistruzione del germanesimo rappresentano un'applicazione estrema e radicale della predicazione neorazzista. In genere nel suicida si realizzano una progressiva spersonalizzazione o, meglio, un'ambivalenza insopportabile: c'è, da un lato, la coscienza lucida del proprio essere, mentre, dall'altro, c'è il rifiuto del come si è, del come si vive, delle proprie condizioni concrete (affettive, economiche, fisiche, ecc.). Da questa non accettazione cosciente del proprio esistere, in un certo modo, nasce l'impulso che porta all'autoeliminazione. Una parte dell'io cosciente e volitiva ne rifiuta un'altra o, meglio, non accetta di vivere più a lungo con essa, non ne sopporta più né la coesistenza né la presenza. Di fronte all'impossibilità di scindere questa unità, si prende la via della rottura radicale dell'equilibrio con un atto estremo di protesta, di disperazione, di follia. Il gesto finale pone fine ad un dramma non più accettabile. Da questo punto di vista, il suicidio è una forma estrema di razzismo: il rifiuto di continuare ad esistere in una condizione inaccettabile è la repulsione di chi ha coscienza di essere in un mondo non sopportabile. È in fondo l'omicidio di un esterno a noi, che pure vive con noi, ma ci è talmente lontano, diverso, insopportabile che se ne decide la morte anche se comporta la fine di tutto l'essere. Nel suicidio prevale il rifiuto di un "altro" anche se è una fonte dell'io che lo vede, lo denuncia e lo disprezza. C'è impossibilità di coesistenza fra i due. C'è, anche in questo caso, una forma evoluta ed estrema di razzismo, vissuta al vertice di un'esperienza non fra persone, ma di una persona con se stessa in un crescendo d'insofferenza per una condizione d'umanità rifiutata.

A questa logica sono riconducibili anche i suicidi di diversi capi del movimento nazionalsocialista e gli appelli finali all'autodistruzione del Reich. Poco prima di suicidarsi lo stesso dittatore tedesco precisa a Bormann di non poter accettare l'ipotesi della sconfitta e di pensare «con terrore ad un Reich fatto a pezzi dai vincitori, alle sofferenze di una popolazione consegnata alle violenze dei bolscevichi imbestialiti e di *gangster* americani». Il fallimento della «missione storica del germanesimo» comporta l'annientamento anche del popolo tedesco e dei suoi capi politici e spirituali. In questo scenario di tragico crepuscolo, «se la guerra è persa, anche il popolo sarà perso. Non occorre avere riguardo per i fondamenti di cui il popolo tedesco necessita per continuare a vivere pur nella forma più primitiva. Al contrario – precisa Hitler – è meglio distruggere noi stessi queste cose. Infatti il popolo si è dimostrato il più debole e il futuro appartiene sicuramente al più potente popolo dell'Est. Quello che rimarrà dopo questa lotta sarà comunque costituito soltanto dagli inferiori poiché i migliori sono caduti».

Appaiono inaccettabili il fallimento del progetto iniziale, l'evidente inferiorità sul piano militare e politico, l'inadeguatezza degli strumenti rispetto alla lotta titanica intrapresa. Non è possibile né per i capi né per il popolo, né, in ultima analisi, per la "razza superiore" accettare una sconfitta di questa gravità. La guerra non ha portato alla nuova gerarchia razziale e non ha dato alle razze superiori gli "attesi spazi vitali", ma, al contrario, il conflitto segna il prevalere dei "sotto-uomini", registra l'avanzata degli slavi e delle razze inferiori e la sconfitta dei gruppi ariani "dominanti", in primo luogo i germani.

Già si può immaginare un dopoguerra dominato dagli inferiori e condizioni di sottomissione o di cattività per gli "eletti", e questa ipotesi appare a molti inaccettabile per i singoli e per la collettività germanica. La piena coscienza degli obiettivi perseguiti e dei drammatici risultati conseguiti rende inaccettabile sia la resa che la successiva sottomissione. Meglio in questo caso la fine, il sacrificio estremo, l'autoeliminazione, il suicidio personale e collettivo: anche in questo caso, pur politico e molto specifico, appare evidente la rottura fra le aspettative ideologiche e la realtà.

Il nichilismo assoluto, di cui alcuni critici parlano, non è pertanto la conclusione necessaria dell'ideologia; esso è, invece, il frutto del suo fallimento, della sua incapacità di incarnarsi in un sistema adeguato alle premesse, della coscienza che non c'è rispondenza nella realtà della rivolta razzista e che non è perseguibile il ritorno all'originario e agognato "paradiso terrestre selvaggio". La decisione di porre fine alla propria esistenza e la speranza che anche la razza superiore compia una scelta analoga non è vissuta come umiliazione, sconfitta, scoraggiamento senza speranza. Al contrario, essa è considerata un atto cosciente e coraggioso, un'estrema manifestazione di volontà, il superamento di una concezione della vita tradizionale. La determinazione suicida è una forma di protesta e di rinuncia che privilegia il valore del sogno ideologico rispetto alla realtà che si prospetta. Questa estrema rottura finisce per essere un punto di forza, di potenza di chi rinuncia alla vita per non consumarla in una dimensione decaduta e decadente. È, in ultima analisi, un'asserzione violenta ed estrema di sé e dei propri convincimenti, che sul piano razziale finisce per rappresentare il crepuscolo dei "migliori" e lasciare il mondo nelle mani degli *Untermenschen*. Molte di queste tesi si trovano nei messaggi finali di Hitler e anche nelle riflessioni di Goebbels e della moglie nel *bunker* della Cancelleria di Berlino. È l'esaltazione dell'eroe germanico che può vincere o morire ma che, per sua stessa natura, non può accettare un'esistenza di normalità, di mediocrità o di mescolanza insignificante e sterile. Ancora nelle ultime settimane Hitler non dispera di poter sconfiggere «il colosso sovietico» con un colpo decisivo e di garantire una svolta clamorosa del conflitto, ma scrive, nel suo testamento politico: «se il destino decide diversamente allora sparirei come un fuggiasco senza fama dalla scena della storia mondiale. Riterrei però mille volte più vigliacco commettere suicidio sull'Obersalzberg piuttosto che rimanere qui e cadere».

I condizionamenti politici determinano delle soste, dei rinvii, degli accordi incoerenti con le premesse e delle svolte, anche clamorose, nell'azione politica. In sintesi, la premessa per il rilancio di una politica estera adeguata alle risorse del germanesimo presuppone un riordino interno della società tedesca e il netto sradicamento di tutti i fattori che ne hanno impedito lo sviluppo. È urgente ristabilire l'unità nazionale spezzata dai contrasti partitici, riaffermare la priorità degli interessi collettivi della nazione e dello Stato rispetto a quelli particolari dei singoli e delle società intermedie, recidere i collegamenti di comunità tedesche (mondo ebraico) e di forze politiche (comunisti, socialisti, cristiani) con Stati esteri, creare una rinnovata coscienza d'appartenenza nazionale, statuale e razziale. Quest'ultima è un fattore essenziale, premessa inscindibile per una nuova azione politica, presupposto indispensabile per l'avvio del grandioso progetto del nuovo ordine nazista.

L'esperienza repubblicana e democratica postbellica è, per i nazisti, la prova più evidente dell'incapacità del sistema: esso ha prodotto miseria, sottosviluppo, umiliazioni e dipendenza dall'estero. Il rifiuto dei trattati di pace e del sistema di Ginevra (la Società delle Nazioni) è uno degli elementi di forza della propaganda nazionalsocialista. «In meno di cinque anni – dichiara il Führer nel 1937 – abbiamo eliminato un *diktat* che era stato elaborato per l'eternità». Se è vero che la nuova politica esce dagli angusti confini del revisionismo postbellico, è altrettanto evidente che la base di partenza della ribellione è quella originaria impostazione. La pace di Versailles è considerata ingiusta e punitiva: «Nell'anno 1919 – dichiara Hitler – venne imposto ad alcuni popoli un trattato di pace che costituiva un'offesa senza precedenti ai diritti del popoli. [...] Dopo di che con l'imposizione di un simile trattato si operò un fondamentale cambiamento della carta geografica mondiale dal punto di vista territoriale e politico. Si creò una Società delle Nazioni il cui compito doveva consistere nel consolidare la situazione politica ed economica quale era risultata da quelle irragionevoli decisioni e perpetuare per sempre su questo pianeta i confini che erano stati fissati. Doveva essere proibito in avvenire di usare la forza per cambiare quello che in passato era stato imposto con la forza. [...] La Società delle Nazioni era un'istituzione per il mantenimento di una situazione risultante da un'ingiustizia millenaria poiché: o la violenza è un diritto, oppure è un'ingiustizia. Se la violenza è oggi ingiustizia, essa lo era anche prima. Se dunque l'attuale situazione del mondo è il risultato della violenza, ne consegue che questa situazione è stata creata dall'ingiustizia. Per conseguenza – osserva ancora il cancelliere tedesco – la Società delle Nazioni non difende una situazione di diritto, bensì una situazione che è il risultato di una ingiustizia millenaria».

Il nuovo cancelliere, appena giunto al potere, vuole e ottiene i pieni poteri. Sarà questo lo strumento iniziale per affermare un sistema totalitario e per distruggere i più importanti istituti democratici: i diritti politici saranno soppressi, i partiti sciolti, i loro dirigenti perseguitati e arrestati, la polizia politica autorizzata ad operare senza controlli precisi, l'opposizione politica accusata di disfattismo e di antinazionalismo. L'affermazione del "partito unico", l'esercizio del potere da parte di una sola persona, affiancata da un gruppo ristretto di dirigenti, sono gli strumenti più convincenti per affermare il nuovo corso, per rendere evidente l'unità nazionale, per rifondare lo Stato forte e autorevole.

Sul piano sociale, il nuovo ordine prevede una ferrea organizzazione sindacale, il diritto e l'obbligo del lavoro per tutti, un'efficiente struttura previdenziale e assistenziale, una capillare e selezionata rete sanitaria. Lo Stato, che molto pretende, deve essere in grado di rispondere, in modo adeguato, alle necessità dei cittadini. La libera iniziativa economica è garantita, ma il governo metterà a punto piani di produzione nazionali, vigilerà sul sistema finanziario e bancario, selezionerà importazioni ed esportazioni, perseguirà con gradualità ma con determinazione la creazione di un'area economica autarchica sia con lo sfruttamento ottimale delle risorse disponibili sia con la potenziale espansione in altre aree capaci di dilatare il volume dei beni agricoli, minerari ed energetici.

Il germanesimo, finalmente decondizionato dalla sconfitta militare, dai nemici interni e dall'avvelenamento del sangue, è in grado di perseguire questi traguardi in poco tempo: «Ciò che mi spinse un giorno, soldato sconosciuto, ad intraprendere la lotta per la resurrezione tedesca – precisa Hitler al congresso di Norimberga del partito nazionalsocialista (1937) – fu il fatto che io credevo nel popolo tedesco e non nei suoi istituti, nel suo ordine sociale, nei suoi partiti, nella possibile forza statale e politica, ma nella fede, nell'eterno valore intrinseco di questo popolo, fede anzitutto in quei milioni di individui, uomini e donne che senza un nome, come anch'io una volta, sostengono la nostra vita e la comunità del nostro popolo. Per questo io mi sono sforzato di costruire questo Reich. [...] Tutto può essere e sarà transitorio. Ma ciò che rimane per noi è quella sostanza di carne e di sangue che si chiama popolo tedesco. Partito, Stato, Esercito, Economia sono istituzioni e funzioni il cui valore consiste solo nell'avere un fine. Il loro fine è sempre il popolo».

Questo processo è propedeutico ad uno sforzo successivo che la nazione tedesca deve compiere per ottenere il posto che le spetta nel mondo. È necessario ridare una forza militare adeguata allo Stato, mettere in discussione ingiuste smilitarizzazioni lungo le frontiere occidentali, riunire nel Reich tutte le popolazioni di "sangue tedesco" che vivono all'interno di altri Stati, porre fine all'anomala e imposta separazione dall'Austria, garantire ad Oriente l'occupazione di nuovi e fertili territori capaci di soddisfare le esigenze di "spazi vitali". Un progetto di ampio respiro, un disegno di ampiezza continentale, una vera e propria rivoluzione nei rapporti interstuatali: spostamenti di popolazioni, cambiamenti confinari, espansioni territoriali, evidente aspirazione ad esercitare un ruolo egemone. Questi disegni sono l'applicazione coerente dei presupposti razzisti del sistema ideologico che precede nei suoi convincimenti lo sviluppo dell'azione politica. Quest'ultima, per avere successo, dovrà procedere con prudenza, prevedere reazioni e opposizioni, far ricorso a pressioni diplomatiche, ad atti dimostrativi anche militari e, se fosse necessario, alla guerra. È pertanto opportuno dare la massima attenzione, mentre si sviluppano le prime iniziative diplomatiche, ad un piano energico di riarmo e ad una riorganizzazione di tutto l'apparato militare tedesco. Nelle intenzioni originarie c'è la volontà di ridurre le capacità offensive francesi e di intendersi con Londra.

Si deve registrare una vigorosa protesta per il comportamento delle potenze vincitrici, che si sono spartite le colonie tedesche ricorrendo all'ipocrita sistema dei mandati della Società delle Nazioni: «Nel 1918 – esclama Hitler – quando ancora non esisteva la Società delle Nazioni, si potevano benissimo trasmettere queste terre, senza il consenso degli indigeni, ai nuovi padroni, salvo poi far legalizzare più tardi questo trapasso dalla Società delle Nazioni. Certamente se si vuole estendere al passato questo nobile principio che una colonia debba appartenere a colui che ne ha ottenuto il consenso dalle popolazioni indigene, si vedrebbero precipitare tanti imperi coloniali. Questi imperi non sono sorti in seguito a votazioni, e soprattutto in seguito a votazioni democratiche delle popolazioni indigene, ma in seguito a una brutale violenza». Dunque è ingiusto prevedere una futura decolonizzazione delle aree tedesche ed affidarle a potenze che controllano vasti imperi coloniali per i quali nulla di analogo viene previsto. Sarebbe stato più equo prevedere un cammino analogo di "liberazione" per tutti i territori coloniali.

La Germania non ostenta ambizioni coloniali. C'è, invece, la determinazione di "marciare" ad Oriente, oltre la Polonia, nei vasti territori appartenenti a Mosca. La rivalità con l'URSS trova due motivazioni di fondo: l'espansione territoriale e la radicata contrapposizione ideologica. Il comunismo deve essere tolto di mezzo all'interno della Germania perché rappresenta un ostacolo al nuovo potere totalitario e perché i dirigenti comunisti tedeschi sono "quinte colonne" del Cremlino, agenti stranieri nella nazione tedesca, ma deve essere combattuto anche perché il sistema moscovita rappresenta un avversario a livello mondiale con la sua dottrina e il suo proselitismo: «Come all'interno della Germania abbiamo represso tutti i tentativi comunisti moscoviti, così non permetteremo che la Germania venga distrutta dall'estero con la violenza materiale del bolscevismo. [...] i territori bolscevizzati non sono più degli Stati indipendenti con una propria vita nazionale, ma diventano sezioni della centrale rivoluzionaria di Mosca. [...] Noi guardiamo dunque – osserva il Cancelliere tedesco ancora in occasione del congresso di Norimberga (1937) – con orrore ogni tentativo di estendere il bolscevismo, dovunque esso si manifesti, e con ostilità là dove esso ci minaccia direttamente».

Per Hitler «[Il bolscevismo] è il più grande pericolo per la cultura e la civiltà dell'umanità, che l'abbia mai minacciata dopo il crollo degli Stati antichi. [...] Questo attacco viene condotto contro l'essenza dei popoli, contro la loro organizzazione interna, e contro la direzione razziale di questi corpi nazionali. [...] Il nazionalsocialismo, come pure il fascismo, ha lottato per allontanare dal nostro organismo nazionale quelle debolezze che avrebbero potuto facilitare l'infiltrazione di veleni bolscevichi». Esso rappresenta, agli occhi di Berlino, un competitore reale e minaccioso sulla scena europea e mondiale: occorre prendere iniziative adeguate per fermare la «bolscevizzazione giudea del mondo». Con questa espressione i dirigenti nazionalsocialisti evidenziano due aspetti negativi del nuovo corso russo: c'è l'elemento ideologico costitutivo dei bolscevichi (con i loro obiettivi e i loro convincimenti), ma c'è anche da precisare che l'origine di questa dottrina è frutto di pensatori ebraici e che molta della classe dirigente russa proviene da quel mondo. La dottrina ugualitaria e populista, predicata dalla "Chiesa moscovita", è un immenso inganno ai danni dell'umanità, uno strumento di dominio esterno ed un fattore di pericolo reale per la purezza razziale tedesca: «Noi vediamo più che mai nel bolscevismo l'incarnazione di uno spirito distruttore dell'umanità. Non rendiamo il popolo russo responsabile di questa crudele ideologia di distruzione. Sappiamo che è un piccolo nucleo giudeo-intellettuale che ha ridotto un popolo a uno stato di pazzia. [...] Il bolscevismo giudeo-internazionale, basandosi sulla sua centrale sovietica, tenta di sabotare all'interno gli altri popoli del mondo, di travolgere l'ordine sociale e di portare il caos al posto della civiltà. [...] Perciò – precisa Hitler – noi siamo nemici irriducibili del bolscevismo».

L'annientamento dell'URSS può garantire due obiettivi strategici: grandi spazi orientali e la fine di un'ideologia pericolosa e ipocrita. Mentre ad Occidente c'è un problema di sicurezza, sulle frontiere orientali c'è una possibilità vitale d'espansione: «Noi nazionalsocialisti – dichiara il Führer – mettiamo la parola fine all'indirizzo assunto dalla politica estera del nostro anteguerra. Noi ripartiamo da dove sei secoli fa ci si era fermati. Noi arrestiamo l'eterna migrazione dei Germani verso il Sud e verso l'Ovest dell'Europa e dirigiamo lo sguardo verso le terre dell'Est. Finalmente poniamo termine alla politica coloniale e commerciale e passiamo alla politica del suolo del futuro». L'idea di un ingrandimento territoriale esteso, cioè della conquista di uno «spazio vitale» adeguato al risorto germanesimo, conduce «in prima istanza a pensare soltanto alla Russia e agli Stati periferici che sono suoi sudditi». Anche negli ultimi messaggi dal *bunker* della Cancelleria, ormai assediato dall'Armata Rossa, insiste sulla necessità dell'espansione: «Gli sforzi ed i sacrifici compiuti dal popolo tedesco in questa guerra sono stati di tale entità che io mi rifiuto di credere che siano stati invano. L'obiettivo deve continuare ad essere quello di conquistare spazio in Oriente al popolo tedesco».

L'importanza dei due teatri (ad Ovest e ad Est) è molto diversa, c'è però un dato di fondo tanto inquietante quanto "antico": Berlino, ancora una volta, ha problemi su due fronti e nel caso di aggregazione dei suoi potenziali avversari deve proteggersi su due fronti. Al di là di questa possibile pessimistica previsione, lo schema hitleriano è caratterizzato da un forte ottimismo; c'è il convincimento che la rinascita tedesca possa garantire ad un tempo alcuni obiettivi strategici: un ruolo egemone sul continente, il ripiegamento francese, l'appoggio o l'indifferenza inglese e la sconfitta sovietica.

Hitler si distacca dalle prospettive che i fondatori dello stato tedesco avevano dopo le guerre vittoriose contro l'Austria-Ungheria e la Francia e anche da quelle dei successori di Bismarck. C'è in lui un'ipotesi espansiva continentale estranea ai disegni politici degli esponenti tedeschi postunitari: la matrice nazional-razzista esprime grandiosi progetti espansionistici; la vitalità creativa può germogliare soltanto con una maggiore disponibilità territoriale. C'è invece una sostanziale continuità, almeno nei primi anni del nuovo regime, rispetto agli obiettivi perseguiti dalla politica estera della Repubblica di Weimar. Spesso si insiste sulla discontinuità fra i due periodi: ciò non corrisponde al reale sviluppo dei propositi e delle azioni intraprese. Il rifiuto dell'impianto complessivo della pace di Versailles, la denuncia dei confini orientali con la Polonia, la sollevazione dei problemi della Saar e della Renania, la protesta contro i pagamenti dei debiti di guerra, la non accettazione delle limitazioni negli armamenti sono temi sostenuti dalla democrazia tedesca postbellica con tenacia, durezza e continuità. Quest'azione non dà risultati apprezzabili perché, con motivazioni diverse, né Londra né Parigi rispondono a questa pressione revisionista tedesca, ma vi prestano attenzione solo nel periodo che precede l'avvento al potere dei nazionalsocialisti. Sotto le pressioni di Berlino, che mette in guardia le altre capitali sui rischi che anche a loro potrebbero derivare da un cambio di governo, ci sono tardive e parziali aperture. Queste ultime non potranno essere utilizzate, con risultati apprezzabili, dai vertici del debole sistema politico di Weimar.

Sulla questione della sicurezza tedesca dopo la guerra, i governanti della Germania si sono impegnati anche in precedenza: il tema scottante del disarmo è stato sollevato in più occasioni e hanno ottenuto, agli inizi degli anni Trenta, dichiarazioni importanti sui diritti di tutti gli Stati in materia di armamenti, ma si tratta di garanzie formali alle quali non corrispondono decisioni concrete di disarmo eventuale per chi è già in possesso di rilevanti riserve militari o di riarmo per chi non ne dispone. Di fatto, «equilibrio militare», «disarmo reale» ed «eguaglianza nella sicurezza» rimangono espressioni di riferimento, ma non ispirano una fase nuova fra vinti e vincitori. Già nel 1933, pochi mesi dopo la conquista del potere, i nazisti cavalcano in modo radicale questo tema: abbandonano la conferenza per la riduzione degli armamenti, escono dalla Società delle Nazioni, avviano un riarmo destinato a diventare, in pochi mesi, da "sotterraneo" a ufficiale e rigettano, in materia, le disposizioni di Versailles.

Un successo è registrato nel 1935 nella Saar, dove il plebiscito sul futuro del territorio registra una netta prevalenza dei sostenitori della riunione con la Germania (circa il 90%). Prosegue anche l'azione per riunificare i tedeschi residenti in territori esterni al Reich. Con un preciso riferimento all'Austria e alla Cecoslovacchia, Hitler dichiara: «Solo due degli Stati che stanno ai nostri confini (Austria e Cecoslovacchia) racchiudono una massa di dieci milioni di tedeschi. Essi, fino al 1866, erano ancora uniti con tutto il popolo tedesco in una Confederazione. Essi hanno combattuto sino al 1918 nella grande guerra spalla a spalla con i soldati tedeschi del Reich. Contro loro voglia si è impedito loro con i trattati di pace di unirsi al Reich. Ciò, in sé, è abbastanza doloroso».

In Polonia sono assunte posizioni analoghe a quelle difese dai precedenti governi: rifiuto dei confini, tutela delle popolazioni tedesche residenti a Danzica, nel "corridoio", nell'Alta Slesia e in Posnania, denuncia dell'assurdo distacco di una parte del territorio nazionale dall'altro. Ma anche in questo caso Berlino, senza rinunciare alle proteste e alle rivendicazioni, procede con prudenza. Dichiara di rinunciare all'uso della forza per risolvere queste divergenze ed arriva a sottoscrivere una dichiarazione di non aggressione con Varsavia nel 1934, che impegna i due governi per dieci anni in questo senso: conferma in tal modo di non voler forzare la situazione e di voler mantenere buoni rapporti con i polacchi.

Anche nei confronti dei tedeschi d'Austria la Germania assume un atteggiamento prudente, dettato da tre elementi di fondo: il timore di Londra, Parigi e Roma per un'espansione tanto rilevante della

Germania, l'ostilità di parte della popolazione austriaca nei confronti del movimento nazionalsocialista e la debolezza del partito nazista austriaco. Quest'ultimo, coinvolto nell'eliminazione del cancelliere Dollfuss (1934), non ottiene né l'appoggio della popolazione né quello delle forze armate e dovrà attendere tempi migliori per realizzare la dichiarata aspirazione della confluenza dell'Austria nel Reich.

Su questi problemi Berlino procede con cautela. Prevale l'intenzione di non creare reazioni o resistenze: la Germania non è ancora nelle condizioni di "alzare la voce" e di minacciare l'adozione di misure militari. Questa scelta potrà essere fatta in un momento successivo, quando i piani di riarmo avranno dato al Paese una posizione di forza capace di sostenere una politica estera di potenza continentale. Dunque esiste un'indubbia continuità iniziale con gli obiettivi di Weimar; l'unica forzatura, nonché evidente accelerazione, è il riarmo, che appare la premessa di una presenza nuova e autorevole. Non può sorprendere che l'accusa più frequentemente rivolta ai governi precedenti è di essere stati deboli, remissivi, inetti di fronte alle pretese esagerate dei vincitori.

Nel marzo del 1936 Berlino imprime un'accelerazione alla sua politica estera: le sue forze armate entrano nella Renania smilitarizzata. Si pone fine, in tal modo, ad una limitazione che era stata costituita a tutela della Francia. Da parte di quest'ultima e di Londra non ci sono resistenze significative. L'operazione viene considerata una conseguenza della nuova politica tedesca, molto attenta alle esigenze propagandistiche del proprio fronte interno. Non c'è, però, alcuna intenzione di voler attribuire a questa operazione un significato anticipatorio di successive imprese antifrancesi. Non si deve dimenticare che gli inglesi hanno raggiunto un accordo navale con i tedeschi (limitazione germanica negli armamenti marittimi) e che le intese franco-polacco-sovietiche non sembrano offrire garanzie adeguate nel caso di un complotto franco-tedesco. D'altra parte maturano, in questi stessi mesi, la crisi della Piccola Intesa e il contrasto anglo-franco-italiano in Etiopia.

L'insieme di questi fattori, esaminati con attenzione e spregiudicatezza a Berlino, finisce per favorire una politica d'azione e per avvicinare Hitler a Mussolini. La possibilità di trattenere quest'ultimo dalla tentazione germanica presuppone il pagamento di prezzi mediterranei e africani che le due democrazie non sono orientate a soddisfare. Le conseguenze sono presto evidenti: si rafforza la collaborazione italo-tedesca, si accentua la convinzione di Berlino che le democrazie "protestano" ma non "reagiscono" perché non hanno la forza di arrivare alle estreme conseguenze. Mussolini, sprezzante, non esita a dichiarare: «Le democrazie sono destinate ad ingoiare rospi». Questo convincimento, radicato e più volte riconfermato, è alla base delle iniziative successive di Hitler, nonostante pareri diversi, spesso contrastanti, dei collaboratori politici e dei vertici militari, che suggeriscono maggiore prudenza e gradualità. Al contrario, il momento pare favorevole al Führer per stringere i tempi e per concludere, nel volgere di breve tempo, alcune operazioni, in cantiere da anni, che i governi di Weimar non sono stati in grado di risolvere: la questione austriaca, il problema dei Sudeti e la sistemazione di Danzica e dei confini polacchi.

Le tre questioni sembrano a prima vista identiche nel senso che, pur investendo Stati diversi, sono riconducibili all'originario progetto nazionalsocialista di riunificare tutti i tedeschi esterni entro le frontiere dello Stato. In questo caso sia gli austriaci sia gli abitanti del Sudetenland e di Danzica appartengono a questa tipologia. Se i modi e i tempi sono da definire, nessuno può negare che si tratti di un progetto espresso in più occasioni e, in fondo, seppur senza formali e ufficiali approvazioni, accettato dalle cancellerie europee più influenti. Questa ipotesi appare come un prezzo che può essere pagato per soddisfare le esigenze del nuovo corso politico tedesco. Anzi, a molti sembra un revisionismo moderato (al di là dei modi e delle espressioni usate dai vertici berlinesi), quasi uno strumento idoneo a rendere attuali e adeguati i vecchi strumenti utilizzati a Versailles all'indomani del conflitto. Hitler, da parte sua, è convinto della necessità di mantenere fede agli impegni assunti con l'elettorato, sicuro di poter agire da una posizione di forza dopo l'avvicinamento italiano, è certo di non incontrare resistenze estreme, ma solo eventuali proteste diplomatiche e procede con determinazione e insolita brutalità internazionale nelle tappe del suo percorso.

Il primo passo è l'Austria: nel febbraio del 1938 il governo austriaco accetta un esponente nazionalsocialista, Seyss-Inquart, come ministro degli Interni; poco dopo, a marzo, quest'ultimo, imposto da Berlino come cancelliere (al termine di un drammatico braccio di ferro), chiede alle forze armate tedesche di entrare in Austria. Nei giorni successivi l'unione fra i due Stati viene sancita da un provvedimento legislativo tedesco e da uno austriaco. Il 97% degli austriaci, consultati con un successivo plebiscito, si esprime a favore dell'unità con la Germania.

Anche il problema dei Sudeti è risolto con rapidità e aggressiva prepotenza. Si tratta di circa 3 milioni di tedeschi, residenti in un'area industrializzata e sviluppata dove vivono anche 700.000 cechi. Già a metà degli anni Trenta prevale, fra i tedeschi dei Sudeti, una formazione politica filonazista. Nel 1938 vengono chieste la completa autonomia della regione e, subito dopo, la costituzione di un governo autonomo, la trasformazione della Cecoslovacchia in Stato federale e da ultimo l'annessione del Sudetenland alla Germania. Dopo nuove tensioni tedesco-cecoslovacche e una fase assai confusa di trattative fra le diverse capitali, Hitler accetta di incontrare a Monaco Mussolini, Daladier e Chamberlain (la Cecoslovacchia è esclusa) per risolvere il problema dei Sudeti. Al termine dei lavori (30 settembre 1938) è sottoscritta da tutti la richiesta tedesca di annessione a fronte del diritto dei cechi di optare per un eventuale trasferimento e delle garanzie di Berlino per la sopravvivenza dello Stato cecoslovacco. Ci sono la riduzione della estensione territoriale della Cecoslovacchia, ma anche l'accettazione della sua sopravvivenza e sovranità. In sostanza, sono accolte le richieste di unificazione dei cittadini tedeschi nel Reich. C'è il convincimento a Londra, a Parigi e anche a Roma che questa scelta possa risolvere un'emergenza europea e che, in ultima analisi, sia scongiurato il pericolo della guerra. I risultati austriaci e nei Sudeti sembrano compensi adeguati per le attese di Berlino. L'accordo, tuttavia, lascia profonde lacerazioni nei rapporti fra Praga e gli altri Paesi "garanti" della sua integrità, mette a nudo la debolezza, meglio la "formalità", della rete delle alleanze francesi nell'area centroeuropea e conferma il convincimento tedesco del timore dei suoi competitori ad affrontare un confronto militare.

Dopo questa conclusione, è diffusa in Europa la consapevolezza che si è costituito un direttorio a quattro; si diffonde anche l'impressione che la Germania abbia assunto un ruolo preponderante perché, in ogni occasione, le decisioni adottate sono conseguenti a sue pressioni più o meno violente e alla sua minaccia di ricorrere all'uso della forza. È più esatto osservare che il "presunto direttorio" ha sempre finito per ratificare le richieste di Berlino. Non serve, per confutare questa impressione, ricordare che sempre a Monaco vengono ribadite le note argomentazioni a favore della pace e della collaborazione.

Prende corpo un accordo di non aggressione anglo-tedesco al quale fa seguito, in dicembre, un trattato analogo franco-tedesco. I due documenti perdono valore nel giro di pochi mesi di fronte alle nuove mosse della Germania che smentiscono, in modo clamoroso, sia le tesi sostenute in precedenza sia gli impegni sottoscritti.

Nel marzo del 1939 Hitler prende posizione a favore della completa indipendenza della Slovacchia e, dopo essere ricorso a pesanti minacce di ritorsione nei confronti di Praga, ottiene la costituzione di un protettorato tedesco sulla Boemia e sulla Moravia. Da parte sua, la Slovacchia si proclama indipendente e chiede e ottiene la protezione tedesca. Così, nel giro di pochi mesi, Berlino ha distrutto e di fatto assorbito la Cecoslovacchia. Appare evidente la contraddizione fra le precedenti posizioni e la nuova realtà. Non soltanto la Germania ha cancellato uno Stato di cui aveva garantito l'esistenza, ma si è spinta al controllo diretto di vasti territori abitati da cittadini non tedeschi: è il primo passo della nuova politica estera razziale. Si tratta dell'espansione per la conquista degli spazi vitali necessari al germanesimo per sviluppare le sue enormi potenzialità inespresse e per aprire la strada ad una civiltà tedesco-ariana destinata a durare millenni.

Sul piano formale, Hitler ricorda che questa operazione è un semplice ritorno al passato, un "atto di giustizia" necessario per ristabilire condizioni di supremazia originarie, violate da eventi storici sfavorevoli al mondo tedesco. Inoltre, precisa che la Boemia e la Moravia sono appartenute da tempo immemorabile alle popolazioni germaniche e che esiste un loro diritto storico ad esercitarvi ogni funzione di governo. Questa decisione, imprevista e violenta, determina, più di ogni altra, un profondo mutamento nel quadro politico internazionale. Le altre capitali sono in allarme; cadono le residue speranze di poter conciliare le aspirazioni revisionistiche con gli accordi politici, si rafforza il convincimento dell'inaffidabilità di Berlino, si approvano piani di riarmo, ci si prepara ad affrontare nuove prove di forza.

Non è dunque il rafforzamento tedesco a seguito della distruzione e dell'assorbimento (diretto e indiretto) dello Stato cecoslovacco a preoccupare la altre potenze, ma è la delusione di chi ha creduto nelle assicurazioni e nelle promesse di Hitler. C'è anche la coscienza di una propria debolezza militare, mentre si evidenzia la fragilità (più tardi la totale inutilità) del sistema degli accordi bilaterali e multilaterali costruiti negli anni precedenti. Per contenere le spinte della nuova politica tedesca occorrono nuovi strumenti e una riconsiderazione complessiva degli obiettivi da perseguire. È erroneo pensare di poter far fronte a questa emergenza con concessioni graduali e concordate o con una rete di accordi che paiono forti sulla carta ma non reggono alla prova del confronto con i tedeschi. Dopo le vicende del marzo 1939, Londra e Parigi si rendono conto di dover affrontare il problema tedesco in tutta la sua rilevanza e di non avere più di fronte l'ex sconfitto della prima guerra mondiale. C'è un competitore audace e risoluto che si è dotato di moderni mezzi militari e ha trovato anche alleanze in Europa e solidarietà e intese in Asia.

Il governo nazionalsocialista è al di fuori dei precedenti schemi revisionistici di Weimar, ha inaugurato una fase nuova e persegue obiettivi di riordino complessivo del quadro europeo e mondiale. Anche se al momento non dispone delle risorse per raggiungere traguardi tanto ambiziosi, è però nelle condizioni di determinare le regole del gioco europeo. La forza di cui dispone e la determinazione di lambire i confini di uno scontro militare con altre potenze del continente segnalano un cambiamento radicale d'indirizzo e di metodi. C'è il rischio concreto di dover accettare nuove e più provocatorie pretese o di essere costretti "con le spalle al muro" ed arrivare alla prova estrema delle armi. Fino ad ora questo *aut aut* è stato evitato con dolorose, continue concessioni, ma esse non paiono sufficienti a soddisfare Berlino, che mette sul tavolo continue aspirazioni e si lancia in iniziative audaci e spregiudicate per ottenerle.

C'è anche un altro aspetto grave: il comportamento tenuto dai "garanti", nella questione austriaca e in quella cecoslovacca, ha profondamente incrinato la fiducia delle altre potenze "minori" nei loro confronti. Si è convinti di non poter contare su una solidarietà completa in caso di bisogno e può essere preferibile la ricerca del consenso, delle mediazioni e della protezione della Germania e della stessa Italia. L'uso della forza finisce per far scuola. Nello stesso tempo, diversi Paesi ricorrono a questi sistemi per risolvere problemi pendenti o si rimettono ad arbitrati italo-tedeschi per ottenere il riconoscimento di diritti presunti (occupazione di Teschen, arbitrato italo-tedesco di Vienna per i contrasti fra Ungheria e Cecoslovacchia nel novembre 1938, invasione dell'Albania nel 1939).

4. *I fascismi iberici. Guerra civile, isolamento, neutralità (1936-1939)*

In questo contesto di prove di forza, di ricorrenti tensioni e di tentativi d'accordo, si colloca anche la guerra civile spagnola (luglio 1936-marzo 1939). Di questa vicenda si è spesso esagerata l'importanza, che non trova riscontro nei fatti. In realtà, lo scontro armato fra i repubblicani e i nazionalisti deve essere collocato in un contesto nazionale non soltanto per le oggettive dimensioni del conflitto civile, che si svolge entro le frontiere di quel Paese, ma anche perché la sua conclusione non ha conseguenze significative sugli avvenimenti europei del periodo successivo. Al contrario, si può osservare che la più incredibile conclusione della vicenda è la delusione italo-tedesca per l'irriconoscenza di Franco negli anni del conflitto europeo. Se è vero che nulla in proposito è stato in precedenza concordato, ed ancor meno promesso, è pure fuori discussione l'autonomia politica spagnola nella guerra che dilania il continente sia nel periodo 1939-1941 che in quello successivo.

Non c'è adesione all'Asse, non c'è alcuna alleanza di guerra, non c'è disponibilità a far transitare forze tedesche per "liberare" la roccaforte di Gibilterra, non ci sono concessioni per basi navali ed aeree. C'è, al contrario, l'assunzione di una "machiavellica" posizione neutralista. Essa è giustificata dalle gravi condizioni interne del Paese dopo la terribile guerra civile da poco conclusa e dal timore di dover armare un esercito di cui non può essere garantita una fedeltà assoluta. Prevale un impegno sui problemi interni, la volontà di "normalizzare" la società spagnola, di curare le ferite del sanguinoso conflitto civile, di evitare un coinvolgimento militare che potrebbe compromettere le sorti dello stesso regime franchista da poco insediato alla guida del governo spagnolo. C'è soltanto una tardiva adesione al Patto antiKomintern nippo-italo-tedesco. D'altra parte, il franchismo non ha difficoltà a compiere questa scelta, anzi non ne può che trarre vantaggi: rispetto a Roma, a Tokyo e a Berlino, la Spagna è l'unico Paese nel quale un sistema politico affine al fascismo (ma con proprie caratteristiche) è giunto al potere dopo una terribile e lunga guerra civile condotta contro le sinistre, in cui i comunisti nazionali ed esteri hanno rappresentato una componente molto importante e hanno dimostrato di avere collegamenti influenti a Mosca.

Hitler vede nella Falange uno strumento fondamentale d'opposizione al "bolscevismo iberico" che, collegato con Mosca, cerca di creare, anche in Europa occidentale, una sua base d'appoggio. «È una grossolana inversione dei fatti – confida a Ribbentrop nel luglio del 1936, subito dopo aver deciso di aiutare i franchisti – l'affermare che gli oppressori bolscevichi del popolo siano i depositari di un potere legittimo, mentre coloro che lottano per la Spagna nazionale sarebbero dei rivoluzionari illegali. Noi vediamo negli uomini del Generale Franco la vera e soprattutto la durevole Spagna e negli usurpatori di Valencia la truppa rivoluzionaria internazionale, assoldata da Mosca, che attualmente è in Spagna ma si troverà forse domani in un altro Stato». Non c'è alcuna considerazione per la vittoria elettorale della sinistra della giovane Repubblica, non c'è valutazione del contesto specifico e della pluralità delle forze politiche di ispirazione marxista, non ci sono neppure riserve per l'azione rivoluzionaria e anticostituzionale del franchismo (fra l'altro completamente diverse da quelle che hanno portato al potere il fascismo a Roma nel 1922 e il nazionalsocialismo a Berlino nel 1933).

La situazione iberica viene letta dal dittatore tedesco anche in termini geopolitici, per la sua collocazione continentale: «La Germania non poteva in alcun caso tollerare una Spagna comunista. [...] Se si fosse riusciti realmente a creare una Spagna comunista, allora, data la situazione che in quel momento vigeva in Francia, la bolscevizzazione di quel Paese sarebbe stata questione di poco tempo [...]. Incuneati fra l'imponente blocco sovietico a Est e un forte blocco franco-spagnolo ad Ovest, noi potremmo difficilmente difenderci se Mosca si proponesse di avanzare contro la Germania».

L'orizzonte politico del franchismo resta spagnolo, cioè nazionale, non si cercano neppure legami solidi con movimenti, con partiti o con Stati che hanno analoghe strutture politiche. Appare evidente che Franco è una personalità dotata di un singolare realismo ed anche di una conoscenza delle cose militari che lo distingue nettamente dal dittatore italiano ed ancor più da quello tedesco. Non sottovaluta le difficoltà di un confronto con le democrazie europee, alle quali successivamente si uniscono anche Washington e Mosca. Non si deve dimenticare che, a differenza degli altri due, il Generalissimo ha alle spalle una brillante carriera militare che lo ha portato, prima del luglio del 1936, ai vertici delle forze armate spagnole. L'obiettivo della sua azione contro il Fronte popolare è la conquista della Spagna e la sua successiva gestione secondo il modello di un fascismo *sui generis*. C'è, in sostanza, un'estraneità del franchismo vittorioso rispetto all'evoluzione dei rapporti politici europei e mondiali dopo la primavera del 1939. Non si tratta di disconoscimento degli aiuti ricevuti né di rinnegamento delle affinità politiche con il sistema fascista o quello nazionalsocialista, di rotture clamorose dei rapporti diplomatici. Si verifica, al contrario, una sorta di isolamento, un disimpegno, un riflusso sui problemi interni: per un verso questo comportamento evidenzia una lucida consapevolezza dei propri limiti, per un altro mette in luce una profetica lettura dello sviluppo degli avvenimenti successivi in Europa.

Nonostante gli aiuti ricevuti durante la guerra civile, Madrid sceglie una neutralità che trasforma in "non belligeranza" nel 1940, dopo l'attacco tedesco alla Francia e l'offensiva contro l'Inghilterra, e definisce anche le sue eventuali aspirazioni, nel caso in cui entrasse nel conflitto a fianco delle potenze dell'Asse: Gibilterra, Marocco, zona di Orano (nel luglio del 1940 occupa Tangeri in palese violazione di accordi internazionali). Nel 1941 la Spagna costituisce la "Divisione

Blu", che viene inviata a combattere contro l'URSS dopo l'attacco tedesco. Anche se non c'è una esplicita dichiarazione di guerra, questa presenza militare (50.000 combattenti) sembra indicare il superamento della precedente non belligeranza e far registrare un passo avanti verso un coinvolgimento nel conflitto. Questo contingente sarà ritirato nel 1943, dopo la disfatta di Stalingrado e il disfacimento del fascismo in Italia. In tal modo, la "precaria non belligeranza" fa un passo indietro, Madrid torna alla neutralità e si evidenzia nei mesi successivi una sua crescente attenzione nei confronti delle potenze occidentali. Nel maggio del 1944 prende corpo un accordo economico con gli alleati, non viene riconosciuto il governo di Salò, si sospende l'esportazione di prodotti minerari verso la Germania, si rompono le relazioni diplomatiche col Giappone (aprile 1945). Dopo il riconoscimento del governo del generale De Gaulle, si consegnano a Parigi Laval e Bonnard, che avevano trovato rifugio nel Paese.

È evidente che Franco, dopo il 1943, non crede alla possibilità di una vittoria del Tripartito, si allontana da quest'ultimo e si avvicina agli alleati. Vuole uscire senza danni dal conflitto ed entrare nel gioco politico del dopoguerra nonostante gli aiuti iniziali avuti dal nazifascismo e la mancanza di democrazia nel proprio Paese. Le mancate solidarietà di carattere ideologico e le ridotte aspirazioni internazionali riducono il franchismo ad un fenomeno "nazionale", ad un evento significativo ma periferico, ad un cambiamento di governo esclusivamente iberico. Tutto ciò appare in netto contrasto con l'impegno profuso dalle potenze europee per influenzare il corso degli avvenimenti spagnoli negli anni della guerra civile.

Tale ingerenza (combattenti, mezzi militari, risorse finanziarie) si contrappone alle conclusioni dell'intera vicenda. Le diverse capitali, le une impegnate a sostenere il "Fronte popolare", le altre i "nazionalisti", vedono nello scontro in atto quasi una prova di forza delle rispettive potenzialità militari e politiche. C'è anche la speranza di poter contare, nel dopoguerra, su un allineamento di Madrid a proprio favore: questa eventualità è di grande interesse per tutti, perché un impegno diretto della grande penisola che si affaccia sul Mediterraneo, sull'Oceano Atlantico e "accerchia" Gibilterra, può giocare un ruolo strategico decisivo. Sarà una delusione per tutti, per le democrazie e per l'URSS, che vedono la sconfitta dei propri "amici", e per Roma e Berlino, che non ottengono alcuna contropartita significativa né politica né militare. Il "grande ingrato" resta ai margini del conflitto: salva in tal modo se stesso, il suo movimento e il sistema politico che regge la Spagna. Tutte le aspettative estere restano deluse, alcune prima ed alcune dopo, eppure la guerra civile spagnola ha determinato un grande interesse per quasi tre anni. Ben quattro potenze europee sono coinvolte nella tragedia spagnola, dove sembra in atto uno scontro militare alle cui spalle si muove un confronto più profondo fra il comunismo, il fascismo e la democrazia.

Roma e Berlino hanno da tempo incoraggiato e sostenuto i movimenti nazionalisti, non esitano ad inviare "volontari" ed ingenti quantità di armi, conducono azioni offensive contro le navi che trasportano materiale per i repubblicani. Si tratta di aiuti importanti, in alcuni momenti decisivi per l'affermazione del franchismo. Appare evidente lo squilibrio fra il dare e l'avere: Italia e Germania, in verità, fanno in questi anni un investimento spagnolo nella speranza che possa rendere nel futuro.

In Francia, a causa di forti contrasti interni, la guerra civile iberica non ha un sostegno aperto e dichiarato ma dai Pirenei passano, con una certa facilità, uomini e mezzi provenienti da ogni parte d'Europa per il "Fronte popolare". La posizione di Londra è invece più cauta: pur favorevole al "Fronte popolare", teme che un intervento diretto e consistente possa far degenerare un conflitto localizzato in uno scontro generale e preferisce sostenere il non intervento.

L'URSS sostiene apertamente il "fronte popolare", al quale offre un sostegno in uomini e mezzi: non sorprende la sua radicale avversione al movimento franchista, così ostile e contrapposto al comunismo internazionale e spagnolo.

Alla fine il sanguinoso conflitto civile non produce conseguenze significative per le potenze che hanno sostenuto il governo repubblicano e il "Fronte popolare" né per quelle che hanno appoggiato il franchismo: la guerra di Spagna, che pure ha suscitato grandi tensioni ideali, morali, militari e politiche all'estero, finisce per avere un significato interno e per rappresentare una pagina dolorosa nella vita di quel popolo, ma è anche la dimostrazione delle difficoltà che alcuni

Paesi incontrano sulla strada per la democrazia insidiata da storiche incrostazioni autoritarie, dalle violenze delle dottrine totalitarie e dagli interessi delle altre potenze. Rimangono delusi anche molti politologi del tempo: non si avvera la previsione che vede, nella guerra di Spagna, l'avvio del confronto continentale fra le diverse potenze. Questo conflitto non è la miccia che fa scoppiare il secondo conflitto mondiale; anzi, nonostante la sua tremenda realtà, ne resta al di fuori: la Spagna sceglie l'isolamento, garantita da due mari e dai Pirenei.

Per completare l'esame del quadro iberico è bene ricordare che, negli anni Trenta, anche il Portogallo vive una profonda crisi istituzionale, che determina il tramonto dell'esperienza repubblicana democratica e l'avvento di una dittatura militare alla quale si sostituisce poco dopo la nascita dell'*Estado Novo*. Dopo una tormentata parentesi repubblicana (1919-1926), l'affermazione di una dittatura militare appare l'unica soluzione per superare l'esasperata lotta politica fra i partiti e la grave situazione economica. In questo contesto, a causa di crescenti difficoltà, è chiamato alla guida del governo Antonio de Oliveira Salazar (1932) che, dopo aver predisposto una nuova Costituzione, pone fine alla dittatura militare e inaugura una fase nuova della vita del Paese denominata *Estado Novo*. Il nuovo sistema, a forte vocazione presidenziale, non è riconducibile alle esperienze delle democrazie parlamentari occidentali, ma costituisce una formula politica autoritaria: censura della stampa, scioglimento dei partiti, ricorso ai referendum, creazione di un organo centrale di coordinamento politico (l'Unione Nazionale).

Salazar rimane alla guida del governo fino al 1968, mentre l'esperienza dell'*Estado Novo* avrà termine con la rivoluzione del 1974. Sul piano internazionale, Lisbona s'impegna, dopo il 1934, a tutelare l'indipendenza economica e politica del Paese e a mantenere "ad ogni costo" il controllo dei territori d'oltremare. Allo scoppio della guerra nel 1939, Salazar sceglie una linea neutralista; più tardi, con l'ingresso in guerra degli USA, Lisbona concede agli americani l'uso di basi militari nelle Isole Azzorre, che hanno un rilevante valore strategico. Ciò non impedisce al Paese di sviluppare, durante il conflitto, rapporti economici con tutti i belligeranti fornendo materie prime (tungsteno). Questo sviluppo delle attività commerciali, favorito dalla neutralità, permette un forte incremento delle esportazioni. Nel periodo 1940-1943 Lisbona può vantare una bilancia commerciale in attivo. Dopo il conflitto le forze di opposizione, ridotte alla semiclandestinità, sperano di rompere il quadro politico esistente e di poter dar vita a sistema politico più "democratico e parlamentare". Ciò non avviene, Salazar mantiene il controllo della situazione e sviluppa nuovi e importanti rapporti politici ed economici con gli alleati; con l'avvio di "piani di sviluppo", proposti dal governo, si cercherà di trasformare l'economia nazionale da agricola ad industriale e di aprire il Paese alla modernizzazione.

5. *La prima alleanza italo-nippo-tedesca. Il Patto antiKomintern*

Nel 1936 prende corpo la strategia tedesca delle alleanze intercontinentali, che porta la Germania a sottoscrivere un accordo contro il comunismo internazionale con il governo di Tokyo. Perché matura questa decisione? L'ipotesi di una collaborazione con il Giappone non è presente negli obiettivi indicati negli anni precedenti dal movimento nazionalsocialista. Per Berlino, il Giappone rappresenta una forza revisionista e rivoluzionaria, un Paese deluso dal dopoguerra per l'ostruzionismo americano ed inglese verso le sue aspirazioni continentali. Durante gli anni Venti Hitler, per soddisfare le aspirazioni di potenza germaniche e per avviare il riordino della "gerarchia razziale" in Europa, pensa di poter trovare un'intesa con Londra. La stessa collaborazione con Roma appare secondaria se non superflua rispetto alla priorità di un accordo con i britannici. Lo sguardo è rivolto verso gli spazi vitali ad Oriente, cioè alla liquidazione dell'URSS e di conseguenza del bolscevismo («il mostro giudaico-comunista»). Soltanto più tardi, dopo la costituzione del Manciukuò, si pensa ad un utilizzo della potenza asiatica insulare come a un potenziale alleato contro l'URSS: esso appare come l'altro braccio (uno è la Germania) di una gigantesca tenaglia capace di stringere il regime moscovita da Occidente e da Oriente in una morsa senza via d'uscita.

Hitler stesso, in più occasioni, spiega le ragioni di questa scelta in un'ottica euro-asiatica antibolscevica: «Il nostro accordo con il

Giappone serve allo stesso fine, di stare uniti nella lotta difensiva contro una aggressione al mondo civile, che può avvenire oggi in Spagna, domani in Oriente o dopodomani in altri settori». A suo giudizio, una sconfitta nipponica in Asia orientale non può portare alcun vantaggio all'Europa, ma soltanto all'URSS: «Temo che una sconfitta giapponese nell'Asia orientale non sarà mai di vantaggio né all'Europa né all'America, ma soltanto alla Russia bolscevica. [...] La Germania ha concluso un accordo con il Giappone per combattere l'azione del Komintern. [...] La Germania, nella sua lotta contro il comunismo, considererà sempre il Giappone come un elemento di sicurezza per la civiltà. [...] Non vi è alcun dubbio – precisa Hitler – che anche la più grande vittoria giapponese non nuocerebbe minimamente alla civiltà dei popoli bianchi, ma non vi è neppur nessun dubbio che una vittoria del bolscevismo sarebbe fatale alla civiltà millenaria delle razze bianche». Respinge inoltre, in modo sprezzante, le insinuazioni anglo-francesi secondo le quali la politica asiatica tedesca sarebbe contro «gli interessi della razza bianca»; si tratta, osserva, di «attacchi inetti» che provengono proprio da chi ha tanto combattuto il nazionalsocialismo per le sue tesi razziali.

La Germania si augura che Tokyo e Pechino possano trovare un'intesa e porre fine ai contrasti mancesi e nelle province del Nord della Cina per affrontare insieme la sfida del bolscevismo in Asia. Hitler osserva inoltre che le stesse potenze che ora criticano l'intesa nippo-tedesca (e i presunti tradimenti razziali del nazionalsocialismo) non hanno esitato, dopo la grande guerra, a riconoscere proprio al Giappone una parte dei diritti e delle colonie germaniche in quelle aree: «Del resto – dichiara al Reichstag (1938) – anche la Germania possedeva una volta delle colonie in Estremo Oriente. Ciò non ha impedito ad alcune potenze di coalizzarsi con popoli di razza gialla per scacciarci di là. Certo non desideriamo più ricevere un invito di ritornare nell'Estremo Oriente».

L'origine del Patto antiKomintern è dunque anticomunista o meglio antiURSS. Le due capitali convergono nella denuncia del bolscevismo, ma guardano con crescente interesse ai possibili vantaggi che potrebbero derivare da una caduta del governo moscovita. La dichiarata volontà di combattere «senza cedimenti e compromessi» l'insidiosa propaganda del Komintern all'interno dei propri Paesi è collegata ad un'azione antisovietica. Berlino non esclude di poter associare a questo disegno anche altri Paesi: Gran Bretagna, Polonia e la stessa Cina. Per ragioni diverse, questi cinque Stati possono essere interessati a ridurre l'estensione della Russia e anche a far cadere il sistema comunista che la governa. Si tratta, da questo punto di vista, di un'altra ipotesi, dopo le tante degli anni precedenti, di dare vita ad una coalizione anticomunista con lo scopo di accerchiare, di condizionare e, se possibile, distruggere il potente Stato euro-asiatico.

Questo progetto incontra resistenze e opposizioni e la sua stessa definizione si colloca in un periodo ricco di avvenimenti confusi non riconducibili alle attese di Berlino (patto franco-sovietico, guerra d'Etiopia, conflitto civile in Spagna). Si tratta di eventi che ostacolano i congiungimenti auspicati dai tedeschi e che anzi, in più occasioni, provocano contrasti e lacerazioni proprio fra le potenze che dovrebbero costituire l'alleanza a cinque alla quale potrebbe accedere anche l'Italia. In questo contesto, prende corpo l'accordo fra Tokyo e Berlino, mentre non fanno progressi le ipotizzate intese con le altre capitali.

Alla fine di novembre (1936) è sottoscritto il Patto antiKomintern, che rappresenta una prima significativa saldatura fra i due Stati (ad esso si associerà l'Italia nel 1937). I due governi condannano l'obiettivo del comunismo internazionale, cioè la disgregazione degli Stati esistenti, anche con il ricorso alla forza. Non si possono tollerare le ingerenze negli affari interni delle nazioni: esse sono una minaccia alla vita dei singoli Stati e alla pace della comunità internazionale. Occorre difendersi da questa attività disgregatrice: Tokyo e Berlino si scambieranno tutte le informazioni in loro possesso sulle attività dell'Internazionale comunista, concerteranno misure comuni, interverranno insieme a difesa di Stati terzi eventualmente minacciati, prenderanno adeguate misure contro coloro che, all'interno o all'esterno dei loro Stati, agiscono per conto del comunismo internazionale o «prestano aiuto alla sua opera sovversiva».

Nel testo che sancisce l'adesione italiana (6 novembre 1937) si denuncia la vocazione rivoluzionaria del comunismo in Occidente e in Oriente, si insiste sul ruolo che le tre capitali possono svolgere a favore dell'ordine e della pace, si ricorda che il regime fascista ha già «combattuto con inflessibile determinazione tale nemico». Nell'accordo originario nippo-tedesco c'è anche un'intesa segreta secondo la quale i due contraenti s'impegnano a rimanere neutrali nel caso in cui uno dei firmatari fosse oggetto di un attacco esterno (è evidente il riferimento all'Unione Sovietica). Di questa clausola aggiuntiva non è data comunicazione ai nuovi contraenti italiani e neppure ai Paesi che vi aderiranno in seguito (Manciukuò, Ungheria e Spagna). Il patto evidenzia che Berlino e Tokyo hanno piena consapevolezza dell'attività internazionale del comunismo, ma anche un certo timore che la sua propaganda possa ottenere effetti positivi. Non c'è dubbio che a questo potenziale pericolo è congiunta l'aspirazione di fare i conti prima o poi con l'URSS. Nei mesi successivi al patto, l'aspirazione tedesca a coinvolgere Londra resterà delusa, mentre si rafforzano i legami con Mussolini.

Il carattere anticomunista del Patto antiKomintern (1936 -1937) e la sua centralità nella politica estera dei tre contraenti sono evidenziati dalle dichiarazioni dei tre ministri degli Esteri, Arita, Ribbentrop e Ciano, nel novembre 1938. Arita dichiara che «esso costituisce la più importante direttiva della nostra politica estera», si rallegra perché «più forti e potenti legami si formano fra le tre più fiorenti nazioni in Europa e in Asia» e perché malgrado «le continue macchinazioni dei comunisti in Europa si è riusciti a reprimere quegli elementi sovvertitori [...]. Lottando contro il pericolo comunista il Giappone ha fatto il primo passo per realizzare il grande ideale di creare un ordine nuovo nell'Asia orientale». Ribbentrop precisa che l'accordo è «la dichiarazione comune di lotta, senza compromessi, contro l'attività sovversiva dell'Internazionale comunista [...]; né nell'azione in Spagna né in Cina è riuscito, agli intrighi di Mosca, di stabilire il dominio sovietico, per poi di là gettare la fiaccola incendiaria nei Paesi pacifici [...]. Nel breve tempo trascorso, dopo la sua conclusione, l'Accordo contro l'Internazionale comunista ha assunto grande importanza. Il Triangolo Berlino-Roma-Tokyo è oggi una concezione mondiale [...]. Nulla sarebbe più falso che credere che il bolscevismo abbia abbandonato la sua lotta [...], al fine di diffondere nel campo propagandistico gli scopi della rivoluzione mondiale». Il ministro degli Esteri italiano ribadisce l'importanza strategica «in Occidente come in Oriente» della solidarietà italo-tedesco-giapponese: «Questa collaborazione è basata su ideali comuni, su comuni e incrollabili principi di vita politica. Le nostre tre nazioni oppongono in tutti i campi una barriera insormontabile alle forze disgregatrici del disordine e dell'anarchia che fanno capo al Komintern e che, sotto forme diverse e sotto diverse bandiere, Italia, Germania e Giappone hanno ogni volta vittoriosamente affrontato. [...] Dai confini occidentali del Mediterraneo fino agli estremi limiti del Pacifico, i tentativi e gli attacchi dell'Internazionale comunista sono stati sempre combattuti e stroncati [...]». Questa comprensione reciproca di tre popoli evidenzia la consapevolezza di «una loro missione storica», non soltanto politica ma anche «culturale e ideologica».

I tre Stati associati hanno combattuto con determinazione i movimenti di matrice marx-leninista al proprio interno, ma hanno anche compresso o eliminato le aspettative liberal-democratiche dei rispettivi popoli. Sul piano internazionale essi appaiono, in questo periodo, avversari irriducibili del mondo bolscevico nel suo insieme, mentre vivono una contrapposizione strisciante e indiretta con le grandi potenze liberal-democratiche euro-americane. Contro queste ultime, pur in presenza di contrasti e di contrapposizioni locali (confini europei, Società delle Nazioni, armamenti, tutela della Repubblica cinese), non ci sono affermazioni ideologiche o politiche di radicale avversione e neppure vengono dichiarate intenzioni di totale ostilità come avviene nei confronti del governo di Mosca. Al contrario, compaiono numerosi appelli a Parigi, a Londra e a Washington per partecipare alla «grande crociata» contro il Komintern e il bolscevismo russo nell'interesse della «comune civiltà millenaria».

I tre Stati, mentre scendono in campo «con chiarezza e senza compromessi» contro il comunismo, denunciano la tiepidezza, la debolezza, l'inadeguata sensibilità degli ambienti governativi occidentali di fronte ad un pericolo tanto grave quanto incombente. Hitler ricorda nel 1937, al congresso di Norimberga, che «questo bolscevismo ebraico è giunto all'aperta rivoluzione passando per la democrazia» e che è interesse tedesco non «perdere nessuna delle vere nazioni civili europee» nella battaglia contro «questa peste bolscevica» (neppure la Francia, nonostante i molti contrasti del passato):

«Noi siamo l'un l'altro debitori non soltanto di dolori e tristezza, ma ci siamo anche in larga misura fecondati reciprocamente. Ci siamo dati esempi ed incitamenti, e ci siamo anche donati godimenti e bellezze. Siamo equi, ed avremo minor motivo di odiarci che di ammirarci». I tre Stati associati paiono più determinati a sviluppare un'azione risolutiva contro «il mostro giudeo-bolscevico» per il bene di tutta l'umanità, anche senza il sostegno delle altre capitali. Il loro aiuto è auspicato ma non è condizione indispensabile per il raggiungimento degli obiettivi perseguiti; «le tre più fiorenti nazioni in Europa e in Asia» (per usare l'espressione di Arita) possono giocare e concludere la partita anche da sole, con le forze di cui dispongono sul piano economico, militare e politico.

Questa determinazione, associata all'invito ad altre grandi potenze, ha un significato molto preciso anche per i vertici moscoviti, che vedono profilarsi un pericolo estremo, il più grande dopo quello vissuto nel periodo 1919-'22. C'è il timore che possa prendere corpo «una grande coalizione anticomunista», ben più pericolosa di quella precedente; essa poteva, allora, contare su organizzate forze controrivoluzionarie "bianche" e su un potere sovietico non ancora consolidato, ma disponeva di forze armate straniere poco motivate, con alle spalle anni di guerra, con i governi in patria desiderosi di pace e bisognosi di riprendere il controllo dei rispettivi Paesi dopo la catastrofe bellica. Ora, al contrario, superata la fase più critica della grande depressione economica, il mondo capitalista dà segnali di ripresa e al suo interno si sono formate due nuove realtà governative, quella tedesca e quella nipponica, apertamente ostili ed aggressive. Queste non soltanto si oppongono con sicura determinazione ad ogni espansione del credo marx-leninista, ma dispongono anche dei mezzi militari e delle risorse per condurre un'azione intercontinentale antisovietica. Da questo punto di vista, questi Paesi (cui si associa l'Italia fascista) potrebbero intraprendere azioni offensive contro l'URSS e determinare una successiva adesione anglo-franco-cino-americana ad una tale operazione.

La perdurante ostilità antisovietica delle democrazie liberali potrebbe determinare in un primo momento una sostanziale copertura e approvazione delle iniziative antibolsceviche e, in un momento successivo, un loro allineamento alle operazioni nippo-tedesche (italiane). Queste ultime potenze sarebbero dunque le avanguardie, pericolose e determinate, di un disegno più generale per liquidare la rivoluzione dell'ottobre del 1917. Non c'è dunque soltanto la paura per l'aggressività nippo-tedesca (dopo la firma del Patto del 1936), ma anche il timore concreto che questa nuova politica possa essere prima accettata, poi incoraggiata e alla fine sostenuta anche dalle altre maggiori capitali euro-americane. I fatti già avvenuti e i loro ipotetici sviluppi sono al centro delle valutazioni del governo sovietico nella logica dello scontro perdurante fra il sistema imperialista-capitalista e quello marx-leninista. Non sono sottovalutate le difficoltà relative ad una possibile e rapida intesa fra le democrazie parlamentari liberal-capitaliste e gli Stati totalitari-autoritari, ma queste divergenze non sembrano insuperabili di fronte alla comune avversità al bolscevismo. Mosca si muove, nei mesi successivi, nel convincimento di avere di fronte due pericolosi antagonisti: occorre parlare e trattare con entrambi, evitare un deterioramento o un ulteriore peggioramento dei rapporti esistenti, far capire che il Cremlino non ha propositi né espansivi né aggressivi, fare ogni sforzo per impedire una saldatura dei "due mondi capitalisti" contro l'URSS, ricercare accordi ed intese con una parte degli avversari se non sarà possibile ottenerli con tutti.

Gli accordi fra Berlino, Tokyo e Roma provocano una revisione della precedente politica sovietica nei confronti dei partiti comunisti e socialisti stranieri. Non c'è soltanto la ricerca di una distensione diplomatica con le potenze liberali occidentali (di cui l'ingresso nella Società delle Nazioni è uno degli aspetti più rilevanti), ma prende corpo anche una riflessione sull'esperienza ormai ventennale dell'Internazionale comunista. Ci si interroga sui risultati che essa ha ottenuto in Europa, in Asia (Cina) e sugli strumenti più adeguati che dovrebbero essere attivati di fronte alla nuova emergenza. Nel 1928 era stata accentuata e radicalizzata la lotta contro la socialdemocrazia, considerata al Cremlino «la sinistra del fascismo». Si è convinti che il fascismo e il nazionalsocialismo rappresentino in Europa le «estreme convulsioni politiche del sistema capitalista» e siano l'espressione «militare-combattente» adottata da una borghesia debole bisognosa di sistemi sociali più audaci e motivati. Negli anni Venti la presenza delle forze d'ispirazione socialista moderata e parlamentare è guardata con sospetto ed accusata di rappresentare «una stampella» dei movimenti fascisti, in quanto non porta ad una contrapposizione netta e radicale. Già nel 1934 queste valutazioni vengono modificate. C'è un pericolo reale che il nazifascismo possa allargarsi in altri Paesi europei, arrestare la crisi dello stato liberale e offrire soluzioni nuove sul terreno economico-sociale. Di fronte a questa emergenza occorre unire tutte le forze antifasciste, senza pregiudiziali d'ordine ideologico, per formare un argine comune contro la deriva dell'estrema destra.

Nel 1935 viene proposta la politica del Fronte popolare nel corso del VII congresso dell'Internazionale comunista. Si tratta di una svolta clamorosa rispetto ai precedenti orientamenti: per far fronte alle «nuove dittature terroristiche» della borghesia europea bisogna unire tutte le forze politiche disponibili in fronti comuni antifascisti. Ciò può avvenire con alleanze o con la creazione di partiti unici o con governi di coalizione (Fronte unico o Fronte popolare). Nascono in questo contesto collaborazioni fra l'Internazionale comunista e quella socialista e tentativi di dar vita a nuovi «partiti unitari di massa». C'è, in questo nuovo orientamento, la volontà di sostenere l'URSS e di utilizzare ogni esperienza ed ogni risorsa per impedire che venga spenta «la fiaccola della rivoluzione mondiale marx-leninista». Sono frequenti gli appelli all'unità del proletariato internazionale, alla coscienza di classe, alla solidarietà di tutti gli sfruttati.

A questa iniziativa si affianca un'energica politica di riarmo, legata alla crescente tensione internazionale e alla dichiarata ostilità del fronte antiKomintern. Agli inizi del 1938 Molotov, presidente del Consiglio dei Commissari del Popolo, dichiara: «Noi abbiamo attualmente quattro flotte: dell'Artico, del Mar Nero, del Baltico e del Pacifico. [...] Esse sono completate da unità nuove, per il momento ancora piccole, ma quando avremo ultimato la costruzione di certe fabbriche [...] potremo accelerare il completamento delle nostre flotte con unità potenti [...]; questa necessità è il fatto che i Paesi capitalisti, durante questi ultimi anni, hanno sviluppato costruzioni navali gigantesche. [...] Il nostro regime sovietico è potente e vuole diventarlo ancora di più; vuole diventare intoccabile dai suoi nemici [...] abbiamo bisogno di un esercito rosso forte e di una marina da guerra forte». Nel suo intervento precisa che il Giappone («una potenza aggressiva») ha rifiutato qualsiasi limitazione negli armamenti navali, che «l'Italia fascista» non ha firmato alcun accordo dopo i lavori della conferenza di Londra del 1936 (e pretende di agire senza alcuna restrizione nel Mediterraneo) e che la «Germania nazionalsocialista», benché abbia accettato un accordo navale con Londra, continua una politica di riarmo e dunque «bisognerà vedere che cosa vale questa sua firma».

In più occasioni i vertici del Cremlino chiedono ai partiti fratelli di fare blocco comune in caso di conflitto e di rifiutare «la propria nazione, cioè la propria borghesia» a favore degli interessi autentici del proletariato internazionale. Questa scelta appare necessaria per l'identità degli interessi da difendere in tutti gli Stati e per la tutela dell'URSS, che guida «la nuova marcia verso la libertà del genere umano». Questa impostazione evidenzia i timori esistenti e finisce per presentare Mosca e Berlino come le capitali contrapposte di un ordine mondiale futuro nel quale potrebbero scomparire mediazioni e compromessi per lasciare la parola «alla bocca rotonda dei cannoni». Prevale l'appello per la difesa ad oltranza dell'URSS: se quest'ultima dovesse cadere, nessuna pietra dell'edificio del comunismo mondiale potrebbe rimanere in piedi.

La prima significativa intesa nippo-tedesco-italiana nasce da una comune volontà anticomunista che lascia in ombra altre aspirazioni dei contraenti. Questo accordo sottolinea i risultati raggiunti dai rispettivi governi per difendersi e mettere "fuori gioco" le forze comuniste al proprio interno e la volontà di guidare una "crociata mondiale" contro il bolscevismo, considerato il principale elemento d'instabilità e di pericolo a livello internazionale. Il Patto antiKomintern provoca reazioni politiche a Mosca e "pungola" le democrazie («deboli e rinunciatarie»); esso rappresenta la prima forma di aggregazione fra Berlino, Tokyo e Roma ed è pensato in chiave anticomunista: i firmatari sono fieri di aver debellato «la peste giudaico-bolscevica» all'interno dei propri Stati e si prefiggono di annientarla anche sul piano internazionale.

Questo accordo subirà successive modifiche, nel 1939 con la firma del Patto d'Acciaio e nel 1940 con la nascita del Patto Tripartito. Questa evoluzione segnerà un passaggio di rilievo: non sarà più un accordo "contro" il comunismo, ma un'alleanza "per" un nuovo ordine internazionale basato su aree d'influenza delle tre potenze firmatarie. Se dunque con il Patto antiKomintern scende in campo un nuovo competitore a livello mondiale, la sua politica globale sarà definita e ufficializzata nel settembre 1940 con la sottoscrizione a Berlino del "Tripartito".

In realtà, gli obiettivi perseguiti da Hitler, in questo accordo intercontinentale, sono raggiunti solo in parte e per gli aspetti meno importanti: sul piano ideologico si compatta un argine contro le dottrine marx-leniniste e la loro organizzazione internazionale di matrice moscovita. Al contrario, l'obiettivo più concreto (l'espansione ai danni dell'URSS) non viene raggiunto. Tokyo non prende la strada della Siberia ma quella della Cina continentale: le sue forze armate già nel 1937 marciano per il controllo di questo vasto territorio, facendo cadere in questo modo la speranza di mantenere nella stessa cordata antibolscevica "cinesi e giapponesi". La scelta nipponica di aggredire la Cina liquida le speranze tedesche e mette a nudo priorità divergenti nel perseguire obiettivi di potenza nazionale. Né avranno fortuna i tentativi di legare Londra e Varsavia alla propria azione. Alla fine, rimarrà vicina alla Germania soltanto l'Italia.

IV. IL GIAPPONE, LA GERMANIA E L'ITALIA SCELGONO LA GUERRA

1. *Dalla Manciuria alla Cina. Tokyo continua la «guerra dei 15 anni»*

Non è il conflitto fra Tokyo e Pechino che si inserisce nel contesto del secondo conflitto mondiale ma, al contrario, è quest'ultimo che si aggancia all'altro.

Esso in una prima fase è regionale, cioè coinvolge solo le forze armate dei due Paesi; in seguito (dopo il 1941) vede la presenza anche di altre potenze (USA, Gran Bretagna, Australia, India, Nuova Zelanda, ecc.), ma l'iniziale e fondamentale rivalità nippo-cinese resta in tutta la sua importanza.

La nascita del Manciukuò (1932) non costituisce un traguardo della politica nipponica in Cina, ma una tappa dei suoi progetti espansionisti. Anzi, la relativa facilità dell'operazione sul piano militare, l'inadeguata reazione delle altre capitali, l'irrilevante opposizione della Società delle Nazioni e la "curiosità" sollevata in Asia dall'"esperimento mancese" incoraggiano i vertici di Tokyo a proseguire il cammino continentale verso Sud-Ovest. C'è prima una penetrazione nelle province nord-orientali della Cina, alla quale fa seguito una vera e propria invasione del Paese: da questo punto di vista si evidenzia una sostanziale continuità nell'azione anticinese, che dal 1931 si prolunga fino al 1945. Si tratta di un conflitto che impegna per quindici anni i due Stati.

Per quanto riguarda il teatro asiatico, è proprio l'aspirazione egemonica del Giappone sulla Cina che apre la strada ad un allargamento intercontinentale dello scontro per la radicale opposizione americana alle pretese nipponiche. Lo scontro fra Washington e Tokyo si gioca in prevalenza sulla questione cinese ed è una conseguenza delle iniziative intraprese dall'Impero del Sol Levante nella seconda parte della «guerra dei 15 anni». Gli americani respingono l'ipotesi di un'influenza predominante del Giappone sull'Asia nord-orientale ed ancor di più rifiutano l'idea che possa essere in qualche modo duplicato il modello mancese in tutta la Cina, della quale essi vogliono, ad ogni costo, difendere l'integrità, l'indipendenza e la sovranità. In sostanza, ci sono un contrasto politico e una rivalità economico-commerciale che non trovano soluzioni adeguate.

L'avventura cinese deve essere inquadrata in un progetto di più ampio respiro che ha come obiettivo finale la creazione di una vasta area d'influenza nipponica in tutta l'Asia orientale. Tokyo non aveva mai nascosto l'aspirazione a svolgere un ruolo egemonico in questo teatro, così come le potenze europee e gli Stati Uniti lo esercitavano qui e in altre aree del globo. La strisciante crisi delle esportazioni nipponiche, le politiche doganali delle potenze europee e della Cina, la pressione demografica interna, la scarsa crescita della produzione agricola contribuiscono a determinare la nuova espansione. C'è da aggiungere che gli investimenti privati in Manciuria e nelle province del Nord della Cina già sotto controllo sono stati inferiori al previsto. Da parte del mondo finanziario e imprenditoriale si esita a rafforzare la propria presenza (infrastrutture viarie e ferroviarie, industrie, sfruttamento di risorse minerarie ed energetiche, ecc.) in un quadro politico incerto. C'è il timore che il governo cinese possa riprendere il controllo di questi territori e debellare gli interessi nipponici pubblici e privati, e ciò induce a pressioni sui vertici giapponesi perché estendano la loro influenza con la formazione di governi amici, analoghi a quello mancese. Al fondo di questa spinta c'è la volontà di superare oggettive difficoltà con la creazione di un'estesa area d'influenza dove poter avere sotto controllo lo sviluppo delle attività economiche e commerciali senza l'opposizione dei governi locali. Questa impostazione non è riconducibile agli schemi coloniali adottati nei secoli precedenti dalle potenze europee (e neppure alla soluzione neoimperiale data da Roma dopo la conquista dell'Etiopia), perché ha una sua originalità ed esercita anche un certo fascino sulle popolazioni dell'area interessate a questa futura «cooperazione attiva ed integrata». Lo slogan di Tokyo è: «L'Asia agli asiatici». Ne consegue che per cacciare "i bianchi" occorre togliere di mezzo i governi che ne hanno permesso, accettato e mantenuto la presenza. Presupposto di questa azione subcontinentale è un vigoroso riarmo. Già nella prima metà degli anni Trenta crescono gli investimenti nel settore militare, si denunciano i precedenti accordi sugli armamenti navali di Washington (1922) e si rivendica il diritto alla parità delle flotte: la conferenza di Londra del 1936 non risolve la questione e di fatto si apre la corsa al riarmo navale. Nel febbraio del 1938 Londra e Parigi avvertono il governo nipponico che, se non saranno fornite informazioni «rapide e tempestive» sul tonnellaggio delle navi militari in costruzione e «sui calibri dei loro cannoni», anch'esse «riprenderanno piena libertà d'azione, d'accordo con le altre potenze navali con le quali sono legate da Trattati». Da parte sua, il ministro della Marina, Yonai, risponde che «la marina giapponese intende restare economicamente indipendente circa gli armamenti navali, per assicurarsi il comando del Pacifico [...]». Il governo imperiale precisa che i programmi navali del Giappone rispondono ad esigenze di sicurezza e di tutela di interessi generali e che la sua opera è sempre stata animata da «uno spirito di non-minaccia e di non-aggressione».

Queste prove di forza vanno di pari passo con una lenta penetrazione in Cina, anche dopo la costituzione del Manciukuò: nel 1933 è occupata la provincia di Jehol, nel 1935 quelle di Ho peh (a Sud della grande Muraglia) e di Chahar e territori di altre province del Nord. Nel 1937 ha inizio una vera e propria azione bellica contro la Cina con la conquista di Pechino, di Shanghai, di Nanchino, di Canton e di vaste aree interne e della fascia costiera sud-orientale. L'invasione giapponese determina la ferma opposizione delle forze nazionaliste del Kuomintang, alle quali si associano i reparti comunisti. Agli inizi del 1938 la "Conferenza Imperiale" di Tokyo lamenta la strenua difesa operata dal governo di Pechino, che «persiste nella sua opposizione contro il Giappone, senza alcuna considerazione né di carattere interno per le tristi condizioni del popolo, né di carattere internazionale per la pace e la tranquillità di tutta l'Asia». Lo stesso ministro degli Esteri Hirota (che sembra ignorare l'aggressione in atto) ricorda che il Giappone non ha mire territoriali né vuole «separare la Cina del Nord dal resto del Paese», ma desidera ottenere piena collaborazione per «la realizzazione dell'ideale della cooperazione cino-giapponese per la comune prosperità ed il benessere dei due Paesi». Dichiara inoltre di avere fatto proposte costruttive a Pechino per porre fine alla guerra, ma purtroppo esse, che avevano carattere ultimativo, sono state respinte. I punti sono: «L'abbandono della Cina della sua politica pro-comunisti ed antigiapponese ed anti-Manciukuò [...]; la conclusione di un accordo economico fra il Giappone, la Cina e il Manciukuò; [...] il pagamento da parte della Cina al Giappone delle indispensabili indennità».

La determinazione del Giappone a condurre "fino in fondo" la lotta è ben espressa dal primo ministro, principe Konoye (che morirà suicida, dopo la guerra, per non sottoporsi al Tribunale Militare di Tokyo, predisposto per giudicare «i crimini di guerra e contro l'umanità»). Alla fine di agosto (1938), in un messaggio augurale al popolo italiano, egli ricorda che l'intesa anticomunista nippo-italo-tedesca ha un valore fondamentale, poiché stabilisce un fronte culturale fra due civiltà antiche, quali la giapponese, che è la consacrazione di una tradizione tre volte millenaria, e la civiltà romana, che è la base dell'intera civiltà occidentale. Da questo incontro può nascere una nuova "civiltà universale". Il Giappone, prosegue il principe, è impegnato in una grande operazione in Cina. «La pace in Asia orientale – spiega ancora Konoye – non potrà essere mantenuta se non rovesciando il governo di Chiang Kaishek, il quale si basa su una politica ostile al Giappone e di cooperazione con i Soviet».

Questa lotta deve continuare «senza tentennamenti» fino al raggiungimento dei suoi obiettivi finali. Tokyo può accettare soltanto un futuro governo cinese che promuova «un programma di collaborazione col Giappone» e colpisca con determinazione anche molti interessi occidentali: di fronte a lamentele e a proteste spiega che restrizioni e violazioni di presunti precedenti diritti nascono dalla difficoltà del momento per l'estensione e la violenza della lotta armata. In diverse occasioni il nuovo ministro degli Esteri Arita esplicita agli ambasciatori delle altre potenze che nessuno può pensare che per il futuro rimangano le prerogative dei decenni precedenti. Le clausole di favore sancite dal trattato delle nove potenze devono essere riviste. Tokyo non ripudia la teoria della "porta aperta" nelle aree sotto il suo controllo, ma chiede che l'applicazione di questo criterio risponda alle esigenze della nuova situazione politico-militare. Occorre che le altre capitali prendano atto del "nuovo ordine" e si comportino in modo conforme alle sue necessità e alle sue disposizioni. In sostanza, Arita formula un avvertimento: le vecchie facilitazioni coloniali sono destinate a finire, nuove concessioni potranno essere ottenute da chi non sostiene il governo nazional-comunista, ma comprende e sostiene «la nuova Asia orientale ed è disposto ad agire in conformità».

Le democrazie euro-americane sono molto attente alla situazione cinese e preoccupate della possibile evoluzione del conflitto che, per sua stessa natura, ha conseguenze anche all'estero. «Gli avvenimenti nell'Estremo Oriente – dichiara Chamberlain nel dicembre 1938 – sono strettamente connessi con i problemi d'Europa [...]. La guerra in Cina dura da 18 mesi, e la fine non è ancora in vista. [...] I nostri interessi esistenti da molto tempo in Cina hanno sofferto dei danni materiali durante il conflitto. Le sofferenze inflitte alla popolazione cinese superano di molto quelle della tragedia spagnola, e le opportunità per alleviarle sono assai minori. [...] Per ora non possiamo che attendere l'esito delle ostilità in Estremo Oriente, non lasciando sfuggire nessuna occasione che ci permetterebbe di contribuire a mettervi fine su una base giusta e ragionevole».

In realtà, nelle aree sotto controllo nipponico, sono abolite le concessioni fatte agli stranieri, la libera navigazione sui fiumi cinesi è in gran parte proibita, la vecchia politica della "porta aperta" è denunciata e rigettata. C'è la volontà del Giappone di apparire come il liberatore della Cina da governanti deboli che hanno permesso che i "bianchi" continuassero nelle loro attività antinazionali. Si vuole alzare il vessillo dell'Asia decolonizzata, libera dalle precedenti sottomissioni: si pensa di dar vita ad un nuovo governo cinese che approvi questa politica e collabori senza riserve. Si tratterebbe di un duplicato della precedente esperienza mancese: un governo "autonomo" che di fatto è un semiprotettorato.

La reazione delle potenze europee e degli USA è incerta e debole. Prevalgono in questi anni altre preoccupazioni legate all'evoluzione della politica tedesca e alla mancanza di una strategia comune per far fronte alle emergenze più gravi.

La stessa Società della Nazioni, chiamata in causa dalla Cina nell'autunno del 1937, non denuncia l'aggressione di Tokyo rilevando solamente le violazioni degli accordi di Washington e del Patto Briand-Kellogg e auspica la convocazione di una conferenza internazionale per trovare una soluzione ai contrasti. In una risoluzione del maggio del 1938 del Consiglio della Società delle Nazioni «si invitano i membri a prendere in seria considerazione e ad esaminare con simpatia le richieste che saranno rivolte loro dal governo cinese» e si esprime solidarietà alla Cina nella lotta eroica per il mantenimento della sua indipendenza e della sua integrità territoriale minacciata dall'invasione giapponese.

Dimostra al contrario una maggiore determinazione il governo di Mosca, che firma, nell'agosto del 1937, un patto di non aggressione con la Cina, spinge il comunismo cinese al patto di collaborazione con i nazionalisti e fornisce materiale bellico. L'accordo cino-sovietico, firmato a Nanchino, ha un carattere antinipponico (ne è prevista la durata per cinque anni) ed è subito registrato presso il Segretariato della Società delle Nazioni. Esso rafforza il Kuomintang, anche se rende più invadente la presenza del comunismo cinese, e ha anche un carattere protettivo dell'integrità della Cina dopo l'attacco in Manciuria, soprattutto nelle province orientali e nel Nord-Est del Paese (da questo punto di vista può essere considerato uno strumento di garanzia che si collega ai trattati di Washington del 1921-'22). Questa intesa cino-sovietica sottrae anche a Hitler un potenziale alleato nella progettata coalizione antirussa.

Tokyo ribadisce in più occasioni di non voler compromettere le relazioni con l'URSS e lamenta la conclusione del Patto di non aggressione cino-sovietico, «mentre membri dell'internazionale comunista sono penetrati in tutte le classi sociali cinesi, distruggendo l'ordine sociale del Paese e minacciando la stabilità dell'Estremo Oriente. Il Giappone – dichiara il ministro degli Esteri Hirota – [...] non può che guardare alla situazione con la più viva preoccupazione». Mosca non esita ad impiegare le forze armate in occasione di incidenti di frontiera (Manciuria, Mongolia, Provincia Marittima) nel 1938 e nel

1939. Ciò nonostante le tregue raggiunte reggono e gli scontri non determinano un allargamento delle operazioni militari, che restano ben localizzate.

La decisione di Tokyo di iniziare nel 1937 una vasta operazione militare continentale in Cina comporta conseguenze di carattere politico nei confronti dell'URSS e dei Paesi firmatari del patto antiKomintern. Non ci può essere alcun dubbio che questa scelta indica una priorità, perché l'occupazione della Cina non può essere considerata propedeutica all'invasione della Siberia: l'una esclude l'altra per l'enormità degli sforzi che richiede e per l'impegno di un'eventuale successiva occupazione e amministrazione di territori tanto estesi; ma, a prescindere dai fattori ideologici antibolscevichi, agli occhi dei vertici giapponesi i due obiettivi hanno una importanza molto diversa. La parte asiatico-orientale dell'URSS offre territori vasti, materie prime, risorse energetiche, ma è scarsamente popolata, non ha infrastrutture, non può offrire alcuno sbocco commerciale (*import-export*) di rilievo. È, a prescindere dalle difficoltà climatiche, un'area di difficile colonizzazione. Al contrario, la Cina risponde a molte delle esigenze più immediate del Giappone: non è geograficamente marginale, ma collocata al centro di quella vasta area che Tokyo immagina di poter controllare e gestire, e lo stesso interscambio commerciale cino-giapponese è rilevante anche per il forte contrabbando di merci che dal Giappone si dirigono verso il continente. A Tokyo si è consapevoli di non poter trovare sbocchi commerciali sostitutivi di quelli cinesi, mentre Pechino potrebbe avere altri approdi e ottenere altri fornitori (USA).

Un nuovo "governo cinese amico" è strategico per i progetti nipponici, anzi costituisce un elemento indispensabile per sviluppare successive azioni nei mari caldi e verso la penisola indocinese (e, in un domani più lontano, anche verso l'India). L'Impero del Sol Levante non esclude l'ipotesi che, raggiunti questi primi obiettivi, si possa in un secondo tempo completare l'operazione antisovietica, ma essa è relegata in un periodo più remoto, indefinito. Questo indirizzo assesta un colpo mortale all'ipotesi hitleriana di poter costituire "subito" un asse nippo-cinese antisovietico. Nell'impostazione di Berlino è necessario procedere ad un'intesa in questa direzione con il Kuomintang per poter poi penetrare nelle steppe siberiane. Tokyo, al contrario, vuole prima abbattere il governo repubblicano cinese, instaurare un nuovo potere filonipponico e, forse, solo successivamente avviare l'avventura siberiana.

Lo stesso principe Konoye, negli ultimi giorni del 1938, ribadisce che non può essere tollerata «l'influenza del Komintern nell'Asia orientale» e che occorre procedere alla «distruzione del regime antigiapponese del Kuomintang». Sembra, con queste affermazioni, dimenticare che l'aggressione nipponica alla Cina, prima in Manciuria e poi nel Nord-Est del Paese, precede (e non segue) la collaborazione fra i nazionalisti e i comunisti. Konoye precisa che la Cina deve emanciparsi «da tutti i pregiudizi e le idee del passato, dalla follia antinipponica e dal suo rancore a proposito del Manciukuò». Giappone, Cina e Manciukuò «devono essere uniti dallo stesso fine di creare un nuovo ordine nell'Asia orientale e di stabilire relazioni amichevoli di buon vicinato [...]». Ribadisce che nella futura politica anticomunista dei tre governi (nello spirito del Patto antiKomintern) vi è «l'intenzione di rendere la regione nella Mongolia Interna zona speciale anticomunista».

Sulla stessa linea si muovono, nel luglio 1939, anche altri autorevoli rappresentanti del governo giapponese come Hiranuma (capo dell'esecutivo) e Arita (ministro degli Esteri). Anch'essi sostengono la tesi che la guerra nippo-cinese è dovuta alla presenza comunista favorita dal Kuomintang: «Le radici dell'attuale, infausto conflitto in Estremo Oriente si ritrovano appunto nel movimento bolscevico in Cina. Nella vittoriosa creazione di una solida diga contro il comunismo in Cina, il Giappone vede il supremo scopo del conflitto [...]. In Asia orientale – osserva Arita – l'epidemia comunista ha guadagnato il continente cinese e spinto il regime di Chiang Kai-shek ad una politica di accordo con i comunisti contro il Giappone. Il Giappone ravvisa in ciò un tradimento della comune causa degli asiatici e annienterà questo governo cinese per convincerlo del suo errore».

L'aggressione del 1937 dà vita ad un contesto cinese molto diverso da quello previsto da Hitler e anche dai quadri militari e politici di Tokyo. La Cina, pur con enormi difficoltà, resiste e il fronte antinipponico si rafforza con la collaborazione dei nazionalisti con i comunisti. In tal modo il Kuomintang, potenziale alleato contro l'URSS, si associa, per difendere la Cina, al partito comunista cinese, sostenuto apertamente dall'URSS. Tokyo deve prendere atto della consistenza della resistenza cinese e dell'impossibilità di concludere rapidamente le ostilità nonostante l'occupazione di vaste aree del Paese. Allo sviluppo delle operazioni militari negli anni successivi senza successi definitivi segue anche la cristallizzazione della propaganda politica sui temi sostenuti dalle due parti in lotta e dai loro fiancheggiatori esterni. I comunisti e i nazionalisti cinesi (sostenuti dall'URSS e dagli USA) si erigono a difensori dell'indipendenza nazionale contro l'aggressione degli "insulari". Tokyo, da parte sua, insiste sulla necessità di dar vita ad un nuovo governo «con una più forte coscienza asiatica» ed evidenzia la contraddittoria alleanza fra il Kuomintang e il PCC, che potrebbe aprire le porte, in un domani anche prossimo, ad un controllo totale della Cina da parte dei comunisti locali e dei loro "amici alleati" sovietici.

Il ministro degli Esteri Arita, nel gennaio del 1939, conferma che «la pace permanente nell'Asia orientale» si può ottenere soltanto con l'intesa cino-nippo-mancese, «pur conservando ciascuno la propria indipendenza». La guerra voluta dal Kuomintang contro il Giappone arreca danni anche ai cittadini e alle attività economiche di altre potenze e Tokyo non ha alcuna responsabilità in merito. Il conflitto è voluto dai fautori della politica cinese antinipponica, tra i quali si sono rafforzati i comunisti: «Dallo scoppio delle ostilità – osserva Arita – i comunisti hanno esteso la loro funesta influenza ed hanno finito per entrare nei consigli interni del governo del Kuomintang, in modo da essere padroni delle posizioni di comando tanto per le questioni militari che politiche. Questo costituisce una cospirazione, [...] allo scopo di realizzare la bolscevizzazione della Cina e del mondo intero».

Berlino deve prendere atto che la strategia antibolscevica asiatica definita nell'accordo precedente (1936) non prende corpo, ma che, al contrario, sul territorio cinese si combattono i nipponici e i nazionalisti che avrebbero dovuto collaborare. Questa lotta ha permesso il reinserimento dei comunisti, che da anni erano emarginati e combattuti dagli esponenti del Kuomintang. A Berlino resta la speranza che le armi nipponiche possano prevalere in poco tempo sui loro avversari. Tokyo, per riprendere il cammino immaginato dai vertici germanici, dovrebbe prevalere sul fronte militare e sconfiggere le forze armate cinesi sia nazionaliste sia comuniste.

Da parte sua Mosca, mentre sottoscrive il Patto di non aggressione con la Cina nazionalista, evita in ogni modo un conflitto con il Giappone, anzi ricerca anche con quest'ultimo un accordo analogo. Il 31 maggio 1939 Molotov sottolinea la posizione sovietica in Estremo Oriente. Mosca non intende tollerare alcuna provocazione ad opera delle forze armate nippo-mancesi lungo le sue frontiere e lungo quelle mongole: «Noi difenderemo le frontiere della Repubblica popolare di Mongolia, con la stessa fermezza con cui difenderemmo la nostra propria frontiera». Per quanto riguarda la Cina conferma «l'appoggio ai popoli vittime di un'aggressione e combattenti per l'indipendenza della loro patria». L'URSS intende attenersi con fermezza e coerenza a questo compito «sia in Europa che in Asia» ed opererà per «la creazione di un fronte unico delle potenze pacifiche contro un nuovo dilagare dell'aggressione». In questo caso, essa potrebbe occupare «una posizione di primo piano» per la difesa della pace e della sicurezza internazionali. Mosca conferma, in tal modo, di attenersi ad una rigorosa neutralità, che comporta un'intransigente difesa dei suoi confini e di quelli della Mongolia. La decisione di sottoscrivere il Patto di neutralità con la Cina evidenzia questo indirizzo ed esclude qualsiasi intenzione aggressiva o spartitoria nei suoi confronti, con o senza l'apporto nipponico.

La guerra cino-giapponese del 1937 durerà ben otto anni, cioè fino alla resa del Giappone nel 1945. Le radici autentiche del secondo conflitto mondiale in Asia sono da ricercare nello scontro cino-nipponico, nei momenti più critici delle relazioni tra questi due Paesi: il 1931-1932 e il 1937. L'attacco aeronavale contro la flotta americana a Pearl Harbor avviene alla fine del 1941; esso è dunque successivo di ben dieci anni all'aggressione della Manciuria e di quattro anni alla invasione del territorio cinese. L'azione di Washington non ha avuto, nel periodo precedente, alcun ruolo significativo né di carattere preventivo né di contenimento ed ancor meno repressivo (c'è stato soltanto un aiuto ai nazionalisti del Kuomintang impegnati nella lotta contro le armate nipponiche). È dunque più esatto ritenere che il secondo conflitto mondiale inizi nel 1937 in Asia e nel 1939 in Europa, ferma restando la sua conclusione nel 1945 (rispettivamente in aprile in Germania e in settembre in Giappone).

2. *Dai trattati Ribbentrop-Molotov (1939) alla guerra europea*

Nel 1938 i vertici di Berlino hanno ormai sotto controllo la situazione interna tedesca e possono guardare con «ostentato compiacimento» i risultati ottenuti in cinque anni di governo. L'affermazione totalitaria del nazionalsocialismo ha impresso una svolta alla vita del Paese: qui ora regna «l'ordine sociale», c'è una forte ripresa economica, si è ricostituita una forte coscienza «nazionale, statale e razziale», c'è in atto una energica politica di riarmo in tutti i settori militari.

Hitler, nel discorso a Norimberga (settembre 1938), sottolinea alcuni traguardi raggiunti: «Depositario di questa rinascita [tedesca] è il partito nazionalsocialista [...]. Doveva epurare la Germania di tutti i parassiti che approfittavano della miseria della Patria e del popolo per trarne fonte d'arricchimento. Doveva riconoscere gli eterni valori del sangue e della terra (*Blut und Boden*) ed elevare la loro osservanza a leggi dominanti della nostra vita. Doveva iniziare la lotta contro il più grande nemico che minacciava di annientare il nostro popolo: il giudaismo internazionale. Suo compito era quello di epurare da esso il germanesimo, la nostra razza e la nostra cultura. [...] Oggi, dopo 15 anni, possiamo constatare con orgoglio che le speranze del partito nazionalsocialista sono state realizzate. [...] Come riviviamo noi qui la nostra felice, raggiante gioventù. Noi rivediamo qui tutte le centinaia di migliaia di giovani uomini tedeschi, dalla pelle abbronzata e pieni di salute, e ci rendiamo conto che questa è forse la più grande opera che abbia compiuto la nostra rivoluzione. Qui si educa un nuovo popolo sano, non con frasi e teorie, ma attraverso una realtà vivificatrice. [...] Chi assiste a tutto questo deve convenire che oggi ogni tedesco può essere di nuovo contento di essere al mondo. Un popolo sano, una guida politica saggia, una potente forza armata, un'economia in continuo progresso e una cultura fiorente». Ma a questo ottimistico e gratificante contesto interno non corrisponde un'analoga realtà esterna. Se è vero che molti degli obiettivi riguardanti l'eliminazione delle conseguenze dei Trattati di pace e la riunificazione nel Reich delle «popolazioni tedesche esterne» sono stati raggiunti, altri importanti traguardi sono ancora lontani e lo scenario internazionale appare molto diverso da quello immaginato a Berlino sia per l'Asia che per il continente europeo.

In questo periodo si rafforza soltanto l'intesa con l'Italia; dalla collaborazione nata con gli accordi dell'ottobre-novembre del 1936 (asse Roma-Berlino) si arriva alla firma di un patto solenne fra i due Stati (maggio 1939) per confermare gli stretti legami esistenti fra il fascismo italiano e il nazionalsocialismo tedesco. Già Mussolini, alla fine del 1936, ha evidenziato la centralità dei rapporti con Berlino nella politica estera italiana, ricordando l'atteggiamento tenuto nella crisi etiopica, il riconoscimento dell'Impero, la volontà di risolvere la questione austriaca, la mancata adesione alle sanzioni decise a Ginevra: «Un grande Paese ha in questi ultimi tempi raccolto tante simpatie nelle masse del popolo italiano: parlo della Germania [...]. [Gli incontri di Berlino hanno dato vita a specifici accordi ma] queste intese [...] questa verticale Berlino-Roma non è un diaframma, è piuttosto un asse attorno al quale possono collaborare tutti gli Stati europei [...]». Dopo questa premessa, Mussolini ricorda che l'Italia «è un'isola» immersa nel Mediterraneo. Questo mare, mentre per Londra costituisce una strada o meglio una scorciatoia sulla via del suo Impero, è per Roma «la vita». Nessuno deve dunque pensare di mettere da parte gli interessi italiani in quest'area ed ancor meno d'impedire il suo libero transito. La Germania, a differenza di altri Paesi, ha compreso le esigenze africane e mediterranee dell'Italia e come quest'ultima è disposta a sostenere le giuste rivendicazioni centroeuropee del popolo tedesco.

Il Patto d'amicizia e di alleanza italo-tedesco firmato a Berlino il 22 maggio del 1939 segna una tappa importante nella politica europea. Con esso si vuole affermare in modo "solenne" che l'amicizia e la solidarietà fra l'Italia fascista e la Germania nazionalsocialista tutelano tanto gli interessi dei due contraenti quanto la pace europea. I due popoli hanno ormai, si legge nel testo, una «profonda affinità nelle loro concezioni di vita» e vogliono procedere «l'uno accanto all'altro» per la sicurezza del «loro spazio vitale». Si tratta di un percorso indicato dalla «storia» per assicurare la tutela delle «basi della civiltà europea». I due governi si terranno in contatto e affronteranno insieme eventuali crisi ed emergenze: Se uno dei due Stati dovesse essere oggetto di minaccia esterna, l'altro gli fornirà «pieno appoggio politico e diplomatico». L'art. 3 va oltre e prevede un'ipotesi estrema: se una delle parti «venisse ad essere impegnata in complicazioni belliche con altre potenze, l'altra parte contraente si porrà immediatamente come alleata al suo fianco e la sosterrà con tutte le sue forze militari per terra, per mare e nell'aria».

Le due potenze collaborano nel campo dell'economia di guerra, costituiscono commissioni permanenti e prendono l'impegno, «nel caso di una guerra condotta insieme, a non concludere armistizi e pace se non di pieno accordo fra di loro». L'accordo avrà la durata iniziale di dieci anni. Roma e Berlino sottolineano l'importanza di un legame solenne fra i due popoli guidati dal fascismo e dal nazionalsocialismo, fanno riaffiorare il diritto ad uno "spazio vitale" da essi stessi fissato o da determinare, ritengono di dover adempiere ad un dovere storico nel quadro europeo a difendere la sua stessa civiltà e si promettono totale e immediato sostegno nel caso in cui si trovassero impegnate in «complicazioni belliche». Questa semplice espressione non è affiancata da alcuna specificazione. Manca l'esame delle possibili origini del conflitto, se cioè esso sia frutto dell'azione di uno dei contraenti o la conseguenza di un'azione esterna. In tal modo, il patto impegna i due Stati sia nell'ipotesi che subiscano un'aggressione sia che la mettano in atto. Da questo punto di vista è un'alleanza difensiva-offensiva, cioè prevista per eventualità tanto diverse da essere perfino contrapposte. Cade l'ipotesi di un'intesa con finalità difensive, mentre nasce un accordo che lega i due Stati anche nel caso in cui uno dei due o entrambi assumano iniziative espansive per la creazione di spazi vitali, con conseguenti azioni aggressive verso altri Stati. D'altra parte lo stesso Mussolini, alcuni mesi prima, aveva affermato che occorreva un'alleanza capace di garantire i nuovi obiettivi espansivi delle due capitali. Non c'era alcuna necessità di un patto difensivo, perché, aveva osservato, nessuno era in grado di attaccare l'Asse Berlino-Roma.

Senza dubbio i due contraenti attribuiscono al nuovo trattato un significato diverso. Hitler lo considera un ulteriore elemento per rafforzare la posizione tedesca in vista di decisioni che la Germania prenderà in futuro. Mussolini, al contrario, cosciente della debolezza economica e militare italiana, pensa di accentuare il proprio peso politico-diplomatico dopo la crisi cecoslovacca, l'occupazione dell'Albania e il "braccio di ferro" in atto con la Polonia.

Le ambiziose speranze di Hitler di associare un gruppo di potenze (Germania, Inghilterra, Polonia, Cina, Giappone e Italia) per condurre un'azione comune risolutiva ai danni dell'URSS falliscono, oltre che in Asia, anche in Europa. Dopo il disimpegno inglese Berlino deve prendere atto dell'indisponibilità polacca a far parte di questa "crociata orientale". Varsavia non cede né alle lusinghe né alle minacce tedesche ma ricerca, a sua volta, appoggi e solidarietà per far fronte a quello che considera il pericolo germanico.

Non c'era alcun dubbio che la rinata Polonia sarebbe stata uno Stato, per sua stessa natura, in conflitto con l'URSS e con la Germania: i trattati di non aggressione con Mosca e Berlino degli anni successivi non potevano cancellare la questione di Danzica e ancor meno le conseguenze della pace di Riga. Berlino e Mosca ritengono i confini della "Grande Polonia" postbellica lesivi dei propri interessi vitali e in violazione dei principi di nazionalità e le momentanee intese rispondono ad esigenze e opportunità tattiche, non a soluzioni di quelle originarie contrapposizioni.

Nei progetti hitleriani di espansione ad Oriente c'è tuttavia posto per uno Stato polacco, anche se quest'ultimo deve accettare alcune condizioni: rinuncia a Danzica, ricongiungimento della Prussia orientale alla Germania, transito delle forze armate tedesche quando si aprirà il fronte orientale, adesione al patto antiKomintern. Berlino non esclude neppure, nel caso di una collaborazione, il riconoscimento di compensi territoriali in Ucraina. Varsavia non crede a questa ipotesi ottimistica del proprio futuro: il passaggio dell'esercito potrebbe dar vita ad una occupazione o a un "semiprotettorato"; ciò appare probabile in quanto gli eventuali insediamenti tedeschi ad oriente sarebbero divisi dalla madrepatria. C'è il pericolo che lo Stato polacco rimanga in vita come semiprotettorato o come una sorta di ostaggio nelle mani di Berlino.

Questa sottomissione appare ai nazisti una concessione importante, un atto di generosità interstatuale non comune, un'offerta ai polacchi anche se il loro comportamento postbellico non lo meriterebbe. Essi, ove accettassero le proposte germaniche, potrebbero evitare un confronto con Berlino, un probabile conflitto e una disastrosa sconfitta. In questa eventualità, il futuro dello Stato polacco e le stesse condizioni di vita dei suoi cittadini sarebbero molto diverse da quelle ipotizzate nel caso di un'intesa preventiva.

Le visite di Ciano e di Ribbentrop a Varsavia non danno i risultati auspicati, poiché i polacchi rifiutano le proposte del potente vicino e cercano solidarietà nelle altre capitali: Londra, Parigi e Mosca. Se le proposte tedesche erano apparse cariche di possibili conseguenze negative già all'indomani di Monaco, diventano ancora più problematiche dopo il colpo di Praga e la rottura fra le quattro potenze che avevano concluso gli accordi. La decisione polacca di respingere le richieste tedesche (fra le quali la rinuncia a Danzica) presuppone la certezza di poter contare sul sostegno politico e militare anglo-franco-sovietico a causa dell'enorme squilibrio militare esistente sulle sue frontiere occidentali. Alla fine di marzo, Chamberlain ha precisato che «liberi negoziati» possono risolvere tutte le controversie «con mezzi pacifici». Tuttavia, se l'indipendenza della Polonia fosse minacciata ed il suo governo «considerasse vitale resistere con le forze nazionali», Londra «si sentirebbe obbligata a prestare immediatamente al governo polacco tutto l'aiuto in suo potere». Varsavia è stata rassicurata in tal senso e il governo di Parigi ha autorizzato Londra a dichiarare che ha «in tale questione la stessa posizione del governo di Sua Maestà britannica».

Le garanzie britanniche si rafforzano, dopo la precedente dichiarazione unilaterale, con il patto di mutua assistenza del 25 agosto. Parigi, da parte sua, rinnova nel 1939 il Patto di alleanza franco-polacco del 1925 e sottoscrive anche un'intesa di carattere militare. Ma resta un equivoco di fondo. Varsavia è convinta che da questi accordi derivi un obbligo automatico d'intervento delle due potenze sul confine occidentale tedesco. Londra e Parigi non si sottraggono in caso di conflitto ad un'azione ostile alla Germania, ma non pensano che il problema di fondo sarà la Polonia: da una guerra polacca nascerà una guerra europea e dunque le questioni dello Stato polacco dovranno trovare soluzione in un contesto di successiva e generale pacificazione. Ciò comporta un'eventuale, anche se transitoria, occupazione nemica della Polonia. C'è anche un altro aspetto non marginale da prendere in considerazione: le due potenze non escludono un comportamento più cauto ove le iniziative tedesche si limitassero «alla liberazione di Danzica e della Prussia orientale». Questo fronte (anglo-franco-polacco) è compatto sul piano delle intenzioni in tempi di pace, ma appare assai più fragile di fronte ad un conflitto tedesco-polacco limitato alle aree nord-orientali della Polonia ed ancor più su larga scala.

In questo contesto di crescente tensione, l'attenzione di tutte le potenze si concentra su Mosca, dal momento che nella partita centro-europea il peso della sua presenza può essere risolutivo. C'è un cambiamento significativo di fronte alla questione sovietica: mentre per anni si è operato per far cadere il governo dei Soviet, per isolarlo, per dar vita ad intese ostili lungo tutte le sue frontiere, ora il Cremlino è giudicato un interlocutore accettabile e la potenza russa (al di là degli aspetti ideologici) una risorsa importante per un riequilibrio delle forze sul continente. Questa rivalutazione trae origine dalla paura della Germania ed è dettata dall'intenzione di stringere il governo di Berlino fra due fuochi. È evidente che un allineamento sovietico alle posizioni anglo-franco-polacche renderebbe più debole la pressione sul governo di Varsavia e assai più cauta la politica continentale tedesca.

Di fronte a questo pericolo, la reazione germanica è elementare e radicale: vengono aperte trattative con Mosca sul futuro della Polonia e di altri territori baltici e centro-europei. In questo modo il comunismo sovietico, che è stato per anni combattuto ed escluso dalle potenze occidentali e dagli stessi vertici nazionalsocialisti, acquista un ruolo primario per entrambi, che, con proposte e trattative dirette e serrate, cercano con ogni mezzo di conquistarlo per la propria causa.

Per quanto paradossale possa apparire, Mosca assume un ruolo strategico cruciale in questo "braccio di ferro" continentale. Questa posizione, di grande rilievo, non scaturisce dall'abilità della sua classe dirigente o dall'astuzia della sua diplomazia, ma dagli sviluppi delle relazioni fra le democrazie occidentali, Berlino e Varsavia. Questa nuova situazione è il frutto di una serie di delusioni a catena, di obiettivi non raggiunti, di aspirazioni non soddisfatte. I polacchi hanno pensato di poter mantenere i confini postbellici, garantiti dal precedente sistema di accordi ad Oriente e ad Occidente; i franco-inglesi hanno ritenuto di aver soddisfatto le aspirazioni tedesche con l'accettazione di numerose richieste revisioniste; i tedeschi hanno creduto di aver ormai tranquillizzato l'Occidente con accordi e dichiarazioni e di poter contare sull'"amicizia polacca" per procedere verso Oriente, ma queste ipotesi si rivelano inconsistenti, perché nessuno è in grado di ottenere quanto ha sperato. Pur di raggiungere quelle aspirazioni, tutti si volgono ad Oriente verso Mosca: guardano in questa direzione i governi democratici ostili al leninismo, il firmatario della pace di Riga del 1921 e il sottoscrittore del Patto antiKomintern. L'URSS si trova, in tal modo, al centro di una duplice, complessa e contemporanea trattativa: da un lato si fa leva sull'evidente ostilità tedesca verso il bolscevismo per chiedere solidarietà alla causa occidentale e per difendere ad ogni costo l'integrità e la sopravvivenza dello Stato polacco, dall'altro Berlino ricorda la perdurante avversione delle democrazie e della Polonia verso l'URSS. In questa corsa verso il Cremlino prevale la spregiudicatezza di Hitler: mentre l'Occidente chiede di difendere la Polonia, il dittatore tedesco offre di dividerla. Stalin, dopo una breve trattativa, accetta l'offerta tedesca. Sulla decisione ha un peso rilevante il rifiuto polacco di far transitare l'Armata Rossa sul proprio territorio in caso di conflitto.

Alla fine di agosto Voroshilov, commissario per la difesa dell'URSS, dichiara che la responsabilità del fallimento delle trattative con Londra e Parigi è «interamente della Polonia». Questa infatti ha rifiutato il permesso al passaggio di truppe sovietiche nel suo territorio in caso di necessità e poiché non ci sono frontiere comuni con Francia e Inghilterra, l'unico aiuto militare che l'URSS avrebbe potuto dare «sarebbe stato effettivo soltanto mediante il passaggio di truppe sovietiche attraverso il territorio polacco». Molotov, commissario del Popolo agli Affari Esteri, precisa (31 agosto 1939) che le trattative sono fallite perché Varsavia, «che doveva essere garantita dall'Inghilterra, dalla Francia e dall'URSS, rifiutava di accettare l'assistenza militare sovietica».

Il trattato di non aggressione fra il Reich tedesco e l'URSS è firmato a Mosca il 23 agosto del 1939: i due governi confermano l'intenzione di consolidare la pace fra i rispettivi Stati, sulla base del precedente trattato bilaterale del 1926, si impegnano ad astenersi, da soli o con altre potenze, da qualsiasi azione aggressiva, a non appoggiare in alcun modo una "terza potenza" responsabile di azioni belliche contro uno dei firmatari, ad avviare consultazioni permanenti per la tutela dei propri interessi, a cercare in ogni modo soluzioni amichevoli o per mezzo di commissioni arbitrali ove insorgessero "divergenze o conflitti" di qualsiasi natura.

Nello stesso giorno e nello stesso luogo (Mosca) Ribbentrop e Molotov sottoscrivono anche un "Protocollo segreto" annesso al Patto stesso. Nel testo i due "plenipotenziari" precisano di aver avuto «conversazioni strettamente confidenziali grazie alle quali hanno potuto definire i limiti delle reciproche sfere d'influenza nell'Europa orientale». Il confine settentrionale della Lituania segnerà il limite delle rispettive competenze: a Sud sarà area tedesca, a Nord sovietica. I territori polacchi vengono divisi seguendo le linee formate dai fiumi Narew, Vistola e San. I due contraenti si riservano di decidere in seguito se sia o meno nell'interesse delle due parti mantenere in vita «uno Stato polacco indipendente» e quali dovranno essere, in questa eventualità, i suoi futuri confini. Sul fronte sud-orientale Molotov pone la questione degli interessi sovietici in Bessarabia: Ribbentrop dichiara il «completo disinteresse politico [tedesco] per tale regione». Viene precisato che le aspirazioni nell'Europa orientale e nell'area polacca potranno essere soddisfatte nel caso in cui si verifichi «una modificazione territoriale e politica» delle realtà politiche-statali in essere, ma non c'è alcuna precisazione in ordine alle cause di un tale eventuale cambiamento: esso può avere origine in sostanza sia da iniziative esterne sia da parte degli stessi contraenti del "Patto segreto" per la soddisfazione dei propri interessi espansivi ed egemonici. Di fatto il trattato segreto, al di là delle dichiarazioni del Patto di non aggressione, è un accordo aggressivo e spartitorio ai danni di altri Stati. Questa intesa lascia le mani libere a Hitler, che non deve più preoccuparsi di affrontare ad un tempo le resistenze occidentali e quelle russe: dopo una settimana di convulse trattative, di colpi di scena e di *ultimatum*, le forze armate tedesche iniziano le operazioni in Polonia (1° settembre 1939); pochi giorni dopo Londra e Parigi dichiarano guerra alla Germania, ma non iniziano le ostilità.

Il 3 settembre 1939 Chamberlain dichiara alla Camera dei Comuni che tutti i tentativi messi in atto per fermare l'aggressione tedesca alla Polonia sono falliti. Londra e Parigi «si trovano in stato di guerra con la Germania»: «È questo un triste giorno per noi tutti, ma per nessuno triste quanto per me». Afferma «di voler consacrare tutta la forza ed il potere che posseggo per favorire ed affrettare la vittoria per la causa per la quale noi dobbiamo fare sì grande sacrificio. [...] Mi auguro di poter vivere per vedere il giorno in cui sarà stato sterminato l'hitlerismo e in cui sarà stata ristabilita un'Europa riedificata e liberata. [...] Noi combattiamo contro le forze del male: la forza bruta, la malafede, l'ingiustizia, l'oppressione e la persecuzione. Sono certo che il diritto prevarrà in questa lotta».

Da parte sua Daladier, presidente del Consiglio francese, in un discorso radiofonico (10 ottobre) riafferma che la Francia e la Gran Bretagna non sono entrate in guerra né per sostenere una «crociata ideologica» né per «spirito di conquista»; al contrario, vogliono difendere una civiltà che permette di essere liberi, rispettosi del prossimo e che chiede di essere fedeli alla parola data: «Esse sono state obbligate a combattere perché la Germania vuole imporre loro la sua dominazione sull'Europa; prima Danzica ed il corridoio, poi la Polonia; tutto questo dopo aver già preso tutta l'Austria e la Cecoslovacchia: con l'astuzia, oppure con il ferro e con il fuoco». Ogni volta, precisa Daladier, dopo «le conquiste dell'astuzia e della violenza», ci è stato assicurato che non si sarebbe «più chiesto nulla»; «dopo aver schiacciato la Polonia, è di nuovo la stessa assicurazione che si dà oggi. [...] Noi abbiamo impugnato le armi contro l'aggressione e non le deporremo che quando avremo garanzie certe di sicurezza, di una sicurezza che non venga messa in discussione ogni sei mesi».

Anche l'URSS procede alla occupazione della "sua parte" di territorio polacco. Queste operazioni hanno breve durata: già alla fine di settembre lo stato polacco non esiste più e il suo territorio è occupato dalle forze armate dei due potenti e ostili confinanti.

C'è da precisare che il Patto segreto Ribbentrop-Molotov sarà modificato alla fine di settembre: Berlino rinuncia alla Lituania (che entra a far parte della sfera d'influenza sovietica) in cambio di una parte più rilevante di territorio polacco (è possibile in tal modo allontanare la «nuova frontiera tedesco-sovietica» dalla città di Varsavia che si trova nella zona attribuita alla Germania). Con questo secondo accordo «di frontiera e di amicizia» (28 settembre 1939) i due governi dichiarano che dopo la distruzione della Polonia è «loro compito esclusivo di riportare in tale territorio la pace e l'ordine» e di assicurare alle nazionalità ivi residenti un'esistenza pacifica comune corrispondente alle loro necessità etniche. Le due parti s'impegnano a non tollerare, nella propria area, alcuna agitazione polacca che pretenda di tutelare interessi nell'altra zona e «soffocheranno nei loro territori tutti i germi di agitazione del genere».

Vi è anche un tentativo tedesco di impegnare l'URSS nella battaglia con gli anglo-francesi: al testo base del trattato e ai tre protocolli segreti si aggiunge una dichiarazione congiunta di natura politica, nella quale i due governi riaffermano di aver rimediato allo «sfacelo dello Stato polacco» e di aver posto in tal modo le fondamenta di una pace durevole nell'Europa orientale. Per queste ragioni è opportuno «porre termine allo stato di guerra attualmente esistente fra la Germania da una parte e l'Inghilterra e la Francia dall'altra». Questo obiettivo sarà perseguito «con sforzi comuni dai due governi». Se questi sforzi non dovessero approdare ai risultati auspicati, sarà chiaro a tutti che Parigi e Londra sono i soli responsabili della prosecuzione delle ostilità. In questa eventualità, Berlino e Mosca si consulteranno sulle misure da adottare.

In un discorso pronunciato a Danzica (settembre 1939) Hitler ricorda che questo «suolo è stato occupato da coloni tedeschi mezzo millennio prima dell'epoca in cui i primi bianchi si sono insediati nell'odierno Stato di Nuova York. Per mezzo millennio questo suolo è diventato ed è rimasto tedesco. E rimarrà sempre tedesco [...]». Anche altri territori tedeschi a causa del trattato di Versailles erano stati sottratti e assegnati alla Polonia, ma gli ultimi anni hanno dimostrato l'incapacità polacca di preservare la civiltà che non aveva fondato: «Altri cinquant'anni di dominio polacco sarebbero stati sufficienti per restituire alla barbarie questi territori che erano stati sottratti alla barbarie dalla tenace laboriosità tedesca». La Polonia era uno Stato di nazionalità diverse e può capitare che un popolo culturalmente inferiore «possa violentare» un popolo di sviluppo superiore. In questo caso, si scatenano i complessi di inferiorità: «da quasi vent'anni i tedeschi sono stati vittime di un simile destino».

La definizione delle aree d'influenza sovietico-tedesche del Protocollo segreto apre la strada anche ad altre iniziative militari. Mosca, oltre alla sua "parte di Polonia", ottiene da Lituania, Lettonia ed Estonia (che saranno in seguito annessi) l'uso di basi navali e aeree, sottoscrive accordi di mutua assistenza e neutralità. Anche in Finlandia, nonostante precedenti accordi di non aggressione, l'URSS avanza nuove richieste di modifiche confinarie, di utilizzo di basi aeronavali e di alcune isole. Il rifiuto di Helsinki determina l'inizio delle ostilità russo-finniche (dicembre 1939). Il confronto militare termina con il trattato di Mosca (marzo 1940), con il quale la Finlandia sconfitta rinuncia ad una parte della Carelia, concede l'uso di alcune basi aeronavali e dà in affitto la penisola di Hanko. Anche questa iniziativa sovietica nasce dalla ricerca di maggiore sicurezza sul fronte occidentale. Si rafforza in tal modo, con l'occupazione della Polonia orientale, con il controllo dei Paesi Baltici e con l'estensione dell'influenza militare in alcune aree finlandesi, il bastione difensivo sovietico verso Occidente, garanzia ulteriore nel caso di cambiamenti nei rapporti russo-tedeschi. Di fronte all'aggressione contro la Finlandia, la Società delle Nazioni condanna l'URSS e ne decide l'espulsione (1939). Si conclude così la breve parentesi quinquennale della presenza sovietica all'interno di questa organizzazione, nella quale era entrata per far fronte ai pericoli che si manifestavano nelle sue frontiere a metà degli anni Trenta.

La guerra nella penisola scandinava si allarga nella primavera del 1940; qui, Berlino occupa la Norvegia dopo aver posto sotto controllo militare anche la Danimarca (aprile 1940), mentre la Svezia mantiene la propria indipendenza e la dichiarata neutralità. Londra prende atto della conclusione delle due guerre scandinave (Finlandia e Norvegia) e occupa l'Islanda con l'assenso americano. Nel maggio la Germania, dopo la lunga e inutile parentesi diplomatica, decide di aprire le ostilità sul fronte occidentale, invade due paesi neutrali (Olanda e Belgio) e piega la resistenza anglo-francese nel continente. In questo contesto matura la decisione italiana di uscire dalla "non belligeranza" e di aprire le ostilità con Londra e Parigi.

La decisione italiana nasce dal convincimento che la guerra sia ormai alla fine. È necessario prendere parte alle ostilità per essere presenti al tavolo della pace al fianco della Germania e per onorare gli impegni del Patto d'Acciaio. Mussolini è convinto di essere di fronte ad una svolta nei rapporti di forza fra le potenze europee e che l'occasione sia propizia per fare dell'Italia una «grande potenza». C'è pure il convincimento che «la neutralità e la non belligeranza» siano alla lunga una «squalifica» in politica internazionale: queste scelte farebbero dell'Italia «una Svizzera moltiplicata per dieci». Il capo del governo italiano, nell'annuncio dell'ingresso in guerra contro la Gran Bretagna e la Francia (10 giugno 1940), dichiara: «Scendiamo in campo contro le democrazie plutocratiche e reazionarie dell'Occidente, che, in ogni tempo, hanno ostacolato la marcia e, spesso, insidiato l'esistenza medesima del popolo italiano. Alcuni lustri della storia più recente si possono riassumere in queste frasi: promesse, minacce, ricatti e, alla fine, quale coronamento dell'edificio, l'ignobile assedio societario di cinquantadue Stati. La nostra coscienza è assolutamente tranquilla. [...] Se noi oggi siamo decisi ad affrontare i rischi ed i sacrifici di una guerra, gli è che l'onore, gli interessi, l'avvenire ferreamente lo impongono, poiché un grande popolo è veramente tale se considera sacri i suoi impegni e se non evade dalle prove supreme che determinano il corso della storia. Noi impugniamo le armi per risolvere, dopo il problema risolto delle nostre frontiere continentali, il problema delle nostre frontiere marittime; noi vogliamo spezzare le catene di ordine territoriale e militare che ci soffocano nel nostro mare, poiché un popolo di quarantacinque milioni di anime non è veramente libero se non ha libero l'accesso all'Oceano. Questa lotta gigantesca non è che una fase dello sviluppo logico della nostra rivoluzione; è la lotta dei popoli poveri e numerosi di braccia contro gli affamatori che detengono ferocemente il monopolio di tutte le ricchezze e di tutto l'oro della terra: è la lotta dei popoli fecondi e giovani contro i popoli isteriliti e volgenti al tramonto; è la lotta tra due secoli e due idee. Ora i dadi sono gettati [...]. Italiani! In una memorabile adunata, quella di Berlino, io dissi che, secondo le leggi della morale fascista, quando si ha un amico si marcia con lui fino in fondo. Questo abbiamo fatto e faremo con la Germania, con il suo popolo, con le sue meravigliose Forze Armate. [...] E salutiamo alla voce il Führer, il capo della grande Germania alleata. L'Italia, proletaria e fascista, è per la terza volta in piedi, forte, fiera e compatta come non mai [...]».

Le operazioni belliche si concludono rapidamente con la sconfitta della Francia, la parziale occupazione del suo territorio, la nascita di un governo "collaborazionista" guidato dal generale Petain, la sottoscrizione di due armistizi (italo-francese e franco-tedesco). Roma deciderà (ottobre 1940) di aprire le ostilità anche contro la Grecia; la situazione sarà decisa, nella primavera dell'anno successivo, dall'intervento di forze armate tedesche nella penisola balcanica, che oltre alla Jugoslavia occuperanno anche Atene (aprile 1941).

Dopo la nascita del governo di Vichy, nella Francia semioccupata dalle forze armate germaniche e italiane, Alfred Rosenberg pretende di parlare alla Camera dei Deputati francese. Rosenberg è uno dei primi seguaci di Hitler e si considera il filosofo del nazionalsocialismo, il custode ideologico dell'ortodossia del movimento stesso. Con la sua opera più nota *Il mito del XX secolo* (*Der Mytus des 20. Jahrhunderts*), pubblicata nel 1930, cerca di dare una base solida alle teorie sostenute da vertici del partito. Osteggiato dagli altri dirigenti per la sua pretesa di essere il più autentico divulgatore dell'ideologia nazista e il più autorevole interprete del pensiero del Führer, si occupa attivamente di politica estera e in questo settore elabora la teoria dello "spazio vitale". Si distingue per il suo fanatismo antisemita, antireligioso e anticattolico e per la sua implacabile avversione al bolscevismo. Sarà nominato ministro del Reich per le zone orientali occupate dalle forze armate tedesche.

Nel suo ampio intervento di fronte a i deputati francesi egli chiarisce le basi razziali della lotta condotta dal germanesimo contro le forze «del denaro e del giudaismo», precisa i giudizi del suo Paese sulla Rivoluzione francese, condanna tutti i fenomeni a vocazione universalistica e umanitaria che da essa sono scaturiti, preannuncia la vittoria di Berlino e dei suoi alleati sul vecchio mondo e la nascita di una nuova civiltà ispirata ai valori del germanesimo ariano. In questo discorso Rosenberg ricorda che «la grande lotta mondiale fra l'oro ed il sangue», iniziata nel 1914, prosegue ora nel conflitto in atto. La sconfitta tedesca e le successive umiliazioni furono il frutto di rivolte interne fomentate dai nemici della Germania, ma «l'oro ed i suoi servitori» (l'alta finanza e le borse delle democrazie) hanno ottenuto «soltanto una vittoria apparente»; «le vere forze del sangue si sono sollevate indignate, [...] oggi finalmente trionfa il sangue, vale a dire la forza razziale creatrice dell'Europa centrale, su tutte le forze sfruttatrici che pensano di scagliarsi senza freno su tutto questo continente. Noi abbiamo combattuto una battaglia frontale contro il liberalismo, il marxismo, il giudaismo e la massoneria». I nazionalsocialisti tedeschi apprezzano senza riserve «le parole d'ordine intellettuali e morali» della Rivoluzione francese, ma esse hanno dato vita anche a fenomeni deteriori e pericolosi; la legittima rivolta contro «lo spirito dell'Inquisizione religiosa e contro i fenomeni innaturali dell'epoca delle dinastie» ha prodotto deviazioni universalistiche che hanno aperto le porte «al sangue negro estraneo ed ostile a tutti gli europei». Il traviamento del concetto di libertà ha aperto le porte alla dissacrazione, alla decadenza, allo sfruttamento e alla miseria. In altre parole le "idee forti" della rivoluzione devono trovare applicazione all'interno delle comunità ariane, ma non possono essere estese né ad altre razze né all'intera umanità. In questo contesto il pensiero liberale ha propagandato anche «la liberazione del povero popolo ebraico oppresso; ha così creato le premesse del suo rafforzamento» grazie alla tolleranza di fronte ad un avversario di tutti gli istinti nazionali europei. Gli ebrei che godono di duplici diritti (sono ad un tempo cittadini del loro popolo e dello Stato che li ospita) si sono rafforzati al punto di influenzare i governi di molte potenze e di condizionarne la politica interna ed estera (con la forza «di oro e di denaro»). Al tempo stesso la Francia ha proclamato, sulla base dei principi del 1789, che «non vi era alcuna differenza fra bianchi e neri», compiendo con ciò «una delle più tremende capitolazioni nazionali».

Se questo criterio, osserva Rosenberg, si fosse esteso in Europa non vi sarebbe stato più né un popolo europeo né francese, «bensì una popolazione mulatta, senza un carattere proprio». Erronei convincimenti, debolezza politica e «la potenza dei banchieri ebraici» hanno determinato questa evoluzione negativa. Alla loro opera si è associata la massoneria, autorevole interprete e rappresentante delle originarie idee rivoluzionarie. Le logge di antica costituzione sotto il motto «fraternité, liberté, egalité», hanno spalancato le loro porte al giudaismo già agli inizi dell'Ottocento nel nome della «grande fratellanza umana» e per la creazione di «una nuova e grande Repubblica umana». Questi ambienti liberal-ebraici, secondo il teorico nazionalsocialista, hanno avuto una grande responsabilità nello scatenamento della guerra del 1914 contro le Potenze Centrali ancora impermeabili alla loro pressante propaganda e influenza. La precedente lotta si è riaccesa con più furore contro il potere nazionalsocialista ed ora ha raggiunto il suo culmine perché Berlino ha denunciato la cosiddetta parità aurea fra il volume della moneta circolante e le riserve aurifere di uno Stato e ha posto in primo piano la vitalità razziale, la forza economica e il valore del lavoro. Animata da questi ideali, la Germania ha riportato le recenti «vittorie sulle potenze giudee-democratiche». La Francia stessa, ormai soggiogata dalla finanza ebraica e internazionale, deve essere grata all'opera di liberazione operata. «Forze armate tedesche hanno bensì distrutto l'esercito francese, ma nello stesso tempo la Germania ha liberato il popolo francese dai suoi parassiti, di cui era ormai troppo debole per potersi disfare». Il nuovo governo francese è ora impegnato a combattere la massoneria e il giudaismo al fianco del nuovo germanesimo per la creazione di un «nuovo ordine europeo e mondiale».

Rosenberg osserva che l'attuale lotta del nazionalsocialismo è simile a quella che combatté più di mille anni or sono il cristianesimo, dalla quale uscì la struttura interna dell'Europa. È in atto «il risveglio del carattere biologico di 80 milioni di uomini di una razza che d'ora innanzi impegnerà tutte le sue forze vitali per combattere queste potenze dissolvitrici [...]. Perciò questa guerra di trent'anni fra l'oro ed il sangue in Europa, questa lotta fra il secolo XVIII ed il secolo XX, terminerà con la vittoria del sangue e tutte le potenze che nel 1917 difendevano ancora i possessori ed i partigiani delle potenze auree, combattono oggi nel campo militare e politico una partita già perduta. Ma dal caos, dalla miseria e dall'umiliazione – conclude Rosenberg – è sorto l'ideale nazionale che si contrappone all'idea internazionale. La vittoria di questo ideale in tutti i campi significa la vera e propria rivoluzione mondiale del secolo XX».

All'origine degli eventi politico-militari del 1939-'40 resta l'accordo tedesco-sovietico dell'agosto del 1939, che segna una svolta significativa nel quadro delle relazioni internazionali dalla fine della prima guerra mondiale. Spesso la lettura di questa intesa si ferma alla considerazione della sua natura spartitoria, dell'incongruenza con gli obiettivi politici perseguiti dai due governi negli anni precedenti e del profondo risentimento antipolacco dei contraenti, ma ci sono altri elementi da considerare. Londra e Parigi devono prendere atto di non essere in grado di legare alla propria politica Mosca e di non poter contenere le ambizioni continentali tedesche: non possono che scendere in guerra con Berlino, ma, come era previsto, non sono nelle condizioni di intervenire militarmente nel fronte tedesco-polacco. Continuano a chiedere alla Germania di rinunciare all'occupazione della Polonia e sono disponibili ad una revisione "sostanziale" delle frontiere orientali tedesche. Questo equilibrio precario si regge su una guerra dichiarata ma non combattuta, su richieste di ritiro avanzate ma non accolte a Berlino, su proposte di revisioni confinarie. Esso sarà rotto nel maggio 1940 dai tedeschi con l'apertura delle ostilità sul fronte occidentale e subito dopo con l'offensiva contro gli inglesi (operazione Leone Marino). In sostanza Londra e Parigi, al di là dell'atto formale della dichiarazione di guerra, esitano e preferiscono ancora una volta la strada diplomatica: si può accettare una riduzione dello Stato polacco purché ne sia garantita l'esistenza. Nell'ipotesi dell'accettazione di questa offerta avrebbero dovuto affrontare il "nodo sovietico", cioè l'avvenuta occupazione dell'altra parte della Polonia. In realtà, i fatti confermano una tesi rifiutata in precedenza dal governo di Varsavia: Londra e Parigi potrebbero difendere l'integrità e l'indipendenza della Polonia soltanto con un legame solido con Mosca, hanno difficoltà nel caso di un confronto con Berlino (anche in presenza della neutralità sovietica) e sono nell'assoluta impossibilità di farlo di fronte ad un accordo tedesco-sovietico.

D'altra parte, non si devono dimenticare gli avvenimenti precedenti: le aspirazioni del mondo germanico e di quello russo sulla Polonia sono antiche e hanno determinato in più occasioni ingerenze, annessioni, spartizioni. Lo stesso congresso di Vienna (1814-1815) aveva diviso la Polonia (giudicata "ingovernabile") fra il mondo germanico (Prussia, Austria) e la Russia zarista. Per circa 100 anni i polacchi, senza perdere la propria identità, hanno dovuto rinunciare al proprio Stato. Quest'ultimo rinasce a Versailles per volontà dei vincitori: questa "restaurazione" incontra le proteste tedesche per Danzica e i territori orientali e sovietiche per il dover accettare la rinuncia ad ampi territori oltre la linea Curzon. In sostanza, la grande Polonia postbellica (al di là dei successivi accordi tattici tedesco-polacchi e sovietico-polacchi) è una realtà rifiutata dai due vicini, anzi in più occasioni contestata. Da questo punto di vista, Berlino e Mosca pongono fine con la forza ai vent'anni di vita del nuovo Stato polacco e paradossalmente tornano al quadro politico del Metternich (è assente l'Austria perché dopo l'*Anschluss* è parte integrante del Reich). Ma alle spalle dell'odio e dei risentimenti storici contro la nuova grande Polonia ci sono anche altri elementi.

Perché la Germania firma il patto dell'agosto del 1939? Non certo per la spartizione della Polonia, in quanto l'accordo è ben più ampio e definisce aree d'influenza più vaste e in definitiva stabilizza i rapporti Mosca-Berlino. Questa decisione appare singolare alla luce delle premesse ideologiche e della politica precedente. Hitler ha lavorato per scoraggiare qualsiasi tentativo francese di fermare la rinascita economico-militare tedesca, ha cercato in ogni modo accordi con Londra, ha offerto alleanze alla Polonia, ha perseguito con tenacia l'obiettivo strategico dell'espansione verso l'Est contro l'URSS. Ora si trova a dover prendere atto di due realtà ben diverse rispetto alle sue previsioni e alla sua politica pluriennale: è in guerra con i Paesi con i quali ha cercato collaborazioni e alleanze e si trova "alleato" con lo Stato e con il movimento politico che avrebbe voluto combattere con ogni mezzo e possibilmente distruggere. Nel dittatore tedesco c'è piena consapevolezza di questa imprevista e contraddittoria situazione: ne attribuisce la responsabilità ai politici di Varsavia incapaci di comprendere il progetto orientale tedesco e ai vertici franco-inglesi invidiosi e timorosi di fronte alla vigorosa ripresa della Germania nazionalsocialista e terrorizzati dall'ipotesi di un grande impero tedesco esteso dal Reno agli Urali, dal Mar Nero al Baltico. Questi Stati non hanno compreso che potevano vivere nel nuovo ordine europeo, in una vasta area di benessere ariano-germanica, associati alla Germania.

La loro politica ostile ha costretto Berlino ad un cambio di direzione, tattico ma non strategico. Hitler è convinto di dover accettare momentaneamente questa situazione e non nasconde di volere una rapida sconfitta degli anglo-francesi per potersi poi, con le mani libere, voltare di nuovo ad Oriente per colpire l'URSS e portare a compimento il progetto originario.

Vi sono in questi giudizi una sopravvalutazione della forza militare tedesca e un'assoluta sottovalutazione dei fattori politici che hanno determinato le scelte anglo-francesi e sovietiche. In generale, l'accordo del 23 agosto appare una via d'uscita per "salvare la faccia", un espediente tattico per risolvere parzialmente la questione polacca, uno strumento in sé "modesto e contingente". Grazie ad esso c'è l'occupazione di una mezza Polonia e la riannessione al Reich di una parte dei territori sui confini orientali (Danzica, corridoio e più tardi la germanizzazione del Warthegau), ma, a ben guardare, questi risultati non sono compensati dagli enormi svantaggi che ne conseguono: l'URSS estende la sua presenza su una vasta area (mezza Polonia, Paesi Baltici, Finlandia e Bessarabia) e sul fronte occidentale c'è la guerra con Parigi e Londra, alle spalle delle quali si delinea, giorno dopo giorno con maggiore chiarezza, la potenza americana. Se si considerano i precedenti risultati ottenuti con l'annessione austriaca, i trattati di Monaco, la distruzione della Cecoslovacchia, il trattato di Mosca dell'agosto 1939 è la prima vera sconfitta politica di Hitler, costretto a fare importanti concessioni all'URSS e a condurre una guerra impegnativa ad Occidente a fronte di compensi territoriali modesti e di occupazioni non auspicate e non perseguite.

Non è esagerato affermare che questa intesa rappresenta il primo errore strategico della politica estera nazionalsocialista, che comporterà, negli anni successivi, altre decisioni cariche di conseguenze negative per il Reich e per i suoi alleati. Risultano più complesse e di ben più difficile lettura le motivazioni delle scelte operate dai vertici del Cremlino, sollecitati dalla crisi tedesco-polacca e dalle pressanti richieste delle democrazie europee e di Berlino. C'è in via preliminare da sottolineare una sostanziale "assenza" di interessi sovietici nello scontro in atto ad occidente dei suoi confini: le tensioni interne, le preoccupazioni per l'attivismo tedesco, gli allarmi per le adesioni europee e asiatiche al Patto antiKomintern, hanno suggerito l'adozione di una linea di cautela per garantire la prosecuzione dell'esperienza socialista. Le stesse forze armate sovietiche appaiono indebolite dalle terribili purghe che hanno colpito, negli anni precedenti, anche i loro vertici più autorevoli e gli stessi quadri intermedi. Ma ci sono anche altri elementi.

L'URSS ha seguito con attenzione i lavori della conferenza di Monaco (1938) e ha valutato le sue conclusioni con sospetto: il cedimento anglo-francese alle pressioni italo-tedesche è parso la naturale conclusione di un incontro al quale nessuno ha voluto estendere l'invito a Mosca. C'è il timore che gli accordi conclusi e la tanto proclamata pacificazione fra le democrazie occidentali europee e le potenze nazifasciste (Germania e Italia) possano riguardare anche il mondo sovietico. Il Cremlino, all'oscuro del contenuto specifico delle trattative, sospetta che non soltanto sia stata data "via libera" ai tedeschi nei Sudeti, ma che essi abbiano ottenuto anche un'approvazione dei loro progetti espansivi verso l'Est a patto di mantenere in piedi la Cecoslovacchia e lo Stato polacco. La preoccupazione non pare senza fondamento, se si considera che essa prende corpo in uno Stato combattuto dagli occidentali negli anni precedenti e che non è stato invitato a prendere parte ai lavori di Monaco. La stessa successiva distruzione della rimanente Cecoslovacchia ad opera di Berlino è letta nella stessa linea interpretativa: alle proteste anglo-francesi non è seguita alcuna azione militare o politica significativa e ciò ha accresciuto il sospetto di un'intesa, più o meno esplicita, che potrebbe avere garantito le due potenze atlantiche a danno della Russia. In sintesi, un patto di "solidarietà implicito" avrebbe assicurato agli uni lo *status quo* europeo e coloniale, agli altri la possibilità di movimento verso l'Est.

Ma gli eredi di Lenin sono tormentati anche da una lettura di carattere ideologico delle recenti vicende tedesche ed europee. Nei paesi democratici parlamentari il partito comunista ha avuto una vita difficile caratterizzata da alti e bassi: è stato combattuto, a volte sciolto, in alcune circostanze i suoi dirigenti sono stati perseguitati e incarcerati. In sostanza, il messaggio rivoluzionario marx-leninista è stato rifiutato, ma ben diversa appare, agli occhi di Mosca, la realtà tedesca: qui il nazionalsocialismo ha estirpato e distrutto tutto quanto era umanamente possibile della organizzazione del partito: sedi, giornali, manifestazioni, simpatizzanti, attivisti, dirigenti. Secondo la radicale logica nazional-razzista, si è condotta una lotta crudele e senza pietà nei confronti dei movimenti di provenienza socialista e comunista. C'è ora il timore che la Germania possa intraprendere una crociata orientale contro lo Stato socialista: si teme che essa possa diventare il "braccio armato" delle democrazie occidentali contro il nuovo sistema sovietico, lo strumento più adatto per porre fine all'esperienza nata dalla Rivoluzione d'ottobre. Le potenze occidentali, che nel ventennio precedente hanno attivato ogni genere d'iniziativa per fermare "l'infezione rossa", ora potrebbero disporre di un formidabile strumento d'aggressione che non nasconde i propri obiettivi anticomunisti e antisovietici. Riaffiorano alla mente dei compagni di Stalin i vent'anni passati: gli interventi militari, il sostegno ai "bianchi", gli accordi con i giapponesi, il cordone sanitario, la fame e la terribile carestia, i ripetuti tentativi di coinvolgere la Germania postbellica in ogni azione antibolscevica. Al Cremlino non c'è soltanto sospetto, ma anche paura: nessuno ignora i progressi compiuti dalla Germania e la straordinaria pericolosità dei suoi moderni apparati militari. Mosca teme che un accordo con gli occidentali sui problemi polacchi possa comportare ritorsioni germaniche.

Stalin e i suoi collaboratori conducono le trattative con estrema cautela: non vogliono essere utilizzati in chiave antigermanica da una parte o essere lo strumento tedesco per ottenere risultati in Polonia. La diplomazia sovietica dimostra di avere le risorse per tenere aperto il dialogo nelle due direzioni e la capacità di impedire il congiungimento tedesco-anglo-franco-polacco. C'è da dire che il governo di Londra dimostra piena consapevolezza della posta in gioco: a seconda delle circostanze cerca di convincere Varsavia a rinunciare a Danzica e a concedere il diritto di transito sul proprio territorio all'Armata Rossa. L'intransigenza polacca e il progressivo irrigidimento tedesco fanno fallire i due tentativi. D'altra parte, le democrazie occidentali ritengono poco probabile un accordo nazi-sovietico, per le divergenze ideologiche proclamate per anni con tanta enfasi; di contro, esse non sono nelle condizioni di offrire né revisioni confinarie né soppressione di Stati perché, a differenza delle dittature, devono fare i conti con i rispettivi Parlamenti. Da questo punto di vista Stalin, senza guerra, può ottenere dai tedeschi condizioni di maggiore sicurezza con espansioni territoriali e d'influenza molto rilevanti.

Mosca non si limita ad affrontare la questione polacca e pone sul tappeto la definizione di un'ampia area d'influenza che le può garantire un sistema di sicurezza più solido di fronte ad ogni eventualità. Non è tanto la spartizione della Polonia che interessa l'URSS, quanto l'accettazione di una sua espansione dalla Bessarabia alla Polonia, ai Paesi Baltici e alla Finlandia. Si vuole mettere al sicuro da un'eventuale successiva azione aggressiva tedesca con due strumenti: le garanzie formali di neutralità, amicizia e non aggressione e il riconoscimento di suoi interessi immediati e non rinegoziabili in una vasta area europea e scandinava. Alla base della firma dei due accordi nazi-sovietici (23 agosto e 28 settembre del 1939) c'è una valutazione molto attenta da parte sovietica. Per giustificare la decisione sovietica Molotov ricorda, alla fine dell'agosto 1939, che la propaganda delle potenze occidentali (anglo-franco-americana) ha cercato di "avvelenare" i rapporti russo-tedeschi; al contrario Mosca, come ha sottoscritto con l'Italia fascista (1933) un patto di non aggressione e di neutralità, ora ha trovato un'intesa analoga con Berlino. «Malgrado le diversità ideologiche e di sistemi politici» l'URSS si è comportata «secondo il principio di Lenin della convivenza pacifica». In questa logica ha cercato anche «il miglioramento dei suoi rapporti politici con Stati tipicamente fascisti». Da questo contesto e dalle preclusioni anglo-franco-polacche è nato l'accordo con i tedeschi e grazie ad esso c'è stato «un energico mutamento nella politica estera dei due Paesi» ed è finita l'"inimicizia" fra i due Stati e i due popoli.

Molotov, con sottile polemica, sottolinea che questa scelta, voluta con determinazione da Stalin, non deve scandalizzare nessuno: le divergenze ideologiche non hanno impedito all'URSS di avere buoni e pacifici rapporti «con altri Paesi non sovietici o capitalisti». L'esponente sovietico si limita a spiegare le ragioni dell'intesa raggiunta con i vertici tedeschi, ma si guarda bene dall'affrontare il contenuto e l'esistenza del protocollo segreto di cui le altre potenze intuiranno l'esistenza, nei mesi successivi, a seguito delle iniziative sovietiche nel Baltico e nella parte orientale della penisola scandinava. Molte interpretazioni riducono i motivi dell'adesione a spirito rivendicativo antipolacco e a volontà espansionista. Si può, invece, affermare che prevale uno spirito difensivo: si vuole in ogni modo evitare la nascita di una coalizione antisovietica di cui la Germania potrebbe essere la punta più avanzata, la "testa d'ariete militare".

È bene non dimenticare che sono Londra, Parigi, Varsavia e più tardi Berlino a chiedere la disponibilità sovietica. Non c'è alcuna iniziativa di Mosca che possa giustificare un suo atteggiamento precedente di carattere espansionista e aggressivo. Dopo le rispettive occupazioni e annessioni i due Stati sono a contatto diretto: non c'è più lo schermo costituito dallo Stato polacco e dai Paesi Baltici. In caso di guerra l'invasione sarebbe immediata sia per gli uni che per gli altri, ma a fronte di questa eventualità resta il fatto che Mosca e Berlino hanno esteso l'area sotto il loro diretto controllo di centinaia di chilometri.

I vertici sovietici, con la dichiarazione di guerra anglo-francese alla Germania, ottengono un altro risultato molto importante, anche se in un primo momento viene lasciato in ombra: una guerra occidentale non può che nuocere, sul piano militare, ai tedeschi. Quando e se essi dovessero rivolgersi contro l'URSS, non potrebbero essere che indeboliti. Questa fase di alleanza può dare ai sovietici il tempo necessario per rafforzare le proprie strutture militari. Per il Cremlino trova conferma un altro presupposto della tradizionale lettura ideologica dei movimenti della società internazionale: le contraddizioni economiche fra le diverse potenze imperialiste le portano per necessità alla guerra fra loro e in ultima analisi le conducono alla reciproca distruzione a favore dei Paesi socialisti.

Mosca ha corso il rischio di vedere prendere corpo una coalizione euro-asiatica ostile guidata da Berlino e da Tokyo. Alla fine, tuttavia, non soltanto non c'è stata la temuta saldatura fra le democrazie europee, il nazifascismo e i nipponici, ma le potenze europee entrano anche in guerra fra loro, mentre l'URSS vede estendersi l'area della propria influenza e crescere il livello della propria sicurezza. L'occupazione di mezza Polonia e dei Paesi Baltici dilata lo spazio critico che la separa dai tedeschi e si crea, con questa espansione, un vasto territorio compreso fra la vecchia frontiera russo-polacca e questa nuova tedesco-sovietica. In altre parole è possibile, in caso di guerra, condurre una prima fase di operazioni belliche in terra polacca (ora sovietizzata) e arrivare solo in un secondo tempo a combattere sul territorio sovietico. In complesso, gli accordi conferiscono a Stalin molti vantaggi e rafforzano la posizione dell'URSS sia sul piano della sicurezza militare sia su quello politico. A fronte di questi risultati, Mosca non deve sopportare né ritorsioni né reazioni gravi, in quanto i nemici della Germania non la associano alle azioni belliche intraprese. Gli stessi impegni contenuti nella dichiarazione tedesco-sovietica del 28 settembre, relativi ad un'azione comune per far fronte alla dichiarazione di guerra anglo-francese alla Germania, non avranno alcuna conseguenza.

Mosca si limita a denunciare l'ipocrita politica anglo-francese nei confronti della Germania, ma non si associa in alcun modo ad iniziative concrete ostili alla loro politica. Londra e Parigi hanno proclamato che «la guerra contro la Germania non ha altro scopo che la distruzione dell'hitlerismo. [...] Una specie di guerra ideologica, simile alle antiche guerre di religione. Ma ormai le guerre di religione – osserva Molotov (ottobre 1939) – contro gli eretici e gli eterodossi hanno fatto il loro tempo. [...] Il vero motivo della guerra anglo-francese contro la Germania va ricercato nella sfera dei loro interessi materiali come grandi potenze coloniali». Queste ultime hanno in tal modo avviato nei confronti di Berlino una guerra imperialistica e hanno la responsabilità di «attizzarla sotto il delittuoso pretesto che essa è combattuta per la difesa della democrazia». Molotov (novembre 1939) invita le capitali europee occidentali ad interrompere le ostilità e ad evitare «nuove e pericolose avventure», dato che purtroppo «i Paesi più ricchi, ormai sazi di tutte le ricchezze», non trovando più al loro interno vie d'uscita alle crisi che le travagliano, pensano di ottenere con la guerra soluzioni ai loro problemi. Al contrario, l'URSS conferma la sua precedente politica di neutralità, che «non è una maschera» per realizzare altri obiettivi continentali o coloniali. Molotov ricorda lo sfacelo dello Stato polacco (dopo lo scontro con la Germania), che ha dimostrato «la sua debolezza, la sua instabilità e la sua inconsistenza». A seguito di ciò, Mosca «ha proceduto ad annettere al suo Stato le popolazioni di razza affini dell'Ucraina occidentale e della Russia Bianca occidentale, portando così la sua popolazione da 170 a 183 milioni».

Ancora più radicale, nel sostenere l'accordo nazi-sovietico e nella condanna della politica delle capitali occidentali, risulta la posizione assunta dall'Esecutivo del Komintern alla fine del 1939, che, pur sostenendo senza riserve le scelte sovietiche, denuncia la guerra imperialistica per il dominio mondiale: «L'Inghilterra, la Francia e gli Stati Uniti dominano i mercati, possiedono enormi ricchezze e risorse economiche, tengono in sottomissione più della metà del globo terrestre». Contro il loro dominio lottano altri Stati capitalisti, che vogliono una nuova spartizione in loro favore delle fonti di materie prime, di viveri e di risorse umane delle colonie: «I provocatori di guerre hanno cercato di spingere la Polonia e la Germania contro l'URSS [...], la guerra è condotta non per salvare la democrazia dal Fascismo, ma per il trionfo delle reazioni».

I vertici moscoviti dell'Internazionale comunista assumono con queste analisi una posizione ambivalente. Difendono l'accordo con Berlino, condannano la guerra franco-inglese alla Germania, spiegano che questo conflitto ha un'origine capital-imperialistica estranea agli interessi degli «sfruttati di tutto il mondo» e allargano l'analisi al continente asiatico, dove l'espansionismo nipponico in Cina è sostenuto segretamente dagli USA. Questi ultimi si prefiggono di trarre vantaggio in seguito dal logoramento nippo-cinese. Dimitrov, segretario generale del Comitato esecutivo del Komintern, scrive (1939): «La guerra imperialista, iniziata con l'aggressione contro i popoli d'Abissinia, di Spagna e di Cina, si è sviluppata ora in una guerra fra grandi Stati capitalisti». La posizione «neutralista» di alcuni di loro è «ipocrita». Washington aizza Londra e Parigi contro Berlino e diventa per loro «una fabbrica di armi» per ottenere grandi profitti; al tempo stesso, dopo «non aver mosso neppure un dito» di fronte all'aggressione della Cina, è di fatto il principale rifornitore militare dell'imperialismo giapponese e spera di «dettare legge in seguito» ai Paesi belligeranti.

Le ostilità ad Occidente, dal 1940 al 1941, restano un problema tedesco. Anche questa evoluzione militare conferma le valutazioni sovietiche, che dovranno essere riformulate nell'estate del 1941. Gli accordi tedesco-sovietici, in ultima analisi, non riescono né ad evitare la guerra sul fronte occidentale per Berlino ed ancor meno a coinvolgere in modo diretto o indiretto Mosca nella contrapposizione con gli anglo-francesi. Da questo punto di vista emerge una diversa visione delle esigenze e delle prospettive di carattere generale da parte dei due contraenti. I sovietici hanno privilegiato fattori di sicurezza sia per garantire la stabilità interna sia per tutelare le frontiere europee, mentre a Berlino ha prevalso una logica di espansione e di potenza che non ha escluso il rischio di un conflitto con le democrazie dell'Occidente e ha accettato un cambiamento radicale della propria politica estera del periodo precedente.

L'evoluzione delle vicende politiche e militari dei mesi successivi è nota: Berlino prevale nel controllo della parte occidentale della penisola scandinava, vince il confronto con la Francia ma non è in grado di piegare Londra. La resistenza inglese è sostenuta dalla ferma determinazione del suo governo e della popolazione, ma anche dall'assistenza degli Stati Uniti. Questo contesto, nello scenario europeo, rimane immutato nel suo complesso fino al giugno del 1941, quando Berlino decide di rompere gli equilibri raggiunti e di aggredire l'URSS. Le ragioni di questo cambiamento di strategia sono diverse, alcune legate allo sviluppo delle ostilità in Occidente, altre al fallimento di nuove intese tedesco-sovietiche, altre al riaffiorare degli antichi presupposti ideologici.

Una prima causa del mutamento della politica tedesca è determinata dalla impossibilità di concludere le operazioni militari sul fronte occidentale. L'avanzata terrestre ha piegato la Francia, ma Londra non cede all'offensiva aerea tedesca dell'estate del 1940 e non può essere attaccata sul mare per la preponderante supremazia navale di cui gode. Non soltanto non si può parlare di sconfitte, ma neppure di armistizi o di disponibilità ad una trattativa che permetta a Berlino di riprendere in considerazione il perseguimento dei tradizionali obiettivi orientali. Con il passare dei mesi appare sempre più difficile portare Londra ad un tavolo di trattative e quasi impossibile arrestare il traffico atlantico di rifornimenti provenienti da Washington, nonostante l'impegno delle forze navali subacquee.

I risultati conseguiti dai tedeschi sono importanti, ma non decisivi. A Berlino prende corpo una interpretazione singolare di questa tenacia britannica, di questa resistenza "fanatica" ad oltranza. Hitler e alcuni dei suoi collaboratori collegano il comportamento inglese con la situazione orientale: a loro giudizio la strenua resistenza britannica trae la sua forza non solo dal sostegno americano, ma anche dalla presenza dell'URSS sui confini orientali del Reich. Quest'ultimo non potrà mai impegnarsi in uno sforzo totale contro gli anglosassoni se prima non si sarà liberato di quel potenziale avversario.

Nel giugno del 1940 il nuovo primo ministro britannico, Winston Churchill, dichiara la ferma volontà di resistere con le armi alla violenza tedesca per non cadere sotto il controllo del nazismo e della Gestapo. L'Inghilterra impegnerà tutte le sue energie per la difesa della civiltà e del sistema occidentale, fino a quando il «Nuovo Mondo» (gli USA) scenderà in campo per salvare e liberare il «Vecchio Mondo» (l'Europa): «Benché grandi zone dell'Europa e molti Stati antichi e famosi siano caduti o in procinto di cadere sotto la Gestapo e sotto tutto l'odioso apparato del dominio nazista, noi non vacilleremo né esiteremo. Andremo fino in fondo, combatteremo in Francia, combatteremo sui mari e sugli oceani, combatteremo in aria con sempre maggior fiducia ed energia, difenderemo la nostra isola a qualsiasi costo, combatteremo sulle rive del mare, combatteremo nei luoghi di sbarco, combatteremo nei campi e nelle vie, combatteremo sulle alture; non ci arrenderemo mai e quand'anche ciò a cui nemmeno per un momento io credo, che cioè quest'isola o gran parte di essa venga assoggettata e affamata, il nostro impero di là dei mari, difeso dalla flotta britannica, e armato, continuerà la lotta finché, nel momento voluto da Dio, il Nuovo Mondo, con tutte le sue forze e con tutta la sua potenza, avanzerà a salvare e a liberare il Vecchio Mondo». Il messaggio non contiene alcun riferimento a Mosca (al momento legata a Berlino) né al suo prossimo avvicinamento al fronte delle democrazie. Tuttavia, il dittatore tedesco sospetta un'intesa nascosta, più o meno esplicita, per tenere "sotto scacco" la Germania e logorarne lentamente le forze militari. Questo dubbio diventa, con il passare delle settimane, un tormento ossessivo e sarà al centro delle successive decisioni del vertice tedesco. Nonostante gli accordi sottoscritti nell'agosto e nel settembre del 1939, Mosca rappresenta un pericolo, un nemico sul piano ideologico e su quello politico, un competitore continentale.

3. *La nuova alleanza nippo-tedesco-italiana. Il Patto Tripartito (settembre 1940)*

Nell'autunno del 1940, dopo la disfatta francese, mentre prosegue la strenua difesa inglese con l'appoggio americano, i vertici tedeschi mettono a punto una nuova strategia di alleanze. Essi riescono a coinvolgere Roma e Tokyo in un progetto comune per la tutela dei rispettivi Stati e delle loro potenziali aree d'influenza. Questa intesa a tre non ha carattere "chiuso", non vuole escludere altre potenze, lascia una porta aperta all'URSS e costituisce un passo avanti, anzi un vero e proprio cambiamento d'indirizzo sia rispetto alla progettata alleanza a "cinque più uno" antisovietica, sia al patto antiKomintern (1936-1937).

Il Patto Tripartito (italo-tedesco-nipponico) è firmato a Berlino il 27 settembre 1940. Esso nasce con finalità espansionistiche, comporta impegni rigidi di solidarietà reciproca, rende noto un comune progetto politico. Al centro degli accordi c'è una dichiarazione fondamentale: non ci può essere pace durevole nel mondo senza riconoscere alle nazioni «il posto che a ciascuna spetta». Gli stessi firmatari definiscono «vitale» il proprio spazio futuro: si tratta della «grande Asia orientale e dell'Europa». I tre governi non soltanto riconoscono e accettano le rispettive rivendicazioni, ma assumono anche l'impegno di «sostenersi e di cooperare l'uno con l'altro» per «stabilire e mantenere» un nuovo ordine euro-asiatico. Esso può «promuovere la reciproca prosperità ed il benessere dei popoli interessati». Il nuovo ordine presuppone cambiamenti profondi dello *status quo*, modificazioni statuali e imprevedibili sovvertimenti anche delle condizioni scaturite dai vecchi trattati di pace. Questo cambiamento, che può essere attuato con qualsiasi mezzo (sia pacifico che bellico), presuppone iniziative coraggiose e determinazione da parte dei registi del cambiamento.

Soltanto nuovi rapporti d'influenza fra le potenze possono garantire la pace. Nessuno si illuda, sottolineano i sottoscrittori, che sia possibile ottenere una sistemazione delle controversie in atto e delle legittime aspirazioni dei popoli giovani senza accettare il ruolo nuovo che spetta al Giappone, all'Italia e alla Germania. Soltanto questo esplicito riconoscimento può aprire la strada a pacifiche convivenze fra le nazioni ed evitare altre e dolorose prove di forza e spetta ai governi che si oppongono a questi progetti decidere fra la pace e la guerra.

Ribbentrop, in occasione della firma del Patto, dichiara che esso è un'alleanza militare fra i tre Stati più potenti del mondo e deve servire al conseguimento di un ordine giusto, sia nella sfera europea che in quella della Grande Asia. Al tempo stesso, avverte qualunque Stato che intende «immischiarsi» nella soluzione di questi problemi o volesse attaccare uno degli aderenti al Patto, che «si troverà di fronte alla forza unita e totale dei tre popoli, che dispongono di duecentocinquanta milioni di uomini».

Ciano rileva che «l'opera grandiosa di rinnovamento delle nostre tre nazioni» ha dovuto fronteggiare incomprensioni e ostilità per impedire elementari esigenze di vita: «Tutte e tre avevano bisogno di poter respirare per vivere perché avevano bisogno di lavoro per i propri figli, di spazio per i loro popoli e questo respiro e questo spazio, questo lavoro venivano loro negati da quegli immensi Imperi che, monopolizzate le ricchezze del mondo, intendevano sbarrare le elementari esigenze di vita che imperiosamente premevano su di noi». Pochi mesi dopo egli precisa che «la solidarietà del Giappone, della Germania e dell'Italia era nella storia, nei desideri, nello spirito dei nostri tre popoli obbligati dalle loro stesse necessità di vita a operare con le armi la rivoluzione di un ordine mondiale imposto a perpetuare lo stato d'inferiorità nel quale essi erano costretti».

Anche l'ambasciatore del Giappone Kurusu sottolinea «la vera importanza storico-mondiale» dell'accordo, che conferma precedenti orientamenti e decisioni per la tutela dei rispettivi popoli e ricorda che «lo spirito cavalleresco del Giappone» è simboleggiato dalla spada, che deve essere «maneggiata» non per uccidere gli uomini, «bensì per proteggerli»: «Questo patto, in mano ai propugnatori della giustizia nei tre Paesi, Giappone, Germania ed Italia, sarà come la spada in mano al loro combattente e contribuirà con ciò al ristabilimento della pace».

I tre governi si riconoscono un "compito direttivo" nelle rispettive aree d'influenza e si impegnano a darsi «l'un l'altro assistenza con tutti i mezzi politici economici e militari» qualora uno di essi sia attaccato da una potenza che non sia già impegnata nella guerra europea o nel conflitto cino-nipponico. L'accordo ha un preciso carattere antiamericano: gli Stati Uniti rappresentano a pieno titolo la potenza non impegnata direttamente nel conflitto europeo (e neppure in quello asiatico). Un loro ingresso nella guerra potrebbe cambiare gli equilibri militari ora in essere. Gli USA vedono la prevalenza delle forze armate tedesco-italiane in Europa e di quelle nipponiche in Cina: nel caso in cui Washington diventasse "aggressore" di uno dei tre firmatari dovrebbe prepararsi ad un contemporaneo confronto con tutti i contraenti del Patto.

Churchill comprende la minaccia agli USA (ottobre 1940) e osserva che «invece di trovare un accordo con la Cina, il governo giapponese ha concluso un Patto Tripartito con la Germania e con l'Italia. Questo patto obbliga il Giappone ad attaccare gli Stati Uniti se questi intervengono nell'attuale guerra tra la Gran Bretagna e le due potenze totalitarie d'Europa. [...] non è facile vedere come Germania ed Italia potranno venire in aiuto al Giappone mentre le marine della Gran Bretagna e degli Stati Uniti continueranno ad esistere. [...] Questo Patto Tripartito mira direttamente agli USA ed anche, in misura secondaria, alla Russia. Nessuna delle due branche di razza e di lingua inglese è abituata alla sottomissione con la violenza».

Anche il presidente Roosevelt raccoglie la sfida (ottobre 1940) e conferma la neutralità americana, sottolinea la necessità del «riarmo preventivo», ammonisce le potenze dittatoriali, assicura il sostegno al «popolo libero dell'Inghilterra»: «Quando parliamo di difendere questo emisfero occidentale, noi parliamo non soltanto del territorio dell'America settentrionale, centrale e meridionale e delle isole adiacenti. Noi includiamo il diritto al pacifico uso dell'Oceano Atlantico e dell'Oceano Pacifico [...]. Ammoniti degli intenzionali attacchi dei dittatori contro i popoli liberi, gli Stati Uniti per la prima volta nella loro storia hanno iniziato l'arruolamento dei loro uomini in tempo di pace. [...] Nessuna combinazione di Paesi dittatoriali, in Europa ed in Asia, ci tratterrà dalla via che noi ci prefiggiamo, per noi stessi e per le democrazie. Nessuna combinazione di Paesi dittatoriali ci tratterrà dall'aiuto che noi stiamo dando all'ultimo popolo libero che ora sta lottando per tenerli a bada. [...] Non si può più contestare – continua

Roosevelt – che le forze infernali che sono protese alla conquista del mondo distruggeranno tutto ciò che potranno distruggere [...]. Noi siamo decisi a chiamare a raccolta tutta la nostra forza per poter rimanere liberi [...]. Viva la democrazia». Londra e Washington dimostrano di capire l'esatto significato della minaccia in atto. Le potenze del Tripartito, a differenza degli altri sistemi più importanti (quello democratico e quello comunista sovietico), sono scese in campo rivendicando "spazi vitali" da occupare: non si tratta di una manovra o di "una finta", ma dell'apertura di una partita che può arrivare alle estreme conseguenze.

Mentre viene lanciato un preciso avvertimento al governo americano, di cui è esclusa l'"amicizia" e di cui è paventato un intervento militare ostile, il Patto Tripartito contiene un riferimento esplicito a quello sovietico. Si precisa che le clausole contenute nel trattato non intendono modificare in alcun modo lo *status* politico dei rapporti che ciascuno dei sottoscrittori mantiene con Mosca. Le condizioni esistenti fra le tre capitali e l'URSS sono tuttavia molto diverse fra loro. La precisazione formulata sembra voler rassicurare i vertici moscoviti e porre le premesse di un'intesa generale sui più urgenti problemi internazionali. Non è esagerato osservare che la clausola sovietica (contenuta nell'art. 5 del Patto) rappresenta un invito ad una maggiore collaborazione con i firmatari e anche un'offerta indiretta di adesione. L'URSS, alla luce di questa disponibilità, potrebbe aderire al Patto in un secondo tempo dopo nuove trattative, chiarimenti e verifiche.

Al momento della sottoscrizione del Tripartito, la Germania è firmataria di patti di non aggressione e amicizia e di protocolli segreti (e della dichiarazione del governo del Reich e del governo dell'URSS), il Giappone ha dovuto affrontare gravi incidenti militari lungo le frontiere cino-mancesi-russe, ma desidera normalizzare i rapporti con l'URSS, nonostante l'azione ostile dei comunisti cinesi, e l'Italia (firmataria dal 1933 di un Patto d'amicizia con l'URSS) non ha motivo di peggiorare i rapporti con Mosca. Quest'ultima non ha ostacolato la conquista dell'Albania e al momento non sembra ostile alle aspirazioni balcaniche italiane, neppure nella eventualità di un'azione italiana nei confronti di Atene. Si evince dalle precisazioni dell'art. 5 una sostanziale volontà dei contraenti a mantenere buoni rapporti con la Russia sovietica e anche una velata disponibilità ad accoglierla nel sodalizio dei contraenti. D'altra parte, sia la diplomazia tedesca sia quella nipponica, con interessi e argomenti diversi, cercheranno, senza successo, d'integrare l'URSS nel sistema tripartito, che ha, fra l'altro, tutte le caratteristiche di un trattato aperto. Questa disponibilità, rifiutata in seguito dai sovietici, sarà al contrario accolta da altri Stati: nel 1940 vi aderiscono Ungheria, Romania e Slovacchia, l'anno successivo si accodano Bulgaria e Croazia. A parte queste successive e marginali adesioni, qual è il vero significato di questo accordo?

Esso ha un fondamento rivoluzionario: si prefigge cambiamenti profondi della geografia politica di vaste aree mondiali anche senza accordi preventivi, non prende in alcuna considerazione eventuali interessi costituiti ed ancor meno la Società delle Nazioni (già da tempo abbandonata dai contraenti), fa propria la ben nota teoria della legittimità dell'occupazione, dello sfruttamento e dell'utilizzo dello "spazio vitale" che singoli popoli o Stati si assegnano. Questa aspirazione affonda le sue radici nei valori ideologici degli associati, diversi ma non contrapposti: tardo colonialismo, forte nazionalismo, politica di potenza, compressione demografica, deriva razzista, risentimenti storici. Da esso traspare anche un cambiamento epocale, una consapevolezza nuova dei problemi e delle esigenze della comunità internazionale: come si evince dal testo, l'orizzonte dell'accordo è mondiale. Esso è lo strumento operativo di una politica a vocazione globale, che non mira a spartizioni circoscritte, a riduzioni di altri Stati, a colonizzazioni definite. Il campo d'azione è molto mutato: si pensa di poter creare un assetto diverso, basato su estese aree d'influenza che non sono definite nei dettagli ma appaiono come obiettivi irrinunciabili per la vita di alcuni popoli. In ciascuno dei contraenti alla vastità del progetto si associa la consapevolezza dei propri limiti. Da qui nasce l'associazione a tre: si cercano alleati per raggiungere scopi che da soli non si ritiene di poter perseguire e si accettano i loro obiettivi perché non appaiono in contrasto ma compatibili con i propri. Ma c'è anche un ammonimento, anzi un'esplicita minaccia rivolta a chi pensa di ostacolare o di impedire questo cammino.

Ad un esame più rigoroso, l'"intesa dei tre" costituisce un avvertimento minaccioso, quasi una vera e propria sfida, un atto internazionale intimidatorio. Non è una dichiarazione "generica e formale", ma una decisa affermazione di obiettivi politici importanti, affiancata dalla precisazione che a sostegno di queste intenzioni saranno usate tutte le forze dei contraenti. È la prova evidente che essi si considerano un blocco politico di rilievo mondiale e che sono pronti a sfidare sia le democrazie liberali euro-americane sia il bolscevismo. Essi scendono in campo senza definire avversari precisi, senza indicare obiettivi concreti, ma per affermare la propria esistenza di "competitori globali", pronti a giocare anche la carta estrema della guerra per affermare i propri presunti diritti e la necessità di usufruire di adeguati "spazi vitali". Le operazioni belliche già in corso appaiono lo strumento iniziale per perseguire questi obiettivi, ma, ove questi ultimi non fossero accettati, la guerra potrebbe estendersi.

Emerge da questa impostazione anche un esplicito riconoscimento dell'importanza degli esclusi e cioè dei competitori diretti o potenziali. Washington e Londra sono ritenute operatori politici a livello planetario, non semplici concorrenti su aree circoscritte, e anche Mosca, verso la quale ci sono le attenzioni e le pressioni di cui si è parlato, appare come un interlocutore bifronte e autorevole sia nel teatro europeo sia in quello asiatico: le sue scelte possono contribuire a modificare equilibri esistenti e ad aprire prospettive molto diverse nel confronto fra gli altri antagonisti.

Tokyo, Berlino e Roma collocano la propria presenza e le proprie rivendicazioni in uno schema semplicistico di Stati soddisfatti e di popoli marginalizzati. Se è vero che già alla fine del primo conflitto mondiale erano apparse in tutta la loro evidenza la debolezza europea e la forza degli USA, il successivo isolazionismo americano aveva diminuito la presenza attiva di Washington nelle vicende mondiali. Ora, una sfida a tutto campo rimette in discussione presenze e strategie e riporta d'attualità il problema del ruolo globale della politica estera delle grandi potenze, ma nella sfida nippo-tedesca-italiana allo *status quo* esistente c'è l'implicita accettazione di un rischio estremo, la certezza di poter affrontare il pericolo di uno scontro bellico di vasta portata. Nella misura in cui questo accordo rivoluzionario assume un significato tanto allarmante, può determinare contro-accordi della stessa natura per contenere e impedire queste aspirazioni. In questo caso, il confronto non potrebbe essere che a livello generale, cioè aprire la strada ad un nuovo conflitto mondiale. Le autentiche origini del secondo grande conflitto sono dunque da ricercare anche nello spirito e nel testo del Patto Tripartito.

Questo patto non mostra segni di continuità né con quello anti-Komintern (1936-1937) né con quello d'Acciaio (1939). Il primo vuole sottolineare la volontà dei contraenti (Berlino, Tokyo e Roma) di contrastare l'azione propagandistica dell'Internazionale comunista, denunciata per la sua carica disgregatrice all'interno degli Stati e per la minaccia che rappresenta alla pace del mondo, come abbiamo ampiamente trattato; i tre firmatari si proclamano fautori della pace e dell'ordine, custodi rigorosi e previdenti del «mondo civile in Oriente ed in Occidente». Il comunismo e le sue organizzazioni sono dichiarati nemici comuni. Nel secondo trattato tedeschi e italiani, «legati fra loro dalla profonda affinità delle loro concezioni di vita», riaffermano la volontà a procedere «fianco a fianco» per la sicurezza dei rispettivi spazi vitali e per il mantenimento della pace: è loro compito assicurare «le basi della civiltà europea». Manca nel testo un riferimento preciso ad un ruolo mondiale, la consapevolezza di aprire una fase nuova e risolutiva nei rapporti fra le potenze. Il carattere aggressivo di questo documento ne sottolinea gli aspetti costitutivi in rapporto ad altri Stati, ma non ne determina la dimensione geografica ed ancor meno indica, in modo diretto o indiretto, i possibili avversari. Anzi, nella sostanza esso pare destinato ad una funzione intimidatoria nel contesto europeo.

Ben diverso è il Patto Tripartito, che mette in luce un progetto ampio e preciso nelle intenzioni e costituisce una vera e propria sfida alle grandi democrazie euro-americane. Nel contesto specifico delle prove di forza precedenti, delle operazioni militari in atto, dei presunti diritti proclamati, questo testo sembra una vera e propria «dichiarazione di guerra indiretta» a tutti coloro che non sono disposti ad accettare il nuovo ordine mondiale nazi-fascista-nipponico. Si tratta di un atto di minaccia che non esclude nessuno da un ipotetico elenco di avversari: da una parte ci sono le democrazie euro-americane che possono essere tentate di associarsi per fermare questo (e in parte, in Europa, già lo hanno fatto); dall'altra c'è l'URSS, che è invitata a prendere una decisione e a schierarsi apertamente a favore del futuro e dunque «dalla parte dei popoli giovani». In caso contrario, anch'essa può scivolare nel fronte degli avversari e deve prepararsi ad affrontare anche confronti bellici.

La reazione di Mosca alla firma del Patto Tripartito e alla esplicita dichiarazione in essa contenuta di non voler alterare le relazioni con l'URSS con le potenze firmatarie è molto cauta: i vertici sovietici, in un articolo sulla «Pravda» (30 settembre), rilevano che questo patto segna il passaggio ad una fase nuova e più vasta del conflitto. Esso, dopo essersi sviluppato in teatri lontani e separati (Europa nord-occidentale, Africa orientale e Cina), ora diventa «comune ai tre Stati» e può comportare «la trasformazione della guerra in un conflitto imperialistico mondiale». Questa tensione è stata originata dallo sviluppo dei rapporti d'assistenza militare anglo-americani cui si sono associati altri Paesi (Canada, Australia, Sud America). Gli obiettivi del Tripartito sono impegnativi e ambiziosi e il loro perseguimento è legato «al corso dell'attuale guerra».

Mosca prende atto del fatto che nessuno desidera modificare i rapporti politici in essere con l'URSS. Ciò significa accettare la neutralità scelta fin dall'inizio delle ostilità e la volontà sovietica di attenersi scrupolosamente ad una politica di pace in tutto il mondo. Ciò è anche, sottolinea il Cremlino, conferma del significato dei patti di non aggressione russo-tedesco e russo-italiano. L'URSS conferma, con questo giudizio, le responsabilità degli occidentali e il rispetto per gli impegni sottoscritti con Berlino e Roma, ma si sottrae da ogni coinvolgimento successivo che potrebbe nascere dall'adesione al Patto. Pur riaffermando in modo esplicito gli accordi in essere, non accetta ulteriori vincoli e cerca di scavare solchi più profondi fra le potenze capitalistiche (sia democratiche che dittatoriali). La genesi stessa del conflitto in atto in Europa e in Cina è ricondotta alla degenerazione del capitalismo imperialista e alle sue contraddizioni. I suoi sviluppi sono estranei agli interessi immediati dell'URSS, che ha tutelato le proprie esigenze di sicurezza negli anni precedenti e non desidera essere coinvolta in complicazioni e contrapposizioni ulteriori che non la riguardano. Kalinin, presidente del Soviet Supremo dell'URSS, dichiara (novembre 1940) che «ora quasi tutto l'Universo si trova in stato di guerra. Delle grandi potenze, di fatto, soltanto l'Unione Sovietica rimane fuori dal conflitto, conservando una rigorosa neutralità. [...] rimanere fuori costituisce una grande felicità. Una situazione simile non si crea da sé».

Il trattamento riservato da Berlino, Tokyo e Roma, come si è già osservato, all'URSS è particolare perché nel momento della stipulazione dell'accordo è ancora considerata "assimilabile al patto". Non senza motivo anche nei mesi successivi al settembre del 1940 proseguiranno iniziative e proposte per rendere possibile una saldatura fra Mosca e le potenze del Tripartito. Questo accordo è spesso lasciato in ombra dai commentatori politici e dagli storici. Ciò nasce dalla constatazione che gli sviluppi successivi delle relazioni estere dei Paesi contraenti (in particolare Giappone da un lato e Italia e Germania dall'altro) hanno fatto registrare una evoluzione disarticolata, non sempre coerente con gli impegni sottoscritti nel settembre del 1940. A questa osservazione si è affiancata quella più tecnica e superficiale, secondo la quale la condotta di guerra autonoma degli originari sottoscrittori avrebbe in realtà messo in luce l'inconsistenza di quell'accordo, al quale non avrebbero fatto seguito impegni e scelte comuni e coerenti. Questa lettura, alla luce di un esame più attento, risulta fuorviante e inidonea a comprendere le dimensioni geografiche del conflitto (e delle sue origini) che si sviluppa dall'inizio degli anni Trenta al 1945. Come abbiamo già dimostrato, l'anima rivoluzionaria dei contraenti viene in luce in Asia, dopo la Manciuria, con l'attacco alle province nord-orientali della Cina a Nord e a Sud della Grande Muraglia e ad Ovest del Manciukuò (per la nascita del quale nel 1932 c'erano state proteste ma non reazioni belliche di carattere continentale), mentre in Europa, superate le crisi degli anni precedenti (Austria, Sudeti, riarmo, Cecoslovacchia, Albania, Etiopia, Spagna), la partita viene riaperta, con rischio bellico, dopo la definizione degli accordi tedesco-sovietici del 1939, a causa della distruzione dello Stato polacco.

Il Patto Tripartito si colloca nel mezzo di crisi politiche già degenerate in guerre combattute e in corso di svolgimento, e pertanto vuole evidenziare proprio gli obiettivi generali e la volontà di perseguire "fino in fondo" quei disegni espansionistici nelle varie aree di influenza nel convincimento di disporre di forte solidità interna, di sufficiente determinazione politica e delle necessarie risorse militari. Da questo punto di vista esso è una sfida cosciente, premeditata e rivolta al mondo politico che ha dominato a Versailles e negli anni successivi. C'è nei contraenti la sola incertezza sovictica: da che parte vuole schierarsi l'URSS in una partita mondiale? In quella europea ha scelto Berlino, ma ora nel confronto mondiale deve operare scelte più avanzate, prendere atto del fatto che la situazione è cambiata e che un gruppo di potenze vuole disegnare in modo nuovo gli equilibri di potere e le aree d'influenza.

Non è dunque il Patto Tripartito l'innesco del conflitto, il cui svolgimento è già in atto in diversi continenti, ma esso ne diventa l'esaltazione politica, la più evidente manifestazione pubblica degli interessi dei contraenti che sono convinti di affrontare una battaglia comune a tutti nel segno del "cambiamento" e di avere di fronte, in ultima analisi, gli stessi nemici. Il suo vero obiettivo non è quello di porre fine alle prove di forza politiche e militari in atto, ma consiste nel confermare che esse rappresentano i primi passi di progetti più ampi che devono essere completati "ad ogni costo". Non c'è alcuna intenzione di ottenere il riconoscimento dei traguardi già raggiunti, che sono considerati acquisiti e non negoziabili. C'è, invece, la volontà di affermare l'esigenza di completare le espansioni in atto con altre iniziative che sono necessarie per garantire ai popoli e ai tre governi gli spazi indispensabili alla loro "vita futura". I tre alleati, a ben guardare, vogliono diventare il nuovo "direttorio delle grandi potenze", un raggruppamento di Stati capaci di gestire un nuovo contesto internazionale. Se questo ruolo non venisse riconosciuto esse non escludono di poter affrontare anche il rischio di una guerra generale.

Il Patto Tripartito è la forma più evoluta e "matura" delle alleanze di Hitler e determina nel giro di pochi mesi reazioni e scelte diverse a Tokyo, a Berlino e a Roma. L'art. 5 riflette una situazione creatasi in precedenza sulla base di elementi molto diversi, rispetto al quadro creato dall'accordo tripartito. Quest'ultimo rappresenta un'evoluzione nei rapporti fra i tre Paesi e l'adeguamento della loro politica estera a nuove e proclamate esigenze. L'affermazione del rispetto dello *status quo* nei confronti di Mosca ha un carattere opposto di natura retrospettiva. Mentre il Patto serve per il futuro, il richiamo ai rapporti con Mosca è rivolto al passato. È dunque implicita l'esigenza di collocare anche le relazioni con l'URSS nel nuovo contesto con adeguate trattative. Lo scenario dinamico a vocazione mondiale non è gestibile con lo *status quo* con i sovietici, che risponde a precedenti necessità continentali o a emergenze ormai superate. Non è motivo di sorpresa prendere atto che le tre capitali (Berlino e Tokyo in particolare) avvertono la necessità di riesaminare i propri rapporti con l'URSS. Questa verifica porterà nel giro di pochi mesi a conclusioni importanti ma non convergenti.

4. *L'art. 5 del Patto Tripartito. Suoi sviluppi asiatici ed europei*

Il contenuto dell'art. 5 è al centro del confronto politico dei mesi successivi: sia Berlino che Tokyo devono precisare le rispettive posizioni nei confronti di Mosca. Il Giappone conduce una guerra sempre più impegnativa in Cina, dove deve combattere contro un fronte composito nazional-comunista: è urgente chiarire la posizione dei vertici moscoviti. Berlino, irritata e sorpresa dalla resistenza dell'Inghilterra, teme che una delle ragioni di questa determinazione risieda nell'incertezza dei rapporti russo-tedeschi. Si pensa che Londra faccia affidamento sul reciproco sospetto esistente fra Berlino e Mosca: esso impedisce ai tedeschi l'impiego massiccio delle proprie forze armate contro l'"isola nemica" per la paura di poter essere assaliti, in questa eventualità, dall'URSS. Berlino non può così attaccare "con tutta la sua forza" gli inglesi, perché deve garantirsi comunque da spiacevoli sorprese lungo le sue frontiere orientali.

Alla luce di queste esigenze, Berlino e Tokyo (legate dal Patto Tripartito) si muovono per verificare le intenzioni sovietiche e per discutere nuove proposte. La statica ed equivoca dizione dell'art. 5 deve essere definita nel nuovo contesto. Ambedue procedono, pur con riserve e timori, con l'intenzione di associare al comune disegno i vertici del comunismo mondiale, nel convincimento che ci sia uno spazio adeguato (cioè "un'area d'influenza" o maggiori condizioni di sicurezza alle frontiere) anche per l'URSS. Nella partita diplomatica nippo-tedesco-sovietica resta marginale l'Italia che, per la questione specifica, riveste un ruolo di minor rilievo e dovrà prendere atto delle conclusioni dei suoi alleati.

Il confronto fra Berlino, Tokyo e Mosca, pur avviato dalle stesse premesse pattizie, non procede in modo congiunto, cioè con trattative comuni, ma si sviluppa (e si concluderà) su tavoli separati nippo-sovietici e tedesco-sovietici. La trattativa disgiunta porterà, dopo pochi mesi, ad una conclusione disarticolata fra i due alleati: uno di essi sottoscrive un accordo di neutralità, l'altro dà il via ad un conflitto cui si associa Roma.

a) *Il Patto di neutralità nippo-sovietico (aprile 1941)* - Nel condurre questa nuova fase di trattative, Mosca conferma di volersi attenere ad una «rigorosa neutralità vigilante», di voler, per esclusivi motivi di sicurezza, migliorare le posizioni strategiche ottenute di recente e rafforzare militarmente le aree più avanzate ed esposte: questi elementi sono considerati basilari per una conduzione positiva del gioco diplomatico. In occasione del cambio dell'ambasciatore nipponico a Mosca (a Togo subentra Tatekawa) è diffuso nei circoli diplomatici il convincimento che sia prossima la firma di un'intesa nippo-sovietica. Il Cremlino precisa che un patto di neutralità confermerebbe la linea politica seguita negli anni precedenti e che esso sarebbe analogo a quelli stipulati in precedenza con Roma (1933) e con Berlino (agosto-settembre 1939), di cui abbiamo già parlato. Dopo un'intensa fase di trattative e le visite a Mosca (si reca anche a Berlino e a Roma) del ministro degli Esteri giapponese Matsuoka, l'accordo fra i due Paesi è raggiunto. L'esponente giapponese incontra in diverse occasioni Molotov e lo stesso Stalin, che attribuiscono particolare importanza all'intesa.

Il patto di neutralità nippo-sovietico è firmato a Mosca il 13 aprile del 1941. I due Stati vogliono «rafforzare i rapporti pacifici ed amichevoli» e s'impegnano a rispettare la «reciproca integrità ed inviolabilità territoriale». Se uno dei due contraenti fosse oggetto di azioni militari «da parte di una o più potenze», l'altro resterà neutrale per tutto il periodo del conflitto. Tokyo e Mosca, in una dichiarazione comune annessa al Patto, precisano che saranno rispettate l'integrità territoriale della Repubblica della Mongolia (Mongolia Esterna) e quella dell'Impero del Manciukuò.

L'accordo è di estrema importanza per comprendere la posizione politica dei due firmatari: esso avrà conseguenze rilevanti fino alla conferenza di Yalta. Appare evidente la preoccupazione di coprirsi le spalle nel caso in cui il conflitto europeo e quello asiatico dovessero estendersi. I sovietici, pur sollecitati ad aderire alla grande coalizione hitleriana, temono una rottura dei rapporti con Berlino e cercano di evitare in questa eventualità di dover sostenere anche un fronte asiatico e i giapponesi, mentre proseguono con azioni militari l'espansione in Asia, non escludono che le trattative in corso con Washington possano fallire: in questo caso, non vogliono essere esposti anche ad un eventuale conflitto con Mosca.

L'accordo nasce da un duplice timore nei confronti della Germania e degli USA ed è anche una dimostrazione di prudenza e di debolezza, perché i contraenti considerano troppo rischioso uno scontro fra loro. In ultima analisi si tratta di un autocontenimento cui si associa il riconoscimento reciproco di posizioni acquisite. Tutto questo prende corpo in un sistema di sicurezza: in termini confinari, il rifiuto di ogni progetto aggressivo assicura agli uni il rispetto della Repubblica Mongola e agli altri la tutela del Manciukuò. Le reciproche preoccupazioni di carattere generale, cioè internazionali, prevalgono su ogni altra considerazione e lasciano in ombra le contraddizioni e le difficoltà specifiche delle rispettive politiche estere: Mosca contrasta senza successo la penetrazione tedesca nei Balcani (Romania, Bulgaria, Jugoslavia, Grecia) e Tokyo non ignora l'assistenza sovietica alle forze comuniste e ai loro alleati cinesi. Mentre avviene la sottoscrizione di questo accordo (potenzialmente di garanzia antigermanica e anti USA) i due Stati sono legati alla Germania: uno dai trattati del 1939 (agosto e settembre), l'altro dal Patto Tripartito del settembre 1940. Per ambedue, quei precedenti accordi sono ormai superati dall'evoluzione politica del quadro generale. Da parte sovietica non si esclude una rottura con Berlino e da parte di Tokyo si attribuisce all'intesa in atto una funzione di garanzia a tutela delle aspirazioni espansionistiche in Asia in prevalente competizione contro gli USA e le potenze coloniali europee. C'è per i due Stati una riconsiderazione dei pericoli, delle emergenze e delle priorità rispetto al biennio precedente. Alcuni obiettivi sono cancellati, altri posti in secondo piano: l'intesa nippo-sovietica evidenza la ricerca di una maggiore sicurezza, ma al tempo stesso segna una pesante sconfitta per la politica di Hitler. Si tratta del "disallineamento" di due potenziali alleati dell'originaria strategia delle alleanze progettate dal dittatore tedesco per piegare Washington e Londra e aprire la strada all'ordine nuovo mondiale. Non soltanto i due contraenti si sottraggono ad un'intesa mondiale, ma si accordano anche fra loro per restare neutrali in caso di guerra. Nel caso specifico Berlino, se si trovasse in guerra con l'URSS, non soltanto dovrebbe affrontare l'ex alleato, ma non potrebbe contare sull'aiuto di Tokyo perché Mosca ha sottoscritto con il Giappone un patto specifico di non aggressione. Questa scelta, senza comportare la denuncia del Patto Tripartito da parte di Tokyo, permette un'interpretazione anomala dell'art. 5 non prevista dalla diplomazia germanica.

Mosca e Tokyo cercano garanzie: questo comportamento mette in luce la scarsa affidabilità attribuita agli impegni con Berlino e l'urgenza crescente della difesa dei propri interessi che devono essere tutelati con priorità rispetto a progetti più generali. In questo momento, Mosca ha ottenuto un risultato di estrema importanza per la politica di neutralità e sicurezza perseguita negli ultimi anni. Essa ha neutralizzato la carica aggressiva dei Paesi aderenti al Patto antiKomintern, e ora, dopo gli accordi del 1939 con Berlino, ha ottenuto il patto di neutralità con i nipponici. Al tempo stesso essi sono in guerra in Europa e in Asia con altri Paesi capitalisti che potevano essere loro potenziali alleati in un grande "fronte imperial-capitalista" antisovietico.

L'incredibile soddisfazione per questi risultati sarà di breve durata. Dopo alcune settimane Hitler rompe questo equilibrio e dà il via all'"operazione Barbarossa". La sistemazione dei rapporti nippo-sovietici ha un'importanza fondamentale per gli sviluppi successivi delle relazioni internazionali: Berlino si rende conto che il patto rappresenta una svolta nelle trattative e negli sforzi compiuti in precedenza. Mosca si è sottratta alla sottoscrizione del Patto Tripartito e

Tokyo, pur facendone parte, stringe un accordo con i sovietici che toglie a questi ultimi la paura di un fronte asiatico. Con questa scelta Tokyo riduce, anzi sottrae la propria potenziale solidarietà a Berlino, nel momento stesso in cui può aprirsi lo scontro più duro sul continente europeo e, se è vero che i dirigenti nipponici non conoscono, neppure il filotedesco Matsuoka, l'ormai prossima aggressione tedesca all'URSS, è pur vero che sono stati informati che si tratta di una eventualità probabile. Essi non soltanto non si sottraggono all'intesa con il Cremlino, ma approfittano dei suoi timori ad Occidente per accelerare la sottoscrizione del patto di neutralità senza dover pagare prezzi aggiuntivi chiesti dai sovietici (rinuncia alla parte meridionale dell'isola di Sahalin e alle concessioni per lo sfruttamento delle risorse minerarie di quella settentrionale). Le reazioni tedesche sono critiche e negative.

L'intesa sovietico-giapponese è raggiunta nel momento in cui gli sforzi della diplomazia tedesca per trovare un'intesa sulle nuove aree d'influenza europee e asiatiche sono bloccati dall'indisponibilità russa. A ciò si deve aggiungere che in questi giorni Berlino ha iniziato l'attacco alla Jugoslavia per bloccare un "colpo di stato militare" favorevole agli anglo-americani. C'è anche risentimento per non aver conosciuto il testo dell'accordo nippo-sovietico prima della sua firma, ma di essere stati informati soltanto delle conversazioni preparatorie. Ma a Berlino prevale ancora una volta un convincimento: la superiorità militare tedesca garantisce in poco tempo la distruzione dello Stato sovietico (almeno in Europa). Il governo di Tokyo, di fronte alla nuova situazione, potrà rivedere gli impegni neutralistici e prendere opportune iniziative per garantirsi nuovi spazi nelle aree siberiane dai Monti Urali fino al Mare di Bering. Il quadro politico cambia dopo l'aggressione del 22 giugno 1941, ma sul piano sostanziale esso è mutato con la mancata associazione di Mosca all'accordo del settembre 1940 e con l'intesa per la neutralità nippo-sovietica; quest'ultima è il vero elemento devastante dell'intera e finale prospettiva hitleriana, seguito dopo alcuni mesi dalla scesa in campo degli USA.

Tokyo fa due pessimi servizi a Berlino: non l'aiuta nella lotta contro il bolscevismo e prevede al tempo stesso la guerra contro Washington; anche volendo, non poteva fare un "favore" peggiore ai due alleati europei. A Washington l'annuncio dell'accordo è accolto con preoccupazione. C'è il timore che il riavvicinamento nippo-sovietico possa avere conseguenze negative e comportare un rafforzamento del Tripartito. L'URSS potrebbe, dopo questa firma, stringere nuove intese con Berlino e ridurre anche in modo drastico gli aiuti al comunismo cinese. Da parte sua, Tokyo potrebbe aumentare la pressione sia nei confronti della resistenza cinese sia nelle aree del Sud oggetto di precedente colonizzazione europea. Anche il governo cinese è in allarme e in una nota (15 aprile 1941) contesta le garanzie fornite dai due contraenti in merito alla Mongolia (Esterna) e al Manciukuò, precisando che essi sono territori cinesi, dei quali altre potenze non possono in alcun modo disporre. Dichiara inoltre che «il Patto nippo-sovietico non ha alcun potere impegnativo per la Cina» e che, al contrario, può costituire «una violazione del Patto russo-cinese di non aggressione».

Chiang Kai-shek scende in campo per avere chiarimenti da Mosca in merito al contenuto dell'accordo e sulla sua posizione di fronte al conflitto cino-giapponese. I vertici del Cremlino si affrettano a precisare che la loro precedente politica nei confronti della Cina non subirà cambiamenti. Nonostante queste assicurazioni, il governo americano e quello cinese temono conseguenze negative anche sul piano militare. Non è certo che Mosca continuerà a sostenere gli sforzi della resistenza cinese. Si pensa anche che Tokyo, dopo questo accordo, potrà trasferire importanti contingenti militari dalle frontiere russo-mancesi al fronte interno cinese ed estendere il suo sforzo bellico in altre aree del continente. Questa situazione obbliga gli USA ad accentuare la politica di riarmo e a prepararsi ad un confronto con Tokyo più impegnativo e difficile. Nessuno, a metà aprile, può immaginare che nel giro di poche settimane il quadro complessivo sarà radicalmente cambiato dalla decisione tedesco-italiana di aggredire gli "amici sovietici" ed aprire una fase nuova nel conflitto.

b) *Il conflitto tedesco-italiano-sovietico (giugno 1941)* - Dopo la conclusione del Patto Tripartito anche Berlino avverte l'esigenza di definire i rapporti con Mosca su nuove basi e di prendere atto delle condizioni create dai più recenti accordi nippo-tedesco-italiani e verificare la possibilità di una convergenza o di un'adesione a queste prospettive. Una soluzione in questa direzione potrebbe contribuire alla sconfitta inglese e renderebbe assai più improbabile il ricorso alle armi da parte americana. Dopo le intese tedesco-sovietiche nel 1939, i rapporti fra Berlino e Mosca sono rimasti buoni, anzi cordiali, e i due Paesi hanno preso possesso delle rispettive aree d'influenza, di occupazione e di annessione. Oltre al miglioramento dei rapporti politici, c'è stata una lievitazione negli scambi economici in molti settori importanti. L'incremento dell'*import-export* ha favorito lo scambio di prodotti, l'invio di delegazioni, la costituzione di commissioni speciali. In questo modo, le relazioni economiche hanno contribuito a rafforzare i vincoli politici e hanno evidenziato i vantaggi che una pacifica cooperazione può avere per i due Stati, anche se essi sono governati da sistemi politici tanto diversi. Da parte sovietica c'è una domanda crescente di macchinari, di aerei, di mezzi navali, di motori e attrezzature elettriche, mentre da parte tedesca si ricevono prodotti energetici (carbone e petrolio), legname, cotone, pellicce, pellami, generi alimentari e minerali di diversa natura. I tedeschi danno una particolare importanza a questo movimento commerciale e non nascondono il rilievo strategico delle importazioni dall'Est europeo (URSS e Stati balcanici) per sostenere il loro sforzo industriale e militare, essendo privati di molte di queste risorse.

La contiguità territoriale agevola gli scambi ed è importante tanto più dopo lo scoppio della guerra e le misure restrittive al traffico marittimo messe in atto dalla marina inglese all'ingresso del Baltico e lungo le coste mediterranee e atlantiche. Un ampio articolo di Paul Ruprecht sul «Militär Wochen-Blatt» del novembre 1939 mette in risalto questi problemi. Premesso che il blocco navale inglese cerca d'impedire l'arrivo di ogni merce via mare, è importante la fornitura di materie prime dai Paesi amici e neutrali dell'Est europeo. In questo contesto, osserva l'articolista, ha un ruolo primario l'URSS, con la quale la Germania può comunicare per via terrestre (area ex polacca) e per via marittima (tramite il Mar Baltico che è sotto il controllo della marina tedesca). Mosca può anzitutto contribuire a soddisfare le crescenti esigenze di carbone, lignite, minerali di ferro e di manganese (di ottima qualità); quest'ultimo, che è un metallo «molto duro», unito all'acciaio è di vitale importanza nella fabbricazione delle armi moderne. Ci sono, inoltre, ampie disponibilità di rame (esso, combinato con lo zinco, dà l'ottone, usato per la fabbricazione dei bossoli) che hanno dato vita ad una sviluppata industria nel settore specifico: anche se la domanda interna è elevata, esistono potenzialità estrattive elevate. Nei Monti Altai ci sono enormi giacimenti di minerali non ferrosi, come lo zinco e il piombo, ambedue utili nella produzione dei proiettili per la fanteria e le artiglierie, e a ciò si devono aggiungere l'alluminio (utile per la sua leggerezza in molti settori strategici dell'ingegneria militare), la bauxite, il nichelio, il wolframio, il molibdeno (anch'essi utili per rafforzare l'acciaio), lo stagno, il mercurio (indispensabile per la produzione degli esplosivi). L'URSS dispone inoltre di rilevanti riserve petrolifere, anche se si deve prendere atto che le sue esportazioni diminuiscono perché la sua capacità estrattiva è limitata alle sue esigenze interne, che crescono di anno in anno (a ciò si devono aggiungere le note difficoltà climatiche e di trasporto). In conclusione, l'autorevole Ruprecht osserva che lo sviluppo delle relazioni commerciali con l'URSS è di primaria importanza per la Germania. Il volume degli scambi, ancora ridotto, può e deve essere potenziato, tanto più di fronte alle rigorose misure di blocco economico marittimo attuate da Londra. Nel periodo successivo, quando le relazioni politiche fra le due capitali peggiorano, l'interscambio commerciale continua. Ancora nel gennaio del 1941 è messo a punto un accordo economico al quale segue, nell'aprile, una successiva intesa per la fornitura di consistenti quantitativi di petrolio.

In questo contesto specifico di collaborazione politica ed economica, Berlino avvia i primi passi per verificare la disponibilità sovietica a rivedere le intese precedenti e a superare la logica inadeguata dell'art. 5 del Patto Tripartito. La disponibilità tedesca a questa verifica è fin dall'inizio inficiata da un clima di sospetto e di sfiducia nei confronti dei vertici moscoviti, ai quali si attribuiscono un comportamento ambiguo verso la Gran Bretagna e una condotta non amichevole in molte questioni balcaniche. L'avvio dei colloqui con i rappresentanti russi, fra i quali lo stesso Molotov (autunno 1940), è accompagnato dal rafforzamento delle forze militari lungo la frontiera orientale e dalla preparazione di piani per eventuali operazioni d'invasione dell'URSS. Molti elementi politici, economici, militari e psicologici spingono Berlino a ricercare un nuovo accordo e al tempo stesso a preparare una grande offensiva militare. C'è piena consapevolezza di non poter affrontare nello stesso tempo con mezzi bellici adeguati Londra e Mosca. Questa decisione implica una scelta per poter impiegare tutte le risorse disponibili contro un solo avversario. Si può successivamente, se necessario, colpire l'altro senza più timori alle spalle. Berlino è incerta fra i due obiettivi, ma in pratica ritiene che abbia maggiori probabilità di successo un'azione offensiva contro l'URSS, che può facilmente essere invasa, mentre un attacco all'Inghilterra presuppone una netta superiorità aerea e mezzi navali adeguati, ed entrambi i fattori si presentano come problemi di difficile soluzione.

Il mancato allineamento alla politica tedesca nella denuncia delle responsabilità anglo-francesi per la guerra ad Ovest (secondo le disposizioni del Trattato del 28 ottobre 1939) e il progresso nei piani di riorganizzazione dell'intero apparato militare sovietico costituiscono elementi minacciosi. Su questo tema Hitler ritorna spesso con insistenza: trova conferma, con il passare delle settimane, l'idea che la carta segreta della resistenza inglese sia l'ipocrita politica bolscevica. In questa luce, la precedente conciliazione appare uno strumento tattico per guadagnare tempo, per indebolire la Germania, per ottenere vantaggi territoriali, per attendere il momento opportuno per infliggere al Reich un colpo a tradimento. In questo contesto di crescente sospetto, il governo di Berlino decide di prendere due iniziative che si sviluppano già nella seconda metà del 1940 e all'inizio del 1941.

Viene predisposto un ambizioso progetto per l'invasione militare dell'URSS (operazione Barbarossa), al quale dovrà concorrere la gran parte delle risorse militari tedesche. Contemporaneamente prende corpo un'iniziativa diplomatica ad alto livello: essa ha lo scopo di sondare le intenzioni russe in merito ad un'eventuale nuova intesa non più a carattere europeo ma mondiale. Si vuole verificare la possibilità di una cooperazione che non si limiti alle aree d'influenza già definite nel Protocollo segreto del 1939, ma che assuma un respiro ben più ampio e garantisca per «un arco di tempo storico» i rapporti di potenza e di vicinato fra il grande Reich e l'impero dei Soviet. In questo tentativo viene a galla un'ipotetica sistemazione degli equilibri geopolitici assolutamente nuova, intercontinentale. L'area centro-europea può rimanere nelle condizioni in cui si trova, mentre Berlino manifesta un'attenzione singolare verso la Finlandia (quanto meno per le sue miniere di nichel), ha interesse a svolgere un ruolo preponderante nei Balcani, senza tuttavia negare a Mosca una nuova sistemazione della navigazione negli Stretti, ed è disposta a sviluppare una politica comune verso la Turchia. A fronte di queste richieste, all'URSS verrebbe lasciata mano libera nel Medio Oriente, nell'Asia centrale e anche nel Sud-Est asiatico. A questo proposito, il governo Berlino si dice pronto a svolgere il ruolo di intermediario presso il governo di Tokyo per trovare soluzioni adeguate agli interessi dei due Paesi sia per risolvere i problemi confinari come quelli dello sfruttamento energetico delle risorse di Sahalin sia per definire aree d'influenza future. In questo contesto si collocano le conversazioni di Berlino fra Molotov, Ribbentrop e Hitler del novembre 1940. Da queste offerte traspaiono molti elementi di rilievo: pare evidente che Berlino pensa ad un ridimensionamento degli originari progetti espansivi est-europei e guarda ad un'area di controllo balcanica. Con i suoi alleati e con l'occupazione della Francia si tratterebbe di uno spazio compreso dal Mediterraneo all'Atlantico, alla penisola scandinava, al Baltico, all'Europa centrale, con Spagna e Italia alleate (e un'isola senza mare, accettata e protetta, la Svizzera). In tal modo, mentre la guerra continua contro Londra, la diplomazia tedesca tenta la carta intercontinentale per disattivare qualsiasi potenziale pericolo sovietico ad Oriente. È implicito nella proposta non soltanto il mantenimento in essere dello Stato sovietico, ma anche un suo enorme ingrandimento in altre aree ricche di risorse energetiche e con ruoli strategici sul piano difensivo ed espansivo. Dall'offerta trapelano la rabbia per la resistenza inglese e la spregiudicatezza dei vertici tedeschi rispetto alla politica degli anni precedenti. È impossibile valutare se una eventuale accettazione di questo progetto avrebbe fatto tramontare per sempre l'originario disegno dell'espansione verso gli Urali o se anche in questo nuovo contesto Berlino avesse in animo di riprenderlo in un momento successivo.

Qual è la risposta di Mosca? La rapida e imprevista vittoria tedesca sul fronte occidentale ha creato preoccupazioni al Cremlino. Nessuno riteneva possibile una conclusione così repentina della guerra continentale. Da un lato si spera che la resistenza inglese possa continuare, dall'altro si lavora per raccogliere in fretta i frutti che gli accordi del 1939 hanno offerto. Al tempo stesso, si intensificano gli sforzi per aumentare la produzione industriale e potenziare ad ogni livello gli armamenti. In questo contesto il governo sovietico, per aumentare la produzione complessiva del Paese e sottolineare lo stato di allerta che vige in Europa e nel mondo, decide di chiedere un sacrificio ai lavoratori sovietici: la giornata lavorativa diventa di otto ore e non più di sette.

I sovietici procedono con molta cautela e circospezione: non comprendono quali sono i reali obiettivi dell'iniziativa germanica e chiedono a più riprese chiarimenti. In sostanza non sono interessati ad un progetto di così ampio respiro e di dubbia futura applicazione. Si concentrano, al contrario, su richieste specifiche. Rifiutano, senza alcuna incertezza, qualsiasi ingerenza tedesca diretta o indiretta in Finlandia e protestano per la crescente presenza di militari tedeschi in questo Paese. Berlino precisa che si tratta di transiti di reparti in viaggio per la Norvegia. Mosca aspira a controllare, dopo la Bessarabia, la Bucovina e mostra attenzione per il futuro della Dobrugia e della Transilvania e per altre aree del settore: chiede con insistenza una nuova regolamentazione della navigazione sul Danubio e negli Stretti, non esclude di aspirare ad un ruolo egemone nel Mar Nero e non nasconde i propri timori per la politica della Romania e di Ankara. Nessun compenso nel vicino Medio ed Estremo Oriente può soddisfare in modo adeguato e determinare altre significative rinunce: non c'è alcuna disponibilità ad uscire dai Balcani e lasciare quest'area sotto l'influenza tedesca. Anzi, Mosca dimostra particolare attenzione per lo sviluppo delle relazioni con l'Ungheria, la Bulgaria e la Romania e un vivo interesse per la Jugoslavia.

Mosca non ha la certezza di poter contare su una collaborazione duratura con il nazionalsocialismo. Se dopo due anni l'intesa Ribbentrop-Molotov deve essere "superata" da nuovi accordi di carattere mondiale, si teme anche che questi possano rappresentare "una tappa" lungo il cammino di un allargamento e rafforzamento del Reich. In questo senso, le "aspirazioni balcaniche" di Berlino possono essere un primo passo verso aree strategiche ben più significative. Le nuove zone d'influenza proposte dalla diplomazia tedesca non possono dare adeguate garanzie di sicurezza e di pace né verso i previsti sconfitti del momento (Londra e Washington) né nei confronti della Germania che, secondo le precise indicazioni del *Mein Kampf*, deve adempiere alla sua missione storica nell'Est.

Si può osservare che il Cremlino non vuole né adottare verso i tedeschi una rigida posizione di "petto contro petto" né affidarsi ad un'alleanza "credibile" ("schiena contro schiena"). Troppo allarmanti risultano i progetti tante volte proclamati a Berlino sulla creazione di una grande colonia orientale est-europea («Indie Tedesche») per «dominare, governare e sfruttare» la popolazione slava (gli *Untermenschen*). Il fallimento di questo confronto non avviene in modo clamoroso. Berlino deve prendere atto di una indisponibilità sovietica alla sottoscrizione di accordi di più ampio respiro, ad essere compartecipi di una strategia intercontinentale che di fatto segnerebbe la spartizione dell'Europa fra Germania e URSS e quella di gran parte dell'Asia fra Mosca e Tokyo, con il tramonto anglo-francese e un totale isolamento degli USA.

Il rifiuto accentua i sospetti tedeschi sulla doppiezza sovietica e accelera il piano d'aggressione di carattere militare. Si rafforza l'idea che sia possibile congelare per qualche settimana (al massimo qualche mese) il fronte occidentale per volgersi con tutta la forza disponibile ad Oriente e schiacciare lo Stato sovietico. Hitler e i suoi generali ritengono l'operazione di facile realizzazione per la debolezza militare russa e per la straordinaria preparazione bellica germanica. Il successo nella campagna di Russia porterebbe subito dopo ad un altro risultato di grande rilievo: la resa dell'Inghilterra, la quale, come dice Hitler, «ha già perso la guerra», dovrebbe sedersi al tavolo della pace dalla parte degli sconfitti. C'è in questo procedere del ragionamento del dittatore tedesco un'evoluzione curiosa di contraddizioni e di paradossi. Ha pensato in un primo tempo di piegare la Russia con l'appoggio inglese, poi di sconfiggere Londra con la neutralità sovietica, ora pensa di stritolare l'Armata Rossa in sei settimane per mettere in ginocchio anche gli inglesi. Si osserva un crescendo continuo di impegni militari e di estensione dei fronti bellici: Berlino, nella impossibilità di concludere le diverse operazioni iniziate, pensa di risolverle allargando il conflitto verso altri Paesi. Questo modo di ragionare avrà uno sviluppo conclusivo alla fine del 1941, con la dichiarazione di guerra al governo di Washington.

Il fallimento delle trattative con i sovietici determina la decisione tedesca di scatenare il conflitto. A questo elemento si aggiunge il convincimento che Londra resista non solo grazie agli aiuti americani, ma anche perché considera la Russia un'"arma segreta". Essa infatti, anche senza entrare in guerra, rappresenta una minaccia grave sui confini orientali del Reich. Per piegare Londra occorre togliere di mezzo questa "risorsa strategica", liberare ad un tempo la Germania da questo pericolo e la Gran Bretagna da questa speranza. Con la distruzione dell'Armata Rossa e dello Stato sovietico europeo (ne potrebbe rimanere in piedi un "troncone" oltre gli Urali), Hitler pensa di ottenere due risultati strategici: diventare il "padrone dell'Europa" dai Monti Urali fino all'Atlantico ed essere nelle condizioni di affrontare anche gli Stati Uniti dopo avere raggiunto questa dimensione continentale. L'operazione non è soltanto possibile, ma facile: si pensa che l'Armata Rossa non possa resistere alla superiorità militare tedesca. Le forze armate russe, si calcola a Berlino, hanno faticato ad aver ragione perfino dei finlandesi durante i mesi della guerra d'inverno.

Sorprende, a questo proposito, la sostanziale diversità nelle valutazioni dei vertici politici e militari tedeschi rispetto ai problemi del fronte occidentale. Berlino ha valutato con molta attenzione la capacità offensiva anglo-francese: non riteneva nel 1940 di poter ottenere sul continente un successo tanto rapido quanto completo. Al contrario, sul fronte orientale c'è una sottovalutazione delle risorse dell'URSS e della sua capacità di resistenza. Un'eventuale campagna in Russia è considerata una "scampagnata": mancano studi, rapporti, conoscenze precise sulla realtà militare sovietica. Gli ambienti diplomatici, economici e militari non hanno fornito un quadro completo e veritiero della realtà sovietica. Sono state esagerate le conseguenze delle epurazioni staliniane, sottovalutati il ruolo del sentimento nazionale e la capacità di comando del partito comunista e dei vertici moscoviti. Nel complesso, il nemico occidentale è stato sovrastimato, quello orientale sottovalutato. Non mancano, tuttavia, critiche e riserve al piano Barbarossa, che in quattro o al massimo in sei settimane dovrebbe liquidare l'Armata Rossa. Alcuni, come l'ammiraglio Karl Dönitz, osservano che questa campagna ridurrà la pressione in atto verso la Gran Bretagna, rilevano che sarebbe meglio potenziare la flotta dei sommergibili per bloccare il traffico nell'Atlantico, non nascondono le difficoltà di una successiva e prolungata occupazione di un territorio così esteso, evidenziano il pericolo che il governo sovietico, pur privato del controllo dell'area europea, possa sopravvivere, organizzarsi e resistere nei vasti territori siberiani dalla catena degli Urali fino a Vladivostok e al Mare di Bering. Ma nessuna di queste osservazioni è in grado di modificare le decisioni del cancelliere o di determinare un rinvio dell'inizio delle operazioni. Soltanto la crisi jugoslava, nella primavera del 1941, distoglie Berlino dal rispetto delle date già decise. Si preferisce risolvere il problema con la forza, occupare questo Paese e la Grecia prima di intraprendere la storica e attesa marcia verso Est.

Nel proclama al popolo tedesco il giorno dell'attacco all'Unione Sovietica (22 giugno 1941) il dittatore osserva «che da oltre due decenni, il dispotismo ebraico-bolscevico si è sforzato di appiccare il fuoco non solo alla Germania ma a tutta l'Europa». Mentre Berlino non ha cercato di portare in Russia la sua ideologia, «i despoti ebraico-bolscevici hanno incessantemente operato per imporre al nostro popolo e agli altri europei il loro dominio» e hanno favorito «la politica di accerchiamento britannica contro la Germania». A ciò si devono aggiungere le subdole manovre bolsceviche in Romania, in Bulgaria, in Jugoslavia e in generale in tutta l'area balcanica. Dopo aver a lungo pazientato e fatto «la parte dello spettatore», Hitler conclude che non intervenire sarebbe «un crimine nei confronti del popolo tedesco, della stessa Europa intera». Per queste ragioni ha deciso di porre «nelle mani dei nostri soldati la sorte e il futuro del Reich tedesco e del nostro popolo». Lui stesso illustra, poche ore prima dell'attacco (21 giugno), in una lettera a Mussolini, le ragioni «della più grave decisione della mia vita». Spiega con chiarezza estrema all'alleato che «entrambi gli Stati, la Russia sovietica e l'Inghilterra, sono ugualmente interessate al collasso dell'Europa [...]. Dietro questi due Stati sta in agguato e sobillatrice l'Unione Nordamericana». Per piegare Londra è necessario l'utilizzo totale della Luftwaffe, «perfino l'ultimo aeroplano», ma Hitler teme «di essere improvvisamente attaccato o anche soltanto minacciato da Oriente». Senza una forte protezione aerea non è possibile sostenere uno scontro su vasta scala con i sovietici, «ma d'altra parte l'Inghilterra non sarà pronta alla pace perché ripone ancor sempre speranza nel socio russo. [...] Oltre a ciò per l'anno 1942 sta la sperata fornitura in massa di materiale da guerra da parte dell'America». Si deve «strappare il nodo scorsoio prima che esso venga serrato». Non c'è da temere alcuna reazione da parte dell'Inghilterra, poiché le sue condizioni interne sono pessime: pochi viveri, poche materie prime. Le sue speranze sono Mosca e Washington: «Noi non abbiamo modo di mettere da parte l'America. Eliminare la Russia rientra invece nelle nostre possibilità». È pure indifferente un eventuale ingresso americano in guerra: «Washington aiuta già il nostro nemico con tutte le forze che è in grado di mobilitare». La guerra ad Oriente sarà «dura», ma si otterrà «un pieno successo», si avranno approvvigionamenti alimentari dall'Ucraina e preziose forniture petrolifere in Romania. Se questo successo orientale non dovesse «ammaestrare» gli inglesi, allora, «con le spalle libere, potremo dedicarci, con forze accresciute, alla liquidazione di questo avversario». Tutto questo, assicura Hitler, «sarà nelle possibilità di noi tedeschi e sarà fatto».

Nella lettera si parla anche di Tokyo: «L'eliminazione dell'URSS significa nello stesso tempo un enorme alleggerimento del Giappone nell'Estremo Oriente e con ciò la possibilità che il procedere degli americani venga più fortemente minacciato da un intervento giapponese». In ultima analisi, un rinvio di questa operazione antisovietica potrebbe avere «possibili ripercussioni» spiacevoli sul Giappone. Hitler, nonostante sia a conoscenza del patto di neutralità nippo-sovietico, è convinto che i vertici nipponici possano gradire la distruzione dell'URSS, non soltanto per le evidenti possibilità di riaprire una "partita siberiana" dopo o contemporaneamente a quella cinese, ma anche come deterrente antiamericano: Washington, nel caso in cui cadesse il governo sovietico, non potrebbe contare sul suo aiuto né per contenere i tedeschi in Europa né per fermare i giapponesi nelle loro aspirazioni asiatiche. Questa valutazione evidenzia l'importanza che il Patto Tripartito riveste ancora agli occhi del cancelliere tedesco e come la sua politica tenda ad una dimensione mondiale che la svolta antisovietica è destinata ad accentuare sia per la Germania sia per il Giappone. Appare, al contrario, l'assoluta incapacità di valutare le risorse e le potenzialità americane. Si pensa che gli USA abbiano già messo in campo tutte le forze di cui dispongono, ma i fatti dei mesi successivi smentiranno in modo clamoroso anche questa ottimistica previsione e daranno a tutto il mondo l'idea precisa delle possibilità economico-militari della potente democrazia nord-atlantica, destinata a diventare, in breve tempo, il "volano" della grande coalizione che combatte il Tripartito.

Nella parte finale della lettera Hitler confida all'amico e alleato italiano che gli è stato «spesso molto gravoso marciare al fianco della Russia, perché, in un certo senso, mi è sempre sembrato di rinnegare tutto il mio passato, le mie idee, i miei precedenti impegni. [...] Sono felice – conclude – di essermi liberato di questo tormento». Dopo «questa decisione sento il mio spirito nuovamente libero». Il cancelliere tedesco riprende, anche in questo frangente, le note tesi razziali: l'America, grazie al suo governo dominato dagli ebrei, è diventata non soltanto il nemico dell'Europa, ma anche dell'Estremo Oriente: «la forza contro la quale combattiamo non è composta di uomini ma di diavoli», «siamo entrati a combattere un pericolo che minaccia l'Europa in un modo tale come non si era più visto dall'epoca delle incursioni degli Unni e dei Mongoli» e «i combattenti sovietici rappresentano esseri totalmente bassi e bestiali, sia soldati che ufficiali, che bastano da soli a stabilire un netto confine fra l'Europa e l'interno dell'Asia la quale va però distinta dall'Estremo Oriente, cioè da quelle razze di antica e alta civiltà che per secoli hanno dovuto faticosamente difendersi dagli attacchi dei mongoli asiatici».

Mussolini risponde subito al Führer, approvando senza riserve la decisione tedesca. Una soluzione radicale era necessaria: un'alleanza militare o la guerra; «il rinviare ad un'altra epoca la soluzione ormai fatale e logica delle armi o il ritardare sarebbe stato pericoloso per le nostre armi». La guerra contro la Russia è una guerra contro lo spazio. Non c'è tuttavia da temere neppure ripensando ad alcuni precedenti storici: «Oggi lo spazio è vinto dai motori dei carri armati e dagli aeroplani e dalla eccezionale capacità manovriera dei vostri generali e dei vostri soldati». La soluzione del "problema russo" porta diversi vantaggi: priva la Gran Bretagna di ogni speranza di controllo continentale, riafferma le concezioni dottrinarie originarie del nazifascismo, orienta verso l'Asse tutte le correnti antibolsceviche esistenti nel mondo in generale e in quello anglosassone. La Russia, ridotta di "volume" e liberata dai bolscevichi, potrà collaborare e mettere a disposizione materie prime essenziali se la guerra dovesse, nel peggiore dei casi, proseguire. L'Italia ha accolto con entusiasmo la decisione tedesca: forze armate italiane saranno al fianco di quelle tedesche in terra russa. Da parte italiana, prosegue Mussolini, si punta in Africa su Tobruk e sull'Egitto. Da parte tedesca occorre arrivare da Oriente, obbligando la Turchia a concedere il transito delle forze armate tedesche e stringere gli inglesi in una grande tenaglia da Occidente ad Oriente. La vittoria finale italo-tedesca in Egitto "spezzerà" la spina dorsale all'Impero Britannico: «Ciò determinerà conseguenze incalcolabili per tutto l'Oriente britannico sino alle Indie».

Anche per il capo del governo italiano un eventuale ingresso di Washington nel conflitto non è motivo di particolare preoccupazione: Roosevelt «non può, anche dichiarandoci formalmente la guerra, farci un male maggiore di quanto non ci abbia fatto sin qui». Nella minuta della lettera compare un giudizio del Duce, poi cancellato nel testo definitivo, sugli statisti anglo-americani: «[...] bisogna trovare drammatico il destino del mondo anglo-sassone che nell'ora più difficile della sua storia è affidato ad un uomo colpito a 44 anni da paralisi infantile come Roosevelt ed a un uomo notoriamente alcolizzato quale il Churchill!» Mussolini dichiara di essere certo che «la campagna contro la Russia sovietica si concluderà con una trionfale vittoria e che tale vittoria sarà il preludio di quella totale sul mondo anglo-sassone»; questa «è per me una certezza assoluta». Il Duce non soltanto approva l'avventura orientale, ma ricorda anche di averla sollecitata lui stesso al dittatore tedesco. C'è totale convergenza negli obiettivi finali e nelle motivazioni che suggeriscono e giustificano l'operazione. È al contrario percepito diversamente dai due lo scenario complessivo nel quale si colloca la "campagna antisovietica": Mussolini parla di obiettivi europei e nord-africani, fa un solo vago accenno al crollo dell'impero e alle conseguenze sull'Asia centrale (le Indie), lascia in ombra sia il Giappone sia il Patto Tripartito, mentre accenna in modo esplicito al Patto d'Acciaio (l'Asse). Questa terminologia lascia presumere l'intenzione di rafforzare il legame Roma-Berlino e di sottolineare ancora una volta l'interesse italiano per il Mediterraneo e per il Nord Africa. Ben diverso lo scenario mondiale prefigurato da Hitler, che assegna al nuovo fronte bellico un significato più ampio, l'avvio di un progetto di risistemazione geopolitica di carattere intercontinentale. D'altra parte, l'iniziativa e la forza militare sono tedesche, Roma approva e si associa.

In una successiva lettera (2 luglio 1941) Mussolini si dice sicuro del «trionfo delle nostre armi» e che la campagna appena iniziata priverà Londra di «ogni speranza di soccorsi da parte del continente europeo». Occorre portare «nel nostro campo la Turchia ed attaccare l'Egitto da due lati»; da questa nuova situazione un eventuale intervento americano subirà «un tempo di arresto». «Il compito di battere la Russia – continua il capo del governo italiano – ed estirpare il bolscevismo è veramente epico e l'averlo osato troverà gloria imperitura delle nostre Armate e della Rivoluzione dell'Asse».

Questo scenario, anche se ambizioso, non trascende le possibilità reali delle forze armate italo-tedesche: raggiunta Stalingrado, si arriva nel Caucaso, si lambisce la Cecenia. Nel Nord Africa, superato il confine libico, penetrati in territorio egiziano, gli italo-tedeschi puntano al Canale di Suez. In molte di queste zone c'è una ostilità storica nei confronti della Russia e della presenza coloniale inglese e questi elementi favoriscono le azioni militari italo-tedesche che in più di un'occasione possono anche utilizzare collaborazioni locali. Ma anche a questo proposito l'ipotesi di una gigantesca tenaglia italo-tedesca capace di arrivare dall'Oriente all'Occidente per occupare il Canale di Suez non valuta bene la capacità di resistenza sovietica ed ancor meno la forza dei contingenti britannici nel Nord Africa e le risorse della marina inglese nel Mediterraneo.

Lo stesso Hitler rassicura Mussolini sul futuro: «Dopo l'annientamento della Russia, non vi sarà alcuna forza al mondo, Duce, che potrà scuotere la nostra posizione europea o la vostra posizione nordafricana». Già in questi mesi Berlino pensa ad un conflitto con gli USA dopo la vittoria sull'URSS. Vengono messi a punto progetti ed elaborati piani militari: dopo le forze armate terrestri lo sforzo bellico tedesco sarà concentrato sugli armamenti navali, aerei e missilistici, si dovranno occupare Gibilterra e le Azzorre. Sono previste azioni contro le città della costa orientale degli USA. Dalla guerra in corso la Germania deve uscire come «lo Stato più forte della terra».

Tokyo, di fronte a questa svolta, non prevista, conferma l'adesione senza riserve al Patto Tripartito. Il trattato di neutralità nippo-sovietico non può indebolire il quadro complessivo dell'alleanza, ma era una eventualità prevista nelle disposizioni dell'art. 5, che lasciavano "mano libera" ai contraenti nei loro rapporti successivi con Mosca. Ciò non toglie che il nuovo contesto presenti aspetti non previsti in quel frangente: due dei contraenti s'impegnano in una guerra per l'annientamento dello Stato sovietico, l'altro è legato da un patto di neutralità, cioè di non aggressione. I nipponici sono altresì certi che il bolscevismo non potrà ricevere aiuti da Washington: quest'ultima non dispone dei mezzi necessari per un impegno tanto gravoso, quando già aiuta con tutte le sue forze Londra e i cinesi. Teme, inoltre, con una scelta di questo tipo, di peggiorare i rapporti con il Giappone, con il quale ha in corso trattative per trovare una soluzione ai problemi continentali asiatici, in primo luogo in Cina. A Tokyo si è certi, che il conflitto tra sovietici e nazifascisti frenerà l'ingresso americano nel conflitto e che la politica adottata dal governo nipponico si rivelerà la più adeguata per tenere in "scacco" gli USA.

La grande potenza americana sarà tentata di sostenere lo sforzo sovietico per aiutare gli inglesi ma avrà il timore di suscitare le reazioni giapponesi, di un potente Paese asiatico legato dal Patto Tripartito a Berlino e a Roma. Con speranze e con valutazioni difformi ma convergenti, con iniziative diplomatiche settoriali, i tre contraenti del Patto del settembre del 1940 si muovono in un contesto globale. Il parziale collegamento delle loro azioni specifiche non fa venire meno una sostanziale unicità d'intenti, un'indubbia omogeneità di obiettivi, una comune e riaffermata volontà di affermare un "ordine nuovo" negli equilibri di forza delle potenze. D'altra parte, nell'ultima settimana di giugno, Tokyo fa pressioni perché gli Stati aderenti al Patto Tripartito riconoscano il nuovo governo cinese filonipponico di Nanchino. Conferma in tal modo la priorità già rilevata dell'espansione continentale in territorio cinese. In più occasioni il governo giapponese precisa che le stesse iniziative intraprese nella penisola indocinese e in altre aree dell'Asia orientale indeboliscono gli inglesi e le altre potenze coloniali e corrispondono allo spirito del Patto Tripartito, un aiuto concreto ai belligeranti contro l'URSS. Ma, al tempo stesso, nel 1941, i giapponesi si sottraggono agli inviti e alle pressioni tedesche per partecipare alle operazioni antisovietiche. Di fatto Tokyo rifiuta l'idea di essere la parte asiatica della grande tenaglia immaginata da Hitler per schiacciare i sovietici. I responsabili della politica nipponica non condividono questa prospettiva: essi seguono con attenzione l'evoluzione del fronte europeo, l'avanzata tedesca e il suo successivo rallentamento e temono, nel momento in cui conducono impegnative operazioni in Cina e si muovono verso le aree indocinesi, di esporsi ad un conflitto troppo impegnativo sul quale pesa l'incertezza del comportamento di Washington.

Da parte sua Stalin, nel messaggio al popolo sovietico (3 luglio 1941), denuncia l'aggressione tedesca. La Germania ha «inaspettatamente e slealmente rotto il Patto di non aggressione» che Mosca aveva sottoscritto in uno spirito pacifico con un «Paese vicino anche se alla testa di questo Paese si trovano mostri e cannibali quali Hitler e Ribbentrop». I vantaggi ottenuti da Berlino con quell'accordo sono irrilevanti, perché ora la Germania «si è svelata, agli occhi di tutto il mondo, quale sanguinario aggressore». Bisogna condurre con determinazione questa guerra, che è stata «imposta all'URSS» dal suo peggiore e più perfido nemico, «il fascismo tedesco». Stalin invita i russi a fare «terra bruciata» di fronte all'esercito invasore. In caso di ritirata «bisogna portare via tutto il materiale rotabile delle ferrovie; non bisogna lasciare al nemico una sola locomotiva, non un vagone, non un chilo di grano, un litro di carburante». Occorre attivare nei territori occupati «reparti di partigiani a piedi e a cavallo» e distruggere ponti, strade, linee telefoniche e telegrafiche ed incendiare i boschi e i depositi di rifornimenti. Stalin si dice sicuro, alla luce delle più recenti dichiarazioni di Churchill, che l'URSS non sarà sola in questa lotta, poiché avrà presto al suo fianco tutti i popoli dell'Europa e dell'America pronti a combattere contro «gli eserciti fascisti di Hitler».

In effetti, Churchill ha espresso subito solidarietà e sostegno all'URSS aggredita. Già nel 1939 e nel 1940 ha sottolineato l'equivoca alleanza nazi-sovietica e messo in più occasioni in guardia i sovietici dai rischi di questo compromesso. Nell'ottobre del 1939, dopo la firma dei Patti Ribbentrop-Molotov e la distruzione della Polonia, Churchill, allora Primo Lord dell'Ammiragliato, ha evidenziato il potenziale contrasto balcanico russo-tedesco. Gli interessi nazionali russi non permettono «che la Germania nazista si installi sulle rive del Mar Nero, o che essa invada gli Stati balcanici o sottometta i popoli slavi dell'Europa sud-orientale». In quest'area gli interessi russi coincidono con quelli inglesi e francesi: nessuno dei tre Paesi potrebbe accettare che la Romania, la Bulgaria, la Jugoslavia o la Turchia fossero «calpestate dal tallone tedesco» e che «i nazisti portino le fiamme della guerra nei Balcani e in Turchia». «È mia convinzione – dichiara Churchill – (a rischio che gli avvenimenti futuri dimostrino che io ho torto) che [...] Hitler e tutto ciò che sostiene Hitler è stato e sarà tenuto lontano dall'Europa orientale e sud-orientale». Ora, di fronte all'attacco, afferma che è stata compiuta una grave violazione di un trattato esistente, analoga a quelle commesse in precedenza contro la Norvegia, la Danimarca, l'Olanda e il Belgio. Ora il popolo russo combatte per la sua terra: «Nessuno più di me fu accanito avversario del comunismo negli ultimi 25 anni. Oggi io non ritiro una sola parola di quanto ho detto sul comunismo», ma oggi è necessario «distruggere Hitler ed ogni traccia del regime nazionalsocialista. [...] Chiunque combatte contro il nazionalsocialismo avrà il nostro aiuto; chiunque marcia con il nazionalsocialismo, è nostro avversario. [...] Noi daremo alla Russia ed al popolo russo tutto ciò che è in nostro potere di dare».

Churchill precisa che l'attacco all'URSS vuole distruggere la potenza russa per poi attaccare «la nostra isola». A questo punto, ciò che costituisce un pericolo per Mosca lo è anche per Londra e per Washington. Per questo è necessario condurre la lotta «decisi e uniti fin tanto che è in nostro potere di combattere». Nessuno deve scandalizzarsi per la collaborazione anglo-russo-americana: «Se Hitler invadesse l'inferno – afferma Churchill – farei almeno una dichiarazione a favore del diavolo». Il 25 giugno Roosevelt dichiara di voler estendere gli aiuti americani anche alla Russia, benché al momento la produzione di armi «sia assorbita in prevalenza dai bisogni britannici» e già nei mesi di luglio e di agosto partono i primi quantitativi di benzina speciale per aerei e di armi, di munizioni e di macchinari attraverso l'Oceano Pacifico diretti a Vladivostok. Questa nuova collaborazione determina un cambiamento di linea politica dei partiti comunisti in tutti i Paesi: viene ribadita l'importanza dei Fronti popolari «per la lotta al nazifascismo». Stalin parla dell'importanza della solidarietà fra le potenze democratiche e la Russia, lascia in ombra gli aspetti ideologici ed evidenzia quelli della sicurezza delle nazioni aggredite dal Tripartito. A livello mondiale la precedente competizione fra capitalismo e socialismo diventa la lotta fra il nazifascismo e tutte le forze antifasciste. Queste ultime, nelle aree occupate, sono chiamate a raccolta per condurre una battaglia comune nel nome dell'antifascismo.

V. DALLE ALLEANZE DI GUERRA ALLA FINE DEL CONFLITTO

1. *La guerra nippo-americana (7 dicembre 1941) e l'adesione italo-tedesca. Dal Patto Tripartito all'Alleanza militare (11 dicembre 1941)*

Dopo lo scoppio della guerra nel settembre del 1939 la posizione del governo statunitense è difficile: esso, premuto ad un tempo da emergenze europee e asiatiche, si confronta all'interno con un'opinione pubblica poco favorevole all'assumere impegni che potrebbero comportare la partecipazione a conflitti in altri continenti. Ancora nel 1940 risulta molto influente l'isolazionismo favorevole a mantenere, il più a lungo possibile, una posizione neutralista. Pesano sul comportamento, reticente e incerto, le leggi di neutralità (1935, 1936, 1937, 1939). Con questi provvedimenti sono state operate restrizioni al commercio con gli Stati belligeranti. L'esclusione rigorosa di vendita di materiale bellico è accompagnata dalla richiesta del pagamento in contanti di altre merci e degli oneri del loro trasporto marittimo. I ripetuti tentativi di superare questa legislazione non danno risultati apprezzabili. Roosevelt, pur autorizzato a varare misure di embargo speciali nei confronti di Paesi che conducono politiche potenzialmente dannose per gli interessi americani, dovrà attendere fino al 1941 per rimuovere questi ostacoli.

L'attenzione di Washington è rivolta anche al Sud America. Si cerca, con diverse iniziative (conferenza di Buenos Aires nel 1936, di Lima nel 1938), di mantenere operante la solidarietà fra il Nord e il Sud America, confermando una comune posizione neutralista e la volontà di procedere insieme nel caso in cui «uno o più Stati del Continente americano» fossero oggetto di minacce o di aggressioni. Emerge, comunque, un orientamento più favorevole alle democrazie occidentali. Questo stretto collegamento fra gli USA e le repubbliche sud-centro-americane permane durante il conflitto. Si tengono, negli anni successivi, altri incontri congiunti che sanciscono una sostanziale collaborazione di questi Stati con la grande democrazia nord-americana (conferenza di Panama nel 1939, dell'Avana nel 1940 e di Rio de Janeiro nel 1942).

Gli sviluppi della guerra in Europa, la temuta egemonia tedesca, le iniziative nipponiche in Asia modificano via via questa posizione neutrale e inducono il governo americano all'assunzione di responsabilità dirette, anche se permane una posizione ufficiale di neutralità. Un'attenzione particolare è rivolta alla disperata resistenza della Gran Bretagna: nessuno può sottovalutare le conseguenze di una sua resa o di un accordo, sul modello francese (Vichy), con Berlino. Le possibilità di Londra di resistere risiedono nel mantenimento dei rifornimenti dall'estero e in particolare dagli USA. Senza questo afflusso continuo di risorse d'ogni tipo sarebbe impossibile garantire la prosecuzione della lotta al nazifascismo, tanto più da quando è alleato dei sovietici. La battaglia dell'Atlantico è il risultato di questa sfida fra la marina britannica e le unità subacquee tedesche, che si svolgerà dal 1940 al 1942. La necessità prioritaria di mantenere il controllo dei collegamenti marittimi rende di giorno in giorno più stretti i rapporti fra le due capitali atlantiche e obbliga gli USA a progressivi mutamenti nella loro condotta: non si tratta soltanto di fornire aiuti concreti, ma anche di garantire che i convogli possano arrivare a destinazione. Già nell'autunno del 1940 sono messi a disposizione rilevanti mezzi navali e aerei.

Le rigide disposizioni delle leggi di neutralità sono superate nel marzo del 1941 con la "legge affitti e prestiti". Essa segna una svolta radicale nel sistema di collaborazione militare-economico fra Washington e tutti gli Stati la cui protezione rappresenta «un interesse vitale per la sicurezza degli Stati Uniti». Il governo è autorizzato all'acquisto di materiale bellico (navi, aerei, mezzi di trasporto e corazzati, prodotti industriali, alimenti, medicinali, ecc.) e questi aiuti possono essere ottenuti in diversi modi: affitti, prestiti e i rimborsi potranno essere effettuati anche in "natura". Grazie a questo meccanismo Londra, e in seguito molti altri Paesi, potranno accedere, rapidamente e senza sbarramenti finanziari, ad enormi forniture di materiale essenziali per proseguire nella lotta bellica. Con questa legislazione gran parte della produzione americana può essere utilizzata dal presidente per garantire la sicurezza del Paese anche a beneficio di altri Stati. Si apre in tal modo per «tutti gli amici e gli alleati» di Washington la possibilità di accedere a forniture strategiche in tempi brevi e senza dover affrontare pagamenti immediati. Sul piano finanziario questa operazione corrisponde "di fatto" ad un'apertura di credito senza limiti. Gli USA diventano, in tal modo, «il grande arsenale delle democrazie». Quest'ampia possibilità di manovra sottolinea l'importanza che riveste la resistenza britannica e la determinazione a sostenerla. Washington, inoltre, garantisce diverse forme di protezione ai convogli diretti in Inghilterra: navi americane segnalano la presenza dei sottomarini tedeschi, mercantili inglesi sono accolti nei "convogli protetti" americani. Si tratta di una neutralità assai particolare, che mette in luce un'ingerenza diretta nelle vicende belliche in corso anche senza una dichiarata belligeranza.

A queste iniziative "assistenziali" del congresso e del presidente si affiancano dichiarazioni politiche che evidenziano la piena consapevolezza della posta in gioco e la ferma volontà di sbarrare la strada alle aggressioni dei totalitarismi europei e al militarismo asiatico. L'"ordine nuovo" preannunciato dal Tripartito è contrario ai valori sui quali si fonda la democrazia statunitense. Non si possono accettare sistemi che riducono in schiavitù gli uomini e calpestano i diritti fondamentali, diventati ormai un patrimonio irrinunciabile per molti popoli e Stati. Un'affermazione nippo-tedesca può comportare il dominio nell'Atlantico e sul Pacifico e, dopo aver soffocato i Paesi rivieraschi, può minacciare il commercio statunitense e comprimere le esportazioni nord-americane. In questo contesto, l'impero britannico rappresenta un primo baluardo della resistenza e dell'opposizione e pertanto deve essere difeso con determinazione. Da questo punto di vista, Washington è presente nella battaglia dell'Atlantico, ha un ruolo di primo piano nel sostegno economico e svolge un compito direttivo nel settore politico con la difesa dei valori democratici contrapposti a quelli delle ideologie totalitarie e dell'espansionismo militare.

Lo stesso presidente, nel gennaio del 1941, indica in quattro libertà, essenziali per l'uomo, il fondamento del futuro: libertà di parola e di espressione, la libertà di venerare Dio da parte di tutti senza limiti, libertà dal bisogno e libertà dalla paura. Nella stessa circostanza esorta le democrazie a resistere: «la vostra libertà è anche quella di noi americani». Promette il massimo impegno per aiutare le forze che lottano per «un mondo libero»: «Non ci lasceremo intimidire dalle minacce di dittatori, i quali considerano violazione del diritto internazionale o atto di guerra il nostro aiuto alle democrazie che ardiscono resistere alla loro aggressione. [...] Il nostro aiuto non è un atto di guerra [...]. Loro unico interesse è una legge internazionale unilaterale, priva di obblighi di reciprocità, che si trasforma così in uno strumento di oppressione». Questi richiami di forte contenuto ideale non sono lontani dai principi invocati vent'anni prima da Wilson e confermano la tendenza americana a muoversi, anche nella scena internazionale, nel nome di valori morali e ideali con carattere globale. Questo indirizzo discosta gli USA da molti comportamenti anglofrancesi e segna una netta diversità da quelli moscoviti. Questa politica americana trova il suo coronamento nella firma, nell'agosto del 1941, della Carta dell'Atlantico da parte di Roosevelt e del primo ministro britannico Churchill.

Il documento, di estrema importanza, evidenzia la fede politica dei firmatari, dei quali l'uno rappresenta uno Stato non belligerante, mentre l'altro lo è da due anni. Il messaggio è rivolto a tutta la collettività internazionale: i due statisti precisano che vogliono far conoscere «certi comuni principi» sui quali essi fondano le speranze per un migliore avvenire del mondo. Le affermazioni, raccolte in otto punti, sono solenni e molto precise sul piano dei valori e delle intenzioni politiche. I loro Paesi «non cercano alcun ingrandimento territoriale o di altro genere», sono contrari a cambiamenti eventuali di carattere territoriale senza l'approvazione liberamente espressa «dei popoli interessati», rispettano il diritto di tutti i popoli «di scegliere la forma di governo sotto cui desiderano vivere», si impegnano a favorire per tutti gli Stati («grandi o piccoli, vincitori o vinti») l'accesso in condizione di uguaglianza al commercio e alle materie prime, desiderano estendere la più completa collaborazione fra tutte le nazioni in campo economico per garantire migliori condizioni di lavoro, più sicurezza sociale e maggiore sviluppo. «Dopo la definitiva distruzione della tirannia nazista» auspicano la nascita di un nuovo sistema di sicurezza capace di garantire le frontiere di tutti e di assicurare condizioni nuove di vita nelle quali gli uomini «potranno vivere liberati dal timore e dal bisogno». Questo nuovo ordine pacifico dovrà permettere a tutti «di attraversare senza timori i mari e gli oceani» e «per ragioni pratiche e spirituali» tutte le nazioni dovranno impegnarsi nel futuro a rinunciare all'uso della forza. Non ci potrà essere pace stabile finché qualcuno potrà minacciare altri al di fuori delle sue frontiere e a questo scopo è bene procedere al disarmo di tali nazioni «in attesa dello stabilimento di un sistema di sicurezza più ampio e permanente».

Washington e Londra formalizzano con «questo manifesto» un vero e proprio programma: in esso sono evidenziati i criteri ispiratori della loro azione politica, gli ideali che ispirano la lotta al nazismo e alcuni progetti per il futuro della comunità internazionale. È sancito il diritto alla sovranità, integrità e indipendenza di tutti gli Stati, la condanna di ogni azione aggressiva, il diritto all'autodeterminazione, il rifiuto della ricerca di compensi, la volontà di promuovere nuove strutture per garantire la sicurezza internazionale. Non c'è, in questo testo, l'enunciazione esplicita della volontà di dar vita a regimi democratici, ma l'intera struttura del discorso lo presuppone. C'è al contrario un richiamo, diretto e preciso, alla «tirannia nazista»: non si parla né di Stato tedesco né di Germania, né di popolo germanico, poiché il riferimento è al movimento politico che ha preso il potere e ha dato vita ad un sistema "tirannico", non democratico, dispotico, cioè brutale, crudele, non rappresentativo della reale volontà popolare. Con questa dichiarazione, tanto esplicita e sferzante, Roosevelt compie un altro passo nella direzione della guerra e rende sempre meno credibile la perdurante "neutralità" ufficiale degli USA.

A dichiarazioni tanto chiare nei confronti di Berlino non se ne affiancano altre tanto esplicite verso Tokyo, che pure figura nel gruppo degli aggressori. In realtà, i rapporti nippo-americani sono già difficili in questo periodo, ma nessuno può escludere che le trattative in corso possano portare ad un compromesso per evitare la guerra fra le due grandi potenze del Pacifico. Il Giappone ha preso, in questo periodo, molte iniziative in Asia, in genere collegate con l'andamento della guerra in Europa. Ora, alleato della Germania e dell'Italia, guarda ai possedimenti coloniali della Francia, dell'Olanda e della Gran Bretagna (a ciò si deve aggiungere la perdurante azione in Cina, in atto già dal 1937, dove è riuscito ad ottenere il controllo della fascia costiera e di vaste aree interne). La crisi delle potenze coloniali europee lo spinge verso l'Indocina, le Indie Olandesi, Singapore: l'obiettivo di fondo di questo espansionismo rimane l'allontanamento dei bianchi e la creazione di una vasta area d'influenza o, come si preferisce chiamarla, di «prosperità asiatica».

In realtà, l'obiettivo più immediato dell'azione nipponica resta l'occupazione della Cina. La grave crisi europea rende più accessibili altri obiettivi per estendere la propria influenza e per ridurre le vie di comunicazione attraverso le quali arrivano aiuti ai movimenti cinesi di resistenza. Alcuni di questi territori, in particolare le Indie Olandesi, offrono anche importanti riserve di materie prime. Già nel 1940 Tokyo, nella sua azione espansiva verso i «mari caldi del Sud», ottiene vantaggi commerciali nelle Indie Olandesi, occupa il Tonchino, estende la sua influenza in Indocina e in Thailandia (invio di truppe, occupazione di aeroporti e porti, condizioni commerciali di favore, controllo delle vie di comunicazione e di traffici diretti nella Cina nazionalista). L'unica potenza che dispone di forze necessarie per contrastare questo disegno sono gli USA, affiancati da Londra: essi non fanno mistero della loro opposizione e conducono un'azione diplomatica e politica nel 1940 e nel 1941 per impedire un'ulteriore espansione nipponica e per convincere Tokyo a recedere da parte dei territori già occupati. Il braccio di ferro nippo-americano diventa, con il passare dei mesi, per l'attivismo di Tokyo e per l'inconcludenza e la complessità delle numerose trattative avviate, sempre più impegnativo e carico di interrogativi: nessuna delle due parti è orientata allo scatenamento della guerra, ma al tempo stesso non vuole mettere in discussione i presupposti della propria politica asiatica e ancor meno nutrire dubbi sulla propria sicurezza futura.

Le aspre e convulse trattative nippo-americane si arenano alla fine del 1941 di fronte alle proposte conclusive di Tokyo. I giapponesi, nel quadro delle prime richieste (dette A), dichiarano di accettare il principio dell'uguaglianza economica in Cina per tutte le potenze purché questo criterio sia attuato in tutto il mondo, che le forze armate giapponesi sarebbero state ritirate dal territorio cinese dopo il ristabilimento dell'ordine e della pace, mentre dal Nord, dalla Mongolia Interna e da Hainan entro 25 anni, e che dopo il ristabilimento della pace in Estremo Oriente sarebbero state ritirate anche dall'Indocina. Questa ipotesi incontra il netto rifiuto americano: gli USA pretendono un ritiro preventivo delle truppe nipponiche dalle aree occupate. A questo punto (novembre 1941) Tokyo presenta nuove proposte (dette B), che sono più rigide rispetto a quelle già respinte. C'è la disponibilità ad abbandonare l'Indocina del Sud purché vengano garantite rilevanti forniture dalle Indie Olandesi e dagli USA (in particolare di prodotti petroliferi). Oltre a ciò, gli statunitensi devono assumere l'impegno preciso di non sostenere più la causa nazionale cinese, che deve trovare soluzione dallo scontro in atto fra il Giappone e le forze nazional-comuniste. Non sorprende il rifiuto di queste richieste, che sono in netta antitesi con la politica americana (e inglese) degli anni precedenti. Washington è favorevole alla ricerca di soluzioni concordate fra tutti i Paesi del Sud-Est asiatico e alla firma di patti di non aggressione fra i diversi Stati, in sostanza difende lo *status quo*.

Le posizioni risultano troppo distanti, di fatto non conciliabili. L'insieme delle proposte giapponesi (A e B) è fin dall'inizio divergente rispetto alle attese americane e appare ad un esame attento quasi provocatorio. C'è l'impressione che esse avessero, fin dalla loro originaria formulazione, lo scopo di "stanare gli americani" e rendere evidente l'impossibilità di un accordo. La decisione americana di varare misure di embargo nei confronti del competitore asiatico (petrolio, pezzi di ricambio per aerei e navi, prodotti industriali, ecc.) induce, dopo un travagliato e sofferto dibattito interno, i vertici militari e politici nipponici a prendere la strada della guerra: essi temono che un ritardo nell'attacco bellico agli USA possa compromettere il successo delle operazioni per gli effetti delle restrizioni nelle forniture di prodotti strategici. In questo contesto, il fragile equilibrio nippo-americano si rompe: Tokyo prende l'iniziativa con un'aggressione aeronavale contro la flotta statunitense del Pacifico all'ancòra nelle isole Hawaii.

Da parte giapponese sono pubblicati alcuni documenti per spiegare le ragioni della decisione di aprire le ostilità e gli obiettivi della guerra contro Washington. Questa scelta è collocata nel contesto di un'antica tradizione e motivata da supreme esigenze di sicurezza e di sviluppo del Giappone. Prevale l'acritica difesa della politica perseguita negli anni precedenti in Manciuria e in Cina, mentre viene riaffermato «un implicito diritto» ad ottenere una vasta area d'influenza continentale, con la creazione di «governi amici e collaborativi» analoghi a quello del Manciukuò. Balzano evidenti da questi testi la riaffermata sacralità imperiale, la compattezza degli apparati politici e militari e la sottomissione popolare. Nel rescritto imperiale dell'8 dicembre (1941) si legge: «Noi, Imperatore del Giappone per grazia del Cielo, assisi sul trono di una dinastia ininterrotta da tempi immemorabili ed eterni, facciamo sapere a Voi, nostri leali e fedeli sudditi, che dichiariamo la guerra agli Stati Uniti d'America e all'Impero Britannico». Si vuole assicurare la stabilità dell'Asia orientale e con essa contribuire alla pace mondiale, come in precedenza si è cercato di realizzare la politica «del nostro illustre avo imperiale e del nostro padre suo successore». Londra e Washington, «avide di realizzare le loro smisurate ambizioni di dominio sull'Estremo Oriente», hanno «fomentato i torbidi in Cina» e sostenuto un governo nazionalista che «continua la sua opposizione fratricida».

Queste potenze hanno fatto ricorso a molte azioni ostili: pressioni politiche, ingerenze militari, blocco economico, minacce diplomatiche. Dopo una lunga attesa il Giappone ha deciso di «incrociare le armi» per non mettere «in vero pericolo l'esistenza della nostra nazione»: «Che gli spiriti santificati dei nostri antenati imperiali ci proteggano dall'alto [...] per la sicurezza e la gloria del nostro Impero».

Anche il governo di Tokyo (8 dicembre 1941), preso atto del rescritto, ricorda che, dopo le precedenti vittorie sul continente, è stato possibile creare condizioni di collaborazione con «i capi cinesi lungimiranti» e dar vita ad un governo cinese (con sede a Nanchino). Londra e Washington continuano a sostenere i nazional-comunisti, aizzano le Indie Olandesi, minacciano l'Indocina francese e incitano la Thailandia a opporsi alla nuova politica nipponica. Oltre a ciò, cercano di danneggiare l'economia giapponese con odiosi e immotivati provvedimenti d'embargo: «Tra potenze non belligeranti, la rottura delle relazioni economiche costituisce un atto di ostilità paragonabile ad una sfida con la forza armata». Nonostante queste restrizioni non amichevoli, Tokyo ha cercato, «per otto mesi», di trovare soluzioni accettabili, ma «il governo americano accecato dalla sua forza materiale, non ha visto la reale potenza del Giappone» e ha continuato nelle sue pressioni per ottenere «la sua completa sottomissione». A causa di ciò, prosegue il documento governativo, «è dovere preciso» di «cento milioni di sudditi di Sua Maestà di balzare come una sola volontà, forte come l'acciaio e di votare tutte le forze nazionali al proseguimento della guerra [...] e far sì che le nazioni abbiano ognuna il proprio posto nel mondo».

Il primo ministro Tojo, in un discorso alla nazione (8 dicembre 1941), denuncia le assurde pretese americane: ritiro «incondizionato e completo» di tutte le forze nipponiche dalla Cina, soppressione del governo di Nanchino e annullamento del Patto Tripartito. L'accettazione di queste richieste avrebbe recato grave danno «al prestigio e all'esistenza dell'Impero giapponese». «La mia vita – aggiunge il capo del governo – appartiene all'Imperatore, ed io so che tutto il popolo giapponese è pronto a sacrificarsi senza riserve per i grandi scopi della politica imperiale. [...] Nella sua lunga storia il Giappone non ha mai subito una sconfitta. [...] Sono felice che l'alleanza con la Germania e l'Italia e i rapporti con il Manciukuò e la Cina si siano fatti sempre più stretti. È giunto il momento in cui 100 milioni di giapponesi devono sacrificarsi per la causa della Patria».

L'attacco a Pearl Harbour causa l'ingresso in guerra degli USA e questo avvenimento determina nuovi sviluppi nelle operazioni belliche e nella collocazione di molti Paesi sui fronti del conflitto.

Washington ha seguito una linea coerente e ben precisa fin dallo scoppio delle ostilità in Europa: ha condannato il nazismo, ha preso atto dell'accordo Ribbentrop-Molotov, ha sostenuto la lotta delle democrazie, la resistenza inglese, si è opposta all'azione giapponese in Cina e più tardi in Indocina e nelle Indie Olandesi. Ma, nonostante questo "contenimento", non ha manifestato la volontà di aprire le ostilità belliche. La stessa opinione pubblica americana, pur attenta e sensibile agli sviluppi della crisi mondiale, resta incerta e in sostanza non interventista. Neppure l'attacco tedesco all'URSS e il patto di neutralità nippo-sovietico cambiano la situazione: è evidente che questi fatti rendono Tokyo meno condizionato dalla paura sovietica e dunque più intraprendente nei mari del Sud, ma, nonostante le crescenti tensioni, Washington ha mantenuto una politica d'attesa: si decide soltanto nei mesi di luglio e di agosto l'uso dell'arma economica con l'intento di piegare "senza la guerra" le autorità nipponiche.

Roosevelt, molto attento alla sensibilità del popolo americano, procede con cautela, supera i limiti del "neutralismo giuridico", manifesta apertamente ostilità nei confronti dei governi di altri Stati, fornisce aiuti ad alcuni belligeranti, s'impegna in complesse trattative con richieste che spesso rappresentano degli *ultimatum*, estende la presenza militare americana in aree considerate strategiche (Islanda, Azzorre). Il comportamento del presidente lascia intendere valutazioni, scelte e previsioni che nel 1941 non escludono il ricorso alle armi. Ciò nonostante, l'azione presidenziale mantiene un carattere "reattivo", difensivo, pare escludere la volontà di sparare il primo colpo e vuole lasciare ad altri la decisione di compiere il passo estremo dell'apertura delle ostilità.

Tokyo non soltanto decide l'attacco agli Stati Uniti, ma non lo fa neanche precedere da una dichiarazione di guerra nei modi e nei tempi opportuni. Questo comportamento appare dunque, agli occhi della nazione americana, non soltanto aggressivo e brutale, ma anche ipocrita, e non c'è da sorprendersi dell'adesione del popolo americano al successivo appello alla resistenza e alla lotta contro le potenze del Tripartito.

La reazione americana è immediata e rabbiosa. Si è convinti di aver subito un "attacco a tradimento" in violazione agli accordi internazionali, in quanto la dichiarazione di guerra giapponese è stata consegnata dopo l'inizio dell'attacco aeronavale. Roosevelt si rivolge alla nazione (10 dicembre): «Ora siamo tutti in guerra, tutti fino alla fine; ogni uomo, ogni donna e ogni bambino è ora legato a questa che è la più gigantesca impresa della nostra storia. [...] Dobbiamo prepararci ad una lunga guerra, nella quale noi colpiremo con durezza inesorabile. Gli Stati Uniti non si accontenteranno che di una vittoria completa e definitiva. Dobbiamo per sempre abbandonare l'illusione di poterci isolare dal resto del mondo. [...] La sicurezza non si può misurare a chilometri. [...] La Germania e l'Italia si considerano in guerra contro gli Stati Uniti, esattamente come contro la Gran Bretagna e la Russia. Noi non possiamo limitare la nostra azione ad eliminare il Giappone, se, ciò compiuto, troveremo che il resto del mondo è dominato da Hitler e Mussolini». Con questa dichiarazione il presidente condanna senza appello tutte le teorie isolazioniste del passato, rassicura sulla volontà di condurre una guerra totale contro gli aggressori asiatici ed europei e anticipa l'intenzione di ottenere, alla fine del conflitto, la "resa incondizionata" degli avversari.

Anche Londra annuncia l'entrata in guerra immediata contro il Giappone sia per solidarietà con il «grande Paese amico» sia per le iniziative belliche già intraprese dai nipponici contro la Malesia, Singapore e Hong Kong. Queste aggressioni, osserva Churchill davanti alla Camera dei Comuni (8 dicembre 1941), non provocate costituiscono «una flagrante violazione del diritto internazionale ed in particolare dell'Art. 1 della Convenzione dell'Aja, relativo all'apertura delle ostilità. [...] Ora alle due grandi democrazie non rimane che affrontare il loro compito con la forza, qualunque sia quella che Iddio potrà accordare loro. [...] Il nemico ha attaccato con un'audacia che proviene dalla convinzione della sua forza. La prova cui sono esposti il mondo anglo-sassone e i nostri eroici alleati russi sarà estremamente dura».

Alla fine di dicembre Churchill ha l'onore di parlare ai rappresentanti delle due Camere del Congresso americano. Conferma la profonda fede democratica che ha sempre animato la sua attività politica e quella del governo inglese: «È con fiducia che mi sono orientato verso l'ideale di un governo del popolo, attraverso il popolo e per il popolo». Denuncia l'aggressione del Tripartito e la forza militare di cui dispone: «Le forze consociate contro di noi sono enormi, accanite, implacabili. Gli avversari non esiteranno di fronte a nulla. [...] Essi non esiteranno di fronte a nessun atto di violenza. [...] Per circa vent'anni noi abbiamo insegnato alla gioventù americana e britannica che la guerra è un male – ciò è vero – e che essa non sarebbe più scoppiata – e ciò è falso –. Questo ci ha posto in una condizione di svantaggio in Gran Bretagna. Altrettanto succede oggi negli Stati Uniti. Soltanto il tempo, il coraggio e l'esperienza potranno migliorare la situazione». Nella conclusione del discorso ricorda le responsabilità dell'isolazionismo che ha impedito, al termine del primo conflitto mondiale, una collaborazione concreta anglo-americana per garantire la pace mondiale: «Per ben due volte la catastrofe della guerra mondiale ha colpito la stessa generazione, per ben due volte durante la nostra vita il lungo braccio del destino che si estende dall'altra riva dell'Oceano ha condotto gli Stati Uniti in prima linea della battaglia. Se noi fossimo rimasti uniti dopo l'ultima guerra, se avessimo preso misure comuni per la nostra sicurezza, avremmo potuto evitare che questo flagello ci colpisse ancora una volta».

D'altra parte, Roosevelt ha condotto una dura battaglia dal 1938 contro le forze isolazioniste, ha, in molte occasioni, preso decisioni coraggiose e autonome senza tener nel dovuto conto altri organi istituzionali e ha ritenuto suo preciso dovere procedere con determinazione per la difesa della società internazionale contro i pericoli del nazifascismo e dell'imperialismo militare giapponese. È bene non dimenticare che nel mezzo della crisi europea del 1939 ha inviato messaggi a Hitler e a Mussolini per invitarli ad operare per soluzioni negoziali dei contrasti in essere: con questa scelta li ha indicati come indiretti e potenziali aggressori. In realtà l'invito non sarà accolto, anzi da parte di Hitler sarà commentato con disprezzo. Senza dubbio le decisioni nippo-tedesco-italiane del dicembre del 1941 confermano i timori del presidente americano e gli offrono un'arma decisiva per superare ogni residua resistenza neutralista e non interventista.

L'apertura delle ostilità su larga scala in Asia (dicembre 1941) coincide con il fallimento dell'offensiva tedesca contro l'URSS. Nello stesso periodo le armate germaniche sono ferme davanti a Leningrado e devono retrocedere di alcune decine di chilometri, dopo aver raggiunto l'estrema periferia di Mosca. I rinnovati appelli di Hitler per l'apertura di un fronte nippo-sovietico sono risultati inutili anche in questi ultimi mesi. Il trattato di neutralità con Mosca resta un punto fermo nella politica estera giapponese, le scelte asiatiche e mondiali non prescindono da quell'accordo, che i giapponesi non pensano di poter rimuovere. Questa eventualità è ancora più remota in questo periodo, cioè quando l'URSS non è crollata sotto l'aggressione travolgente delle armate germaniche e si aprono le ostilità con gli USA. Se già non fosse stato sottoscritto nel mese di aprile, proprio in queste settimane sarebbe stato opportuno per le autorità di Tokyo pensare di "neutralizzare" le frontiere con l'URSS ed evitare qualsiasi tentazione siberiana. Una delle conseguenze più importanti dell'attacco tedesco ad Oriente e di quello nipponico agli USA è il rilancio del ruolo dell'URSS e la sua collocazione in posizione di rilievo nel quadro delle alleanze di guerra che prendono piede in questo periodo. Il risultato è molto diverso da quello immaginato nel giugno 1941 dai due dittatori, che avevano previsto l'isolamento e l'annientamento del bolscevismo europeo.

Subito dopo lo scoppio del conflitto nippo-americano, anche la Germania e l'Italia dichiarano guerra agli USA. C'è fra i due dittatori europei una comune valutazione dell'inimicizia di Washington e una condivisa sottovalutazione delle sue potenzialità economiche e militari. Questa decisione conclude una lunga fase precedente di rapporti con Washington che hanno risvolti razziali, economici e politici. Se Berlino fin dall'inizio dell'esperienza nazionalsocialista sottostima il fenomeno bolscevico e lo stesso popolo russo, ben diverso è il giudizio iniziale sugli USA. Si tratta di uno «Stato in cui attualmente vengono effettuate scoperte così audaci da parere in parte incredibili. Di fronte alla vecchia Europa che con guerre e migrazioni ha perso molto del suo sangue migliore, fa la sua comparsa l'americanesimo, fondato come popolo giovane, selezionato nella razza». Secondo Hitler solo una politica razziale europea può evitare che «il timone politico» passi in mani americane; «è quindi dovere del movimento nazionalsocialista rafforzare al massimo la nostra patria e prepararla anche a questo compito».

I rapporti fra Germania e Stati Uniti subiscono un peggioramento già nel 1938, con il ritiro dei rappresentanti diplomatici, e con la sprezzante risposta di Berlino al messaggio per la pace del presidente americano nel 1939. Ciò nonostante i vertici tedeschi conducono una politica prudente, convinti che sia necessario concludere le operazioni europee prima di affrontare una prova intercontinentale. Nei primi mesi di guerra ripetono che come la dottrina Monroe esige che l'America sia lasciata agli americani è bene che anche il destino dell'Europa sia deciso dai "soli europei". In realtà, i tedeschi pensano di consolidare la loro presenza in Europa, nel Nord Africa e nel Medio Oriente e di aprire in seguito il confronto con gli USA. Si ritiene di avere il tempo necessario perché il governo di Washington si riarmi e non potrà farlo prima del 1942. Contro gli USA è immaginata un'offensiva a vasto raggio con operazioni «devastanti e convincenti»: i vertici militari parlano di una «guerra lampo (*Blitzkrieg*) mondiale» con l'impiego di nuovi armamenti (grandi sommergibili, missili, potenti unità di superficie, bombardieri e nuovi ordigni devastanti).

I vertici tedeschi giudicano la legislazione neutralista americana un segno «di debolezza e di stoltezza». Al tempo stesso, essi ritengono che Washington non possa condurre un'azione militare efficace in Europa e in Asia. Non è possibile sostenere combattenti in aree tanto lontane dalle basi di partenza, cioè in territori separati dalla madre patria dall'Oceano Atlantico e dal Pacifico. Hitler, pur riconoscendo i grandi progressi compiuti dagli USA in campo scientifico, è convinto che il Paese non abbia futuro. La ragione di questa strutturale debolezza è di natura razziale: gli uomini che hanno creato questo potente Stato erano in prevalenza di origine nordeuropea (in gran parte inglesi e tedeschi), ma nei decenni successivi questa purezza razziale originaria è stata insidiata e inquinata da due elementi nefasti e disgregatori: il "negrismo" e l'"ebraismo". Con sistemi e mezzi diversi, queste due componenti hanno cambiato l'anima e il sangue originario e creato nuove condizioni di debolezza e di impotenza. «Nel futuro potrà tenere testa all'America del Nord soltanto quello Stato che [...] saprà elevare razzialmente [...] nella forma più adeguata il volere del suo popolo». Sarà una generazione futura a doversi confrontare con la questione Europa-America: «Non l'America ha scoperto l'Europa, ma il contrario. E tutto ciò che l'America non ha ricevuto dall'Europa potrà apparire ammirevole ad una razza mista giudaizzata. L'Europa però non ci vede niente altro che un segno della decadenza nell'arte e nel modo di vita culturale, l'eredità di una infiltrazione di sangue ebreo o negro».

Più tardi, nel febbraio del 1945, Hitler osserva che è stato un caso sfortunato della storia che «la (mia) presa del potere coincidesse col momento in cui l'eletto del giudaismo mondiale assumeva la guida della Casa Bianca [...]. In fondo i tedeschi costituiscono la parte più importante della popolazione d'America. Devono a noi se nelle loro vene scorre sangue nordico. [...] Tutto viene però insudiciato dall'ebreo che ha fatto degli Stati Uniti il suo più forte baluardo. Questo e questo soltanto disturba ed avvelena tutto». Questa intima contraddizione è destinata a condurre alla rovina gli USA e offrirà grandi possibilità di sviluppo alla "razza gialla" nel confronto asiatico nippo-statunitense.

Nello stesso giorno (11 dicembre 1941) in cui dichiara lo stato di guerra contro Washington, il governo tedesco emette una nota sui rapporti con gli USA. In essa accusa Washington di aver sostenuto gli avversari della Germania violando «tutte le regole della neutralità» e di aver messo in atto frequenti azioni militari antigermaniche (attacchi alle navi, ai sommergibili, cattura e sequestro di navi tedesche mercantili in acque internazionali e in alto mare). Hitler, nel discorso che pronuncia al Reichstag, convocato in seduta straordinaria, spiega le ragioni della sua decisione contro l'ostile politica statunitense. Ricorda che nella sua storia la Germania non ha mai avuto atteggiamenti ostili verso gli Stati Uniti, mentre questi ultimi già nel 1917 hanno aggredito il Reich tedesco e lamenta il sostegno offerto a Mosca, anche se «le divergenze fra l'America capitalista e la Russia bolscevica [...] dovrebbero essere notevolmente maggiori delle divergenze esistenti fra l'America governata da un presidente e la Germania condotta da un Führer». Roosevelt ha sempre osteggiato la Germania, «appoggiato in tale progetto dagli ebrei che lo circondano [...]. Fu l'ebreo che, nella sua diabolica bassezza, si appoggiò a quest'uomo, ma che al tempo stesso quest'uomo adoperò per i propri scopi!» A lui si devono tutte le iniziative per «aizzare» i popoli europei e quelli asiatici contro Berlino e Tokyo, per convincere il popolo americano a sostenere Londra e il nazionalismo cinese, per vendere quantità sempre crescenti di materiale bellico, per varare una legislazione contraria alla proclamata neutralità ("legge affitti e prestiti"), per congelare tutti i crediti tedeschi negli Stati Uniti, per condurre vere e proprie azioni di pirateria contro navi e sommergibili germanici nell'Atlantico. Come l'America combatte la Germania, con la stessa ipocrisia ostacola la pacificazione dell'Estremo Oriente: «Siamo soddisfatti che il governo giapponese, dopo lunghi anni di trattative, si sia finalmente stancato di farsi insultare in modo così indegno da questo falsario. [...] Noi sappiamo quale farsa vi sia dietro Roosevelt. Si tratta di quell'eterno ebreo, che ritiene sia giunto il momento di poter perpetrare anche contro di noi ciò che abbiamo visto con orrore perpetrato nella Russia Sovietica. Abbiamo imparato che cosa sia il paradiso ebraico sulla terra». Roosevelt e Churchill, conclude Hitler, non vogliono né la pace né un nuovo ordine sociale più giusto. Essi non possono essere credibili: «È come se un parrucchiere pelato raccomandasse un mezzo infallibile per far crescere i capelli».

Mussolini denuncia in più occasioni «la perfida azione della nazione nord-americana», che ostacola una definitiva e giusta sistemazione europea, sottolinea i vantaggi economici che essa ottiene con gli aiuti militari ai belligeranti e, attraverso la "legge affitti e prestiti", deplora, in particolare, l'esasperato sostegno alla resistenza inglese. Annuncia (11 dicembre), dal balcone di Palazzo Venezia, l'apertura delle ostilità contro gli USA. Berlino, Roma e Tokyo danno vita ad una formidabile alleanza «che schiera 250 milioni di uomini risoluti a tutto pur di vincere» e che «imprimeranno un nuovo corso nella storia dei continenti». Attribuisce le responsabilità dell'allargamento del conflitto al presidente Roosevelt: «Un uomo, un uomo solo, un autentico e democratico despota attraverso una serie infinita di provocazioni, ingannando con una frode suprema le stesse popolazioni del suo Paese, ha voluto la guerra e l'ha preparata, giorno per giorno, con diabolica pervicacia».

Con le dichiarazioni di guerra prende corpo l'alleanza militare italo-tedesco-nipponica, che costituisce lo sviluppo naturale del Patto Tripartito (settembre 1940). L'art. 3 prevede che nel caso in cui si fosse verificato un attacco da parte di una potenza (non coinvolta nella guerra europea e nel conflitto cino-giapponese) i firmatari devono «darsi l'un l'altro assistenza con tutti i mezzi politici, economici e militari». Ora, i contraenti ritengono che la politica precedente degli USA sia configurabile come «un'aggressione indiretta» alla quale occorre reagire con efficacia e tempestività.

Nasce un'alleanza di guerra (11 dicembre 1941) con motivazioni e obiettivi ben definiti. Nel preambolo del trattato è denunciata con forza la politica anglo-americana degli ultimi anni. Essa ha cercato «di stabilire e mantenere forme oppressive di dominio delle risorse del mondo e di togliere al popolo italiano, al popolo germanico e al popolo giapponese ogni possibilità ed ogni via per provvedere ai loro elementari bisogno di lavoro e di vita». Washington e Londra hanno adottato continue misure ostili durante il conflitto europeo ed asiatico; a causa di ciò, le tre potenze, «nello spirito di fedeltà alle clausole del Patto Tripartito», concordano «nell'irremovibile decisione di non deporre le armi finché non sia stata portata a vittoriosa fine la guerra comune contro gli Stati Uniti d'America e l'Inghilterra» e stabiliscono l'impiego di «tutti i mezzi a loro disposizione», di «non concludere né un armistizio né la pace [...] senza piena reciproca intesa» e di collaborare «anche dopo la fine vittoriosa della guerra [...] allo scopo di raggiungere un giusto ordine nuovo».

Grazie a questa intesa, si verifica la saldatura completa fra i tre Stati. Il Patto del settembre 1940 contiene i principi, gli obiettivi politici e la minaccia di utilizzare la forza contro chiunque si opponga a questa nuova sistemazione mondiale. Ora, il direttorio nippo-tedesco-italiano prende atto di una «ostilità aggressiva» che non ha tenuto nella dovuta considerazione gli avvenimenti dell'anno precedente. Sulla base di quelle indicazioni mette in atto uno strumento politico-militare per attivare, impegnare e coordinare le rispettive forze armate e per affrontare la competizione bellica su scala mondiale. All'interno dell'alleanza sono evidenti i fattori di squilibrio militare ed economico: fra i tre l'Italia appare l'"anello debole", quello dei contraenti che ha maggiormente bisogno dell'aiuto esterno per raggiungere gli obiettivi che si propone. Già nel 1939 il memoriale Cavallero, inviato da Mussolini a Hitler a pochi giorni dalla firma del Patto d'Acciaio, aveva evidenziato queste carenze ed esigenze in caso di guerra e la necessità di poter disporre di alcuni anni di preparazione prima di sostenere eventuali ostilità.

Nel corso dei primi mesi del 1942 l'avanzata giapponese è rapida e porta all'occupazione di vasti territori insulari e continentali. Vengono occupati il Siam, la Malesia, Singapore, le Filippine, Giava,

Hong Kong, Guam, Wake, la Nuova Guinea e la Birmania (e alcune piccole isole dell'Arcipelago delle Aleutine). Tokyo, dopo aver ottenuto il controllo di queste aree, procede alla costituzione di governi locali filonipponici. Essi, in genere, si affiancano alla battaglia del Giappone contro Washington e Londra e sottoscrivono patti di amicizia e di collaborazione con l'Impero del Sol Levante. Questo equilibrio si dimostra, con il passare del tempo, instabile. I movimenti nazionali antinipponici si diffondono e si rafforzano con gli sviluppi delle vicende belliche: anche sul piano economico le esigenze militari del Giappone esigono crescenti sacrifici da parte delle popolazioni e rilevanti asportazioni di tutte le risorse che possono contribuire a contenere l'offensiva anglo-americana.

Alla fine di maggio 1942 il primo ministro Tojo constata con soddisfazione i risultati asiatici del conflitto e invita i nemici del Giappone a prendere atto della sconfitta anglo-americana: «In questo momento l'India si sta sgretolando, Chiunking [sede del governo nazionale cinese] è alla vigilia del collasso e l'Australia è isolata». Anche il ministro degli Esteri Togo, nella stessa occasione, evidenzia «le continue disfatte del nemico in terra e in mare»: «Sta per essere realizzato il grande ideale della costruzione di un ordine nuovo su base morale, ordine che concede a tutti i popoli e Paesi di questa sfera il diritto di occupare il proprio posto e di partecipare all'onore e alla resurrezione dell'Asia orientale». Anche a Berlino c'è ancora molto ottimismo; Goebbels, ministro della propaganda, dichiara (maggio 1942) che «le nostre previsioni sull'ulteriore corso della guerra sono più favorevoli che mai. [...] L'unica speranza che rimane ancora ai nostri avversari [...] è l'Unione Sovietica», ma anch'essa è destinata a capitolare di fronte al «linguaggio decisivo delle armi tedesche».

2. *La grande coalizione: le "Nazioni Unite" (1° gennaio 1942)*

Già all'indomani dell'aggressione tedesca all'URSS, Londra e Washington hanno sostenuto la resistenza sovietica. La decisione non è stata priva di perplessità e di riserve, ma, alla fine, ogni incertezza è stata superata nella logica di acquisire un nuovo alleato nella lotta contro il nazifascismo e nella consapevolezza che la guerra ha ormai assunto una dimensione globale e che su questo terreno essa deve essere affrontata. La contrapposizione si fa ancora più netta e diventa ufficiale con le successive dichiarazioni di guerra italo-tedesche (dicembre 1941) agli USA e con la nascita dell'alleanza militare tripartita (11 dicembre 1941). Il 1° gennaio 1942 una dichiarazione di un gruppo di "Nazioni Unite" rende nota la formazione di una nuova coalizione politico-militare: ne fanno parte gli USA, la Gran Bretagna, l'URSS, l'Australia, il Canada, la Norvegia, il Sudafrica e molti altri Stati. Gli alleati affermano di accettare la Carta Atlantica come «programma comune di propositi e di principi di guerra», di essere convinti che sia «indispensabile una vittoria completa sui loro nemici per assicurare la vita, la libertà, l'indipendenza e la libertà religiosa e per preservare i diritti dell'uomo e la giustizia [...] e di essere consci di partecipare alla lotta comune contro le forze selvagge e brutali che cercano di soggiogare il mondo». Si impegnano ad utilizzare tutte le loro risorse contro i firmatari del Patto Tripartito e i loro associati, a non sottoscrivere armistizio o pace separata, ad accogliere nella coalizione tutte le nazioni che vogliono conseguire «la vittoria sull'hitlerismo».

Risulta evidente il diverso trattamento riservato alla Germania, citata espressamente nel documento, e al Giappone, che vi compare in modo indiretto come cofirmatario dell'accordo del settembre 1940. La ragione è evidente: alcuni dei principali firmatari sono in guerra da anni o da poche settimane con Berlino, Tokyo e Roma, mentre Mosca ha nel cassetto un impegno alla neutralità con i nipponici che non intende violare. L'intesa di queste nazioni è anche un'importante affermazione di natura politica: c'è l'approvazione dei principi fondamentali della democrazia occidentale secondo l'interpretazione che ne danno gli autorevoli autori della Carta Atlantica. Non è agevole conciliare queste categoriche affermazioni con la firma del rappresentante sovietico. Litvinov rappresenta uno Stato basato sui principi della dottrina marx-leninista e la comune sottoscrizione appare dettata unicamente da necessità contingenti di natura bellica, dal timore di non poter domare «il demone nazifascista» senza un accordo generale. C'è anche, da parte anglo-americana, la paura che gli esclusi possano alla fine, senza convinzione, ma per disperazione, cadere in braccio agli avversari.

C'è da sottolineare la straordinarietà di questa convergenza: l'esame del comportamento anglo-americano, e di molte altre potenze, dal 1917 al 1941, ha messo in luce una costante e radicata avversione verso il regime moscovita sia per le sue caratteristiche interne sia per il suo potenziale rivoluzionario esterno legato fra l'altro all'attivismo rivoluzionario del Komintern. Relazioni interstatuali complesse e controverse hanno segnato i reciproci rapporti nel ventennio precedente: in URSS si è diffusa la psicosi dell'accerchiamento, il timore di improvvise aggressioni, la consapevolezza di dover difendere e consolidare un'esperienza unica nella storia dell'umanità, la volontà di dar vita ad un modello di convivenza e di giustizia per porre fine ad ogni forma di sfruttamento fra gli uomini e le nazioni, mentre per le democrazie liberali vi è stata la vigilanza costante, il sospetto per ogni risultato conseguito dai sovietici, il timore nei confronti dei successi dei movimenti comunisti al proprio interno e la paura (in particolari momenti di grave crisi economica e sociale) che le spinte rivoluzionarie, che avevano trionfato nella Russia zarista, potessero trovare consensi analoghi.

Ma c'è anche un altro aspetto, più recente e non per questo meno rilevante. Sia le maggiori democrazie sia l'URSS hanno vissuto gli ultimi anni in un clima di tensione e di reciproche recriminazioni, perché hanno visto in più occasioni la netta contrapposizione dei rispettivi interessi e delle proprie collocazioni internazionali. Mosca ha pensato che il "mondo capitalista" potesse usare il nazifascismo e il militarismo nipponico per liquidare l'esperienza del bolscevismo. Questo timore, dopo Monaco, è diventato un sospetto molto concreto. Il Cremlino ha temuto un attacco in Occidente e in Oriente da parte di tutto il fronte anticomunista internazionale per soddisfare aspirazioni espansionistiche. Al termine di un conflitto generale gli aggressori, aiutati e coperti da altri Paesi, avrebbero ottenuto compensi territoriali, mentre una "Russia mutilata" entro confini ridotti sarebbe tornata nell'alveo delle potenze capitaliste con un governo e un sistema politico a loro gradito. Ma anche l'Occidente democratico ha vissuto con molta apprensione gli ultimi anni: nessuno ha accettato l'idea di lasciare nel continente mano libera a Hitler. Non lo hanno accettato né Londra né Parigi né Washington, che hanno cercato di associare l'URSS alla loro azione di contenimento. Purtroppo lo hanno fatto soltanto per la Polonia e non nel periodo precedente (questo comportamento ha creato a Mosca i timori già ricordati) e nell'agosto del 1939 hanno dovuto prendere atto del non prevedibile accordo fra sovietici e nazisti, che ha aperto le porte all'espansione tedesca. Di fronte alla firma dei protocolli nazi-sovietici e alle conseguenti spartizioni europee hanno assunto una posizione flessibile in attesa di sviluppi ulteriori, anche quando le speranze di cambiamenti sembravano remote: dichiarazione di guerra anglo-francese alla Germania, deplorazione e condanna dell'avanzata sovietica senza tuttavia giungere all'apertura di ostilità con Mosca.

Ci sono, alle spalle della convergenza del gennaio 1942, anni di contrapposizioni e prospettive politiche molto diverse, che rendono poco credibili le adesioni a comuni principi tanto espliciti quanto solenni e impegnativi. I governi democratici devono appellarsi a principi, a valori, a futuri comportamenti coerenti con i sistemi politici che li esprimono, mentre il Cremlino non deve rispondere ad un fronte interno pluripartitico o meglio lo deve fare soltanto nei confronti del mondo comunista per dimostrare la ferma determinazione di voler difendere «a qualsiasi costo il frutto della rivoluzione e l'integrità territoriale dello Stato sovietico». Se è comune l'emergenza da affrontare, ben diverse sono le motivazioni ideali e anche le prospettive delle rivendicazioni ove il conflitto dovesse avere esito vittorioso. Non a caso anche i tempi e i modi con cui le maggiori potenze dell'alleanza sono entrate nel conflitto sono diversi e gli obiettivi distinti: Londra ha temuto un'egemonia continentale tedesca e l'impossibilità di difendere il suo Impero; Parigi si è mossa secondo una logica analoga; Washington, cosciente della globalità della crisi in atto, non si è sottratta ad una esplicita assistenza economico-militare ai nemici del Patto Tripartito, con l'emissione di dichiarazioni impegnative ostili a quest'ultimo, ha reagito all'aggressione diretta ed è quindi coinvolta nel conflitto generale.

C'è un'osservazione ulteriore che può essere formulata. Se si osservano le alleanze delle maggiori potenze in conflitto nel periodo in cui esse restano "cristallizzate" (cioè dal gennaio 1942 al febbraio 1945) pare inadeguato un confronto fra un'alleanza considerata "unitaria e compatta" e un'altra che ha dato origine ad una guerra asiatica e ad una guerra europea fra loro "parallele". Con questa espressione, inadeguata sul piano interpretativo, si vuole mettere in luce una realtà militare, non certo politica; cioè viene dato risalto al fatto che due dei contraenti del Tripartito conducono una guerra europea, atlantica, mediterranea e nord-centro-africana, l'altro un conflitto asiatico e nell'Oceano Pacifico. Ma, al di là dei teatri operativi bellici, la coesione è politica ed è fondata su comuni convincimenti, su aree d'influenza ben individuate e sulla volontà di dar vita ad un "nuovo ordine mondiale". Nessuna delle tre potenze assume atteggiamenti ostili verso le altre e neppure compie scelte che le danneggiano (c'è soltanto la divaricazione italiana nel 1943); in alcuni momenti ci sono freddezze e riserve (Patto Ribbentrop-Molotov), ma queste scelte non mettono in discussione gli obiettivi generali comuni, al massimo rendono meno credibili gli impegni del Patto anti-Komintern.

Al contrario, il fronte anglo-americano-sovietico ha una genesi molto più complessa e contraddittoria. Londra entra in guerra quando Mosca ha trovato un'intesa spartitoria con Berlino; i sovietici, pur rifiutando l'ipotesi di abbandonare i Balcani, accettano passivamente la penetrazione tedesca in Bulgaria, in Romania, in Jugoslavia ed in Grecia: i tedeschi rompono l'equilibrio con l'aggressione, mentre l'URSS predilige ancora una politica di sicurezza e di collaborazione, anche economica e commerciale, nei loro confronti; gli stessi Stati Uniti sono spinti nel conflitto dall'attacco nipponico. Il fronte comune non nasce da scelte preventive, ma da comportamenti reattivi alla politica di altri. Se ciò è vero sul piano politico generale, lo è anche su quello specifico militare: Mosca conduce una sua guerra europea (con aiuti americani tardivi e non determinanti ai fini del successo finale); Londra è impegnata a vasto raggio con l'assistenza americana; soltanto Washington ha la forza di aiutare gli alleati e di combattere su diversi fronti di mare e di terra. Ma c'è un'eccezione: il fronte europeo, dove l'Armata Rossa affronta da sola le armate tedesche e quelle degli alleati della Germania. Ha dunque senso anche in questo caso, e forse ancor di più se si osservano i tempi e i modi delle scelte politiche militari, parlare di guerre "parallele" nella conduzione delle operazioni e nei fini. Anzi, gli sviluppi del dopoguerra costituiscono la prova più evidente del totale disallineamento degli alleati, cioè di un precedente parallelismo e non di una sostanziale convergenza. Il punto nevralgico di tutto il sistema rimane il già citato Patto di neutralità nippo-sovietico: ad esso è riconducibile il concetto di guerre parallele applicato sia all'URSS che agli Stati Uniti. Il mancato impegno sovietico nel settore siberiano obbliga gli Stati Uniti ad un maggiore sforzo sui propri teatri operativi prevalentemente marittimi e insulari e favorisce per altro verso Tokyo, che non deve aprire anche questo fronte.

A proposito di questo aspetto giova un'osservazione: taluni sostengono che grazie agli accordi del 13 aprile 1941 i giapponesi non devono combattere su due fronti, ma ciò non è vero: in realtà l'esercito nipponico combatte dal 1937, con risultati apprezzabili ma non definitivi, sul fronte continentale in Cina, dove deve far fronte alla resistenza dei nazionalisti e dei comunisti. È dunque più esatto affermare che eventuali ostilità sovietico-nipponiche avrebbero aperto un "secondo" fronte "continentale" che in realtà, nel contesto del più ampio conflitto con gli USA (e altre potenze), sarebbe diventato il "terzo". Quel Patto di neutralità, anomalo rispetto alle alleanze in essere, permette di evitare all'URSS di dover combattere in Asia e in Europa e al Giappone di dover sostenere un ulteriore temibile scontro sul continente (questa situazione cambia a Yalta nel 1945).

3. *Lo sviluppo delle operazioni belliche. Le conferenze degli Alleati. Le illusioni italo-tedesco-nipponiche*

Il confronto politico-militare fra gli aderenti al Patto Tripartito e i firmatari della grande alleanza delle Nazioni Unite (1° gennaio 1942) evidenzia le caratteristiche diverse dei due blocchi. I numeri parlano con estrema chiarezza: all'inizio del conflitto le Nazioni Unite hanno una popolazione di circa 400 milioni contro i 250 dei "tripartitici" e la produzione di acciaio è di 90 milioni di tonnellate contro 30. Anche la disponibilità di mezzi bellici nel periodo del conflitto è sfavorevole al Tripartito: si calcola che il rapporto complessivo in tonnellate fosse di tre a uno, in quello dei mezzi corazzati di otto a uno e in quello aeronautico di tre a uno. Le forze del Tripartito sono in condizioni di oggettiva inferiorità; le possibilità di vincere il conflitto sono legate ad un impiego ottimale delle risorse militari, ad una durata breve del conflitto o alla scoperta e all'impiego di nuove armi capaci di alterare lo squilibrio "strutturale". Le potenze del Tripartito dispongono di apparati militari moderni, ma non controllano adeguate risorse energetiche e materie prime e occupano all'inizio spazi relativamente limitati. Le stesse espansioni realizzate dal 1937 al 1942 hanno comportato sforzi militari ed economici ingenti e determinato difficili condizioni d'occupazione di territori e di Stati, ma non di definitiva pacificazione. Occorre continuare nell'impegno bellico, garantire il nuovo ordine, combattere le forze d'opposizione interna, fare opera di convincimento delle popolazioni.

Si tratta di progetti impegnativi che richiedono per Berlino, Tokyo e Roma tempo ed energie. Al di là delle immediate apparenze, i grandi successi iniziali tedeschi e giapponesi rendono questi Paesi più deboli di fronte a una competizione su scala mondiale. Queste potenze, senza aver concluso conflitti di vaste proporzioni, devono affrontare i costi di operazioni militari su fronti estesi, con collegamenti difficili e occupazioni difficoltose. Un conflitto di lunga durata favorisce i loro avversari, che dispongono di risorse umane, di mezzi militari e di materie prime e di spazi territoriali propri ben più ampi. Le forze armate tedesche e quelle aeronavali giapponesi godono di una spinta iniziale che non supera i diciotto mesi. Dopo questo periodo è già in atto un efficace contenimento sul fronte russo e su quello del Pacifico, che fa registrare un iniziale "arresto" delle avanzate e l'avvio di un significativo ripiegamento. All'inizio del 1943 si delinea un cambiamento degli scenari strategici sui principali fronti terrestri e marittimi del conflitto.

La conclusiva vittoria degli alleati (Washington, Mosca e Londra) non pare in discussione, purché essi rimangano uniti nella lotta fino alla sconfitta dei comuni rivali, ma esistono difficoltà, sospetti e timori che possono compromettere la collaborazione e mettere in discussione l'alleanza in atto. Questi fattori sono riconducibili alle scelte diverse e contrapposte che alcuni di loro hanno compiuto in passato. Altri sono legati alla condotta della guerra e agli obiettivi del conflitto stesso, cioè al quadro complessivo del dopoguerra. Si deve precisare una linea comune di condotta per vincere il conflitto e governare il periodo successivo. Si tratta di definire una ripartizione equilibrata dei sacrifici bellici e delle iniziative militari, precisare il proprio assetto territoriale futuro e quello degli altri Stati occupati e degli stessi avversari; c'è il rischio che una parte dei contraenti, insoddisfatta, possa dissociarsi dal comune sforzo, essere tentata dalla ricerca di una "pace separata" o anche dalla possibilità di arrivare a dar vita a forme di collaborazione con gli attuali nemici.

Dal 1941 al 1945 sono numerosi gli incontri fra i capi di Stato dei tre Paesi e fra i loro più diretti collaboratori per risolvere di volta in volta i problemi più urgenti di carattere militare e politico. La frequenza di questi incontri sottolinea la precarietà dell'alleanza iniziale, le difficoltà belliche, ma anche la volontà di fare ogni sforzo per condurre fino in fondo la comune battaglia ed evitare i rischi di una dissociazione. Nell'esame del complesso, e non sempre lineare, sviluppo di queste trattative, occorre mettere in luce un elemento importante: l'andamento delle operazioni militari e i loro risultati sui singoli fronti diventano i fattori decisivi anche per le soluzioni politiche. Ciò si verifica sia per le battaglie congiunte condotte da più alleati sia per quelle disgiunte, cioè condotte con la prevalenza di una delle potenze. Le stesse richieste politiche, spesso di natura confinaria e di influenze dichiarate, subiscono significativi mutamenti durante il periodo bellico e alla fine troveranno soluzioni più o meno concordate e accettate sulla base prevalente dei risultati operativi raggiunti. È la cosiddetta tirannia della "carta di guerra", cioè dei territori sotto l'effettivo controllo dei diversi eserciti. Torna in questa valutazione tutta la realtà delle guerre parallele, condotte anche da parte delle potenze alleate al di là delle dichiarazioni conclamate e delle assicurazioni in più occasioni ribadite.

Queste osservazioni trovano conferma nello svolgersi dei contatti, delle trattative e degli accordi che si sviluppano principalmente fra Londra e Washington dal 1939 al 1941 e in seguito fra queste capitali e Mosca (con un ruolo marginale di altre). Vengono in tal modo in evidenza le esigenze di aiuti militari ed economici da parte sovietica, la necessità dell'apertura di nuovi fronti per aiutare quelli più critici, l'impegno a condurre la lotta fino alla totale distruzione degli avversari ("resa incondizionata"); ma ci sono anche le questioni di carattere politico: i sovietici, che pur hanno accettato i principi della Carta Atlantica (autodeterminazione dei popoli, rinuncia a compensi territoriali), sostengono via via interpretazioni estensive di quelle disposizioni in una logica riconducibile all'esigenza di sopravvivenza e di rafforzamento del sistema comunista e di sicurezza statale. Anche in queste richieste c'è un'evoluzione legata strettamente allo sviluppo delle operazioni belliche, che sono più caute e limitate nel periodo iniziale (quando l'URSS subisce l'aggressione tedesca), ma diventano più pressanti e precise dopo la controffensiva e l'avanzata dell'Armata Rossa verso Berlino e il cuore dell'Europa centrale e balcanica.

Dal 1942 al 1945 i rapporti fra i "maggiori alleati" (USA, URSS, Gran Bretagna) sono finalizzati alla vittoria militare sul Tripartito. Non mancano motivi di tensione, minacce di rottura della coalizione, serie divergenze sulle priorità strategiche, riserve sulle soluzioni adottate nelle aree liberate dalle forze armate nemiche. Nonostante tutto questo, il direttorio di guerra delle "Nazioni Unite" si mantiene compatto e conduce le operazioni militari fino alla sconfitta dei comuni avversari. Anche la Cina è considerata con attenzione e partecipa in più occasioni ai vertici politico-militari: nessuno ignora il peso che questo Paese potrà esercitare nel dopoguerra e neppure il ruolo che essa ha svolto nel contenimento del Giappone (dal 1931 al 1945, la guerra dei 15 anni). Molto intense sono le relazioni cino-anglo-americane, che si rafforzano dopo l'aggressione giapponese del 1941. Anche la Francia, con gradualità, riacquista un ruolo significativo nei rapporti con le altre maggiori potenze. Ciò è dovuto in gran parte ai meriti acquisiti dal generale De Gaulle, strenuo difensore della resistenza francese dopo l'armistizio del 1940 come rappresentante della "Francia Libera". D'altra parte, nessuno può negare l'influenza esercitata dal movimento "Francia Libera" durante i primi anni della guerra ed ancor meno l'importanza che questa rinata potenza può avere nel nuovo contesto europeo e nelle aree coloniali.

Con la formazione della grande alleanza delle “Nazioni Unite” e con l’avvio di una lotta comune su più continenti c’è la necessità di un coordinamento specifico fra le capitali più importanti per concentrare gli sforzi militari. Prendono corpo in questo contesto numerose conferenze fra i capi di Stato, i ministri degli Esteri e i vertici militari. Già nel maggio 1942 si costituisce un’alleanza anglo-russa in funzione antitedesca, che sottolinea la comune condanna delle aggressioni subite e la volontà di prevenire, anche per il futuro, analoghe drammatiche emergenze. In questo periodo, Mosca insiste per l’apertura di un secondo fronte europeo occidentale per alleggerire la pressione germanica sul proprio territorio. Preoccupazioni successive per le vicende egiziane (caduta di Tobruk) determinano al contrario una vasta operazione nel Nord Africa, che porterà alla totale disfatta delle forze italo-tedesche in quel teatro di guerra. Le reazioni sovietiche a questa decisione sono negative perché non comportano immediati benefici per il fronte russo.

Alla conferenza di Casablanca gli anglo-americani (gennaio 1943) decidono l’estensione delle operazioni nel Mediterraneo e l’attacco alla Sicilia. Questa impostazione incontra le riserve sovietiche e fa nascere dubbi sulle reali intenzioni anglo-americane in ordine all’apertura delle ostilità sul continente europeo su vasta scala. L’invio di aiuti economici e militari all’URSS non sembra adeguata compensazione alla mancata apertura del secondo fronte ad Occidente della Germania. La vittoria dell’Armata Rossa a Stalingrado (febbraio 1943) contribuisce a chiarire i rapporti fra gli alleati: Mosca supera un’emergenza drammatica e gli anglo-americani avvertono l’esigenza di considerare con maggiore attenzione le esigenze russe per non compromettere i rapporti futuri.

A Washington (maggio 1943) Roosevelt e Churchill decidono di effettuare lo sbarco in Europa occidentale nel maggio del 1944. Le conclusioni di questa conferenza (denominata Tridente) non soddisfano i vertici moscoviti che, in più occasioni, denunciano la doppiezza anglosassone («molte parole e pochi fatti») e il rinvio ingiustificato delle operazioni militari in Europa. Per sottolineare la loro contrarietà al progetto annunciato ritirano i propri ambasciatori da Washington e da Londra. Al tempo stesso, però, per confermare la propria lealtà alla coalizione e la volontà di proseguire «con armonia» la lotta comune, sciolgono il Komintern (giugno 1943). Questo atto vuole evidenziare la rinuncia ad una pressione marx-leninista all'interno dei Paesi alleati nel nome della «comune causa antifascista» e ha un valore più simbolico che sostanziale. Già da anni il Komintern ha ridotto la sua azione; in particolare dopo l'inizio del conflitto esso ha operato nei Paesi europei e in quelli coloniali per impedire attacchi all'URSS e per sostenere la sua politica estera indipendentemente dalle scelte che essa via via operava. Ciò non toglie che la soppressione di questa autorevole organizzazione costituisca un messaggio importante per gli alleati liberal-democratici.

Nell'agosto 1943, a Quebec, si svolge un incontro fra Roosevelt e Churchill (conferenza Quadrante), dove viene confermata la data dello sbarco in Francia e accantonata l'idea inglese di un'azione analoga nella penisola balcanica. Queste assicurazioni e questi impegni aprono la strada all'incontro dei ministri degli Esteri Eden, Hull e Molotov a Mosca (ottobre 1943), che permette un esame più sereno della situazione politico-militare del momento e di iniziare la discussione dei problemi europei del dopoguerra nel caso in cui le forze dell'Asse siano sconfitte. Viene inoltre accettata la proposta di un incontro fra i tre grandi da tenersi al più presto a Teheran.

Prima di questo vertice in Iran, al Cairo (novembre 1943), Roosevelt e Churchill incontrano Chiang Kai-shek. È confermata la volontà di «punire l'aggressione del Giappone», di togliergli il controllo della Corea, di Formosa, delle Pescadores e della Manciuria. Da parte americana si immagina anche un dopoguerra garantito da quattro potenze maggiori, che dovrebbero disporre degli armamenti necessari a mantenere pace e ordine. Si tratta dei "Quattro poliziotti armati" (USA, URSS, Gran Bretagna e Cina); da questo ristretto club è esclusa, in questa fase, la Francia a causa delle scelte armistiziali precedenti e della politica collaborazionista di Vichy. De Gaulle non pare, al momento, offrire garanzie adeguate ed essere in grado di rappresentare il suo Paese.

La conferenza di Teheran (novembre-dicembre 1943) vede per la prima volta riuniti Roosevelt, Stalin e Churchill: viene confermato lo sbarco di un forte contingente alleato in Normandia nei mesi di maggio-giugno dell'anno seguente. È, al contrario, accantonata l'idea di una contemporanea azione balcanica. I sovietici ritengono che questa strada non sia la più indicata né la più rapida per piegare la resistenza tedesca, rischiando inoltre di indebolire le operazioni in Francia. In questa occasione si parla anche dei futuri confini polacchi, della necessità di occupare la Germania e di impedirle "operazioni revansciste" con la creazione di basi militari alleate sul suo territorio e di dar vita ad un sistema analogo in Giappone. Viene esaminata, in via preliminare, anche l'ipotesi di costituire una Organizzazione delle Nazioni Unite per garantire il mantenimento della pace nel dopoguerra.

Sul piano politico, l'incontro stabilisce un rapporto più solido, di maggior fiducia, fra i tre statisti. Ciò è possibile anche per l'impegno assunto dagli anglosassoni di sbarcare in Francia e di abbandonare i propositi balcanici. Ciò permette al dittatore sovietico di ottenere due risultati strategici: l'accelerazione dell'avanzata dell'Armata Rossa verso la Germania e la possibilità di «liberare e occupare l'intera area balcanica» secondo i piani già da tempo presi in considerazione dal Cremlino. Questo è il prezzo che viene pagato, più o meno consapevolmente, a Mosca per tenere unita l'alleanza di guerra e per poter guardare con maggiore sicurezza alla vittoria sulle forze del Tripartito. Anche la Cina e la Francia, pur assenti dal vertice iraniano, sono considerate con la massima attenzione per gli equilibri futuri e per il completamento delle operazioni militari. Con lo sbarco alleato nel giugno del 1944 inizia la liberazione della Francia, che porta alla caduta del governo di Vichy.

Il nuovo governo francese sarà riconosciuto (ottobre 1944) da Londra, Washington e Mosca e da numerosi altri Stati. Parigi desidera ricollocarsi nel nuovo contesto dei rapporti diplomatici europei e mondiali. Fra le iniziative adottate nei mesi seguenti si devono registrare la visita di De Gaulle a Mosca (dicembre 1944) e la sottoscrizione di un'alleanza franco-sovietica. Con essa viene ribadito l'impegno di condurre le operazioni belliche fino alla vittoria finale e si decide di cooperare per prevenire future minacce tedesche alla sicurezza dei due Paesi e alla pace europea.

Secondo alcune interpretazioni, De Gaulle avrebbe voluto assumere un ruolo di cerniera fra l'URSS e gli anglo-americani. In quest'ottica, risentito per la scarsa considerazione di cui credeva di essere stato oggetto da parte americana, avrebbe ricercato un rapporto privilegiato ad Oriente. In realtà, questa ipotesi non trova rispondenze successive, neppure da parte moscovita. È più realistico ritenere che il trattato franco-sovietico (molto simile a quello anglo-sovietico del 1942) volesse evidenziare la nuova forza del governo francese e i rapporti di amicizia con l'URSS ancora impegnata nella guerra in Europa.

Nel mese di ottobre (1944) Churchill e Stalin s'incontrano a Mosca per esaminare i problemi connessi con la liberazione e l'occupazione di alcuni Stati balcanici (Grecia, Bulgaria, Jugoslavia). In questa occasione sarebbero state decise «percentuali d'influenza» anglosassoni e sovietiche. Secondo il resoconto di Churchill, è consegnato a Stalin, durante la fase dei lavori, un appunto nel quale si legge: «Romania: Russia 90%, gli altri 10%; Grecia: Gran Bretagna (d'intesa con gli Stati Uniti) 90%, Russia 10%; Jugoslavia: 50/50%; Ungheria: 50/50%; Bulgaria: Russia 75%, altri 25%». Stalin, dopo aver esaminato il testo, avrebbe tracciato «un grosso segno di visto sul foglio». Questo resoconto appare inadeguato a fornire spiegazioni sul reale significato delle proposte e sulla loro accettazione. Dall'appunto in questione non si può evincere nulla di preciso. Le percentuali si riferiscono ad aree geografiche d'occupazione? Si tratta di ripartizione all'interno dei futuri governi? Si definiscono percentuali di egemonie economiche-commerciali o di natura politica? La risposta a questi quesiti, sulla base dell'unica fonte disponibile, è impossibile, né si può sostenere che vi sia stata un'accettazione sovietica. C'è soltanto l'apposizione di un visto da parte di Stalin che non può essere considerato un assenso. È dunque preferibile lasciare da parte questo documento, che crea confusione senza arrecare alcun contributo importante alla conoscenza delle relazioni anglo-russo-americane. Se ne potrebbe soltanto dedurre l'intenzione inglese di mantenere una presenza significativa nella penisola balcanica.

Da parte di Washington si manifestano riserve e preoccupazioni per il futuro di tutte le aree liberate, si vuole definire con più esattezza il destino della Germania e si vuole chiarire la posizione sovietica in Estremo Oriente, ove l'URSS mantiene, nei confronti del Giappone, una scrupolosa neutralità sulla base del trattato dell'aprile del 1941. Queste esigenze suggeriscono la convocazione di un incontro fra i "Tre Grandi": esso ha luogo a Yalta, in Crimea, nel febbraio del 1945. Alla data del suo svolgimento le operazioni belliche non sono concluse né in Europa né in Asia. C'è tuttavia la previsione di una loro positiva chiusura nel giro di pochi mesi. A questa conferenza seguirà, dopo poco, l'ultimo vertice in tempo di guerra anglo-sovietico-americano a Potsdam (luglio-agosto 1945).

Esiste una sostanziale differenza fra questi due incontri e quelli precedenti del periodo bellico. Quelli degli anni 1942-1944 erano stati convocati e gestiti per condurre le operazioni belliche e mantenere l'unità politico-militare delle Nazioni Unite. I due vertici successivi (Crimea e Germania), al contrario, devono risolvere i problemi del dopoguerra e sono dunque rivolti verso il futuro: le riparazioni di guerra, le sistemazioni confinarie, l'occupazione e i trattati di pace con i vinti e la formazione di una nuova organizzazione per la tutela della pace. L'intera impostazione dei lavori è rivolta al quadro postbellico, anche se le conversazioni si sviluppano quando il clamore delle armi ancora non tace e «il demone aggressore del Tripartito non è domato». C'è, ad ogni modo, piena consapevolezza che questo avverrà in poco tempo. È dunque logico collocare l'intero impianto politico dei due vertici non alla fine del conflitto, ma alla base del nuovo ordine internazionale che i vincitori vogliono determinare.

Yalta e Potsdam non sono l'ultimo pilastro del ponte creato fra gli alleati durante il conflitto, ma il primo di una nuova struttura immaginata per gestire il dopoguerra. Non sono le conferenze conclusive del conflitto, ma le prime della pace successiva (cioè del dopoguerra). Di fronte a questa osservazione c'è, in apparenza, una sola eccezione: il trattato sottoscritto a Yalta per l'adesione sovietica alla guerra contro il Giappone. Questo testo è in apparenza legato alle perduranti vicende belliche e dunque non sembra riconducibile alla lotta del dopoguerra, ma risponde ad esigenze immediate del fronte militare continentale dell'Estremo Oriente. Ciò è vero nelle premesse del testo, ma gli sviluppi successivi non saranno coerenti con le esigenze del periodo della firma. In realtà, nonostante gli impegni sottoscritti, Mosca entrerà in guerra con Tokyo l'8 agosto 1945 quando, caduta la prima bomba atomica, il conflitto è ormai concluso. Le sue operazioni militari risultano limitate e brevi. Al contrario, le disposizioni contenute nell'accordo avranno conseguenze di rilievo sulla sistemazione politica dell'Asia orientale, nonostante l'assoluta marginalità delle operazioni militari nippo-sovietiche. È dunque lecito collocare anche questo trattato nel contesto della sistemazionc postbellica.

4. *La sconfitta del Tripartito*

Nel settembre del 1942, nel secondo anniversario della firma del Patto Tripartito (Germania, Italia, Giappone, Ungheria, Romania, Bulgaria, Slovacchia, Croazia), gli aderenti più autorevoli dimostrano ancora piena soddisfazione per i risultati conseguiti e la certezza della vittoria militare. Ciano osserva che «per preservare le loro tradizioni civili, per assicurare il lavoro ai loro figli e lo spazio ai loro popoli, per difendere il patrimonio delle loro istituzioni politiche, religiose, familiari, l'Italia, la Germania e il Giappone sostengono vittoriosamente l'urto gigantesco che dalle estreme rive dell'Atlantico alle estreme rive del Pacifico insanguina il mondo. Compito grandioso e obiettivo altissimo che ha trovato interpreti provvidenziali in grandi capi di geniale intuizione». Nella medesima circostanza (27 settembre) Ribbentrop parla al Kaiserhof di Berlino. Attribuisce a Roosevelt e alla «cricca di guerrafondai ebraici che lo circonda» la responsabilità del conflitto, ricorda gli straordinari risultati conseguiti sul piano militare in Europa e in Asia, dichiara di essere certo che «l'eroismo ed il valore delle truppe tedesche vinceranno anche la battaglia di Stalingrado. [...] al nostro pericolosissimo avversario viene inferto un colpo dal quale egli non si riprenderà mai più». Sottolinea i risultati ottenuti sul fronte orientale con l'occupazione «di una superficie grande come la grande Germania, la Francia ed il Regno Unito presi insieme». L'URSS ha perso il controllo di circa 90 milioni di persone, alle quali si devono aggiungere 12 milioni fra morti, feriti e prigionieri, cioè «i due terzi della popolazione della parte europea dell'Unione Sovietica e oltre la metà di tutti i suoi abitanti». Ha inoltre perduto le regioni più fertili come l'Ucraina, quelle situate fra il Donez, il Don, il Volga e la stessa Crimea, perdendo in tal modo molta della sua produzione di cereali, di carne e di zucchero. Disastrosa è anche la sua situazione «per quanto riguarda le materie prime indispensabili: estrazione ridotta di minerali ferrosi e di antracite, di manganese e di alluminio. A ciò si deve aggiungere la crisi dei rifornimenti petroliferi del Caucaso ormai nelle mani delle forse armate germaniche e dei loro alleati. L'URSS dovrà necessariamente, prima o poi, morire». Non è possibile che possano provvedere a fronteggiare un disastro di queste proporzioni gli aiuti anglo-americani «ed ancor meno il tanto auspicato secondo fronte nell'Europa occidentale».

Ribbentrop coglie l'occasione per esaltare la precedente politica autarchica tedesca ed evidenziare i benefici concreti che l'espansione militare ha portato per i Paesi del Tripartito anche sul piano economico. La questione alimentare, che è sempre stata un punto critico, è risolta, anzi è destinata «a migliorare di anno in anno». L'enorme disponibilità di materie prime consente di potenziare «senza limiti» la produzione bellica anche grazie ad una qualificata e numerosa manodopera europea, nella quale occupa un posto di rilievo la percentuale elevatissima di operai specializzati, di tecnici e di dirigenti industriali tedeschi. I cantieri navali e aerei del Reich lavorano già a pieno ritmo e «hanno in corso progetti d'ampliamento ulteriori che si possono definire grandiosi». Il ministro tedesco osserva che le forze del Tripartito, dopo due anni dalla sottoscrizione del Patto, «sono padrone della situazione in ogni campo» e che le forze nemiche capiranno presto «di non avere più nulla da cercare nei nostri spazi vitali in Europa e nell'Asia orientale».

Nel dicembre del 1942, quando sono già iniziate la battaglia di Stalingrado e la controffensiva aeronavale anglo-americana nel Pacifico, Mussolini ostenta la certezza della vittoria del Tripartito: «Oggi la Russia ha perduto i suoi territori più fertili, più ricchi di materie prime, ha perduto da 80 a 90 milioni di abitanti. Quei territori ci permettono di vedere il futuro dal punto di vista delle materie prime e dal punto di vista alimentare con maggiore fiducia. [...] Non vi è alcun dubbio che in questa gigantesca partita che deve creare la nuova Europa e stabilire i confini fra l'Europa e l'Asia, la vittoria decisiva e definitiva non può che arridere alle armi dell'Asse. [...] Ora l'intervento del Giappone nella guerra del Tripartito è una garanzia assoluta della vittoria, perché il Giappone è irraggiungibile e imbattibile. Tutte le posizioni inglesi nell'Estremo Oriente sono cadute come castelli di carta. [...] in pochi mesi, il Giappone, da Paese povero come noi, è diventato, se non il primo in ricchezza tra i Paesi del mondo, certamente fra i primi. [...] E non passa giorno senza che l'orgoglio degli americani sia colpito, sia frantumato». La "Pax britannica" sarebbe, prosegue Mussolini, una Versailles moltiplicata per cento, poiché i britannici vogliono un mondo di schiavi per garantire al popolo inglese «le sue cinque digestioni quotidiane».

La reazione italo-tedesca nei confronti delle precedenti scelte anglo-francesi è sempre polemica e spesso "rabbiosa". Questo atteggiamento è il risultato della delusione provata dopo i tentativi di accordo degli anni precedenti. Berlino e Roma hanno sperato di poter ottenere l'approvazione dei loro progetti espansivi nell'Oriente europeo, nel Mediterraneo e in Africa da parte di Londra e di Parigi, ma queste ultime non soltanto non hanno approvato «gli auspicati spazi vitali del nazifascismo» ma, anzi, per contrastarli non hanno esitato ad impugnare le armi. Al fondo c'è, da parte italo-tedesca, delusione e risentimento.

Anche in Giappone c'è ancora molto entusiasmo e speranza di una rapida e positiva conclusione del conflitto. In settembre viene costituito il Ministero per la Grande Asia orientale (e decisa una conseguente e notevole limitazione delle competenze del Ministero degli Esteri). Al tempo stesso la penisola coreana, l'isola di Formosa e la parte meridionale di Sahalin, passano dalla condizione di colonie a quella di «territori appartenenti alla madre patria», cioè diventano aree metropolitane. Il primo ministro Tojo esalta «le grandiose vittorie all'Est ed all'Ovest», che hanno coronato «lo sforzo delle forze armate dei tre Paesi ed assicurato il raggiungimento della comune meta» e ricorda che in Giappone «il sentimento di fedeltà è fortissimo» e che questo contribuisce a rafforzare l'unità dei tre Stati: «Il Giappone è deciso a raggiungere la vittoria in questa guerra senza precedenti [...] insieme ai suoi alleati». Il nuovo ministro degli Esteri Tani (dicembre 1942) osserva che «le basi nemiche nell'Asia orientale sono tutte cadute nelle mani dei giapponesi ed i popoli liberati avevano già potuto riacquistare la propria individualità». Nota inoltre che «la guerra e la ricostruzione hanno proceduto di pari passo, ed è molto importante che le potenze del Tripartito eccellano sia nella riattivazione dei territori dove è passata la guerra e nella riorganizzazione delle relative popolazioni sia nella guerra guerreggiata». Da parte sua, il Quartier Generale dell'Esercito (dicembre 1942) comunica che dopo le vittoriose battaglie in Asia orientale i nemici «non hanno ormai più né una sola base né un soldato in questa immensa zona. Le perdite navali anglo-americane hanno ormai raggiunto proporzioni catastrofiche, senza che possa prevedersi un sollecito risollevamento. C'è invece ogni indizio che tali perdite continuino ad aggravarsi». Nel gennaio del 1943 anche il governo della Repubblica nazionale cinese di Nanchino (che esercita il potere nelle aree occupate dai giapponesi) dichiara guerra alla Gran Bretagna e agli USA. Questi ultimi sono accusati di aver istigato la politica antigiapponese del Kuomintang e di aver sostenuto gli sforzi militari dei nazionalisti e dei comunisti: «Gran Bretagna e Stati Uniti sono nemici comuni delle razze dell'Asia orientale. Essi sono pieni di ambizioni e ricorrono ad ogni mezzo, allo scopo di realizzare i loro rapaci piani di aggressione».

Le vicende belliche evolvono nel periodo successivo al 1942 a sfavore delle forze armate del Tripartito. Dagli iniziali successi e dalle folgoranti avanzate in Europa e in Asia inizia un graduale ritiro, che le porterà verso le posizioni di partenza fino alla conclusione finale. In questa articolata situazione, la resa dei tre Stati fondatori dell'Alleanza non è né analoga né simultanea: l'Italia è la prima a cadere (1943), seguita dalla Germania e dal Giappone (1945).

a) *Italia* - La crisi italiana ha origine dallo sfavorevole andamento delle operazioni belliche in Africa settentrionale dopo la caduta delle colonie in Africa orientale (Etiopia, Eritrea e Somalia). Anche in quest'area non si verificano le condizioni previste dai due dittatori europei. La manovra da Occidente (Libia) e da Oriente (Caucaso) delle forze armate italo-tedesche «per arrivare da due parti al Canale di Suez» naufraga nel più completo insuccesso. I tedeschi devono retrocedere dopo l'accerchiamento di Stalingrado e gli italo-tedeschi non riescono a conquistare l'Egitto. Si verifica, al contrario, una contro-operazione alleata: dopo lo sbarco anglo-americano nell'Africa del Nord sono le forze italo-tedesche ad essere chiuse in una morsa senza speranza che dal Marocco all'Egitto spegne ogni residua resistenza.

Dopo il totale controllo del Nord Africa è la volta della Sicilia, che viene invasa e occupata (luglio 1943). Questi avvenimenti aprono la strada ad una crisi interna del regime fascista, che porta (24-25 luglio 1943) alla decisione di Vittorio Emanuele III di formare un nuovo governo e di arrestare Mussolini. Queste vicende evidenziano il diffuso convincimento dell'impossibilità di continuare la guerra e l'urgenza di cercare nuove soluzioni politiche senza la presenza del capo del movimento fascista. Ha in tal modo inizio un periodo tormentato e confuso che dà l'esatta percezione del contesto di precarietà e di drammaticità di quei giorni. Il capo del governo Badoglio desidera arrivare al più presto alla firma di un armistizio, ma teme le reazioni tedesche, che potrebbero essere estremamente gravi. Infatti, ingenti forze armate germaniche sono già in Italia, mentre altre continuano a confluire dal Brennero.

Il governo italiano decide di seguire un doppio binario: assicura Berlino che Roma non abbandonerà la guerra a fianco della Germania, mentre al tempo stesso avvia negoziati «con gli alleati» per ottenere un «armistizio onorevole» e uno sbarco anglo-americano per proteggere Roma e neutralizzare le forze germaniche nella penisola. Già il 26 luglio Badoglio dichiara «la ferma decisione del governo italiano di proseguire con tutti i mezzi la guerra a fianco dei propri alleati». Il 28 luglio rassicura lo stesso Hitler che «la guerra per noi continua nello spirito dell'Alleanza» e le stesse garanzie sono fornite, su suo mandato, dall'addetto militare a Berlino Marras, che incontra (30 luglio) il Führer, i generali Jodl, Schmundt e l'ambasciatore Hewel. Guariglia, nuovo ministro degli Esteri, assicura anche (31 luglio) il Giappone «di poter continuare con voi nello spirito del Tripartito, la collaborazione che caratterizza i rapporti fra i nostri due Paesi». Ribbentrop stesso si reca a Tarvisio il 6 agosto ad incontrare Guariglia: Berlino vuole essere rassicurata sul futuro comportamento italiano.

L'incontro è di estremo interesse per comprendere la politica italiana in quel momento e le drastiche decisioni tedesche nei mesi successivi. Ribbentrop dichiara, in apertura dei lavori, di essere venuto con i consiglieri militari per esaminare la situazione italiana da un punto di vista politico e bellico. Guariglia precisa che i cambiamenti avvenuti sono «una questione del tutto interna italiana». La crisi è stata originata da «manchevolezze» del partito nazionale fascista: gli stessi collaboratori di Mussolini hanno negato la loro fiducia. Da ciò è derivata la decisione del Re di costituire un governo di militari anche per affrontare le necessità belliche. Sua Maestà e il maresciallo Badoglio hanno proclamato «che l'Italia continuava la guerra e teneva fede alla parola data»: «Queste dichiarazioni sono state esplicite e pubbliche formulate da due soldati quali il Re ed il Maresciallo Badoglio: chiunque mettesse in dubbio la parola di questi due soldati – precisa ancora Guariglia – ferirebbe profondamente il nostro onore ed il nostro sentimento nazionale». Guariglia aggiunge di voler parlare fraternamente fra alleati, tra amici che hanno «già dato alla guerra ogni contributo». Rassicura l'interlocutore tedesco sulla tenuta del fronte interno, minimizza l'importanza di alcune manifestazioni antifasciste e dichiara che la sua condotta sarà «ispirata dalla realtà e non da ideologie. La prima di queste realtà è la guerra, che deve essere continuata; la seconda è l'alleanza con la Germania. [...] Il governo italiano non ha idee differenti in proposito da quello precedente». Ribbentrop prende atto che «l'Italia rimane nell'Alleanza con la Germania». La caduta del fascismo e di Mussolini hanno originato timori a Berlino per un possibile mutamento della politica estera italiana. Ciò è stato aggravato dalla mancanza di notizie da parte dello stesso Mussolini, «amico ed alleato del Führer». L'importanza di questi cambiamenti è di tale rilevanza che sono stati abilmente sfruttati dai comuni nemici: «Noi siamo ingaggiati – osserva Ribbentrop – in una guerra dura e spietata. I mutamenti verificatisi in Italia sono stati un grave colpo per la Germania perché il concetto di Asse, fondato sulle nostre due rivoluzioni, era diventato non solo per noi, ma nei confronti del mondo intero, un concetto chiaro e fermo, base della nostra azione comune. Sono lieto di sentire che l'attuale governo italiano intende continuare la guerra al nostro fianco». Il ministro tedesco chiede subito dopo «se hanno avuto luogo trattative dirette con elementi inglesi o americani». Guariglia smentisce e ammonisce a non dar credito «a voci del genere, concernenti negoziati col nemico». Se gli avversari prenderanno iniziative in questa direzione, di esse sarebbe subito informato il governo tedesco; questa ipotesi non è reale e non è perciò probabile, conclude Guariglia, che ora o in avvenire sussistano possibilità del genere.

Nello stesso periodo, nonostante le assicurazioni date ai tedeschi, si sviluppano colloqui segreti con gli anglo-americani a Lisbona, a Tangeri, a Madrid e a Cassibile. I negoziatori italiani insistono per uno sbarco contemporaneo alla firma dell'armistizio nella penisola e per un'azione speciale a difesa della città di Roma. Senza ottenere queste assicurazioni, il 3 settembre viene firmato l'armistizio, che è reso noto, dopo ulteriori tensioni con gli alleati, l'8 settembre. All'annuncio fanno seguito lo sbarco alleato a Salerno e l'occupazione di Roma da parte delle forze armate tedesche.

Hitler lamenta il tradimento italiano ma conferma la sua piena fiducia in Mussolini, crede che sia necessario mantenere in piedi, nella parte d'Italia sotto il controllo delle forze armate tedesche, un governo amico e alleato della Germania. Il governo Badoglio si rifugia a Brindisi. Subito dopo Mussolini, liberato da reparti speciali tedeschi (12 settembre), dà vita, nel Centro-Nord, alla Repubblica sociale (18 settembre), che conferma i precedenti impegni con Berlino e Tokyo e prosegue la guerra al loro fianco. Nei giorni successivi alla firma dell'armistizio si moltiplicano le pressioni alleate sul governo italiano perché contribuisca alla lotta contro i tedeschi. Il futuro comportamento degli alleati nei confronti di Roma risulta condizionato dall'accettazione di questa richiesta. Badoglio fornisce le più ampie assicurazioni in questo senso (11-12 settembre) a Roosevelt e a Churchill. Dopo la definizione di un successivo testo armistiziale, nel corso di un incontro a Malta (29 settembre 1943) fra una delegazione alleata guidata da Eisenhower e una italiana presieduta da Badoglio, si creano le condizioni per il passaggio dell'Italia dalla neutralità alla cobelligeranza con gli alleati. Il governo Badoglio poi decide di impugnare le armi contro Berlino (13 ottobre).

Gli alleati accettano la "cobelligeranza italiana" e si compie in tal modo un completo capovolgimento della situazione precedente: per l'Italia gli amici del Patto Tripartito diventano, nel mese di ottobre, l'avversario da sconfiggere. Queste decisioni aprono la strada ad una dolorosa e sanguinosa guerra civile che si concluderà con la liberazione dell'Italia del Nord, la caduta della Repubblica sociale e la morte di Mussolini (aprile 1945).

Le vicende italiane, dopo il luglio del 1943, hanno anche un risvolto asiatico nei rapporti con il Giappone. La firma dell'armistizio è subito comunicata alle autorità di Tokyo da parte dell'ambasciata italiana: si spiega che non è più possibile continuare la guerra che è già costata la perdita dell'Impero, la distruzione di molte città e di attività industriali, della marina mercantile, di gran parte della rete ferroviaria e l'invasione di parte del territorio metropolitano. La reazione nipponica è molto negativa: in una nota governativa si denuncia che l'Italia, dopo aver fatto «un giuramento solenne di proseguire la guerra fino alla scadenza finale», nel momento in cui il conflitto è più aspro ha firmato un armistizio con gli anglo-americani e ne ha ritardato la comunicazione per permettere alle sue navi in Italia di raggiungere porti nemici e a quelle in Asia orientale di autoaffondarsi. «Tutto questo – prosegue la nota – costituisce chiaramente un atto di tradimento che il Governo Imperiale non può assolutamente ammettere». Le misure adottate da Badoglio «costituiscono una violazione importante del Patto Tripartito del 27 settembre 1940 e dell'Accordo a tre dell'11 dicembre 1941».

C'è da osservare che la reazione del governo nipponico è determinata da fattori di politica generale ma anche militare: l'uscita dal conflitto dell'Italia ha conseguenze gravi da quest'ultimo punto di vista. Il ritiro della flotta e dell'aviazione italiana dalla battaglia del Mediterraneo consentirà agli anglo-americani di spostare forze aeronavali nel Pacifico e nell'Oceano Indiano.

Dopo queste reazioni molto dure, i vertici giapponesi prendono immediati provvedimenti nei confronti degli ex «alleati traditori», i quali non hanno «alcuna giustificazione credibile e non sono degni né di considerazione né di rispetto». Pesanti misure sono adottate nei confronti degli italiani (diplomatici, militari e civili) che si allineano con il governo di Badoglio. Si tratta di restrizioni molto severe e contrarie alle norme di diritto internazionale. Si apre in tal modo, nelle aree dominate dai nipponici, un "calvario italiano" meno noto rispetto al dramma della guerra civile ma altrettanto doloroso. Dopo queste prime reazioni, il governo del Sol Levante riconosce la Repubblica sociale di Salò e pone tutti gli italiani sotto il suo controllo di fronte ad una scelta precisa: si tratta, in sostanza, di scegliere fra il fascismo e la monarchia, fra Mussolini e Badoglio. La maggior parte del corpo diplomatico, anche l'ambasciatore Indelli, non aderisce a Salò, ed è subito arrestata con le famiglie e internata in condizioni molto difficili (alimentari, sanitarie, con problemi per le comunicazioni e le coabitazioni forzate). Questi italiani sono considerati e trattati non come prigionieri o internati, ma come «nemici e traditori», e un trattamento analogo è riservato ai militari e ai «pochi civili» residenti in Giappone e nelle aree occupate che rifiutano di sottoscrivere l'adesione alla Repubblica di Salò.

Dopo la rottura delle relazioni diplomatiche conseguenti alla firma dell'armistizio e alla dichiarazione di guerra alla Germania, il 15 luglio del 1945 il governo italiano dichiara guerra anche al Giappone. La decisione è presa, dopo una lunga pausa di non belligeranza (quasi due anni), per soddisfare precise richieste americane e per rendere più credibile e rapido il riavvicinamento con la Cina di Chiang Kai-shek. Già da mesi il governo italiano ha manifestato il desiderio di riallacciare le relazioni diplomatiche con la Cina e avviato contatti con la sua rappresentanza presso la Santa Sede e a Mosca. Nell'ottobre del 1944 Prunas, segretario generale agli Esteri, accenna all'apertura delle ostilità contro il Giappone, «che condurrebbe ad una collaborazione italo-cinese estremamente seria e concreta». Da parte cinese, si risponde in modo positivo: è necessario, tuttavia, «un gesto formale di disconoscimento del Manciukuò [riconosciuto dall'Italia nel 1937] e del governo [filonipponico] di Nanchino». Il presidente del Consiglio Bonomi invia a Chiang Kai-shek un caloroso telegramma (novembre 1944) con il quale si compiace della ripresa dei rapporti diplomatici, esprime ammirazione per «l'eroica lotta» che da anni è condotta «contro l'invasore giapponese» e auspica «la sollecita restaurazione dell'integrità della Cina» e «il recupero della piena ed incontrastata sovranità del suo governo su tutto il territorio nazionale».

Si è pure convinti che la dichiarazione di guerra al Giappone possa, al di là di un improbabile intervento militare italiano in quei mari lontani, contribuire a migliorare i rapporti con gli alleati ed agevolare le trattative per il successivo trattato di pace. Parri, presidente del Consiglio successore di Bonomi, informa Truman dell'avvenuta decisione. Mentre «la nuova Italia democratica dichiara guerra al Giappone» esprime «profonda soddisfazione» per l'operante solidarietà e «l'allineamento» con le Nazioni Unite, si augura che l'imminente vertice di Potsdam (anglo-sovietico-americano) possa aprire la porta ad «un avvenire di giustizia», di cui lo stesso Truman «è l'interprete più alto ed efficace». In una successiva conferenza stampa del 20 luglio 1945 Parri osserva: «Da quando il popolo italiano si è messo in guerra contro la Germania per la liberazione dell'Italia dal fascismo e dal nazismo si è impegnato in una guerra che lo porta a lottare contro il Giappone. La guerra contro il Giappone sarebbe stata insensata finché la liberazione del suolo nazionale non fosse stata compiuta. [...] ci sono delle effettive difficoltà logistiche e penuria di mezzi, ma entro tale limitatezza desideriamo che la partecipazione sia effettiva». Successivi progetti militari per una presenza italiana alle operazioni asiatiche non avranno seguito per la tempestiva conclusione del conflitto in quel settore.

Da parte giapponese, la dichiarazione di guerra italiana è accolta con poco interesse: se ne prende atto, pur osservando che il mancato riconoscimento del governo italiano la rende in sostanza inesistente. Vengono informati degli avvenimenti i diplomatici in stato di detenzione, ai quali si precisa che essi sono, da quel momento, considerati «rappresentanti di una potenza nemica», ma non cambiano le pessime condizioni della detenzione. D'altra parte, lo stesso Ministero degli Esteri italiano è consapevole del giudizio formulato dal Giappone in merito alla decisione adottata e alle conseguenze di questa traumatica rottura dei rapporti in essere durante il comune sforzo bellico. Una nota del Ministero degli Esteri italiano del maggio 1944 rileva che «non occorre infine sottovalutare il forte risentimento che l'opinione nipponica conserverebbe verso l'Italia, anche dopo la guerra. È superfluo ricordare qui il fanatico attaccamento del popolo giapponese alla sua terra e l'estrema sua sensibilità in tutto ciò che attiene ai rapporti con lo straniero. Esso non perdonerebbe facilmente all'Italia di avere rivolto le armi contro un suo ex alleato nel momento del maggiore pericolo». Con la dichiarazione del 15 luglio 1945 si completa la rottura fra Roma e le potenze che avevano dato vita al Patto Tripartito (1940) e all'Alleanza militare tripartita (1941). Si formalizza il pieno allineamento italiano con gli alleati con il passaggio dalla fase armistiziale a quella della cobelligeranza, prima europea e alla fine asiatica. Questa ricollocazione permetterà ai successivi governi di pretendere riconoscimenti nelle trattative dei trattati di pace, anche se i risultati saranno inferiori alle attese.

In diversi ambienti interni e internazionali la scelta dell'Italia di dichiarare guerra al Giappone sarà giudicata con molte riserve sia nelle sue motivazioni politiche sia nelle sue conseguenze pratiche. Essa pare dettata più dalle esigenze di ottenere la "simpatia dei vincitori" che dalla effettiva opportunità di estendere il conflitto ad Oriente. Si farà notare che questa decisione nuoce all'immagine di Roma, perché per la seconda volta, nel corso del conflitto, si è dichiarata la guerra ad una potenza già sconfitta dalle forze armate di altri Paesi. Nel 1940 ciò si è verificato nei confronti della Francia, piegata dalle armate germaniche, ora, nel 1945, nei confronti del Giappone già vinto dall'offensiva anglo-americana. Il confronto è senz'altro forzato e anche gli obiettivi della condotta italiana sono molto diversi nel caso francese e in quello giapponese: l'attacco a Parigi fu dettato dal timore di essere esclusi dal tavolo della pace ove si volesse essere seduti dalla parte dei vincitori per la «spartizione del bottino di guerra», mentre l'apertura delle ostilità contro Tokyo è, al contrario, determinata dalla speranza di poter essere inclusi nel gruppo dei futuri vincitori per evitare di dover sottostare a condizioni di pace troppo gravose a causa della precedente politica aggressiva del governo nazionale fascista. Al tavolo della pace, però, queste decisioni italiane non troveranno adeguata considerazione e le clausole del trattato di pace del 1947 risulteranno più gravose di quanto si fossero augurati Badoglio e i suoi immediati successori. La speranza del governo di Roma di arrivare, dopo la parentesi armistiziale e quella della cobelligeranza, allo *status* di "coalleati" non sarà esaudita. Le scelte italiane contro le forze del Tripartito saranno riconosciute e ammesse, tuttavia non porteranno ad una inclusione nel concerto originario delle "Nazioni Unite" quanto soltanto all'accettazione di un suo ruolo di "ex nemica".

b) *Germania* - Anche gli Stati dell'Europa centrale e della penisola balcanica sono esposti ai mutamenti che seguono la caduta del fascismo e l'avanzata dell'Armata Rossa. Essi vivono esperienze diverse e articolate: in generale, i loro governi guardano con preoccupazione il tramonto dell'ordine nuovo nazifascista. Questo declino si associa all'avanzata dell'Armata Rossa, che pare inarrestabile. Molti esponenti politici cercano tutela e comprensione a Londra e a Washington e invocano l'apertura da parte degli Stati Uniti e della Gran Bretagna di un fronte balcanico. Questa eventualità potrebbe evitare l'esclusiva presenza delle forze sovietiche e permettere la liberazione dell'intera penisola anche per opera degli anglo-americani. Il progetto non avrà seguito, ma, al contrario, l'apertura del secondo fronte in Normandia renderà più facile e veloce l'avanzata russa verso Occidente e l'occupazione di gran parte di quest'area. Di fronte a questa situazione le componenti comuniste, monarchiche, repubblicane, liberali e i movimenti partigiani (molto consistenti in alcuni Paesi) combattono in genere al fianco dell'Armata Rossa per sconfiggere i tedeschi e le residue forze dei loro alleati.

Le sconfitte di Stalingrado e nel Nord Africa determinano una svolta nelle operazioni militari e segnano l'inizio del tramonto del Tripartito in Europa. La reazione tedesca di fronte a questo imprevisto sviluppo bellico segna una radicalizzazione della condotta militare e un progressivo tentativo di coinvolgere la popolazione germanica in un gigantesco sforzo di resistenza. Nel periodo precedente, il conflitto è stato considerato come lo strumento del riequilibrio razziale per creare l'"ordine nuovo". Ora, di fronte a gravi disfatte e all'ipotesi di una clamorosa sconfitta, si denuncia il pericolo della sopravvivenza della nazione germanica e dello Stato tedesco. Questo indirizzo sarà, via via, sempre più estremizzato con il passare dei mesi e dei successivi insuccessi militari.

Il ministro della Propaganda del Reich, Goebbels (febbraio 1943), anticipa questa svolta e lascia intendere quanto traumatica e imprevista sia stata, per i vertici berlinesi, la catastrofe di Stalingrado con la perdita delle armate di Von Paulus: «La sciagura che colpì la nazione nella battaglia del Volga [Stalingrado] [...] è stata un grande grido d'allarme per la Nazione tedesca. [...] Noi tedeschi siamo agguerriti contro ogni forma di debolezza ed i rovesci della guerra non fanno che conferirci nuove forze e una ferrea volontà [...]. L'assalto della steppa contro il nostro continente è stato sferrato questo inverno con una violenza tale da mettere in ombra tutte le immaginazioni dell'uomo ed ogni precedente della storia. Le forze armate tedesche costituiscono [...] l'unico baluardo possibile contro tale assalto. [...] Lo scopo del bolscevismo – prosegue Goebbles – è la rivoluzione mondiale degli ebrei. [...] La bolscevizzazione del Reich avrebbe come conseguenza la liquidazione di tutta la nostra classe intellettuale e dirigente e le classi lavoratrici sarebbero ridotte schiave dei bolscevichi e degli ebrei». Il ministro tedesco ricorda che Londra e Washington non hanno capito questo pericolo, anzi aiutano Mosca contro la Germania: «L'ebraismo ha già talmente penetrato lo spirito e la politica degli Stati anglosassoni, che essi non vogliono più né vedere, né capire questo pericolo. Come l'ebraismo nell'Unione Sovietica si nasconde sotto il bolscevismo, così, negli Stati anglosassoni si nasconde sotto il capitalismo plutocratico». Sul fronte orientale «la nazione tedesca lotta per la vita, [...] vi difende i suoi più sacri beni, le sue famiglie, le sue donne e i suoi bambini [...]. La guerra totale è dunque l'imperativo dell'ora che volge. [...] Ognuno verrà indotto, se necessario costretto a compiere il suo dovere verso la nazione». Il ministro chiede inoltre al popolo tedesco, rappresentato dai convenuti alla grande adunata nello Sportpalast, di aderire senza riserve «alla guerra totalitaria» e ad essere disponibili a renderla «ancor più totalitaria ed ancor più radicale di quanto si possa immaginare» per far fronte e vincere il «terribile nemico d'Oriente».

A proposito di quest'ultimo, c'è un sorprendente travisamento della realtà. Negli anni precedenti Berlino ha teorizzato la marcia verso Oriente, la distruzione dell'URSS, la formazione di nuovi ed estesi domini (*Lebensraum*). Alla fine, dopo un accordo tattico durato due anni, ha attaccato l'URSS nel convincimento di poter prevalere con le armi nel giro di qualche settimana. Ora, di fronte ad una sconfitta di cui si immagina tutta la gravità, si assume una posizione difensiva e si denuncia l'aggressività sovietica. In questa lettura distorta, la Germania appare la vittima dell'attacco «dei popoli selvaggi della steppa» e si attribuisce a Berlino un merito specifico: la sua azione bellica antisovietica è meritoria perché ha messo a nudo le intenzioni di Mosca e l'ha costretta a mostrare i suoi progetti aggressivi nei confronti della civiltà occidentale. Il governo tedesco ha sempre denunciato «i tremendi pericoli storici derivanti dalla presenza del bolscevismo orientale, che ha ridotto un popolo, di quasi 200 milioni di uomini, schiavo del terrorismo ebraico e che lo stava preparando ad una guerra di aggressione contro l'Europa». L'attacco del 1941 è stato l'inizio di una battaglia decisiva in questa lotta mondiale: «Una lunga attesa non avrebbe fatto che aumentare, anziché diminuire, i pericoli e le difficoltà. [...] Un attimo di incertezza avrebbe causato la distruzione del Reich e la completa bolscevizzazione del continente europeo». Berlino ha commesso l'errore di sottovalutare il potenziale bellico sovietico a causa «delle sue grandi manovre di mimetizzazione. Soltanto ora esso si rivela a noi in tutta la sua selvaggia grandezza». La borghesia e i movimenti liberal-democratici hanno pensato che la lotta contro il comunismo potesse venire combattuta e vinta soltanto con armi spirituali. «Il bolscevismo orientale non è soltanto una dottrina terroristica ma è anche un regime terroristico. [...] Il popolo tedesco, assieme con i suoi alleati dell'Asse, assolve nel vero senso della parola una missione europea affrontando con le armi questo pericolo contro la propria vita».

Fin dall'inizio della loro attività, i nazionalsocialisti hanno dichiarato di essere l'unico vero baluardo in Germania contro il comunismo e condannato la debolezza dei partiti democratici. Hanno, dal loro punto di vista, scatenato una vera e propria guerra civile interna contro la sovversione marx-leninista con metodi antidemocratici e terroristici. Hanno inoltre evidenziato che il ricorso a questi mezzi estremi è la risposta necessaria per sconfiggere il "radicalismo rivoluzionario russo". In tal modo, hanno finito per affrontarsi due eserciti di combattenti in una stessa guerra civile interna agli Stati. La dottrina marx-leninista ha incitato alla ribellione rivoluzionaria le masse degli sfruttati (contro la democrazia formale dei liberal-democratici) e promosso una "guerra civile" a livello dei singoli Stati e nel mondo. Anche il nazismo ha fatto appello alle "forze nazionali" perché respingessero questo assalto e a loro volta, fuori dalle debolezze parlamentari democratiche, conducessero una guerra civile per l'affermazione dei loro ideali razziali e nazionali. Ambedue, quando prevalgono, hanno concluso vittoriosamente una vera e propria guerra civile interna nella quale i nemici sono stati altri cittadini dello stesso Stato.

Anche Hitler, dopo l'inizio della ritirata sul fronte orientale, assume una posizione molto diversa da quella degli anni precedenti: «Le steppe dell'Oriente – dichiara nel marzo del 1943 – hanno gettato ancora una volta i loro milioni di uomini contro l'Europa». Senza la preventiva azione nazionalsocialista non ci sarebbe stato scampo per nessuno: «Una guerra spietata ci è stata imposta dall'eterno giudaismo». Essa deve essere combattuta e vinta non soltanto per evitare la distruzione delle città, ma anche per impedire che «masse di uomini [siano] trucidate bestialmente, cadendo vittime di questo flagello asiatico esattamente come avvenne all'epoca delle invasioni degli Unni e dei Mongoli. La volontà tedesca di resistere – prosegue il Führer – è alimentata dal riconoscimento del pericolo mortale e animata da un feroce fanatismo, pronta ad allontanare una volta per sempre questo pericolo dall'Europa e dal nostro popolo».

Hitler (nel novembre del 1943), in un discorso agli allievi ufficiali, conferma che Londra utilizza l'URSS per «sterminare la Germania». Se la Germania non vincesse la guerra «il bolscevismo finirebbe per inghiottire l'Europa, che verrebbe a trovarsi in balia delle orde barbariche delle steppe». Poco dopo, in un messaggio al popolo tedesco (gennaio 1944), dichiara: «In questa lotta vi può essere un solo vincitore: il Reich o il bolscevismo. La nostra vittoria salverà l'Europa, quella dell'URSS ne causerebbe la rovina». Nel novembre (1944) Hitler conferma la volontà di continuare ad oltranza la guerra totalitaria: «Finché vivrò la Germania non subirà la sorte degli Stati invasi dal bolscevismo. Oggi non si decide soltanto il destino del popolo tedesco ma anche l'avvenire di tutti popoli europei a cui la barbarie bolscevica ripugna».

Alla luce di queste dichiarazioni e dei conseguenti comportamenti dei vertici politici e militari di Berlino, molto difficile risulta la conclusione del conflitto in Germania. Si vuole resistere ad oltranza, si rifiuta ogni ipotesi di armistizio e di resa incondizionata. La posizione degli alleati a questo riguardo è molto precisa e rigorosa.

Roosevelt (ottobre 1944) afferma: «Non tratteremo con i cospiratori nazisti, né lasceremo a loro neanche il più piccolo controllo, ufficiale o nascosto, negli strumenti di governo [...]. Se non afferriamo il malfattore internazionale quando è in nostra mano e se lo lasciamo sfuggire con il frutto delle sue rapine [...] noi non avremo fatto la nostra parte per prevenire un'altra guerra mondiale».

Churchill, in un discorso al congresso del partito conservatore (marzo del 1945), si rallegra per i risultati conseguiti «contro la tirannia nazista» e si augura che «il gigantesco nemico che abbiamo affrontato per più di un anno, da soli senza mai abbatterci, sarà obbligato a chiedere la resa incondizionata o sarà schiacciato a terra nel caos e nella rovina».

Truman, di fronte al Congresso americano (aprile 1945), subito dopo il decesso di Roosevelt, dichiara di voler seguire la politica del suo predecessore: «Desidero assicurare i miei connazionali e tutti coloro nel mondo, che amano la pace e la libertà, che io difenderò questi ideali con tutte le mie forze e con tutto il mio cuore. [...] La Germania ed il Giappone sappiano senza ombra di dubbio che l'America continuerà la lotta finché non sarà rimasta traccia di resistenza. [...] La nostra richiesta è stata e resta: resa incondizionata. [...] Nessuno potrà mutare la nostra decisione di punire i criminali di guerra anche se dovessimo perseguirli in capo al mondo».

L'atteggiamento dei vertici politici nazisti registra un progressivo e radicale irrigidimento nei mesi successivi, quando l'avanzata delle Nazioni Unite da Ovest e da Est stringe la Germania in una morsa senza scampo. C'è una ritirata da tutte le aree occupate negli anni precedenti. Nello stesso tempo, si estende un'offensiva aerea alleata che distrugge le città tedesche, i centri industriali e le vie di comunicazione. Berlino non è più nelle condizioni di fermare queste azioni e ben poco possono fare le V1 e le V2 che vengono lanciate contro Londra e i centri della Gran Bretagna meridionale. Le incursioni aeree, definite terroristiche da entrambe le parti, colpiscono in prevalenza gli insediamenti urbani e si prefiggono «il crollo del fronte interno del nemico».

Nel luglio del 1944 Goebbels ammette che «il popolo germanico si trova in pericolo», ma ostenta ancora ottimismo di fronte alle offensive alleate: «La storia potrà dimostrare che non la quantità ma la qualità, la migliore idea e l'alto morale saranno i fattori decisivi». Si compiace per la reazione tedesca ai bombardamenti terroristici inglesi sulle città tedesche. Le perdite inflitte alla Gran Bretagna dalle nuove V1 sono tanto pesanti che lo stesso Churchill ha dovuto ammettere che costituiscono «un problema continuo e grave». La rappresaglia tedesca dà buoni risultati e anche se «pericoli minacciano la Patria, una lotta sostenuta con fanatismo – conclude Goebbels – assoluto non può finire che con la vittoria». Alla fine di luglio (1944) è emessa un'ordinanza di Hitler per «l'applicazione della guerra totalitaria». Vengono attribuiti pieni poteri a Goebbels per raggiungere gli obiettivi fissati.

Negli ultimi mesi i messaggi della Cancelleria si fanno più drammatici. Non è più in gioco il grande Reich, non si parla di difesa della Germania, ma viene in primo piano la necessità di salvare l'onore, la dignità e la vita dei singoli cittadini tedeschi. Negli appelli finali si incita all'estrema resistenza nella speranza di «una riscossa militare» che ancora una volta viene evocata e promessa. A metà aprile (1945) Hitler chiede ai combattenti del fronte orientale un estremo sacrificio: «Un crudele destino minaccia le donne, le fanciulle e i bambini della Germania. Mentre i vecchi e i bambini vengono assassinati, le donne e le fanciulle sono degradate a sgualdrine da caserma. Il resto marcia verso la Siberia. [...] Il bolscevismo anche questa volta subirà la vecchia morte dell'Asia, cioè egli deve dissanguarsi davanti alla Capitale del Reich germanico. [...] Berlino rimane tedesca e l'Europa non sarà mai russa».

Nell'ultimo messaggio inviato a Mussolini (24 aprile 1945) Hitler afferma che la lotta «per l'essere o il non essere ha raggiunto il suo punto culminante». Il bolscevismo e il giudaismo hanno riunito le loro forze per «precipitare nel caos il nostro continente», ma per quanto dura sia la lotta, il popolo tedesco si batterà senza riserve per la «riscossa».

Le illusioni dei capi nazionalsocialisti non possono fermare l'avanzata travolgente delle forze armate nemiche, poiché, nonostante la strenua difesa tedesca, le operazioni militari volgono in breve in loro sfavore. L'Armata Rossa, dopo la vittoria di Stalingrado, prosegue l'offensiva verso Occidente, libera la Crimea, continua nella sua avanzata in Polonia, ottiene armistizi con gli ex alleati della Germania (Romania, Bulgaria, Finlandia, Ungheria) nell'autunno-inverno 1944-1945 e occupa anche la Cecoslovacchia. Nella primavera entra in territorio tedesco, occupa Vienna e raggiunge l'Elba. Il 1° maggio è annunciata la morte di Hitler: subito dopo segue la capitolazione di Berlino. Da parte loro gli anglo-americani, dopo lo sbarco in Normandia (giugno 1944), raggiungono Parigi in agosto e Strasburgo in novembre. Nel marzo del 1945 superano il Reno e proseguono l'avanzata verso Est fino a congiungersi con l'Armata Rossa (26 aprile 1945). Il 1° maggio, dopo l'annuncio della morte di Hitler, la resistenza tedesca a Berlino ha termine. Pochi giorni dopo il generale Jodl (7 maggio) firma la resa incondizionata del Terzo Reich.

Il presidente del Consiglio italiano Bonomi si rallegra con Truman e con Stalin per l'importante successo riportato. Nei due messaggi che invia (8 maggio 1945) ricorda che l'Italia «ha dato in questi venti mesi di cobelligeranza il suo sangue più puro», ringrazia gli USA per il contributo dato alla lotta europea per liberarsi «dall'oppressione del fascismo e del nazismo» e si augura che comprendano «la sciagura che si era abbattuta sull'Italia e da cui l'Italia s'è redenta con sangue versato dai suoi soldati e dai suoi patrioti». A Stalin ricorda che il nuovo governo italiano ha creduto nella vittoria finale del popolo russo perché quest'ultimo «era conscio di ciò che avrebbe perduto con l'avvento dei suoi nemici». Bonomi esalta «la gloriosa marcia da Mosca a Berlino e dal Caucaso a Vienna» dell'Armata Rossa e il contributo italiano: «Quando è scoccata per noi l'ora della riscossa, abbiamo cooperato col nostro sangue alla vittoria comune».

c) *Giappone* - Il Giappone capitola poco più tardi nell'estate del 1945. Anche sul teatro asiatico le operazioni militari, marittime e terrestri, registreranno dal 1943 un progressivo rafforzamento degli alleati e la ritirata delle forze armate del Sol Levante sul continente e nel Pacifico. Vi sono, in realtà, due fronti lontani e diversi: c'è quello cinese, dove si confrontano i giapponesi con le forze cinesi (nazionalisti e comunisti), e c'è quello del Pacifico, dove si misurano le flotte nipponica e statunitense con l'obiettivo di garantire il controllo dei possedimenti insulari strategici. Ancora nel dicembre del 1943 il ministro degli Esteri Shigemitsu, nel secondo anniversario della firma dell'Alleanza militare del Tripartito (dicembre 1941), mostra molto ottimismo: «Il piano anglo-americano di distruggere prima la Germania e l'Italia e schiacciare poi il Giappone» è fallito e i nemici subiscono continue sconfitte in Europa ed in Asia; pertanto, «il mondo non passerà nelle mani degli anglo-americani». Ma nonostante queste speranze, Tokyo deve prendere atto di una crescente superiorità dei suoi avversari.

Nel novembre del 1943 sono conquistate dalle forze americane le Isole Gilbert, nel febbraio del 1944 le Marshall, nel luglio le Marianne, più tardi Guam, Palau, le Caroline. Nel febbraio del 1945 è rioccupata Manila (era sotto controllo nipponico dal 1942), mentre nei mesi successivi si stringe l'assedio intorno all'arcipelago giapponese con la conquista di Iwojima (marzo 1945) e di Okinawa (giugno 1945). Nonostante questi risultati, la resistenza giapponese continua, anzi si accentua con l'avvicinamento delle forze alleate al Giappone vero e proprio. Quest'ultimo dispone ancora di enormi riserve di materiale bellico e di alcuni milioni di combattenti in Cina e nel territorio insultare metropolitano. Dopo queste sconfitte, la gravità della situazione incomincia a farsi strada nei vertici politici. Suzuki (primo ministro nipponico), di fronte alle due Camere della Dieta Imperiale (giugno 1945), ammette la gravità della situazione e chiede «la mobilitazione di tutte le forze della nazione». Anche lo stesso Imperatore, in un messaggio al popolo (fine giugno), afferma che «l'attuale crisi è per la sua gravità senza precedenti nella storia nipponica».

Sul fronte continentale si registrano ancora limitate operazioni offensive delle forze armate nipponiche, che tuttavia non riescono nei loro obiettivi strategici. Al contrario i cinesi, pur con molte difficoltà, accentuano e intensificano le loro azioni; essi hanno, d'altra parte, goduto un pieno appoggio politico e militare da parte di Washington e di Londra. Anche nell'anno precedente, in occasione del settimo anniversario dell'inizio del conflitto cino-giapponese, sono stati rassicurati e confortati nel loro sforzo. Churchill (luglio 1944), in un messaggio a Chiang Kai-shek, precisa che, dopo la vittoria in Europa, tutte le forze alleate saranno impegnate contro il Giappone: «Un alleato del Tripartito è già caduto, l'altro lo seguirà». Roosevelt esprime apprezzamento per la nazione cinese, che da sette anni combatte «per la causa della libertà con un eroismo e una fermezza» che non sono stati scossi da nessun sacrificio e in agosto assicura che il ristabilimento della pace porterà con sé lo sviluppo economico ed una maggiore estensione del commercio con la Cina e i Paesi della zona del Pacifico. In settembre (1944) afferma che «il nostro compito più immediato è la vittoria e questo compito richiede la utilizzazione totale del nostro "potenziale umano" nella produzione delle necessarie armi di guerra. Il popolo americano dovrà continuare a dedicarsi a questo compito».

Nel gennaio 1945 Chiang Kai-shek, mentre sottolinea le sofferenze sopportate dal suo popolo, conferma l'impegno antinipponico: «Benché la Cina sia stata in guerra molto più a lungo di qualsiasi altra nazione, essa pensa di sostenere sino in fondo e di contribuire con tutti i mezzi di cui dispone al raggiungimento dei comuni obiettivi».

Dopo la perdita della Birmania (maggio del 1945), i giapponesi devono retrocedere e abbandonare anche la Cina del Sud-Ovest. Nonostante questi parziali successi militari, i rapporti fra i nazionalisti cinesi e i comunisti restano molto difficili. Chiang Kai-shek mantiene una ferma ostilità nei confronti del partito comunista cinese: si oppone a formare un governo di coalizione, alla confluenza di tutte le forze armate in un solo esercito e alla liberazione dei prigionieri politici. Successive trattative non portano ad accordi duraturi. Al contrario, dopo la capitolazione nipponica si riaccenderà la guerra civile.

Alla fine di maggio 1945 Truman annuncia che ora «tutte le forze degli alleati saranno lanciate contro il Giappone al quale si deve insegnare che la pace e la sicurezza del mondo sono sacre e non possono essere compromesse da alcun Paese aggressore. [...] Non dovranno mai dimenticare quella fatale domenica del 7 dicembre del 1941, quando il nemico compì il suo attacco a tradimento».

A Potsdam Truman e Churchill (si associa Chiang Kai-shek) emettono un *ultimatum* per ottenere la resa incondizionata e la fine di ogni resistenza da parte giapponese: «Non è proposito degli alleati di ridurre il popolo giapponese in schiavitù come razza o di annientamento come nazione, ma di fare giustizia rigorosa. Il governo giapponese dovrà rimuovere tutti gli ostacoli alla rinascita di tendenze democratiche nel popolo e a stabilire un regime di libertà di pensiero, di stampa e di religione. [...] È necessario che il popolo giapponese prenda una decisione immediata».

Truman attende la resa incondizionata del nemico ed avverte Tokyo che se questo non avverrà al più presto «potrà aspettarsi con certezza la distruzione totale dal cielo quale mai fu vista sulla terra». Al tempo stesso, continua con inaudita violenza l'offensiva aerea anglo-americana; migliaia di aerei colpiscono senza sosta obiettivi giapponesi. Fonti governative statunitensi informano che in queste incursioni viene usata per la prima volta un'altra bomba di recente costruzione. Si tratta di ordigni incendiari detti "napalm", i cui effetti sono definiti "devastanti".

In questo contesto Washington decide di utilizzare una nuova arma, la bomba atomica, alla quale gli scienziati hanno lavorato per anni ed ora è disponibile e può essere impiegata sui teatri di guerra. C'è piena consapevolezza della potenza distruttiva dell'ordigno nucleare e delle sue terribili conseguenze sulla popolazione, ma prevale la decisione del suo impiego a causa della strenua difesa delle forze armate giapponesi e della previsione delle perdite alleate se si dovesse procedere all'occupazione dell'Arcipelago giapponese e alla eliminazione delle sue armate in Cina. Secondo calcoli degli ambienti militari queste operazioni, condotte con gli strumenti bellici tradizionali, comporterebbero il sacrificio di oltre un milione di combattenti delle Nazioni Unite. Dopo l'*ultimatum*, ignorato dalle autorità nipponiche, emesso dagli alleati a Potsdam, Washington decide di colpire con la nuova bomba prima la città di Hiroshima (6 agosto) e subito dopo quella di Nagasaki (9 agosto).

Radio Tokyo conferma l'avvenuto bombardamento atomico e diffonde la protesta del governo per l'uso di questo «odioso strumento di morte» portatore di conseguenze terribili: «Tutti gli esseri viventi sono stati falciati a morte. [...] I morti sono troppo numerosi per poter essere contati. La potenza distruttiva delle nuove bombe è indescrivibile. È impossibile distinguere i corpi degli uomini da quelli delle donne uccise durante l'incursione». Dai suggerimenti forniti dal Quartier Generale per la difesa antiaerea si possono evincere la sorpresa e l'impreparazione giapponese di fronte a questo nuovo strumento bellico: si consiglia di scavare trincee «all'aperto piuttosto che in muratura», lontano dagli edifici, di proteggere il corpo dalle fiamme con indumenti semplici ed essenziali come «una divisa militare, completata con un cappuccio calato sul viso e con un semplice paio di guanti»; «se farete attenzione a questi avvertimenti, non avrete a temere niente dalle nuove bombe».

Dopo una breve fase d'incertezza e di contrasti interni, Tokyo decide di «mettere fine alle ostilità» e auspica che non vi sia alcun pregiudizio alle prerogative e ai diritti di Sua Maestà come sovrano. Per dare seguito alle decisioni maturate in quelle drammatiche circostanze, l'Imperatore Hirohito legge alla radio il testo di un rescritto. Comunica di «aver adottato una misura straordinaria» con l'accettazione delle richieste delle Nazioni Unite e giustifica le decisioni precedenti in nome della sicurezza nazionale: «Noi dichiarammo la guerra all'America e alla Gran Bretagna a causa del nostro sincero desiderio di proteggere l'esistenza del Giappone e di assicurare un ordine stabile nell'Asia orientale. [...] Ma ora la guerra è durata quasi quattro anni e nonostante il massimo sforzo compiuto da ciascuno [...] il corso generale degli avvenimenti nel mondo si è rivolto contro i nostri interessi. Inoltre il nemico ha cominciato ad impiegare una nuova e più crudele arma». Essa potrebbe portare «non soltanto il collasso definitivo e la cancellazione completa della nazione giapponese, ma l'estinzione totale della razza umana. In tale situazione come potremo noi salvare milioni di nostri sudditi, come giustificheremo noi stessi di fronte ai sacri spiriti dei nostri imperiali antenati?» Hirohito ricorda le sofferenze patite, esorta alla calma la popolazione, assicura che la struttura dello Stato rimane salda. Il primo ministro Suzuki dichiara che la guerra è perduta per l'uso fatto dal nemico di un nuovo tipo di bomba, invita la nazione ad ubbidire alle disposizioni imperiali, a prepararsi al futuro con lo stesso coraggio con cui ha affrontato la guerra ed a tenere alto il prestigio nazionale «secondo i comandamenti degli Avi». Da parte sua il ministro della Guerra Korocita Anomi fa harakiri, secondo il tradizionale rito shintoista, «per espiare il mancato compimento dei suoi doveri come ministro di Sua Maestà».

Nel mese successivo, dopo una serie di contatti per definire gli aspetti più urgenti della cessazione delle ostilità, viene firmata la resa. A bordo della corazzata Missouri il generale Mac Arthur, comandante supremo delle forze alleate nel Pacifico, sottopone alla firma della delegazione nipponica l'atto di resa. Si tratta della prima sconfitta del Giappone «nella sua leggendaria storia di oltre 2500 anni». Il generale americano, nel corso della cerimonia, dichiara: «È mia fervida speranza, com'è di tutta l'umanità, che un mondo migliore nasca dal sangue e dalla carneficina del passato».

Truman dichiara che è stata «rimossa dal mondo la forza distruttrice della guerra [...]. La civiltà non può sopravvivere ad un'altra guerra totale. [...] È stato lo spirito della libertà che ha dato forza alle nostre armi. [...] Un popolo libero con liberi alleati, capace di produrre la bomba atomica, potrà usare la stessa abilità, la stessa energia, la stessa decisione per superare tutte le difficoltà che gli saranno dinanzi».

Da parte nipponica c'è da registrare una dichiarazione del nuovo primo ministro Higashikuni, che chiede al suo popolo di ubbidire «con umiltà agli ordini degli alleati»: «I nostri cuori sono colmi di amarezza. Tuttavia il comando imperiale è stato impartito e l'Impero si è assoggettato alla resa. Non importa pensare quanto ciò sia per voi insopportabile e quanto dolore vi gravi il cuore; noi, come sudditi dell'Imperatore, dobbiamo [...] sopportare l'insopportabile, soffrire l'insoffribile, considerare con coraggio la resa sopportandola con buon animo [...] e proseguire nella nostra via per edificare una grande civiltà ed un nuovo Giappone». Emerge in queste dichiarazioni l'importanza della figura imperiale, tanto esaltata e deificata nei decenni precedenti. Appare anche evidente l'importanza dell'ordine di resa impartito da Hirohito ai combattenti e al popolo: senza questo comando difficilmente le armi avrebbero taciuto. È bene ricordare che, nonostante le parole imperiali, sia a Tokyo sia nel Paese sia presso le unità dislocate in Manciuria si manifestano proteste e ribellioni contro la resa. Questi avvenimenti mettono in luce una delle ragioni per cui Washington non ha colpito Tokyo con la nuova arma ed ha accettato la sopravvivenza della dinastia imperiale nipponica: Truman e i suoi collaboratori sono ben consapevoli del peso che può esercitare l'Imperatore per piegare la resistenza del suo Paese ed evitare un ulteriore e sanguinoso prolungamento delle ostilità.

Le convulse e drammatiche vicende che accompagnano la resa nipponica registrano (dopo quella italiana del 15 luglio) anche la dichiarazione di guerra sovietica al Giappone. Già da Potsdam era stato inviato l'*ultimatum* che chiedeva la resa senza condizioni: questa richiesta era stata respinta. Ora Mosca, dopo avere denunciato il trattato di neutralità con il Giappone (sono passati i primi quattro anni previsti dall'art. 3), preso atto del rifiuto giapponese di accettare la resa incondizionata, attiva le decisioni sottoscritte a Yalta nel trattato specifico che prevede il suo ingresso in guerra contro l'Impero del Sol Levante.

L'abrogazione del Patto di neutralità (aprile 1941) avviene nel rispetto delle disposizioni sottoscritte in precedenza. Il governo sovietico in una nota (aprile 1945) sottolinea che «la situazione ha subito [dal 1941] un cambiamento radicale. La Germania ha attaccato l'URSS e il Giappone, alleato della Germania, ha prestato aiuto a quest'ultima nella sua guerra contro l'Unione Sovietica. Inoltre il Giappone è in guerra con gli Stati Uniti e la Gran Bretagna che sono alleati dell'URSS». Per queste ragioni il Patto «ha perduto il suo significato» e la sua continuazione diviene impossibile. Il trattato è servito all'inizio sia a Mosca che a Tokyo per ridurre i rischi nel caso di un allargamento dei conflitti in essere in Europa e in Asia. Alla fine, esso si rivela di grande utilità soltanto per Mosca, perché è allineata con i vincitori. Grazie al patto ha potuto concentrare tutte le sue forze sul fronte occidentale europeo, arrivare all'Elba e imporre una «carta di guerra molto favorevole». Per ottenere la denuncia del Patto gli anglo-americani pagano un prezzo ulteriore: in tal modo l'URSS ottiene nuovi compensi e altre condizioni di favore.

Questo trattato si rivela alla fine uno strumento importante dell'espansionismo sovietico, senza comportare prezzi militari o politici. Questi risultati in parte sono da ricondurre alla prudenza e all'abilità dei vertici moscoviti e in parte allo sviluppo favorevole di avvenimenti non previsti, cioè alla fortuna che, in queste circostanze, ha giocato a favore di Stalin. La decisione di aprire le ostilità è presa l'8 agosto, cioè nello spazio di tempo che intercorre fra lo scoppio delle due bombe atomiche. La rigidità nipponica, la necessità di porre fine al conflitto, gli obblighi nei confronti degli alleati anglo-americani giustificano questa decisione. L'Armata Rossa penetra nelle aree occupate dal Giappone nella parte meridionale di Sahalin, nella Mongolia Interna, in Manciuria e in Corea. L'offensiva sovietica, lungo un fronte di oltre 1.500 chilometri, dura pochi giorni: la resa del Giappone pone fine al conflitto. Si è in tal modo verificato, seppure tardivamente, uno scenario opposto a quello previsto dal dittatore tedesco negli anni precedenti: non sono le forze armate nipponiche a entrare in Siberia e nelle province marittime russe, ma al contrario sono i sovietici a ricacciare i giapponesi dalle aree nord-orientali della Cina.

Stalin (2 settembre 1945) parla al popolo russo dopo la vittoria sul Giappone, lascia in ombra la "lunga tregua" nippo-sovietica ottenuta con il Patto di neutralità del 1941 e rievoca le vicende storiche più remote dei rapporti russo-giapponesi, l'aggressività di Tokyo dopo la Rivoluzione d'ottobre, la sua alleanza con la Germania e le mire espansionistiche del Tripartito. Il discorso radiofonico è una sintesi utile per comprendere i giudizi, gli orientamenti e soprattutto la decisione dei vertici del Cremlino per la tutela dei propri interessi europei e asiatici. Sono anche comunicate alcune delle ricompense ottenute con il trattato asiatico di Yalta (febbraio 1945) in cambio del promesso intervento sovietico contro il Giappone. Colpisce la capacità del dittatore sovietico di gestire la "resa dei conti" con Tokyo sia per quanto riguarda i torti subiti dalla Russia zarista sia per quelli del periodo successivo. In questi passaggi si evidenzia la volontà di apparire più capace dei dirigenti zaristi nella tutela degli interessi nazionali, al punto di recuperare territori e diritti che essi avevano perduto. Ciò contribuisce a rendere più solido il legame fra il popolo russo e il partito comunista, che si erge a severo e capace tutore degli interessi e dei diritti storici della nazione.

Negli anni 1917-1921 il partito comunista sovietico, per condurre la «prima resistenza» contro «i bianchi ed i loro alleati euro-asiatici», ha fatto nascere l'Armata Rossa e l'ha unita strettamente alla propria impresa politica. Ora, nella guerra condotta contro la Germania (e le forze del Tripartito) con «la seconda resistenza», Stalin unisce l'Armata Rossa al popolo russo e diventa il difensore della nazione, il padre della patria vittoriosa: «Il Giappone si è reso conto di avere perduto la guerra ed ha deposto le armi. Due culle del fascismo e dell'aggressione hanno scatenato questa seconda guerra mondiale: la Germania ad Ovest ed il Giappone ad Est. Esse hanno spinto l'umanità e la civiltà sulla soglia della distruzione. La culla occidentale dell'aggressione è stata eliminata quattro mesi fa; la culla orientale oggi. Ciò significa che la seconda guerra mondiale è terminata. Ora possiamo dire che sono già state realizzate le condizioni necessarie per la pace nel mondo. Si deve notare che gli invasori giapponesi non soltanto hanno causato danni ai nostri alleati (Cina, Stati Uniti d'America e Gran Bretagna) ma anche al nostro Paese. Per ciò noi avevamo un speciale conto da regolare col Giappone. L'aggressione contro il nostro Paese – precisa Stalin – cominciò nel 1904 con la guerra russo-giapponese. Com'è ben noto, nel febbraio di quell'anno, mentre erano ancora in corso i negoziati tra il Giappone e la Russia, il Giappone approfittò della debolezza del governo zarista ed inaspettatamente e proditoriamente senza dichiarare la guerra attaccò il nostro Paese. [...] Nello stesso modo, 37 anni dopo, il Giappone ripeté il tradimento contro gli Stati Uniti d'America, quando nel 1941 attaccò la base navale di Pearl Harbour e mise fuori combattimento un forte numero di navi da battaglia americane. La Russia fu sconfitta nella guerra contro il Giappone nel 1904 e il Giappone approfittò di ciò per strappare alla Russia la parte meridionale di Sahalin e per rafforzare il suo dominio sulle Isole Curili, in modo da dominare tutti gli sbocchi sull'oceano a Oriente e conseguentemente le vie d'accesso del nostro Paese ai porti del Kamchatka e Chukotka sovietici. Tuttavia, gli atti predatori del Giappone contro il nostro Paese non si limitano a questo. Nel 1918 – prosegue Stalin – dopo l'instaurazione del sistema sovietico nel nostro Paese, il Giappone, approfittando dell'atteggiamento della Gran Bretagna, della Francia e degli Stati Uniti d'America, allora ostili verso l'Unione Sovietica e appoggiandosi sul loro aiuto, attaccò di nuovo il nostro Paese e occupò l'Estremo Oriente sovietico e per quattro anni infierì contro le nostre popolazioni e saccheggiò l'intera zona. Ma non è tutto. Nel 1938 il Giappone attaccò nuovamente il nostro Paese al lago Khassan, con l'intenzione di circondare Vladivostok, e l'anno successivo ripeté l'attacco, questa volta in un altro luogo, con lo scopo di irrompere nel territorio sovietico, tagliare la nostra ferrovia siberiana e separare l'Estremo Oriente dalla Russia sovietica. [...] Noi uomini della generazione più vecchia – conclude Stalin – abbiano atteso 40 anni questo giorno. Ed ora esso è arrivato. Oggi il Giappone ha riconosciuto la sua disfatta e ha firmato l'atto di resa incondizionata. Ciò significa che la parte meridionale dell'isola Sahalin e le Isole Curili passeranno all'Unione Sovietica. D'ora in poi non serviranno come mezzo per isolare l'Unione Sovietica dall'Oceano e come base per attacchi giapponesi contro i nostri territori dell'Estremo Oriente. Serviranno invece come via d'accesso diretto all'Oceano per l'Unione Sovietica e come base di difesa del nostro Paese contro l'aggressione giapponese. Il nostro popolo sovietico non ha risparmiato le forze o la fatica per la vittoria. Abbiamo vissuto anni duri, ma ora ognuno di noi può dire: abbiamo vinto. D'ora in poi, possiamo considerare il nostro Paese libero dalla minaccia d'invasione tedesca in occidente e d'invasione giapponese in oriente. È venuta la pace lungamente attesa per tutte le nazioni del mondo. Io mi congratulo con voi miei cari compagni e compagne, per la grande vittoria, per la fine vittoriosa della guerra, per l'avvento della pace nel mondo».

d) *Le vittime* - La seconda guerra mondiale registra un bilancio drammatico di perdite umane. Anche se non esistono cifre precise, si ritiene che le vittime siano state circa 45 milioni e per la prima volta i civili deceduti superano i militari. Ogni Paese coinvolto nel conflitto ha pagato un elevato tributo di sangue, di distruzione e di patimenti che dureranno anche nel dopoguerra. Per quanto attiene alle cifre ufficiali delle vittime militari e civili si dispone di dati certi solo per alcuni Paesi, mentre per altri soltanto di elementi parziali o di dubbio fondamento. Ciò è dovuto al fatto che non in tutti gli Stati coinvolti nel conflitto esistevano censimenti precisi delle popolazioni, in particolare nelle aree extraurbane; ma queste carenze sono anche da imputare alle violenze belliche, terrestri e aeree, che, in molte circostanze, hanno distrutto la documentazione esistente. A titolo indicativo può essere utile un quadro riassuntivo che offre una sintesi della mobilitazione delle forze combattenti e delle perdite civili e militari dei Paesi coinvolti nel conflitto.

La seconda guerra mondiale: mobilitazioni e numero di perdite			
Paese	*Truppe mobilitate*	*Perdite militari*	*Perdite civili*
Australia	680.000	29.395	-
Belgio	800.000	9.561	75.000
Bulgaria	450.000	18.500	1.500
Canada	780.000	39.319	-
Cecoslovacchia	180.000	6.683	310.000
Cina (Comunista)	1.200.000	Non noto	Non noto
Cina (Nazionalista)	3.800.000	1.324.000	ca. 10.000.000
Danimarca	Non noto	4.339	-
Finlandia	250.000	79.047	-
Francia	5.600.000	210.671	173.260
Germania	10.800.000	2.850.000	2.300.000
Giappone	7.400.000	1.506.000	300.000
Gran Bretagna	4.600.000	271.311	60.595
Grecia	150.000	16.357	155.300
India	2.400.000	36.092	-
Italia	4.500.000	279.820	93.000
Jugoslavia	3.740.000	1.700.000 militari e civili	
Norvegia	25.000	4.780	-
Nuova Zelanda	150.000	12.162	-
Paesi Bassi	500.000	13.700	236.300
Polonia	1.000.000	850.000	5.778.000
Romania	600.000	519.822	465.000
Spagna	Non noto	23.000 militari e civili	
Sudafrica	140.000	8.681	-
Ungheria	350.000	750.000 militari e civili	
Unione Sovietica	20.000.000	14.500.000	ca. 7.000.000
USA	11.490.000	292.100	-

Fig. 1. - Il presidente W. Wilson con il generale J. Pershing alla fine della prima guerra mondiale (Chaumont, Francia, dicembre 1918).

Fig. 4. - N. Krusciov e J. Stalin (gennaio 1936).

Fig. 5. - B. Mussolini e A. Hitler in Germania (1937).

Fig. 6. - V. Molotov sottoscrive il patto di non aggressione tra l'URSS e la Germania. Alle spalle, da sinistra: J. von Ribbentrop, J. Stalin, M. Suslov (Cremlino, 23 agosto 1939).

Fig. 7. - Seconda guerra mondiale. La cattedrale di Coventry dopo i bombardamenti tedeschi (1940).

Fig. 8. - Conferenza del Cairo (1943).
Chiang Kai-shek, F. D. Roosevelt, W. Churchill.

Fig. 9. - Conferenza di Yalta (1945).
W. Churchill, F. D. Roosevelt, J. Stalin.

Fig. 10. - Mao Tsé-tung (a sinistra) e Chiang Kai-shek (a destra) brindano alla vittoria contro i giapponesi (Chungking, 1945).

Fig. 11. - Il generale Mac Arthur durante le operazioni belliche della guerra di Corea (15 settembre 1950).

Fig. 12. - Kim Il Sung in visita a Mosca (1953).

Fig. 13. - Il riassetto dell'Europa orientale, 1938-1939.

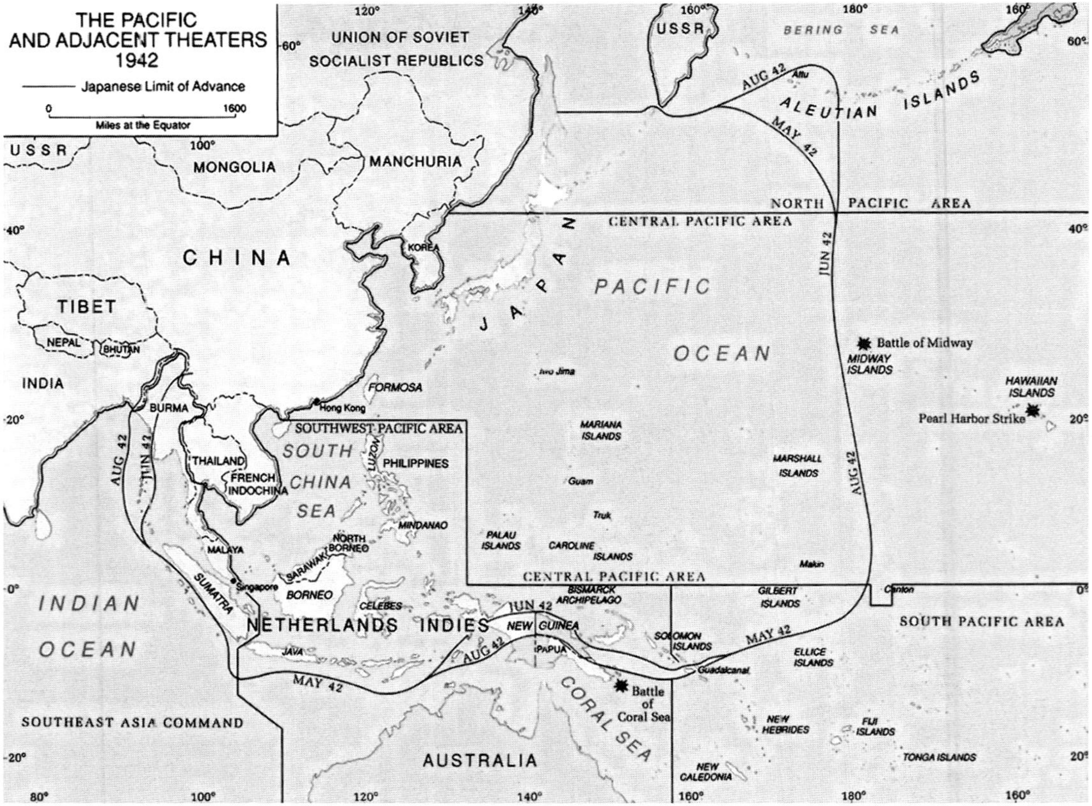

Fig. 14. - La massima espansione giapponese nel Pacifico (1942).

Fig. 15. - Il territorio tedesco diviso alla fine della seconda guerra mondiale.

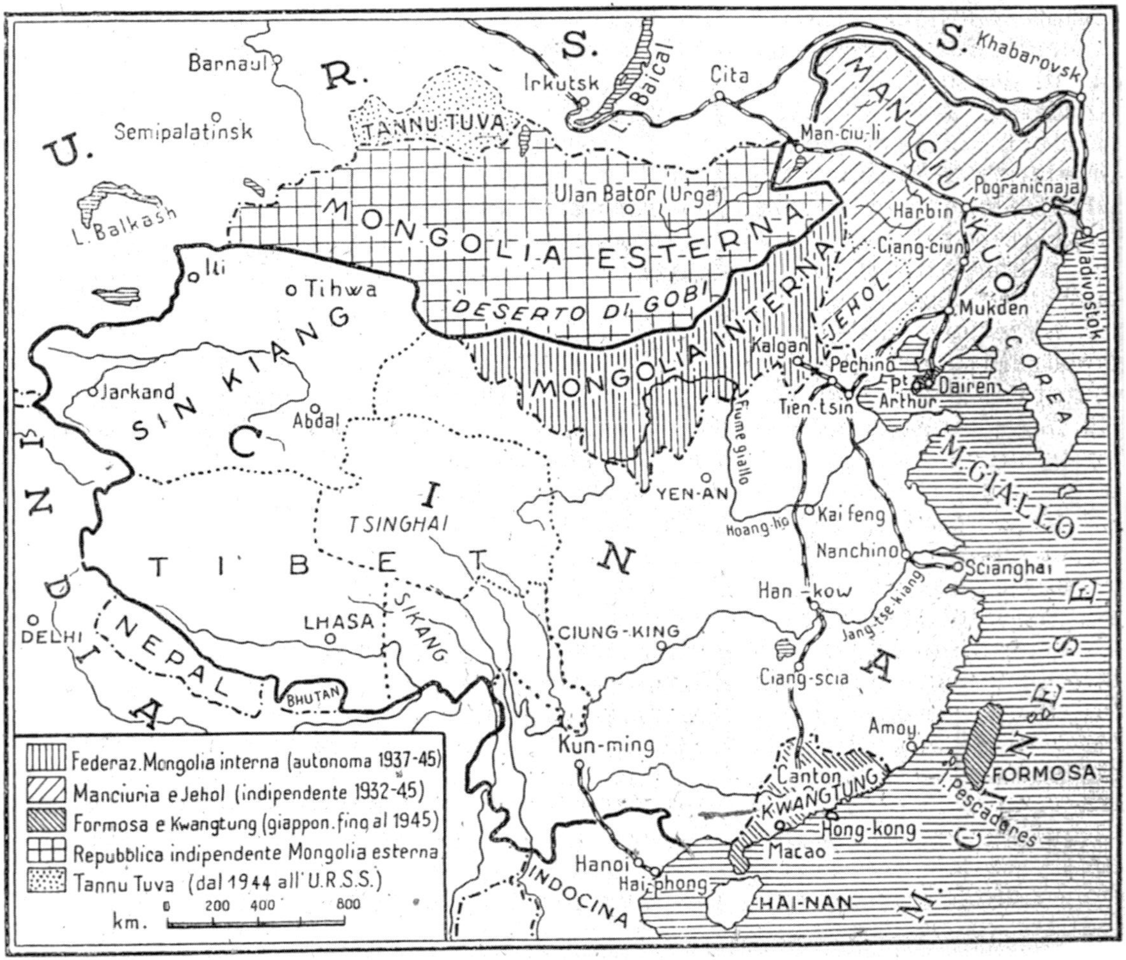

Fig. 16. - Cina e regioni limitrofe alla fine della seconda guerra mondiale.

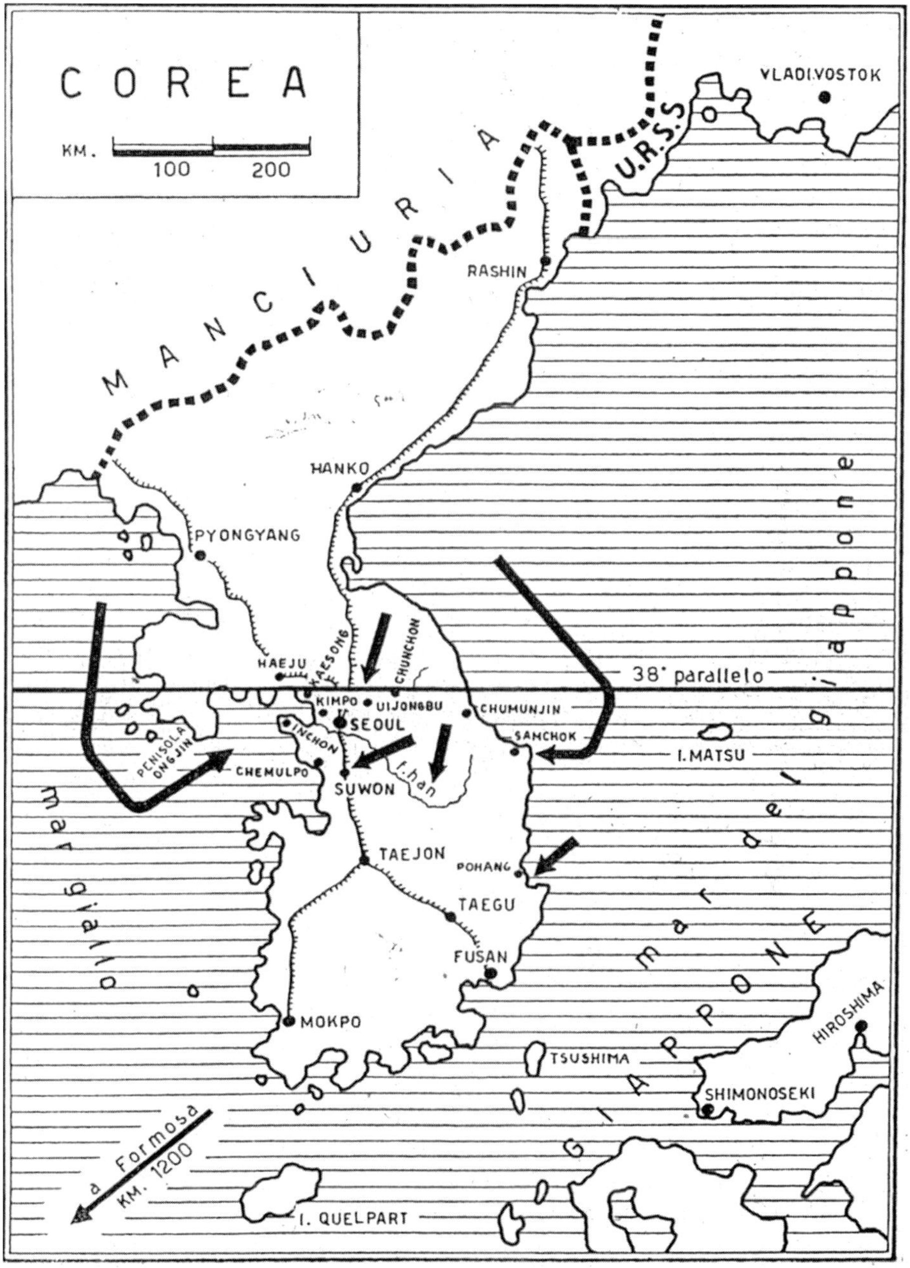

Fig. 17. - Guerra di Corea. Operazioni belliche.

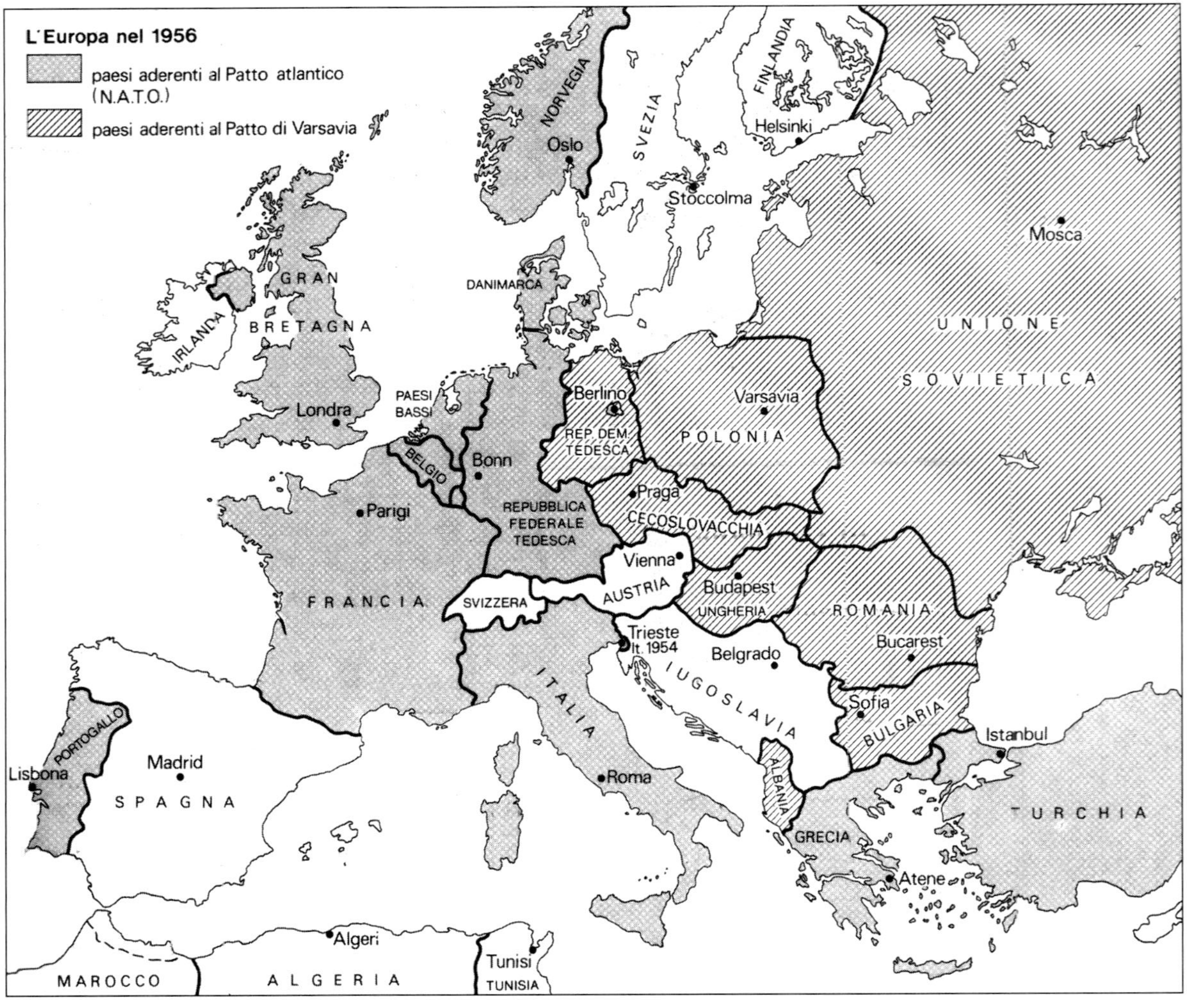

Fig. 18. - Patto atlantico e Patto di Varsavia (1956).

VI. L'ACCORDO ANGLO-AMERICANO-SOVIETICO PER LA PACE

1. *Il sistema Yalta-Potsdam*

La collocazione del sistema Yalta-Potsdam nel quadro postbellico è giustificata dalle intenzioni dei protagonisti, dei vertici politici e dal carattere delle decisioni adottate. Se è vero che gli incontri (Crimea e Berlino) avvengono quando la Germania e il Giappone ancora combattono, è altrettanto evidente che la possibilità nippo-tedesca di resistere appare ormai prossima all'esaurimento. La logica che guida i "tre grandi" è la conferma del loro impegno unitario per "schiacciare l'avversario" comune, ma anche per definire gli assetti mondiali futuri nella prospettiva di una vittoria non ancora raggiunta, ma ormai a portata di mano.

Le due conferenze (febbraio e luglio-agosto 1945) non offrono importanti elementi utili ad approfondire solo le relazioni passate dei contraenti e progetti e piani militari del momento (c'è la già ricordata eccezione dell'entrata in guerra sovietica in Asia contro il Giappone), ma sono anche una finestra aperta sul futuro, uno sguardo significativo sul dopoguerra. Essi rappresentano in modo preciso le determinazioni dei tre grandi per gli assetti futuri della comunità internazionale, anche se le decisioni adottate avranno poca influenza sulle operazioni belliche dei mesi successivi, cioè fino alla resa dei tedeschi e dei nipponici. Avranno, al contrario, grande rilievo per gli assetti politici e territoriali dei decenni successivi sia per quanto attiene agli equilibri europei e asiatici sia alla sicurezza e alla pace internazionali. Gli accordi raggiunti da Washington, Mosca e Londra costituiscono le colonne portanti del nuovo ordine mondiale, di cui è possibile riscontrare l'importanza e il ruolo ancora nel XXI secolo.

Sullo svolgimento dell'incontro di Yalta è stato scritto molto e non sempre in modo preciso e completo, poiché si sono messi esclusivamente in luce il cinismo spartitorio dei partecipanti o l'importanza dello scenario europeo e di quello tedesco in particolare. In realtà, Yalta rappresenta un elemento di passaggio più complesso sul piano ideologico e politico. Anzitutto, è la prima volta che i "grandi" s'incontrano con la certezza di poter vincere il conflitto. Su questo elemento pesa una sola incognita: la capacità tedesca di mettere a punto e di rendere operative su vasta scala le temute e più volte reclamizzate "armi segrete".

Queste minacce di Berlino non sono mai state ignorate né sottovalutate. Churchill stesso, nel maggio del 1945, ricorda il pericolo corso dall'Inghilterra meridionale a causa delle bombe volanti (V1 e V2) fino alla liberazione delle coste francesi e olandesi e precisa che i tedeschi stavano preparando «postazioni multiple di artiglieria» e avevano già messo a punto una nuova flotta di sommergibili oceanici e nuovi sistemi tattici offensivi e difensivi. Anche la Casa Bianca (agosto 1945), dopo lo scoppio della prima bomba atomica, ricorda i tentativi tedeschi in questo settore che non hanno portato i risultati attesi a Berlino. In una nota si precisa che «i tedeschi [già dal 1942] lavoravano per scoprire il mezzo o comunque sfruttare l'energia atomica, al fine di usarla per ridurre il mondo in schiavitù. Falliranno lo scopo e dobbiamo essere grati alla Provvidenza che abbiano prodotto le V1 e le V2 ed altri mezzi del genere soltanto in quantità limitate e che non siano riusciti affatto a produrre la bomba atomica». Queste dichiarazioni evidenziano i rischi degli alleati nella corsa per il primato scientifico e tecnologico in materia nucleare e per la disponibilità di vettori adeguati al trasporto delle nuove armi. Mentre la Germania prevale in campo missilistico, gli Stati Uniti riescono a mettere a punto e ad usare la "bomba nucleare" contro il Giappone dopo la sconfitta tedesca ottenuta con gli armamenti convenzionali.

Nel febbraio del 1945 ai possibili vincitori si pone già il problema del dopoguerra: è di fronte a loro la necessità di definire il nuovo ordine mondiale e di decidere gli strumenti di garanzia politico-militare per assicurarne il funzionamento. Esiste una sostanziale differenza fra il clima che si respira a Yalta e quello dei più importanti incontri precedenti, (Mosca, ottobre 1943, Teheran, novembre-dicembre 1943, Cairo, novembre 1943, ecc.). Anche in queste occasioni vengono affrontate questioni politiche e avanzati progetti per il dopoguerra, ma ci sono sostanziali diversità con Yalta: qui lo scontro militare era ancora in atto su larga scala e non erano definite le aree di occupazione militare delle diverse forze armate. Su questi precedenti incontri pesa una provvisorietà accentuata che condiziona in modo significativo l'esplorazione del terreno politico. In sostanza, i precedenti sono vertici di "combattenti", mentre Yalta è un incontro di "vincitori".

Nella fitta rete di incontri, di vertici, di lettere più o meno rilevanti (fra il 1942 e il 1944), occupano un posto prioritario le questioni militari e le decisioni che vengono prese per garantire il successo finale delle "Nazioni Unite" dal 1° gennaio del 1942. Anche l'esame dei problemi politici è centrale: esso tuttavia non porta a decisioni precise, ma si limita ad avviare il confronto fra i principali interlocutori, è utile per definire i rispettivi punti di partenza, è essenziale per comprendere aspirazioni, pretese ed esigenze; ma questo sforzo non porta a risultati immediati, cioè ad accordi definiti sulle varie questioni più importanti. Si tratta di un elenco di problemi, di un primo e parziale esame, di ricognizioni che non approdano a determinazioni precise e vincolanti sul terreno politico.

Il passo in avanti viene compiuto a Yalta. Si sostiene spesso che questo vertice ha segnato la spartizione del mondo in aree di dominio diretto e di influenza da parte delle grandi potenze presenti al tavolo dei lavori. Si parla anche della sua dimensione europea, mentre si lasciano in ombra la parte asiatica e la sua vocazione globale. In sostanza, troppo spesso la lettura di questi accordi avviene secondo angoli visuali ristretti, senza precisi riferimenti ai testi sottoscritti.

È singolare che accordi tanto importanti siano discussi e giudicati sulla base di letture parziali e senza un esame obiettivo delle finalità perseguite dai contraenti. Si ha l'impressione che si voglia coprirne la realtà, in parte oscurarla, per fare emergere tesi precostituite legate in particolare alle esigenze della propaganda politica dei decenni successivi, scaturita dalle difficoltà che i contraenti hanno dovuto fronteggiare per gestire il dopoguerra. Ci sono state anche una sopravalutazione del ruolo che hanno giocato gli interessi specifici degli Stati qui rappresentati e una miope sottovalutazione del peso esercitato dalle idee politiche che essi hanno inteso affermare. Le due questioni non possono essere disgiunte, perché in questa logica si finisce per non comprendere le decisioni adottate per la difesa della pace e per capire ancor meno gli sviluppi successivi, cioè la contrapposizione dei contraenti e l'apertura di un periodo di tensione definito "guerra fredda".

Sono necessari un ritorno alle fonti, una lettura attenta dei trattati in questione, un esame scrupoloso delle intenzioni, delle aspettative e delle proposte dei contraenti: la demitizzazione di questa pagina dei rapporti fra le potenze democratiche e il vertice del comunismo sovietico sono le premesse necessarie per comprendere l'evoluzione dei rapporti fra i due sistemi e non soltanto quelli fra gli Stati che essi rappresentano (USA, Inghilterra e URSS). I due aspetti sono legati fra loro e non devono essere disgiunti. Gli interessi statuali inducono a tutele locali, di carattere confinario e d'influenza, ma, al contrario, le esigenze di difendere ed espandere i rispettivi sistemi obbligano a considerare esigenze di carattere globale. Ciò non è determinato, come un esame più superficiale può suggerire, dalla disponibilità di risorse adeguate, ma dalle premesse stesse dei rispettivi "credo" politici: essi hanno una vocazione umanitaria perché vogliono offrire soluzioni per tutti i popoli del mondo e si ritengono adeguati a risolvere nel modo migliore ogni contraddizione o carenza all'interno degli Stati e nei rapporti fra loro.

a) *Conferenza di Yalta* - Nel quadro dei trattati di Yalta, occupa un posto prioritario la decisione di convocare, entro pochi mesi, una conferenza internazionale per dar vita ad una nuova organizzazione mondiale (Organizzazione delle Nazioni Unite, ONU) con lo scopo di mantenere la pace e la sicurezza internazionali.

Già durante i primi anni del conflitto si è fatta strada l'idea di promuovere una nuova organizzazione per garantire la "sicurezza collettiva" dopo la negativa esperienza della Società delle Nazioni. Significativi riferimenti a questa intenzione si leggono nella Carta Atlantica, nella Dichiarazione delle Nazioni Unite (1942) e anche in occasione di numerosi vertici degli alleati. Questa decisione è sviluppata in conferenze preparatorie degli anglo-americani e dei russi (e dei cinesi) negli USA, a Dumbarton Oaks (1944), che mettono a punto le finalità e la struttura della futura organizzazione. Tutti convengono sulla necessità di dar vita a un nuovo soggetto e di rifiutare qualsiasi ipotesi di "resuscitare" la Società delle Nazioni: Washington non vi ha partecipato fin dall'inizio, la presenza anglo-francese evoca un passato ricco di insuccessi e di delusioni, Mosca, dopo averne bocciato la nascita, vi ha aderito (1934) ma, a seguito dell'aggressione alla Finlandia, è stata espulsa (1939). Nessuna di queste potenze ha interesse a mantenere in vita o a ricostituire quella precedente organizzazione.

Roosevelt, nell'ottobre del 1944, esalta il lavoro compiuto a Dumbarton Oaks, frutto dell'impegno comune delle «nazioni amanti della pace», le quali devono mantenere i buoni rapporti raggiunti anche in futuro: «Il problema della nostra sicurezza nazionale non si esaurisce ai nostri confini. Monroe, come ogni presidente americano dopo di lui, era pronto, se necessario, a fare uso della forza per assicurare l'indipendenza di altre nazioni americane minacciate da aggressori d'oltre oceano. Il principio non è mutato, sebbene sia mutato il mondo». Più tardi (marzo 1945) il presidente americano precisa che «la nostra grande nazione non può più scansare la responsabilità per le condizioni politiche di territori posti a migliaia di miglia oltre il mare. Gli Stati Uniti ora esercitano una vasta influenza sulla causa della pace in tutto il mondo. [...] Il volere evitare questa responsabilità ci procurerebbe tragiche perdite».

Stalin (novembre 1944) ricorda l'importanza dei piani stabiliti a Teheran con Londra e Washington «per il trionfo» della causa comune: «Un'altra prova della solidarietà del fronte delle Nazioni Unite è la decisione presa alla conferenza di Dumbarton Oaks sulla questione della sicurezza postbellica. [...] gli Stati aggressori, che si preparano per lungo tempo alla guerra, sono sempre più potenti delle nazioni amanti della pace e perciò speciali misure dovranno essere prese in avvenire per impedire le aggressioni. [...] È necessario stabilire una speciale organizzazione per salvaguardare la pace del mondo e la sua sicurezza, costituita dalle nazioni amanti della pace. [...] Questa non dovrebbe essere una ripetizione della Lega delle Nazioni di triste memoria, che non aveva né diritti né mezzi per arrestare l'aggressione. Questa sarà una speciale e nuova organizzazione plenipotenziaria internazionale che avrà a sua disposizione tutto il necessario per proteggere la pace ed impedire una nuova guerra». Per raggiungere questo scopo, prosegue il dittatore sovietico, è necessario che «le grandi potenze che sostennero l'attuale lotta continuino ad agire in futuro, in spirito di unità e di concordia».

Negli incontri di Dumbarton Oaks (settembre-ottobre 1944) vengono definite le questioni più importanti relative alla nuova organizzazione. Non trovano però soluzione né il problema della rappresentanza delle quindici Repubbliche socialiste federate nell'URSS (Mosca vorrebbe la presenza autonoma di tutte) né quello del meccanismo del voto (le maggiori potenze temono di dover sottostare «ai capricci di eventuali maggioranze» insensibili alle loro esigenze). Questi ultimi ostacoli sono superati a Yalta, con la sola ammissione dell'Ucraina e della Russia bianca, ma, per risolvere il problema delle «maggioranze formate dai minori» si conviene che il Consiglio di Sicurezza non può procedere sulle decisioni politiche senza il consenso di tutti gli Stati che hanno il seggio permanente.

L'esigenza di predisporre strumenti nuovi per mantenere la pace è avvertita in molti ambienti culturali, religiosi, accademici e politici.

Anche i vertici vaticani intervengono in più occasioni per sostenere questa esigenza e per sollecitare iniziative a tutela dei popoli dopo «il diluvio di sangue» della guerra. La Santa Sede auspica un nuovo ordine internazionale pacifico. Nel radiomessaggio del 24 dicembre 1944, Pio XII sottolinea l'importanza di promuovere esperienze democratiche all'interno degli Stati e condanna le concezioni che riducono il popolo ad «una agglomerazione amorfa d'individui», all'eguaglianza «in una uniformità monocroma». La pace futura dipenderà dall'accettazione da parte dei governi della dignità dell'uomo («che è la dignità dell'immagine di Dio»). È necessario, osserva il Pontefice, «prescrivere e bandire una volta per sempre la guerra d'aggressione come soluzione legittima delle controversie internazionali e come strumento di aspirazioni nazionali». Occorre dichiarare «una guerra alla guerra» e porre in essere «un organo per il mantenimento della pace, organo investito, per comune consenso, di suprema autorità».

L'iniziativa che viene presa a Yalta di creare una nuova grande organizzazione internazionale evidenzia la volontà di evitare alle generazioni successive la terribile esperienza della guerra, di riaffermare i diritti fondamentali dell'uomo, delle nazioni grandi e piccole ad esistere, di creare condizioni oggettive di rispetto per i trattati internazionali, di promuovere forme di cooperazione per il progresso socio-economico mondiale, di trovare soluzioni pacifiche per eventuali controversie senza fare ricorso all'uso della forza. I fini e i principi ispiratori sono definiti con precisione: mantenere la pace e la sicurezza internazionali (prevenire e fermare eventuali minacce, adottare misure collettive di prevenzione e rimozione, reprimere gli atti di aggressione), rispettare il principio di eguaglianza dei diritti e dell'autodecisione dei popoli, promuovere ed incoraggiare i diritti dell'uomo e delle libertà fondamentali senza distinzione di razza, di sesso, di lingua o di religione, accettare il principio della sovrana uguaglianza di tutti gli Stati membri, partecipare a qualsiasi azione collettiva per perseguire gli obiettivi dell'organizzazione. Per eventuali interventi militari, a fronte di gravi crisi, è prevista la costituzione di un esercito formato da contingenti forniti dagli Stati membri. Si deve avere presente che l'organizzazione non è autorizzata «ad intervenire in questioni che appartengono essenzialmente alla competenza interna di uno Stato». L'adesione a titolo originario è possibile per tutti gli Stati che prenderanno parte alla prevista conferenza di San Francisco o che abbiano firmato la Dichiarazione delle Nazioni Unite (1° gennaio 1942). In seguito, potranno aderire tutti coloro che accettano lo Statuto e sono pertanto «amanti della pace».

Vengono decisi anche i principali organi della futura organizzazione: l'Assemblea Generale (discussione di qualsiasi questione attinente ai fini dell'organizzazione, approvazione di raccomandazioni, un voto per ogni membro, maggioranze semplici e qualificate), il Consiglio di Sicurezza, composto da 11 membri di cui cinque permanenti (la Repubblica cinese, la Francia, l'URSS, la Gran Bretagna, gli Stati Uniti d'America) e altri sei a rotazione eletti dall'Assemblea Generale. A questo organo è attribuita «la responsabilità principale del mantenimento della pace e della sicurezza internazionali». Di fatto ha una funzione operativa quasi esclusiva, nel senso che deve assicurare «un'azione pronta ed efficace da parte delle Nazioni Unite». Ogni membro del Consiglio di Sicurezza dispone di un voto: sulle questioni di procedura sono necessari, per la costituzione di una maggioranza, sette voti (su 11 aventi diritto). Su tutte le altre, cioè sui problemi di natura politica, occorrono sempre sette voti ma, al loro interno, occorre che vi siano tutti quelli dei cinque membri permanenti.

Il Consiglio di Sicurezza, dopo aver accertato l'esistenza di minacce, violazioni della pace o atti di aggressione, potrà fare raccomandazioni, prendere misure adeguate ai singoli casi (interruzione totale o parziale delle relazioni economiche, delle comunicazioni ferroviarie, marittime, aeree, postali, telegrafiche, radio e di altro tipo) ed arrivare anche alla rottura delle relazioni diplomatiche. Se tutti questi strumenti dovessero risultare inadeguati alla gravità della crisi, potrà intraprendere «azioni con forze aeree, navali o terrestri» in collaborazione con i membri dell'organizzazione (questi ultimi sono tenuti a collaborare). Questo meccanismo di tutela collettiva, sia pacifico sia militare, non pregiudica il «diritto innato di autodifesa individuale e collettiva» nel caso in cui Stati membri dell'organizzazione siano oggetto di attacchi armati finché il Consiglio di Sicurezza non adotti le misure necessarie. Sono pure previsti (troveranno significative applicazioni in seguito) accordi e organizzazioni regionali con gli stessi obiettivi sul piano della pace e della sicurezza.

Si pensa alla futura organizzazione come ad una struttura che possa sviluppare la cooperazione a livello economico e sociale per creare migliori condizioni di «stabilità e di benessere» e contribuire in tal modo allo sviluppo di rapporti pacifici e amichevoli fra le nazioni. Viene previsto un sistema specifico di amministrazione fiduciaria internazionale per gestire territori: *a*) già sottoposti a mandato; *b*) staccati da Stati nemici in conseguenza della seconda guerra mondiale; *c*) sottoposti a questo sistema dagli Stati responsabili della loro amministrazione. Dovranno essere garantiti il progresso politico, economico, sociale ed educativo e il «progressivo avviamento all'autonomia ed all'indipendenza» secondo le «aspirazioni liberamente manifestate dalle popolazioni interessate».

È decisa anche la costituzione di una Corte Internazionale di Giustizia: si tratta del principale organo di natura giurisdizionale. Esso deve funzionare sulla base di uno specifico statuto, che a sua volta si basa sui criteri che regolano la Corte permanente di Giustizia Internazionale. L'Assemblea dovrà nominare un segretario generale, principale funzionario amministrativo dell'organizzazione.

Le tre grandi potenze attribuiscono al mantenimento della pace e alla garanzia della sicurezza fra gli Stati un ruolo primario: questo obiettivo è posto al di fuori e al di sopra dei contingenti e pur rilevanti interessi particolari e giganteggia nell'orizzonte postbellico. Questo traguardo è tanto importante che per esso è costituita un'organizzazione *ad hoc*, un soggetto nuovo con propri organi e funzioni. Questa scelta ha tale rilevanza e rilievo che pare di osservare ad un tempo due fenomeni inconsueti. C'è l'affermazione dell'impotenza degli Stati tradizionali a far fronte a future emergenze (crisi, aggressioni, guerre, ecc.) e dunque una delega ad affrontare queste situazioni al nuovo soggetto a ciò appositamente predisposto. C'è anche un'esplicita ammissione di debolezza delle grandi potenze, nel senso che questa iniziativa mette in luce una diffusa delusione per il recente passato e la consapevolezza di non potere più garantire per il futuro una pacifica evoluzione dei rapporti interstatuali. Sarebbe stato possibile anche un impegno fra i tre per il mantenimento e la difesa della pace internazionale. In fondo, le tre potenze preferiscono evitare questa scelta e far nascere l'Organizzazione delle Nazioni Unite.

L'importanza dei suoi obiettivi è tale che quest'ultima pare essere destinata a svolgere una funzione primaria, quasi esclusiva, su tutti i gravi problemi della politica internazionale e di fatto dominare la politica estera delle grandi potenze fondatrici e degli altri membri del nuovo sodalizio. In realtà, ciascuno di essi manterrà una duplice e attiva azione sia all'interno dell'organizzazione sia all'esterno. Questo ruolo, nuovo e delicato, comporterà in più occasioni anche scelte difficili e metterà a nudo la fragilità della soluzione adottata. Al tempo stesso, le tre potenze (che dichiarano di essere disponibili ad accogliere anche il governo provvisorio francese e quello della Repubblica cinese nel ristretto club dei "capi cordata") si riservano, all'interno del Consiglio di Sicurezza, la possibilità di bloccare con il proprio voto ogni decisione politica (ma non procedurale) della stessa organizzazione. Se è vero che le "cinque" grandi potenze con questa prerogativa sono una minoranza all'interno degli undici, è pure evidente che si tratta di una condizione formale. È sufficiente un voto negativo da parte di una sola di queste potenze per fermare il processo decisionale. Da questo punto di vista, ha ben poco senso aver attribuito una maggioranza nel Consiglio di Sicurezza ai membri non permanenti (6) ed aver immaginato una minoranza teorica (5) che potrebbe essere formata da una convergenza delle grandi potenze. In realtà, questa particolare attribuzione mette in luce diverse valutazioni e precisi progetti. Il meccanismo adottato esclude la possibilità che Mosca possa essere costretta dagli altri Paesi democratico-capitalisti a subire decisioni non gradite. Ma anche le altre capitali chiedono per sé le stesse prerogative ed esclusività. Si realizza, in tal modo, un sistema che rende possibile a ciascuna di esse (e non agli altri membri dell'organizzazione e del Consiglio di Sicurezza) di vivere all'interno della nuova istituzione internazionale senza dover temere per le esigenze della propria politica estera alcuna decisione sgradita: di fronte a questa eventualità dispongono di un'arma di difesa garantita dallo Statuto. Ma c'è un altro aspetto da valutare: la disponibilità di questo strumento offre ai "cinque grandi" non soltanto la possibilità di difese individuali. Questa ammissione statutaria evidenzia un aspetto più rilevante: in realtà si costituisce un gruppo di potere staccato e superiore agli altri membri e si mette in luce il ruolo esercitato dai cinque nella guerra che sta per terminare. Si tratta di una dichiarazione esplicita dell'esistenza di un "direttorio" che si autoproclama tale, in quanto si considera il più autorevole rappresentante della coalizione vincente sia per la sfera statuale sia per gli sforzi sostenuti nel periodo della belligeranza (non ancora terminata).

Si tratta di una sistemazione singolare: si evidenziano motivi di carattere morale e politico di natura superiore e si invitano tutti gli Stati in condizioni di assoluta parità a partecipare alla costituzione di questo nuovo soggetto, ma al tempo stesso si definiscono condizioni di egemonia e di preponderanza legate alla forza effettiva dimostrata negli anni precedenti e che si pensa di poter mantenere anche nel futuro. Ne risulta un connubio non coerente, difficile da spiegare sul piano logico, assai facile da comprendere secondo la tradizionale politica di potenza. I cinque grandi, per un verso, sono garanti di un ordine nuovo basato «sul mantenimento della pace e della sicurezza», per altro verso assicurano la tutela prioritaria del proprio futuro con clausole esclusive e sembra da questi calcoli di essere esclusa la possibilità che essi insieme o come singoli possano svolgere qualsiasi azione contraria alle disposizioni che ispirano il nuovo consesso. In questo modo nasce, al posto della vecchia politica di potenza dei vincitori, una struttura collaterale che «dovrebbe segnare la fine del sistema delle iniziative unilaterali, delle alleanze esclusive, delle sfere d'influenza» e di tutti gli altri espedienti che per secoli sono stati provati e sempre hanno fatto fallimento. C'è un duplice aspetto che traspare da questa sistemazione: esiste una gerarchia d'importanza che pone i "cinque permanenti" in posizione privilegiata rispetto ai "sei a rotazione". C'è, al contrario, una sostanziale parità all'interno dei permanenti perché ciascuno può bloccare le decisioni degli altri, benché il peso politico militare sia ben diverso fra loro. L'equilibrio raggiunto dai "tre grandi", mentre apre le porte ad un mondo molto diverso, mette in luce la comune coscienza del dramma della guerra vissuta ed evidenzia la concretezza e le esigenze di una *Realpolitik* condivisa e proclamata. Ciò appare ancora più evidente perché accade in un periodo di relativa e costruttiva collaborazione fra i vertici presenti in Crimea: nel febbraio del 1945 c'è ancora chi spera in una collaborazione duratura, chi è certo che, dopo la vittoria sul Tripartito, sarà possibile rimanere insieme per gestire il dopoguerra.

È stato raggiunto, in ogni modo, un traguardo importante: le maggiori potenze, pur con le riserve e le autoconcessioni ricordate, hanno operato una convergenza significativa. Essa ha permesso di prendere impegni comuni per la difesa della pace e ciò è avvenuto nonostante le divergenze dei rispettivi sistemi politici e l'implicita intenzione degli uni e dell'altro (URSS) di operare per il superamento e la distruzione di quelle alternative. Se poi si considera che l'accordo prende corpo quando ancora le armi nucleari non sono in possesso di nessuno dei contraenti, gli impegni assunti assumono un significato ancora più profondo. Se questa intesa fosse stata raggiunta dopo l'utilizzo americano dell'ordigno nucleare, si potrebbe pensare che essa sarebbe stata una reazione prudente di Mosca in attesa di colmare il divario militare. Al contrario, a Yalta non c'è ancora la certezza di poter disporre di quest'arma e tanto meno la sicurezza di poterla utilizzare. La convergenza politica dei tre Stati è dunque autonoma dalla "ipoteca nucleare" e segue un percorso più semplice e lineare alla luce delle esigenze politiche contingenti e delle prospettive che vengono immaginate. I nuovi equilibri non sono dettati dalla pressione e dal ricatto nucleare, ma da comuni valutazioni.

È accettata una logica di coesistenza, di potenziale collaborazione per evitare che altri conflitti possano colpire in modo tanto crudele e durevole l'umanità. Restano in ombra, almeno in questo passaggio cruciale, le controversie, le rispettive esigenze ideologiche, i diversi sistemi e convincimenti politici. La convergenza nasce dalla proclamazione del bene supremo della pace e dal rifiuto del ricorso all'uso della forza per risolvere le controversie internazionali. Questo presupposto prevale sui reciproci obiettivi di affermare nel mondo il sistema democratico-parlamentare o quello marx-leninista (di ispirazione classista e a vocazione monopartitica). La lettura del testo sottoscritto mostra potenziali e rilevanti elementi di incoerenza, mitigati dalla drammaticità del conflitto e dalla volontà di aprire strade nuove per il futuro dell'umanità. L'esperienza dei decenni successivi metterà in luce la forza di questa aspirazione, al di là delle crisi, delle tensioni e dei conflitti locali che pure si verificheranno. Viene inoltre deciso di convocare a San Francisco, per il mese di aprile 1945, una conferenza internazionale per approvare la Carta dell'Organizzazione delle Nazioni Unite e dare così rapida e concreta applicazione alle decisioni adottate a tutela della pace e della sicurezza internazionale (poco dopo, nel gennaio del 1946, si convocherà la prima riunione dell'Assemblea Generale).

I leader delle tre grandi potenze scelgono la pace nonostante le esistenti contrapposizioni ideologiche, le presumibili divergenze nei confronti dei vinti e le storiche contrapposizioni fra i loro Stati ed escludono in modo solenne e categorico che eventuali futuri dissensi fra loro possano essere risolti con le armi. Nel momento in cui mettono al bando la guerra, assumono l'impegno di trovare soluzioni pacifiche per tutte le questioni controverse che potranno nascere, anche a costo di dover sacrificare interessi nazionali, di sistema o esigenze ideologiche. Ciò non significa che non possano verificarsi in futuro emergenze gravi che potrebbero degenerare in conflitti, ma l'accordo dei «fondatori politici dell'ONU» contiene l'impegno di non farsi guerra fra loro.

L'elemento innovativo, di straordinaria importanza, sta nel fatto che Londra, Mosca e Washington hanno percepito l'esigenza di mettere al bando le armi nei loro rapporti futuri, di dare vita e di partecipare ad una organizzazione che vuole tutelare «la sicurezza e la pace» nel mondo e di ritenere che, grazie alla forza di cui dispongono e alla loro volontà comune di impiegarla, questo traguardo possa essere raggiunto. Non è l'ONU il garante della pacificazione futura, in quanto essa è uno strumento per questo fine; al contrario, l'impegno dei "tre grandi" crea le premesse dell'esistenza e del funzionamento del sistema. La loro determinazione in questo senso è tanto concreta quanto immediata e causerà la nascita del nuovo soggetto. Il risultato più significativo e duraturo di questi lavori è l'accordo contro una futura guerra fra le grandi potenze del tempo, la dichiarata volontà di impedire un altro conflitto mondiale.

A Yalta "scoppia la pace" fra le democrazie e il comunismo. Il problema centrale non è la sistemazione futura dei vinti, ma l'equilibrio fra i vincitori. L'accordo esprime la volontà di respingere per il futuro, in qualunque circostanza e di fronte a qualsiasi pericolo, l'ipotesi di uno scontro bellico fra loro. Ciò significa evitare per il futuro di attivare politiche di minacce aggressive vicendevoli, cercare una comune conduzione degli affari internazionali e privilegiare soluzioni di compromesso. La sfida dei tre grandi è nella capacità di mantenere questo indirizzo di autocontenimento per il futuro e di evitare "ad ogni costo" confronti militari diretti fra loro. Ciò non esclude che tensioni successive possano determinare conflitti locali più o meno estesi e duraturi, ma l'intenzione dei contraenti è quella di risolvere i problemi con mezzi pacifici e, comunque, di evitare di prendervi parte con proprie forze armate con il rischio di innescare uno scontro generale. Il "Patto per la pace", sottoscritto da Roosevelt, Stalin e Churchill, mette in luce un passaggio cruciale nella storia dell'umanità ed è rappresentativo della drammatica esperienza (in fase conclusiva) vissuta con il secondo conflitto mondiale. L'alleanza contro la guerra, sottoscritta quando ancora il conflitto non è finito, avrà successo nei decenni successivi e il patto dei due sistemi vincitori contro il Tripartito sarà destinato a durare fino ai nostri giorni, nonostante tensioni, guerre locali e l'emergere sulla scena di nuove grandi potenze. Nessuna di queste ultime, ad oggi, ha messo in discussione la partecipazione e la collaborazione con l'organizzazione nata da quella storica intesa politica per difendere l'umanità da una nuova catastrofe. In realtà, nessuno ha scatenato una "guerra armata", cioè "calda", contro gli altri "grandi".

A Yalta sono affrontati e risolti anche altri problemi. La sconfitta tedesca è considerata ormai sicura, ma essa dovrà essere concretizzata da una «resa incondizionata». Le forze armate delle tre potenze «occuperanno ciascuna una parte separata della Germania» (una zona sarà riservata alla Francia). Il militarismo tedesco e il razzismo non devono «mai più» porre in pericolo la pace mondiale e i criminali di guerra devono essere portati di fronte alla giustizia. La Germania dovrà risarcire «in natura» le perdite subite dalle Nazioni Unite: è riconosciuta una priorità negli indennizzi alle potenze che hanno «subito le perdite più gravi e che hanno contribuito alla vittoria sul nemico. Saranno trasferiti beni tedeschi in Germania e all'estero (equipaggiamenti, macchine utensili, navi, materiale rotabile, azioni industriali, trasporti, imprese, ecc.). Saranno pure ritirate merci di nuova produzione e sarà utilizzata mano d'opera tedesca all'estero per le opere di ricostruzione». Si tratta, nel complesso, di disposizioni precise che prevedono una successiva occupazione e un controllo del territorio tedesco da parte delle maggiori potenze alleate, che vogliono evitare ogni rischio di revanscismo da parte del militarismo germanico e del nazionalsocialismo. Pur con queste intenzioni, i firmatari non intendono «distruggere il popolo tedesco», ma estirpare le radici della sua degenerazione politica e militare. Grazie a ciò, la stessa popolazione di questa nazione potrà «sperare in una vita decorosa» e potrà trovare posto al «consesso delle nazioni». A questo proposito, Roosevelt (marzo 1945) riferisce alle Camere riunite sulla conclusione dei lavori della conferenza di Yalta, precisando «che la Germania dovrà pagare riparazioni in natura per i danni inflitti alle vittime innocenti delle sue aggressioni. Costringendola a pagare le riparazioni sotto forma di macchine, materiale rotabile e materie prime noi eviteremo l'errore commesso dopo l'altra guerra di chiedere alla Germania riparazioni in moneta, che essa non poté mai pagare. Noi non desideriamo affamare il popolo tedesco né che esso diventi un peso per il resto del mondo. Il nostro obiettivo nel trattamento della Germania è questo: assicurare la pace nel mondo futuro».

Si raggiungono a Yalta, inoltre, specifiche intese che riguardano alcune aree geografiche e alcuni Stati. Per quanto attiene alla Polonia, si riafferma la volontà comune di confermare la sua esistenza statale, che deve essere forte, libera, indipendente e democratica. Questo Paese, liberato ad opera dell'Armata Rossa, deve avere al più presto un governo più rappresentativo di quello provvisorio esistente. È necessario che esso venga allargato con la partecipazione dei capi democratici residenti in Polonia e di quelli che si trovano all'estero. Il nuovo governo provvisorio di unità nazionale dovrà procedere allo svolgimento di libere elezioni, senza intimidazioni, appena possibile, «sulla base del suffragio universale e dello scrutinio segreto». Tutti i partiti democratici antifascisti e antinazisti avranno il diritto di prendere parte a queste elezioni e di presentarvi dei candidati. C'è anche la soluzione confinaria: l'URSS ottiene la linea Curzon (quella definita a Versailles e annullata dal conflitto sovietico-polacco con la pace di Riga del 1921), grazie alla quale avanza verso Occidente di oltre 200 Km rispetto alle frontiere in essere prima dell'agosto 1939. Il nuovo Stato polacco troverà compensazione per questa «pesante mutilazione» in aree tedesche a Nord e a Ovest.

Le modifiche confinarie concordate non sono riconducibili a una stretta logica spartitoria; al contrario, l'URSS rivendica un'area che già la diplomazia occidentale le aveva riconosciuto venticinque anni prima. C'è, invece, la novità della sottrazione di ampi territori tedeschi: essi non vanno però a diretto beneficio dei vincitori, ma della ricostituita e liberata Polonia, a spese di una Germania vinta, per la quale è previsto un regime d'occupazione. Sono inoltre definiti i problemi concernenti il nuovo governo jugoslavo e l'elezione di un'Assemblea Costituente, questioni relative ai rapporti bulgaro-jugoslavi, e altre utenze relative alla Bulgaria, alla Grecia e all'Iran. I firmatari convengono di riesaminare i problemi attinenti alla convenzione di Montreux (1936) e alla navigazione negli Stretti sulla base di proposte che il governo di Mosca formulerà. Al fine di permettere consultazioni non episodiche fra i tre governi, viene istituito un "meccanismo permanente": i tre ministri degli Esteri terranno periodiche riunioni (ogni tre o quattro mesi) a turno nelle diverse capitali. Si precisa che il primo di questi appuntamenti si svolgerà a Londra.

Riveste uno specifico rilievo la *Dichiarazione sull'Europa liberata* approvata a Yalta. Il suo contenuto è rivelatore delle trattative compiute nel periodo precedente, delle speranze dei firmatari e degli equivoci politici esistenti sul futuro dell'ordine postbellico europeo. Nella dichiarazione finale della conferenza si precisa che questo incontro è stato predisposto per chiarire la politica delle tre potenze e la loro azione comune «nell'affrontare i problemi politici ed economici dell'Europa liberata secondo i principi democratici». Si fa esplicito riferimento alle esigenze dei popoli d'Europa liberi dalla dominazione nazista e a quelli dei satelliti dell'Asse, che devono essere aiutati a ricostruire le economie nazionali «con procedimenti che permettano ai popoli liberati di distruggere le ultime vestigia del nazismo e del fascismo e di stabilire delle istituzioni democratiche da loro stessi scelte». Si ricordano le indicazioni della Carta Atlantica («diritto di tutti i popoli di scegliersi la forma di governo sotto il quale vogliono vivere, restaurazione dei diritti sovrani e di autogoverno in favore dei popoli che ne sono stati privati dalle potenze aggreditrici»).

Mosca, Londra e Washington insieme si impegnano a promuovere in modo concreto l'esercizio di questi diritti, e in particolare ritengono necessario: *a*) creare condizioni di pace interna; *b*) adottare misure contro la miseria di alcune popolazioni; *c*) dar vita a governi provvisori («largamente rappresentativi di tutti gli elementi democratici di queste popolazioni») che dovranno promuovere, appena possibile, libere elezioni per la formazione di governi espressi dalla volontà popolare; *d*) facilitare lo svolgimento delle consultazioni elettorali. Nella parte finale le tre potenze riaffermano con forza la «fede nei principi della Carta dell'Atlantico, la loro fedeltà alla dichiarazione delle Nazioni Unite e la determinazione di costruire, in collaborazione con le altre nazioni pacifiche, un ordine mondiale che si ispiri alle leggi della pace, della sicurezza, della libertà e del benessere generale dell'intera umanità».

Questa dichiarazione è uno dei documenti più importanti dell'incontro di Yalta. Ciò è vero sia per quanto proclama in modo solenne sia per quanto omette e lascia di indeciso e di non chiarito fra i firmatari. La lettura dei punti precedenti evidenzia quanta esagerazione vi sia nell'attribuire alla conferenza una responsabilità nella divisione in aree d'influenza in Europa (la cosiddetta "spartizione"). La definizione precisa di future linee confinarie, infatti, riguarda soltanto la frontiera polacco-sovietica (già sono state accettate le richieste di Mosca per i Paesi baltici), poiché non definisce neppure i confini tedesco-polacchi: si parla solo di compensi a favore di Varsavia ad Occidente per controbilanciare le sottrazioni orientali. C'è, al contrario, un impegno preciso dei "tre grandi" a dare all'Europa liberata assetti democratici, attraverso elezioni libere, con presenze pluripartitiche e con la presentazione di candidati di tutti gli schieramenti (purché siano antinazisti e antifascisti). Non ci sono riferimenti alla "carta di guerra", cioè alla presenza delle rispettive forze armate ad Est e ad Ovest dell'Elba, non c'è alcun approfondimento delle diverse realtà politiche che i contraenti hanno "a casa propria" ed ancor meno ai rispettivi sistemi politici di riferimento. Non si accenna neppure ad un'esigenza eventuale di sicurezza confinaria per evitare il ripetersi di aggressioni devastanti (a questo riguardo, pare sufficiente la progettata occupazione a quattro della Germania, la sua smilitarizzazione e il controllo sulle sue attività produttive nel settore bellico).

Prevale un'intesa positiva, ottimistica, esplicita della quale tutti si professano non solo convinti, ma anche fautori attivi. Pare di vedere nascere autorità governative provvisorie, di assistere al ritiro graduale delle forze che hanno distrutto gli eserciti nazi-fascisti (e loro alleati), di constatare un impegno sostanzioso di assistenza alimentare ed economica, di prendere atto della nascita di forze politiche "vecchie e nuove", di toccare con mano lo svolgimento di campagne elettorali con libere competizioni, con larga partecipazione popolare e con la formazione di nuovi governi espressi direttamente dai popoli liberati dall'oppressione del nazifascismo ed ora liberi.

Resta in ombra, per quanto riguarda le autorità sovietiche, se questo processo di democratizzazione si estenderà anche all'interno dei confini dell'URSS o se esso si limiterà alle aree liberate dalla lotta condotta dall'Armata Rossa. Se è vero che nulla si dice a questo proposito nella *Dichiarazione sull'Europa liberata*, non si può negare che i precedenti documenti sottoscritti dal Cremlino (Carta Atlantica, Dichiarazione delle Nazioni Unite, progetto costitutivo della Organizzazione delle Nazioni Unite) possono far credere ad un'evoluzione dello Stato sovietico verso forme di rappresentanza più allargate e partecipate. Ciò potrebbe essere il frutto della collaborazione nei quattro anni di guerra con le democrazie, ma anche di riflessioni maturate nel suo vertice, nel momento in cui ha potuto constatare che le più importanti democrazie non hanno istigato né sostenuto l'aggressore tedesco, ma al contrario hanno contribuito con Mosca al suo annientamento. Non è pertanto assurdo pensare che Roosevelt e Churchill potessero sperare in un'evoluzione democratica del quadro politico complessivo del continente liberato e non escludere che la collaborazione di guerra, la comune volontà di dar vita a durature collaborazioni per la pace e la sicurezza internazionali potessero, in tempi più o meno brevi, aprire le porte ad un cambiamento del sistema sovietico verso forme riconducibili a quelle democratico-parlamentari simili a quelle in essere nei loro Stati.

C'è anche da osservare come, dopo anni di guerra, raggiunto l'obiettivo più importante in Europa (la distruzione del nazifascismo) i due occidentali sentissero il bisogno di una pacificazione, del rientro dei militari, di mantenere vincoli di collaborazione con i sovietici, senza pretendere ciò che non era esigibile in tempi brevi. Certo, almeno sulla carta, le richieste di Mosca sembrano moderate e trovare giustificazioni più o meno fondate di carattere storico e nazionale (linea Curzon, rapporti con i Paesi baltici, Bessarabia, confine finlandese). Di contro essi hanno ottenuto impegni di carattere politico generale, da parte di Stalin, di grande rilievo, sul piano delle future realizzazioni e delle intenzioni politiche. Al di là degli aspetti contingenti e specifici trapela un convincimento dei negoziatori anglo-americani: è possibile continuare a collaborare con Stalin anche nel dopoguerra. Si vuole prestare fiducia alle promesse di Mosca formulate con tanta solennità e autorevolezza.

Churchill, nel discorso ai Comuni del 28 febbraio 1945, chiede l'approvazione (senza modifiche) degli accordi sottoscritti pochi giorni prima. Osserva che la discussione interessa «l'intero futuro del mondo» ed esprime timori per i destini dell'umanità se «un tremendo scisma fosse sorto fra le due democrazie occidentali e l'URSS». Sottolinea, in tal modo, che l'alleanza dei vincitori deve funzionare anche per il futuro, che ciò è possibile e auspicabile e che una sua eventuale rottura aprirebbe le porte ad un futuro molto negativo per tutti. Nel mese di marzo Roosevelt mostra ancora molto ottimismo: «Le tre più potenti nazioni hanno convenuto che i problemi politici ed economici di tutte le zone liberate dalla conquista nazista o dagli ex satelliti dell'Asse sono responsabilità comune di tutti e tre i governi. Esse uniranno i loro sforzi [...] per aiutare i popoli [...] a risolvere i loro problemi attraverso salde istituzioni democratiche [...] affinché si tengano al più presto possibile libere elezioni». Non si dimentichi che a Yalta è presente Stalin, i lavori si svolgono in terra sovietica e cooperano con lui i massimi esponenti politici e militari del regime. Non devono sorprendere le irritazioni e le proteste anglo-americane di fronte ai successivi comportamenti sovietici negli Stati soggetti al controllo delle loro forze armate.

La *Dichiarazione dell'Europa liberata* presenta dunque un grande equivoco. Non si tratta di compensi promessi e non dati, non sono in discussione questioni confinarie da definire, non c'è ancora un drammatico confronto sul futuro della Germania. C'è soltanto un impegno a dar vita a situazioni politiche democratiche che il Cremlino non rispetta; anzi, senza rinnegare i documenti sottoscritti, Stalin stesso in più occasioni precisa che non può permettere la nascita di governi che potrebbero domani prendere iniziative ostili all'URSS. Motivi di sicurezza strategica e di rigidità ideologica lo inducono a precisare che soltanto autorità governative espressione della classe lavoratrice ed ispirate alla dottrina marx-leninista rispondono alle esigenze di fondo della politica sovietica. Questa scelta, giustificata secondo una logica di sicurezza e di coerenza ideologica, sarà letta in Occidente in modo diverso: essa appare ad un tempo dettata da una sottile ipocrisia (sostenuta dalla precedente richiesta di compensi territoriali) e dalla volontà di creare presenze avanzate nel Centro-Sud dell'Europa per avviare nuove espansioni verso le aree del Sud-Ovest del continente.

Nella conferenza di Yalta non si parla soltanto di Europa e della futura organizzazione mondiale per il mantenimento della pace. C'è anche un'importante pagina asiatica. Ci sono trattative a questo riguardo e viene sottoscritto un trattato specifico di grande importanza non tanto per le conseguenze militari, quanto per quelle politiche nel quadro postbellico dell'Estremo Oriente. Mentre la realtà europea disegnata dalla "carta di guerra", con poche e rilevanti eccezioni, rimane in sostanza "cristallizzata", quella asiatica subirà profondi mutamenti. Questi ultimi sono in parte previsti già a Yalta, ma nella maggior parte appaiono come fattori nuovi e sconvolgenti. In Crimea, infatti, l'obiettivo del governo americano è l'entrata in guerra sovietica contro il Giappone, ma pochi anni dopo quest'ultimo diventerà un alleato degli Stati Uniti, anzi il pilastro della loro politica estera nel Sud-Est asiatico.

L'accordo sull'entrata in guerra dell'URSS contro il Giappone, sottoscritto dai "tre grandi" l'11 febbraio, ha una grande rilevanza e specificità. Le ragioni che spingono Washington e Londra a chiedere con insistenza l'apertura delle ostilità sono diverse. L'offensiva aeronavale ha condotto le forze anglo-americane alle soglie dell'arcipelago nipponico. Ciò nonostante, la resistenza giapponese è accanita e le perdite elevate. A ciò si aggiunge la presenza sul Continente asiatico (Cina e Manciukuò) di rilevanti forze armate nipponiche, che, nonostante le azioni congiunte dei nazionalisti e dei comunisti, mantengono il controllo di vasti territori e riserve importanti di materiale bellico moderno. Un'azione russa alle spalle di questa imponente concentrazione può costringere il Giappone a rivedere i piani difensivi in atto. Stalin, fino ad ora, non ha preso alcuna decisione in merito e, nonostante le ripetute pressioni dei mesi precedenti, si è attenuto all'accordo di neutralità dell'aprile del 1941. Mosca si è rifiutata di violare le intese con i giapponesi e ha evitato, per quanto la riguarda, di aprire la guerra ad Oriente lungo i confini mancesi, cioè quello che poteva diventare un "secondo fronte" per l'URSS e un "terzo fronte" per i nipponici.

A Yalta questa situazione viene modificata e il Cremlino, con precise garanzie, si dichiara pronto a compiere il passo che fino ad ora ha rifiutato. Stalin afferma di essere disponibile a percorrere questa strada, a denunciare il patto, ad entrare «in guerra contro il Giappone a fianco degli alleati» entro i due o tre mesi che seguiranno la capitolazione della Germania. Una prima riserva riguarda la preventiva sconfitta totale tedesca, il trascorrere di un breve periodo fra questo evento e l'avvio delle operazioni belliche in Estremo Oriente (è presumibile la necessità sovietica di predisporre i mezzi necessari ai trasferimenti dei contingenti dal fronte europeo a quello asiatico). Ma c'è un altro aspetto che illumina sulla cautela sovietica: l'apertura delle ostilità può avvenire soltanto dopo il crollo tedesco e la resa incondizionata di Berlino. Mosca, anche in questa circostanza, esclude, in modo categorico, un impegno militare sui due fronti: europeo e asiatico. Prima di aprire quest'ultimo vuole l'assoluta certezza di avere chiuso la partita europea, anzi di averla conclusa da alcuni mesi. L'URSS diventa l'unica grande potenza che rifiuta l'ipotesi di un impegno bellico su due o più fronti e questa scelta è perseguita con coerenza e determinazione fino alla conclusione del conflitto.

Alle condizioni preliminari ora esposte il Cremlino ne aggiunge altre di sostanza: agli alleati chiede il pagamento di un "prezzo di guerra". Appare singolare che un fautore dei principi della Carta Atlantica, un firmatario degli accordi delle Nazioni Unite del gennaio del 1942 e dei criteri ispiratori della nuova organizzazione politica preposta al mantenimento della pace condizioni il suo ingresso in guerra (a fianco di chi già combatte da anni contro un comune nemico) al riconoscimento di compensi territoriali e di precise garanzie politiche legate a precedenti interessi e a presunti diritti. L'importanza di mantenere unita l'alleanza, l'urgenza di accelerare le operazioni antinipponiche, l'incertezza sulla disponibilità della bomba atomica, inducono Roosevelt (e Churchill) a percorrere questa strada e ad accettare, con le precedenti condizioni, le richieste territoriali sovietiche. Esse sono di vasta portata ed avranno conseguenze di rilievo nel periodo successivo: sicurezza confinaria per l'URSS, restituzione di aree sottratte in precedenza alla Russia zarista, tutela di diritti a livello di comunicazioni marittime e di utilizzo di porti e ferrovie, assicurazioni circa il ritorno della Manciuria nello Stato cinese. Dal testo si evince che la preoccupazione moscovita non è l'esito della futura guerra con Tokyo, non è l'ottenimento di contropartite (pur ambite e pretese), ma è il futuro dei rapporti con la Cina che, al momento del vertice di Yalta, tutti sono convinti debba cadere nelle mani dei nazionalisti, legati alla politica americana.

L'accordo contro il Giappone è in realtà uno strumento di garanzia e di sicurezza nei confronti della successiva politica cino-americana, che si prefigura come predominante nelle aree del Sud-Est asiatico tolte al controllo del Giappone. Queste osservazioni aiutano a comprendere le richieste specifiche dei vertici moscoviti. La prima delle richieste è il mantenimento dello *status quo* nella Mongolia Esterna, cioè il rispetto da parte cinese della Repubblica popolare di Mongolia. C'è da evidenziare che la stessa garanzia era stata richiesta ed ottenuta dal Giappone al momento della firma del Patto di neutralità nella primavera del 1941.

Si tratta di un vasto territorio che divide l'URSS dalla Cina, da sempre considerato come un "cuscinetto" fra i due Stati. Nel corso degli anni precedenti, numerosi sono stati i tentativi di esercitare ruoli predominanti sia da parte russa e cinese (e giapponese). Ora questo Stato mongolo evita un contatto diretto fra i due vicini per alcune migliaia di chilometri, dalla provincia mancese fino al Kazakistan. Stalin vuole preservare questa situazione e precludere, dopo la sconfitta del Giappone, iniziative cinesi che renderebbero meno sicura la frontiera sovietica in tutta l'area e in particolare a Sud di Irkutsk e della zona del lago Baikal. Dopo la costituzione della Mongolia Esterna (1911) non sono mancate azioni cinesi per ottenere un diretto controllo sulla regione sia dopo la caduta della dinastia Manciù, cui i mongoli erano legati, sia dopo il 1917 per l'indebolimento russo nella zona. Anche giapponesi e "russi bianchi", a margine delle loro azioni siberiane, partecipano alle operazioni in quest'area; la Mongolia sarà di nuovo "liberata", con la collaborazione sovietica, ad opera di esponenti mongoli favorevoli a Mosca.

Nel 1921 il partito del popolo mongolo battezza la capitale con il nome Ulan Bator Khoto (città degli eroi rossi) e nello stesso anno Mosca sottoscrive con i mongoli un trattato di amicizia e di collaborazione. Da parte loro, i sovietici accettano la nascita di una Repubblica autonoma duriato-mongola all'interno dell'URSS nel 1924. Si tratta di un gesto importante nei confronti del "mondo mongolo" sia per la sicurezza della frontiera sovietica sia per il riconoscimento etnico di questa componente della popolazione dell'URSS.

L'influenza commerciale e finanziaria russa nella Mongolia indipendente resta prioritaria: cereali e petrolio sono scambiati in prevalenza con lana di elevata qualità. Nel 1924 viene approvata la nuova Costituzione che sancisce il carattere marx-leninista dello Stato: «Il governo [...] appartiene al popolo lavoratore, [...] lo scopo principale della Repubblica mongola consiste nella abolizione di ogni vestigia del sistema feudale teocratico, la terra e le ricchezze del sottosuolo debbono essere nazionalizzate», è necessaria «la graduale introduzione del monopolio statale del commercio estero». I lavoratori di tutto il mondo vogliono «l'abolizione radicale del capitalismo» e l'attuazione del socialismo: per queste ragioni la politica estera della Repubblica mongola deve sostenere la lotta «dei deboli oppressi e dei lavoratori rivoluzionari di tutto il mondo».

Dopo l'aggressione giapponese alla Manciuria e la nascita del nuovo Stato mancese (Manciukuò) nascono problemi con il Giappone: a Tokyo si spera di far leva sul nazionalismo mongolo in funzione antisovietica, sulle affinità religiose di parte della popolazione (appartenenza a due rami della tradizione buddhista) e sul ricordo dell'originario Impero mancese, che era in realtà mongolo-mancese e aveva esercitato una funzione di guida su tutta la Cina. I nipponici sperano di poter legare la Mongolia indipendente al Manciukuò ed esercitare in tal modo una pressione politica di "carattere restaurativo" sull'intera Cina. Si tratta di un'ipotesi suggestiva ma di difficile realizzazione senza l'impiego su larga scala delle forze armate giapponesi. Queste proposte giapponesi non ottengono il favore dei mongoli, che, al contrario, stringono nuovi patti di amicizia e di collaborazione con Mosca (1934). Al tempo stesso, s'intensificano gli incidenti sulla frontiera mongolo-mancese.

Nel 1936 Stalin assicura protezione al Paese e firma un'alleanza difensiva con la Repubblica mongola. L'insidia giapponese diventa ancora più allarmante nei mesi successivi: la penetrazione in Cina porta i giapponesi ad occupare l'intera Mongolia Interna cinese: nascono in questo contesto nuove proposte di unificazione fra la Mongolia

Esterna indipendente e quella cinese per dar vita ad un grande Stato mongolo sotto la protezione dei giapponesi. La nuova entità potrebbe affiancarsi al Manciukuò ed allargare l'area d'influenza nipponica: nascono in tal modo complicazioni e tensioni sovietico-nipponiche e fra Mosca e i cinesi, i quali ricordano l'appartenenza formale della Mongolia Esterna al loro Stato. Tokyo, di fronte alle difficoltà di dar vita alla "Grande Mongolia" sotto il suo controllo, crea nel 1937 una Repubblica mongola autonoma costituita dai territori della Mongolia Interna cinese. Nei mesi successivi (1937-1938), com'è noto, la rivalità sovietico-giapponese si concretizza lungo la frontiera comune mancese-sovietica. Ci sono scontri militari che le forze armate sovietiche fronteggiano con successo impegnando anche mezzi corazzati ed aerei. La situazione si normalizza solo in seguito alla firma del Patto di neutralità fra Tokyo e Mosca (aprile 1941).

Alla luce di questi avvenimenti, appare chiaro l'interesse di Stalin a Yalta di mantenere indipendente la Mongolia Esterna, di impedire che il nuovo governo cinese, dopo aver riacquistato la Manciuria (e la Mongolia Interna), possa guardare più a Nord. Nessuno ha dimenticato il trattato cino-mongolo del 1924, che aveva riaffermato la "sovranità cinese" in tutta la Mongolia, cancellando l'indipendenza accettata da Pechino nel 1915, dopo le trattative condotte dallo stesso Sun Yat-sen. C'è il timore che nella sistemazione postbellica possa essere in qualche modo ripreso questo precedente tentativo di annessione. Ciò è tanto più indesiderato nella misura in cui appare certa l'affermazione dei nazionalisti del Kuomintang. Nello stesso contesto si colloca l'esplicita affermazione che la Cina conserverà la sua piena sovranità sulla Manciuria (cioè il precedente stato di provincia nord-orientale).

Stalin attribuisce, dunque, una rilevanza primaria non al problema mancese, ma a quello mongolo esterno. Non desidera intraprendere operazioni militari su vasto raggio per ottenere anche qui come in Europa una "carta geografica di guerra" favorevole, resta sulla difensiva o meglio si ripromette di espellere Tokyo dal continente, di ricostruire l'unità della Cina e di garantirsi la sicurezza delle frontiere con la sopravvivenza della Mongolia Esterna. Non trova conferma la tesi secondo la quale Mosca gioca la carta mancese per ottenere consensi presso i cinesi verso i quali, senza esplicite contropartite, è disposta a riconoscimenti importanti e anche a sottoscrivere un "patto di amicizia e d'alleanza" per la totale liberazione del Paese dal "giogo nipponico".

Stalin ottiene precisi impegni anche su un altro fronte: si tratta delle rivendicazioni nei confronti del Giappone. Mosca chiede che «i diritti della Russia violati dalla perfida aggressione del Giappone del 1904 siano ristabiliti». Si fa riferimento al trattato nippo-russo di Portsmouth (1905), nel quale San Pietroburgo ha dovuto riconoscere «che il Giappone possiede in Corea degli interessi preponderanti, politici, militari ed economici» e dichiarare che si sarebbe astenuto da «qualsiasi opposizione o disegno» riguardo ad eventuali misure che Tokyo «giudicasse necessario prendere in Corea». In questo passaggio gli esponenti sovietici si fanno tutori della Russia storica, quella zarista, che, sconfitta, dovette rinunciare a posizioni precedenti. Non si tratta a questo proposito di nuove acquisizioni, ma di ripristinare diritti consolidati *quo ante* e perduti a seguito di un conflitto combattuto agli inizi del secolo. Si chiede il ritorno della parte meridionale dell'isola di Sahalin e di tutte le isole vicine, l'internazionalizzazione del porto di Dairen (Manciuria) e il ristabilimento dell'affitto di Port Arthur in quanto base navale sovietica, lo sfruttamento comune delle ferrovie dell'Est cinese e del Sud manciuriano (che apre uno sbocco verso Dairen), con la formazione di una compagnia cino-sovietica («rimanendo inteso che gli interessi prioritari dell'Unione Sovietica saranno garantiti»). Mosca aggiunge la richiesta esplicita delle Isole Curili (erano state sotto il controllo russo fino al 1875).

I negoziatori sovietici ottengono un'ulteriore precisazione che fa luce sulle loro intenzioni e sulle loro previsioni: nel testo si dichiara che gli accordi relativi alla Mongolia Esterna, ai porti e alle ferrovie esigeranno «l'assenso del generalissimo Chiang Kai-shek». A questo proposito, «il presidente degli Stati Uniti prenderà le misure destinate all'ottenimento di tale assenso secondo i consigli del Maresciallo Stalin». Benché Roosevelt sia firmatario del testo complessivo, e dunque tenuto a rispettarlo (e a farlo applicare dai suoi alleati), i sovietici pretendono un riferimento esplicito ad un impegno concreto del presidente, sulla base dei consigli che fornirà Stalin, per superare eventuali riserve o opposizioni da parte del governo nazionalista cinese. Si sottolinea in tal modo la certezza del prevalere dei nazionalisti nella Cina postbellica, si evidenzia il rapporto di questi ultimi con Washington, si impegnano gli americani a farsi esplicitamente garanti per il rispetto dei patti da parte delle forze che essi sostengono; si precisa che la tutela degli interessi sovietici è di tale rilevanza che i passi americani (se necessari) presso Chiang Kai-shek saranno suggeriti da Mosca in seguito: Stalin darà le direttive, Roosevelt dovrà garantirne l'applicazione, Chiang Kai-shek dovrà eseguirle.

In effetti, nel febbraio del 1945, la "carta di guerra" appare poco favorevole al comunismo cinese. Nella "Cina libera" i rapporti fra i nazionalisti e i comunisti non sono buoni e le trattative fra le due componenti per costituire un governo d'emergenza antinipponico e un comune impegno militare non danno i risultati auspicati. Contatti e incontri si sviluppano nel 1938, nel 1941, nel 1944, ma ancora nel gennaio del 1945 la collaborazione politico-militare non decolla e i due antagonisti conducono azioni disgiunte nei confronti degli occupanti.

In sintesi, i trattati di Yalta confermano la solidarietà dei tre maggiori alleati per raggiungere la definitiva sconfitta del Tripartito, l'intenzione di sviluppare un'azione congiunta per la difesa della pace e della sicurezza internazionali, definiscono alcune delicate situazioni confinarie (in particolare quelle polacche), precisano gli indirizzi per la futura azione in Germania, pongono le premesse per la sistemazione politico-istituzionale dell'Europa liberata, definiscono le condizioni per la denuncia del Patto di neutralità nippo-sovietico e l'entrata in guerra del Cremlino in Asia. Di tutte le soluzioni adottate, l'aspetto più problematico è senz'altro la prevista cogestione postbellica dei Paesi europei liberati dal giogo nazifascista. L'auspicata democratizzazione, dichiarata con sorprendente chiarezza anche dal contraente sovietico, sembra ignorare le basi ideologiche contrapposte, le diverse situazioni internazionali dei firmatari e le prevedibili conseguenze della presenza sul territorio delle rispettive forze armate prima belligeranti, poi liberanti e da ultimo occupanti.

La traduzione degli accordi nei contesti statuali specifici non presenta difficoltà particolari per le due potenze occidentali, che già al loro interno hanno analoghi sistemi politico-istituzionali; il contrario avviene per Stalin, che non soltanto dovrebbe permettere la nascita di realtà assolutamente difformi (e probabilmente ostili), ma anche ignorare le conseguenze che una simile scelta potrebbe avere sull'URSS e sulla compattezza e solidarietà dello stesso gruppo dirigente moscovita. Non sorprendono, pertanto, le concessioni fatte sul piano dei compensi territoriali da Roosevelt e da Churchill, quanto quelle del maresciallo sovietico in materia politica sulla futura riorganizzazione di molti Stati europei.

Questa impossibilità di realizzare le soluzioni previste costituisce il vero equivoco degli accordi, l'elemento iniziale della contrapposizione inevitabile, il fattore costitutivo della divaricazione dei "futuri vincitori". Questo aspetto è riconducibile ai diversi sistemi politici interni ai tre Stati e alle dottrine politiche che ad essi si ispirano. Il convincimento che la comune vittoria, la condivisa condanna del nazifascismo e del militarismo giapponese, la volontà di difendere la pace, la disponibilità a riconoscere compensi e lo sforzo bellico condotto in accordo per quattro lunghi e terribili anni sarebbero stati un cemento sufficiente e duraturo capace di unirli anche nel dopoguerra si rivela subito una grave illusione. C'è un'evidente impossibilità di realizzare quelle previsioni. Ha poco senso domandarsi se i due occidentali credessero o meno a questa eventualità o se essi ritenessero adeguato sul piano morale l'impegno sovietico, o se in un modo o nell'altro fossero convinti che alla fine Stalin avrebbe costruito in armonia il mondo "postbellico". Ha più senso prendere atto che non c'era alcuna possibilità di percorrere questo cammino senza una svolta clamorosa del sistema politico marx-leninista. Esso da un lato poteva essere influenzato dalla collaborazione e da una maggiore conoscenza di Londra e di Washington e proseguire nel comune cammino, dall'altro la sconfitta dell'avanguardia reazionaria nazionalsocialista poteva far pensare che con lo scampato pericolo si potessero creare condizioni nuove e più favorevoli per estendere l'influenza mondiale del marx-leninismo. Anche senza privilegiare questa ipotesi più estrema, in particolare nel 1945, poteva sorgere la necessità per l'URSS di concludere una guerra tanto dura per il Paese con la creazione lungo le frontiere europee e asiatiche di condizioni di maggiore sicurezza. In quest'ottica, non espansiva ma difensiva, una rete di Stati fratelli, con regimi analoghi ai propri, poteva apparire una soluzione auspicabile. Nessuna ipotesi concreta poteva illudere circa la possibile applicazione delle intese sull'Europa liberata, in quanto finiva per costituire un auspicio, un augurio apprezzabile, una dichiarazione d'intenti, ma ad una lettura più attenta in chiave politica era al di fuori della realtà. D'altra parte, Stalin non nasconderà in seguito il suo pensiero: «Chi occupa un territorio impone anche il suo sistema sociale. Ognuno introduce il proprio sistema fin dove arriva il suo esercito. Non può essere altrimenti».

Già nelle settimane successive a Yalta, con l'avanzata nel cuore della Germania e con il completamento della liberazione delle aree sud-orientali, mutano i rapporti fra gli alleati. Londra e Washington hanno la netta impressione che la *Carta per l'Europa liberata* non vincoli i sovietici, che mostrano con chiarezza e determinazione di procedere per strade diverse. Già alla fine di febbraio Mosca pretende il controllo del governo della Romania e in Polonia viene mantenuto il governo provvisorio di Lublino con qualche ritocco. Da parte loro, i sovietici lamentano il comportamento troppo autonomo tenuto dagli anglo-americani nella soluzione della questione italiana e nei rapporti con le autorità tedesche del Nord Italia. C'è già il pericolo di una rottura fra gli alleati sulla sistemazione dei territori liberati, pertanto la situazione è giudicata seria anche dai più ottimisti.

Roosevelt il 1° aprile 1945 scrive a Stalin, lamentando la «scoraggiante mancanza di progresso» nella realizzazione degli accordi di Yalta, in particolare in Polonia. Il presidente americano ricorda che deve nascere un nuovo governo di unità nazionale a Varsavia, sostitutivo di quello precedente «provvisorio», precisa che gli Stati Uniti non potrebbero accettare «una continuazione appena occultata del presente regime di Varsavia». Se ciò avvenisse, dovrebbero «considerare l'accordo di Yalta come fallito [...] tutte le difficoltà ed i pericoli per l'unità alleata che avevamo tanto in mente, quando raggiungemmo le nostre decisioni a Yalta, si ripresenteranno in forma ancor più acuta».

Dopo il decesso di Roosevelt i rapporti non migliorano con il suo successore Truman.

Stalin, in giugno, lamenta l'invito all'Argentina a far parte dei fondatori dell'Organizzazione delle Nazioni Unite, l'intenzione di includere la Francia nella commissione delle riparazioni (Vichy ha fatto un armistizio con i tedeschi, li ha accolti in territorio francese), la sospensione delle forniture "affitti e prestiti" dopo la resa tedesca, l'equivoca azione inglese per fare della Polonia un Paese nemico dell'URSS. Conferma, al tempo stesso, la volontà di scendere in guerra contro il Giappone purché la Cina accetti senza riserve le decisioni adottate in Crimea. Chiede, inoltre, che anche in Giappone sia definita una zona di occupazione riservata all'URSS. In realtà, Mosca vuole mettere alla prova la disponibilità occidentale a far funzionare il "direttorio dei vincitori" anche dove non sono arrivate le proprie forze armate. Una risposta negativa può giustificare un'analoga chiusura nei Paesi europei liberati dall'Armata Rossa. In sostanza, propone un allargamento della teoria "guerra e pace insieme", che dovrebbe esprimersi anche nelle occupazioni condivise.

b) *Gli incontri di San Francisco* - Nonostante queste difficoltà, è convocata a San Francisco la prevista conferenza (25 aprile 1945) per definire la Carta della nuova organizzazione, alla quale avrebbero potuto partecipare i firmatari della Dichiarazione delle Nazioni Unite (1° gennaio 1942) e tutti coloro che avevano dichiarato guerra al Tripartito prima del marzo 1945. Truman ribadisce con chiarezza che gli Stati Uniti vogliono «sostenere le Nazioni Unite con tutte le forze disponibili [...] non come espediente temporaneo, ma come scelta politica permanente» e nel primo discorso al Congresso dopo il decesso di Roosevelt (aprile 1945) dichiara: «Noi non cesseremo mai la nostra lotta per difendere la nostra concezione della vita. [...] A poco a poco i ceppi della schiavitù vengono spezzati dalle forze della Libertà». Dopo aver annunciato l'imminente svolgimento della conferenza di San Francisco, ribadisce: «Affronteremo i problemi della pace col medesimo coraggio con cui abbiamo affrontato e dominato i problemi della guerra. [...] Gli aggressori furono abbattuti solo quando le nazioni amanti della pace si unirono per difendersi. [...] Nulla è più essenziale per la futura pace del mondo che una continua collaborazione delle nazioni che hanno dovuto raccogliere le forze necessarie per sconfiggere le potenze fasciste miranti a dominare il mondo. [...] Gli Stati grandi e piccoli non [devono] usare la forza nelle relazioni internazionali se non in difesa della legge. La responsabilità dei grandi Stati è di servire, non di dominare i popoli del mondo».

Pochi giorni dopo, in occasione dell'apertura dei lavori della conferenza di San Francisco (aprile 1945), il presidente americano insiste sulla collaborazione fra le potenze vincitrici per garantire un futuro di pace: «Questa conferenza dedicherà le proprie energie e le proprie fatiche per istituire l'organizzazione essenziale per il mantenimento della pace. [...] Dobbiamo fornire il meccanismo che renderà la pace futura non soltanto possibile ma certa. [...] Noi rappresentiamo la stragrande maggioranza dell'umanità». È necessario, per la pace futura, che prosegua la collaborazione delle nazioni che hanno sconfitto la «cospirazione delle potenze dell'Asse che volevano dominare il mondo. [...] Per avere una sicurezza duratura gli uomini di buona volontà debbono unirsi e organizzarsi». Non si può accettare, prosegue Truman, «la filosofia dei nostri nemici, cioè che "la forza crea il diritto" [...]. Se non vogliamo morire insieme in guerra dobbiamo imparare a vivere insieme in pace [...] per il bene finale di tutta l'umanità. Dobbiamo costruire un mondo nuovo e migliore in cui sia rispettata l'eterna dignità dell'uomo».

Churchill (maggio 1945) sottolinea l'adesione senza riserve al progetto per garantire la pace futura: «Ben poca utilità riceveremmo dalla punizione degli hitleriani per i loro delitti se non regnassero la legge e la giustizia o se i governi totalitari o polizieschi sostituissero gli invasori tedeschi. Noi non cerchiamo niente per noi. [...] dobbiamo adoperarci perché l'organizzazione mondiale, che le Nazioni Unite stanno creando a San Francisco, non diventi un nome ozioso, non diventi uno scudo per il forte ed una irrisione per il debole». È necessario, osserva ancora il primo ministro inglese, che non vengano messi da parte «quei propositi semplici ed onorevoli per i quali siamo entrati in guerra» e «che le parole libertà, democrazia e liberazione non vengano deformate».

Dopo nove settimane di intensi lavori viene approvata la Carta per la sicurezza mondiale, che è lo statuto dell'Organizzazione delle

Nazioni Unite. In questa occasione, l'ambasciatore sovietico a Washington, Gromyko (giugno 1945), si compiace per il successo raggiunto e osserva che la Carta non può, tuttavia, da sola garantire la pace: «Per raggiungere questo importante e nobile fine è anche necessario che esista unità di coordinamento e di azione fra i membri della organizzazione internazionale e, prima di tutti, fra le più forti potenze militari del mondo. Nutro fiducia che i nostri sforzi saranno benefici per tutti i popoli del mondo amanti della pace, i quali hanno sopportato sventure e tante sofferenze per la conflagrazione scatenata dalla Germania hitleriana».

Anche Truman, nel discorso di chiusura della conferenza (giugno 1945), elogia il lavoro compiuto dalle delegazioni di «50 Paesi, tanto differenti per razza, religione, lingua e cultura. Ma queste differenze sono state tutte superate in una incrollabile unità nel cercare la via per porre fine alle guerre». Quest'ultime, osserva il presidente, non sono inevitabili: sorgeranno anche in futuro molti problemi «difficili e complicati», «controversi e pericolosi», ma con l'attuale spirito di cooperazione e di unità potranno essere risolti: «Se noi avessimo avuto questa Carta pochi anni fa, milioni di esseri che oggi sono morti vivrebbero ancora. Se noi esitassimo nel futuro ad applicarla, milioni di essi che oggi vivono potrebbero perdere la loro vita». Truman invita ad una riflessione sulle emergenze economiche e denuncia l'inidoneità delle politiche autarchiche e protezionistiche a promuovere la libertà dei popoli dal bisogno: «Le barriere doganali artificiose dovrebbero essere rimosse affinché il tenore di vita del maggior numero possibile di popoli nel mondo possa essere sollevato. Perciò la libertà dalla miseria è una delle quattro libertà di base alle quali noi tendiamo».

Dopo i lavori preparatori e la definizione del testo della Carta è convocata la prima seduta plenaria dell'Assemblea dell'ONU con la partecipazione di oltre 50 Stati. Nella seduta inaugurale dell'Assemblea Generale (Londra, 11 gennaio 1946) Attlee, primo ministro inglese, premette che è necessario che «l'organizzazione divenga il fattore determinante della politica internazionale. [...] È venuto il momento per tutti di riconoscere la verità che proclamava a Ginevra il ministro degli Affari Esteri dell'URSS: la pace è indivisibile [...].

L'interesse di ciascuno di noi è legato a quello dell'insieme del mondo e noi siamo tutti realmente i membri di una sola famiglia. [...] Nella Carta noi affermiamo nuovamente la nostra fede nei diritti fondamentali dell'uomo».

c) *Il vertice di Potsdam* - Dopo la sconfitta tedesca (mentre è ancora in atto la guerra contro il Giappone) i vertici anglo-sovietico-americani si incontrano a Potsdam (17 luglio-2 agosto 1945) nel palazzo Cecilhof, presso Berlino. Sono presenti Truman, Stalin e Churchill (dopo il 25 luglio il laburista Attlee). Si tratta dell'ultimo vertice fra i grandi: i lavori comportano un aggiornamento di molte questioni già esaminate a Yalta e la soluzione di nuovi problemi che l'evoluzione bellica ha determinato in Europa. Con la resa tedesca e la caduta dei satelliti, la carta di guerra è definita. Ora ciascuno dei convenuti ha di fronte un quadro preciso delle operazioni compiute e delle posizioni raggiunte dai propri eserciti. Non si lavora più con delle previsioni, ma di fronte ad una realtà acquisita: il dopoguerra europeo è iniziato.

Truman, in un breve discorso pubblico (Berlino, 20 luglio 1945), rievoca le ragioni dell'impegno militare americano e la prospettiva mondiale della politica estera del suo Paese: «Abbiamo combattuto e combattiamo per la pace e la prosperità del mondo intero [...]. Il popolo degli Stati Uniti vuole veder sorgere un mondo libero e migliore, un mondo in pace e d'animo pacifico. [...] Non siamo animati da propositi di conquista. Non aspiriamo alla conquista di nessun pezzo di territorio». È costituito un Consiglio dei ministri degli Affari Esteri che rappresenta le cinque principali potenze (URSS, USA, Inghilterra, Cina, Francia) per regolare la pace. Come «compito immediato ed urgente» dovranno essere elaborati i trattati di pace con l'Italia, la Romania, la Bulgaria, l'Ungheria e la Finlandia.

Vengono, inoltre, definiti i criteri per il controllo della Germania nel periodo iniziale dell'occupazione: la suprema autorità è rappresentata «dai comandanti in capo delle armate americana, inglese, russa e francese, ciascuna per la propria zona d'occupazione». I fini di quest'ultima sono: *a*) disarmo completo e smilitarizzazione della Germania; *b*) convincere il popolo tedesco «che non può sfuggire alle conseguenze di atti di cui è responsabile» (la guerra senza pietà e la fanatica resistenza nazista hanno determinato caos e sofferenze); *c*) distruzione del partito nazionalsocialista e di tutte le sue organizzazioni ausiliarie, abolizione di tutte le leggi naziste basate su discriminazioni razziali, religiose o ideologiche, arresto di tutti i criminali di guerra e dei capi nazisti. I principali criminali di guerra saranno giudicati al più presto sulla base di una lista che dovrà essere pubblicata entro il mese di agosto. Resta inteso che dovrà essere fatta giustizia in modo «rapido e sicuro» e che i crimini commessi, dei quali gli imputati dovranno rispondere, «non sono legati a nessuna particolare località geografica». Sono, inoltre, necessari l'allontanamento dagli uffici pubblici e dai posti di responsabilità delle più importanti imprese private di tutti i nazionalsocialisti che hanno «partecipato in modo effettivo e non solo nominale» alle attività del regime, il controllo dell'istruzione per eliminare «le dottrine naziste e militari» e il permettere l'affermazione di nuovi convincimenti democratici, la riorganizzazione del sistema giudiziario, il rafforzamento delle autonomie locali rispetto agli organi centrali, l'autorizzazione e l'incoraggiamento per tutti i partiti democratici, l'introduzione di principi di rappresentanza e di elezione a tutti i livelli amministrativi (province, regioni, apparato nazionale); *d*) rifiuto di costituire, «per il momento», un governo centrale tedesco (vengono creati alcuni dipartimenti amministrativi per finanze, trasporti, comunicazioni, commercio estero e industria); *e*) garantire la ripresa dell'economia tedesca sulla base prioritaria dello sviluppo agricolo e delle «industrie interne di carattere pacifico»: ogni attività in questo campo sarà controllata con rigore per evitare qualsiasi produzione utilizzabile per fini bellici. Durante «questo periodo di occupazione la Germania sarà trattata come una entità politica unica».

Il regolamento delle riparazioni prevede che ogni potenza occupante provveda a soddisfare le proprie pretese con prelevamenti in natura nelle rispettive zone e sui beni tedeschi all'estero che è possibile requisire. L'URSS, per i danni subiti, riceverà anche prelevamenti dalle aree occidentali: il 25% dell'impiantistica industriale utilizzabile e completa (industria metallurgica, chimica, fabbriche di macchine) che non sia necessaria all'economia di pace della Germania sarà ceduta al governo di Mosca (una parte di questo materiale sarà a titolo non oneroso, per una parte l'URSS dovrà fornire come contropartita derrate alimentari, carbone, potassio, zinco, legname, ceramiche, petrolio ed altri prodotti). Il governo sovietico rinuncia a qualsiasi rivendicazione sull'oro «sequestrato dalle truppe alleate in Germania». Precise disposizioni sono previste per la marina tedesca (militare e mercantile): il totale della marina di superficie sarà equamente diviso fra l'URSS, il Regno Unito e gli Stati Uniti, la maggior parte della flotta sottomarina sarà affondata («verranno conservati solo trenta sottomarini da ripartirsi fra URSS, Regno Unito e Stati Uniti per scopi sperimentali e tecnici»). Sono escluse dalla ripartizione alleata «le navi tedesche di navigazione interna e costiera ritenute necessarie per l'economia fondamentale della Germania».

La conferenza decide «di non esigere riparazioni dall'Austria» e di esaminare l'estensione dell'autorità del governo provvisorio austriaco a tutto il suo territorio «dopo l'entrata delle truppe americane e inglesi a Vienna». C'è un accordo per le questioni polacche: si prende atto dell'intesa per la costituzione di un governo provvisorio di unità nazionale, della volontà di promuovere «libere elezioni» appena possibile «sulla base del suffragio universale e segreto», con la partecipazione di tutti «i partiti democratici e antinazisti [che] avranno il diritto di prendere parte e di presentare loro candidati» e che i rappresentanti della stampa alleata godranno di ogni libertà per far conoscere al mondo gli avvenimenti di Polonia prima e dopo le elezioni. Sulla base dei precedenti accordi di Yalta le tre grandi potenze, dopo aver consultato il presidente del Consiglio Nazionale di Polonia e i membri del governo provvisorio, hanno definito la frontiera occidentale polacca (essa dovrà essere confermata in modo ufficiale alla successiva conferenza della pace). Sono assegnati al nuovo Stato polacco i territori ex tedeschi dell'Est (dal Baltico all'Oder, fino alla confluenza della Neisse occidentale e alla frontiera cecoslovacca). Sono comprese in quest'area parte della Prussia orientale e tutta la regione della ex città libera di Danzica.

Il governo sovietico formalizza a sua volta la richiesta di estendere la sua sovranità su una parte della Prussia orientale e sulla zona di Königsberg (città e regione adiacente). In attesa dei trattati di pace, la «frontiera occidentale dell'URSS adiacente al Baltico inizierebbe da un punto situato sulla costa orientale della baia di Danzica per dirigersi verso Est al punto di congiunzione delle frontiere della Lituania, della repubblica polacca e della Prussia orientale a Nord di Braunsberg-Goldap». La conferenza accetta questa incredibile e immotivata richiesta sovietica. Da parte loro Truman, Churchill ed Attlee dichiarano che sosterranno questa richiesta alla conferenza per il regolamento della pace.

Il mutamento delle frontiere orientali tedesche comporta l'adozione di misure per trasferire le popolazioni germaniche residenti nei territori di altri Stati. I tedeschi residenti in Polonia, Cecoslovacchia, Ungheria dovranno essere sistemati all'interno delle nuove frontiere tedesche e ripartiti nelle diverse zone di occupazione. L'arrivo di un gran numero di profughi tedeschi in Germania accrescerà le difficoltà che già gravano sulle autorità d'occupazione. È necessario un censimento preciso dei trasferimenti già avvenuti ed è urgente che Polonia e Ungheria sospendano «ogni espulsione», finché il problema non sarà esaminato in modo adeguato. I tre governi «sono d'accordo sul fatto che tali trasferimenti devono essere effettuati in modo ordinato ed umano»; nonostante questa raccomandazione, l'espulsione coatta di milioni di tedeschi verso Ovest si svolgerà in modo caotico e violento. Sarà questa una delle pagine più drammatiche del dopoguerra per le popolazioni della Germania orientale.

I tre governi dichiarano inoltre che è urgente definire i trattati di pace per l'Italia, la Bulgaria, la Finlandia, l'Ungheria e la Romania. Questi Paesi, retti da governi democratici, potranno in seguito essere ammessi all'Organizzazione delle Nazioni Unite. Resta inteso che questa possibilità esiste anche per tutti gli Stati che sono rimasti neutrali durante il conflitto, purché posseggano i previsti requisiti statutari. Un cenno specifico è riservato all'Italia: essa merita particolare attenzione e sostegno per l'ingresso all'ONU, poiché per prima ha rotto l'alleanza con la Germania, ha contribuito alla disfatta tedesca e «si è unita ora con gli alleati nella lotta contro il Giappone». Questo Paese si è liberato dal regime fascista e compie importanti progressi per dar vita a un governo democratico.

2. *Dal conflitto mondiale alla "pace difficile". Analisi politica degli accordi*

Che giudizio può essere formulato sul sistema politico Yalta-Potsdam? In realtà, le due conferenze sono collegate ed è difficile compiere un esame disgiunto. Ancora più fuorviante risulta una lettura parziale alla luce della quale l'incontro di Yalta lascia in ombra quello successivo (o lo riduce a semplice applicazione e specificazione del precedente). Le due conferenze sono l'ultima occasione d'incontro "congiunto ed amichevole" fra i vertici politici delle tre grandi potenze. In tutti c'è il convincimento della ormai prossima vittoria e di poter tenere sotto controllo anche il dopoguerra. Questo "direttorio" appare in tutta la sua solennità anche quando apre le porte ad una futura partecipazione dei francesi e dei cinesi.

I teatri operativi del confronto politico e delle soluzioni prospettate sono di carattere mondiale, non regionale, ed investono tre aspetti fondamentali: la nascita della Organizzazione delle Nazioni Unite, il futuro dell'Europa e quello dell'Asia sud-orientale. Anche se i problemi sono diversi fra loro, appare evidente la volontà di affrontarli nel loro insieme con una regia comune.

Yalta e Potsdam sono state troppo spesso presentate come l'origine della spartizione dell'Europa, delle aree d'influenza e dei blocchi contrapposti. Una lettura attenta dei fatti e dei documenti smentisce in modo clamoroso queste interpretazioni; al contrario, i patti conclusi sono predisposti proprio per evitare questa eventualità ed aprire la strada ad un "ordine nuovo", comprensivo delle esigenze e degli interessi di tutti. Quali sono le conclusioni dei due vertici? Il più importante obiettivo raggiunto è l'accordo per la nascita dell'ONU. La convergenza delle tre potenze per garantire in futuro un ordine internazionale pacifico, l'esclusione dell'uso della forza per risolvere i contrasti, la volontà di prevenire e punire eventuali aggressioni interstatali, è di enorme rilievo. Non fa ombra a questo risultato l'attribuzione dei seggi permanenti; questo aspetto, pur di rilievo, è da leggere in senso positivo, cioè come intenzione di non concedere una delega in bianco per la tutela dei propri interessi. Ciò non toglie valore agli impegni assunti per il mantenimento della pace e della sicurezza e per un'organizzazione autonoma (pur con vincoli) posta "al di fuori e al di sopra" dei singoli Stati. In teoria, questa tutela poteva essere assunta anche dai "tre grandi" (con Parigi e Pechino) con un trattato multilaterale aperto, senza ricorrere alla costituzione del nuovo soggetto, tanto più dopo la ventennale esperienza negativa della Società delle Nazioni. L'importanza di questa nuova creatura è tale che a Potsdam, in collegamento con le precedenti decisioni adottate in Crimea, vengono previste le procedure e i criteri di adesione anche per gli ex alleati o satelliti della Germania e del Tripartito.

Questa convergenza delle tre potenze sulla priorità della pace è tanto più importante nella misura in cui viene raggiunta prima dell'utilizzo delle armi nucleari: i vincitori non soltanto affermano principi, criteri e procedure, ma s'impegnano anche per dar vita alla futura organizzazione. Senza la rinuncia al carattere proprio delle rispettive dottrine politiche e alla loro naturale vocazione universale, essi affermano che i futuri confronti e scontri non devono mettere in pericolo la pace generale. Ciò non esclude, in teoria, conflitti e tensioni locali di diversa provenienza (religiose, ideologiche, territoriali, etniche, razziali, ecc.). Al tempo stesso questo patto, tanto solenne, evidenzia la decisione dei grandi di non volersi far guerra fra loro e di voler collaborare per uno sviluppo pacifico internazionale. Da questo punto di vista l'accordo sull'ONU è una dichiarazione reciproca di amicizia e di non belligeranza, un patto, indiretto ma significativo, di neutralità fra le grandi potenze. Senza questo consenso la nuova organizzazione non avrebbe potuto nascere o sarebbe stata concepita da un gruppo di Stati minori, con poche possibilità di successo e comunque esposta ai rischi di essere trascinata nelle competizioni delle maggiori potenze. Il Patto fra queste ultime è il risultato più significativo e duraturo del sistema Yalta-Potsdam. Ciò è confermato dalla sua durata nei decenni successivi, nonostante i momenti di tensione e di crisi. Washington, Mosca e Londra credono che sia possibile un futuro nuovo per l'umanità, che può sperare in una convivenza più ordinata e pacifica, in un sistema di garanzie capace di evitare un nuovo conflitto di dimensioni planetarie.

Questa impostazione ottiene l'adesione dei vincitori più autorevoli e non incontra l'opposizione dei rispettivi governi o dei popoli che rappresentano. In tal modo, a differenza di quanto è capitato con la tormentata nascita della Società delle Nazioni, ora le grandi potenze propongono, sostengono e partecipano alla vita della nuova organizzazione. Ciò non esclude l'esistenza di tensioni interne ai singoli Stati ed ancor meno di prevedibili crisi nei loro rapporti; tutto questo non deve portare, tuttavia, nelle intenzioni dei firmatari, alla rottura dei rapporti ed ancor meno ad impugnare le armi fra loro per risolvere le future controversie o eventuali traumatiche contrapposizioni locali.

È molto facile evidenziare gli aspetti utopici, le evidenti carenze, le successive contrapposizioni politiche fra i firmatari, ma è altrettanto evidente che fino ad oggi questo patto è rimasto in vigore e che, ad oggi, non c'è stato uno scontro bellico diretto fra i propositori e i garanti del nuovo sistema. Merita di essere discussa anche la questione della "spartizione territoriale". Da parte anglo-americana sono state accolte le richieste sovietiche di mantenere il controllo degli Stati baltici (già assimilati nel periodo dell'intesa Ribbentrop-Molotov), della Bessarabia, di parte delle zone confinarie con la Finlandia. È anche accettata la revisione del confine sovietico-polacco lungo la famosa "linea Curzon", ma i sovietici non ne fanno una questione "spartitoria", bensì di ripristino delle frontiere proposte dagli stessi britannici alla fine del primo conflitto mondiale, prima della guerra russo-polacca. I veri compensi richiesti, o meglio la sottrazione di territori sulla base del diritto "di guerra" (cioè del più forte) avvengono a danno della Germania e rispettivamente a favore di Mosca e Varsavia: si tratta di una vasta area est-germanica e della Prussia orientale (compresa Königsberg e la zona adiacente), ma anche a questo proposito è sbagliato parlare di spartizione fra gli alleati, perché Londra e Washington non ottengono alcun compenso territoriale. È più esatto parlare di concessioni fatte al governo sovietico in specifiche aree. Al contrario, per tutta l'Europa liberata devono valere alcuni criteri: gli alleati decidono lo svolgimento di libere elezioni sotto il loro controllo, la formazione di governi democratici e la costituzione di Stati sovrani espressione dell'autodeterminazione dei rispettivi popoli. Non c'è alcuna ripartizione di queste aree fra i tre grandi e lo sviluppo dei fatti successivi ne è la più clamorosa e solare conferma. I riferimenti al governo jugoslavo, alle frontiere italo-austriache, alle relazioni fra Belgrado e Sofia, al futuro dell'Austria liberata, all'auspicata revisione degli accordi per l'uso delle acque internazionali e alla Convenzione di Montreux per il transito negli stretti o ai territori sotto tutela (Libia) si muovono in questo preciso contesto.

Anche la questione tedesca è affrontata con la stessa logica: né a Yalta né a Potsdam si decide la spartizione della Germania. È prevista l'occupazione, vengono definite le frontiere orientali del futuro Stato tedesco, sono precisati i principi politici ed economici che ispirano l'azione degli alleati, è messo in atto il piano delle riparazioni, si prevedono trasferimenti da Est a Ovest di milioni di tedeschi, si prende l'impegno di processare i criminali di guerra, si rifiuta l'idea di un'immediata costituzione di una "autorità centrale tedesca". Non c'è alcuna spartizione territoriale interalleata ed ancor meno si desidera negare la costituzione di un futuro Stato tedesco (ne nasceranno ben due!). Anzi, nonostante la "carta di guerra", sarà consentita da Mosca un'occupazione multilaterale di Berlino. La nascita del Consiglio dei ministri degli Esteri è un'ulteriore conferma di questo indirizzo. Se ci fosse stato accordo spartitorio, ognuno avrebbe proceduto in modo autonomo senza bisogno di consultazioni, di intese e di coordinamenti successivi.

A Yalta e a Potsdam non si possono trovare le radici della divisione dell'Europa nei due blocchi successivi: esse vanno ricercate nell'effettivo controllo esercitato dai rispettivi eserciti nelle diverse aree e nella mancata applicazione degli impegni assunti da Mosca con la *Dichiarazione dell'Europa liberata*. Si può, al contrario, affermare che la divisione dell'Europa avviene nonostante e contro la decisione di Yalta e di Potsdam. In quelle sedi sono state poste le premesse per un diverso sviluppo dei rapporti reciproci e delle nuove realtà statali europee.

Il criterio che spinge Roosevelt e Churchill a cedere alle revisioni confinarie e alla concessione di alcuni compensi territoriali è proprio quello di impedire una spartizione sulla base della carta di guerra e non viceversa, ma Mosca, dopo avere ottenuto quelle garanzie, non procede secondo gli accordi sottoscritti. Né diverso appare lo scenario asiatico (prevalente nell'accordo *ad hoc* firmato a Yalta). Neppure in questo contesto c'è un'intesa spartitoria: Mosca chiede il mantenimento dell'indipendenza della Mongolia Esterna, il ripristino dei diritti e dei territori perduti con la guerra del 1904-1905, un compenso (Isole Curili). Per la Corea è prevista un'occupazione comune da parte degli alleati e il successivo svolgimento di libere elezioni e non ci sono dubbi sul ritorno della Manciuria nello Stato cinese. Washington e Londra accettano quest'impostazione, che risponde più ad esigenze di sicurezza che di espansione: le condizioni degli alleati sono, nei confronti del Giappone, assai meno dure che rispetto alla Germania (responsabile dell'operazione Barbarossa del 1941). Al termine del conflitto, dopo gli accordi di Yalta e di Potsdam, anzi, nonostante questi, l'evoluzione del quadro europeo (e in parte di quello asiatico per quanto riguarda la Corea e la Cina) subisce un cambiamento profondo. Essa evidenzia le nuove condizioni in cui si vengono a trovare i firmatari degli accordi del febbraio e del luglio-agosto del 1945 rispetto alle intese raggiunte e alle rispettive aspettative.

L'interpretazione politica degli accordi lascia spazio a molte ipotesi, nessuna delle quali è priva di fondamento documentario (sia precedente che successivo alle conferenze). Questo sforzo non può tuttavia mettere ai margini i contenuti specifici delle intese stesse, che sono, almeno sul piano letterale, molto chiare e specifiche. Se di equivoco si può parlare, esso investe esclusivamente la *Dichiarazione sull'Europa liberata*, e cioè la consapevolezza (o meno) dei firmatari che essa fosse inapplicabile, perché in netto contrasto con le esigenze di sicurezza sovietiche e con i presupposti ideologici marx-leninisti. È difficile credere che i due statisti occidentali potessero pensare ad un'automatica e lineare applicazione di quelle disposizioni, tanto importanti quanto teoriche, nel reale contesto postbellico. Riesce più agevole, al di là delle tesi sostenute in seguito, pensare che abbiano esercitato una forte pressione le esigenze di escludere nuove tensioni con l'URSS, la consapevolezza di non poter esercitare (senza il ricorso alle armi) un'influenza concreta sulle zone occupate dall'Armata Rossa, la necessità di porre fine alla guerra e di rimandare in patria milioni di combattenti, la speranza che i rispettivi elettorati (in USA e in Inghilterra) avrebbero apprezzato le assicurazioni formali di Stalin sul futuro del continente europeo, alla luce delle quali il dittatore sovietico poteva sembrare allineato e convinto di un cammino democratico centro-europeo e bolscevico postbellico. C'è, nella resa diplomatica dei due statisti anglosassoni, una forte dose di realismo, occultata dall'apparente dichiarazione idealistica e utopistica. Se si contrappone l'auspicata stagione democratica europea alle reali condizioni di forza e di controllo del territorio si deve prendere atto di una sostanziale debolezza nei confronti del Cremlino. Non esiste, in pratica, la possibilità di ottenere cambiamenti significativi senza la disponibilità sovietica o la ripresa del conflitto. È un'ipotesi non percorribile: non c'è aggressione in atto, c'è stato un sostegno concreto per ben quattro anni, si è vinta una guerra contro i comuni nemici. Realismo e finzione prevalgono su utopia e chiarezza: questo è il prezzo della pace fra i vincitori.

Stalin, da parte sua, dà una lettura più concreta delle emergenze del momento: a differenza di Londra e di Washington, ha subito un'aggressione e un'occupazione duratura di gran parte del suo territorio europeo, ha dovuto considerare l'ipotesi di un ripiegamento e di una resistenza estrema nelle aree siberiane (quanto meno oltre gli Urali), ha temuto la distruzione della compagine statale dell'URSS e della stessa rivoluzione bolscevica, ha evitato la guerra ad Oriente grazie alla firma del Patto di neutralità con Tokyo. Il Cremlino non può ritornare ad una situazione analoga al 1939, anche senza la minaccia del regime hitleriano; è difficile capire il comportamento sovietico se non si accetta di discutere questa premessa. Sicurezza delle frontiere postbelliche e salvezza della rivoluzione marx-leninista sono ora strettamente legate; non è scindibile l'aspetto ideologico-rivoluzionario da quello strategico garantito dai risultati dell'Armata Rossa. Prima del conflitto, Mosca ha temuto un'offensiva generale da parte degli Stati capitalisti di cui Berlino poteva essere il braccio armato. La rete degli Stati centro-europei nati o risistemati dopo la prima guerra mondiale era potenzialmente una struttura antisovietica, un bastione difensivo anglo-francese sia per contenere la diffusione del "virus bolscevico" sia per creare un primo argine in caso di conflitto su larga scala ad Oriente. Né dissimile era la lettura della situazione asiatica dopo le penetrazioni nipponiche in Manciuria e in Cina. Questa paura ha determinato l'intesa Ribbentrop-Molotov e il Patto di neutralità sovietico-giapponese: questi trattati nascono dalla medesima esigenza. Non c'è l'accordo con il fronte più moderato del capitalismo europeo e asiatico. Ci sono, al contrario, le intese con le forze più aggressive e più anticomuniste di quel mondo, cioè con Berlino e con Tokyo. Proprio perché si teme che queste possano prendere iniziative espansive e trascinare a rimorchio gli altri Stati capitalisti, dopo molte incertezze e tentennamenti, si privilegia questa strada. Non vi è fiducia nella lealtà delle potenze democratiche ed ancor meno nella loro volontà di fermare i nippo-tedeschi, tanto meno se si dovessero muovere contro l'URSS. Il capovolgimento delle alleanze, dopo il giugno del 1941, non è il risultato di un ripensamento sovietico, ma della decisione tedesca. Neppure l'apertura delle ostilità anglo-franco-germaniche del 1940 ha determinato un cambiamento negli orientamenti della politica estera sovietica. Dopo la vittoria contro Hitler c'è a Mosca, nel 1945, una consapevolezza nuova della propria forza e il desiderio di ottenere un "quadro di pace" europeo e asiatico diverso da quello prebellico. La riproposizione di una rete di Stati democratici capitalisti che uscirebbe da libere elezioni non risponde a questi presupposti. I sovietici vogliono ottenere compensi ma anche creare, lungo le proprie frontiere, una nuova rete di Stati con un sistema analogo al proprio come garanzia di sicurezza per eventuali futuri cambiamenti. È capovolta, in tal modo, la logica del cordone sanitario successivo alla prima guerra mondiale.

Stalin, mentre ottiene compensi (cioè ingrandimenti territoriali per l'URSS), costruisce anche una rete di protezione con Stati "amici, solidali" lungo le sue frontiere. Si sforza di spiegare che non è possibile per l'URSS rinunciare a queste condizioni e che è naturale che ciascuno realizzi il proprio sistema di governo dove sono arrivati i suoi eserciti. È bene non dimenticare che esiste in URSS, dopo il 1917, un'esasperazione della sicurezza nazionale, considerando che le aggressioni militari subite, l'isolamento economico commerciale, le azioni propagandistiche antibolsceviche hanno amplificato questa sensibilità. A ciò si deve aggiungere la difficoltà di difendere confini tanto estesi, spesso senza protezioni naturali e a contatto con realtà statali ostili.

C'è una contraddizione evidente fra questa politica sovietica e gli accordi delle Nazioni Unite (1942) e quelli di Yalta (e Potsdam), in particolare la *Dichiarazione sull'Europa liberata*: Mosca, in realtà, ottiene ingrandimenti territoriali in Europa. C'è inoltre la costituzione di Stati a regime comunista lungo gran parte delle sue frontiere europee, mentre in quelle asiatiche l'URSS ottiene la conferma della Mongolia Esterna, una presenza "condominiale" in Corea e una formale promessa d'amicizia con la Cina (alla quale ha accettato di restituire, senza particolari condizioni, la Manciuria).

I vertici moscoviti spiegano che questa sistemazione non è preparatoria di una fase offensiva nei confronti dell'Occidente, ma è la conclusione naturale del conflitto in termini difensivi. In un certo senso, essi precisano che ad un cordone sanitario prebellico in funzione antisovietica se ne è sostituito uno nuovo per difendere l'URSS e permetterle di completare la rivoluzione socialista all'interno del suo Stato e della sua nuova area d'influenza. Da questo punto di vista, essi danno degli accordi sottoscritti una lettura diversa: viene sottolineato il contributo in uomini e mezzi dato dall'Armata Rossa e che la prospettiva della democratizzazione parlamentare pluripartitica è da considerarsi approdo futuro realizzabile soltanto dopo la definitiva affermazione della rivoluzione comunista. In altre parole, si potrà procedere alle auspicate "libere consultazioni" con la conclusione della fase intermedia della dittatura del proletariato, quando avrà fine lo sfruttamento della parte più debole della società. In tante occasioni i sovietici ribadiscono la loro fede negli ideali democratici, ma in realtà attribuiscono a questa espressione il valore che essa ha nella dottrina marx-leninista e cioè il decondizionamento dei rapporti di forza fra le classi sociali e l'avvio di una realtà diversa nella quale ha prevalso «l'uguaglianza sostanziale fra i cittadini».

L'accettazione del ritiro delle forze armate sovietiche dai "Paesi liberati" e la promozione di libere elezioni potrebbero creare gravi ripercussioni al Cremlino. Risulterebbe evidente il basso livello di consenso dei partiti comunisti rispetto alle altre forze politiche, si aprirebbe un processo nei confronti dei dirigenti responsabili di aver impegnato l'Armata Rossa per poi accettare il ritorno di governi capitalisti, non si spiegherebbe la mancata apertura di questo processo, cioè di una verifica elettorale pluripartitica, anche all'interno dell'URSS.

L'applicazione letterale della *Dichiarazione dell'Europa liberata* non sarebbe la democratizzazione di quell'area, ma la destabilizzazione del sistema di potere sovietico e potrebbe determinare una serie di contraccolpi interni molto violenti e mettere in discussione Stalin e i suoi collaboratori. Quest'ultimo, ove avesse intrapreso con determinazione questo cammino, avrebbe corso il rischio di essere processato per "tradimento" dai marx-leninisti più ortodossi.

In realtà, il dittatore sovietico è un comunista convinto. Non mostra alcun dubbio sulla necessità di mantenere e difendere il sistema marx-leninista e non dà alcun segno di "conversioni liberal-democratiche", ma al contrario, accentua il suo convincimento nella forza del sistema comunista sia all'interno della Russia che all'estero. Questo scenario, di facile immaginazione, non può essere assente dalle valutazioni degli anglo-americani, anche se possono chiedere ed auspicare altre conclusioni. La leale collaborazione di guerra e la comune condanna del nazifascismo non fanno di Stalin un liberal-democratico né hanno posto le basi per un'evoluzione del sistema comunista verso forme di governo di tipo occidentale. D'altra parte, la stessa sottoscrizione da parte di Mosca dell'Alleanza delle Nazioni Unite (1942) (prima della Carta Atlantica) non è stata preceduta da alcun chiarimento che potesse lasciar pensare ad un'evoluzione del sistema comunista. A parte le giustificazioni ideologiche, in sostanza i sovietici non possono ritirare le loro forze armate, permettere la rinascita di Stati con sistemi politici contrapposti e quindi potenzialmente ostili, come erano stati durante la situazione prebellica.

Il contesto internazionale subisce una successiva evoluzione in senso favorevole al fronte marx-leninista, pochi anni dopo, con la nascita della Repubblica popolare cinese (1949). Mosca può comunque, con la fine delle ostilità e con gli accordi di Yalta e Potsdam, godere di una posizione più vantaggiosa in termini territoriali e di sicurezza di quella precedente. Tuttavia, s'incrina l'unità operativa dei principali alleati: gli occidentali lamentano il mancato rispetto degli accordi e denunciano l'incombente pericolo dell'espansionismo comunista nel mondo.

Riprende, in tal modo, l'antagonismo fra due sistemi antitetici, che hanno trovato un periodo di collaborazione durante alcuni anni del conflitto e assicurato la loro partecipazione all'ONU per scongiurare nuovi pericoli per la pace e per la sicurezza internazionale. L'interpretazione più realistica di questo antagonismo lascia intendere che i due sistemi desiderano sviluppare le rispettive potenzialità economiche e politiche all'interno delle proprie aree d'influenza, giocare la partita del confronto esterno nelle zone di decolonizzazione ed utilizzare lo strumento dell'ONU per evitare rotture clamorose o il ritorno su larga scala dell'impiego della forza. Ribadiscono inoltre la loro capacità di dare risposte non soltanto ai problemi dei propri popoli, ma all'intera umanità.

La crescente tensione, che si manifesta già nel 1945, non è il frutto, come da più parti si è sostenuto, di una strisciante delusione per il comportamento sovietico, ma della realistica conclusione di "un sogno cooperativo" impossibile. I motivi della convergenza bellica non cadono perché i sovietici ritengono esaurite le possibilità di ottenere dagli occidentali (Washington e Londra) altre concessioni, ma per l'impossibilità di dar vita ad un condominio gestionale su piano globale. Ciò è vero per ambedue le parti, a meno che l'una o l'altra non rinunci ai presupposti del proprio sistema. I ripetuti richiami della propaganda comunista all'inevitabilità della guerra con il mondo capitalista non sono il presupposto della preparazione di un'offensiva militare, ma il retaggio di un bagaglio culturale ingombrante, uno strumento di mobilitazione e di vigilanza per il fronte interno, un richiamo alla diversità e alla inconciliabilità dei due sistemi. Escono, al contrario, di scena le potenze del Patto Tripartito e con loro le dottrine che le hanno ispirate: il razzismo nazionalsocialista, il militarismo "coloniale" nipponico, l'imperialismo fascista italiano. Con il secondo conflitto mondiale i competitori internazionali scendono a due. L'Asse Tokyo-Berlino-Roma ha giocato la carta estrema militare per garantire i propri obiettivi specifici e aprire la strada ad un "nuovo ordine mondiale" basato sull'affermazione di nuovi "spazi vitali", ma il confronto militare si chiude con la sconfitta degli sfidanti e il tramonto dei loro progetti: uno è destinato ad un lungo periodo di occupazione e divisione, gli altri due, pur mutilati sul piano territoriale e coloniale, manterranno l'unità statale e avranno, in tempi brevi, i rispettivi trattati di pace.

La fine del conflitto riapre, tra l'altro, un capitolo importante della politica internazionale, avviato anch'esso alla fine della grande guerra del 1914-1918 ma non concluso: la decolonizzazione. Su questo terreno, la posizione sovietica appare più facile, perché non deve sostenere Stati che controllano ancora vaste aree coloniali. In questo settore è molto più libera nei propri movimenti e nello sviluppo delle azioni propagandistiche ostili al colonialismo europeo e asiatico. Se non ha i vantaggi, ancora rilevanti, della presenza coloniale, non deve soggiacere ai costi che il suo mantenimento impone a molte altre potenze. Già nel periodo compreso fra i colloqui di Yalta e di Potsdam si manifestano sospetti, incomprensioni, dissensi e contrapposizioni. Ciò prende corpo in una realtà nuova, nella quale la crescente importanza sovietico-americana è accompagnata dal riflusso dell'Europa per la sua incapacità di determinare gli avvenimenti più significativi. Il suo declino, iniziato con la grande guerra, non si è arrestato, anzi le più recenti vicende belliche lo hanno accentuato e il tentativo tedesco di rilanciare, in chiave razzista e imperiale, una prospettiva continentale è fallito sul piano politico e militare.

L'area europea è stata devastata dalla guerra, percorsa in lungo e in largo dagli eserciti (sole eccezioni rimangono la Svizzera, la Svezia, l'Irlanda, la Spagna e il Portogallo). La sua base produttiva, le sue linee di comunicazione stradali e ferroviarie, i suoi sistemi portuali sono in gran parte distrutti, le sue potenzialità finanziarie sono ridotte, le sue forze armate irrilevanti, le sue capacità di mantenere il controllo delle aree coloniali, dei mezzi e delle vie di comunicazione molto diminuite. Anche le perdite umane sono state molto pesanti, ma rimangono le sue risorse in campo scientifico, artistico e tecnico, che risultano però condizionate dai danni subiti e dalle condizioni reali di una ripresa dei diversi Stati. Ben diverse sono le condizioni dell'URSS e degli USA: essi, se pur in modo diverso, hanno sostenuto la maggior parte dello sforzo bellico e appaiono ora come i "veri vincitori", gli unici in grado di sostenere una presenza politica globale, cioè di essere presenti con azioni politiche, mezzi economici e idee a livello mondiale.

Gli USA hanno avuto un ruolo molto più determinante rispetto al primo conflitto mondiale. Non solo hanno sostenuto una guerra su due fronti (europeo e asiatico) e su due oceani, ma hanno anche fornito aiuti a tutti gli alleati. Sono portatori di un modello politico ispirato a valori di democrazia e libertà (politica ed economica), dispongono di risorse economiche e finanziarie rilevanti, hanno dimostrato capacità militari senza precedenti, hanno la più ferma intenzione di non ripetere la scelta isolazionista degli anni Venti e di volersi assumere responsabilità dirette nel nuovo ordine mondiale.

Anche l'URSS può permettersi una politica da grande potenza, dispone di un modello politico economico marx-leninista che le ha permesso, in trent'anni, di fare enormi progressi sul piano scientifico, tecnico, militare ed economico e questo sistema può costituire un riferimento per molti Paesi meno sviluppati. Non può certo competere, in questa fase, con lo sviluppo degli USA, ma dispone di enormi risorse naturali (minerarie, energetiche, ecc.) non utilizzate, ha dimostrato di poter attivare mezzi militari di rilievo, ha saputo superare le critiche condizioni del 1917 e può pensare non solo di realizzare l'incompiuto cammino del «socialismo in un solo Paese», ma anche di avere le energie per sostenere un disegno più ampio di diffusione del comunismo in altre aree del pianeta. Le vicende belliche hanno portato i suoi eserciti fuori dai confini precedenti dell'URSS, gli accordi interalleati hanno concesso "compensi territoriali", molti partiti comunisti in Europa e in Asia sono cresciuti in prestigio e forza, le critiche condizioni economiche postbelliche di molti Stati, anche sviluppati, aprono nuove possibilità di successo per l'azione di propaganda e di penetrazione dell'ideologia marx-leninista.

Nonostante gli anni di collaborazione dal 1941 al 1945 e le speranze create dagli accordi successivi (febbraio, luglio-agosto 1945), la rivalità naturale esistente fra i principi ispiratori, le esigenze strategiche e i sistemi politico-economici, le tensioni e i timori permangono in tutte le aree del globo: ognuno dei due maggiori competitori mette in campo le risorse di cui dispone in un clima di crescente sfiducia e sospetto.

Washington ha immaginato di poter ricomporre un tessuto economico-sociale europeo devastato dalle tendenze autarchiche e protezionistiche e promuovere un contesto nuovo caratterizzato da maggiori aperture e dalla crescita esponenziale del commercio internazionale. Può anche aver pensato di poter coinvolgere le potenze occidentali più restie a intraprendere questo cammino (molto diverso dalle loro precedenti impostazioni), non può tuttavia sperare di inserire in questo progetto l'URSS: tutti i tentativi in questa direzione (e sono numerosi) falliscono per le riserve politiche esistenti e per la radicale inconciliabilità dei due sistemi. C'è, da parte americana, una singolare impostazione: si pensa di poter superare le oggettive difficoltà politiche con un'azione in campo socio-economico-finanziario idonea a stemperare i contrasti e ad evidenziare la generosità e la enorme capacità produttiva dell'Occidente. Questa tesi non approfondisce in modo adeguato le ragioni dell'adesione alla dottrina comunista e sottovaluta l'aspetto ideale delle rivoluzioni comuniste e le aspettative dei dirigenti e dei loro sostenitori. La nascita di un mercato globale presuppone analogia fra i sistemi economici che vi partecipano e la capacità dei governi di regolare questi rapporti commerciali esterni senza pregiudicare i propri equilibri di potere all'interno. Mentre questa ipotesi è percorribile senza difficoltà per Washington, non lo è per Mosca (al contrario, alcuni decenni più tardi lo sarà, in un contesto economico molto diverso, per i vertici del comunismo cinese).

L'analisi di questa spirale di crescente contrapposizione nel fronte dei vincitori è importante per comprendere la ripresa della competizione. Anche la questione nucleare contribuisce ad accrescere le tensioni e i sospetti. Da un punto di vista bellico l'utilizzo della nuova arma piega il Giappone ed è di giovamento all'intero gruppo degli alleati, ma, sul piano dei rapporti interstatuali, sottolinea un vantaggio americano rispetto agli altri. Gli USA hanno vinto la corsa per mettere in campo questo strumento: detengono un primato che mette in ombra le capacità offensive delle altre potenze e in primo luogo dell'URSS. Non si tratta soltanto di fattori scientifico-tecnologici, ma di potere reale: la bomba è scoppiata in Giappone ma peserà sul tavolo della pace. Mosca avverte un senso di debolezza che dovrà bilanciare con l'intensificazione della ricerca nucleare e della propaganda politica finché il divario non sarà colmato. Non senza motivo, già ai suoi albori (1946) l'ONU dovrà discutere la questione dell'energia nucleare per definire le regole del suo utilizzo a fini pacifici.

Non si devono confondere le esigenze delle maggiori potenze in quanto Stati con il loro ruolo all'interno di sistemi politici contrapposti, con le loro profonde convinzioni ideologiche, con la necessità di svolgere, anche nel dopoguerra, un ruolo internazionale di primo piano. Questo attivismo è in gran parte frutto della stessa propaganda sviluppata negli anni del conflitto: resistenza, reazione, impegno militare, sacrifici sono stati richiesti per sconfiggere modelli e valori delle forze del Tripartito, ma anche per aprire le porte a un futuro migliore nel nome di altri valori. C'è un legame stretto fra lo sforzo bellico e la militanza internazionale sovietica e americana nel periodo successivo. Esistono problemi di compensi, di rettifiche confinarie e di sicurezza diretta e indiretta (espansioni territoriali e Stati "amici"), ma c'è anche una naturale e non eludibile proiezione esterna nel contesto più ampio dell'intera comunità dei popoli e degli Stati.

La guerra, per l'estensione che ha raggiunto e per le popolazioni che ha coinvolto, ha allargato i confini delle relazioni interstatuali ed obbligato tutti a valutazioni che superano i tradizionali confini statuali e continentali. Da questo punto di vista, il conflitto ha accelerato la mondializzazione della politica, ha accentuato l'interdipendenza di aree geograficamente lontane e ha evidenziato, in termini "pratici e concreti", quelle vocazioni universali che ispirano gli originali competitori. In realtà, alla coscienza di un mondo cambiato, di cui c'è diffusa avvertenza, non sempre corrispondono mezzi e risorse per adeguare la propria azione alle nuove esigenze. Soltanto pochi grandi Stati posseggono questa forza e possono imporre la loro presenza in un teatro globale. Ciò significa tutelare altri Paesi con sistemi politici analoghi ai propri, contrastare nelle "aree grigie" l'influenza degli avversari, mettere in piedi una propaganda persuasiva a livello internazionale. È lo scenario di un confronto sistemico a largo raggio che non esclude, in singoli settori geografici, anche il ricorso a mezzi estremi. Resta il limite, già ricordato e da tutti accettato e ribadito, del rifiuto della forza per risolvere le controversie e del mantenimento della pace secondo le prescrizioni della Carta dell'ONU. Ora, com'è possibile conciliare le proprie esigenze di sicurezza e di espansione con il rispetto degli impegni sottoscritti?

Non c'è alcun dubbio che il confronto porterà a scontri anche militari e che un'evoluzione pacifica dei rapporti futuri appartiene ad una visione irreale e utopica. Le complesse relazioni Mosca-Washington sono da spiegare in una logica interpretativa più complessa. C'è un'implicita rinuncia ad esercitare ingerenze dirette all'interno dell'altro sistema quando esso è consolidato, c'è una tacita accettazione "dell'altro blocco" e c'è la possibilità d'influire sugli sviluppi della vita politica interna di altri Stati (sia in modo indiretto che diretto) per sostenere forze politiche o governi disponibili a promuovere esperienze istituzionali ed economiche analoghe alle proprie o a consolidare rapporti di collaborazione o alleanze.

Prevale una logica di "sistema" o di "blocco" che tende a cristallizzare le posizioni raggiunte e consolidate e a proiettare la competizione al di fuori. Resta intatto l'impegno per lo sviluppo socio-economico interno a ciascuno dei competitori: questo sforzo deve evidenziare la capacità di rispondere alla domanda dei cittadini e sostenere una presenza internazionale costosa e impegnativa. I gruppi dirigenti hanno escluso, in sostanza, l'ipotesi di una prova di forza fra loro. La logica della corsa agli armamenti risponde ad esigenze di sicurezza e di equilibrio reciproco, nella capacità di dissuadere gli altri da qualsiasi tentazione aggressiva.

L'Europa, divisa fra i due schieramenti contrapposti, non è in grado, né all'Est né all'Ovest, di svolgere un ruolo primario in questo nuovo scenario mondiale. I suoi Stati, pur in posizioni diverse, concorrono alla definizione della sicurezza delle rispettive aree di appartenenza senza ruoli primari. La loro presenza è accessoria rispetto ad un progetto più generale e condiviso. Da una parte come dall'altra le loro adesioni producono due risultati importanti: inseriscono i singoli Paesi all'interno di sistemi forti e dunque, seppure in modo marginale e aggiuntivo, contribuiscono al loro rafforzamento politico-economico-militare e al tempo stesso ciascuno di essi si assicura, con l'adesione, condizioni di sicurezza più elevate. Le collocazioni geografiche precisano, poi, caso per caso, l'intensità reale dei rischi, le necessità di apparati difensivi, la dislocazione degli strumenti militari.

Pochi Stati sfuggono alla logica dell'allineamento in Europa e anche in altre aree continentali. Alcuni di essi sono condizionati da delicati equilibri politici interni, altri vogliono sfuggire alla rigidità delle ideologie prevalenti, altri ritengono che un impegno al di fuori dei blocchi faciliti la comprensione internazionale e la causa della pace. Non mancano coloro che ritengono imminente e certo un nuovo scontro militare su larga scala e preferiscono ritagliarsi spazi d'autonomia al di fuori dei possibili teatri operativi.

Non sono il secondo conflitto mondiale e le sue conclusioni pattizie a determinare l'evoluzione successiva come un contraccolpo della violenza bellica. È vero il contrario: gli anni della belligeranza estremizzano l'inconciliabilità dei tre sistemi competitori e lo squilibrio fondamentale delle loro aspirazioni e dei loro valori di riferimento. Le intese, le alleanze e le collaborazioni hanno, per loro stessa natura, carattere d'emergenza, di provvisorietà e in ultima analisi di contraddittorietà (ciò vale prima del 1941 e anche dopo). La collaborazione fra Washington, Londra e Mosca non nasce da uno spontaneo allineamento di fronte alla minaccia del Tripartito, ma come reazione successiva all'aggressività di quest'ultimo. Questa collaborazione (1941-1945) non genera una rinuncia ai rispettivi sistemi politici, ma produce un cambiamento nei loro rapporti con l'accettazione della rinuncia alla guerra per l'affermazione dei loro sistemi politici e la decisione di collaborare per impedire lo scoppio di un altro conflitto mondiale.

La convivenza è accettata senza riserve, ma permangono sospetti reciproci. Non ci sono da parte di nessuno intenzioni aggressive specifiche, anzi c'è la volontà di una conduzione comune degli affari internazionali. Questo percorso non è facile e le difficoltà rendono, subito dopo, poco praticabile il cammino progettato, al punto che finisce per “salvarsi” soltanto l'ossatura del sistema Yalta-Potsdam, cioè l'impegno delle grandi potenze a non farsi la guerra.

Occorre evidenziare un aspetto conclusivo del percorso seguito dai “tre grandi” con la sottoscrizione dei patti di Yalta e Potsdam. È bene attribuire ai singoli settori il rilievo specifico che ciascuno di essi riveste per i popoli, le nazioni, gli Stati. Al tempo stesso, non si devono chiudere gli occhi di fronte alle applicazioni, ai “tradimenti”, ai rinvii e anche ai cambiamenti che si verificano in seguito. Ma è indispensabile, inoltre, individuare gli elementi centrali dell'accordo, quelli cioè destinati a sostenere gli equilibri mondiali e a durare nei decenni successivi. Fra questi fattori emerge, per durata ed importanza, l'intesa per la nascita dell'ONU, che rappresenta un'autentica rivoluzione nei rapporti fra i due sistemi vincenti (liberal-democratico e marx-leninista), come abbiamo già detto. La loro contrapposizione, dichiarata e radicale, risale allo storico ottobre del 1917; ora, dopo la collaborazione bellica durata dal 1941 al 1945, essi decidono di dar vita insieme a questa struttura internazionale, di parteciparvi e di impegnarsi perché abbia successo. Questa determinazione mette in ombra decenni di lotte e inaugura una stagione nuova nei rapporti fra questi Stati e i sistemi che essi rappresentano. C'è l'assunzione di una responsabilità comune per attivare un sistema di sicurezza collettiva. Ciò presuppone la sottoscrizione di un "patto di pace" fra loro alla base degli accordi costitutivi della nuova organizzazione e nella misura in cui essa è destinata a durare senza limiti si deve presupporre che l'accordo anglo-sovietico-americano sia da considerare "perenne" (e tale lo considerano i firmatari). Questa condizione potrebbe cadere soltanto nel caso in cui essi uscissero dall'ONU o ne venissero espulsi.

A Yalta e a Potsdam fra Roosevelt, Truman, Churchill, Attlee e Stalin "scoppia la pace". Essi escludono per il futuro di risolvere le controversie fra i loro Stati e i loro sistemi con il ricorso alle armi: non si tratta di un pacifismo assoluto, ma di un indirizzo meditato e convinto per la loro politica estera degli anni successivi. Da questa convergenza fondamentale nasce uno sforzo che si sviluppa con molte difficoltà e contrasti per alcuni decenni di "pace difficile". Nonostante le numerose e gravi tensioni, l'equilibrio di quell'intesa resiste a lungo, a riprova della sincerità delle intenzioni, dell'interesse delle parti e della forza del valore della pace proclamata con tanta solennità. Negli anni successivi si sviluppano contrasti, prove di forza, guerre locali. Questi avvenimenti, drammatici e carichi di pericolo, non portano, tuttavia, alla rottura del "Trattato di pace" anglo-sovietico-americano. Al contrario, una lettura libera da condizionamenti di parte o da spregevoli interessi politici evidenzia gli sforzi per mantenere reciproci rapporti pacifici.

La "guerra fredda" è l'indice dell'insicurezza e della paura, è l'espressione preventiva di un'autodifesa estrema, è la volontà di garantire in ogni modo una soglia elevata di sicurezza anche se non c'è alcuna intenzione o progetto aggressivo da parte degli avversari. Essa è il retaggio del periodo compreso fra il 1917 ed il 1941, è la sedimentazione dei sospetti e delle contrapposizioni storiche dei decenni precedenti.

I tre grandi dimostrano di aver fatto un enorme passo avanti rispetto al periodo prebellico e di aver assimilato la lezione di Wilson del 1918. Devono, tuttavia, portare l'intero sistema a questi convincimenti, superando sospetti, recriminazioni, acredini, risentimenti, pregiudizi molto radicati. Tanto più il progetto è ambizioso, tanto maggiori sono le difficoltà da superare. Molte forze politiche si muovono negli anni successivi contro questo disegno "utopico e pericoloso" e per impedire che il "sogno di Yalta" possa diventare realtà. A queste motivazioni è riconducibile in gran parte l'azione delle componenti che animano la guerra fredda all'interno dei due sistemi rimasti sulla scena internazionale dopo il conflitto mondiale.

È l'insicurezza interna ai "due campi" che origina la psicosi della paura e della guerra. La necessità di essere garantiti per le scelte fatte, l'importanza di mantenere l'unità ed il sostegno delle rispettive forze politiche di riferimento interno, il timore che "azioni aggressive" dell'altra parte possano mettere a nudo un precedente eccesso di fiducia nell'avversario inducono ad una politica di cautela, di riserve, di sicurezza e di reciproco contenimento, ma nessuno, né ad Occidente né ad Oriente, ha progetti aggressivi; anzi, tutti si augurano un futuro pacifico. La cosiddetta "guerra fredda" non è una conseguenza degli accordi fra Roosevelt, Truman, Stalin, Churchill e Attlee, ma della loro mancata accettazione e dell'innata rivalità fra i sistemi politici. È più esatto osservare che c'è ambivalenza: si vuole la pace ma si teme che "gli altri" la possano rompere. Mancano garanzie specifiche, certezze, e questo clima alimenta la paura di poter essere sorpresi, impreparati o accusati di aver praticato politiche "ideali ed astratte", cioè di aver ceduto agli avversari e di aver dimenticato le esigenze ideologiche e i principi della *Realpolitik*.

Nonostante tutto, l'accordo resiste e prevale l'orientamento deciso a Yalta, anche se la sua attuazione presenta queste gravi difficoltà. È d'aiuto in questo senso il tacito accordo a rispettare le rispettive aree di influenza consolidate, a non intervenire direttamente (come grandi potenze) nei contrasti locali degenerati in guerre pur sostenendo i "propri amici", a non diffondere armamenti strategici offensivi che possano rappresentare minacce per la sicurezza dell'avversario. In sostanza, ogni sforzo è compiuto, prima e dopo la costituzione degli arsenali nucleari, per mantenere in vigore l'accordo storico fra i tre grandi e per permettere il funzionamento dell'ONU. Questa determinazione appare via via più ferma se si considera l'elevato numero di adesioni di nuovi Stati all'organizzazione e la stessa battaglia condotta da Mosca per l'inclusione della Cina comunista a pieno titolo dopo il 1949. Gli anni successivi agli accordi di Yalta e di Potsdam rappresentano un periodo tormentato di pace difficile, che i contraenti vivono nella tensione dei condizionamenti storici, ma con l'intenzione di portare a compimento quel progetto originario di coesistenza fra i grandi e i loro sistemi politici.

La "guerra fredda" rappresenta una fase iniziale di questo processo, la più aspra perché più vicina agli accordi sottoscritti dai tre grandi e dunque quella che vede le maggiori difficoltà per la loro applicazione. Per definire il cammino percorso verso la pace non si deve partire dalla guerra fredda, ma, al contrario, dalle intese del 1945 (Yalta e Potsdam), senza le quali non sarebbe stato possibile percorrere l'itinerario successivo. La "guerra fredda" rappresenta un freno, un rallentamento del processo auspicato, non la sua premessa. Allo stesso modo, i momenti di tensione più drammatici (la guerra civile cinese, i conflitti coreani e vietnamiti, la crisi cubana), non testimoniano la debolezza di quell'intesa originaria ma, al contrario, ne evidenziano la forza. Nonostante queste prove, il "Patto per la pace" fra Washington, Londra e Mosca resiste e le difficoltà sono superate senza uno scontro militare diretto fra loro.

Non è vero, come spesso si dice, che dopo la guerra c'è rottura fra gli USA e l'URSS e si apre il difficile periodo della "guerra fredda"; al contrario, resta in pieno vigore il Patto per la pace e i due vertici politici sono impegnati a gestire una situazione critica più complessa di quanto avessero immaginato. In realtà non esiste, negli anni successivi, alcun progetto statunitense per invadere l'area comunista, né da parte di Mosca per occupare l'Europa occidentale. Stalin non tratta con gli alleati occidentali come ha negoziato con Hitler; è vero che chiede e ottiene compensi territoriali, ma non si sottrae al comune sforzo di dar vita ad un futuro di pace. Alla precedente logica di sicurezza e di potenza, cioè di *Realpolitik*, affianca l'impegno concreto per evitare un nuovo conflitto. In molte occasioni le minacce sovietiche sono dettate dalla paura e da un periodo transitorio di inferiorità militare negli armamenti atomici. A conferma di questa disponibilità c'è la cessione di una parte di Berlino agli occidentali a fronte della richiesta, che non sarà accolta, di partecipare alla "occupazione" del Giappone. Il sistema Yalta-Potsdam è posto in essere da cinque statisti, da tre grandi potenze e due sistemi politici; essi hanno alle spalle esperienze diverse, rapporti spesso conflittuali e storie contrapposte nelle relazioni col Tripartito: però, con sfumature diverse, nessuno di loro ha praticato una politica d'aggressione o ha giocato in modo preventivo la carta militare a sostegno di progetti espansivi. Al contrario, nella loro politica estera ha prevalso la ricerca della sicurezza (anche con compensi ed ingrandimenti territoriali), la tutela dello *status quo*, la volontà di trovare accordi ed intese. Senza dubbio, il cammino più tortuoso è stato compiuto dai vertici moscoviti, ma esso può essere compreso, se non giustificato, alla luce dei rapporti precedenti con "il mondo capitalista mondiale".

L'approdo finale cui giungono i tre Stati (e i due sistemi politici che essi rappresentano) conferma originarie speranze e fa luce su impegni futuri. Ciò mette in chiaro una compatibilità mai dichiarata apertamente, ma resa necessaria dall'ipotesi di un possibile conflitto radicale fra loro. La convivenza, nella diversità e nella competizione, non è un approdo culturale, ma una necessità improrogabile per la tutela dei diritti fondamentali dell'uomo. C'è consapevolezza che l'alternativa a questo accordo è la distruzione reciproca, cioè un nuovo terribile flagello. Ciò sarà manifesto quando ancora non sono in campo le armi nucleari e lo diventerà di più nei decenni successivi con lo sviluppo degli arsenali atomici. Contribuisce a questa intesa una comune visione della unicità della razza umana ed una concezione positiva ed ottimistica dell'uomo; quest'ultimo può commettere errori, ma, attraverso la conoscenza, la lotta all'egoismo, la dialettica democratica, può migliorare e trovare forme di collaborazione e di coesistenza con i suoi simili.

Un'analoga intesa sarebbe stata molto difficile, se non impossibile, con i teorici del razzismo biologico, secondo i quali non c'è unicità della razza umana. Per essi gli uomini sono diversi ed il motore del progresso è la capacità espressiva delle razze superiori, cioè, in altre parole, l'estrema lotta per affermare la "naturale gerarchia razziale". In questa visione non c'è spazio per il concetto unitario di "umanità", ma prevalgono le distinzioni, le competizioni e la sostanziale disuguaglianza fra gli uomini e le razze che li raccolgono. I fautori del razzismo biologico non avrebbero potuto sottoscrivere gli impegni della Carta delle Nazioni Unite ed ancor meno, alcuni anni dopo, la Dichiarazione dei diritti dell'uomo (1948). Al contrario, questa convergenza è possibile per i fautori delle dottrine liberal-democratiche e delle ideologie marxiste-leniniste. La diversità dei sistemi politici ed istituzionali, i divergenti metodi adottati per eleggere le rappresentanze politiche, il ruolo attribuito ai partiti o alle classi sociali non impediscono il dialogo e non precludono la possibilità di convergenze e collaborazioni; ciò presuppone rinunce, accomodamenti, compromessi, ma evidenzia una comune volontà di operare al servizio dell'uomo ed una condivisa preoccupazione per il futuro "di un'unica umanità". Il vero elemento coagulante dell'intesa, al di là delle contingenze specifiche e degli interessi statuali, è la comune coscienza di dover piegare le esigenze particolari alla domanda di sicurezza e di pace che viene da un'umanità tanto duramente provata dal conflitto. I firmatari sono consapevoli dell'importanza dell'intesa raggiunta e delle positive conseguenze che essa può avere per il futuro del popoli.

Roosevelt (marzo 1945) precisa che «l'organizzazione della pace nel mondo non può essere opera di un uomo solo, di un solo partito, di una sola nazione [...]. Non vi può essere una pace americana o una pace britannica, russa, francese o cinese. [...] Vi deve essere una pace fondata sullo sforzo di collaborazione di tutto il mondo. [...]. Vi può essere e vi sarà una pace basata sui sani e giusti principi della Carta Atlantica, sul concetto della dignità dell'uomo, sulle garanzie della tolleranza e della libertà di culto».

Truman (aprile 1945) ricorda che è indispensabile dar vita ad un meccanismo che garantisca la pace futura per «impedire la ripetizione del disastro a causa del quale il mondo intero soffrirà per anni a venire [...]. Dobbiamo costruire un mondo nuovo, un mondo molto migliore, in cui sia rispettata l'eterna dignità dell'uomo». Nel giugno

1945 insiste sulla necessità di elaborare «una dichiarazione internazionale dei diritti dell'uomo accettabile da tutte le nazioni interessate. Questa dichiarazione dei diritti sarà parte della vita internazionale [...]. La Carta è dedicata al raggiungimento e all'osservanza dei diritti umani e delle libertà fondamentali. Se non raggiungeremo questi obiettivi per tutti gli uomini e le donne di ogni Paese, senza distinzione di razza, lingua e religione, noi non potremo avere una pace duratura ed una sicurezza permanente».

Stalin (novembre 1944) sottolinea l'importanza della collaborazione fra le grandi potenze per garantire la sicurezza postbellica e osserva che fra le tre grandi potenze ci sono alcune divergenze, ma ciò è di scarsa importanza: «Divergenze ci sono, delle divergenze possono esistere anche fra i membri di un medesimo partito. Tanto più devono essercene fra i rappresentanti di diversi Stati e di diversi partiti. Ciò che sorprende non è il fatto che vi sono divergenze, ma che ve ne siano tanto poche e che si siano quasi superate grazie all'unità e all'azione coordinata delle tre grandi potenze». Alcuni mesi più tardi (maggio 1945), in un discorso al Cremlino per celebrare la recente vittoria sulla Germania, esalta la collaborazione con gli alleati, le capacità dell'Armata Rossa e lo straordinario spirito di sacrificio e di resistenza del popolo russo. Al termine dell'intervento, contrappone gli interessi di tutto il mondo agli obiettivi del Tripartito: «Il popolo russo [...] ha fatto duri sacrifici per assicurare la sconfitta della Germania; questa fiducia nel governo sovietico si è dimostrata il fattore decisivo per il conseguimento della vittoria sul nemico dell'umanità: il nazifascismo».

Attlee (settembre 1945) lamenta che i popoli abbiano imparato soltanto ora e non nel 1918 «la lezione che la pace è indivisibile» e può essere mantenuta soltanto con la legge: «Non ci sentiamo inferiori a nessuno per la lunghezza e la severità delle prove sopportate e superate e per tutto quanto abbiamo messo a servizio dell'umanità. [...] Se non riusciremo a mettere sull'altro piatto della bilancia le conquiste dello spirito umano e la nascita di una nuova concezione della società umana, quelle perdite saranno state sofferte invano».

Da queste esperienze e sensibilità traggono origine le scelte che portano, nonostante le prove di forza degli anni successivi, alla nuova stagione dei rapporti internazionali. La distensione, la coesistenza pacifica e la solidarietà internazionale sono il "frutto maturo" di Yalta, il conseguimento degli obiettivi primari perseguiti da quegli storici accordi. Il cambiamento di sistemi politici interni, lo sviluppo della decolonizzazione, l'emergere di nuove potenze non hanno ad oggi messo da parte né gli elementi ispiratori di quel progetto né gli strumenti consigliati. I cambiamenti intervenuti, le modifiche statutarie dell'ONU, gli stessi recenti progetti di revisione si sono mossi nella logica di rafforzare le originarie strutture, non di indebolirle o di sopprimerle. L'umanità è ancora oggi debitrice a Roosevelt, Churchill e Stalin per i benefici effetti di quel "Patto per la pace", che ha contribuito ad evitare l'esplosione di nuovi e devastanti conflitti. Se è innegabile che si deve al mondo anglo-americano l'idea originaria di un sistema di sicurezza collettiva, è fuor di dubbio che essa non avrebbe potuto avere successo senza l'adesione dei vertici del comunismo sovietico. Il successo dell'iniziativa è dovuto proprio all'intesa fra i due massimi competitori e in ultima analisi a Washington, Londra e Mosca. Gli esponenti di questi Stati, al di là dei rispettivi sistemi e metodi di governo all'interno delle proprie nazioni, hanno dimostrato di voler rispondere ad esigenze primarie dell'intera collettività internazionale con la tutela "della pace e della sicurezza". Con questa azione si sono spostati da una logica statale o di sistema su un piano più generale di "politica internazionale", cioè sono diventati "statisti globali", impegnati per la tutela dell'umanità.

VII. LA PACE DIFFICILE FRA SOVIETICI E ANGLO-AMERICANI

1. *Il confronto anglo-americano-sovietico (1945-1947)*

L'accordo raggiunto fra i grandi per la tutela della pace non esaurisce le loro iniziative politiche ed ancor meno determina un allineamento delle loro azioni come contraccolpo della precedente violenza bellica. Gli anni della belligeranza hanno estremizzato le diversità fra i sistemi competitori e lo squilibrio delle loro aspirazioni e dei loro valori di riferimento. A questo fenomeno occorre affiancare la coscienza delle proprie risorse acquisita da Washington e Mosca, che non hanno rinnegato i propri principi, ma rinunciato solamente all'impiego della forza. Le intese e le alleanze degli anni precedenti sono state il frutto di situazioni d'emergenza e spesso hanno evidenziato significative contraddizioni sia nel periodo precedente al 1941 che in quello successivo. Ciò vale per il "mostruoso abbraccio" nazi-sovietico del 1939, ma anche per quello anglo-americano-russo del 1942.

Al fondo di queste convergenze non c'è alcun chiarimento di "sistema", ma soltanto l'urgenza di rispondere a problemi urgenti. A questa logica non si sottrae neppure l'Alleanza delle Nazioni Unite (1942), che include le democrazie capitaliste e il comunismo sovietico. Si tratta di un'intesa "contro" il Tripartito, ma non "per" un comune obiettivo di sistema politico, anche se nei documenti sottoscritti compaiono espressioni che possono creare questa speranza nei vertici liberal-democratici. Durante la fase terminale del conflitto si formano comuni convincimenti sulla necessità di operare insieme per impedire il ripetersi di tragedie tanto devastanti, ma le posizioni politiche restano molto distanti, anzi contrapposte. Non si tratta neppure della rivalità fra grandi Stati: questi ostacoli possono sempre essere superati con riconoscimenti reciproci di aree di influenza o compensi. Al contrario, le responsabilità dei rispettivi progetti ideologici e dottrinari inducono ciascuno a riprendere il proprio cammino là dove esso è stato interrotto. Anche se il campo è ora più libero (non c'è più il Tripartito), la sfida iniziata nell'ottobre del 1917 è in pieno vigore. Potrebbe dunque sorprendere una parziale tolleranza fra i due sistemi, mentre non può che apparire naturale, anzi necessario alle rispettive logiche, il riaccendersi della precedente e radicale opposizione a tutto campo.

Alla luce «dei sorrisi, dei brindisi e delle calorose strette di mano» di Yalta e di Potsdam il comportamento che appare più "studiato" è quello di Stalin: è disposto a concessioni formali pur di ottenere subito vantaggi territoriali e maggiore sicurezza sui confini dell'URSS, è spregiudicato con i suoi interlocutori, firma anche ciò che non potrà mantenere, era e rimane un rivoluzionario marx-leninista. Più confusa e ottimistica risulta la condotta di Washington e Londra: delle ragioni di questo comportamento (e del grado di finzione in esso contenuto) già si è parlato.

Gli stessi lavori dell'ONU riflettono questa situazione e il permanere di diffidenze e tensioni. L'ammissione di nuovi membri è motivo di forti contrasti e anche l'elezione del presidente dell'Assemblea, dei membri non permanenti del Consiglio di Sicurezza e dello stesso segretario generale avviene con difficoltà. È difficile ottenere l'unanimità delle grandi potenze in molte questioni importanti; anche le iniziative intraprese per impedire il futuro utilizzo delle armi atomiche e per favorire l'impiego dell'energia nucleare a fini pacifici non approdano a risultati positivi (Commissione dell'energia atomica del 1946, autorità per lo sviluppo atomico, rapporti e progetti americani, sovietici e canadesi, ecc.). Queste iniziali difficoltà si saldano con altri elementi negativi originati dalla permanenza dell'Armata Rossa nelle aree occupate, dalla progressiva estromissione dei leader democratici e dei loro partiti, dall'egemonia governativa delle forze di ispirazione marx-leninista e dal rifiuto comunista di accettare controlli da parte degli alleati occidentali. Anche la “frontiera dell’occupazione” in Germania e il “condominio berlinese” sono in continua fibrillazione. Da parte occidentale si cerca di capire questo comportamento sovietico, di ottenere spiegazioni, di provocare ripensamenti e la revisione degli indirizzi che giorno dopo giorno prendono corpo. Sono impegnati in questa attività sia il mondo diplomatico che quello politico, manifestando il desiderio di precisare i contenuti degli accordi precedenti, ma anche la necessità di definire una politica a fronte delle inadempienze sovietiche. Nei primi mesi si verifica questa continua oscillazione fra la speranza di un chiarimento con l’ex alleato e la necessità di decisioni adeguate al suo imprevisto comportamento. Anche se da parte di Mosca non ci sono state clamorose denunce degli ex alleati, c’è una strisciante ostilità. C’è l’evidente intenzione di non abbandonare i territori occupati, anzi di volerli organizzare secondo il modello già sperimentato in URSS.

Nei mesi successivi, quando Stalin lascia “cadere la maschera”, gli occidentali lamentano la svolta sovietica, denunciano il voltafaccia russo, si interrogano sul comportamento da tenere con l’ex alleato. Il telegramma di Roosevelt dell’aprile del 1945 è seguito da diversi discorsi e da numerose iniziative diplomatiche per mantenere in vita i buoni rapporti interalleati. Ciò che colpisce di più nell’esame di questa insistenza è l’impressione di una scarsa conoscenza del comunismo internazionale e della logica interna del marx-leninismo. Tanto maggiore sarà la delusione di fronte alla nuova realtà, tanto più radicali diventeranno, negli anni successivi, la contrapposizione e il sospetto reciproco che l’avversario possa infliggere un colpo mortale al proprio sistema.

Nel tormentato biennio 1946-1947 i contendenti riaffermano i propri valori di riferimento, irrigidiscono le rispettive posizioni in Europa e in Asia, si fronteggiano con numerose polemiche. C’è il continuo, quasi monotono, affiancamento di questo rigore alla ripetizione della volontà di preservare la pace e di evitare nuovi conflitti fra le grandi potenze. Esiste piena consapevolezza della diversità dei sistemi, della scarsa possibilità di compromessi in molte aree geografiche, delle inevitabili contrapposizioni in settori limitati, della impossibilità di ignorare ad Est e ad Ovest le pressioni dei propri fronti interni, ma c'è anche la ferma volontà di evitare che queste esigenze possano determinare uno scontro generale. Questa avvertenza è molto evidente nel comportamento dei vertici dei due sistemi; è frequente il richiamo a Yalta e all'ONU, cioè al patto sottoscritto per la "pace mondiale". Anche quando i più autorevoli esponenti estremizzano l'esaltazione del proprio "modello" e la sua affermazione futura, in tutto il mondo mantengono il rifiuto all'uso della forza "fra loro" e ribadiscono l'importanza della "coesistenza". Quest'ultima non è presente soltanto durante i lavori di Yalta, ma ispira l'azione successiva nonostante le difficoltà, le incomprensioni e gli scontri armati in alcune aree asiatiche.

Nel febbraio del 1946 Stalin afferma che lo scontro fra la società capitalista e quella socialista è inevitabile. A causa di ciò il popolo russo, per essere pronto al confronto, deve rafforzare l'industria pesante e contenere la produzione di molti beni di consumo. Queste dichiarazioni, che coinvolgono le "società" e non gli Stati, tanto meno le grandi potenze, creano ulteriori preoccupazioni in Occidente. Alcuni ambienti sostengono che il discorso del dittatore sovietico è la «dichiarazione della terza guerra mondiale». Non è soltanto l'aspetto ideologico che preoccupa, ma è la politica dell'URSS nelle aree sotto il suo controllo che pone interrogativi sulle reali intenzioni di Mosca. Nessuno mette in discussione il comunismo russo, ma non si accettano né la bolscevizzazione dell'Europa orientale né ulteriori possibili ingerenze. Si teme che l'URSS possa utilizzare, per un'azione espansiva, le difficoltà postbelliche. Al Cremlino, al contrario, ci sono la consapevolezza di un'inferiorità militare sul piano strategico (bomba atomica), il timore che possano formarsi governi ostili nell'Est europeo, il sospetto che la propaganda anticomunista prepari il terreno ad iniziative antisovietiche analoghe a quelle del periodo 1917-1921.

In Occidente viene letto con molta attenzione il «lungo telegramma» (febbraio 1946) dell'incaricato d'affari statunitense a Mosca Kennan. Si cerca di comprendere le ragioni del comportamento sovietico e di prevederne gli sviluppi. Il diplomatico americano premette che non è possibile un esame fruttuoso del contesto sovietico se si dimentica che in URSS il vertice del Cremlino detta le tesi politiche al Paese (spesso con «assunti [...] semplicemente non veri»). I leader sovietici insistono nel diffondere un senso di insicurezza e di pericolo per rafforzare il loro dominio, temono una penetrazione straniera ed ogni tipo di contatto «fra il loro mondo e quello occidentale». In sostanza, i governanti marx-leninisti considerano «il mondo esterno come cattivo, ostile e minaccioso», poiché ha «dentro di sé i germi di una insidiosa malattia, così da essere destinato ad indebolirsi» fino a quando «la sorgente potenza del socialismo non gli abbia inflitto il colpo di grazia finale». C'è una «necessità naturale» di estendere i poteri polizieschi all'interno e la potenza militare verso l'estero; la saldatura del vecchio nazionalismo russo con il marx-leninismo ha dato vita a «concezioni offensive e difensive [...] inestricabilmente confuse». La dottrina comunista è pericolosa ed insidiosa perché offre «lusinghiere promesse» ad un mondo esterno «disperato e sconvolto dalla guerra».

Kennan crede in una futura «militarizzazione intensiva dell'URSS, in uno sforzo costante per estendere la sua influenza e potenza nel mondo» ed è scettico sulla stessa sincerità sovietica nei confronti dell'ONU. Mosca vede in essa uno strumento nuovo per raggiungere i suoi obiettivi di potenza, non «un meccanismo per una società stabile fondata sugli interessi di tutte le nazioni, ma un'arena nella quale gli intenti ora menzionati possono essere perseguiti con successo». I sovietici potrebbero uscire dalla nuova struttura in qualsiasi momento, se essa dovesse ostacolare i loro obiettivi espansivi, per strumenti e prospettive migliori. Non c'è, in URSS, alcuna «devozione astratta verso gli ideali dell'ONU», ma un atteggiamento «essenzialmente pragmatico e tattico». Nelle zone coloniali Mosca vuole, con determinazione, «indebolire la potenza, l'influenza e i legami delle nazioni europee avanzate» per creare un vuoto che «favorirebbe la penetrazione comunista sovietica». In quest'ottica devono essere lette le pressioni esercitate dal Cremlino per partecipare a funzioni di amministrazione fiduciaria in qualsiasi zona del mondo. Con questo strumento si vuole indebolire l'influenza occidentale presso tali popoli. Al tempo stesso si opera per creare rappresentanze sovietiche dove «esistono forti possibilità di opposizione ai centri di potere occidentali».

Anche Churchill, ora esponente dell'opposizione nel suo Paese, manifesta, nello stesso periodo, riserve e preoccupazioni per l'evoluzione negativa dei rapporti con l'URSS. Alla presenza di Truman, in una conferenza a Fulton nel Missouri (marzo 1946), risponde a Stalin. L'esame della situazione internazionale è preceduto da un atto di fede nell'ONU: «Si è già dato vita ad un organismo mondiale che ha lo scopo principale di impedire la guerra. [Esso] deve essere immediatamente equipaggiato di una forza armata internazionale». Il rappresentante inglese osserva che la pacifica vita dei popoli è minacciata dalla guerra e dalla tirannia e che occorre sconfiggere ambedue. Nei tempo moderni la tirannia è ancora un pericolo reale in molti Stati ove «la gente è sottoposta al controllo forzato di vari tipi di governi polizieschi, in misura tale che è da considerarsi sbalorditivamente contraria ad ogni principio democratico». Il sodalizio anglo-americano è fondamentale per sconfiggere questi pericoli e, senza «l'associazione fraterna dei popoli di lingua inglese, non sarà possibile né perseguire gli obiettivi dell'ONU, né l'abolizione della guerra». Essa deve ora, «in pace come fece in guerra», governare e guidare «i popoli di lingua inglese» con «perseveranza di pensiero, tenacia nei propositi e grande chiarezza e decisione».

Churchill precisa di avere «una forte ammirazione e rispetto per il valoroso popolo russo e per il mio camerata, in tempo di guerra, il maresciallo Stalin», ma «un'ombra è caduta sulle scene, così recentemente illuminate dalla vittoria degli alleati». Nessuno è in grado di sapere, osserva l'esponente inglese, quali siano i progetti futuri della Russia sovietica e quali siano, se ce ne sono, i limiti alle tendenze all'espansione e al proselitismo: «Da Stettino sul Baltico a Trieste sull'Adriatico, è scesa sul continente europeo una cortina di ferro. Dietro quella linea ci sono tutte le capitali degli antichi Stati dell'Europa centrale e orientale. Varsavia, Berlino, Praga, Vienna, Budapest, Belgrado, Bucarest e Sofia, tutte queste famose città e le popolazioni che le circondano si trovano nella sfera sovietica e sono soggette, in una forma o nell'altra, non soltanto all'influenza sovietica, ma all'altissima e crescente misura di controllo di Mosca [...]. In un gran numero di Paesi, lontano dalle frontiere russe e in tutto il mondo, quinte colonne comuniste sono installate e lavorano in totale unità ed assoluta obbedienza alle direttive che ricevono dalla centrale comunista. Ad eccezione del Commonwealth britannico e degli Stati Uniti, dove il comunismo è nella sua prima infanzia, i partiti e le quinte colonne comuniste costituiscono una minaccia crescente ed un pericolo per la civiltà cristiana [...]. Io non penso che la Russia sovietica voglia la guerra. Ciò che essi desiderano sono i frutti della guerra e l'espansione illimitata del loro potere e delle loro dottrine. Ma ciò che dobbiamo oggi qui considerare finché ne abbiamo il tempo è la prevenzione permanente della guerra e l'instaurazione di condizioni di libertà e democrazia il più rapidamente possibile in tutti i Paesi. Le nostre difficoltà e i nostri pericoli non verranno rimossi chiudendo gli occhi di fronte ad essi. Non saranno rimossi semplicemente aspettando di vedere quello che succede, né saranno rimossi da una politica di *appeasement*». Alla fine del discorso, Churchill formula una proposta: per evitare nuove guerre occorre che «la forza totale del mondo di lingua inglese e dei suoi alleati» sia impegnata nell'ONU per trovare «una buona comprensione di tutte le divergenze con la Russia». La forza di cui si può disporre dà «una totale assicurazione di sicurezza», per questo è importante l'adesione alla Carta delle Nazioni Unite.

Churchill dimostra di avere una visione molto chiara della situazione: c'è delusione per il comportamento sovietico, c'è una realistica lettura delle aspirazioni di Mosca (in termini ideologici e di potenza) e non manca la piena avvertenza dell'ineludibile lotta fra questo sistema e la democrazia liberale. Le sue valutazioni sono invece diverse da quelle di Kennan in ordine all'ONU. L'analisi dell'adesione sovietica da parte dell'esponente americano è negativa, ritenuta strumentale e fittizia perché legata ad interessi precisi e contingenti; c'è in sostanza una sottovalutazione di questa scelta che, al pari di altre, è ricondotta ad elemento di strategia contingente: essa è uno dei tanti strumenti dei quali i sovietici dispongono per perseguire i loro obiettivi ideologici a livello mondiale. Churchill, al contrario, fa un'affermazione categorica: si dice convinto che Mosca non voglia la guerra. Dunque nei suoi progetti espansivi e nelle sue strategie locali tutto è possibile, ma non lo scontro generale fra i due sistemi. Mentre evidenzia la delusione per il dopoguerra e per il fallimento delle intese cooperative di Yalta e di Potsdam, sottolinea il permanere del patto fondamentale per garantire la pace. Si tratta del comune convincimento della necessità di evitare un terzo conflitto mondiale, pur in presenza di una competizione totale ed inevitabile fra i due sistemi antagonisti. In modo indiretto ma esplicito, evidenzia l'importanza che anche i sovietici attribuiscono alla pace e di conseguenza alla nuova organizzazione a ciò preposta e l'amarezza per la divisione del mondo e la crescente tensione è mitigata da questa constatazione. È la conferma che, anche per lui, il risultato più significativo e non temporaneo raggiunto negli accordi del 1945 è la comune volontà di evitare una nuova catastrofe bellica.

Pochi giorni dopo, lo stesso Stalin risponde all'ex primo ministro inglese con un'intervista alla «Pravda» (13 marzo 1946): il discorso di Churchill è pericoloso, crea problemi fra gli alleati, è guerrafondaio, aizza contro l'URSS, come Hitler, una teoria razzista: i popoli di lingua inglese «dovrebbero regnare sul resto delle Nazioni». Chi ha respinto Hitler ora respingerà Churchill: i popoli di altre lingue sono la maggioranza. Non è vero che i governi orientali sono sotto l'influenza sovietica. Berlino ha attaccato l'URSS dalla Finlandia, dalla Polonia, dalla Romania, dalla Bulgaria e dall'Ungheria perché c'erano governi ostili all'URSS. Mosca ha pagato un tributo di sangue superiore di molte volte a quello della Gran Bretagna e degli USA messi insieme e la sicurezza sovietica ha bisogno di governi amici alle frontiere. Queste «aspirazioni pacifiche dell'Unione Sovietica» non sono «tendenze espansionistiche del nostro Stato». Le decisioni sulle frontiere occidentali polacche furono prese a Berlino «con voto unanime». Alla guida dei Paesi dell'Est europeo non ci sono piccoli partiti marx-leninisti, ma blocchi di partiti che rappresentano molte posizioni e i comunisti si rafforzano anche in Occidente per la lotta che hanno condotto contro il nazifascismo.

Nella parte finale dell'intervista, Stalin ricorda le precedenti azioni antisovietiche di Churchill e degli Stati capitalisti e li ammonisce a non ripercorrere quella strada: «Ma a lui non piacque nemmeno la nascita del regime sovietico in URSS dopo la prima guerra mondiale [...] dette l'allarme ed organizzò una campagna armata di 14 Stati contro la Russia [...] il suo donchisciottismo lo portò a una sconfitta senza scampo. Non so se Churchill ed i suoi amici riusciranno ad organizzare una nuova campagna armata contro l'Europa orientale [...] ma se ci riuscissero [...] si potrebbe dire fiduciosamente che sarebbero battuti, proprio come lo furono un'altra volta, ventisei anni fa».

La posizione politica adottata in questo frangente da Stalin è difensiva: rigetta qualsiasi accusa di intenzioni espansive, difende la nuova logica del "cordone sanitario" est-europeo, precisa il carattere "democratico" dei regimi marx-leninisti, ricorda, ancora una volta, il "prezzo di sangue" pagato dall'URSS per la vittoria sul nazifascismo. Non bisogna dimenticare che l'espansionismo russo prima e sovietico in seguito è stato giustificato da necessità di difesa preventiva. La Russia, con confini terrestri e marittimi tanto estesi, è spesso priva di tutele naturali.

Questo confronto anglo-russo (marzo 1946) è seguito, nei mesi successivi, da altre polemiche in cui gli esponenti dei due sistemi riaffermano con forza sia l'esigenza della pace che l'impossibilità di rinunciare ai propri valori di riferimento politico. Da parte sovietica sono frequenti le dichiarazioni autorevoli in questo senso; trovano conferma sia le scelte politiche sottoscritte a Yalta e a Potsdam sia le necessità di rafforzare le basi del sistema sovietico e di garantirne la sicurezza.

Molotov, nel discorso alla conferenza dei 21 di Parigi (luglio 1946) per i trattati di pace con l'Italia e i «satelliti minori dell'Asse», precisa che «la seconda guerra mondiale è stata scatenata dal fascismo ed è finita quando il fascismo è stato abbattuto». I trattati di pace devono garantire che ciò non possa ripetersi ed è necessario evitare gli errori compiuti dopo la prima guerra mondiale. A questo riferimento al vecchio cordone sanitario antisovietico associa un preciso richiamo per il futuro diretto alla sicurezza sovietica: «I grandi Stati non devono imporre la propria volontà ai piccoli; non bisogna però neppure che taluni gruppi di grandi Stati pretendano di imporre il proprio punto di vista ad altri grandi Stati». Il riferimento al blocco democratico occidentale è evidente ed anche chiaro è l'avvertimento che ne consegue.

Radio Mosca (agosto 1946), in occasione del primo anniversario della resa del Giappone, esalta l'opera di ricostruzione e di sviluppo dell'economia nazionale con l'aiuto del nuovo Piano quinquennale. Al tempo stesso, ricorda che l'URSS combatte «contro la reazione internazionale» che opera «per scatenare una nuova guerra mondiale». Occorre seguire gli insegnamenti di Lenin: difendere con tutti i mezzi la Russia, aumentare le difese nazionali e confermare lo Stato socialista come «il bastione della pace in tutto il mondo».

Stalin, in una successiva intervista (settembre 1946), dichiara di non credere alla possibilità di «una nuova guerra» e neppure che Londra e Washington abbiano progetti segreti di questa natura. Nonostante esistano «divergenze ideologiche» con le democrazie occidentali, è possibile e auspicabile «una competizione pacifica» fra sistemi tanto diversi. L'arma atomica non può minacciare questo processo perché essa non potrebbe in ogni modo decidere le sorti di un eventuale conflitto. Ulteriori progressi economici o scientifici sovietici sono destinati a rafforzare la collaborazione con il mondo esterno, in quanto la realizzazione del «comunismo in un solo Paese» non preclude questo approdo.

In un'ulteriore dichiarazione (ottobre 1946), Stalin denuncia la gravità delle precedenti tesi esposte da Churchill e dagli USA e auspica che gli «istigatori di una nuova guerra» siano smascherati e controllati. Il 6 novembre 1946 (29° anniversario della Rivoluzione d'ottobre), in un messaggio ai popoli dell'URSS, si rallegra per la ripresa economica postbellica e per il lavoro di ricostruzione in atto in tutto il Paese. Lo Stato sovietico, com'è stato fondato da Lenin, ha dimostrato «negli ultimi anni di guerra la sua forza indistruttibile e la sua superiorità sul capitalismo». Conferma che l'URSS, dopo aver distrutto il fascismo, lotta per una pace durevole e democratica in tutto il mondo, per la sicurezza delle nazioni e per una onesta collaborazione fra esse. La politica estera dello Stato sovietico è pacifica. Nella stessa occasione Ždanov, segretario del Comitato centrale del partito comunista, ribadisce con forza che «la politica dell'URSS è tendente a fare delle Nazioni Unite una forte organizzazione [...] capace di prevenire le aggressioni e di assicurare una pace duratura», nonostante i tentativi in atto per «minare la collaborazione fra le grandi potenze».

Anche da parte anglosassone si succedono in questi mesi precisazioni importanti. Alle delusioni per il mancato rispetto della *Di-*

chiarazione sull'Europa liberata si associa la fiducia nel sistema liberal-democratico e la fede nell'Organizzazione delle Nazioni Unite. Churchill, nel dibattito alla Camera dei Comuni (giugno 1946), lamenta il deterioramento dei rapporti con Mosca e la violenza della propaganda sovietica: «Ciò compromette i rapporti con Londra ma anche con Washington». Ricorda al «suo vecchio compagno di guerra, il maresciallo Stalin», che non avrebbe mai pensato che i sovietici, non rispettando i patti, «potessero essere capaci di arrecare tanto danno a se stessi agghiacciando tante amicizie nel mondo anglosassone». Pochi mesi dopo (settembre 1946) all'Università di Zurigo Churchill invoca l'unione dei popoli europei. L'esasperazione del nazionalismo e «gli orgogliosi tentativi della Germania, decisa ad assumere la parte di dominatrice del mondo», hanno prodotto un disastro senza precedenti: «Durante l'ultimo conflitto sono stati compiuti crimini e stragi tali che occorre rifarsi all'invasione mongola del decimo secolo per trovare qualcosa di simile». Questo nuovo vincolo europeo deve tendere al rafforzamento dell'Organizzazione delle Nazioni Unite. Per evitare «guerre» e «schiavitù» e per garantire la sicurezza di tutti occorre la «volontà di ogni uomo e ogni donna di lottare piuttosto che soggiacere alla tirannia».

Anthony Eden, ex ministro degli Esteri inglese (settembre 1946), condanna le pressioni russe a favore della Bulgaria e ai danni della Grecia e precisa che nessuno nega «neppure per un istante» all'Unione Sovietica il diritto di scegliersi «il regime che preferisce» e che nessuno ignora il contributo russo «per sconfiggere l'esercito tedesco», ma la pace richiede altre valutazioni e sacrifici. Non vi è ragione perché le due ideologie non abbiano a vivere in pace ed è necessario che le grandi potenze ritrovino l'armonia dell'alleanza di guerra per superare i sospetti e le vicendevoli recriminazioni, dal momento che «un altro conflitto mondiale importerebbe la morte definitiva della civiltà».

Il presidente Truman, all'Assemblea Generale dell'ONU (ottobre 1946), conferma «l'abbandono, da parte degli Stati Uniti, della politica di isolazionismo» e la volontà di operare per «una pace permanente» nella dignità e nella sicurezza, «per tutti gli individui senza distinzione di razza, di credo o di colore». Sono sorte divergenze fra i vincitori a causa del grande disordine lasciato dalla guerra, ma occorre superarle nello spirito dello Statuto dell'ONU: «Non dobbiamo permettere che delle differenze nei sistemi economici e sociali si ergano lungo la via che conduce alla pace né ora né in avvenire. Permettere che le Nazioni Unite vengano divise da differenti teorie politiche in parte tra loro inconciliabili non farebbe che provocare un disastro per il mondo». Truman sottolinea che è fondamentale l'accordo fra i «cinque grandi» e che una pace stabile non può essere fondata né sull'esercizio del «diritto di veto» né sul voto di «una maggioranza».

Anche Churchill (ottobre 1946) denuncia ancora una volta i difficili rapporti con l'URSS per la politica svolta in Europa orientale e per l'ingente forza militare sovietica ancora presente al di fuori delle sue frontiere. Si augura che queste incomprensioni e questi timori siano superati, anche se non sarà un processo né facile né breve: «Ai tempi di Hitler era più facile presentire e predire il corso degli avvenimenti di quanto non lo sia ora. Ora non abbiamo a che fare con un Hitler e la sua rozza banda impregnata di antisemitismo; siamo in presenza di qualche cosa molto più difficile da misurare di quello che traspariva così chiaramente dalle pagine del *Mein Kampf*. Ci troviamo già in presenza di una mentalità collettiva di cui non riusciamo a definire i traguardi. Vi sono 13 o 14 uomini al Cremlino di notevole abilità che dominano tutta la Russia e più di un terzo dell'Europa. [...] Una delle maggiori difficoltà nell'arrivare ad un giudizio esatto [sulle loro intenzioni] è che qualsiasi contatto e qualsiasi intimità fra i nostri due popoli è sistematicamente impedito dal governo sovietico». Nello stesso mese, dopo le dichiarazioni di Stalin, lo statista inglese riafferma «considerazione e rispetto» per quest'ultimo ed esprime ammirazione per il popolo russo che ha combattuto per la propria patria. Contesta l'esagerata presenza nell'"Europa liberata" delle forze armate sovietiche (200 divisioni), che è molto superiore a quelle mantenute dagli anglo-americani.

Pur in presenza di questi contrasti e delle conseguenti polemiche, Mosca, Washington e Londra confermano l'importanza degli accordi originari e degli strumenti prescelti per far nascere l'ONU. Alla fine del 1946, c'è una significativa convergenza sovietico-americana sul mantenimento del diritto di veto nel Consiglio di Sicurezza. Di fronte alla richiesta di numerosi membri dell'Assemblea di «rimuovere questo privilegio», Washington e Mosca ribadiscono l'importanza dell'originario accordo fra le grandi potenze per far nascere l'ONU e l'essenzialità della sua permanenza al fine di mantenerlo in vita. Nessuno dei due grandi Stati potrebbe accettare decisioni ostili ai propri interessi, mentre la convergenza delle grandi potenze può assicurare la gestione degli affari politici, la difesa della pace e la stessa sopravvivenza dell'ONU.

A questo proposito, è bene ricordare che l'organizzazione è nata per la volontà delle tre potenze presenti a Yalta; senza la loro convergenza non sarebbe stato possibile questo risultato. Allo stesso modo, essa non potrebbe sopravvivere se alcune potenze cercassero di imporre la logica della maggioranza interna ed ancor meno se si pretendesse di eliminare l'utilizzo del "veto". Se è vero che sul piano formale c'è il riconoscimento della parità e dell'uguaglianza degli Stati, è fuor di dubbio che esiste una sostanziale ineguaglianza dovuta al peso diverso che ciascuno può esercitare, e quello delle tre grandi potenze è stato decisivo durante e dopo il conflitto.

Sono indicative a questo proposito le simmetriche dichiarazioni russo-americane. Molotov afferma, durante i lavori dell'ONU (ottobre 1946), che l'URSS «difende senza esitazione la dignità delle Nazioni Unite e ritiene essenziale che la Carta sia osservata onestamente e sempre. [...] Il ripudio del principio dell'unanimità di tutte le grandi potenze significherebbe in pratica la liquidazione delle Nazioni Unite perché questo principio è il fondamento di tutta l'organizzazione». Connally, delegato degli USA, dichiara che «l'unanimità delle grandi potenze sulle questioni importanti è essenziale tanto per l'efficienza del Consiglio di Sicurezza quanto per il futuro delle Nazioni Unite. Occorre far sì che vengano osservati lo spirito e lo scopo della formula di Yalta».

L'evoluzione dei rapporti Est-Ovest non è pertanto l'epilogo delle intese di Yalta e di Potsdam; al contrario, gli sviluppi successivi sembrano andare proprio nella direzione opposta a quella prevista e concordata in quelle sedi. Gli strumenti adottati per mantenere unito il "club dei vincitori" si dimostrano inadeguati perché irreali, cioè non rispondenti alle più profonde esigenze ideologiche dei contraenti: non c'è rottura sui compensi chiesti dai sovietici e neppure sulle previste elezioni democratiche nell'Europa e nell'Asia liberate. C'è l'impossibilità sovietica, dopo aver ottenuto i compensi euro-asiatici richiesti, di mettere in atto quelle decisioni comuni e non esiste alcuna spartizione concordata di carattere generale fra i vincitori. Finiscono invece per prevalere le "coerenze ideologiche di sistema" e le posizioni acquisite sul campo di battaglia dai rispettivi eserciti, la "carta di guerra". Questi criteri di riferimento, rigorosi e duraturi, si applicano in tutti i teatri geografici e politici dove si sviluppa il confronto.

2. *La dottrina Truman e il piano Marshall. Le teorie del contenimento, della coesistenza e della distensione*

I rapporti fra i vincitori, già precari nel 1946, peggiorano l'anno successivo. Cresce la consapevolezza degli interessi contrapposti di natura ideologica e la delusione, per gli occidentali, in ordine al mancato rispetto degli accordi sottoscritti con i sovietici sul futuro dei Paesi europei liberati dalla "tirannide nazionalsocialista". Il presidente Truman (marzo 1947), di fronte ai pericoli dell'influenza del comunismo sovietico in Grecia e in Turchia, mette in luce queste difficoltà e delinea la futura strategia americana per la difesa della democrazia nel mondo. L'esistenza dello Stato greco è minacciata dall'attività terroristica «di uomini armati guidati da comunisti», e non c'è, al di fuori degli USA, nessun altro governo «disposto o in grado di fornire il necessario appoggio» ad Atene. Le Nazioni Unite e le organizzazioni ad esse collegate non sono in grado di dar vita a «un'azione immediata», pertanto spetta a Washington garantire questo aiuto. La stessa attenzione merita la Turchia, anche se si trova in una situazione meno critica: «Nessun governo è perfetto. Una delle principali virtù di una democrazia, tuttavia, è che i suoi difetti sono sempre visibili e attraverso processi democratici possono essere individuati e corretti. [...] Ai popoli di numerosi Paesi del mondo sono stati imposti, contro la loro volontà, regimi totalitari. Il governo degli Stati Uniti ha avanzato frequenti proteste contro la costrizione e l'intimidazione in Polonia, Romania, Bulgaria in violazione degli accordi di Yalta [...]. Nel momento attuale della storia mondiale quasi tutte le nazioni debbono scegliere fra vie alternative. E la scelta non è sempre libera. Una via è fondata sulla libertà della maggioranza ed è contraddistinta da istituzioni libere, governo rappresentativo, libertà di parola e di religione, libertà di opposizione politica. La seconda via è fondata sulla volontà di una minoranza imposta con la forza alla maggioranza. Essa si basa sul terrore e l'oppressione, una stampa e una radio controllate, elezioni dall'esito prefissato e la soppressione delle libertà personali. Io credo che la politica degli Stati Uniti debba essere quella di appoggiare i popoli liberi che resistono contro i tentativi di soggiogarli da parte di minoranze armate o con pressioni dall'esterno [...]. I semi dei regimi totalitari sono alimentati dalla miseria e dal bisogno. Essi si diffondono e vivono nel terreno della povertà e della contesa e raggiungono il loro pieno sviluppo quando la speranza di avere una vita migliore scompare. I popoli liberi del mondo guardano a noi per un appoggio a mantenere le loro libertà. Noi dobbiamo mantenere viva la loro speranza».

Queste dichiarazioni acquistano un particolare rilievo perché sono fatte di fronte alle due Camere del Congresso convocate in seduta comune. È evidenziata la volontà americana di difendere in tutto il mondo e in modo diretto i "popoli liberi" con aiuti economici, finanziari, militari e politici. Non c'è più traccia dell'isolazionismo prebellico ed ancor meno dell'ottimismo collaborativo con Mosca dei mesi precedenti. Si devono difendere con tutti i mezzi a disposizione la sicurezza americana e la pace nel mondo.

Truman sottolinea che il cedimento su uno di questi "fronti" porterebbe alla caduta anche degli altri. La stessa ONU, voluta e sostenuta da Washington, può continuare a vivere e ad operare soltanto se è in grado di garantire libertà e indipendenza per tutti i suoi partecipanti. La difesa della democrazia, la sua estensione a tutti i popoli sono la nuova frontiera della politica estera del Paese. Questa azione presuppone sacrifici, impegno, lotta contro i sistemi totalitari e capacità di decisioni rapide ed efficaci. C'è ancora, al fondo della nuova strategia delineata, un atteggiamento promozionale, propositivo, in un certo senso missionario, ma pur sempre collocato in un contesto difensivo: intransigenza sul piano dei principi, risolutezza su quello operativo, ma accettazione dei vincoli imposti dallo statuto dell'ONU e in sostanza dell'esistenza di altri sistemi politici. Essi possono essere tollerati nella misura in cui sono già al potere, ma vanno combattuti quando pretendono di affermarsi con la forza su altri Stati o sostengono partiti e movimenti che cercano di assumere il potere all'interno di altri Stati senza rispettare le regole della democrazia liberal-parlamentare. Non c'è alcun appello per una crociata liberatoria a vocazione democratica, prevale, al contrario, una strategia di controllo e di contenimento del competitore mondiale rimasto in campo, di cui sono denunciate le tentazioni eversive e le tendenze espansive. Non c'è alcuna intenzione di sferrare colpi decisivi all'avversario, che dal 1917 rappresenta un problema politico serio sia all'interno dei Paesi democratici che sul teatro internazionale. Benché Mosca non sia citata espressamente, è facile evincere il riferimento di Truman. È necessario che i popoli liberi si preparino ad un confronto lungo e impegnativo in tutte le aree del globo. I richiami alla «miseria e al bisogno» che alimentano i regimi totalitari pongono le premesse per una convincente conclusione: occorre che gli Stati Uniti, «unici» disposti e in grado di fornire il necessario appoggio ai popoli bisognosi, entrino in campo con un'azione massiccia di aiuti economici e finanziari. Questa tesi evidenzia la coscienza della crisi, l'urgenza degli interventi e la forza del sistema «socioeconomico americano» anche nel primo dopoguerra, ma vuole mettere in luce un altro elemento di fondo: questa volontà politica statunitense è non soltanto il frutto della dottrina democratica, ma anche il risultato dell'economia che regola la vita interna degli USA.

Il liberismo (economia di mercato, libera iniziativa privata, intervento statale limitato) ha permesso uno straordinario sviluppo delle potenzialità economiche del Paese. Grazie all'utilizzo ottimale delle risorse, esso non soltanto ha potuto provvedere alle necessità del popolo americano in pace e in guerra, ma ora si trova nelle condizioni di sostenere anche la lotta di tutti i popoli per mantenere o ottenere libertà, democrazia e benessere economico. Truman può affiancare alle enunciazioni dottrinarie la disponibilità di enormi mezzi economici e finanziari per sostenere la nuova fase delle relazioni fra i popoli. Tre aspetti della politica statunitense risultano strettamente collegati: gli interessi della grande potenza, la volontà di guidare un processo di democratizzazione a livello globale, il rifiuto di utilizzare la forza per affermare il proprio modello di riferimento (socio-economico-politico) nei confronti della grande potenza comunista euro-asiatica.

Alle parole di Truman seguono importanti progetti economico-finanziari: il segretario di Stato americano Marshall enuncia poco dopo (giugno 1947) un piano «grandioso» di aiuti. In un discorso all'università di Harvard denuncia la gravità della situazione mondiale: la ricostruzione europea è improrogabile dopo un decennio di condizioni anomale e di sconvolgimenti causati «dall'arbitrario e distruttore regime nazista». La guerra ha determinato il disfacimento della struttura economico-commerciale dell'Europa. Il fabbisogno europeo di generi alimentari e di altri prodotti è urgente ed enorme, ma non c'è la capacità di far fronte ad eventuali pagamenti di queste forniture: si deve rompere «questo circolo vizioso» e ripristinare la fiducia dei popoli europei.

Gli Stati Uniti vogliono «restaurare nel mondo una sana normalità economica», unica garanzia di vita per «libere istituzioni». Quest'assistenza non può essere «saltuaria», ma «deve rappresentare una cura anziché un semplice palliativo». Questa politica, precisa Marshall, non è diretta «contro alcun Paese o dottrina, ma contro la fame, la povertà, la disperazione ed il caos». Per imboccare la strada della ripresa deve attivarsi il mondo europeo: il governo degli USA non può e non deve promuovere piani unilaterali, ma fornire un «aiuto amichevole» per elaborare un «programma europeo» ed appoggiarlo in seguito «nella misura in cui può essere pratico per noi prestarlo». Questo progetto deve essere comune, «concordato da molte, se non tutte, le nazioni europee». L'offerta è rivolta anche ai Paesi con sistema comunista, i quali sono invitati a collaborare alla definizione del programma e a goderne i benefici. Ma c'è anche un avvertimento preciso: «Qualsiasi governo che manovri per bloccare la ricostruzione di altri Paesi non deve attendersi aiuti da noi. Inoltre, i governi, partiti politici o gruppi che cerchino di perpetuare situazioni di umana miseria al fine di trarre profitto sul piano politico, o altrimenti incontreranno l'opposizione degli Stati Uniti».

Prende in tal modo corpo il cosiddetto "piano Marshall", che può essere considerato come la prosecuzione, in tempo di pace, della precedente legge "affitti e prestiti", tanto apprezzata e utilizzata durante il conflitto: con il precedente strumento si è reso accessibile l'arsenale bellico americano anche a chi non era in grado di sostenere i costi degli aiuti ricevuti, con questo si aprono le porte del sostegno economico e finanziario agli Stati che devono riattivare le proprie economie senza disporre di adeguate strutture produttive, di scorte di materie prime e di capitali finanziari.

Questa proposta evidenzia le risorse di cui dispongono gli USA, e, al tempo stesso, emerge anche l'interesse americano per la costituzione di un mercato globale al centro del quale si collocano gli Stati Uniti. Se lo scopo della guerra era stato quello di distruggere il Tripartito (e i suoi alleati), giova ricordare che quest'ultimo ha ispirato politiche economiche protezioniste a vocazione autarchica. Da questo punto di vista, la sconfitta dell'Asse Berlino-Tokyo-Roma ha significato anche la speranza di un'apertura dei mercati da loro dominati e la possibilità di estendere l'area dei liberi commerci e delle economie nazionali a livello mondiale. Purtroppo le speranze degli anglo-americani in questo senso sono in parte deluse. Alla chiusura dei mercati ad opera degli Stati del Tripartito si sostituisce ben presto un'analoga limitazione da parte dei Paesi comunisti sia in Europa che in Asia. La prospettiva di un grande mercato globale (cioè di una "porta aperta" in tutto il mondo) rimane negli auspici e nei desideri degli esponenti liberal-democratici, ma non troverà applicazioni significative se non sul piano degli scambi commerciali autorizzati con forti limitazioni dai rispettivi governi. Sotto questo profilo, il piano Marshall vuole essere uno strumento di "forzature", di superamento, di sradicamento delle barriere fra i due sistemi che «potrebbero parlare un comune linguaggio economico-commerciale» anche se tanto diverso è quello politico, ma i due aspetti non sono disgiungibili e l'obiettivo non sarà raggiunto. Per rimettere in movimento la macchina economica mondiale, Washington attiva un circuito ad ampio raggio basato sulla concessione di crediti, di impianti, di servizi, di beni di consumo. Questa iniziativa serve all'economia americana per mantenere e accrescere i ritmi raggiunti durante la guerra. Al tempo stesso, aiuta gli altri Paesi a riprendersi nel contesto di un sistema economico integrato, più ampio del precedente e nel quale svolgono un ruolo trainante gli USA.

L'aspetto più curioso e provocatorio del programma Marshall consiste nell'offerta formulata a tutti i Paesi, dunque anche a quelli sotto l'influenza di Mosca. Questa proposta avviene nel momento in cui i rapporti con i sovietici e con i gli Stati controllati da comunisti sono già deteriorati; è possibile pensare ad una risposta positiva? Si tratta di una provocazione, alla base della quale c'è solo l'ostentazione di una potenza economica che non teme confronti? La disponibilità americana per un impegno tanto rilevante quanto oneroso crea interesse in tutta l'area europea. Nei Paesi occidentali si registra una generale disponibilità ad accettare questa occasione. Tuttavia, non mancano le preoccupazioni per una possibile ripresa della Germania che è, ancora in questi mesi, guardata con sospetto. La dottrina Truman e il piano Marshall diventano i punti di riferimento della strategia politico-economica americana per la tutela del mondo libero e per il suo progresso economico. Il successivo rifiuto del mondo comunista di associarsi ad uno sforzo comune, sul piano economico, per garantire la ripresa postbellica, renderà più circoscritta l'area d'applicazione del progetto.

Sul piano politico quest'indirizzo statunitense trova una conferma in un successivo contributo da parte di Kennan, che pubblica sulla rivista «Foreign Affairs», sotto lo pseudonimo Mister X (luglio 1947), un articolo in cui sviluppa le tesi sostenute in precedenza ed elabora la cosiddetta teoria della necessità del «contenimento delle tendenze espansionistiche sovietiche». Il diplomatico statunitense osserva che occorre fronteggiare non tanto una potenziale minaccia militare quanto una forte pressione politica destinata, ove non fosse contrastata, a rafforzare ed estendere la presenza comunista in molte aree del globo. È necessario che le democrazie si preparino ad un «confronto di lungo periodo» con il sistema marx-leninista adottando adeguate misure di «contenimento militare e politico». Questa espressione avrà in seguito molta fortuna e sarà utilizzata dal mondo politico e diplomatico per indicare un'azione politica che, senza escludere l'uso della forza, limitato e reattivo in teatri circoscritti, si prefigge di mantenere entro i confini già raggiunti il sistema avversario, senza tuttavia predisporre progetti per il suo annientamento. Questa teoria risulta, ad un esame più attento, una sostanziale banalità o meglio un'ovvietà. Nel momento in cui sono escluse due ipotesi estreme (la terza guerra mondiale o la conversione dei paesi liberal-democratici al comunismo) non rimane che la via della coesistenza fra i "due mondi".

Il contenimento non è una scelta e tanto meno una novità. Esso costituisce una necessità senza alternative credibili (il conflitto o la conversione) ed è la conferma implicita dell'accordo di pace firmato a Yalta, che implicava il confronto competitivo dei due sistemi che avevano accettato di "coesistere". Anche Mosca, infatti, adotta la stessa linea del contenimento nei confronti del mondo capitalista e si attrezza per evitare sorprese sul piano militare, per estendere la propria influenza e per impedire il rafforzamento del mondo capitalista. Si può affermare che nascono due "contenimenti" speculari ed analoghi che rappresentano i confini delle rispettive sicurezze e la premessa della successiva distensione. In questa logica, Truman (giugno 1948) chiede all'URSS prove di buona volontà in Grecia e in Corea, ma conferma la volontà americana di risolvere i contrasti con Mosca «con pacifici negoziati, senza ricorrere all'uso della forza». Ci può essere amicizia fra nazioni «la cui struttura politica ed economica è pur così differente». Ciò è dunque possibile anche con i sovietici, non «vogliamo contendere loro dei territori né vogliamo raggiungere ben determinati scopi economici», ma operare per superare le difficoltà sorte fra la Russia e «tutte le nazioni libere».

3. *Le reazioni sovietiche.* Kominform, Comecon

Mosca, dopo una fase di iniziale apertura, rifiuta la proposta statunitense. Truman e Marshall, secondo i sovietici, non vogliono né la ripresa né lo sviluppo dell'Europa, poiché perseguono un progetto più ampio e insidioso: la creazione di una vasta area economica europea dipendente dalla grande potenza nordamericana. Il piano Marshall è in realtà l'espressione postbellica di una vocazione imperiale che non può manifestarsi con successo se non crea condizioni di dipendenza economica per gli Stati del vecchio continente. L'uscita dall'isolazionismo e l'impegno bellico hanno provocato negli Stati Uniti una corsa verso l'esterno che non può essere più controllata: «Essi non possono tornare a casa», com'è accaduto dopo il 1919, ma sono ora costretti, per motivi politici ed economici, a continuare in questa presenza esterna. La dottrina Truman e il piano Marshall appaiono, nella polemica sovietica, come gli strumenti nuovi di un imperialismo aggressivo e pericoloso nei confronti dei Paesi liberati e della stessa esperienza marx-leninista. C'è una minaccia concreta ed immediata, c'è l'intenzione di accerchiare l'URSS, c'è la speranza di poter distruggere i frutti della rivoluzione marx-leninista e gli straordinari risultati ottenuti nella guerra contro il nazifascismo. A queste posizioni e giudizi si allineano, dopo alcune significative iniziali incertezze, anche tutte le "democrazie popolari" dell'Est europeo.

Nel settembre del 1947 viene costituito in Polonia un Ufficio comunista d'informazione composto dai rappresentanti dei Comitati Centrali dei partiti di Jugoslavia, Bulgaria, Romania, Ungheria, Polonia, URSS, Francia, Cecoslovacchia, Italia, per lo scambio di esperienze tra i partiti interessati e, in caso di necessità, per il coordinamento della loro attività sulla base di un "reciproco consentimento"; la sede dell'ufficio è fissata a Belgrado. Al termine dei lavori è pubblicata una dichiarazione comune sulla situazione internazionale. Si prende atto delle divergenze esistenti fra i vincitori della Germania e del Giappone a causa della politica anglo-americana. Questo disaccordo ha generato due politiche opposte: «La politica dell'URSS e degli altri Stati democratici, che mira a scalzare l'imperialismo e a rinforzare la democrazia; al lato opposto, la politica degli Stati Uniti d'America e dell'Inghilterra, che mira a rinforzare l'imperialismo e a soffocare la democrazia [...]. In questo modo si sono costituiti nel mondo due campi». Il mondo capitalista promuove azioni aggressive in Asia e in Europa (i progetti di Truman e di Marshall ne sono gli strumenti). Il campo imperialista ricorre «a mezzi tattici più vari» (pressioni, ricatti, corruzione, minacce), fra i quali l'utilizzo del tradimento «dei socialisti di destra» (come Blum, Attlee, Bevin, Schumacher, Renner, Saragat, ecc.). Quest'azione dissimulata «sotto la maschera del liberalismo e del pacifismo» con «scelte compiacenti e servili» fa il gioco del capitalismo americano creando condizioni di vassallaggio sempre più onerose. Spetta ai partiti comunisti impedire questi progetti (come «sentinelle della democrazia») e fermare lo scatenamento di un nuovo conflitto antidemocratico e antisovietico; «i popoli del mondo intero non vogliono la guerra». Occorre ricordare che le concessioni fatte a Monaco favorirono gli aggressori hitleriani, come ora incoraggerebbero gli esponenti più «insolenti e più aggressivi» del campo imperialista. «I partiti comunisti devono mettersi alla testa della resistenza» con una comune piattaforma di lotta insieme ad altre forze democratiche, patriottiche, anticapitaliste ed antimperialiste.

Si formalizza, in tal modo, una divisione politica netta già in essere ma non ancora costituita in modo organico e appare chiaro che i sovietici hanno dato vita ad un fronte partitico e statale marx-leninista, anticapitalista ed antimperialista (cioè anticoloniale ed antiamericano). Si delinea, in tal modo, la costituzione di due blocchi non soltanto «distinti e distanti», ma contrapposti nei rispettivi sistemi socio-economico-politici e con un'analoga vocazione di carattere mondiale. Dopo questo collegamento politico, i vertici dell'Est europeo avvertono l'esigenza di dar vita ad un collegamento più stretto fra i loro popoli anche sul piano economico. Ciò è determinato dalla necessità di fronteggiare, con adeguate strategie commerciali, l'azione del piano Marshall, ma anche dal desiderio di potenziare le possibilità di sviluppo delle economie con regime comunista. Si vuole superare la tradizionale politica interstatuale degli scambi commerciali con l'introduzione di nuovi strumenti e metodi di cooperazione per integrare le economie nazionali in un progetto comune.

L'Agenzia Tass, nel gennaio 1949, rende noto che, al termine di una conferenza a Mosca alla quale hanno partecipato diversi Paesi dell'Europa orientale (URSS, Bulgaria, Ungheria, Cecoslovacchia, Polonia, Romania), si è costituito un Consiglio per la reciproca assistenza economica (Comecon). Esso ha come scopo «lo scambio delle esperienze nel campo economico, la prestazione di mutua assistenza tecnica, la prestazione di reciproca assistenza per quanto concerne le materie prime, le derrate alimentari, il macchinario e equipaggiamenti (ecc.)». Questa organizzazione «è aperta» e ad essa potranno associarsi altri Paesi europei. Queste relazioni interstatuali più intense, in particolare negli scambi commerciali, fra «l'URSS e i Paesi di democrazia popolare» vogliono accelerare lo sviluppo delle economie nazionali. La conferenza ha preso atto che gli USA, la Gran Bretagna e alcuni Paesi dell'Europa occidentale hanno boicottato le relazioni commerciali con le democrazie popolari poiché queste ultime non «hanno ritenuto possibile sottomettersi al *diktat* del piano Marshall, che viola la sovranità dei Paesi e gli interessi delle loro economie nazionali».

In questi anni si consolida l'abitudine di convocare periodiche riunioni dei rappresentanti dei partiti, dei governi e dei ministri degli Esteri dei Paesi dell'Est e dell'URSS. In genere, questi incontri servono per concordare linee d'azione comuni per una gestione parallela dei rispettivi Stati o per decidere azioni convergenti in politica estera o per reagire ad iniziative delle potenze occidentali. Queste periodiche "conferenze" non soltanto accentuano il ruolo primario e direttivo di Mosca, ma contribuiscono anche a creare nei partecipanti una forte coscienza di gruppo ed offrono all'estero l'immagine di un "blocco". È facile constatare il simmetrico sviluppo dei rapporti economici e politici fra i Paesi del "blocco occidentale" e quelli aderenti a quello "orientale". Si ricava l'impressione che, giorno dopo giorno, si formino "due mondi" molto diversi fra loro, intenzionati ad organizzarsi autonomamente sia per risolvere i propri problemi sia per dimostrare la superiorità del sistema che li anima rispetto a quello antagonista. Questa tendenza è destinata a rafforzarsi ancor più negli anni successivi.

4. *La* Dichiarazione universale dei diritti dell'uomo *(1948)*

Nonostante le difficoltà dell'avvio dei lavori dell'Organizzazione delle Nazioni Unite per le continue tensioni Est-Ovest, viene approvata dall'Assemblea Generale (1948) la *Dichiarazione universale dei diritti dell'uomo*. Si tratta di un risultato importante, se si tiene conto dei contenuti del documento e del clima politico nel quale avviene la sua approvazione. Già nello statuto delle Nazioni Unite vi sono precisi riferimenti (art. 1) al «rispetto dei diritti umani e delle libertà fondamentali», ma questa avvertita necessità è rafforzata dal convincimento che sia opportuno evidenziare, con atto specifico, l'importanza del problema e operare affinché la tutela di alcuni diritti fondamentali sia sottratta alle giurisdizioni statali per diventare di competenza della stessa Organizzazione delle Nazioni Unite. Anche se l'impianto politico-giuridico sembra fragile, una comune dichiarazione in questo senso appare subito importante ai fini dell'affermazione dei diritti umani. Non bisogna dimenticare che il moderno costituzionalismo ha iniziato il suo cammino dall'approvazione delle Carte dei diritti (*Bill of Rights*, del 1689, in Gran Bretagna, le Carte degli Stati nord-americani, la *Dichiarazione dei diritti dell'uomo e del cittadino* francese del 1789, ecc.).

I lavori preparatori non sono né brevi né facili. Alla stesura di un testo lavora già nel 1946 un apposito Comitato, cui succede una Commissione. Nell'estate del 1948 è presentato un testo definitivo approvato a maggioranza e nel dicembre l'Assemblea Generale dell'ONU approva la *Dichiarazione universale* con 41 voti favorevoli e 8 astensioni (Jugoslavia, Arabia Saudita, Sudafrica e i Paesi dell'Est europeo). La *Dichiarazione*, articolata in 30 articoli, riafferma i diritti individuali già definiti nelle costituzioni dei secoli precedenti e proclama quelli sociali ed economici di più recente definizione, che devono a loro volta essere garantiti dalle autorità statali.

Nella premessa l'Assemblea Generale precisa che il contenuto della *Dichiarazione* costituisce «un ideale comune che deve essere raggiunto da tutti i popoli e da tutte le Nazioni». Le indicazioni contenute nel documento sono molto precise e circostanziate: l'art. 1 precisa che «tutti gli esseri umani nascono liberi ed uguali in dignità e diritti», l'art. 2 che le previste libertà devono essere godute «senza distinzione alcuna, per ragioni di razza, di colore, di sesso, di lingua, di religione, di opinione politica, di origine nazionale o sociale, di ricchezza, di nascita», l'art. 4 proclama che nessuno «potrà essere tenuto in stato di schiavitù o di servitù», l'art. 5 che «non potrà essere sottoposto a tortura o a trattamento o punizioni crudeli, inumane o degradanti». Altri articoli tutelano il diritto alla propria personalità giuridica, all'uguaglianza di fronte alla legge, alla libertà di movimento e di residenza, di cercare asilo in caso di persecuzioni, alla cittadinanza (nessuno può esserne privato), al matrimonio per uomini e donne senza limitazioni per motivi razziali, religiosi, ecc., ad avere proprietà personali o in comune con altri, alla libertà di pensiero, di coscienza e di religione, di opinione e di espressione, di partecipare al governo del proprio Paese, alla sicurezza sociale, al lavoro, a una remunerazione equa per sé e la propria famiglia, a fondare e ad aderire a liberi sindacati, al riposo e allo svago, a condizioni di vita dignitose sul piano della salute e del benessere, all'istruzione, parzialmente gratuita e obbligatoria a livello elementare. Devono essere tutelate altresì la maternità e l'infanzia: la stessa protezione sociale deve essere garantita per tutti i bambini «nati nel matrimonio o fuori di esso».

La dichiarazione rappresenta un risultato importante per l'ONU, anche se la sua nascita è accompagnata dall'ombra di un consistente numero di astensioni. Le motivazioni di queste riserve non sono riconducibili alle stesse ragioni. Le capitali dell'Est europeo temono che la *Dichiarazione* possa diventare uno strumento d'ingerenza nei propri affari interni nel momento in cui sono impegnate nella trasformazione delle rispettive società in senso socialista. Altri Stati lamentano la mancata tutela dei popoli coloniali, la necessità di rivedere i rapporti commerciali internazionali e la libertà di stabilimento delle diverse etnie nei propri territori. Al tempo stesso, viene denunciato l'eccessivo riferimento a "norme e a valori" propri del mondo politico occidentale (e dunque colonialista).

Negli anni successivi, sulla base di questo documento, vengono sottoscritti diversi trattati con finalità specifiche: soppressione del traffico di esseri umani e della prostituzione (1950), condanna, prevenzione e punizione del genocidio (1951), rigetto della schiavitù (1953), tutela dei rifugiati (1954), diritti politici delle donne (1957). Non va, inoltre, sottovalutato un altro aspetto di rilievo: la *Dichiarazione universale dei diritti dell'uomo* presuppone l'accettazione dell'unicità della razza umana e dell'eguaglianza degli esseri umani ed il conseguente diritto alla tutela di prerogative comuni. Questo risultato non sarebbe stato possibile con gli Stati che professavano dottrine ispirate al "razzismo biologico", perché essi rifiutavano proprio l'elemento unitario della razza umana. Da questo punto di vista, la *Dichiarazione* rappresenta una prova ulteriore della sostanziale affinità dei sistemi politico-ideologici cofondatori delle Nazioni Unite e della possibilità della loro coesistenza e di una possibile successiva distensione nei loro rapporti. Non è irrilevante la convergenza sui diritti umani, sulla loro iniziale definizione, sulle proclamate intenzione di rispettarli. Anche se essi sono, al momento della sottoscrizione di questo documento, applicati in modo molto diverso all'interno degli Stati firmatari (e anche dei "due sistemi"), ha molta importanza la comune definizione e l'impegno per il futuro a lavorare per il loro pieno riconoscimento.

Per quanto paradossale possa sembrare, è più rilevante l'adesione dei governi che non li applicano, o che li applicano solo parzialmente, rispetto a quella delle nazioni che li rispettano in gran parte. Queste ultime, infatti, percorrono già la strada auspicata e devono completarne il percorso. Gli altri, al contrario, ancora lontani da quegli obiettivi, si impegnano a perseguirli perché ne accettano i contenuti. Sarà dunque possibile seguire successivamente il loro cammino, pungolarli in caso di ritardo, ammonirli di fronte a inadempienze o a palesi violazioni. Ciò non sarebbe possibile se essi non avessero accettato quella *Dichiarazione* e si fossero sottratti ad una concezione unitaria della razza umana o ad una definizione dei più importanti diritti dell'uomo, che gli derivano in modo diretto dall'essere tale e non dalla benevolenza di specifiche legislazioni o governi. Se gli anni della "pace difficile" registrano contrapposizioni, contrasti e polemiche, ci sono da evidenziare anche passi in avanti nelle relazioni comuni, non soltanto sul mantenimento in vita e sul funzionamento dell'ONU, ma anche su materie specifiche e significative per la tutela dell'uomo. Questi embrionali germogli non solo sopravviveranno a molte prove successive, ma saranno destinati a sviluppi sempre più incisivi nei rapporti fra i governi, i popoli e i singoli individui. In questa lettura del periodo storico in esame appare ancora più inadeguato il termine "guerra fredda" per caratterizzare l'insieme dei rapporti fra le grandi potenze e i rispettivi sistemi. Il suo utilizzo mette in ombra tutti gli aspetti positivi delle relazioni esistenti (ONU, rifiuto dell'uso della forza, volontà di coesistenza, aspirazioni alla distensione, tutela dei diritti degli esseri umani, ecc.) e fa risaltare quelli più negativi, che in ogni modo non prevarranno e non rappresentano le reali intenzioni dei gruppi dirigenti (propositi aggressivi, minacce di guerra, corsa agli armamenti, polemiche ideologiche). L'esistenza innegabile di questi ultimi elementi non può nascondere il fatto che nessuno dei principali antagonisti ha lanciato piani aggressivi globali. Nessuno ha pensato di ricorrere a minacce estreme dell'uso della forza (sia convenzionale che nucleare), oppure ha pensato di poter prevalere sull'altro sistema con mezzi violenti e militari. Ambedue hanno coltivato la speranza di poter assistere al tramonto dell'altro competitore globale grazie alla validità del proprio modello e dei suoi risultati. Per queste ragioni, il termine "guerra fredda" pare inadeguato sia sul piano letterale che su quello dei contenuti, mentre l'espressione "pace difficile" coglie gli aspetti più autentici della volontà delle grandi potenze di portare a compimento il coraggioso e futuristico progetto di Yalta di garantire la pace nel mondo.

Anche i termini coesistenza, distensione, cooperazione devono essere collocati in contesti storici specifici e spiegati con precisione, perché possono riferirsi a realtà diverse. La coesistenza esprime l'accettazione dell'altro, del diverso, dell'alternativo: essa può essere vissuta in molti modi; può essere esclusiva, armata, pacifica, ecc. Allo stesso modo, la distensione può significare la normalizzazione dei rapporti diplomatici, l'impegno a risolvere insieme problemi comuni, l'avvio di cooperazioni specifiche. Ambedue, coesistenza e distensione, possono manifestarsi soltanto in un contesto d'accettazione di un sistema diverso dal proprio, non soltanto nel riconoscere che esso esiste. Sono impliciti nel concetto di coesistenza ("vivere insieme") il rifiuto della sopraffazione e dell'aggressione e la coscienza della diversità.

A Yalta e con la nascita dell'ONU sono proclamate queste certezze ed è attivato un sistema nuovo di garanzie e di collaborazioni per evitare nuove minacce alla pace mondiale. La coesistenza e la distensione non seguono la cosiddetta "guerra fredda", ma la precedono, perché costituiscono l'elemento più significativo degli accordi di Yalta e di Berlino. Quelle originarie indicazioni guidano l'opera successiva delle grandi potenze per tradurre nella vita quotidiana le speranze di pace. A quel progetto non verrà meno nessuno dei sottoscrittori: le tensioni e i conflitti locali non sono originati dall'istigazione o dai suggerimenti di Mosca, Washington o Londra. Al contrario, essi avvengono quasi sempre senza il loro preventivo assenso. Le successive collaborazioni risultano determinate dalla necessità di mantenere il controllo dei propri “fronti interni” politici e ideologici, di confermare i rapporti di amicizia esterni con gli Stati o con i partiti che aderiscono allo stesso schieramento internazionale. Questi momenti di turbativa (anche militare) sono sopportati più che graditi, nella misura in cui possono determinare la rottura dell'“alleanza di pace”. Il difficile riequilibrio postbellico europeo e asiatico è la testimonianza più evidente di queste intenzioni. Né le tensioni centro-europee né quelle cinesi, coreane e indocinesi (e più tardi quella cubana) portano ad uno scontro militare fra i grandi. Al contrario, essi cercano soluzioni pacifiche, accordi, compromessi, armistizi, per soddisfare e per frenare i rispettivi alleati minori, ma si guardano bene dal farsi travolgere in uno scontro più generale, cioè di sistema. L'origine dei conflitti armati di questi anni (Corea, Medio Oriente, Indocina, ecc.) non è nella volontà della grandi potenze di affermare un progetto espansivo, ma sta nelle logiche di natura statale e nazionale locale o nei timori per il futuro dei propri collegamenti marittimi.

Lo sviluppo degli armamenti nucleari svolge un ruolo importante in questo processo. La diffusione delle armi atomiche e la costituzione degli arsenali missilistici non sono la prova di volontà aggressive, ma della necessità di garantire la propria difesa di fronte ad ogni imprevisto. Per quanto paradossale possa sembrare, il rischio di guerra è in teoria più elevato prima della disponibilità di questi ordigni di quanto non sia negli anni successivi. Il rafforzamento di questi strumenti distruttivi di massa induce a una crescente prudenza alla luce delle ipotizzabili conseguenze di un conflitto combattuto con armamenti termonucleari. Il rischio che si potesse passare dalla “guerra fredda” globale a quella “calda” è sempre stato molto relativo e nessuno dei competitori mondiali è stato lambito da questa tentazione; al contrario, tutti hanno operato perché alla “pace difficile” potesse succedere un periodo più vivibile, cioè di “pace autentica”.

VIII. GLI EQUILIBRI POSTBELLICI IN EUROPA

1. *I trattati di pace (Romania, Bulgaria, Ungheria, Finlandia, Italia) (1947)*

Una collaborazione sostanziale fra gli ex alleati si registra con la sottoscrizione dei trattati di pace con gli "Stati satelliti" della Germania. Non si deve confondere la definizione di questi accordi, per porre fine allo stato di belligeranza, con le loro sistemazioni politiche interne. Già a Potsdam il Consiglio dei ministri degli Esteri è stato incaricato di predisporre, con alcune indicazioni procedurali, i testi specifici dei trattati di pace per l'Italia, la Bulgaria, la Romania, l'Ungheria e la Finlandia, la cui sottoscrizione avviene a Parigi nel febbraio del 1947.

Senza esaminarne in questa sede i contenuti specifici, è opportuno mettere in luce gli aspetti politici più rilevanti. In generale, gli Stati sconfitti perdono i loro possedimenti coloniali, rinunciano a garanzie specifiche di tutela di propri cittadini all'estero (statuti privilegiati), accettano revisioni confinarie più o meno significative, si impegnano a sostenere i costi delle riparazioni di guerra, non possono costituire forze armate superiori alle strette necessità difensive, devono accettare la presenza, per periodi più o meno lunghi, di contingenti militari dei vincitori sul proprio territorio, non possono rifiutare la cessione in affitto di territori o di isole e alcune smilitarizzazioni.

La Romania, retta da un governo in cui i comunisti svolgono un ruolo preponderante, è occupata dalle forze armate sovietiche "liberatrici". L'URSS mantiene, inoltre, la sovranità sulla Bessarabia e sulla Bucovina settentrionale (ottenute nel 1940). Bucarest torna in possesso della Transilvania, deve accettare limitazioni per le sue forze armate, pagare riparazioni di guerra a Mosca e permettere all'Armata Rossa di rimanere sul suo territorio per garantire le linee di comunicazione sovietiche con la zona occupata dai russi in Austria.

La Bulgaria (sotto il controllo di un Fronte patriottico, a guida comunista) mantiene il controllo della Dobrugia meridionale, deve sottostare a riduzioni negli armamenti di terra, di mare e aerei, pagare riparazioni alla Grecia e alla Jugoslavia e rinunciare a future fortificazioni sulle sue frontiere con la Grecia.

L'Ungheria, a causa della sua precedente politica filotedesca, deve rinunciare a favore dei sovietici alla Rutenia Subcarpatica, alla Slovacchia meridionale, che torna a far parte della Cecoslovacchia, e accettare i confini del periodo prebellico con Vienna e Belgrado. Anche Budapest deve sottostare a limitazioni negli armamenti e far fronte a riparazioni per danni bellici a favore dell'URSS, della Jugoslavia e della Cecoslovacchia. Anche qui, l'Armata Rossa si riserva una presenza per garantire i collegamenti con i suoi reparti presenti in Austria.

La Finlandia, dopo le tortuose vicende della sua posizione durante il periodo bellico e la firma dell'armistizio con Mosca (autunno 1944), deve rinunciare a parte della Carelia, a diversi territori presso il lago Ladoga, deve cedere a Mosca la regione di Petsamo (questa cessione fa nascere una frontiera russo-norvegese e priva Helsinki dello sbocco sul Mare Artico), deve pagare onerose riparazioni e confermare smilitarizzazioni e riduzioni delle forze armate.

Anche l'Italia, dopo la cobelligeranza (1943-1945) e l'impegno delle forze della Resistenza, deve accettare un trattato di pace "punitivo". Nonostante l'impegno degli esponenti politici e dell'apparato diplomatico su molte questioni, le aspettative di Roma sono deluse. In realtà, le pressioni italiane per passare dalla cobelligeranza alla vera e propria alleanza non sono state recepite. Pur riconoscendo i passi compiuti dai governi italiani dopo l'8 settembre (1943), gli alleati non hanno accolto questa richiesta. Rimane ben vivo il ricordo della politica estera fascista; la presa d'atto del cambiamento non cancella il passato e non inaugura una stagione postbellica di collaborazione senza pregiudizi o riserve.

De Gasperi espone alla conferenza di Parigi (agosto 1946) le speranze italiane, senza nascondere le responsabilità del precedente regime. Dichiara di voler parlare come italiano «democratico e antifascista», rappresentante della nuova Repubblica e si augura che i "21" mettano «una pietra tombale sul passato». Deve purtroppo prendere atto che il testo predisposto «parla un altro linguaggio» e lamenta l'eccesso di limitazioni sul piano militare per cui risulta precaria la capacità difensiva italiana: così «le porte di casa sono spalancate sia ad Oriente che ad Occidente». Egli precisa che la caduta del fascismo è stata possibile (1943) per una «lunga cospirazione dei patrioti», per gli scioperi politici delle industrie del Nord, per l'azione clandestina dell'«opposizione parlamentare antifascista». Ora è messo in second'ordine anche il contributo della marina da guerra, delle centinaia di migliaia di militari per i servizi di retrovia e del Corpo italiano di Liberazione (divisioni combattenti e partigiani). Le disposizioni territoriali hanno un «carattere punitivo», troppo legato alla «perdurante psicologia di guerra» e al diritto del «primo occupante». Ciò vale per le perdite territoriali sul confine orientale, per Trieste, l'Istria, la Venezia Giulia, per molte città minori, per Pola e per Fiume. Si augura che il progettato affidamento all'Italia «sotto forma di amministrazione fiduciaria» delle sue colonie sia confermato (anche se ciò dovesse comportare un regime di controllo militare alleato) e chiede con forza che il trattato diventi uno strumento per la riammissione dell'Italia nel contesto internazionale e non comprometta la libertà e lo sviluppo democratico del popolo italiano.

Le richieste di De Gasperi alla conferenza di pace (detta dei 21) non avranno significative accoglienze nel testo definitivo firmato a Parigi (febbraio 1947). Il preambolo evidenzia le valutazioni politiche dei "vincitori": *a*) l'Italia, sotto il regime fascista alleata della Germania e del Giappone, ha scatenato «una guerra d'aggressione» e pertanto «ha la sua parte di responsabilità»; *b*) in seguito alla vittoria delle forze alleate con l'aiuto degli elementi democratici del popolo italiano, il regime fascista è caduto e l'Italia, «dopo aver capitolato senza condizioni, ha firmato le condizioni armistiziali del 3 e del 28 settembre»; *c*) in seguito le forze armate italiane («sia quelle governative che quelle della Resistenza») hanno preso parte alla guerra contro la Germania e in tal modo l'Italia è «diventata cobelligerante nella guerra contro la Germania». Alla luce di questi precedenti, le potenze alleate (ed associate) vogliono concludere un trattato di pace che costituisca «la base di rapporti amichevoli fra esse». A questo scopo appoggeranno le domande italiane d'ingresso all'ONU e di adesione alle convenzioni concluse «sotto i suoi auspici».

Per quanto riguarda l'estensione territoriale, l'Italia subisce rettifiche confinarie a favore della Francia al Piccolo San Bernardo, al Moncenisio, nell'area di Briançon, a Briga e a Tenda e perde alcuni paesi nei dintorni di Mercantour. Sono, al contrario, respinte le richieste di Vienna a proposito dell'Alto Adige (Sud Tirolo), che era stato assegnato all'Italia dopo la prima guerra mondiale. Più rilevanti risultano le perdite sul confine orientale, dove rimangono nelle mani di Belgrado le aree ad oriente di Trieste (Istria, Fiume, Pola, diverse isole). L'Italia deve cedere alla Grecia in piena sovranità le isole del Dodecanneso (Rodi, Stampalia, Calki, ecc.) che «saranno e rimarranno smilitarizzate». Deve rinunziare «a tutti i diritti e titoli sui suoi possedimenti territoriali in Africa, cioè Libia, Eritrea e Somalia italiana. I detti possedimenti rimarranno nell'attuale loro situazione sino a quando sarà regolata la loro sorte definitiva».

Per quanto riguarda l'Etiopia si precisa che «l'Italia riconosce e s'impegna a rispettare la sovranità e l'indipendenza dello Stato etiope. [...] rinuncia formalmente a tutti i beni [...] e a tutti i diritti, interessi e benefici di qualsiasi specie acquisiti in qualsiasi tempo dallo Stato italiano in Etiopia, [...] rinuncia a rivendicare qualsiasi interesse speciale o qualsiasi influenza particolare in Etiopia». In modo analogo, Roma riconosce e s'impegna a rispettare la sovranità e l'indipendenza dello Stato albanese (e rinuncia all'isola di Sasseno). I cittadini italiani residenti in Albania «avranno lo stesso status giuridico dei cittadini degli altri Paesi stranieri». Roma rinunzia inoltre, «a favore della Cina, a tutti i privilegi e benefici risultanti dalle disposizioni del Protocollo di Pechino del 7 settembre 1901 [...], rinunzia ugualmente a qualsiasi richiesta d'indennità [...], accetta l'abrogazione degli accordi conclusi col governo cinese con i quali venne accordata la cessione di Tien-Tsin [...], rinunzia in favore della Cina a tutti i diritti che le furono accordati in relazione alle concessioni internazionali di Shanghai e di Amoy».

Per quanto riguarda le riparazioni, nonostante le onerose disposizioni del trattato, esse risulteranno meno pesanti del previsto per la successiva benevola mediazione da parte anglo-americana. Sono previste anche clausole specifiche per la limitazione degli armamenti (anch'esse subiranno successive revisioni legate all'adesione italiana al Patto Atlantico negli anni successivi). Precedenti accordi italo-francesi (1945) hanno posto fine agli statuti privilegiati in atto dalla fine dell'Ottocento a favore dei cittadini italiani residenti in Tunisia. L'Italia dovrà prendere anche i provvedimenti necessari per garantire a tutte le persone sotto la sua giurisdizione «senza distinzione di sesso, di razza, di lingua o di religione, il godimento dei diritti dell'uomo e delle libertà fondamentali», non perseguirà né disturberà i cittadini italiani, civili e militari, che dopo il giugno 1940 hanno manifestato simpatie per le potenze alleate, non dovrà tollerare sul «suo Territorio la ricostituzione di organizzazioni fasciste, aventi un carattere politico, militare o paramilitare ed il cui scopo sia quello di privare il popolo dei suoi diritti democratici». S'impegna, inoltre, a prendere le misure necessarie «per assicurare l'arresto e la consegna» delle persone accusate «d'aver commesso» o ordinato crimini di guerra e dei crimini contro la pace o l'umanità, oppure di esserne state complici; al tempo stesso, dovrà collaborare per la cattura di cittadini delle potenze alleate (o associate) accusati di aver compiuto atti di tradimento o di collaborazionismo «col nemico durante la guerra».

Le condizioni imposte all'Italia risultano nel complesso onerose. Gli alleati non dimenticano di avere di fronte gli eredi del più convinto alleato della Germania e cioè i rappresentanti di uno Stato che ha avuto responsabilità precise nel Patto antiKomintern, nel Patto d'Acciaio e nel Tripartito. Da questo punto di vista, Roma è considerata nel campo degli sconfitti e, nonostante le esplicite richieste di De Gasperi, deve subire mutilazioni territoriali, perdite coloniali e altre pesanti condizioni. Ci sono tuttavia ammissioni significative per il ruolo esercitato dopo l'armistizio sul piano politico e militare e chiare aperture per future collaborazioni, in condizioni di parità, sia nel contesto dei rapporti internazionali sia per l'adesione all'ONU. Sotto questo profilo, l'evidente punizione per la politica del passato è compensata dalle prospettive aperte per le relazioni future.

In sostanza, la definizione del trattato di pace italiano (come per gli altri Paesi ex nemici) è fra "vincitori e vinti", poiché non ci sono condizioni di sostanziale parità: la cobelligeranza non ha permesso questa svolta nei rapporti con gli alleati (gli associati) che sarebbe stata possibile con l'auspicata, ma non concessa, "co-alleanza". Il governo italiano non partecipa alle trattative, può soltanto, al pari degli altri Paesi interessati, inviare note scritte con osservazioni sui singoli articoli delle proposte formulate. L'amarezza e lo sconcerto di Roma per questo trattamento sono ben evidenziati da alcune decisioni adottate in occasione della firma e della ratifica: la sottoscrizione del testo è affidata ad un rappresentante diplomatico senza la presenza di esponenti governativi.

In una nota di protesta (11 febbraio 1947) il governo di Roma, dopo la denuncia della mancata partecipazione alle trattative preparatorie, osserva che «il trattato peggiora, nelle sue clausole territoriali, economiche, militari e coloniali, quell'atmosfera di soffocazione demografica che pesava tragicamente sul popolo italiano» e che fu «in parte all'origine di tanti mali per noi e per gli altri». C'è molto risentimento per il trattamento riservato alle colonie africane e per il futuro, carico di incertezze, degli italiani residenti in quelle aree. La stessa Assemblea Costituzionale invia un messaggio di protesta alle quattro potenze (USA, URSS, Gran Bretagna e Francia). Si tratta di note disgiunte (1° marzo 1947), ma quasi analoghe nel contenuto. Si precisa che questa è «una pace che ferisce e rattrista la coscienza popolare italiana» e si auspicano future «revisioni per mutilazioni territoriali amarissime al sentimento nazionale, umiliazioni ingenerose al suo esercito, alla sua aviazione, alla sua marina, prodigatisi accanto ai combattenti alleati, oneri finanziari ed economici tali da impedire la sua rinascita ed il suo progresso sociale». Nonostante queste proteste, il governo italiano accetta il trattato di pace per chiudere ufficialmente il periodo bellico, anche se deve pagare «onerosi prezzi» per «responsabilità precedenti del periodo fascista» non attribuibili alla nuova dirigenza democratica. Il ministro degli Esteri Carlo Sforza, durante la discussione per la ratifica del testo sottoscritto (giugno 1947), precisa che l'accettazione delle clausole del trattato non esclude «il diritto di chiedere che le ingiustizie siano riconosciute e le storture rettificate». Conclude il suo intervento con un invito a ratificare il trattato, perché, al di là di ogni riserva, ciò permette di rientrare «nella strada maestra della pacifica convivenza tra i popoli».

Nel complesso i trattati di pace dei Paesi vinti sono firmati senza particolari difficoltà. Certo insorgono problemi fra i "21" di Parigi e fra questi ultimi e i singoli ex nemici, ma non si tratta di questioni di particolare rilievo. Prevale, nonostante le difficili relazioni Est-Ovest, la volontà di chiudere le vicende passate e di dare stabilità ai rapporti interstatali europei. Gli stessi cambiamenti confinari definiti in questa sede non risultano significativi né provocano reazioni di particolare asperità (a parte le perdite italiane sul confine orientale). È bene ricordare che i più evidenti cambiamenti territoriali hanno interessato i confini polacco-russi e tedesco-polacchi, dove sono state operate ai danni della Germania "accentuate mutilazioni". In ogni modo, la disputa Est-Ovest non investe direttamente i trattati di pace con i diversi Stati, ma la sistemazione politica data nel dopoguerra al loro interno.

Truman (maggio 1947) sollecita una rapida ratifica dei trattati di pace «con l'Italia e con i tre Stati satelliti», perché essi «rappresentano il risultato di mesi di sforzi congiunti dei principali esponenti di entrambi i partiti del nostro governo e di altri governi per attuare una pace comune in questa importante zona del mondo. [...] I trattati elaborati con l'approvazione di una così grande proporzione di tutte le nazioni riunite alla conferenza della pace a Parigi rappresentano il giudizio meditato della comunità internazionale».

Il punto di vista sovietico sui trattati di pace con gli ex alleati della Germania è espresso da un editoriale anonimo ma autorevole della «Pravda» (agosto 1947), nel quale si manifestano soddisfazioni e riserve e viene riaffermata la volontà di pace del popolo russo. I cinque trattati corrispondono in linea di massima alle richieste sovietiche perché non lasciano impunite le responsabilità aggressive, ma «sono privi di ogni traccia di vendetta verso i vinti». Questi Stati hanno ora la possibilità di entrare a far parte dell'ONU e di poter così operare «nell'interesse della pace internazionale e di una feconda collaborazione con altri Paesi». Alcuni di essi, come l'Ungheria, la Romania e la Bulgaria hanno già preso questa strada con determinazione, altri sono ancora alla ricerca di orientamenti precisi; fra questi l'Italia, che pare incapace «di stroncare i residui del fascismo». Grazie allo spirito interalleato che ha dominato i lavori delle conferenze di Yalta e di Potsdam, è stato possibile superare le difficoltà e dare soluzioni ragionevoli a tutti i problemi sul tappeto. Purtroppo un'analoga soluzione non è stata ancora raggiunta per la Germania, per il Giappone e per l'Austria, per l'ostruzionismo anglo-americano che persegue «nefasti tentativi dittatoriali che la vita stessa ha già condannato».

Nonostante questo, conclude la «Pravda», il popolo sovietico vuole una pace sicura e una sicurezza adeguata per sé e per tutti i popoli, sia che appartengano a grandi o a piccoli Paesi: «Conduciamo questa lotta, per quanto essa sia sgradita ad alcuni, in nome della pace democratica, al fine di garantire la sicurezza delle nazioni non a parole, ma a fatti». La pacificazione con gli ex alleati di Berlino è influenzata dalle tensioni in atto e i giudizi definitivi di Mosca sulle sistemazioni realizzate risentono delle collocazioni operate da questi Paesi nel contesto specifico dei "due campi". È evidente, a questo proposito, che le valutazioni espresse sulla situazione italiana non prescindono dal prevedibile orientamento dell'elettorato e dalle scelte del governo di Roma, che sembra avvicinarsi al mondo occidentale. Successive consultazioni elettorali italiane confermeranno questi indirizzi e daranno ai successivi governi italiani il potere di inaugurare una politica di collaborazione con le democrazie occidentali.

2. *La questione tedesca*

a) *L'occupazione* - Rimane, per quanto riguarda l'Europa, in tutto il suo rilievo e la sua gravità, il problema tedesco. Esso ha trovato, nei mesi precedenti, soltanto soluzioni parziali e temporanee. C'è, dopo complesse trattative interalleate, un accordo sostanziale per l'occupazione della Germania (quattro zone) e per Berlino, che è al centro dell'area sotto controllo sovietico. C'è stata anche intesa sulle amputazioni territoriali della Germania orientale già definite negli incontri di Yalta e Potsdam. Rispetto alle frontiere storiche (senza considerare l'Austria), la Germania è stata privata di circa il 25% del suo territorio nazionale, ma ci sono ulteriori richieste danesi, francesi, polacche, belghe e progetti per internazionalizzare la Ruhr. Nessun accordo è raggiunto sulla ricostituzione dello Stato tedesco, mentre sul piano economico si assiste a una progressiva integrazione dei territori sotto controllo anglo-franco-americano, senza l'inserimento di quelli sovietici. La mancata soluzione di questa questione fondamentale riflette senza dubbio l'importanza che il territorio tedesco ha per gli interlocutori. Questo aspetto si fa via via più rilevante con il peggioramento delle relazioni Est-Ovest. Appare evidente che l'applicazione dello schema della *Dichiarazione per l'Europa liberata* farebbe allineare la ricostituita Germania nel campo occidentale. Ciò comporterebbe per Mosca un fattore potenziale di pericolo e una ritirata significativa delle sue forze armate verso Est. In sostanza, questa eventualità sarebbe una rinuncia rispetto alla carta di guerra. Le frequenti dichiarazioni sovietiche a favore della riunificazione tedesca sono in genere accompagnate dalla richiesta di "smilitarizzazione", di "politica pacifica", di "democrazia popolare" per il rinato Stato germanico. A proposito della Germania, Stalin (settembre 1946) precisa che non è intenzione dell'URSS di utilizzare la forza tedesca contro l'Europa occidentale: Mosca «mira unicamente a smilitarizzare e democratizzare la Germania, il che costituisce una delle principali garanzie per una pace solida e duratura».

Mentre proseguono le discussioni fra gli esponenti delle forze di occupazione, il quadro economico-sociale della popolazione tedesca resta drammatico. Il Paese è stato occupato da diversi eserciti, dopo duri combattimenti le sue città sono state quasi completamente rase al suolo da terrificanti bombardamenti, milioni di prigionieri attendono di poter tornare alle proprie case e alle proprie attività, la produzione agricola è fortemente ridotta, i servizi essenziali quasi inesistenti (comunicazioni, sanità, erogazione di acqua, luce e gas). Nel gergo alleato i tedeschi sono definiti «il popolo delle cantine», perché in gran parte sono rifugiati fra le macerie degli edifici distrutti. A questa situazione si devono aggiungere i problemi creati dall'esodo disordinato di fronte all'avanzata dell'Armata Rossa e dalle successive forzate espulsioni di milioni di persone dai territori assegnati alla Polonia e all'URSS. A questi "trasferiti" si devono sommare le minoranze germaniche cacciate da altri Stati come la Cecoslovacchia e l'Ungheria. Il popolo tedesco vive un vero e proprio "calvario".

Le popolazioni tedesche residenti nei territori al di là dell'Oder e della Neisse e nelle aree d'Europa orientale o sono fuggite in gran parte di fronte all'avanzata dell'Armata Rossa o sono state oggetto di provvedimenti di brutale espulsione subito dopo la conclusione delle attività belliche. Il fenomeno riveste un'importanza notevole: è bene precisare che esso coinvolge circa 18 milioni di persone (circa 2 milioni perdono la vita durante la fuga o i trasferimenti). Questa "onda umana" spinta verso Ovest crea problemi d'insediamento in Germania.

Questo gigantesco "esodo forzato" è determinato dal terrore di essere oggetto della violenza russa, da provvedimenti di espulsione conseguenti alle rettifiche confinarie e dalla reazione di gruppi nazionali ostili alla permanenza dei "tedeschi etnici" nei propri Stati. Non è difficile immaginare le difficoltà create da questa enorme immissione di persone per le potenze occupanti, per le stesse popolazioni tedesche insediate entro i nuovi confini germanici (già a loro volta provate dalla guerra e dai drammatici problemi alimentari, abitativi e sanitari del dopoguerra). A questo occorre aggiungere che i "fuggiaschi" e gli "espulsi" si affacciano nelle regioni rimaste tedesche privi di ogni bene: hanno dovuto abbandonare in fretta ogni cosa sotto la pressione dei combattimenti o di ordini tassativi di sgombero. In un caso o nell'altro incertezze o ritardi potevano (come spesso è accaduto) essere pagati con la vita. Gli accordi interalleati sui trasferimenti dei «tedeschi di Polonia, Cecoslovacchia ed Ungheria» prevedevano che questi avvenissero «in modo ordinato ed umano» (Potsdam, paragrafo XII) e che doveva esserci una «equa distribuzione dei tedeschi in questione fra le diverse aree di occupazione». Ciò non avviene né per quanto si riferisce alle modalità della evacuazione ed ancor meno per i successivi insediamenti. Lo sradicamento sarà "disumano e disordinato" e la successiva sistemazione "casuale e caotica" per milioni di singoli e di famiglie. Sarà un contributo "di sangue e di dolore" postbellico, pagato dal popolo tedesco alla politica aggressiva di Hitler e alle pretese dei vincitori.

Sia Varsavia che Mosca, nelle aree tedesche ora assegnate ai loro Stati, cacciano l'intera popolazione tedesca e la sostituiscono con propri cittadini trasferiti da altre zone. Con questa azione essi perseguono due obiettivi principali: evitano anzitutto la possibilità di future azioni ostili delle popolazioni germaniche in questi territori ed offrono ai polacchi e ai russi trasferiti collocazioni definitive in aree urbane e agricole. Questi drastici provvedimenti d'espulsione rappresentano una forma estrema di snazionalizzazione della Germania orientale e la più consistente operazione di "trasferimento forzato di popolazioni" della storia europea.

Alle condizioni di questa disperata sopravvivenza si devono aggiungere le pesanti riparazioni di guerra secondo gli accordi sottoscritti a Yalta e a Potsdam (e sulla base dei lavori delle Commissioni costituite a questo scopo dai vincitori). Si tratta di prelievi di attrezzature industriali, di infrastrutture metalliche viarie e ferroviarie, di macchine, aeromobili, navi, locomotive, trattori, ecc., destinati, in gran parte, all'URSS. Spesso il trasloco dell'impiantistica è accompagnato dal trasferimento forzoso in Russia anche delle maestranze impiegate (si parla di "volontari") per insediare le fabbriche, per garantirne il funzionamento e per addestrare al loro utilizzo i lavoratori russi. Non si tratta di un fenomeno di scarso rilievo, perché interessa migliaia di unità produttive e la gran parte dei lavoratori specializzati occupati al loro funzionamento, in particolare nei settori più avanzati (ottica, meccanica di precisione, laboratori chimici, ecc.). Nel complesso risultano modesti i trasferimenti a favore degli "occidentali", perché la gran parte di queste strutture e dei loro addetti prende la strada di Mosca. Gli impegni relativi ai prelievi a favore dell'URSS dalle zone anglo-franco-americane sono rispettati, anche se essi non sono paragonabili a quelli attuati nella Germania orientale né per consistenza né per durata.

La gravità della situazione tedesca, a seguito delle distruzioni belliche, del selvaggio sistema dei trasferimenti di popolazione e dei prelievi per i pagamenti dei danni di guerra, risulta ben presto evidente agli occhi dei vertici alleati. Se Mosca ha un interesse immediato a recuperare al più presto tutto quello che può essere asportato dalla Germania, gli anglo-americani dimostrano preoccupazione per il futuro del popolo tedesco e per la stessa stabilità sociale dell'intera regione. Washington e Londra seguono con attenzione gli sviluppi di questo fenomeno e ne denunciano le possibili conseguenze per il processo di pace europeo e tedesco. Sorprende che le maggiori preoccupazioni in questo senso vengano proprio da esponenti che non hanno esitato, nella parte finale del conflitto, ad intensificare le incursioni aeree, in particolare con il ricorso ai bombardamenti "a tappeto" sulle città tedesche.

Churchill (discorso ai Comuni del 6 giugno 1946) critica gli esagerati trasferimenti di fabbriche tedesche in URSS, senza che essi «vengano compensati con adeguate forniture di viveri per i tedeschi la cui vita in parte dipende da tali rifornimenti». Non si possono tenere milioni di persone «sospese in una condizione meno che umana tra terra e inferno finché esse o muoiono, o accettino il comunismo o si riducano allo stato di schiavi»; «dobbiamo sorreggere il popolo tedesco e dopo aver punito i colpevoli dobbiamo abbandonare ogni vendetta». Come si può notare, la sofferenza tedesca è messa in collegamento con l'avidità russa e con la pretesa di sottomissione al sistema comunista. Questa posizione dell'esponente inglese risente della sua polemica interna con il governo laburista (accusato di "debolezza verso Mosca") e di quella precedente con Stalin per la creazione della "cortina di ferro" e per il rifiuto di adempiere agli impegni sottoscritti sull'"Europa liberata".

Il segretario di Stato americano J. F. Byrnes (settembre 1946) ricorda che la smilitarizzazione tedesca e il pagamento delle riparazioni costituiscono due pilastri della politica di Washington. Nessuno può dimenticare le responsabilità del militarismo germanico e del nazismo, però, si ribadisce che le riduzioni previste a Potsdam del potenziale industriale tedesco devono essere tali «da mantenere in Germania un tenore medio di vita europeo, senza aiuti da parte di altri Paesi». Ora, il mancato funzionamento degli organi alleati di controllo e un continuo prelevamento di risorse senza il rispetto di quei criteri mettono a rischio l'intero sistema. Il popolo tedesco deve in ogni modo «condividere le sofferenze che l'aggressione nazista ha imposto a tutti gli abitanti dell'Europa», ma è bene precisare che «il governo americano non è disposto ad accettare la responsabilità di un inutile aggravamento della rovina economica».

Nel novembre del 1946 Churchill ritorna sul dramma tedesco e sulla necessità di porre fine al più presto alla grave situazione in cui versa la Germania: «Bisogna finirla con la politica di vendetta e di punizione. Mi si dice che la Germania deve venire punita. Ma io domando: "quando è cominciata la punizione?" Sembra certamente aver avuto inizio da molto tempo. Cominciò precisamente nel 1943 e continuò durante il 1944 e il 1945, quando i bombardamenti aerei più terribili si abbatterono sulle città tedesche e quando l'esaurimento generale della vita tedesca sotto il crudele regime nazista aveva spremuto le ultime forze della nazione e della razza tedesca. I processi di Norimberga sono finiti e i capi nazisti colpevoli sono stati impiccati dai vincitori. Ci si dice che ce ne sono ancora delle migliaia da processare e che costoro sono ritenuti potenzialmente colpevoli per aver appoggiato il regime nazista. Ma dopo tutto, in un Paese che si trovava in una situazione come la Germania, l'uomo comune aveva ben poche possibilità di scelta. Ritengo che si debba tenere un qualche conto dell'uomo comune. Non tutti possono essere dei pastori Niemöller o dei martiri; quando l'uomo comune è sospinto da questa parte e da quella e quando la mano crudele del tiranno lo afferra ed egli deve subire dei vili sistemi di irreggimentazione, sostenuti dallo spionaggio e da altre forme di crudeltà, molti sono destinati a soccombere. Io ringrazio Iddio che in questa nostra patria noi non abbiamo dovuto subire una prova simile a quella imposta a molti popoli d'Europa. Spero che noi arriveremo presto alla fine delle esecuzioni, delle pene e delle punizioni e che, senza dimenticare le dure lezioni del passato, volgeremo risolutamente il nostro sguardo al futuro».

Nei mesi successivi l'opera di smantellamento di gran parte dell'impiantistica militare e civile tedesca prosegue da parte delle potenze occupanti sulla base degli accordi di Potsdam. I prelevamenti sovietici risultano di gran lunga i più consistenti sia nell'area da loro controllata sia per i trasferimenti dai settori occidentali. A questa prima fase di "sradicamento industriale" Mosca fa seguire una politica nuova negli anni successivi: una parte consistente della produzione della Germania orientale viene requisita e trasportata in URSS per completare le riparazioni di guerra. Da parte loro gli anglo-americani riducono, nei mesi successivi, i prelievi e già nel 1948 considerano conclusa l'opera di risarcimento. Rimangono, al contrario, aperte tutte le questioni attinenti alla ripresa dell'economia tedesca (sostegno all'agricoltura, *deficit* energetico, carenza di derrate alimentari, caos monetario, caduta del commercio con l'estero, pessimo raccolto, mercato nero, necessità abitative, ecc.).

Il ministro degli Esteri inglese Ernest Bevin, nell'ottobre 1947, commenta con compiacimento la «bonifica politica» compiuta nel periodo precedente: «Si è adempiuto fino in fondo al compito di epurare quattro milioni di nazisti, e abbiamo deciso di condurre a termine l'operazione entro la fine dell'anno. [...] La politica delle riparazioni è parte integrale del piano economico della Germania. [...] Coloro che per ben due volte hanno subito l'impeto di queste forze devastatrici in un quarto di secolo, hanno diritto di essere ascoltati. [...] I tedeschi sapevano di dover pagare questo prezzo. [...] I tedeschi hanno diritto di sapere se, con questo, sarà finita. Per quello che riguarda noi [...] possiamo rispondere che è finita». Gli occidentali sono consapevoli che esiste una contraddizione fra la politica di deindustrializzazione tedesca e le speranze di una rapida ripresa economica europea. Il "motore tedesco" è essenziale per la ricostruzione di tutta l'area occidentale del continente e non deve essere spento per accogliere le richieste, senza fine, di tutti gli aspiranti alle riparazioni. Di fatto, nel 1948, si concretizza un'intesa anglo-franco-americana per regolare in modo definitivo il problema. Le potenze occupanti hanno dovuto fronteggiare crescenti manifestazioni di ostilità da parte della popolazione tedesca e dei rappresentanti politici locali che difendono «il proprio pane ed il proprio lavoro». In realtà, nel 1948-49 la rimozione degli impianti tedeschi subisce una progressiva riduzione: essa resta limitata ad alcuni «insediamenti storici a vocazione militare», mentre prevale la decisione di aiutare la ripresa economica del Paese. Ciò è determinato dalla necessità di evitare fratture clamorose con la popolazione e anche di ridurre i costi dell'occupazione attraverso l'autosostentamento germanico. Sia Londra che Washington denunciano in più occasioni gli elevati costi della gestione delle zone occidentali della Germania occupata. Appare sempre più evidente l'impoverimento della Germania e la sua flessione produttiva produce più danni che benefici per tutti: tedeschi e occupanti. Mosca, da parte sua, ottiene da questi massicci trasferimenti un significativo risarcimento per le distruzioni materiali e per la perdita di milioni di cittadini a causa dell'"operazione Barbarossa".

Nonostante le frequenti e ripetute dichiarazioni anglo-sovietico-americane a favore della rinascita di uno Stato tedesco «autonomo e sovrano», la realtà postbellica registra il perdurare della divisione e dell'occupazione. Questa situazione si consolida con il passare dei mesi, e ciò è dovuto al peggioramento delle relazioni fra i vincitori e alla stabilizzazione del nuovo quadro politico nelle diverse aree occupate. Sia nell'Ovest della Germania che nell'Est è necessario provvedere alla ricostruzione delle strutture produttive e di comunicazione, alla definizione di un quadro sociopolitico per fronteggiare le esigenze primarie della popolazione tedesca. Il "provvisorio" diventa in tal modo "stabile" e finisce per esprimere nuove realtà e consolidare le situazioni in essere. Esiste una netta differenza fra la situazione postbellica degli ex alleati della Germania e quella di quest'ultima. Per i primi è possibile la sottoscrizione di trattati di pace sia perché essi non hanno una particolare rilevanza strategica, economica o geografica, sia perché la loro occupazione da parte delle forze armate "alleate" è omogenea: alcuni sono stati liberati dall'Armata Rossa, altri dagli anglo-americani. La Germania, al contrario, è ad occupazione mista, ha una collocazione strategica nel cuore dell'Europa e conserva un'enorme potenzialità economico-industriale.

La questione tedesca impegna i vincitori su diversi fronti: l'occupazione, le riparazioni, il futuro dello Stato tedesco. Appare subito la difficoltà di individuare soluzioni rapide e concordate. L'occupazione viene di fatto risolta sulla base della "carta di guerra" con l'eccezione dell'area attribuita alla Francia, che crea problemi logistici organizzativi con gli anglo-americani. Con la stessa logica è risolta anche la questione di Berlino: la città è divisa in quattro settori d'occupazione (URSS, USA, Gran Bretagna, Francia). Da parte francese si domanda il distacco della Renania dalla Germania, il controllo della Saar e una gestione internazionale delle risorse della Ruhr. Ben più complesso risulta il problema di un futuro Stato tedesco. Nessuno nega la necessità di una ricomposizione di un'entità unitaria, ma non c'è accordo né sui modi né sui tempi. Anzi, da parte di diversi Paesi ci sono timori che essa possa riprendere un politica "revanscista". Le conferenze dei quattro ministri degli Esteri a Parigi (aprile 1946), a New York (novembre 1946), a Mosca (marzo 1947) e a Londra (novembre 1947) non portano a soluzioni condivise, anzi si deve prendere atto dell'impossibilità di trovare soluzioni comuni sul futuro della Germania.

Non c'è un problema tedesco, come spesso si sostiene, che divide i vincitori. In verità, esiste una questione di sistema politico che non può essere risolta. Tutti concordano sull'unità statale, sulla smilitarizzazione e sulla "neutralizzazione", ma manca l'intesa sul sistema politico ed economico che dovrà reggere la Germania: né gli occidentali possono rinunciare a libere elezioni e ad un'economia di mercato, né i sovietici vogliono aprire la porta al "capitalismo" e tanto meno accantonare il marx-leninismo. Le posizioni sono inconciliabili per i possibili riflessi che un successivo allineamento tedesco avrebbe sugli equilibri di forza europei postbellici. La "disputa germanica" va collocata nel contesto del confronto in atto fra i blocchi, non è un problema specifico centro-europeo, che sarebbe stato di facile soluzione, e, oltre a ciò, essa è aggravata dalla pluralità delle forze militari occupanti. Non sarebbe stato difficile trovare una soluzione adeguata alle aspettative di tutti, come avvenne alla fine del primo conflitto mondiale, se non ci fossero state la barriera ideologica e l'impossibilità da parte dei contendenti a rinunciare alla "partita tedesca". La posta in gioco in questo teatro non è il futuro della Germania, ma le conseguenze che esso può determinare negli allineamenti contrapposti che si sono delineati.

La chiave di lettura della politica dei "quattro" va ricercata in questa direzione (a parte le preoccupazioni francesi) e non negli assetti germanici (confini, trattato di pace, smilitarizzazione, ecc.). Al fondo dei principi teorici proclamati e delle proposte politiche si annida la riserva decisiva per tutti: la scelta di sistema politico-sociale che dovrà reggere un futuro Stato tedesco. Senza questo accordo, esso non può nascere, perché la sua collocazione «da una parte o dall'altra» creerebbe dei «nuovi vincitori» e dei «nuovi vinti» negli equilibri centro-europei postbellici.

Da parte loro gli anglo-americani, preso atto della situazione, già nel gennaio 1947 procedono alla unificazione amministrativa delle loro zone di occupazione (Bizona), mentre Mosca protesta in modo energico. I rapporti fra i vincitori peggiorano nei mesi successivi di fronte alle decisioni dei tre occidentali di organizzare la vita economica, politica e sociale della parte della Germania sotto il loro controllo (conferenza di Londra del febbraio-giugno 1948). Il comunicato delle tre potenze occidentali (febbraio 1948) sottolinea «la necessità di assicurare la ricostruzione economica dell'Europa occidentale, Germania compresa, e di gettare le fondamenta per la partecipazione di una Germania democratica alla comunità dei popoli liberi». Poiché non è stato possibile coinvolgere la parte orientale «per raggiungere l'unità economica tedesca» e poiché «si è impedito alla zona orientale di svolgere il proprio compito nel programma di ricostruzione europea», le tre potenze hanno deciso di procedere «in stretta collaborazione fra loro» per costituire «una forma di governo federale [...] con un adeguato potere centrale [...] [e] anche per ristabilire in futuro l'unità della Germania attualmente spezzata». Parigi deve abbandonare alcune delle sue precedenti richieste, e nascono in questo contesto un'Autorità internazionale di controllo della Ruhr e un "Ufficio per la sicurezza" che deve verificare il disarmo tedesco. Sul piano economico viene creata una Banca di Stato (per le tre zone) e attivata una nuova moneta comune (*Deutsche Mark*). A seguito di queste decisioni termina la collaborazione a quattro (luglio 1948) e si apre un periodo di ulteriori contrasti con i sovietici.

Già nel febbraio 1948 Mosca ha informato le capitali occidentali che non riconoscerà alcun accordo sottoscritto soltanto da Washington, Londra e Parigi in quanto le precedenti intese (Yalta, resa tedesca, Potsdam) prevedono una gestione comune degli affari tedeschi: «In base a tali decisioni la responsabilità per l'amministrazione per la Germania e la politica tedesca spetta a tutte e quattro le potenze occupanti. [...] [esse] avevano assunto il comando supremo e si erano impegnate a fissare lo Statuto della Germania e di qualunque territorio che fa parte attualmente del territorio tedesco. [...] Il governo sovietico [...] non considererà valide le decisioni che saranno prese a questa conferenza». In una nota successiva (marzo 1948) il Cremlino condanna la decisione di rompere l'unità del mondo tedesco «avendo collocato la parte occidentale della Germania al di fuori del controllo quadripartito» e rimprovera le tre potenze, la cui politica, «ben lungi dall'istaurare una pace democratica e duratura in Europa, è gravida di conseguenze che possono andare a beneficio soltanto dei fomentatori di una nuova guerra».

La polemica successiva coinvolge da un lato la mancata denazificazione nelle aree occidentali e dall'altro la permanenza di ingenti forze armate russe. Quando il Cremlino annuncia (marzo 1948) la smobilitazione di tutte le classi anziane ad eccezione di quella del 1926-1927, gli anglo-americani contestano questa dichiarazione ed osservano che il numero complessivo degli effettivi rimane «molto superiore agli eserciti di qualsiasi altra potenza»: si tratterebbe di oltre 100 divisioni, alle quali devono essere aggiunte le 75 dei Paesi "satelliti". Questo enorme dispiegamento di forze non contribuisce a creare condizioni di fiducia e tanto meno a credere alla propaganda di Mosca, secondo la quale essa «non nutre alcuna mira espansionistica». Da parte comunista, si sottolinea l'impegno a liberare la Germania orientale da ogni traccia del «precedente nefasto regime nazista», mentre in Occidente le «concordate epurazioni» restano lettera morta. Sokolovsky, capo militare russo in Germania, comunica di aver privato «di tutti i privilegi e delle cariche politiche ed economiche» tutti gli ispiratori del fascismo e del militarismo tedesco (magnati, capitalisti, monopolisti, Junker, grossi proprietari, guerrafondai, eminenti personalità filonaziste, ecc.), di aver passato nelle mani del popolo «le fabbriche e gli stabilimenti, le miniere ed i giacimenti carboniferi, le banche e gli istituti di credito dei fascisti e dei criminali di guerra» e di aver dato, in proprietà privata, tutta la terra ai contadini.

Da parte anglo-americana si denuncia la mancata collaborazione delle autorità di controllo sovietiche, che hanno operato in modo unilaterale senza rispettare gli accordi per un'equa distribuzione dei beni esistenti e per ridurre le importazioni. I sovietici hanno continuato «l'asportazione di beni industriali», senza tener conto delle «legittime esigenze dell'economia tedesca in tempo di pace». Oltre a ciò, hanno violato i criteri politici concordati a Potsdam per la tutela delle prerogative democratiche. Sono stati eliminati i partiti anticomunisti, sono stati riaperti i campi di concentramento per gli individui ostili «a questa nuova forma di totalitarismo». La bolscevizzazione della Germania orientale ha impedito il funzionamento dei meccanismi a quattro (Consiglio dei ministri degli Esteri e Consiglio alleato quadripartito di controllo) e ha obbligato le altre tre potenze ad adottare le misure conseguenti di carattere politico ed economico. Washington e Londra respingono «integralmente le accuse» contenute nelle note sovietiche e attribuiscono a Mosca la responsabilità della mancata cogestione delle questioni tedesche.

Alla fine di marzo il maresciallo Sokolovsky abbandona, con la delegazione sovietica, il Consiglio di controllo per la Germania dopo aver pronunciato una dura requisitoria: «Le decisioni segrete di Londra hanno svuotato il Comitato di controllo e di fatto messo in atto un complotto contro la pace e la democratizzazione della Germania». Con questo comportamento hanno rotto «il meccanismo di controllo» quadripartito e si sono resi responsabili della violazione dei patti precedenti. Si conclude in tal modo, sul piano formale, la cogestione interalleata iniziata dopo la resa incondizionata del Terzo Reich del maggio 1945. Nelle settimane successive la polemica politica si inasprisce e rende sempre più difficili i rapporti fra gli occupanti. Dalle due parti vengono criticati i comportamenti adottati ed attribuite responsabilità per il deterioramento dei reciproci rapporti. Questa tensione crescente e la progressiva organizzazione delle due Germanie aprono le porte alla crisi di Berlino (1948-1949), che rappresenta uno dei momenti più critici nei rapporti Est-Ovest di quel periodo.

Agli inizi di giugno, quando ha termine la conferenza di Londra, si registra un nuovo violento scontro anglo-russo, che evidenzia il pericoloso deterioramento della situazione: da parte britannica si denuncia la violenza totalitaria dell'occupazione sovietica della Germania orientale, mentre i sovietici avanzano il dubbio che gli anglo-americani utilizzino civili e militari tedeschi compromessi con il nazismo, per rafforzare le loro posizioni nella parte occidentale. In una nota inglese (giugno 1948) si legge che nella Germania orientale è in atto un «ferreo regime di terrore e di intimidazione che il sistema di oppressione russo domina ora tutta la sua vita». Questo sistema ha distrutto tutte le forze politiche socialdemocratiche, liberal-democratiche e democratico-cristiane, ha eliminato ogni forma di opposizione organizzata (la resistenza dei singoli è piegata con l'arresto), ha creato condizioni «di paura e di sospetto» sociale. Funzionari politici russi agiscono senza controlli per garantire l'applicazione delle direttive di Mosca, i comunisti tedeschi esercitano una pressione costante «per investigare, sabotare e maneggiare politicamente i gruppi di opposizione», una severa censura ha posto fine alla libertà di stampa, gli avversari sono accusati di essere criminali, sabotatori, spie o nazisti. Giorno dopo giorno cresce l'influenza della polizia segreta russa, che svolge un'opera di protezione del nuovo regime.

Di uguale radicalità e violenza risultano le insinuazioni e le accuse sovietiche. L'Agenzia Tass (giugno 1948) riferisce che si sono costituite unità militari nella Germania occidentale sotto la guida di ufficiali nazisti che «controllano l'addestramento, i lavori di ricostruzione delle caserme e dei depositi di munizioni». Si prepara, inoltre, una nuova forza aerea che utilizza personale di volo e di assistenza della precedente Luftwaffe e «si è costituita l'Associazione dei veterani della legione Condor, che combatté in Spagna a fianco di Franco». Sono stati avviati studi e progetti per riattivare in tempi brevi l'esercito tedesco e lo stesso servizio segreto (alle dipendenze dell'ex generale tedesco Guderian). A questo proposito, sono violate tutte le disposizioni redatte a Potsdam «per impedire la rinascita e la riorganizzazione del militarismo tedesco e del nazismo». In questo contesto di forte tensione si riunisce a Varsavia una conferenza del «blocco orientale» (URSS, Polonia, Cecoslovacchia, Ungheria, Romania, Jugoslavia, Albania) per esaminare i risultati della conferenza di Londra e definire una nuova politica tedesca. I ministri degli Esteri "orientali" respingono le decisioni adottate dagli anglo-franco-americani e dai Paesi del Benelux (Belgio, Olanda e Lussemburgo), che violano i precedenti accordi di Yalta e di Potsdam perché rompono il «fronte dei quattro vincitori originari», «spezzano l'accordo sulla smilitarizzazione e sulla democratizzazione» tedesca, pongono fine alle riparazioni, costituiscono «la premessa di una nuova aggressione della Germania» (grazie al rilancio dell'industria pesante nella Ruhr). USA, Gran Bretagna e Francia hanno spezzato la Germania, si ripropongono di utilizzarne la parte occidentale per i loro piani, di dar vita «ad un governo fantoccio» vincolato con i monopoli capitalistici americani e inglesi, di promuovere la riorganizzazione economica delle loro zone escludendo quella sovietica, di attivare una riforma monetaria separata con «un marco speciale», ignorando la necessità di raggiungere un trattato di pace e così perpetuano lo «stato di guerra» ed «il regime di occupazione in Europa»; «questa politica – continua la nota dei ministri degli Esteri – è carica di pericoli, eccita alla rivincita i tedeschi contrari allo smembramento e alla fine crea le condizioni per il sorgere di un Bismarck o, persino, di un nuovo Hitler». C'è anche in atto una campagna a favore della revisione della frontiera tedesco-polacca (Oder-Neisse Occidentale), «che è una frontiera inamovibile, frontiera di pace». Sul piano economico l'inserimento della Germania occidentale nel piano Marshall non appare promuovere gli interessi tedeschi, ma quelli dei monopoli americani. Questi accordi rendono impossibile una nuova intesa "a quattro", pregiudicano un futuro collegamento interalleato, fanno venir meno la fiducia negli accordi internazionali. Sono necessarie, al contrario, misure credibili di smilitarizzazione, uno sviluppo dei «rami pacifici» della Ruhr, l'insediamento di un «governo provvisorio» per tutta la Germania (espressione dei partiti e delle organizzazioni democratiche), la conclusione di un trattato di pace e il pieno adempimento degli obblighi di riparazione.

b) *Il blocco di Berlino (1948-1949)* - L'integrazione economica e politica delle aree occidentali prosegue anche con la riforma monetaria. Gli occidentali desiderano la sua applicazione anche a Berlino Ovest, mentre da parte sovietica si respinge con fermezza questa proposta e vengono adottate misure restrittive alle comunicazioni terrestri con la capitale. Prende corpo il "blocco di Berlino", al quale le potenze occidentali reagiscono con la creazione di un "ponte aereo" per rifornire la città. Il segretario di Stato Marshall dichiara che gli USA non abbandoneranno i berlinesi; «si farà il massimo impiego dei trasporti aerei per rifornire la popolazione civile». La quantità di viveri e merci, osserva il segretario di Stato americano, che «possono essere trasportati per via aerea è assai superiore a quanto si credesse prima».

Nei mesi successivi il confronto economico-politico conosce momenti di acuta tensione, ma non provoca reazioni militari da nessuna delle due parti. In realtà, nessuno dei contendenti ha voluto portare il «braccio di ferro» in atto alle estreme conseguenze: gli anglo-franco-americani non hanno forzato il blocco terrestre, i sovietici non hanno impedito il ponte aereo. Mosca non teme una reazione militare e Stalin osserva, in questa occasione, che «gli USA non possono buttare una bomba atomica su Berlino». La politica moscovita ha operato per provocare l'abbandono della capitale tedesca da parte delle forze militari occidentali, ritenendo a favore della propria posizione, che Berlino fosse nella loro zona di occupazione e che nel momento in cui l'Occidente spezza la collaborazione dei vincitori la capitale tedesca devesse ritornare sotto il loro controllo.

Il problema di Berlino è portato al Consiglio di Sicurezza, ma i lavori di quest'ultimo sono bloccati dal veto sovietico (ottobre 1948). Negli stessi giorni scende in campo Stalin con una dura condanna della politica secessionista e aggressiva anglo-franco-americana: precisa che la riforma monetaria occidentale imposta a Berlino ha violato accordi precedenti, denuncia la indisponibilità occidentale a trovare serie intese con Mosca per risolvere il problema tedesco, conferma le intenzioni pacifiche del suo Paese. In quest'occasione, lancia un duro attacco contro Churchill, «istigatore principale di un nuovo conflitto»; ma né lui, che «è già stato privato della fiducia della sua nazione e di quella delle forze democratiche mondiali», né altri «istigatori di guerra» possono prevalere, perché «gli orrori dell'ultimo conflitto sono troppo vivi nella mente dei popoli». Successive trattative interalleate portano nel maggio 1949 al graduale superamento del "blocco" e alla riapertura di alcuni collegamenti autostradali fra Berlino e la zona Ovest della Germania.

c) *Due "Stati tedeschi"* - L'ipotesi di una ricostituzione dello «Stato tedesco unitario» subisce un ulteriore indebolimento con la convocazione a Berlino Est (maggio 1949) di un congresso del popolo tedesco e l'approvazione di una Costituzione per la parte orientale del Paese. Si chiude in tal modo la possibilità della riunificazione e prendono corpo i "due Stati germanici". All'interno di quello orientale rimane in vita a Berlino un'isola occidentale nelle tre zone d'occupazione anglo-franco-americane. Successivi accordi fra Londra, Washington e Parigi (aprile 1949) permettono di definire altre complesse questioni e di spianare la strada alla nascita di un governo tedesco nella zona occidentale con poteri ancora limitati, ma significativi di una netta evoluzione rispetto al triennio precedente.

Prende corpo nello stesso anno (1949) la Costituzione tedesca occidentale: essa prevede la nascita di una Repubblica federale (formata da 11 Länder) con capitale Bonn (circa 48 milioni di abitanti). Alla guida del nuovo governo è eletto Konrad Adenauer (settembre 1949). Il nuovo esecutivo, insediato a Bonn, contesterà la soluzione adottata in precedenza dalla Francia per risolvere il problema della Saar: l'autonomia concessa a questa regione (sotto il controllo francese) è rifiutata e Adenauer insiste per il suo ritorno alla Germania. Questo problema, che troverà successiva soluzione, costituisce un ostacolo serio nei rapporti franco-tedeschi.

In modo analogo, nella parte orientale viene proclamata (ottobre 1949) la Repubblica democratica tedesca (DDR), di cui assume la guida Otto Grotewohl. Si assiste, in tal modo, alla nascita di "due Stati tedeschi" senza la firma di un trattato di pace. I governi dei "due Stati" dichiarano di rappresentare tutto il popolo tedesco e confermano l'impegno per la riunificazione politica del Paese.

Adenauer, alla fine di ottobre 1949, ricorda che nella Germania occidentale «gli uomini godono della libertà personale e della sicurezza, senza le quali non è possibile un'esistenza degna dell'uomo», mentre nell'altra 18 milioni di tedeschi «vivono nella mancanza di libertà propria degli Stati satelliti dell'URSS», rimprovera Mosca di aver, fin dal 1945, dato vita nella zona di sua influenza a «un'amministrazione centrale» e di aver indirizzato in questo senso la successiva politica della Germania orientale. L'organizzazione statale che si è formata in seguito nella zona sovietica non riposa sulla libera volontà della popolazione, ma «è stata creata per ordine della Russia con la collaborazione di una piccola minoranza di tedeschi ad essa devoti». Al contrario, la Repubblica federale è stata proclamata dalla libera volontà di milioni di tedeschi ed è l'unica organizzazione che può parlare in nome di tutto il popolo tedesco (anche di quello residente nella parte orientale). Il cancelliere difende con fermezza anche Berlino Ovest: essa «è un avamposto nella zona sovietica, e un baluardo della Germania occidentale; è anzi di più, è un simbolo dell'Europa democratica occidentale [...]; il nostro massimo traguardo sarà quello di unificare tutta la Germania secondo i principi del diritto e della libertà e di inserirla in un organismo europeo».

Nello stesso periodo (ottobre 1949) Grotewohl presenta il governo tedesco-orientale, precisa che la Repubblica democratica tedesca è «una prova del fatto che le forze democratiche del popolo tedesco non si piegano alla politica di spartizione e di asservimento della Germania occidentale [...] [ove] viene impedito qualsiasi processo di democratizzazione e il popolo diventa strumento delle manovre guerrafondaie degli imperialisti. [...] È una fortuna che il nostro nuovo Stato si trovi nel campo della pace e possa contare sull'appoggio dell'Unione Sovietica che non conosce, né può conoscere altra politica all'infuori di quella della pace». Il governo tedesco orientale si impegna a pagare a Mosca le riparazioni e riconosce la frontiera Oder-Neisse con la Polonia che gli stessi occidentali hanno contribuito a determinare: «È un vero tradimento servirsi ora di queste frontiere di pace per una propaganda guerrafondaia». Stalin, in un caloroso messaggio ai dirigenti tedesco-orientali, osserva che la nascita del nuovo Stato rappresenta una garanzia per la pace europea: la futura collaborazione tedesco-sovietica può dar vita ad una nuova fase nella vita delle popolazioni europee finalmente libere dalla paura di nuovi conflitti. L'URSS e la Repubblica democratica tedesca rafforzano «il fronte dei Paesi amanti della pace».

In sostanza, ci sono tre vincitori in questa partita: la carta di guerra (con l'eccezione di Berlino Ovest), le opposte dottrine liberal-democratiche e marx-leniniste e il patto di pace (ONU) firmato a Yalta. Nonostante le tensioni (di cui il blocco di Berlino è il momento più critico), nessuno ha voluto correre il rischio di un conflitto generale. Caduti i progetti unitari, si è preferito accettare la subordinata della separazione della Germania e della nascita di due nuove realtà statali: un'ipotesi assente durante gli anni della guerra e anche dalle previsioni del sistema Yalta-Potsdam. Nei mesi successivi i governi di Bonn e di Berlino Est (Pankow) si organizzano e danno vita a strutture statali più solide (costituzione del Ministero degli Esteri, di rappresentanze diplomatiche e consolari, formazione di contingenti militari ecc.). Il governo della Germania orientale firma nel giugno del 1950 un accordo con Varsavia: accetta come definitiva la frontiera Oder-Neisse occidentale. Le aspirazioni tedesche del 1939 ad ottenere un ruolo continentale e mondiale ed essere quindi uno dei grandi competitori internazionali si concludono (dopo la parentesi bellica) nel 1949 con la cristallizzazione delle occupazioni e con la nascita dei due Stati germanici. La fase hitleriana ha comportato la sconfitta, il decesso di milioni di tedeschi, la distruzione di molti apparati produttivi, delle comunicazioni e delle infrastrutture aeroportuali e portuali, di gran parte delle città tedesche, l'occupazione e alla fine la divisione della Germania. Quest'ultima non esiste più come era stata conosciuta dai tempi di Bismarck in poi, scompare come potenza continentale primaria e non riesce né a perseguire gli obiettivi del razzismo politico nazionalsocialista sui territori orientali dell'Europa né a porre le premesse di un ruolo nuovo mondiale. Ciò avviene in un arco di tempo relativamente breve, anche se segnato da terribili avvenimenti: dal 1933 al 1949. Questa situazione sarà rimossa agli inizi degli anni Novanta non da specifiche iniziative tedesche, ma dalla decomposizione del sistema sovietico. In pratica, le conseguenze dell'hitlerismo sul piano dell'unità statale tedesca si proiettano in modo negativo dal 1945 al 1989, cioè per circa mezzo secolo; restano comunque le mutilazioni territoriali delle regioni orientali tedesche.

Nonostante la "divisione di fatto" della Germania, nei mesi successivi si registrano nuovi passi diplomatici e proposte politiche per ricostruire un'unica realtà statale, ma diversi progetti preparati dai due governi non vengono accettati. Anche l'interessamento dell'ONU non rimuove gli ostacoli esistenti; al fondo delle diverse impostazioni esiste la questione pregiudiziale dell'indizione di libere elezioni. La Germania orientale rifiuta questa ipotesi sia per i vincoli ideologici del suo sistema interno sia per lo squilibrio numerico esistente fra la sua popolazione e quella della parte occidentale.

Il problema tedesco è alla ribalta della conferenza di Berlino del 1954; dopo il decesso di Stalin sembra possibile avviare nuove trattative con Mosca. Già nell'aprile del 1953 Churchill propone un incontro fra i rappresentanti più autorevoli dei "due mondi" postbellici; la proposta è accolta sia nelle altre capitali occidentali che al Cremlino. Dopo una laboriosa preparazione la conferenza dei quattro (USA, URSS, Gran Bretagna e Francia) si riunisce a Berlino (gennaio 1954). Ancora una volta, pur in presenza dei vertici politici delle grandi potenze, non è possibile dare soluzione al problema tedesco. Gli incontri si bloccano sulle precedenti difficoltà: svolgimento di libere elezioni in tutta la Germania, neutralizzazione, partecipazione ai lavori dei "due governi provvisori germanici", governo provvisorio composto da rappresentanti dei due parlamenti tedeschi, ritiro preventivo di tutte le forze armate delle potenze occupanti. L'impossibilità di pervenire a soluzioni condivise lascia il problema tedesco nella situazione precedente, ma la mancata composizione di questa vertenza non nullifica completamente il significato della conferenza, anche se il suo principale obiettivo non è raggiunto. Essa conferma la volontà delle grandi potenze di dialogare, di cercare soluzioni concordate, di rifiutare il ricorso alle minacce e agli *ultimatum*. Il confronto Est-Ovest si sviluppa successivamente con i vertici di Ginevra, dedicati in prevalenza alle questioni asiatiche.

d) *Il trattato di Stato austriaco (1955)* - Pochi mesi dopo trova, al contrario, soluzione il problema austriaco con l'accettazione da parte delle potenze occupanti della rinascita di un'Austria indipendente. Questa decisione è presa dopo un percorso tormentato, legato ai rapporti con la Germania e a quelli fra l'Est e l'Ovest. Fin dagli anni della guerra nessuno degli alleati ha considerato l'ipotesi di mantenere Vienna all'interno di un ipotetico Stato tedesco postbellico. Si vuole recidere ogni legame con il passato creato dall'*Anschluss* hitleriano, ma anche indebolire la Germania togliendole questa provincia meridionale.

A questi orientamenti dei vincitori si deve aggiungere la pressione delle forze politiche austriache rinate dopo la caduta del nazismo. Anch'esse aspirano ad uscire rapidamente dall'orbita di Berlino per non seguire il destino del popolo tedesco. La sistemazione dell'Austria appare più semplice, anche se non facile, fin dall'inizio, perché in ogni modo non dovrebbe determinare significativi spostamenti negli equilibri strategici centro-europei, avendo un territorio limitato, un'economia modesta, una popolazione non rilevante. Nel 1955 i rappresentanti delle quattro potenze occupanti raggiungono un accordo grazie al quale è sottoscritto il Trattato di Stato (Vienna, maggio 1955). In esso si ricorda l'unificazione al Reich, compiuta «con la forza» dai nazisti, la condanna di questa annessione, operata in precedenza da parte degli alleati, la volontà «di vedere reintegrata l'Austria come Stato libero ed indipendente, l'importanza degli sforzi compiuti dal popolo austriaco per ricostruire uno Stato democratico; alla luce di questi elementi essi vogliono ristabilire l'Austria come Stato libero, indipendente e democratico». Nessuna futura richiesta tedesca dovrà pregiudicare questa decisione.

Da parte sua, Vienna assicura che «non accetterà alcuna unione politica o economica con la Germania», poiché i suoi confini «sono quelli che esistevano il 1° gennaio 1938». A tutte le persone residenti all'interno dello Stato saranno garantiti gli stessi diritti (è tutelata la minoranza slovena) e il nuovo governo s'impegna a proibire la rinascita del partito nazionalsocialista, di tutte le organizzazioni fasciste e di tutte quelle che svolgono attività ostili alle Nazioni Unite e altresì a riconoscere i trattati di pace sottoscritti dagli alleati con l'Italia, la Romania, la Bulgaria, l'Ungheria e la Finlandia. L'Austria potrà eleggere «un governo democratico sulla base di libere elezioni segrete e sarà assicurato a tutti i cittadini un diritto di voto libero, uguale e generale». Con la firma del trattato le potenze occupanti s'impegnano a ritirare le proprie forze militari e tutti i membri della Commissione alleata per l'Austria. A quest'ultima non sarà chiesta alcuna riparazione di guerra, mentre le «quattro potenze» potranno «disporre di tutti i beni tedeschi in Austria in conformità del Protocollo della conferenza di Berlino del 2 agosto 1945». Il governo austriaco dichiara poco dopo la sua neutralità. Ciò non esclude la partecipazione austriaca all'ONU, la confluenza in alcuni organismi europei non militari e la partecipazione al Consiglio d'Europa.

3. *La collaborazione euro-americana*

a) *Il Consiglio d'Europa (1949)* - La sistemazione della Germania con la nascita dei due Stati tedeschi va di pari passo con l'avvio nell'Europa occidentale di un processo integrativo che si fa strada con numerose iniziative. Molti movimenti vedono in questo progetto il futuro dei rapporti fra i popoli del continente. Dopo decenni di guerre, di competizioni economiche, di rivendicazioni confinarie e di incomprensioni, l'ipotesi di un'integrazione politico-economico-sociale, da attuarsi con gradualità e rispetto della libertà di adesione, viene da molte parti considerata una via obbligata per evitare gli errori del passato e per dare all'Europa una speranza di ripresa per il futuro. Si rinviene in ogni modo la necessità di superare molti ostacoli: forti sono ancora i sospetti reciproci, non sopite le rivalità europee ed extraeuropee, insolute molte questioni postbelliche, incerta la disponibilità a dar vita a nuove istituzioni comuni e a ridurre i confini delle sovranità nazionali. Numerosi esponenti politici sottolineano la necessità di percorrere questo cammino sia per porre fine a storiche e distruttive competizioni sia per la ripresa economica postbellica.

Già nel settembre del 1946 Churchill, in un significativo discorso all'Università di Zurigo, sollecita l'unione dei popoli europei e auspica la pacificazione franco-tedesca: «Vi parlerò dell'Europa, di questo magnifico continente che comprende le regioni più belle e più civili del mondo, che gode di un clima temperato e costante e che è la patria di tutte le grandi razze antiche del mondo occidentale. Essa è pure il fondamento della fede e dell'etica cristiana, la fonte della maggior parte della cultura, delle arti, della filosofia e della scienza del passato e del presente. Se l'Europa potesse unirsi per godere di questo patrimonio comune, la sua felicità, la sua gloria, la sua prosperità non avrebbero limiti e di esse profitterebbero tre o quattrocento milioni di abitanti. Ma è, invece, dall'Europa che si è scatenata questa ondata di spaventose passioni nazionaliste che hanno avuto origine dai tedeschi dal momento del loro arrivo al potere e come noi abbiamo visto nel secolo ventesimo durante la nostra vita: la pace è stata così distrutta e annullate le speranze dell'intera umanità.

E che cosa è avvenuto dell'Europa dopo tutto ciò? Qualche piccola nazione ha potuto raggiungere una certa prosperità, ma vaste regioni d'Europa mostrano una massa di esseri umani tremanti, affamati, piangenti e infelici che vivono tra le rovine delle loro città e delle loro case e devono assistere ad un nuovo accumularsi di disaccordi, di tirannie e di terrore che oscurano il cielo per l'approssimarsi di nuovi pericoli.

Fra i vincitori vi è una babele di voci contrastanti; fra i vinti regnano invece il silenzio e la disperazione. Ecco quello che ha ottenuto la razza germanica seminando ovunque il terrore. [...] Pur tuttavia vi è un rimedio [...]. In che cosa consiste questo rimedio? Questo rimedio consiste nel ricostruire completamente la struttura della famiglia dei popoli europei, o per lo meno la maggior parte di essa, e poi rafforzarla in modo tale da poter garantire la pace all'Europa. Occorre poter costituire una specie di Stati Uniti d'Europa. Solo in questo modo centinaia di milioni di persone potrebbero godere nuovamente di quelle semplici gioie che rendono la vita degna di essere vissuta. [...] Dobbiamo lasciare dietro a noi gli orrori del passato e guardare in faccia all'avvenire. Non possiamo continuare a nutrire in futuro i sentimenti di odio e di vendetta che sono nati dalle ingiustizie sofferte. Se si vuole preservare l'Europa da una tremenda miseria occorre che la famiglia europea compia un atto di fiducia e dimentichi tutte le follie e tutti i delitti del passato. [...] E ora vi dirò qualcosa che vi stupirà. Il primo passo verso la rinascita della famiglia europea dovrà essere la solidarietà tra la Francia e la Germania. Solo in questo modo la Francia potrà riacquistare la sua funzione di guida morale e culturale d'Europa. Non ci potrà essere rinascita dell'Europa senza una Francia e una Germania spiritualmente grandi. [...] ma desidero ora concludere. Lo scopo a cui dobbiamo continuamente tendere deve essere il rafforzamento dell'Organizzazione delle Nazioni Unite. Nel quadro di questa concezione mondiale, noi dovremo ristabilire la famiglia dei popoli europei sotto forma di una struttura regionale che si potrà chiamare gli Stati Uniti d'Europa. Il primo passo per il raggiungimento di tale scopo è la creazione di un Consiglio limitato all'Europa. [...] La sicurezza che gli uomini di ogni razza in ogni Paese vengano preservati dalla guerra e dalla schiavitù deve poggiare su solide basi ed essere conservata dalla volontà di ogni uomo e di ogni donna di lottare piuttosto che soggiacere alla tirannia».

Pochi mesi dopo (maggio 1947), Churchill rinnova, in occasione di un incontro promosso dal Comitato per l'Europa Unita, alla presenza dell'arcivescovo di Canterbury, l'appello per la Comunità Europea: «In questo nostro compito di far rivivere le glorie e lo splendore, la cultura e la prosperità dell'Europa, si può certamente dire che cominciamo dal periodo più oscuro della sua storia. Si tratta della regione più bella, più temperata e più fertile dell'intero globo. L'influenza e la potenza dell'Europa e della Cristianità hanno per secoli forgiato e dominato il corso della storia. I suoi figli e le sue figlie si sono spinti in tutte le parti del mondo portandovi il loro messaggio. La religione, le leggi, la cultura, l'arte, la scienza e l'industria di tutto il mondo portano in tutti i Paesi, sotto ogni cielo e in ogni clima, l'impronta della loro origine europea. Ma che cosa è oggi l'Europa? Un cumulo di macerie, un cimitero e un focolaio di infezione e di odio. Antiche faide nazionalistiche e nuove fazioni ideologiche tormentano e irritano le sue popolazioni infelici e affamate. Cattivi maestri incitano a regolare vecchi conti con precisione matematica e false guide indicano in un integrale risarcimento la via per raggiungere la felicità. Non vi è dunque in questo continente più nessuna tregua? La missione dell'Europa è forse finita? [...]

Questa è l'ora della scelta e certamente la scelta è facile. Se i popoli dell'Europa si decideranno a operare insieme per il vantaggio comune, a scambiarsi benedizioni invece di bestemmie, essi potranno ancora spazzar via gli orrori e le miserie che li circondano e permettere così alle correnti della libertà, della felicità e della prosperità di riprendere nuovamente il loro soffio salutare. Questa è la suprema occasione e se viene respinta nessuno potrà predire se essa si presenterà nuovamente oppure quale sarà la catastrofe che ne deriverà. Dobbiamo istituire immediatamente in Gran Bretagna un'organizzazione destinata a promuovere la causa di una Europa unita e a dare a questa idea quella evidenza e quella vitalità che sono necessarie perché essa penetri nelle menti dei nostri connazionali in misura tale da influenzare le loro azioni ed il corso della politica nazionale. [...] Il problema principale e, direi, più grave che sovrasta l'Europa d'oggi è il futuro della Germania. Nessuna soluzione esiste se non nell'ambito e sullo sfondo di un'Europa Unita. In un continente composto da singoli stati nazionali, il popolo germanico non troverebbe né i mezzi né lo spazio per utilizzare le proprie energie. Il soffocamento economico spingerebbe inevitabilmente i tedeschi alla vendetta e alla ribellione. Ma su una più larga base di un'Europa unita l'industria ed il genio germanico sarebbero in grado di trovare un campo di azione costruttivo e pacifico. Il popolo tedesco potrebbe in questo ristabilire la prosperità in una piccola misura non solo per se stesso ma per l'intero continente. [...]

Ma dobbiamo anche ricordarci di un altro importante membro della nostra antica famiglia di popoli. Si tratta dell'Italia. Tutto quanto ho detto circa la stringente necessità di riconciliarsi con la razza tedesca e di cessare gli odiosi intrighi che hanno distrutto la Germania e che ci hanno quasi rovinati può riferirsi, con minore difficoltà, anche al popolo italiano, che è stato trascinato nella guerra dal suo dittatore. Mi è stato riferito che l'idea di un'Europa unita esercita una forte attrazione sugli italiani i quali, al di là di questa era di disordine e di decadenza, tengono fisso il loro sguardo sulle glorie dell'epoca classica, quando erano sufficienti 12 legioni a mantenere la pace e la legge in vaste regioni e quando gli uomini potevano viaggiare liberamente in virtù di una cittadinanza comune. Noi speriamo di poter riuscire a creare un'Europa dalla quale sia eliminata la schiavitù ed i cui abitanti possano nuovamente dire con orgoglio: "io sono un europeo" come una volta si diceva "civis romanus sum". Il nostro scopo è di raggiungere l'unità di tutte le nazioni d'Europa senza escludere alcuno Stato, il cui territorio si trovi in Europa e che garantisca al suo popolo quei fondamentali diritti e quelle libertà umane e individuali in base ai quali è stato creata la nostra civiltà democratica. [...] È stato insinuato che il sostenere caldamente l'ideale di un'Europa unita non costituisce altro che una manovra nel gioco della politica di potenza e un oscuro complotto contro la Russia sovietica. Tutto ciò è falso, il solo ed unico scopo di un'Europa unita è di dare sicure garanzie contro qualsiasi aggressione. [...] La creazione di un'Europa sana e serena corrisponde al peculiare interesse dell'Unione Sovietica. [...] Mai potremo accettare la pretesa che il veto di una singola potenza, per quanto rispettata, possa ostacolare e impedire un movimento necessario alla pace».

Bidault, ministro degli Esteri francese, rileva (febbraio 1948) che occorre abbandonare ogni illusione e facile ottimismo per superare le difficoltà della ricostruzione: «Il campo di quest'azione futura è l'Europa. Lo stato attuale dell'Europa non può più sopportare una divisione in compartimenti che confinerebbe ogni Paese nella miseria e nella mendicità. I Paesi dell'Europa debbono unirsi e lavorare in comune. D'altronde molti sono i tratti comuni a tutti questi Paesi sia nell'ordine spirituale che in quello materiale. È sul piano economico che la situazione appare più inquietante. [...] Noi vogliamo la pace e la libertà, non vogliamo né per noi né per l'Europa essere forzati a scegliere fra la pace e la libertà».

Il governo italiano, in un *memorandum* (agosto 1948) sui problemi dell'Unione Europea, si dichiara convinto che «alla realtà di un'unione o federazione europea deve giungersi procedendo per gradi successivi partendo da premesse d'ordine economico. [...] per aderire a forme di collaborazione politica, economica e sociale che avvicinino sempre più i Paesi europei gli uni agli altri, dimostrando quella interdipendenza che ormai esiste di fatto e che solo per ignavia mentale di taluni non è ancora riconosciuta in ogni campo».

Spaak, primo ministro belga (novembre 1948), dichiara che la politica estera del suo governo «mira ad organizzare l'Europa e la pace in modo che il Belgio non sia più trascinato in una guerra. [...] L'Unione Europea? Bisogna favorirla in tutti i campi e soprattutto in quello economico. [...] L'Europa è in decadenza ma può riconquistare la sua prosperità. La civiltà europea è quel che c'è di più bello e di più nobile. Noi possiamo creare un'Europa unita e allora essa ritroverà il suo posto nel mondo. [...] Noi dobbiamo essere per la pace. [...] Finché vi saranno dei poteri dittatoriali, con cui è impossibile discutere, non vi potrà essere la pace se non quando le democrazie saranno forti come le dittature. La pace sarà minacciata finché vi sarà una dittatura nel mondo, poiché le dittature minacciano la pace».

Dopo una fase preliminare di consultazioni e di dibattiti, nasce il Consiglio d'Europa (1949), cui aderiscono numerosi Paesi (Francia, Gran Bretagna, Italia, Belgio, Olanda, Lussemburgo, Svezia, Danimarca, Irlanda, Norvegia); esso, senza portare a significativi risultati sul terreno dell'integrazione, offre numerose occasioni di confronto e di collaborazione ed evidenzia sensibilità ed esigenze molto diffuse dopo l'esperienza drammatica dei due conflitti mondiali. Gli aderenti si dichiarano convinti che la pace fondata sulla giustizia e sulla cooperazione internazionale sono interessi vitali «per la conservazione della società e delle civiltà umane» e riaffermano «la loro devozione» ai principi «di libertà individuale, di libertà politica e di preminenza del diritto, principi che sono alla base di ogni democrazia sincera».

b) *La Comunità Europea del Carbone e dell'Acciaio (CECA) (1951). La Comunità Economica Europea (CEE) e l'Euratom (1957)* - Le difficoltà interne al Consiglio d'Europa (problema tedesco, riserve inglesi, rappresentanza della Saar, ecc.) sollecitano nuove proposte.

Prendono corpo, per superare questi ostacoli, il piano Schuman e la Comunità Europea del Carbone e dell'Acciaio (1951), che coinvolge in una comune politica delle risorse energetiche e strategiche alcuni Paesi. Vi aderiscono Francia, Italia, Germania occidentale e Benelux (Belgio, Olanda e Lussemburgo). La nuova Comunità dà vita a quattro organi: l'Alta Autorità, il Consiglio dei Ministri, l'Assemblea della Comunità, la Corte di Giustizia. In questa occasione è confermata l'esclusione della Saar: come realtà autonoma (per l'opposizione tedesca) ha termine l'Autorità Internazionale della Ruhr costituita in precedenza. Giova ricordare che Londra non aderisce alla nuova Comunità: in più occasioni ribadisce la piena solidarietà ai processi integrativi europei, purché non pregiudichino in alcun modo l'esercizio della "piena sovranità nazionale" da parte dei singoli Stati.

Gli Stati aderenti dichiarano di voler contribuire, in un mercato comune, all'espansione economica, all'incremento dell'occupazione e al miglioramento del tenore di vita dei rispettivi popoli. Più tardi, dopo alcune intese a vocazione difensiva, prendono corpo i Trattati di Roma, istitutivi della Comunità Economica Europea e della Comunità Europea per l'Energia Atomica (1957). Gli Stati firmatari (Belgio, Repubblica federale tedesca, Francia, Italia, Lussemburgo e Paesi Bassi), per eliminare le barriere che dividono l'Europa, per migliorare le condizioni di vita e d'occupazione dei propri popoli, promuovono un'azione comune per garantire la stabilità dell'espansione, l'equilibrio negli scambi e la lealtà nella concorrenza. Si ripromettono di dar vita ad una politica commerciale comune e alla «soppressione progressiva delle restrizioni agli scambi internazionali per garantire la propria prosperità, la libertà e la difesa della pace secondo i principi dello Statuto delle Nazioni Unite». La Comunità economica ha, come scopo principale, l'instaurazione di un mercato comune, il graduale riavvicinamento delle politiche economiche degli Stati membri, uno sviluppo "armonioso" delle attività economiche.

A questo fine, la Comunità europea si ripropone di: *a*) abolire i dazi doganali; *b*) istituire tariffe doganali e politiche commerciali comuni verso gli Stati terzi; *c*) eliminare gli ostacoli alla libera circolazione delle persone, dei servizi e dei capitali; *d*) dar vita ad una comune politica agricola e dei trasporti; *e*) creare un fondo sociale europeo per l'occupazione; *f*) istituire una banca europea per gli investimenti; *g*) associare Paesi e territori d'oltremare.

È previsto un periodo transitorio iniziale di dodici anni, per arrivare al "mercato comune", a sua volta suddiviso in varie fasi, secondo criteri di graduale progressività. Le decisioni interne devono essere adottate all'unanimità in un primo periodo, a maggioranza in seguito.

L'avvio di questa esperienza riveste molti significati e la sua interpretazione risulta complessa e non univoca, poiché evidenzia una nuova sensibilità di carattere interstatuale. Molti pensano che il mercato comune possa costituire la radice di uno sviluppo successivo destinato ad approdare ad un'unificazione politica vera e propria. Questa iniziativa è promossa da Paesi aderenti allo schieramento occidentale, che hanno sistemi politici (democratico-parlamentari) analoghi ed economie di mercato basate sull'iniziativa privata, la concorrenza e l'intervento statale sussidiario. Da questo punto di vista rappresentano un aspetto, e non prioritario, della riorganizzazione dei rapporti economici all'interno delle forze occidentali. Al tempo stesso, questi fattori d'aggregazione rendono più solidi i vincoli fra questi Paesi e li inducono a procedere insieme anche nella sicurezza e nella definizione di comuni strumenti di difesa. Non a caso i fenomeni integrativi commerciali, mercantili ed economici sono affiancati dalla nascita di intese sul piano difensivo-militare che coinvolgono tutti questi Paesi o, a seconda delle circostanze, soltanto alcuni di loro e altri estranei a queste specifiche integrazioni. Il mercato comune può essere creato in un'area continentale ridotta, seppur geograficamente estesa (lo spazio geografico dei sei Stati). Al contrario un sistema difensivo, nel periodo del confronto a largo raggio Est-Ovest, implica necessariamente la presenza di altre capitali e in particolare di Washington e di Londra. Senza una loro presenza diretta una difesa e una deterrenza efficaci appaiono poco credibili. Questo percorso europeo-occidentale può essere analizzato sia per quanto riguarda la ricerca di sicurezza interna (superamento delle secolari rivalità fra alcuni Stati) sia esterna (nei confronti del costituito fronte dell'Est). La rilevanza del fattore ideologico aggregante e della tensione esistente con il comunismo è tale da rendere accettabile anche il riarmo della Germania, un elemento sul quale, negli anni precedenti, esisteva un rifiuto assoluto da parte delle potenze vincitrici. Nel nuovo contesto, sia ad Oriente sia ad Occidente, cadranno le misure ostative decise a Yalta e Potsdam e i due Stati germanici riarmati saranno la frontiera più calda e pericolosa della cosiddetta "cortina di ferro".

c) *Il Patto di Bruxelles (1948). L'Alleanza atlantica (1949). L'Unione dell'Europa Occidentale (UEO) (1954)* - Il cambiamento dei rapporti politici Est-Ovest determina anche in Occidente la definizione di nuovi accordi per far fronte a possibili crisi, a minacce o ad aggressioni. Anche se sul piano formale le relazioni restano "amichevoli", i sospetti sono radicati, i timori di azioni ostili diffusi, la necessità di garantire difese adeguate molto sentita. Già agli inizi del 1948 Londra e Parigi propongono al Benelux un patto politico subito dopo integrato da impegni militari. Nel testo approvato col Patto di Bruxelles (1948) è ribadita la fede nei diritti fondamentali dell'uomo, nei principi dello Statuto delle Nazioni Unite e la volontà di difendere i principi democratici e le tradizioni costituzionali. In questo spirito essi vogliono collaborare per ostacolare «qualsiasi politica di aggressione» (anche da parte tedesca) e associare anche altri Stati animati dalle stesse finalità. In caso di emergenza essi investiranno il Consiglio di Sicurezza delle eventuali misure adottate, che saranno revocate quando quest'ultimo avrà predisposto i provvedimenti necessari per il mantenimento o il ristabilimento della pace e della sicurezza "internazionali".

L'insufficienza di questa alleanza appare evidente nel caso in cui si ipotizzasse un confronto militare con l'URSS. Da più parti è invocato il coinvolgimento degli USA, ma questa aspettativa appare di non facile soddisfazione ove si consideri il tradizionale isolazionismo americano, superato soltanto dopo l'attacco nipponico del dicembre 1941. Questa eventualità comporterebbe, al contrario, l'impegno statunitense a fianco di altre potenze in tempo di pace per prevenire, scoraggiare o contrastare potenziali aggressioni, possibili ma non in atto. Un cambiamento radicale nella strategia difensiva del Paese e della sua presenza internazionale.

La critica situazione mondiale, di cui le negative evoluzioni postbelliche in Europa e in Asia orientale non sono che un aspetto, inducono i vertici americani ad una svolta politica e ad assumere una posizione più attiva e impegnata nel confronto con il mondo comunista. Prevale una logica nuova, che tiene conto dell'esperienza maturata nelle due guerre mondiali e dei pericoli del presente: meglio prevenire che reprimere successivamente. Il Senato americano approva, a larga maggioranza, la risoluzione Vandenberg (giugno 1948), che riafferma con forza la necessità di difendere «la pace nella giustizia», i diritti dell'uomo e le libertà fondamentali con un utilizzo ottimale delle Nazioni Unite. Il loro Statuto deve restare il punto di riferimento irrinunciabile dell'azione americana, che non esclude, anzi conferma, la necessità di promuovere patti regionali o collettivi di difesa nella misura in cui essi «toccano la sicurezza nazionale degli Stati Uniti» nel caso in cui dovesse verificarsi «un attacco armato qualsiasi». C'è anche un invito per regolamentare e ridurre gli armamenti, purché questo avvenga con «garanzia adeguata e sicura contro ogni violazione». Questa risoluzione evidenzia l'evoluzione della mentalità statunitense, ma dà, al tempo stesso, la misura dei timori ancora esistenti. C'è un esplicito invito a dar vita ad accordi anche extracontinentali in tempo di pace, purché abbiano carattere espressamente difensivo e non pregiudichino in alcun modo (anzi rafforzino) l'ONU. Anche in questa circostanza il "Patto di Yalta" è confermato e difeso come struttura di base del nuovo ordine internazionale, pur sorgendo il timore che l'estensione di patti regionali possa in qualche modo risultare sostitutiva dell'ONU e renderla marginale proprio nel settore fondamentale della sicurezza. Alla luce di questa realtà, alcuni Paesi insistono sulla necessità di predisporre nuovi strumenti difensivi per fare fronte ad un mutamento non previsto negli anni precedenti. Gli argomenti evidenziati dai Paesi partecipanti ai "colloqui esplorativi" sulla sicurezza atlantica sono di estremo interesse per capire in quale misura fosse diffusa la coscienza d'appartenenza ad uno schieramento e la potenziale ma esasperata conflittualità con quello orientale.

Un *memorandum* preparato a Washington (settembre 1948) precisa che i popoli dell'Europa occidentale temono che i loro Paesi possano essere occupati dall'Armata Rossa prima che possa arrivare loro un effettivo aiuto. Dopo la sconfitta tedesca la forza sovietica è cresciuta e minaccia non solo l'Europa, ma anche l'America settentrionale. Precisa inoltre «che non si hanno prove tali da suggerire che il governo sovietico stia pianificando un'aggressione armata», ma errori di calcolo e incidenti potrebbero far scoppiare la guerra. I «capi del Cremlino» potrebbero prendere una «decisione improvvisa» di aprire il conflitto. Ciò può derivare dal timore che «il loro potere personale sia in pericolo», che la potenza militare sovietica sia in condizioni di potenziale e crescente inferiorità, che l'Occidente prepari un'aggressione all'URSS. I successi del piano Marshall, gli insucessi delle forze filocomuniste in Grecia, «la rottura di Tito con il Kominform» sono ulteriori motivi di tensione e d'allerta per Mosca. Per far fronte a questo pericolo ci sono, al momento, soltanto le forze armate americane ancora presenti in Europa. Ciò non è adeguato a dissipare «un giustificato senso di insicurezza» e occorre rispondere a queste esigenze, motivate e sofferte, di sicurezza senza ampliare in «maniera eccessiva» le spese militari.

In questa ottica è necessario creare un sistema di difesa per un consistente numero di Paesi che, in teoria, potrebbero tutti cadere sotto la dominazione sovietica. Non è pertanto adeguato l'allargamento del Patto di Bruxelles al Nord America, ma bisogna immaginare altre adesioni per aggregare «un gran numero di Paesi geograficamente dispersi». Soltanto in questo modo è possibile dar vita ad un sistema efficace di sicurezza nord-atlantico (allargato ai Paesi europei occidentali). L'impegno di una reciproca assistenza nella eventualità di un attacco armato a qualsiasi membro deve costituire la base della futura intesa; le parti contraenti devono essere pronte «ad affrontare insieme una aggressione da qualunque settore provenga e in qualsiasi momento».

Soltanto un trattato può rispondere a queste esigenze. Potrebbe costituire una provocazione per l'URSS? Qualunque iniziativa, prosegue il documento, che colleghi sul piano difensivo-militare Washington con l'Europa occidentale è destinata a creare «un'opposizione sovietica aspra». D'altra parte, «le mezze misure si rivelerebbero sia inefficaci, sia provocatorie, mentre una decisione [...] chiara di resistere servirebbe a scongiurare [...] e minimizzare il rischio di un'aggressione armata». Può essere utile, «per vanificare le critiche sovietiche», estendere l'orizzonte di un eventuale accordo atlantico anche a interessi comuni economici, sociali e culturali ed inserirlo «nella struttura dell'ONU». In questo modo può essere rafforzata l'ipotesi «di accordi difensivi regionali o collettivi». Non sarebbe un trattato solo difensivo, ma uno strumento di tutela «della comune civiltà». Una valutazione complessiva del testo fa emergere un diffuso senso di paura, d'incertezza, di sfiducia. Alla consapevolezza che «Mosca non sta pianificando la guerra futura» è associato il timore che essa possa iniziarla per altre ragioni (errori di calcolo, ecc.). È suggerita una terapia preventiva, che, sebbene comporti impegni di natura economica e militare, è l'unica risposta adeguata per sconfiggere l'insicurezza e la precarietà che nascono dall'incombenza del mondo marx-leninista e dalla presenza dell'Armata Rossa in gran parte del continente. Questa iniziativa non deve mettere in dubbio la centralità dell'ONU, ma esserne parte come uno strumento regionale. L'aspetto difensivo è prevalente: esso viene definito, chiarito, ribadito in numerosi e importanti passi del testo del *memorandum* delle «conversazioni esplorative».

In altre parole questo strumento pare, nelle sue giustificazioni e motivazioni più profonde, mostrare la consapevolezza che i dettami dell'ONU non sono, sul piano operativo, idonei a garantire la pace e la sicurezza. Occorrono al contrario mezzi aggiuntivi con carattere sussidiario ma non alternativi. Appare, in tal modo, una volontà rafforzativa nei confronti di quei vincoli originari e non sostitutiva. Il rapporto *Costruire la pace* del Dipartimento di Stato USA, del gennaio 1949, ricorda che l'ONU è nata «dalla cooperazione fra le grandi potenze» per garantire pace e sicurezza. I dissidi successivi fra queste ultime hanno creato paura e diffidenza; è pertanto necessario, per perseguire gli obiettivi originari, creare nuovi strumenti per rafforzare le Nazioni Unite. Il loro Statuto indica la via degli accordi regionali da parte di Stati che abbiano analoghi interessi «di natura strategica, politica, economica e sociale» per scoraggiare e prevenire ogni aggressione.

Washington, come ha fornito ogni possibile aiuto in campo economico e finanziario, può assicurare la necessaria collaborazione militare alle nazioni dell'Europa occidentale che operano per un coordinamento delle rispettive forze armate. Gli Stati Uniti e il Canada devono operare per realizzare un collegamento operativo con i Paesi del Patto di Bruxelles per dar vita ad un accordo nord-atlantico di sicurezza. Agli inizi di marzo (1949) è definito il testo del nuovo trattato, che viene approvato dagli Stati aderenti al Patto di Bruxelles, dagli USA e dal Canada. Al tempo stesso, alcuni altri Paesi, che pur non hanno partecipato ai lavori preparatori, sono invitati ad aderire: Italia, Norvegia, Danimarca, Islanda e Portogallo. Si delineano in tal modo tre livelli di sottoscrittori: i proponenti originari, gli elaboratori del testo ("negoziatori" e i primi aderenti) e gli invitati a "patto definito"; l'Italia rientra in quest'ultima categoria.

Gli Stati proponenti prendono una decisione insolita: per sottolineare il carattere difensivo del patto, per evidenziare che esso si muove nel contesto degli impegni previsti dallo Statuto dell'ONU, per escludere interpretazioni strumentali, decidono di rendere pubblico il testo prima della sua sottoscrizione ufficiale. In tal modo, tutta la comunità internazionale è messa al corrente delle intenzioni dei futuri contraenti e possono manifestarsi possibili reazioni prima che esso diventi operativo. Questa decisione, pur apprezzata, non eviterà le critiche, molto aspre, da parte del mondo comunista.

Mosca reagisce di fronte all'ipotesi della nascita della nuova alleanza politico-militare. Una nota sovietica di protesta (31 marzo 1949) è emanata prima della firma, non appena sono stati resi noti il testo del trattato e l'intenzione di numerosi Stati di aderirvi. In essa si denuncia il «carattere aggressivo» degli accordi e la loro contraddittorietà con gli impegni dello Statuto delle Nazioni Unite: «Solo l'URSS, tra le grandi potenze, è esclusa dalle parti contraenti di questo trattato, ciò può essere spiegato soltanto dal fatto che esso è diretto contro l'URSS. [...] e pure contro i Paesi di democrazia popolare». È falso sostenere che anche Mosca ha sottoscritto trattati difensivi con le democrazie popolari. Questi hanno carattere bilaterale e vogliono prevenire nuove aggressioni tedesche, né possono essere in alcun modo interpretati come potenziali strumenti offensivi verso gli alleati dell'ultimo conflitto mondiale. A prova di ciò, Mosca ha sottoscritto con Londra e con Parigi trattati bilaterali difensivi, mentre da parte occidentale sono stati inoltre predisposti vasti piani militari che non hanno carattere difensivo. Si vuole altresì intimidire tutti gli Stati che non hanno accettato la «colonizzazione» economica anglo-americana e che hanno condannato la loro aspirazione al dominio mondiale. Anche la pretesa dimensione regionale (in base allo Statuto ONU) è falsa perché sono compresi nell'alleanza «Stati situati nei due emisferi del globo» e alcuni che non fanno parte dell'ONU (Italia e Portogallo). L'invocata autodifesa è una tesi strumentale, poiché non c'è alcuna minaccia d'aggressione o alcun attacco armato. L'uso di forze armate comuni (secondo l'art. 5) senza l'approvazione preventiva del Consiglio di Sicurezza è una violazione statutaria e non rispetta la clausola dell'autodifesa. La nota ricorda altresì che il Patto Atlantico comporta per Londra la violazione degli accordi anglo-russi del 1942 (impegno a non prendere parte ad alleanze dirette contro l'altra parte contraente), per la Francia di quelli del 1944 (per le stesse ragioni) e infine per Londra e per Washington degli impegni sottoscritti a Yalta e a Potsdam per collaborare «al mantenimento della pace generale» e «al consolidamento dell'Organizzazione delle Nazioni Unite».

In occasione della firma del Patto Atlantico (Washington, aprile 1949) Truman dichiara che le nazioni firmatarie vogliono conservare la loro attuale condizione di pace e proteggerla in futuro e che se un accordo di questa natura fosse esistito nel 1914 o nel 1939 sarebbero state impedite le aggressioni che hanno portato a due guerre mondiali. C'è inoltre la riconferma degli impegni derivanti dallo Statuto dell'ONU che obbliga, osserva Truman, tutti alla ricerca di soluzioni pacifiche per le controversie e a non minacciare o usare la forza. Non basta volere la pace, occorre operare per renderla certa e sicura, in particolare in quell'area nord-atlantica che è stata «al centro degli ultimi due conflitti mondiali». Gli USA confermano la volontà di difendere la pace anche nel resto del mondo per tutelare «la sicurezza e il benessere» di tutti i popoli. L'impegno per il progresso economico e scientifico non può avere successo se si è «ossessionati dal continuo terrore dell'aggressione» e da costosi oneri individuali di spese militari. Questa unità «si fonda sui solenni principi delle umane libertà e della giustizia» e rifiuta, sia all'interno che all'esterno, il «ricorso all'imperio della forza». «Per noi la guerra non è inevitabile»: si può «scegliere schiavitù o libertà, guerra o pace». Questo trattato «è l'indicazione sicura della strada» che è stata scelta.

Sottoscrivono il Patto Atlantico 12 Stati (Stati Uniti, Canada, Gran Bretagna, Francia, Belgio, Olanda, Lussemburgo, Portogallo, Italia, Norvegia, Irlanda e Danimarca); più tardi, nel 1952, aderiscono anche Grecia e Turchia e nel 1955 la Repubblica federale tedesca. L'estensione geografica dei Paesi aderenti al Patto dà una visione immediata e realistica della realtà come viene concepita in quel momento dai contraenti: esso è uno strumento collettivo di un fronte difensivo nei confronti del blocco orientale, cioè dell'URSS e del gruppo degli Stati con analogo sistema politico (ad essa collegati o con vincoli fra di loro). La necessità di garantire la sicurezza collettiva di schieramento prevale su ogni altra considerazione, a parte, ovviamente, il mantenimento del sistema liberal-democratico-capitalista che ne costituisce la ragione intrinseca. Grazie a questo sistema tutte le «nazioni del mondo libero» avrebbero avuto, come osserva Truman, «quel senso di fiducia di cui esse avevano bisogno per costruire la pace e la prosperità nel mondo».

Gli obiettivi politici del patto sono ben evidenziati nel preambolo: i contraenti vogliono salvaguardare «la libertà dei loro popoli, il loro comune retaggio e la loro civiltà, fondati sui principi della democrazia, sulle libertà fondamentali e sulla preminenza del diritto». Vogliono garantire la stabilità nella regione dell'Atlantico settentrionale con una difesa collettiva e s'impegnano a risolvere, in modo pacifico, ogni eventuale controversia e ad astenersi «dal ricorrere alla minaccia o all'uso della forza» che sarebbe incompatibile con gli scopi delle Nazioni Unite. Con questo spirito potenzieranno «la loro capacità individuale e collettiva di resistere ad un attacco armato» che possa mettere in pericolo «l'integrità territoriale, l'indipendenza politica e la sicurezza». Nel caso in cui questa eventualità si verificasse, e cioè se uno o più di loro fosse oggetto di un «attacco armato», esso sarà considerato come diretto contro tutte le parti. Sulla base del diritto di legittima difesa individuale e collettivo, ciascuno Stato assisterà gli aggrediti (anche con l'uso di forze armate). Le misure adottate saranno subito sottoposte al Consiglio di Sicurezza e "termineranno" quando quest'ultimo avrà preso adeguati provvedimenti sostitutivi.

Secondo queste disposizioni, non c'è l'obbligo d'intervenire a fianco dell'aggredito con mezzi militari immediatamente. I contraenti sono liberi di esaminare le condizioni esistenti e possono adottare misure individuali o collettive che comunque non escludono anche il ricorso alle armi. In caso di aggressione ad uno degli Stati firmatari non c'è l'automaticità dell'intervento di tutti gli altri. Ciascuno di essi può partecipare alla difesa degli aggrediti se ritiene vi siano gli estremi di un'aggressione, ma è libero da qualsiasi vincolo specifico e obbligatorio. Soltanto i suoi organi costituzionali possono decidere l'intervento militare nel quadro previsto dagli accordi del Patto. È previsto che dopo dieci anni dalla sua entrata in vigore il testo potrà essere rivisto, mentre dopo vent'anni ciascuno dei contraenti potrà recedere dalla organizzazione. L'accordo non prevede aree di influenza, compensi, spartizioni: vuole semplicemente garantire ad un gruppo di Stati con sistema economico-politico simile la possibilità di vivere e di svilupparsi e costituire un elemento di deterrenza nei confronti di potenziali minacce o aggressioni. La sua costituzione non è in contrapposizione alle Nazioni Unite, di cui viene ribadita la validità e l'accettazione, ma è, al contrario, presa in esame l'eventualità di una loro impotenza o di un loro ritardo ad intervenire in condizioni d'urgenza e di grande emergenza. La mancanza di strumenti militari permanenti e operativi, la possibile lungaggine di dibattiti politici, il possibile utilizzo del "diritto di veto" potrebbero favorire gli aggressori e precostituire situazioni negative e non rimediabili per gli aggrediti. Da questo punto di vista, l'accordo regionale vuole apparire come uno strumento di rapido intervento e di assicurazione permanente.

Dopo la firma del Patto Atlantico, da parte sovietica si registrano proteste e minacce, si mobilitano i partiti comunisti dei Paesi aderenti, si organizzano azioni propagandistiche per contestare la nascita della nuova alleanza. Essa viola i trattati sottoscritti a Yalta e a Potsdam, nega i precedenti accordi anglo-sovietici e franco-sovietici, è potenzialmente aggressiva nei confronti dell'URSS e dei «Paesi amanti della pace», nega alla radice lo Statuto delle Nazioni Unite. Gromyko, capo della delegazione sovietica all'ONU, critica con asprezza la firma del Patto e alle precedenti accuse sovietiche aggiunge altre considerazioni. Nel suo intervento all'Assemblea Generale (aprile 1948), ricorda l'esclusione dal Patto di Bruxelles (1948) e da quello dell'Alleanza atlantica di una sola grande potenza: l'URSS. È assurdo che i firmatari, anziché preoccuparsi di prevenire una rinascita militare del nazismo e del militarismo tedesco, mettano in atto un'alleanza «contro la potenza che ha sostenuto il maggiore rischio della guerra contro la Germania di Hitler. Tutto ciò rivela i veri scopi aggressivi dei fautori di tale Trattato». Oltre a ciò, Washington e Londra stanno creando una vasta rete di basi militari nei territori posti nelle vicinanze dell'Unione Sovietica: «Come reagirebbero gli USA – si chiede Gromyko – se qualche grande potenza situata a parecchie migliaia di miglia dagli Stati Uniti stabilisse basi aeree, per esempio, in territorio messicano?». È ovvio che Washington non potrebbe considerare queste azioni come misure di autodifesa.

Vyshinsky, ministro degli Esteri sovietico, nell'Assemblea Generale dell'ONU (settembre 1949), dopo avere aspramente criticato la politica aggressiva anglo-americana, propone che URSS, USA, Gran Bretagna, Cina e Francia uniscano i loro sforzi per la sicurezza internazionale e concludano al più presto un «Patto a cinque» per il rafforzamento della pace. Nella mozione presentata, si dichiara che «lo Statuto delle Nazioni Unite è il più solenne patto di pace che la storia ricordi» e che soltanto la sua scrupolosa applicazione può allontanare il pericolo di nuovi conflitti. Gli anglo-americani osservano che la proposta del Patto a cinque è «un ramoscello d'olivo artificiale circondato di spine». Esso non è necessario, perché i cinque già siedono con prerogative speciali nel Consiglio di Sicurezza e le difficoltà sono state originate dall'abuso di quel privilegio particolare (veto) da parte di Mosca, che ha trasformato il principio dell'unanimità «in un'arma di ostruzionismo e di sabotaggio della pace internazionale». Troppo spesso la collaborazione russa è stata condizionata dall'accettazione delle condizioni e degli scopi della politica sovietica. Londra e Washington elencano le violazioni sovietiche di accordi precedenti: la non applicazione della *Dichiarazione sull'Europa liberata*, il mancato ritiro dell'Armata Rossa dai Paesi occupati e dall'Iran, l'occupazione della Manciuria, la divisione della Corea, la guerriglia in Grecia, le minacce alla Turchia, l'asservimento della Polonia e il tentativo di cacciare gli altri alleati da Berlino. A causa di ciò, le potenze occidentali «sono state costrette a cercare altre vie per raggiungere i loro obiettivi di pace».

Dopo la sottoscrizione del Patto Atlantico, gli Stati Uniti sono sollecitati a inviare un'adeguata assistenza militare agli aderenti, senza la quale non vi può essere un'adeguata "struttura difensiva". Washington non si sottrae alla richiesta (benché siano in atto sforzi anche in altri settori asiatici). In tal modo alla precedente azione attivata dal piano Marshall per il sostegno dell'economia europea si affianca un impegno concreto per il rafforzamento del sistema difensivo dell'Europa occidentale, integrato dai due Paesi nord-americani (Stati Uniti e Canada). Negli anni successivi saranno definiti e resi operanti gli organi del Patto. Questo processo risulterà complesso e non privo di difficoltà a causa delle diverse strutture militari nazionali, delle aspirazioni delle singole potenze aderenti e della definizione dei piani strategici difensivi per rendere credibile agli occhi di ogni potenziale aggressore il nuovo strumento di deterrenza militare.

L'Alleanza Atlantica trae la sua forza e la sua credibilità dissuasiva dalla presenza americana. È la prima alleanza in tempo di pace di questo Paese e anche in questa circostanza Washington ribadisce i valori morali che giustificano la decisione adottata (pace, democrazia, diritti umani, autodeterminazione, benessere, ecc.). Ancora una volta non si persegue l'"equilibrio delle forze", ma in un rafforzato sistema di sicurezza si evidenziano gli obiettivi etici, i traguardi morali. C'è il sostanziale rifiuto del sistema comunista, la volontà di contenerne lo sviluppo, l'intenzione di reagire ad ogni iniziativa in questo senso. Non si può disgiungere, neppure in questo caso, la politica di sicurezza globale perseguita da Washington dalla volontà di affermare il sistema liberal-democratico e l'economia capitalista. L'impegno internazionale è per la democrazia, per la propria in primo luogo e per quella di tutti i popoli. Questi indirizzi caratterizzano lo spirito americano e confermano la vocazione idealistica della sua politica estera. Il vero obiettivo di questa azione antiisolazionista è soltanto in apparenza la sicurezza all'ombra di una deterrenza molto persuasiva per le risorse militari di cui dispone: in realtà, si persegue una missione politica e si lavora per la diffusione del sistema democratico.

Il rifiuto di ricorrere ad estremi mezzi militari, l'accettazione dell'altro mondo esistente, il rispetto per l'ONU non riducono questa tensione ideale. C'è la certezza della superiorità del proprio sistema, la condanna di quello marx-leninista, la speranza che quest'ultimo possa rapidamente uscire di scena. Il mantenimento dello *status quo* europeo e asiatico è uno strumento indispensabile per garantire la pace fra le grandi potenze, ma anche per favorire "col tempo" la decomposizione del sistema orientale. Nonostante la sfida possa essere lunga, c'è un forte ottimismo americano sul suo esito; è radicato il convincimento che il sistema totalitario marx-leninista sia destinato al tramonto per un'ineludibile crisi interna sul piano politico ed economico.

Nella lettura del fenomeno sovietico viene troppo spesso esagerata la politica di potenza russa, mentre non si comprende il ruolo fondamentale che ha l'ideologia per il vertice moscovita. Stalin non è lo Zar ed ha obiettivi ben diversi rispetto al tradizionale espansionismo della Russia autocratica. Si fatica a comprendere che anche a Mosca ci sono forti stimoli di carattere ideale e che se negli USA si spera in una redenzione dell'URSS, allo stesso modo quest'ultima si augura di poter assistere a quella americana. L'azione internazionale dei bolscevichi non può essere ridotta a esclusiva politica di potenza, perché è sostenuta anche da altre rilevanti componenti. Come già si è osservato, i due blocchi hanno "valori etici" diversi, ma ambedue rispondono ad esigenze morali molto impegnative. Gli USA vogliono in ogni modo rimanere un "faro di libertà" e confermano in ogni occasione di voler difendere dei principi e non dei privilegi o degli interessi.

L'adesione dell'Italia al Patto Atlantico, sostenuta dal governo De Gasperi, è osteggiata dalle opposizioni parlamentari, in particolare dai partiti della sinistra. Il presidente del Consiglio, nel dibattito alla Camera dei deputati (marzo 1949), esprime l'unanime volontà del governo di partecipare ai lavori conclusivi del Patto, per rafforzare la sicurezza nazionale «nella rinnovata pienezza della nostra sovranità». La base del Patto è l'obbligo dei suoi membri di contribuire alla comune difesa, in caso di conflitto armato la partecipazione italiana alla guerra resta prerogativa del parlamento, senza alcun obbligo d'intervento «automatico immediato». Esso può contribuire a garantire l'indipendenza italiana, diventare «un'espressione pacifica della solidarietà americano-europea» ed è un'integrazione concreta dell'ONU. Si tratta, osserva De Gasperi, di «un Patto di sicurezza, una garanzia di pace, una misura preventiva contro la guerra» e nessun Paese deve temere questo accordo, se non ha «mire aggressive». L'Italia, «che si trova malauguratamente sulle linee strategiche fatali dei possibili conflitti mondiali, si associerà a tutti gli sforzi per evitare una nuova e irreparabile sciagura».

Pietro Nenni (PSI) respinge l'ipotesi dell'adesione: il Patto è un «salto nel buio» che mette al collo dell'Italia «il cappio delle alleanze militari» che costituiscono un atto di fiducia nell'America, il Patto Atlantico non è concepito nel quadro dell'ONU, comporta legami che rendono vincolante l'intervento comune con «effetto automatico», distrugge il sistema di sicurezza collettivo e ha carattere offensivo contro l'URSS (che pure a Stalingrado ha difeso se stessa, l'Europa e tutto il mondo). Nenni propone la strada della neutralità, che ha valso «alla Svizzera e alla Svezia 150 anni di pace». Questa adesione escluderà ogni speranza di revisione più favorevole all'Italia del trattato di pace perché renderà più severa e intransigente nei nostri confronti l'URSS, che vede nel Patto uno strumento d'accerchiamento militare. La politica del governo «è stata suggerita dalla paura e dall'odio»: «Voi siete il braccio secolare – esclama Nenni – dell'odio teologico della Chiesa per il bolscevismo, voi fate la politica interna ed estera dalla parte borghese del "troppo rosso" di questo dopoguerra. Voi siete nello spirito della terza guerra [...] che il partito della guerra prepara contro l'URSS».

Palmiro Togliatti (PCI) afferma che il «Patto è aggressivo» e costituisce un pericolo per l'Italia, per i firmatari e «per tutto il genere umano». Gli Stati Uniti non sono un Paese amante della pace (dispongono di 484 basi militari all'estero, 256 nel Pacifico e 228 nell'Atlantico). I grandi gruppi monopolistici che hanno nelle loro mani la politica di Washington hanno interesse a scatenare un nuovo conflitto e Truman pretende «il dominio sul mondo intero» (come in precedenza hanno fatto gli hitleriani) nel nome di una presunta superiorità industriale ed economica. Il Patto sancisce una netta divisione dell'Europa ed accentua i contrasti con Mosca, benché quest'ultima abbia dato molti segnali d'amicizia nei confronti del popolo italiano. Questa adesione viola la Costituzione ove essa parla di rifiuto della guerra come strumento di politica estera, poiché il Patto Atlantico è la premessa di azioni offensive militari contro il comunismo. Nessuno minaccia l'Italia: è pertanto sbagliato inserire il Paese «in una formazione militare e di guerra». Da parte nostra, continua Togliatti, «noi non riconosceremo questo voto perché esso apre le porte del nostro territorio a basi militari di una grande potenza straniera imperialistica e ci coinvolge in una avventura pericolosa», perché con essa «l'Italia sarà oggetto e teatro di guerra». Ancora una volta (come nel 1911, nel 1915, nel 1935), le forze capitalistiche cercano di uscire dalle loro difficoltà con blocchi militari, con alleanze di guerra e con le guerre. Il popolo italiano non permetterà una guerra contro l'URSS.

Nel settembre del 1949 Truman e il governo inglese comunicano che «ha avuto luogo nell'URSS un'esplosione atomica». Ciò rende ancora più necessario un controllo internazionale dell'energia nucleare, come è richiesto da parte della «grande maggioranza dei membri dell'ONU». Mosca non nega l'avvenimento, ma lo colloca in un contesto temporale più ampio e tende a sminuirne l'importanza sul piano politico, mentre evidenzia il rilievo delle conoscenze scientifiche sovietiche in questo settore. L'Agenzia Tass ricorda che Molotov, già nel novembre 1947, aveva dichiarato che da tempo il segreto dell'arma atomica aveva cessato di essere tale. Ciò significava che l'URSS disponeva di questo strumento, mentre gli ambienti scientifici americani lo hanno considerato un "bluff", essendo in errore già da allora. Questo possesso non deve creare nessun allarme: l'URSS, come ha sempre sostenuto, è favorevole «alla proibizione dell'uso delle armi atomiche» e ribadisce che è indispensabile il controllo della loro produzione. Poco dopo (ottobre 1949) una nota successiva conferma che Mosca «continuerà a condurre sempre una lotta attiva per la pace e per il consolidamento della sicurezza internazionale».

La nascita dell'Alleanza Atlantica non arresta gli sforzi per raggiungere un più elevato livello di sicurezza con una maggiore integrazione militare fra i Paesi europei. Questa esigenza è avvertita anche dal governo statunitense e dal nuovo presidente Eisenhower (1952). Influisce su questa decisione anche la necessità di Washington di ridurre le spese militari (cresciute a dismisura con la guerra coreana), di rendere più partecipi gli alleati allo sforzo per la comune difesa e la speranza di poter sostituire ai costosi armamenti tradizionali sistemi più moderni e sofisticati, fra i quali il rafforzamento dissuasivo delle reti di basi aeree dotate anche di ordigni nucleari.

Queste necessità e il bisogno di trovare una formula per poter usare il potenziale militare della Germania federale conducono alla convocazione di una conferenza preparatoria (Parigi 1951) per costituire una Comunità Europea di Difesa (CED). I lavori vedono la partecipazione dei sei Stati aderenti alla Comunità Europea del Carbone e dell'Acciaio e numerosi altri osservatori (Gran Bretagna, USA, Canada, Norvegia). Nel 1952 viene siglato il testo di un accordo, ma problemi successivi, legati alla presenza della Germania occidentale all'interno della CED e al suo riarmo, alla presenza delle forze armate statunitensi in Europa e ai delicati rapporti franco-tedeschi, ne rendono impossibile la ratifica da parte francese (1954). Viene abbandonata ogni residua speranza di attivare con la CED una struttura unitaria ed integrata di difesa comune dell'Europa occidentale.

In questo contesto prendono corpo, nei mesi successivi, nuove iniziative per verificare la possibilità di attivare soluzioni alternative accettabili per tutti e idonee a superare, con un autentico accordo franco-tedesco, le spinose questioni del riarmo germanico e del livello della "sopranazionalità". Ulteriori trattative permettono di chiarire i problemi della partecipazione tedesca, della permanenza e della quantità delle forze armate inglesi sul continente e di promuovere una "Agenzia di controllo degli armamenti". Da queste intese nasce, con gli accordi di Londra e Parigi, l'Unione dell'Europa Occidentale (ottobre 1954) ed è possibile la partecipazione della Germania occidentale all'Alleanza Atlantica (1955) e, insieme all'Italia, alla UEO (1954). Questi accordi permettono di superare il fallimento della CED, il dissidio franco-tedesco sulla Saar e le riserve sul riarmo di Bonn. Questo non esclude che si sia rimasti nel contesto tradizionale di intese interstatali che non aprono la strada a "super-statalità", ma a collaborazioni di tipo tradizionale. In realtà, c'è un accordo sulla futura difesa europea (con un preciso impegno inglese) nel quadro riconfermato dell'Alleanza Atlantica e viene inoltre riaffermata la necessità di continuare «nelle trattative distensive in atto con l'URSS».

Molotov condanna, alla conferenza dei Paesi dell'Europa orientale di Mosca (novembre 1954), le intese raggiunte e minaccia, con una nota successiva, Londra e Parigi di denunciare i trattati anglo-russo (1942) e franco-russo (1944), se queste dovessero essere ratificate dai rispettivi organi costituzionali. Il ministro sovietico denuncia gli accordi di Parigi, che rendono impossibile il perseguimento di due obiettivi prioritari della politica sovietica: «impedire la rinascita del militarismo tedesco e assicurare il mantenimento e il consolidamento della pace in Europa». Oltre a ciò, «la trasformazione della Germania occidentale in uno Stato militarista rende impossibile la sua riunificazione con la pacifica Repubblica democratica tedesca in una sola Germania pacifica e democratica». Molotov conclude con la richiesta di un accordo delle quattro grandi potenze «per la realizzazione di libere elezioni pantedesche», per eleggere un parlamento ed un «governo democratico per tutta la Germania». Non è difficile immaginare come possa essere accolta questa proposta alla luce delle precedenti violazioni sovietiche della *Dichiarazione sull'Europa liberata* sottoscritta a Yalta (1945).

Le decisioni adottate a Londra e a Parigi, con la costituzione della UEO, saranno richiamate dopo pochi mesi dai vertici moscoviti e dai loro alleati per giustificare la nascita del Patto di Varsavia, considerato una contromisura dopo la formazione dell'Alleanza Atlantica e dell'Unione dell'Europa Occidentale. In realtà, il processo integrativo politico, militare ed economico occidentale non è, come spesso si afferma, una reazione alla politica moscovita o alle presunte provocazioni staliniane. Esso risponde a oggettive esigenze postbelliche del sistema occidentale e, in modo analogo, le tendenze centripete dell'Est europeo sono determinate da esigenze simili. Ciò non esclude l'influenza dei difficili rapporti fra i due blocchi e i timori di azioni militari. Anche se Londra e Washington avessero mantenuto l'originaria fiducia in Stalin non sarebbe stato possibile realizzare un "unico mondo" postbellico per la sostanziale contrapposizione dei due sistemi di riferimento.

4. *L'URSS e l'Europa orientale*

a) *Le "democrazie popolari"* - I rapporti fra Mosca e gli Stati dell'Europa orientale si sono consolidati nel periodo bellico e in quello successivo. L'avanzata dell'Armata Rossa è stata acclamata da tutti gli oppositori del nazifascismo e non soltanto dai comunisti. Nel periodo bellico le forze armate sovietiche sono salutate come "liberatrici" dal giogo della spietata tirannia germanica, si creano legami solidi con i movimenti che, a diverso titolo, sostengono la lotta antinazista, nascono accordi con i governi provvisori e si consolidano, in seguito, relazioni con i nuovi Stati dopo la loro ricostruzione e le decisioni confinarie adottate con i trattati di pace del 1947. Prende corpo, in tal modo, una fitta rete di intese interstatuali a vocazione antigermanica che fin dal 1947 non hanno soltanto lo scopo di assicurare mutua assistenza contro un "potenziale revanscismo tedesco", ma nei confronti di qualsiasi aggressione. Risulta in tal modo evidente il graduale tramonto del pericolo germanico e la coscienza di una nuova situazione di conflittualità. Questa evoluzione degli obiettivi difensivi è un indice chiaro del mutamento politico avvenuto. Spesso a queste disposizioni di natura politica sono affiancate intese militari con lo scopo di rendere più concrete ed efficaci eventuali azioni comuni.

Prende corpo, in tal modo, un "sistema integrato", che vede nascere una rete di Stati associati fra loro e con Mosca. I vincoli sono di carattere ideologico: tutti questi governi sono ispirati dalla dottrina marx-leninista e riconoscono un ruolo guida al partito comunista sovietico, al quale si riconosce il merito della "prima e grande rivoluzione", della lotta contro il nazifascismo e la nascita delle stesse nuove realtà statali.

In questo contesto di "unità e solidarietà" si delinea progressivamente un'incrinatura, destinata a divenire poco dopo una vera e propria frattura, con il governo di Belgrado. Quest'ultimo, senza rinnegare le proprie origini e i propri riferimenti ideologici, respinge un rapporto di sudditanza (nell'eguaglianza formale) con Mosca e rivendica il diritto jugoslavo a percorrere una via autonoma e nazionale verso il socialismo (la Jugoslavia, in gran parte, non è stata liberata dall'Armata Rossa ma dalle forze locali, in cui hanno avuto un ruolo prevalente i comunisti).

Già nel 1946 la Jugoslavia conclude una serie di accordi con altri Stati (Polonia, Cecoslovacchia, Ungheria, Romania, Albania) sia per scoraggiare possibili aggressioni sia per creare le condizioni di rapporti commerciali più intensi. A queste intese si associano, tra il 1947 e il 1949, altri trattati con vocazione analoga fra diverse capitali dell'Est europeo (Cecoslovacchia-Polonia, Romania-Ungheria, Bulgaria-Albania) e fra molte di queste (Romania, Cecoslovacchia, Ungheria, Bulgaria) e Mosca.

Tito, pur fedele assertore della dottrina marx-leninista, non è stato messo al potere, come gli altri esponenti dell'Est europeo, dai vertici del Cremlino. A Belgrado si teme che il mancato allineamento ad alcune richieste russe possa determinare un processo di erosione interna e portare ad un vero e proprio colpo di stato analogo a quello avvenuto in Cecoslovacchia. Mosca denuncia il comportamento jugoslavo e il Kominform ne decide l'espulsione: si rimprovera ai dirigenti di Belgrado la continua critica alla politica sovietica, la tendenza nazionalista (cioè il «fascismo marx-leninista»), l'indisponibilità ad integrarsi nel sistema difensivo orientale, l'erroneità di importanti indirizzi nella politica economica. Si giunge al punto di invitare i comunisti jugoslavi a mettere in atto una rivoluzione interna per estromettere i vertici "titoisti". Il successivo sviluppo della polemica, che coinvolge direttamente Stalin e Tito, porta ad un'interruzione dei rapporti politico-economici fra la Jugoslavia e i Paesi dell'Est, mentre si rafforzano quelli con l'Ovest. Alla fine del 1949 i rapporti sono talmente deteriorati che Mosca denuncia il trattato di amicizia russo-jugoslavo dell'aprile 1945.

Ma al di là della rottura con la Jugoslavia, i fattori di coesione del sistema nascono dalla comune condotta bellica, dall'adesione ai principi del marx-leninismo, dalla riconoscenza verso Mosca per aver messo al potere le nuove classi dirigenti, dall'analogia istituzionale e politica interna a questi Stati (dittatura del proletariato), dalla medesima collocazione internazionale anticapitalista, anticolonialista e antiamericana.

La conquista del potere da parte dei comunisti non avviene in tutti i Paesi allo stesso modo e nello stesso periodo, anche se ovunque è decisiva la presenza sovietica (con l'Armata Rossa e gli apparati politici). In genere, la nascita dei governi marx-leninisti e l'instaurazione della dittatura del proletariato nell'Europa orientale-balcanica conoscono tre fasi: *a*) in un periodo iniziale si formano governi provvisori "a più voci" (comunisti, socialisti, liberal-democratici, monarchici, cristiano-democratici, contadini, ecc.); *b*) in un momento successivo sono accettati soltanto i partiti a vocazione "socialista"; *c*) in seguito si formano "partiti unici del popolo" nei quali devono confluire con i comunisti tutte le "espressioni politiche socialiste". In tal modo, pur con alcune eccezioni, si forma un partito unico in cui prevalgono i comunisti. Questi ultimi, tuttavia, sostengono che i governi sono espressione di una pluralità di forze e di partiti popolari democratici, antifascisti e amanti della pace. In alcune circostanze, come in Cecoslovacchia nel 1948, la presa del potere da parte dei vertici comunisti è violenta ed avviene attraverso un vero e proprio colpo di Stato, al quale i sovietici danno un appoggio concreto sia sul piano militare sia su quello politico.

Questi Stati amano definirsi "democrazie popolari", mentre la propaganda occidentale li definisce "satelliti di Mosca". In condizioni e per motivi diversi la Finlandia e la Grecia non sono inserite nel sistema moscovita, ma percorrono strade diverse e autonome sia per quanto riguarda il sistema istituzionale sia per la loro presenza internazionale. Ad Atene i governativi ostili al comunismo prevalgono sulle forze filosovietiche del generale Marcos, che non ha ottenuto da Mosca gli aiuti sperati. Per quanto riguarda la Finlandia, l'URSS ritiene adeguati gli impegni sottoscritti con il trattato di pace e non prende altre iniziative.

La conquista del potere nell'Est europeo da parte dei comunisti, la nascita di una rete di accordi fra loro, il consolidamento di strutture istituzionali d'ispirazione "dittatorial-proletaria", l'avvio di sistemi economici a vocazione statalista sono una palese violazione delle disposizioni contenute negli accordi sull'Europa liberata. Le ragioni di questa evoluzione sono già state esaminate, ed è utile osservare che anche il consolidamento di queste esperienze comuniste, senza fermare le precedenti contestazioni da parte occidentale, non determina reazioni estreme. Al contrario, prosegue il confronto fra i vertici dei due sistemi e si cercano di volta in volta le soluzioni più adeguate alle crisi che si presentano. La logica del "doppio contenimento" presuppone per sua natura l'utilizzo del dialogo, pur in condizioni di reciproca sicurezza. I rapporti fra Est ed Ovest si sviluppano in molte direzioni, anche se nel teatro europeo prevale una "cristallizzazione" delle rispettive posizioni e la tendenza a concentrare gli sforzi per risolvere i problemi interni di ciascun campo.

Stalin (febbraio 1950) conferma di voler ridurre le spese militari con la smobilitazione delle «proprie truppe dopo la guerra» per destinare più riserve allo sviluppo dell'industria civile, ai «grandiosi progetti costruttivi delle centrali idroelettriche del Volga, del Dnjepr e dell'Amudarya», per ridurre i prezzi dei generi di largo consumo (il che esclude il contemporaneo potenziamento dei settori militari: ciò farebbe «correre il rischio di una bancarotta») e ripropone un patto di pace integrativo dei precedenti (Yalta e Potsdam) con le grandi potenze (Washington, Londra, Parigi, Pechino) per la riduzione degli armamenti e «per un'immediata interdizione dell'arma atomica». A proposito della crisi coreana in corso, denuncia l'aggressività americana che ha spinto le sue truppe fino ai confini della Cina dopo averle sottratto l'isola di Formosa. Anche l'ONU, «creata come baluardo a salvaguardia della pace, si sta trasformando in uno strumento di guerra» nella misura in cui sostiene la politica americana e in particolare pretende di condannare una presunta aggressività della Repubblica popolare cinese. Stalin lancia, a questo proposito, un avvertimento molto preciso: con queste decisioni «l'ONU si mette sulla via dell'inglorioso cammino della Società delle Nazioni. Con ciò essa sacrifica la sua autorità morale e si condanna alla disintegrazione».

Nonostante questi pericoli, la guerra non è inevitabile. Le forze aggressive, presenti nei governi di molti Stati nemici dell'URSS, temono la reazione dei propri popoli, che sono ostili all'ipotesi di nuovi conflitti. Occorre una rivalutazione delle proposte sovietiche per un nuovo «Patto per la pace» e un impegno di tutti i popoli per la sua difesa «sino in fondo». Questa causa potrà vincere nella misura in cui saranno sconfitte «le criminose manovre dei provocatori di guerra». L'URSS intende, da parte sua, respingere queste provocazioni, denunciare le calunnie di cui è oggetto, «condurre in modo inflessibile una politica diretta ad evitare la guerra e a tutela della pace».

Le dichiarazioni del dittatore sovietico provocano commenti e reazioni in tutto il mondo occidentale. Successive note sovietiche inducono Londra, Parigi e Washington a precisare la loro posizione: i governi inglese e francese ricordano (gennaio 1951) la precedente violazione degli accordi della *Dichiarazione sull'Europa liberata* (Yalta 1945) e gli aiuti dati da Mosca «alle minoranze comuniste per prendere il potere in tutti i Paesi dell'Europa orientale», il sostegno ai ribelli comunisti greci per rovesciare il governo legittimo, la campagna di diffamazione condotta contro Belgrado, la bolscevizzazione della Germania orientale, l'abbandono della Commissione di controllo interalleata, il blocco di Berlino, la formazione del Kominform (con chiare finalità agitatorie all'interno dei Paesi occidentali), la mancata collaborazione a numerose organizzazioni internazionali (FAO, UNESCO, FMI, ICAO, ILO, ecc.), l'abuso del diritto di veto nel Consiglio di Sicurezza, il ritiro dei propri rappresentanti da quest'ultimo e da tutti gli organi dell'organizzazione (nel corso del 1950), il mantenimento di ingenti e sproporzionate forze militari nell'Europa orientale, la strumentale politica contro il Patto Atlantico, giudicato "aggressivo", il mancato rispetto degli accordi di Mosca (novembre 1943) per la ricostituzione di un'Austria "libera e indipendente", il sostegno fornito «ai ribelli comunisti» in Malesia, in Indocina e in Corea (che ha goduto del successivo appoggio del governo cinese): questi comportamenti, prosegue la nota, dimostrano che «l'imperialismo comunista ricorre alla forza per ottenere con mezzi violenti i propri scopi». A causa di ciò sono state adottate decisioni di carattere difensivo ed avviate riforme per migliorare le condizioni economico-sociali dei popoli occidentali, ma non esistono «mire aggressive nei confronti dell'URSS o dei suoi alleati» né l'intenzione «di far rinascere un militarismo tedesco aggressivo».

Londra e Washington, mentre denunciano l'ipocrita campagna denigratoria sovietica, prendono atto con piacere che Stalin è convinto che si possa evitare la guerra e si dichiarano disponibili a riprendere le discussioni con l'URSS per un «miglioramento concreto e durevole dei rispettivi rapporti». In una successiva intervista a un gruppo di giornalisti americani, nell'aprile del 1952, Stalin afferma che il pericolo di «una terza guerra mondiale» è meno incombente di quanto potesse essere negli anni precedenti. A suo giudizio, «la pacifica coesistenza del capitalismo e del comunismo è possibile se esiste reciproco desiderio di cooperazione», se vengono rispettati gli impegni presi e se vi è osservanza «del principio di uguaglianza e della non ingerenza negli affari interni degli altri Paesi».

Nell'ottobre del 1952 la «Pravda» pubblica il testo di alcuni scritti di Stalin (redatti nei mesi precedenti) dove, oltre a questioni economiche sovietiche, sono affrontati anche problemi di politica internazionale. Essi permettono di far luce su alcuni aspetti del pensiero politico del dittatore sovietico nei rapporti Est-Ovest. Stalin osserva che nelle intenzioni di Washington, Londra e Parigi la seconda guerra mondiale doveva creare un «mercato unitario ed universale» con la sconfitta di Berlino e di Tokyo. Ora, al contrario, nonostante la caduta del Tripartito, le loro speranze «di accaparrarsi i mercati esteri e le risorse mondiali di materie prime e di conquistare il dominio del mondo» sono andate deluse per la formazione di «un unitario e potente blocco socialista (URSS, democrazie popolari europee e Cina) che sta di fronte al blocco del capitalismo». Si sono creati, secondo il dittatore sovietico, «due mercati mondiali paralleli» ma contrapposti fra loro: il piano Marshall non è riuscito a «paralizzare le economie socialiste», ma ne ha determinato per reazione la crescita con l'aiuto sovietico. In futuro, i Paesi capitalisti influiranno sempre meno sul mercato delle materie prime e i loro commerci sono destinati a diminuire per la concorrenza dei produttori socialisti («aumenterà il loro quantitativo di prodotti industriali invenduto»). Il piano Marshall, la guerra di Corea, il riarmo, la militarizzazione dell'industria possono ritardare la crisi generale del capitalismo ma non evitarla, perché essa sarà la conseguenza della mancata creazione del mercato globale. Queste difficoltà porteranno allo scontro fra i diversi capitalismi per le contrapposte aspirazioni egemoniche e imperiali.

L'apparente e provvisoria superiorità americana sugli altri Paesi occidentali è destinata ad un rapido tramonto perché questi ultimi non possono accettare né la colonizzazione produttiva né quella commerciale. In teoria, sono più forti i contrasti fra il capitalismo e il socialismo, ma, in pratica, è più probabile un conflitto fra le potenze imperialiste. Una guerra fra queste ultime e il blocco socialista è molto pericolosa perché metterebbe in discussione «l'esistenza del capitalismo stesso». Al contrario, osserva Stalin, un conflitto fra Stati capitalisti è soltanto «una questione di predominio» fra loro. I «capitalisti», benché denuncino, per motivi propagandistici, «l'aggressività sovietica», non credono a questa eventualità perché conoscono «la politica di pace dell'URSS» e sanno che essa «non attaccherà i Paesi capitalisti». La seconda guerra mondiale non è nata contro l'URSS (o da parte sovietica contro i Paesi capitalisti), ma da uno scontro fra i capitalisti per assicurarsi il controllo del mercato globale. Mentre la guerra fra il sistema socialista e quello capitalista è un'ipotesi, occorre convincersi della «ineluttabilità della guerra fra i Paesi capitalisti». Stalin precisa che il movimento pacifista, animato e sostenuto da Mosca, ha soltanto lo scopo di «prevenire una nuova guerra mondiale» e non di «abbattere il capitalismo e instaurare il socialismo».

Aiutano a comprendere il pensiero dei dirigenti moscoviti alcune ulteriori riflessioni di Stalin contenute in questi testi: anche dopo la prima guerra mondiale, molti hanno pensato che la Germania non potesse riprendersi. Al contrario, con l'aiuto anglo-americano essa ha sviluppato la sua economia e il suo potenziale bellico. Londra e Washington «hanno covato l'intenzione di lanciare la Germania che si rialzava contro il Paese del socialismo», ma essa ha diretto «in prima linea le sue forze contro il blocco anglo-franco-americano». In seguito all'attacco tedesco all'URSS, questo blocco non si è unito a Berlino ma è stato «costretto ad entrare in una coalizione con l'URSS contro la Germania hitleriana». Questa decisione ha dimostrato che «il desiderio di strozzare i propri concorrenti» per il controllo dei mercati mondiali è stato più forte del contrasto fra capitalismo e socialismo. Anche ora, osserva Stalin, non ci sono garanzie sul futuro di una rinascita tedesco-nipponica e questo accentua le possibilità di «guerra fra i paesi capitalisti».

Trova conferma in queste righe la precedente interpretazione sovietica della politica di Berlino e delle potenze occidentali e la giustificazione del Patto Ribbentrop-Molotov del 1939 (qui non citato) in chiave difensiva e preventiva, dettato dal timore di un accordo di tutti i maggiori Paesi capitalisti ai danni dell'URSS. La stessa collaborazione con le potenze occidentali viene presentata come una richiesta e una necessità di queste ultime. Si dimenticano la disperata situazione sovietica dopo l'operazione Barbarossa e gli aiuti ricevuti da parte americana. È tuttavia importante capire che le valutazioni moscovite non si fondano sulla tradizionale politica di potenza nazionale, ma su basi ideologiche, sull'idea dello scontro fra capitalismo e socialismo. Questa netta separazione è sempre presente, sia nei momenti in cui c'è il timore di un grande fronte reazionario mondiale anticomunista sia quando, finita questa paura, c'è la collaborazione con una parte degli Stati capitalisti contro altri retti da un analogo sistema economico-sociale. La conflittualità esistente fra le dittature e le democrazie resta in ombra perché Mosca considera prevalenti gli interessi dei gruppi economici all'interno degli Stati ed anche perché l'URSS ha scelto la "dittatura del proletariato" e ha condannato il sistema liberale dell'Occidente.

Stalin approfondisce anche problemi di carattere economico e in particolare le leggi economiche che reggono il capitalismo e il socialismo. A questo proposito, è certo della superiorità e dell'affermazione di quest'ultimo, perché esso risponde in modo più adeguato alle esigenze della società moderna. A suo giudizio, la necessità di raggiungere il massimo profitto produce effetti deteriori (schiavismo, colonialismo, bellicismo, ecc.). Lo stesso uso delle nuove tecnologie e delle scoperte scientifiche non è sempre scontato o lineare, perché risponde ad esigenze concrete e immediate di guadagno (ciò comporta il rifiuto di nuove tecniche e anche il ritorno al lavoro manuale).

Al fondo del moderno capitalismo, secondo il dittatore sovietico, c'è la convinzione che il "massimo profitto" sia la migliore garanzia per la soddisfazione dei bisogni materiali e culturali della società, per lo sviluppo produttivo e per la modernizzazione tecnologica. Al contrario, il socialismo crede in uno sviluppo armonico e controllato delle necessità sociali, nel graduale perfezionamento delle tecniche produttive, in altre parole «in uno sviluppo regolato e proporzionale dell'economia popolare». La pianificazione economica è una conseguenza di questa impostazione e diventa una necessità nel momento in cui sono definiti gli obiettivi economico-sociali da perseguire. In ultima analisi l'iniziativa privata, la concorrenza, la logica dell'«umano profitto» non possono garantire né sviluppo per tutti né stabilità nei mercati interni ed esterni, mentre il socialismo, con la pianificazione di un'economia popolare, può raggiungere risultati più apprezzabili e duraturi.

I testi di Stalin, pubblicati dalla «Pravda» in ottobre (già comparsi poco prima sull'organo del Comitato centrale del partito comunista dell'URSS, il quindicinale «Bolscevik»), costituiscono gran parte della piattaforma politica del XIX congresso del partito comunista bolscevico dell'URSS, che si tiene a Mosca nell'ottobre del 1952 (il XVIII era stato celebrato nel lontano marzo del 1939 alla vigilia del secondo conflitto mondiale).

Da osservare che durante i lavori congressuali il membro del *Politburo* Krusciov svolge un'ampia relazione sulla necessità di riformare il partito. Esso, dopo quasi quarant'anni di potere, non teme più le opposizioni esterne di classe ed ancor meno azioni controrivoluzionarie appoggiate da forze straniere. C'è, al contrario, il pericolo di una progressiva «fossilizzazione dei dirigenti», del distacco fra il popolo e la classe dirigente, del dilagare «del nepotismo e dei favoritismi», della riduzione della dialettica interna, di una burocratizzazione crescente di tutti gli apparati di partito statali. Anche senza giungere a clamorose conclusioni, il congresso evidenzia altre questioni: l'importanza di una profonda riforma del partito e il pericolo di un suo distacco dal popolo russo per la creazione «di una aristocrazia comunista» chiusa in se stessa. Nell'intervista concessa al «New York Times» (dicembre 1952), Stalin conferma che la guerra fra USA e URSS è "evitabile" e che i due Paesi possono «continuare a vivere in pace». Si dichiara disponibile ad incontrare i vertici della nuova amministrazione Eisenhower e a collaborare per «porre termine alla guerra in Corea».

b) *Il decesso di Stalin (1953)* - La morte di Stalin (marzo 1953) lascia al vertice dell'URSS un gruppo di dirigenti già noti all'interno e all'estero: Malenkov, Molotov, Berija, Voroshilov, Krusciov e altri. Anche senza formali dichiarazioni, si assiste all'avvio di una gestione collegiale che sembra preludere ad una svolta nei metodi e nei contenuti rispetto al periodo precedente. La morte del dittatore crea attese sia nel popolo russo sia nelle democrazie popolari sia in Occidente; anche se i segnali del cambiamento sono modesti, e spesso accompagnati da altri di segno contrario, si crea una speranza di liberalizzazione all'interno e di un rilancio significativo della politica di dialogo e di coesistenza verso l'esterno. Negli ambienti politici si parla di "disgelo" per indicare la decomposizione delle precedenti rigidità e l'avvio di confronti più costruttivi. In realtà, le critiche condizioni postbelliche nei rapporti Est-Ovest non sono riconducibili alle ottusità o all'intransigenza del dittatore scomparso, ma alla reale difficoltà di creare condizioni concrete di coesistenza fra i due sistemi che hanno sconfitto le forze del Tripartito. Questa realtà è tanto più evidente se si osserva lo sviluppo delle relazioni successive alla luce del comportamento del nuovo gruppo dirigente; prevalgono elementi di continuità in politica interna e esterna e si dovranno registrare anche inasprimenti e rigidità molto accentuati, come in occasione della rivolta popolare ungherese (1956).

I successori di Stalin riprendono le proposte dei mesi precedenti per attivare incontri ai massimi livelli politici per discutere e risolvere i più urgenti problemi internazionali (conferenze di Berlino e di Ginevra). Queste iniziative per il rilancio del dialogo Est-Ovest non escludono altre decisioni che paiono in netto contrasto con questi indirizzi.

Malenkov, nuovo presidente del Consiglio dei Ministri dell'URSS, nell'orazione funebre in occasione della tumulazione della salma di Stalin accanto a Lenin (9 marzo 1953), ricorda i meriti dello statista a difesa delle classi sfruttate per la creazione della nuova società socialista sulla base degli insegnamenti marx-leninisti e sottolinea l'importanza del suo lavoro per l'edificazione del «campo della pace, della democrazia e del socialismo». L'URSS crede nella «possibilità di una prolungata coesistenza e competizione pacifica di due differenti sistemi: quello capitalista e quello socialista. [...] La nostra principale sollecitudine è di non permettere una nuova guerra, vivere in pace con tutti i Paesi. [...] [C'è] il sacro desiderio del popoli di conservare la pace e non permettere un nuovo sanguinoso macello».

De Gasperi, in questa circostanza, ricorda (6 marzo 1953) che la diplomazia sovietica ha tenuto nei confronti dell'Italia durante la conferenza della pace «un atteggiamento [...] ostinatamente duro e pervicacemente negativo». Non manca di formulare un giudizio e di rivolgere un augurio: «Tuttavia, se fosse vera l'opinione di chi attribuisce al suo influsso personale [di Stalin] l'esitazione dell'URSS a scatenare una nuova conflagrazione mondiale, dovremmo mettere al suo attivo questo suo rifuggire dalla responsabilità estrema e augurarci che i suoi successori lo accettino come norma di saggezza».

I nuovi dirigenti sovietici, mentre ribadiscono di voler continuare la precedente politica di "pace" e di coesistenza fra sistemi diversi, devono far fronte a rivolgimenti all'interno di alcuni Paesi a regime comunista, che si manifestano in Cecoslovacchia e con particolare violenza a Berlino Est e nella Germania orientale. Mosca, forse impreparata ad affrontare sommosse popolari, reagisce con durezza e non esita ad utilizzare le forze armate per piegare le rivolte e riportare l'ordine. In particolare, la rivolta di Berlino Est (giugno 1953) è domata con l'impiego di mezzi corazzati della Germania orientale e sovietici. Questa repressione è un indice significativo della ferma volontà dei vertici berlinesi e moscoviti di non interrompere la costruzione del socialismo.

Da queste vicende traspare anche la politica occidentale ispirata a cautela e prudenza. La condanna dei metodi repressivi adottati, la solidarietà nei confronti dei dimostranti tedesco-orientali o dei cecoslovacchi non producono alcuna iniziativa importante, perché è accettata l'idea che non si debba intervenire nelle zone sotto controllo sovietico. La teoria del contenimento è inconciliabile con ipotesi d'ingerenza dove già sono al potere regimi comunisti e non c'è alcuna intenzione di mettere in pericolo l'equilibrio generale per tutelare i cittadini di queste nazioni.

Anche in altri Stati dell'Est europeo i vertici comunisti sono soggetti a pressioni interne al partito e a proteste popolari. Queste scosse determinano "scomuniche" e cambiamenti, ma, in generale, il sistema resta in piedi. Non c'è nei successori la volontà di liquidare il sistema, ma quella di cambiarlo con il rifiuto di una nuova conduzione personalistica e verticistica. Il comportamento del defunto dittatore ha indebolito le potenzialità del comunismo, che una direzione collegiale avrebbe permesso di sviluppare. La riabilitazione "postuma" di molti dirigenti, la concessione di amnistie, la riconsiderazione degli obiettivi primari e dei piani quinquennali (con maggiore attenzione alle ripartizioni fra beni di consumo, industria pesante e necessità militari) non inducono a una democratizzazione del sistema, nel quale il potere continua ad essere gestito da una "minoranza".

I movimenti popolari di protesta in Cecoslovacchia e nella Germania orientale sono repressi con durezza e determinazione (1953). Non a caso l'URSS segue con attenzione e preoccupazione il processo integrativo europeo, l'estensione degli accordi politico-militari occidentali e il progressivo reinserimento della Repubblica federale tedesca nel blocco capitalista. Giudica il nuovo contesto allarmante, teme ancora una volta l'accerchiamento e denuncia il timore di poter essere oggetto di azioni offensive o aggressive da parte occidentale.

c) *Il Patto di Varsavia (1955)* - In un'atmosfera di tensione internazionale nasce un patto di amicizia, cooperazione e reciproca assistenza fra otto Paesi con analoghi riferimenti ideologici e istituzionali (URSS, Albania, Bulgaria, Romania, Ungheria, Germania orientale, Cecoslovacchia e Polonia). Già nel dicembre del 1954 essi hanno sottolineato l'esigenza di dar vita ad una organizzazione militare di tipo "atlantico" del blocco comunista. La decisione da parte occidentale di dar corpo agli accordi di Parigi accelera questo processo: sulla base di questo precedente viene convocata a Varsavia una conferenza dei Paesi orientali (11-14 maggio 1955) che dà vita alla nuova alleanza. Essa assume un significato più politico che militare; queste capitali sono infatti già unite fra loro e con l'URSS da 16 trattati (sottoscritti fra il 1943 e 1949), dal Kominform (1947) e dal Comecon (1949). Anche sul piano militare sono state attivate da tempo misure per favorire il coordinamento delle diverse forze armate (standardizzazione delle armi, addestramento delle truppe, unificazione dei regolamenti, manovre congiunte, ecc.). C'è da registrare il pieno inserimento della Germania orientale e dell'Albania. Oltre a ciò, questo accordo permette all'URSS di mantenere le sue forze armate in Ungheria e Cecoslovacchia, da dove avrebbero dovuto essere evacuate dopo la firma del trattato di pace con Vienna.

In queste occasioni Bulganin, che guida la delegazione sovietica nella capitale polacca, afferma che «l'immutato principio della politica estera sovietica è il principio leninista della coesistenza dei differenti sistemi sociali». La ratifica degli accordi di Parigi fra i Paesi dell'Europa occidentale modifica i termini precedenti della sicurezza europea. La Germania occidentale potrà avere un proprio esercito e «viene trasformata in una piazza d'armi per lo spiegamento di forze aggressive».

L'URSS ha denunciato i precedenti accordi con Londra (1942) e Parigi (1944) dopo la loro partecipazione ad alleanze militari con Bonn e l'avvio del riarmo tedesco. Ciò nonostante, Mosca prosegue nella sua politica di pace per l'unificazione di una Germania pacifica e democratica. È urgente prendere nuove e più concrete iniziative per garantire una maggiore sicurezza in Europa e in questo senso deve essere letto «il trattato di difesa comune» siglato a Varsavia, che è conforme alle disposizioni dell'art. 51 della Carta delle Nazioni Unite in materia di autodifesa individuale e collettiva. Il campo imperialista ha operato per «raggiungere posizioni di forza» e dettare così «la sua volontà agli altri». Questa politica però genera «reciprocità» e purtroppo, di fronte all'attivismo aggressivo e «carico di pericoli» degli «Stati imperialisti», «non possiamo rimanere oziosi» ma «siamo costretti e prendere contromisure».

Il trattato è la risposta al precedente accordo sottoscritto dagli Stati aderenti all'Alleanza Atlantica e ne ricalca con singolare simmetria l'impostazione. Si vuole promuovere un sistema di sicurezza collettiva aperto a «tutti gli Stati europei senza considerare i loro sistemi sociali e istituzionali». Nel preambolo sono evidenziate le ragioni delle nuove tensioni: ratifica degli accordi di Parigi e l'integrazione della Germania occidentale nel blocco nord-atlantico; al tempo stesso, gli Stati «amanti della pace» devono prendere le misure necessarie per tutelare la propria sicurezza. Questa azione sarà conforme ai principi e agli intenti della Carta delle Nazioni Unite nel rispetto dell'indipendenza, della sovranità degli Stati e della non ingerenza negli affari interni di altri Paesi. Le parti contraenti si asterranno dalla minaccia e dall'uso della forza, parteciperanno a tutte le iniziative internazionali pacifiche, collaboreranno per la «riduzione generale degli armamenti e la proibizione di armi di distruzione di massa atomiche, all'idrogeno e di altro genere». Nel caso di un attacco armato contro uno e più di uno degli Stati firmatari ognuno di essi, da solo o con gli altri, darà assistenza agli aggrediti con le sue forze, anche con quelle militari. Ciò non contrasta con le disposizioni dello Statuto dell'ONU: le misure adottate saranno comunicate al Consiglio di Sicurezza e sospese non appena quest'ultimo sarà in grado di garantire condizioni di sicurezza accettabili. Si prevede una durata del trattato di 20 anni, che esso cesserà di esistere anche nel caso in cui venga realizzato un sistema di sicurezza collettiva. Le parti contraenti decidono di costituire un comando unificato delle proprie forze armate al cui vertice è nominato un maresciallo dell'URSS.

Con la firma di questo Patto (Varsavia, maggio 1955) è formalizzata la saldatura fra i sistemi politici dell'Europa orientale: viene creato un fronte politico e militare comune che coinvolge milioni di persone e rende ufficiale un collegamento già in essere, ma non proclamato con tanto rilievo. Questa convergenza è un messaggio per l'estero, ma anche per le popolazioni dei rispettivi Stati e senza dubbio per le opposizioni più o meno rilevanti all'interno di ciascuno di essi. È la prova del superamento di una concezione nazional-statale del comunismo, che apre le porte ad una coscienza più aperta ed evoluta dei rapporti fra i diversi contraenti, che, pur nella loro ribadita individualità, sono pezzi di un mosaico più ampio, sono espressione di un disegno più generale, sono il motore di una rivoluzione in atto a livello europeo e mondiale.

La sottoscrizione non è importante soltanto per il potenziale dissuasivo che esprime nei confronti di ipotetiche aggressioni, ma anche per la carica positiva che ha in sé. I gruppi dirigenti di questi Paesi confermano, dopo il decesso lontano di Lenin e quello più recente di Stalin, di essere determinati nella costruzione del socialismo, di voler essere uniti in quest'opera e di volerla difendere in un'ottica unitaria. Anche se il teatro di riferimento geografico è sostanzialmente europeo, non si può lasciare in ombra l'estensione euro-asiatica dell'URSS e l'importanza intercontinentale di Washington.

Non è difficile cogliere in questo Patto l'elemento conclusivo, per quanto riguarda l'URSS, degli accordi firmati a Yalta e a Potsdam: esso liquida in modo definitivo le speranze della *Dichiarazione sull'Europa liberata*. Nel decennio trascorso dalla firma di quel documento non ci sono state le previste "libere elezioni", sono stati eliminati, uno dopo l'altro, tutti i governi provvisori o di coalizione democratica, le "classi sfruttate" hanno preso il potere e avviato la dittatura del proletariato (operaio e contadino). Ora è compiuto un passo ulteriore: c'è l'adesione ad una struttura unitaria politico-militare guidata dall'URSS. Si completa in tal modo, nel teatro europeo, il disegno predisposto da Stalin e dai suoi collaboratori già negli ultimi anni di guerra: creare condizioni di sicurezza con l'estensione territoriale dello Stato sovietico e dar vita ad una rete di altri Stati amici (ora integrati nel sistema). La doppia rete di garanzia è dunque realizzata in pieno, dal Mar Nero al Baltico. Rispetto al 1939 la politica sovietica ha ottenuto sorprendenti risultati, ma ancora più interessante si rivela il nuovo contesto asiatico, che va ben oltre le più ottimistiche previsioni formulate nel trattato sul Giappone nel febbraio del 1945 a Yalta.

È opportuno, in quest'analisi, affrontare anche la questione dell'analogia dei due trattati costitutivi dell'Alleanza Atlantica e del Patto di Varsavia: essi sono quasi identici nei testi che li costituiscono. Colpisce la simmetria della composizione, la logica difensiva di ambedue, il ribadito impegno nell'ONU, la volontà di attivare strumenti regionali non sostitutivi ma rafforzativi dei vincoli societari. Questo passaggio è fondamentale per comprendere l'intenzione dei due schieramenti di rimanere all'interno del sistema di tutela della pace creato a Yalta. Da questo punto di vista i due blocchi, mentre danno vita a queste alleanze, confermano gli impegni sottoscritti in precedenza: non prevale la volontà di romperli o di metterli da parte ma quella di rafforzarli. Se si potesse usare una terminologia bismarckiana, si potrebbe dire che l'Alleanza Atlantica e il Patto di Varsavia non rappresentano sistemi di contrapposizione (come troppe volte è stato scritto), ma di "contro-assicurazione" nel caso in cui i precedenti vincoli si rivelassero inadeguati.

La specularità dei due accordi e la ribadita intenzione di collocarli nel sistema dell'Organizzazione delle Nazioni Unite rendono queste alleanze strumenti per il rafforzamento della pace e della sicurezza; essi finiscono per agevolare il cammino della "pace difficile". Non si può sostenere che la cosiddetta guerra fredda provoca il tramonto dell'ONU, la quale diventa un'inutile tribuna "sepolta dalla rivalità americano-sovietica". Ed ancor meno pare accettabile sostenere che dallo scontro dei due sistemi prenda corpo un nuovo equilibrio fondato sulla forza militare americana, alla quale si contrappone quella sovietica (e dei rispettivi alleati). Gli strumenti militari sono sempre considerati "difensivi e dissuasivi". Infatti, in ogni occasione sono ribadite la volontà di evitare lo scontro fra le grandi potenze, la fiducia nella coesistenza fra i sistemi e la necessità di collaborare per superare la crisi.

Gli USA non si sottraggono all'"Associazione dei vincitori", né dimostrano ostilità o pentimenti per le decisioni adottate nelle conferenze di Yalta e Potsdam. Al contrario, ne ribadiscono l'importanza nonostante la mancata applicazione degli accordi per la democratizzazione dei "Paesi liberati". L'URSS, a sua volta, in più occasioni denuncia i comportamenti occidentali, che giudica incoerenti rispetto a quelle originarie intese. È pure superficiale affermare che il Patto di Varsavia è fondato sulla coercizione, ma è più esatto dire che i popoli difesi da questa alleanza non hanno potuto esprimersi liberamente né su questo accordo né sul sistema istituzionale che li governa. Al contrario sia i partiti comunisti sia i governi di questi Paesi approvano senza riserve la costituzione di questo fronte difensivo comune, ma la sostanza del problema resta la natura difensiva delle due alleanze. Occorre sempre, di fronte a fenomeni di questa natura, che comportano ingenti impegni negli armamenti, cercare di interpretare con esattezza le reali intenzioni degli attori. Non si deve confondere la paura di essere aggrediti con l'intenzione di aggredire.

d) *Il XX congresso del PCUS (1956)* - Nel 1955 Krusciov assume la guida del partito e Bulganin quella del governo: la nuova dirigenza conferma indirizzi di rinnovamento e distensivi. Fra le prime iniziative, non prive di significato, c'è una visita a Belgrado (maggio-giugno 1955) delle massime autorità sovietiche per ricomporre i rapporti con Tito. Queste aperture non modificano in alcun modo la precedente posizione d'ostilità nei confronti della politica occidentale, della Germania, del riarmo dell'Europa occidentale e del Patto Atlantico, ma ancor meno esistono significativi e immediati cambiamenti in Asia e nel Medio Oriente. Occorre, in questo delicato passaggio fra il periodo staliniano e quello successivo, non cedere alla tentazione delle interpretazioni soggettive o "consolidate", ma attenersi ai fatti. Ciò evita di avventurarsi in frettolose conclusioni che accreditano l'apertura di una fase nuova e completamente diversa dalla precedente nei rapporti Est-Ovest e permette di capire la gradualità dell'evoluzione di queste relazioni, che risentono di elementi più profondi e complessi.

L'elemento più significativo dell'opera dei successori di Stalin non è il cambiamento, ma una maggiore dinamicità nei rapporti con l'Ovest, una rinnovata disponibilità al confronto, che nella fase terminale dello stalinismo aveva dato sintomi di "congelamento e cristallizzazione". Non ci sono cedimenti sui presupposti ideologici o ripiegamenti negli obiettivi già perseguiti e in quelli perseguibili da parte dei nuovi dirigenti. In un primo periodo la destalinizzazione non coinvolge il popolo, ma resta circoscritta nell'ambito del partito, o meglio del suo vertice e del suo gruppo dirigente.

La conferma dell'ortodossia ideologica, anzi di un certo integralismo interpretativo, da parte del Cremlino all'indomani del decesso di Stalin e della firma del Patto di Varsavia viene dal XX congresso del partito comunista dell'URSS (febbraio 1956). La durissima condanna dello stalinismo ad opera di Krusciov riguarda i suoi metodi di gestione interna: essi hanno indebolito la causa comunista, ne hanno frenato l'affermazione in Russia e hanno ridotto anche la capacità di reagire del Paese di fronte all'aggressione nazista. I successori di Stalin sembrano aprire con il XX Congresso una fase nuova all'interno dell'URSS, nei rapporti con gli altri Paesi comunisti e nelle relazioni con l'Occidente. In realtà, le riforme interne sono appena abbozzate, le vie nazionali al socialismo non vengono approvate, mentre rimane la tensione con le potenze democratico-capitaliste. C'è la volontà di un ritorno ad un comunismo più puro, riconducibile alla idealità della rivoluzione e agli anni di Lenin. Pare di assistere alla chiusura di una parentesi (la gestione del potere di Stalin) per riprendere il cammino dal 1923.

Il XX congresso del partito comunista sovietico (Mosca, febbraio 1956) offre una lettura importante degli orientamenti del gruppo dirigente dopo la scomparsa di Stalin. Sugli indirizzi politici generali non ci sono significativi cambiamenti, anzi prevale la continuità. È confermata, nei discorsi di Krusciov e degli altri esponenti, la certezza della vittoria finale del socialismo sul capitalismo, anche se essa può avvenire in modi diversi. La società internazionale può evolvere verso l'approdo socialista anche senza il ricorso alla forza, alla rivoluzione, alle guerre civili. In certi Paesi l'avanzata dei partiti proletari è talmente accentuata che può portare al potere i comunisti anche per via parlamentare. Viene precisato però che questa "conquista del potere" non può significare l'accettazione del parlamentarismo borghese e ancor meno un allineamento con la socialdemocrazia. I comunisti, giunti al governo, dovranno operare per distruggere le strutture e le istituzioni capitaliste e borghesi e ancor più dovranno rifiutare eventuali successivi risultati elettorali che dovessero porli in condizioni minoritarie (cioè d'opposizione). Il congresso ribadisce la necessità della coesistenza pacifica, poiché una guerra con armi tradizionali segnerebbe senz'altro la vittoria del sistema socialista, ma c'è il pericolo che essa possa «degenerare in un conflitto nucleare» e in questo caso può essere un suicidio «per ambedue le parti». Per prevenire queste ipotesi estreme (guerra convenzionale e atomica) occorre attivare sistemi adeguati di sicurezza in Europa e in Asia, avviare energiche azioni di disarmo, sospendere gli esperimenti termonucleari. Sul piano interno di partito viene dato molto rilievo alla necessità di arrivare a una «direzione collettiva» degli affari politici per porre fine al precedente sistema, troppo verticistico e personalistico, e per favorire la partecipazione di un più elevato numero di dirigenti. Da più parti è messo in stato di accusa Stalin per i suoi metodi dispotici e dittatoriali, sfociati in un vero e proprio culto della personalità. Anche la sua ultima opera, *I problemi economici del socialismo nell'URSS*, è oggetto di pesanti critiche.

Nella risoluzione finale sono sottolineate l'enorme espansione del socialismo nel mondo a fronte della ritirata del sistema capitalista e la necessità di proseguire sulla strada, indicata da Lenin, «della pace e della distensione» e di rafforzare i legami con tutte le democrazie popolari e con i Paesi «neutralisti» («che si rifiutano di essere coinvolti nei blocchi militari»). Nel testo compare una dura condanna «delle potenze imperialistiche, con alla testa i circoli reazionari americani», che «hanno adottato la politica delle posizioni di forza» con la quale vogliono sopprimere la classe operaia, i movimenti di liberazione nazionale e democratici, che hanno scatenato contro l'URSS «una guerra fredda» con la creazione di basi militari vicino ai confini sovietici, con la corsa agli armamenti e con la creazione di «blocchi aggressivi».

In occasione del congresso, Krusciov legge un rapporto segreto su Stalin. Il documento, conosciuto in Occidente nei mesi successivi, è una critica spietata dei metodi e dell'opera del dittatore sovietico.

Viene condannato con forza il culto della personalità («esaltare una persona e farne un superuomo dotato di qualità soprannaturali paragonabile a un dio»). Nessuno vuole negare i meriti di Stalin, osserva Krusciov, ma si vuole capire come è stato possibile creare questo culto, diventato «fonte di tutta una serie di perversioni, sempre più grandi e perniciose, dei principi del partito e della legalità rivoluzionaria». Questa violazione del principio della direzione collettiva del partito, che ha portato «all'accumulazione di un potere immenso ed illimitato nelle mani di una sola persona», è in contrasto con gli insegnamenti del marx-leninismo.

Lenin stesso aveva messo in guardia il partito sui limiti di Stalin, «eccessivamente brutale [...], capriccioso, ed abusava dei suoi poteri», e Krusciov ricorda le repressioni contro altri dirigenti del partito e quelle di massa, la radicalizzazione della lotta ideologica con l'invenzione «dei nemici del popolo», la sistematica eliminazione politica e fisica degli avversari (e anche «di persone che non avevano commesso alcun crimine contro il partito e il governo sovietico»). In questo contesto di «torbida violenza» si è proceduto alla «fabbricazione dei processi» (nel periodo 1937-1938 su 139 membri del Comitato centrale ben 98, cioè il 70%, sono stati arrestati e fucilati) e all'eliminazione dei trotskisti e di tanti altri esponenti e militanti non allineati alle direttive del dittatore.

Krusciov denuncia le responsabilità di Stalin per aver sottovalutato la minaccia tedesca nel 1939, per l'oppressione delle diverse nazionalità, per la rottura con Tito, per i delitti di Berija, per la disorganizzazione agricola, per la falsificazione di molti fatti storici, e nella parte finale del suo lungo e documentato intervento si chiede le ragioni di questa degenerazione durante i trent'anni di potere staliniano. Molti dirigenti hanno appoggiato Stalin in buona fede, hanno creduto nella sua volontà di portare a compimento i progetti di Lenin, altri sono stati emarginati per la mancata convocazione degli organi ufficiali del partito (e con la creazione di numerose commissioni sostitutive). La radice delle deviazioni staliniane è il culto della personalità, che deve essere combattuto in futuro con la massima energia. È urgente, conclude Krusciov, ribadire «i principi della scienza marxista-leninista sul popolo come creatore della storia e di tutti i beni materiali e spirituali dell'umanità, sulla funzione decisiva del partito marxista nella lotta rivoluzionaria per la trasformazione della società, sulla vittoria del comunismo». È opportuno osservare il riferimento al «popolo creatore»: in passato si è insistito sul ruolo di quello russo per la rivoluzione in quel Paese, per compiere un balzo in avanti dopo secoli di arretratezza e degrado, ora è esaltato quello mondiale per compiere un analogo cammino per la «guerra civile universale». In realtà, in nessun caso si è trattato di movimenti popolari, ma sempre dell'opera delle minoranze comuniste e dei vertici del partito che hanno dato vita alla "dittatura". Anzi, proprio in queste circostanze e ancora più negli anni successivi appare evidente il timore dei vertici comunisti di affrontare il giudizio popolare attraverso libere consultazioni elettorali.

Il XX congresso è un passaggio importante della storia del comunismo sovietico che merita di essere esaminato in profondità. I discorsi di Krusciov, dei maggiori esponenti moscoviti e i documenti approvati confermano la volontà di proseguire negli sforzi per costruire il "socialismo" e l'immutata fede nella solidarietà internazionale del movimento comunista. Da questo punto di vista, non ci sono "aperture", cedimenti oppure concessioni che possono far pensare ad un cambiamento di rotta né sul piano istituzionale né su quello economico ed ancor meno ad un allentamento dei vincoli di sistema con i "Paesi fratelli". Questo blocco va rafforzato per sostenere il confronto con il mondo capitalista e per condurre alle estreme conseguenze l'impegno per una rapida decolonizzazione in tutti i continenti. La lotta di classe rimane lo strumento fondamentale per condurre i processi di liberazione destinati ad accentuare le lotte sociali all'interno delle nazioni liberal-democratico-capitaliste, fra queste ultime e i movimenti di liberazione anticolonialisti e fra le stesse potenze imperialiste (colonialiste ed ex colonialiste). Sotto questo profilo, si insiste nel sottolineare la volontà di portare a compimento il disegno originario di Lenin avviato con la Rivoluzione d'ottobre ma destinato a concludersi con l'affermazione comunista a livello mondiale. È bene non confondere questa parte dei lavori del congresso con la lettura del rapporto segreto sui "crimini dello stalinismo", letto a porte chiuse e destinato ai delegati sovietici. Si tratta di un atto interno che denuncia le deviazioni personalistiche del potere del dittatore e che vuole rassicurare i "sopravissuti" per il futuro. La condanna dei metodi di Stalin e delle sue brutali prepotenze è opera dei suoi stessi e più diretti collaboratori, non di esponenti di un'opposizione, che ove si è manifestata, è stata colpita e liquidata sul piano organizzativo, politico e personale (carcere, uccisioni, ecc.) a tutti i livelli della società sovietica (cittadini, intellettuali, comunisti, militari, ecc.). Coloro che ora possono denunciare il passato hanno sopportato in silenzio le degenerazioni e hanno collaborato con il dittatore e sono oggi desiderosi di porre fine al precedente clima di "terrore interno" e di insicurezza personale permanente.

La critica dello scomparso dittatore è in realtà una forma di difesa e di assicurazione reciproca fatta dagli scampati alla dispotica tirannia dei decenni precedenti, che, nel timore che si possa affermare fra di loro un nuovo despota e ritornare alle paure quotidiane e agli eccessi del periodo precedente, prendono il reciproco impegno a non permettere che un tale fenomeno abbia a ripetersi ed escludono di volerlo promuovere personalmente. I richiami al periodo della gestione leninista e la proclamata collegialità sono lo strumento concreto per uscire dal passato e per garantirsi posizioni future di potere durature, non insidiate da continui sospetti, minacce, provvedimenti repressivi o eliminazioni fisiche. Alla luce di queste esigenze "concrete e pressanti" non sorprende che, mentre il 70% dei membri degli organi direttivi del periodo staliniano è stato via via eliminato, i nuovi dirigenti confermino il gruppo dirigente uscente e che esso (con rare eccezioni) rimanga a lungo ai vertici del Cremlino.

Nel rapporto di Krusciov manca l'analisi delle cause della degenerazione staliniana, che è considerata la conseguenza delle torbide tendenze di una persona che viene meno ai propri compiti e tradisce la causa rivoluzionaria in quanto mette in ombra il popolo, il partito e il suo gruppo dirigente e concentra sulla propria persona poteri, responsabilità e meriti con l'utilizzo di strumenti deplorevoli e delittuosi. Mancano due elementi importanti per una critica adeguata all'ampiezza e alla gravità del fenomeno denunciato. Non c'è l'esame del rapporto fra la dittatura del proletariato e la degenerazione dittatoriale personale, non c'è l'intenzione di approfondire questo aspetto e di discutere il legame fra i due problemi, se cioè la scelta di un sistema interno dittatoriale non contenesse "in germe" le potenzialità degenerative che non potevano (e non potrebbero neppure in futuro) essere impedite.

La riconduzione di questa tragica parabola del potere dispotico ad elementi personali del dittatore scomparso è inadeguata. Certo un esame più ampio avrebbe comportato una critica al sistema di potere in atto e in ultima analisi alla dottrina fondamentale, ovvero il mantenimento del potere comunista della "dittatura del proletariato" attraverso un ristretto gruppo di persone, espressione delle "classi sfruttate". Resta il convincimento che questo strumento dispotico possa essere utilizzato con saggezza da parte di un gruppo dirigente "unito e motivato", capace di imporsi limiti morali pur conducendo una spietata lotta di classe contro le forze reazionarie. Anche quando Krusciov insiste per la riabilitazione di tanti dirigenti comunisti (arrestati, deportati, torturati, eliminati, ecc.) non parla mai di vittime del sistema, ma sempre dello stalinismo. Non c'è alcun dubbio, in questi esponenti sovietici, che l'abbandono del meccanismo di comando realizzato attraverso forme dittatoriali porti alla fine della rivoluzione e al ripristino della vecchia autocrazia zarista o alla democrazia parlamentare. Due ipotesi che vengono rifiutate perché in contrasto con i canoni del marx-leninismo di tradizione bolscevica.

Il rapporto evita di approfondire un'altra questione fondamentale per far luce sul passato e per offrire garanzie per gli anni futuri. Lo stesso Krusciov si domanda quali siano le responsabilità dell'intero gruppo dirigente sovietico che ha circondato e aiutato il dittatore scomparso per tanti anni (fra di essi c'è anche lui) e a questo proposito esclama: «Alcuni compagni potrebbero chiederci: ma dov'erano i membri del *Politburo* del Comitato Centrale? Perché essi non si espressero contro il culto della personalità? Perché tutto questo viene fatto soltanto oggi?» Il quesito di Krusciov è ben posto, ma le risposte restano vaghe: molti hanno all'inizio sostenuto Stalin per i suoi meriti (e «per la sua logica, la sua energia e la sua forza di volontà») e più tardi, in un clima diffuso di rispetto e di paura, ogni esponente si è trovato in una situazione difficile («È accaduto che qualcuno vada da Stalin, invitato come amico. Quando costui si trova con Stalin, non sa dove andrà in seguito, se a casa o in prigione»), accresciuta dal fatto che non venivano più convocati gli organi collegiali del partito. Le decisioni erano prese «da una persona» o in maniera indiretta «senza discussioni collettive». Tutto questo ha portato all'impossibilità di partecipare alle più importanti decisioni per la vita del partito e dello Stato e ha liquidato l'eredità leninista della «gestione collegiale». In questa difesa è facile notare che si insiste nella denuncia della violenza del dittatore anziché spiegare le ragioni di tanti silenzi, di tante sottomissioni, di tante complicità e dell'incapacità del sistema di resistere e di opporsi alla «deriva delinquenziale» del vertice politico.

In ultima analisi, il documento di Krusciov non è destinato agli ambienti stranieri che avevano già criticato i comportamenti del dittatore, ma neppure ai quadri dirigenti o ai militanti comunisti, poiché è rivolto ai vertici del partito, al ristretto gruppo che guida l'URSS, sulla base di un codice morale-politico interno. Non si deve confondere l'effetto che questo testo avrà all'esterno (negli altri partiti comunisti e in Occidente) con gli obiettivi reali che il processo di destalinizzazione si prefigge per i suoi autori.

Questo cammino di destalinizzazione avrà successo: il sistema non cambia né al suo interno né nei suoi rapporti con le democrazie occidentali, ma non sorge un nuovo despota. Al contrario, prende corpo una direzione collegiale, che conduce gli affari interni ed esteri con una partecipazione più aperta e articolata dei diversi esponenti del vertice. Questo conferma (ove ce ne fosse bisogno) la sostanziale vocazione interna del documento di Krusciov e la volontà di escludere significativi cambiamenti negli indirizzi generali della politica sovietica. Queste intenzioni (rafforzate dalla particolare riservatezza con cui è presentato il rapporto in un'apposita seduta del congresso) sono interpretate e utilizzate all'esterno in modi diversi. C'è una complessa lettura di questo avvenimento sia nel mondo comunista sia negli altri Paesi. Ciò non può e non deve sorprendere sia per il rilievo avuto da Stalin nei decenni precedenti sia per il ruolo esercitato dall'URSS nel comunismo internazionale e nei rapporti fra le grandi potenze. In Occidente viene messa in luce la barbarie del sistema, evidenziata una criminalità più volte denunciata, auspicata la fine del meccanismo che ha generato tante nefandezze. C'è, in sostanza, il tentativo di far coincidere lo stalinismo con il comunismo e di rendere poco credibile il nuovo corso moscovita. Nonostante la forte azione propagandistica, i rapporti con il Cremlino rimangono, anzi s'intensificano e si cercano soluzioni comuni alle più gravi crisi ancora aperte (Medio Oriente, Asia sud-orientale, ecc.).

Nei Paesi comunisti il XX congresso ha conseguenze di rilievo, innescando, in genere, uno scontro interno fra diversi gruppi dirigenti per il mantenimento o il conseguimento del potere. I vertici del periodo staliniano cercano di agganciarsi al nuovo corso moscovita e di legittimarsi per condurre anche la nuova fase, mentre altri esponenti criticano le passate gestioni, denunciano abusi e soprusi, evidenziano criminalità analoghe a quelle russe e, pur muovendosi all'interno del movimento comunista, chiedono la sostituzione dei vertici costituiti e un rinnovamento profondo. Alla denuncia delle "vecchie cricche" di potere staliniano affiancano proposte di riforme in campo economico e sociale (aumento nella produzione di beni di consumo popolari, sviluppo edilizio, aperture nel commercio interno, riduzione della burocrazia statale e di partito, ecc.). In alcuni casi, queste componenti si muovono nel contesto delle forze politiche "socialiste", in altri cercano anche collegamenti e collaborazioni con esponenti esterni tenuti fino ad allora ai margini della vita politica o perseguitati. La parabola di questo confronto ha sviluppi diversi nei vari Paesi e anche all'interno dei partiti comunisti in Occidente. Le soluzioni finali non sono omogenee: in alcuni casi i "vecchi stalinisti" riescono nei loro progetti rigeneratori, in altri sono allontanati dal potere e subiscono le conseguenze dei loro precedenti comportamenti. Tuttavia, questo fenomeno resta interno al mondo comunista, sia in un caso sia nell'altro e ben poco possono incidere le forze democratiche occidentali, che nei casi più esasperati di contrapposizione (Polonia, Ungheria) rimangono spettatrici, anche se non rinunciano a critiche e condanne.

In generale il sistema comunista, nonostante le scosse del dopo Stalin, mantiene la sua fisionomia in URSS e negli altri Paesi con analogo sistema sia in Europa sia in Asia. Restano delusi coloro che non hanno capito il rapporto Krusciov: la destalinizzazione non è la fine del comunismo, ma soltanto la volontà del gruppo dirigente moscovita di uscire dal cupo clima di terrore interno vissuto nel periodo precedente e di evitare che possa rinascere una "spietata dittatura personale"; a quest'ultima, che condannano e respingono, essi non vogliono sostituire forme democratiche e liberali, ma il ritorno alla originaria "dittatura collegiale", quella cioè dei vertici del partito. A differenza di quanto accade in altri Paesi "a democrazia popolare", ben poche reazioni si registrano in URSS: il popolo russo percepisce con più esattezza il senso degli avvenimenti e la sostanziale continuità del regime. Il rapporto di Krusciov è conosciuto con mesi di ritardo (anche in Occidente) senza che siano avvenuti cambiamenti significativi: i nuovi gerarchi sono in gran parte i "fedelissimi" del dittatore scomparso, i sopravvissuti alle terribili e spietate purghe dei decenni precedenti. Anche i successivi movimenti, sollecitati in alcuni Paesi comunisti dal processo allo stalinismo in URSS, non riescono a determinare nuove condizioni politiche. Le forze che animano queste componenti di natura e provenienza diversa auspicano la rottura col passato, l'avvio di esperienze nuove, il rispetto delle nazionalità e in alcuni casi la fine della dittatura del proletariato. Le vie percorse a Varsavia ed a Budapest nel 1956 sono diverse, mentre le conclusioni sono analoghe.

e) *La crisi polacca (1956)* - Le speranze di una profonda evoluzione del sistema sovietico determinano contraccolpi in diversi Stati aderenti al Patto di Varsavia, in particolare in Polonia e in Ungheria. Al fondo di questi movimenti vi sono le proteste popolari per le disastrose condizioni economico-sociali, la reazione nei confronti dei comunisti al potere (e del sistema poliziesco), la speranza di ottenere maggiore libertà nei confronti di Mosca e di poter avviare politiche "socialiste nazionali". La partecipazione a questi moti sottolinea la rottura fra i gruppi dirigenti al potere e la popolazione (all'interno della quale occupa un posto di rilievo proprio la componente operaia, come avviene nella rivolta di Poznan nel giugno del 1956).

In Polonia la rivolta popolare impone la riabilitazione di Gomulka (arrestato agli inizi degli anni Cinquanta e già segretario del partito operaio polacco) e di altri esponenti. Gomulka, con il sostegno delle componenti più revisioniste, viene eletto alla segreteria del partito. I massimi dirigenti moscoviti, allarmati dallo sviluppo degli avvenimenti, si recano a Varsavia, per verificare "sul posto" la situazione e adottare, se necessario, gli opportuni provvedimenti. Al termine dei colloqui di due delegazioni guidate da Krusciov e da Gomulka, la nuova dirigenza comunista polacca conferma molte delle scelte politiche precedenti: amicizia con l'URSS, adesione al Patto di Varsavia, sistema politico ispirato alla dottrina marx-leninista. Vengono affermate la volontà di percorrere una «via nazionale polacca al socialismo» e una maggiore autonomia rispetto alle precedenti esperienze moscovite.

Questa impostazione è accettata dal Cremlino e trova una sua formulazione ufficiale con la sottoscrizione a Mosca di un comunicato congiunto sovietico-polacco (novembre 1956). Una conclusione molto prudente ha evitato la prova di forza all'insegna «del cambiamento nella continuità» e i colloqui «hanno pure rivelato la identità di vedute fra l'URSS e la Repubblica popolare polacca sui principali problemi internazionali». È denunciata, nell'occasione, l'aggressione anglo-franco-israeliana all'Egitto per il controllo del Canale di Suez (1956), è richiesto l'ingresso della Cina comunista nel Consiglio di Sicurezza, sono ribadite la necessità di procedere sulla via del disarmo e la speranza che la crisi ungherese possa essere risolta nello spirito della "democrazia socialista" e della fraterna collaborazione con gli altri Stati socialisti. Le due delegazioni confermano l'importanza «dell'amicizia e dell'unione sovietico-polacca», destinata a svilupparsi «sulla base della piena uguaglianza e del rispetto dell'integrità territoriale, della indipendenza nazionale e della sovranità, come pure della non ingerenza negli affari interni». L'alleanza sovietico-polacca è una garanzia per la reciproca sicurezza e per confermare «la inviolabilità dei suoi [della Polonia] confini sulla frontiera di pace dell'Oder-Neisse».

I polacchi accettano, per le tensioni ancora esistenti in Europa, «la presenza provvisoria delle truppe sovietiche nel territorio sotto la sovranità polacca». Krusciov, nella stessa occasione, osserva che «i militaristi tedeschi sognano la rivincita e chiedono la revisione delle frontiere polacche [...]. Noi dobbiamo respingere questi revanscisti, impedire al militarismo tedesco di scatenare un'altra guerra sanguinosa contro il popolo polacco, contro i popoli dei nostri due Paesi». Gomulka conferma la piena adesione al sistema politico marx-leninista e l'esclusione, per il futuro, dei partiti borghesi, che perseguono «la restaurazione del capitalismo»: «Un programma simile sarebbe respinto non solo dalla classe operaia ma dall'intero popolo lavoratore. Una Polonia indipendente e sovrana può essere soltanto la Polonia socialista, la Repubblica popolare di Polonia».

f) *La rivolta ungherese (1956)* - Nel 1956 il sistema comunista entra in crisi anche in Ungheria. Alla base delle proteste e delle manifestazioni che si succedono nel corso dell'anno ci sono le cattive condizioni economiche, la scarsa fiducia nel gruppo dirigente e la volontà di ridurre i legami di dipendenza con l'URSS, alla quale si attribuisce la maggiore responsabilità delle condizioni ungheresi. Già nel mese di luglio, i vertici del partito comunista e del governo, sotto la spinta delle proteste e delle manifestazioni popolari, sono costretti ad operare sostituzioni e a formulare promesse di riforme economiche e sociali. Neppure questi cambiamenti sono sufficienti a riportare l'ordine nel Paese, in quanto nel mese di ottobre esplode la rivolta popolare che porta alla guida del governo Imre Nagy dopo che quest'ultimo è stato riammesso nel partito comunista. Dopo un primo intervento per contenere le "spinte eversive e fasciste", le forze armate russe escono di scena. Agli inizi di novembre, libero dalle pressioni militari sovietiche e dai condizionamenti del partito comunista ungherese, Nagy può annunciare le riforme che devono trasformare la vita politica ungherese: libere elezioni, formazione di un nuovo governo, uscita dal Patto di Varsavia, richiesta del riconoscimento della neutralità ungherese. Si tratta di proposte che segnano la fine del decennio comunista: ove fossero accolte, l'Ungheria vedrebbe il tramonto della dittatura del proletariato e l'abbandono della solidarietà comunista internazionale, del Patto difensivo di Varsavia e di tutti i legami con i Paesi dell'Europa orientale. La richiesta di neutralizzazione rappresenta, inoltre, una riaffermazione estrema dell'indipendenza nazionale e della coscienza di non poter, in un momento tanto delicato di rottura con Mosca, aderire al blocco occidentale, ma di dover percorrere la stessa strada degli austriaci.

Lo sviluppo della crisi ungherese e le richieste del nuovo governo sono respinti dal Cremlino. Krusciov e i suoi collaboratori hanno sperato in una evoluzione di "tipo polacco" della crisi di Budapest, ma ora si rendono conto che essa si muove in altra direzione e può avere conseguenze gravi per l'intero sistema politico dell'Est europeo. Mosca deve prendere atto che la protesta coinvolge i ceti popolari ostili al regime, non si fa alcuna illusione sul giudizio del popolo ungherese in caso di elezioni libere (benché il comunismo sia al potere da un decennio), teme che la rottura del Patto di Varsavia possa rappresentare un precedente carico di interrogativi per il futuro dell'alleanza, è certa che la neutralizzazione dell'Ungheria può costituire un primo passo per la costituzione di un "governo non amico" alle sue frontiere, rompendo il "cordone sanitario" postbellico a tutela della sicurezza sovietica. Questa svolta potrebbe aprire la strada ad analoghe operazioni in altri Stati dell'Europa orientale e permettere la ricostituzione di un cordone di Stati capitalisti lungo i nuovi confini europei dell'URSS. Il gruppo dirigente sovietico rifiuta questa svolta e ritiene necessario stroncare con la forza la "ribellione ungherese": nei primi giorni di novembre forze armate russe invadono il Paese (in collegamento con quelle che già vi sono insediate), dove si accende una furiosa lotta.

Nagy reagisce alla notizia dell'invasione con un appello all'ONU e al Consiglio di Sicurezza: protesta «contro l'ingresso di ulteriori truppe sovietiche in Ungheria», ne chiede l'immediato ritiro, ripudia «immediatamente il trattato di Varsavia», proclama «la neutralità ungherese», si appella alle quattro grandi potenze (USA, Gran Bretagna, Cina e Francia) in difesa del Paese e auspica che il Consiglio di Sicurezza «ordini ai governi sovietico e ungherese di avviare immediatamente negoziati». Questa protesta non ferma l'azione militare sovietica, che si estende al campo politico. Viene costituito un nuovo governo sotto la guida del segretario del partito comunista Janos Kadar, che conferma piena fedeltà al sistema moscovita. Il nuovo presidente, in un messaggio al popolo (4 novembre 1956), deplora la debolezza di Nagy, che ha permesso «l'infiltrazione di elementi controrivoluzionari» che hanno messo in pericolo le conquiste socialiste. Ciò ha «posto in pericolo la causa sacra del socialismo». I controrivoluzionari «perseguitano senza pietà i partigiani della democrazia. [...] Banditi fascisti uccidono i patrioti onesti ed i nostri migliori compagni». Purtroppo sono stati commessi gravi errori «dalla cricca di Rakosi e di Gero» (predecessori comunisti di Kadar), il che ha provocato il giusto malcontento dei lavoratori, ma ora i reazionari «vogliono restituire le fabbriche e le officine ai capitalisti e le terre agli agrari». Occorre porre fine a questa azione restauratrice dei «fascisti, di tutto il vecchio e maledetto regime di sfruttamento e di oppressione» con la formazione di un governo «stabile e forte» per la difesa del «regime socialista di democrazia popolare». Nello stesso giorno, una nota della «Pravda» plaude all'impegno di Kadar «per sbarrare la strada alla reazione»; «il sano desiderio delle masse lavoratrici» di ottenere ulteriori miglioramenti è stato strumentalizzato da «sabotatori controrivoluzionari» che «vogliono il ripristino del capitalismo» e «si appoggiano alle potenze imperialistiche». Il governo Nagy è franato, «in Ungheria regna il caos» ed è necessario ristabilire l'ordine sulla base dei principi leninisti, «fare ritornare il Paese sulla strada di un continuo progresso verso la realizzazione dei grandi ideali del socialismo». A ben poco servono le immediate proteste di altri Stati e le risoluzioni dell'ONU.

Il presidente americano Eisenhower (4 novembre) indirizza a Bulganin una lettera in cui denuncia la gravità dell'invasione, che viola i precedenti impegni assunti da Mosca di «non intervento». «In nome dell'umanità e della pace» chiede il ritiro dell'Armata Rossa affinché gli ungheresi possano «godere dell'esercizio dei diritti dell'uomo e delle libertà fondamentali annunciate per tutti i popoli nello Statuto delle Nazioni Unite». Gli organi delle Nazioni Unite affrontano la questione ungherese negli stessi giorni (4-5 novembre). L'Assemblea Generale approva a larga maggioranza una risoluzione in cui condanna «l'impiego di forze militari sovietiche per soffocare gli sforzi del popolo ungherese per affermare i propri diritti» e invita l'URSS «a ritirare senza indugi tutte le proprie forze». Anche il Consiglio di Sicurezza approva una risoluzione (9 voti favorevoli, 1 astenuto, la Jugoslavia, 1 contrario, l'URSS), nella quale è deplorato l'intervento sovietico, è chiesto il ritiro delle forze armate russe e riaffermato il diritto del popolo ungherese ad «esercitare e godere pienamente dei suoi diritti e libertà fondamentali e della sua indipendenza». Nelle settimane successive si moltiplicano le dichiarazioni di esponenti politici e governativi, a dimostrazione della gravità della crisi ungherese e delle sue possibili conseguenze nei rapporti internazionali.

Bulganin, in risposta alla lettera di Eisenhower, precisa che «il ritiro delle truppe sovietiche dall'Ungheria è di assoluta competenza dei governi ungherese e sovietico». «Il programma del nuovo governo» chiarisce ogni aspetto dei problemi sollevati. Bulganin conclude che il principio del non intervento «continuerà ad ispirare la politica estera del suo Paese» per lo sviluppo e l'ulteriore rafforzamento dell'amicizia e della collaborazione tra l'Unione Sovietica e gli altri Paesi socialisti.

Il governo sovietico, di fronte ai movimenti in Polonia, Ungheria e in altri Paesi a regime comunista dell'Europa orientale, emette (30 ottobre 1956) un'importante dichiarazione, che, alla luce del XX congresso, del rapporto su Stalin di Krusciov e delle spinte revisioniste in atto in tutto il sistema del comunismo europeo, definisce una politica nuova capace di dar vita a rapporti fra partiti, governi e Stati ispirati a maggiore autonomia e rispetto reciproco. Il documento vuole essere anche uno strumento per aiutare i gruppi comunisti al potere, che devono fronteggiare forti critiche interne ai propri partiti e violente proteste popolari e da parte degli ambienti intellettuali più critici e progressisti. Si spera di poter offrire una piattaforma adeguata di dialogo e di confronto, capace di ricomporre ad un livello più elevato «di collaborazione e di libertà» i rapporti del mondo marx-leninista dell'Est europeo.

Mosca conferma che la «base incrollabile» della sua politica estera è stata e resta «la politica di coesistenza pacifica, di amicizia e collaborazione con tutti gli Stati» e in particolare con quelli socialisti. Perché la grande «comunità socialista» possa esistere e svilupparsi occorre attenersi ad alcuni criteri di riferimento: «Totale eguaglianza, rispetto per l'integrità territoriale, per l'indipendenza statale e la sovranità, non ingerenza negli affari interni». Dopo la seconda guerra mondiale, con la disfatta del fascismo, il mondo socialista si è ingrandito e rafforzato in Europa e in Asia: questo processo ha comportato anche difficoltà, errori, menomazioni del «principio della uguaglianza nei rapporti fra Stati socialisti». Mosca, ammonita dalla esperienza passata, vuole assicurare «su base incrollabile» il «rispetto della piena sovranità di ogni Paese socialista».

L'URSS è pronta a richiamare i propri consiglieri politici e specialisti (ingegneri, agronomi, competenti scientifici, militari, ecc.) nella misura in cui si sono formati quadri dirigenti nazionali adeguati alle necessità dei singoli Paesi. La presenza di forze armate sovietiche nei Paesi aderenti al Patto di Varsavia è garanzia di comune sicurezza contro ogni possibile aggressione e il loro futuro stazionamento e la loro consistenza possono essere oggetto di nuove trattative fra le capitali interessate senza condizioni pregiudiziali e nel rispetto delle necessità di ogni aderente. Mosca si dice convinta che «i popoli dei Paesi socialisti» fermeranno «la reazione internazionale» e difenderanno le basi dei regimi di democrazia popolare, «conquistate e rafforzate con l'abnegazione, la lotta e il lavoro di operai, contadini e intellettuali di ogni Paese». Queste dichiarazioni sono successive alla decisione di scioglimento del Kominform (aprile 1956), che ha dato l'impressione di una liquidazione della vecchia struttura moscocentrica e l'accettazione delle "vie nazionali al socialismo".

Occorre a questo proposito fare chiarezza. L'apertura a esperienze più autonome e originali rispetto al percorso del comunismo bolscevico non significa la "libertà" di uscire dal sistema: la via nazionale è accettata nella misura in cui conferma il traguardo socialista, la solidarietà con gli altri Paesi marx-leninisti e la fedeltà ai comuni valori ideologici di riferimento. Essa è, al contrario, rifiutata se rompe questo schema e se viene concepita come l'anticamera di un cambiamento di sistema interno o di una diversa collocazione internazionale (adesione al blocco occidentale, neutralismo, ecc.). In questa ipotesi, le "vie nazionali" non sono eresie ma dei veri e propri tradimenti della causa comunista. Pochi anni dopo, di fronte a nuovi tentativi di uscire dal sistema, sarà teorizzata la "sovranità limitata".

Anche la Repubblica popolare cinese esprime pieno sostegno al governo di Kadar. Chou En-lai, primo ministro, si compiace con le forze comuniste ungheresi, che hanno «soffocato rapidamente, con l'aiuto dell'URSS, l'insensato attacco sferrato dalle forze della restaurazione reazionaria» e salvato in tal modo «il sistema socialista». Kadar, in un successivo discorso (11 novembre 1956), annuncia che l'attacco «è stato stroncato», che «la legge e l'ordine sono stati pienamente ristabiliti», che è fallito il tentativo dei controrivoluzionari di restaurare in Ungheria «un sistema borghese-agrario» e lamenta le violenze compiute nei confronti dei comunisti e delle loro famiglie dal "terrore bianco" senza che il governo Nagy fosse in grado di arrestare questa ondata terroristica. Senza l'aiuto sovietico sarebbe stato impossibile reprimere le forze della controrivoluzione. Kadar chiarisce che, a proposito della richiesta che possano esistere per il futuro vari partiti, ciò è possibile soltanto all'interno di un fronte popolare progressista, che non può accettare l'esistenza ed ancor meno la partecipazione di forze politiche ostili «al regime democratico popolare». In interventi successivi, Kadar spiega con le stesse argomentazioni il rifiuto delle decisioni dell'ONU e della richiesta per l'accoglienza di una delegazione d'osservatori.

Con la consueta concretezza e chiarezza il politico belga Spaak (4 novembre) si dice «turbato e commosso» di fronte al dramma ungherese. Dopo aver sottoscritto nei giorni precedenti a Mosca una dichiarazione con i dirigenti sovietici sui principi che devono regolare le relazioni fra i diversi Stati («reciproco rispetto, integrità territoriale, sovranità, non aggressione e non ingerenza»), egli deve prendere atto «della sanguinosa repressione operata dalle forze dell'URSS». Pesa «terribilmente» l'impotenza «ad aiutare un popolo che lotta eroicamente per la sua libertà». «L'URSS sta distruggendo tutte le speranze che la sua recente evoluzione aveva fatto nascere» con la destalinizzazione. In base alla risoluzione dell'Assemblea, il segretario generale D. Hammarskjöld (8 novembre) chiede l'autorizzazione all'invio di osservatori che possano «entrare e circolare liberamente in territorio ungherese» per aiutarlo a «svolgere indagini sulla situazione provocata dall'intervento straniero in Ungheria». Di fronte al rifiuto di Budapest (e di Mosca) il segretario generale si augura che la decisione possa essere riesaminata alla luce delle opinioni espresse da un gran numero di Stati in seno all'Assemblea Generale.

Anche il Consiglio Generale dell'Internazionale socialista riunito a Copenaghen (2 dicembre) deplora la soppressione da parte delle forze armate russe del movimento di liberazione. Con questo comportamento, l'URSS «rivela il più brutale disprezzo dei principi umanitari e democratici del socialismo» e del «diritto all'autodeterminazione dei popoli, che è stato proclamato formalmente anche in

Russia». L'Internazionale domanda la costituzione di partiti «liberi e democratici» in tutti Paesi dell'Europa orientale che sono oggi ancora sotto regime coloniale o semicoloniale. Il collasso morale e politico del comunismo non deve essere «affogato nel sangue». Anche alcune potenze aderenti al Gruppo di Colombo (India, Indonesia, Birmania e Ceylon) (novembre 1956), richiamati i principi proclamati nella conferenza di Bandung (1955), condannano le azioni anglo-franco-israeliane ai danni dell'Egitto, deplorano altresì l'intervento sovietico in Ungheria e ne auspicano l'immediata cessazione per permettere alle forze democratiche ungheresi di decidere il destino del proprio Paese: «La violenza impegnata su vasta scala da ogni parte ha determinato l'uccisione di migliaia di persone e ha portato la miseria e la distruzione in quel Paese».

Questi avvenimenti confermano scelte ideologiche, istituzionali e alleanze. La conclusione delle due "rivolte", quella polacca e quella ungherese, aiuta a comprendere alcuni aspetti del quadro internazionale. La reazione sovietica appare in contraddizione con gli indirizzi emersi nel XX congresso del partito comunista dell'URSS, ma ciò solo a prima vista, o meglio, alla luce di un'interpretazione estensiva che non distingue le critiche alle degenerazioni personalistiche della dittatura del proletariato dall'accettazione del sistema. Se Mosca avesse aperto le porte alla neutralizzazione ungherese e alle libere elezioni avrebbe creato un preoccupante precedente per altri sovvertimenti e indebolito la frontiera degli Stati fratelli lungo i suoi confini orientali. Maggiori difficoltà e minore sicurezza sarebbero stati gli approdi naturali di questa scelta. Non sorprende la reazione e ancor meno i metodi utilizzati: essi riaffermano la supremazia sovietica, la solidarietà del sistema, la coscienza d'appartenenza ad un blocco, dal quale non è possibile uscire in modo pacifico, ma per l'intera comunità internazionale è anche un segnale di debolezza. Dopo dieci anni di potere assoluto il comunismo ungherese e sovietico non affrontano libere elezioni, perché sono certi di subire una sconfitta senza appello, e, d'altra parte, al di là di denunce, di appelli e di messaggi di solidarietà, le maggiori potenze occidentali non intervengono. Sono consapevoli che intromissioni dirette nell'area comunista significherebbero la rottura dell'equilibrio tacitamente accettato. Ciò può aprire le porte ad un confronto anche militare fra i due schieramenti, ed è un'ipotesi che nessuno vuole prendere in considerazione.

A causa di ciò le due crisi, quella polacca e quella ungherese, restano all'interno del sistema comunista dell'Europa orientale: esse nascono dentro di esso, ivi si sviluppano e si concludono. Sono da questo punto di vista rivelatrici della debolezza, ma anche della forza della solidarietà rivoluzionaria e della marginalità che è riconosciuta all'elemento nazionale, ormai diluito o superato dalla coscienza di appartenere alla più vasta società del proletariato rivoluzionario europeo e mondiale. Resta emblematica la dichiarazione di Krusciov (l'uomo del rapporto segreto su Stalin) del gennaio 1957: «Stalin schiacciava i nostri nemici. Personalmente io sono cresciuto sotto Stalin. Possiamo essere lieti di aver cooperato alla lotta contro i nostri nemici per il progresso della nostra grande causa. Sotto questo profilo, sono fiero che noi siamo staliniani». C'è ancora una volta una giustificazione estrema di tutto ciò che è stato compiuto: violenze, dittatura, intromissione negli affari interni d'altri Stati, eliminazioni ed eccidi appaiono necessari per far compiere passi in avanti alla «grande rivoluzione proletaria» (la «nostra grande causa»). Non c'è la negazione dei fatti che la propaganda occidentale evidenzia e denuncia, ma c'è una difesa fideistica di questi comportamenti, che sono un prezzo che la società deve pagare, sotto la guida dei comunisti, per la propria emancipazione e per raggiungere nuove condizioni di benessere, di democrazia e di pace.

Spesso, negli ambienti politici occidentali, questo aspetto viene sottovalutato. Non c'è un'adeguata valutazione della componente idealistico-ideologica (quasi fanatica) che anima gran parte della classe dirigente marx-leninista. Si insiste sugli aspetti negativi del suo comportamento ed anche sulla sua "più o meno palese malafede". Non si comprende l'adesione fideistica, a volte quasi religiosa, ad una causa che pretende di cambiare il corso della storia, di eliminare per sempre le classi e i popoli sfruttati per aprire la via ad una nuova umanità. I prezzi da pagare per questo risultato sono marginali e temporanei rispetto agli obiettivi finali. I sacrifici vanno considerati in una prospettiva di totale rigenerazione dei rapporti umani e non nelle contingenti e spesso dolorose realtà specifiche. Non si può negare che la prospettiva politica del gruppo dirigente sovietico presuppone uno scontro con l'Occidente, ma nonostante le divergenze ideologiche e le contrapposizioni e gli scontri in aree circoscritte, esso non persegue l'obiettivo di un confronto militare a tutto campo. Non a caso, l'URSS mantiene in piedi l'ONU e anche nei momenti di maggiore tensione ne rimane a tutti gli effetti membro autorevole.

IX. GLI EQUILIBRI POSTBELLICI IN ASIA

1. *L'Asia orientale e il Giappone*

La sistemazione postbellica nell'Asia orientale risulta molto più complessa di quanto avessero previsto i negoziatori di Yalta e di Potsdam. Quest'area, oggetto in parte della colonizzazione nipponica già dagli inizi del Novecento ed interessata in seguito dalla sua espansione imperialista, non trova una rapida pacificazione. Mosca e Washington mostrano chiaramente nel dopoguerra di voler realizzare "l'ordine concordato" sia per quanto riguarda i compensi riconosciuti ai sovietici sia per le limitazioni al Giappone sia per il ruolo della Cina fra le grandi potenze sia per la rinascita di uno Stato coreano indipendente. Pur con alcuni equivoci (le elezioni da svolgersi in seguito in Corea), esse sembrano in grado di padroneggiare con autorevolezza il quadro esistente e di comporre un mosaico regionale rispondente alle intese originarie (anglo-americane-sovietiche).

Si affacciano, tuttavia, a complicare i contesti nazionali specifici alcuni elementi che, sottovalutati in quelle trattative, dimostrano una vitalità e una forza di mobilitazione popolare ben superiori a quelle immaginate dai grandi registi a Yalta e a Potsdam: si tratta del nazionalismo anticoloniale e dei partiti comunisti locali. Queste forze non soltanto aspirano a svolgere funzioni di guida nei rispettivi Paesi, ma sono pure in antitesi fra loro e non sono disposte ad accettare passivamente gli accordi o gli assetti concordati da Washington, Londra e Mosca. Le forze nazionaliste e comuniste hanno trovato punti d'incontro e di collaborazione nella lotta contro l'aggressione nipponica degli ultimi anni, anche se Tokyo ha cercato di presentarsi come «la grande armata della liberazione asiatica nei confronti dei colonizzatori occidentali», e ora vogliono liberarsi dalle precedenti dipendenze e porsi nei confronti dei liberatori dal giogo giapponese in condizioni «di dignitosa parità politica». Fra di loro, tuttavia, si accentuano le divergenze politiche per i diversi modelli di riferimento, nel momento in cui pare possibile l'assunzione e la gestione del potere governativo. Questo processo scatena contrasti e contrapposizioni, accende conflitti locali aspri e sanguinosi e obbliga le grandi potenze a rivedere le originarie posizioni.

Questo mutamento determina un inasprimento dei loro rapporti, che in alcuni momenti metterà in pericolo la stessa pace fra loro. Senza arrivare alla tensione europea della crisi di Berlino, anche qui si verificano punte allarmanti di pericolo. Nell'immediato dopoguerra la questione cinese pare di semplice soluzione con la ricostituzione territoriale della Repubblica e il raggiungimento di un'intesa fra il Kuomintang e il partito comunista cinese. Quest'ultimo, pur influente e ben organizzato, sembra destinato ad un ruolo marginale rispetto all'importanza acquisita dagli esponenti del nazionalismo.

Pare più complessa la situazione del Giappone. Questo Paese ha avuto un ruolo importante nella politica asiatica e mondiale dei passati decenni, ha sviluppato una imponente struttura industriale, si è dotato di armamenti moderni, ha dimostrato una compattezza nazionale non comune ed una fedeltà all'autorità imperiale e a quella governativa quasi assoluta. Il suo reinserimento nella comunità internazionale è condizionato da profondi cambiamenti istituzionali e politici. Il compito degli occupanti dello Stato ex nemico appare arduo sotto tutti i profili e la stessa drammatica conclusione del conflitto con l'impiego delle armi atomiche contro le popolazioni civili si teme possa avere creato barriere di risentimento e di odio di difficile superamento. Agli occhi dei vincitori e degli occupanti, la questione nipponica sembra prevalere per importanza e urgenza su tutte le altre, che paiono in parte già risolte o in via di risoluzione.

In Europa il dopoguerra, per quanto attiene alle zone d'influenza e alla formazione o la ricostruzione di realtà statali, avviene sulla base della "carta di guerra", cioè sulla base dei territori liberati od occupati dai diversi eserciti. Molto diversa è la realtà del Sud-Est asiatico: anche qui ci sono zone liberate dal dominio giapponese, ma la resa di Tokyo avviene prima che gli eserciti nemici occupino le più importanti isole dell'Arcipelago nipponico, il Manciukuò e altre aree cinesi ed asiatiche occupate. Non si verifica, pertanto, una situazione analoga a quelle sperimentate in Italia e in Germania. Il disfacimento dello Stato mancese e l'occupazione del Giappone storico sono successivi alla resa e non la precedono. Questo sviluppo degli avvenimenti evita la presenza di eserciti liberatori, che diventano in seguito occupanti. La capitolazione di Tokyo consegna la Manciuria alle forze armate sovietiche e il Giappone agli Stati Uniti, ma nessuno dei due nutre disegni annessionistici per i territori in questione.

Mosca ha ribadito che la Manciuria deve tornare alla Cina (ancora sotto il controllo di Chiang Kai-shek) e Washington ha più volte precisato di aver combattuto il militarismo espansivo e aggressivo giapponese, ma di non aver alcun dubbio sull'esistenza di uno stato nipponico sovrano. Gli stessi compensi, chiesti e ottenuti dai sovietici per la loro partecipazione al conflitto dopo la denuncia del patto di neutralità nippo-russo del 1941, sono di modesta rilevanza e non paragonabili, sul piano strategico e territoriale, alle annessioni ottenute in Europa. Per quanto riguarda il "Giappone storico", Washington, nonostante le richieste e le proteste degli alleati, esercita un ruolo primario quasi esclusivo sia per l'occupazione sia per l'impostazione del futuro politico del Paese.

a) *L'occupazione del Giappone* - La sconfitta militare determina conseguenze significative nel popolo giapponese. È difficile comprendere questo fenomeno se non si valuta con attenzione la precedente politica governativa di omogeneizzazione e di "educazione popolare". Quest'azione non ha creato soltanto le premesse di una forte unità interna, ma anche le condizioni di un impegno militare e civile molto oneroso. La compattezza nazionale, la volontà di prevalere nel conflitto, il convincimento di condurre una guerra contro le ingiuste pretese delle potenze coloniali euro-americane, la devozione alla famiglia imperiale, la deificazione dell'Imperatore («padre di tutti i giapponesi») hanno favorito l'espansione nella prima fase della guerra dei 15 anni (1931-1945) e l'accanita resistenza nel periodo conclusivo, che abbiamo trattato diffusamente nei capitoli III e IV.

Le forze armate e i loro influenti vertici sono stati i protagonisti principali di questa politica, ma con il sostegno di gran parte del mondo politico, dei grandi gruppi industriali e delle stesse masse popolari. Queste ultime hanno sopportato, nel periodo bellico, con grandi sacrifici e senza tentennamenti o ribellioni lo sforzo del Paese. La popolazione civile si è piegata a razionamenti alimentari che col passare dei mesi sono diventati sempre più onerosi e queste restrizioni hanno colpito tutti i beni di prima necessità (riso, salsa di soia, tessuti, zucchero). Gran parte del mondo femminile è stato chiamato a sostituire quella maschile nelle fabbriche, nelle imprese, nei servizi pubblici, nei lavori agricoli. Più tardi, con l'avanzata alleata, la popolazione dei centri urbani deve fare i conti con i terribili bombardamenti anglo-americani sia aerei sia navali: le città giapponesi sono esposte alle incursioni con bombe tradizionali, poi al "napalm" e infine due di esse agli ordigni atomici. Per avere un'idea della pesantezza di queste offensive aeree è sufficiente ricordare che nel solo attacco contro Tokyo (marzo 1945) su una popolazione stimata di circa 300.000 cittadini si registrano oltre 80.000 vittime (quasi un terzo degli abitanti).

Nonostante le privazioni e le pesanti conseguenze delle operazioni militari, il "fronte interno" resiste. Per quanto possa sembrare paradossale, dopo la resa annunciata dall'Imperatore, in diverse città del Giappone si registrano manifestazioni d'ostilità nei confronti di questa scelta (si verificano anche ribellioni di interi reparti in Cina e in Manciuria contro gli ufficiali che annunciano la fine della guerra e il disarmo delle unità combattenti); ma per avere un'idea più precisa del contesto sociale nel quale si collocano questi avvenimenti può essere utile riferire un episodio riportato dalla radio nipponica: migliaia di persone radunate davanti al Palazzo imperiale lamentano «la vergogna della sconfitta» e pregano il Tenno (l'Imperatore) di perdonarli perché i loro sforzi «non sono stati sufficienti». Secondo l'emittente, la folla «in ginocchio ed in lacrime» si è raccolta davanti al ponte che conduce al piazzale delle sfilate, luogo di tradizionale adunata popolare nel caso di eventi straordinari: «Una folla di fedeli si è piegata fino a terra di fronte al Ninon Basai [il ponte che conduce al palazzo imperiale] e le lacrime sono scorse senza fine».

Anche per il Giappone il dopoguerra si presenta difficile: si calcola che i senza tetto siano circa 8 milioni, i senza lavoro oltre 10, gli impianti industriali, i collegamenti viari e ferroviari e le linee elettriche quasi completamenti distrutti, il 70% della flotta mercantile affondata. Il nuovo governo deve far fronte all'occupazione alleata, alla richiesta delle riparazioni di guerra, all'emergenza socioeconomica, al rimpatrio e alla sistemazione di milioni di ex combattenti. L'avventura militare, iniziata quindici anni prima in Manciuria, presenta ora un conto molto pesante sul piano delle perdite umane e su quello delle distruzioni materiali.

L'occupazione del "Giappone storico" avviene da parte delle forze armate statunitensi (con alcune formazioni australiane), anche se ufficialmente si parla della presenza degli alleati. In realtà, i vari organismi creati a questo fine (Comando supremo delle potenze alleate, Commissione consultiva per l'Estremo Oriente, Consiglio alleato per il Giappone) non riescono ad introdurre né collaborazione né collegialità fra i Paesi che, pur con ruoli diversi, hanno contribuito alla vittoria militare. Tutte le decisioni più importanti sono adottate dal generale Mac Arthur, nominato da Truman con lo specifico compito di tutelare gli interessi americani e di preparare il dopoguerra nipponico.

La linea seguita in questo Paese è molto diversa da quella adottata in Germania. Qui viene accettato un governo giapponese al quale vengono impartite disposizioni della cui applicazione è responsabile. Non ci sono dunque alcuna spartizione del territorio originario e tanto meno una pluralità di occupanti. Washington non nasconde di voler giocare in prima ed esclusiva persona la partita nipponica sia per il ruolo che ha esercitato nel periodo bellico sia per gli interessi in gioco in Asia orientale. Questa occupazione, destinata a durare fino al 1952, subirà, dopo il primo biennio, progressivi mutamenti. La politica estera americana sarà influenzata dall'evoluzione del contesto cinese e dalle crescenti tensioni in Corea, in Indocina e in altre aree del continente asiatico.

Mosca, da parte sua, dopo l'inizio delle ostilità, occupa la Manciuria, vasti territori cinesi e parte della Corea. Ottiene inoltre l'annessione dei territori insulari previsti dal trattato asiatico di Yalta (di cui abbiamo già esaminato il contenuto) e il ripristino di alcuni privilegi in Cina. Tokyo deve inoltre rinunciare ai suoi possedimenti in Cina, alla Corea e agli arcipelaghi che aveva sottratto alla Germania nel 1914 e che in seguito ha ricevuto come "mandati" dalla Società delle Nazioni (Palau, Marshall, Marianne, Caroline). Le Nazioni Unite gli sottraggono anche gli arcipelaghi delle Ryukyu e delle Bonin e altre isole minori, che sono affidate in amministrazione agli Stati Uniti, perché considerate indispensabili alla tutela strategica della regione. Sarà, al contrario, respinta ogni aspirazione dell'URSS a partecipare all'occupazione del Giappone, e in particolare la richiesta di poter insediare le sue forze armate nell'isola più settentrionale dell'arcipelago nipponico, Hokkaido, che si trova a Sud di Sahalin (quest'ultima viene occupata anche nella parte meridionale dai russi).

La politica americana suscita perplessità e critiche sia presso gli alleati occidentali che a Mosca. Il Cremlino denuncia in più occasioni l'unilateralità di questa occupazione e il pericolo che essa possa risultare troppo permissiva nei confronti degli sconfitti e non impedire la rinascita del nazionalismo militarista nipponico. Anche la conferenza di Mosca (dicembre 1945) non modifica nella sostanza né il ruolo preponderante americano né le funzioni di Mac Arthur, che resta «comandante supremo» e costituisce «la sola autorità esecutiva per le potenze alleate in Giappone». In realtà, Stalin è deciso a rispettare le intese di Yalta, che hanno attribuito all'URSS importanti compensi, assolutamente sproporzionati rispetto all'impegno bellico prodotto; non pare eccessiva l'aspirazione statunitense ad esercitare l'occupazione sia per i meriti bellici acquisiti sia per l'impossibilità di impedire, anche se lo si volesse, la presenza di Washington nell'arcipelago nipponico.

Il generale americano è molto attivo nel portare a compimento la missione che gli è stata affidata dal suo governo: occupazione del territorio, utilizzo del governo giapponese, riparazioni di guerra, distruzione dei potentati economico-finanziari, punizione dei criminali di guerra, nuova Costituzione, democratizzazione del Paese, trattato di pace. L'opera di "bonifica culturale e politica" interna è avviata con il riconoscimento dei diritti civili e delle libertà democratiche, con la liberazione dei detenuti politici, con la ricostituzione dei sindacati e dei partiti, con la proibizione della stampa e della diffusione delle opere storiche e geografiche riconducibili in qualche modo alla propaganda del periodo precedente. Anche i Ministeri della Guerra, della Marina e degli Interni sono soppressi: le scuole, d'ogni ordine e grado, sono chiuse in attesa della pubblicazione di nuovi libri di testo e di opportune verifiche sulle responsabilità e sugli orientamenti del corpo docente e tecnico-amministrativo.

In questo quadro è attivato il Tribunale di Tokyo (Tribunale militare internazionale per l'Estremo Oriente, maggio 1946), che può essere considerato analogo a quello di Norimberga. Spetta a questa corte giudicare i responsabili dei crimini contro la pace o di guerra (saranno in seguito emanate alcune condanne a morte e molte a pene detentive di diversa durata). Anche in altre città asiatiche vengono costituiti tribunali speciali per processare i responsabili di crimini di guerra contro l'umanità e nei confronti dei civili dei Paesi avversari, e anche queste corti emanano numerose condanne alla pena capitale e a pene detentive.

Quest'azione è condotta da parte americana con severità e determinazione. Sono incarcerati e inviati a processo centinaia di criminali, tra i quali cinque ex primi ministri (Tojo, Konoye, Koiso, Hiranuma e Hirota), due ex ministri degli Esteri (Matsuoka e Tani), i comandanti in capo dei corpi di spedizione in Cina e Birmania, il capo del "Drago Nero" (Kuzun). Vengono epurati 57 governatori di Prefettura e 60 membri della Camera Alta (fra cui 15 principi della famiglia imperiale). Il principe Konoye, appartenente ad una nobile famiglia giapponese, più volte primo ministro nel periodo precedente all'attacco di Pearl Harbour, si suicida per sottrarsi alla giustizia dei vincitori. A differenza del ministro della Difesa Korocita Anomi, dell'addetto militare a Berna, Okamoto, e di molti altri che hanno fatto harakiri, secondo il tradizionale rituale shintoista, l'ex primo ministro si avvelena nella sua residenza di Tokyo. In una lettera spiega «di non poter resistere all'umiliazione di essere giudicato da un tribunale americano». Nelle sue memorie, pubblicate successivamente ad opera dei suoi collaboratori, il principe attribuisce pesanti responsabilità a Washington per il deterioramento delle relazioni nippo-americane: Roosevelt è criticato per aver rifiutato, nel 1941, un incontro con i vertici giapponesi, proposto dallo stesso Konoye per evitare lo scontro che andava profilandosi.

In questo contesto, pur caratterizzato dalla volontà di perseguire “senza incertezze” i responsabili di tante atrocità, non vengono alla luce gli esperimenti condotti su prigionieri cinesi per la preparazione di nuove armi chimiche e biologiche e restano in ombra anche molti dei massacri compiuti in Cina dagli occupanti. Un posto particolare merita quello di Nanchino (1938) ove, secondo le più recenti ricerche, le forze armate giapponesi eliminano oltre 200.000 civili indifesi e si macchiano delle più incredibili atrocità.

Vengono definite in questo periodo anche le prime disposizioni per i danni di guerra: le potenze vincitrici decidono la rimozione, in conto riparazioni, di impianti siderurgici, elettrici e chimici. Vengono altresì fissati limiti produttivi nei settori chiave dell’industria nipponica (quantità d’acciaio, di ferro, di cloro, di soda caustica e di soda Solvay). Eventuali produzioni eccedenti saranno requisite e gli impianti che le hanno prodotte «smontati e distribuiti fra gli alleati». Sulle riparazioni è raggiunto senza difficoltà un accordo fra i vincitori: otterranno il pagamento dei danni di guerra in base all’estensione e alla durata della resistenza opposta, da ciascuno di loro, ai giapponesi. Washington, cui spetterebbero le quote maggiori, precisa di non essere intenzionato a beneficiarne, ma di volerle “girare” alle Filippine e alla Cina. L’evoluzione del quadro politico cambierà queste previsioni e alla fine le riparazioni saranno meno onerose del previsto a seguito dei mutamenti dei rapporti nippo-americani. Questi provvedimenti sono collegati ad altri per la smilitarizzazione del Paese: sono smobilitate e disarmate le forze armate, sciolti il Corpo dei volontari del popolo e la polizia segreta, abolita la coscrizione obbligatoria, proibite tutte le associazioni a sfondo nazionalista o militarista (“Drago Nero”), distrutti gli impianti aeronautici.

Nel giugno 1946 il Dipartimento di Stato americano propone uno schema di trattato a Londra, Mosca e Pechino, per il disarmo e la demilitarizzazione del Giappone della durata di venticinque anni. Le clausole previste sono di particolare rigore. Esso conferma le intese di Potsdam (luglio 1945) ed evidenzia che queste disposizioni sono necessarie per garantire alle nazioni dell'Asia e di tutto il mondo di ritornare alla pace. A questo fine si precisa che: *a*) il Quartier generale imperiale, gli Stati maggiori (esercito, marina) e i comandi di tutte le organizzazioni a carattere militare «devono essere disciolti», *b*) le forze armate, le gendarmerie, la polizia speciale, la guardia mobile «devono essere e rimanere completamente disarmate e disciolte», *c*) la produzione, la fabbricazione, l'importazione d'equipaggiamenti militari (armi, munizioni, esplosivi, ecc.) devono essere impedite, *d*) dovranno essere impediti l'uso, l'impianto e la gestione, per scopi militari, di ogni struttura idonea a tal fine (aeroporti, idroscali, basi navali, depositi, fortificazioni permanenti, fabbriche, officine, laboratori, stazioni sperimentali, brevetti, progetti, disegni, invenzioni, ecc.), *e*) sono previste eccezioni per reparti di polizia giapponese che «possono risultare essenziali per il mantenimento dell'ordine pubblico».

b) *Hirohito scende dall'Olimpo* - Nei primi mesi d'occupazione si pone anche il problema della riforma istituzionale, alla quale gli USA attribuiscono una particolare importanza: la democratizzazione del Giappone in senso occidentale presuppone cambiamenti profondi del quadro costituzionale esistente e del contesto culturale e politico che lo ha generato. Le epurazioni, gli arresti, l'avvio dei procedimenti giudiziari nei confronti degli esponenti militari, politici ed economici responsabili delle precedenti azioni aggressive non garantiscono da soli un futuro diverso. Si pone l'esigenza di dar vita ad una nuova costituzione che stabilisca una normale dialettica democratica, la ricostruzione dei partiti politici, di organi statali adeguati nel rispetto di una rigorosa divisione e indipendenza dei poteri (legislativo, giudiziario e governativo). Si deve eliminare la struttura piramidale della società nipponica e in particolare mettere in discussione il vertice del sistema, cioè il ruolo dell'Imperatore, ancora considerato una divinità e in modo più concreto e specifico il "padre di tutti i giapponesi". Quest'affermazione non deve essere intesa in senso figurativo, ma in modo concreto e reale, poiché secondo antiche tradizioni shintoiste e popolari la paternità imperiale è diretta e deriva da specifici legami di sangue. Esiste una continuità, storicamente accertata, della dinastia regnante da 2.000 anni, che avrebbe origini divine (confermate tra l'altro dalla durata della sua permanenza alla guida del Giappone). Il primo Imperatore, secondo l'originaria e accettata leggenda, ha regnato sui suoi parenti e da questi è disceso l'intero popolo. Il legame che unisce i sudditi all'Imperatore è di "sangue" e la sua potestà è naturale, una semplice evoluzione di quella del capofamiglia rispetto agli altri componenti di questo nucleo. Un'originaria famiglia insediata nell'arcipelago ha dato vita ad una tribù, in seguito ad un popolo, poi ad una nazione. L'Imperatore è, dunque, l'erede diretto di quell'originale capofamiglia, lì collocato per volere divino, e tutti i nati successivamente sono "figli" di quel capostipite, legati a lui da vincoli di sangue e di solidarietà.

Questa tesi religiosa e sociale è stata ripresa, sostenuta e propagandata anche nei decenni successivi all'arrivo degli occidentali in Giappone. Questa impostazione è sembrata lo strumento più adatto per tutelare l'unità nazionale e garantirle un'unicità di indirizzo politico. Non è d'altra parte immaginabile questa struttura giuridica in un contesto di tipo liberal-democratico-parlamentare. L'importanza dell'Imperatore non è stata ignorata da Washington e da Londra neppure nel periodo finale del conflitto: la necessità che l'ordine di resa fosse impartito dalla "suprema autorità" del Paese ha consigliato di non utilizzare l'arma atomica su Tokyo e di permettere la sopravvivenza della dinastia anche per il dopoguerra. Con molto realismo, si capisce che il decesso o la destituzione dell'Imperatore avrebbero tolto di mezzo l'unica autorità in grado di imporre la resa al popolo e alle forze armate nipponiche. La validità di questa decisione trova conferma nei successivi comportamenti popolari e militari dopo l'invito imperiale ad "accettare l'inaccettabile" e prendere atto della sconfitta. Ora le autorità d'occupazione devono fronteggiare un'analoga emergenza: rendere compatibile la rivoluzione istituzionale con le prerogative dell'Imperatore. Quest'ultimo si rende disponibile alla collaborazione per aprire al popolo giapponese un futuro costituzionale. Il radicamento delle precedenti convinzioni è talmente profondo che appare necessaria una dichiarazione chiarificatrice dello stesso sovrano, in quanto disposizioni in questa materia degli americani potrebbero essere respinte dalla popolazione e provocare reazioni pericolose. Si tengano presenti, inoltre, le critiche condizioni socio-economiche della popolazione alla fine del 1945.

Lo stesso Hirohito scende in campo con un rescritto il 31 dicembre 1945. Si tratta della sua prima dichiarazione dopo la capitolazione nipponica, nella quale l'Imperatore afferma che la sua pretesa divinità è «una falsa concezione» e che in realtà i legami fra la sua dinastia, i governanti e il popolo hanno sempre «riposato sulla reciproca fiducia». Sconfessa altresì con chiarezza la diffusa credenza della superiorità razziale nipponica e «la sua vocazione a dominare il mondo» e invita il popolo a rifiutare, dopo la sconfitta, soluzioni radicali, la disperazione e una «durevole inquietudine». Richiama la "Charta" concessa nel 1867, che ha posto le premesse di una stretta collaborazione col popolo e che ora può essere lo strumento per ricostruire un nuovo Giappone, dopo aver abbandonato «le mal consigliate pratiche del passato». Richiama alcuni importanti articoli della "Charta" per creare un'unica Assemblea legislativa, per dar vita ad un governo che rispetti «i dettami della pubblica opinione», per unire tutte le classi sociali, per condurre gli affari di Stato, per garantire a tutti i cittadini (al pari dei funzionari civili e militari) «di vedere esaudite le loro aspirazioni», per assicurare nell'azione statale «principi di equità e giustizia» e per perseguire «progressi scientifici» per promuovere il benessere dell'Impero. Il rispetto di questi criteri, assicura Hirohito, coincide con le intenzioni del suo «augusto e venerato antenato» che nel 1867 ha dato vita «all'era Meiji», che significa, alla lettera, «governo illuminato».

Con queste esplicite dichiarazioni è superato l'ostacolo principale sulla via della democratizzazione giapponese: l'Imperatore scende dall'Olimpo e veste i panni di un moderno sovrano costituzionale. La sua autorità non è più fondata sul mito o sulla superstizione, ma sull'affetto, sulla devozione e sul rispetto dei suoi sudditi. Questa evoluzione colloca il Giappone fra gli Stati laici e lo shintoismo, che è una religione con fondamenti nazionalisti (e anche imperialisti), dopo queste dichiarazioni imperiali perde vigore. Successivi provvedimenti impediscono che possa rimanere la religione ufficiale e obbligatoria del Paese.

Mac Arthur interviene anche sulle banche nella misura in cui hanno, in passato, contribuito allo sforzo del militarismo aggressivo: sono messi sotto controllo governativo i pacchetti azionari di decine di grandi gruppi industriali (Mitsubishi, Mitsui, Sumitomo, Yoshida, ecc.) ed è vietata la loro partecipazione a cartelli internazionali privati. Ancora sul finire del 1945 vengono decisi il frazionamento dei latifondi e la concessione di finanziamenti alla piccola proprietà.

c) *Mac Arthur e la nuova Costituzione* - Nel mese di marzo (1946) è presentata la bozza della nuova Costituzione. Dopo una lunga fase d'elaborazione essa sarà promulgata nel novembre ed entrerà in vigore nel maggio successivo (1947). Il testo approvato è di chiara ispirazione liberal-democratica: l'Imperatore rinuncia a molte delle prerogative precedenti (comando delle forze armate, nomina e revoca del presidente del Consiglio dei ministri, possibilità di emanare e rifiutare ordinanze, decreti, disposizioni). Gran parte del suo operato è subordinata all'assenso governativo: convocazione del parlamento, indizione delle elezioni, nomina e revoca dei ministri, accettazione degli ambasciatori, promulgazione di leggi e decreti legge. Spetta al parlamento indicare all'Imperatore il primo ministro da incaricare per la formazione del governo. Nascono due camere entrambe elettive, il sistema elettorale è in parte maggioritario e in parte minore proporzionale (la Camera Alta è formata da 250 membri, la Bassa da 500) e viene introdotto il suffragio universale. Il testo sottolinea (art. 9) la ferma volontà pacifista del Paese: esso s'impegna a non usare la forza per risolvere future controversie internazionali e dichiara di rinunciare alle proprie forze armate. L'Imperatore, nel quadro di questa nuova sistemazione, «regna ma non governa», è «il simbolo dello Stato» e dell'«unità del popolo giapponese».

La nuova Costituzione segna una svolta significativa. Questa impostazione permette la formazione dei nuovi partiti politici e in questa prima fase prevalgono i liberali, mentre le componenti di sinistra non superano il 20%. Nel complesso il popolo giapponese dimostra una relativa docilità agli indirizzi americani e accetta senza particolari reazioni le riforme istituzionali, economiche e sociali imposte dagli occupanti. Se è vero che esse sono raccomandate dall'ambiente imperiale e dal governo in carica, ciò non toglie che rappresentino un forte cambiamento nel panorama nipponico. C'è anche da osservare che lo "spirito di vendetta e punitivo" dei vincitori e dell'occupante sparirà ben presto per l'evoluzione del quadro politico nell'Asia orientale. Il vero "capro espiatorio" del nefasto periodo della guerra dei 15 anni (1931-1945) è la casta militare, colpita (più d'ogni altra) dalle condanne emesse dai tribunali speciali (esecuzioni, carcerazioni, epurazioni), ma c'è anche da osservare che molti dei provvedimenti adottati hanno applicazione parziale o temporanea: numerosi esponenti politici e amministrativi, pur compromessi con il passato, mantengono le loro funzioni, i cartelli finanziari, industriali e bancari non tardano a riprendere forza, la riforma agraria riesce solo in parte perché molti proprietari acquistano lotti di terreno attraverso compiacenti prestanome.

Queste considerazioni nulla tolgono al poderoso lavoro per la democratizzazione del Paese compiuto da Mac Arthur, le cui tracce resteranno per lungo periodo. Se è vero che il generale ha potuto disporre di "pieni poteri" e non ha dovuto confrontarsi con "altri occupanti", è innegabile che abbia perseguito con tenacia e determinazione la distruzione del militarismo e dell'imperialismo del Giappone e la sua collocazione fra gli Stati democratici parlamentari. D'altra parte, questo Paese, cosciente della sconfitta subita e dei danni arrecati ad altri e a se stesso, senza sottrarsi al peso della resa, dell'occupazione, del pagamento delle riparazioni, dell'emarginazione internazionale, supera l'emergenza postbellica con un nuovo sistema politico, con la ripresa economica e con una rinnovata solidarietà sociale al suo interno. Può essere indicativo dello spirito delle autorità e del popolo di questo periodo ricordare un evento.

In Giappone si svolge ogni anno un concorso nazionale di poesia promosso dall'Imperatore: il tema proposto nel 1946 è "la neve ed il pino". Anche il sovrano ha presentato un proprio componimento: in esso esorta il popolo del Sol Levante ad essere come il pino, che piega i suoi rami sotto il peso del manto nevoso per non spezzarsi, ma risorge al precedente vigore con il tepore primaverile quando la neve si scioglie. Soltanto il mancato succedersi delle stagioni potrebbe modificare questo destino. È fin troppo evidente il riferimento alla difficile realtà del Paese (sconfitta, occupazione, crisi economica), accompagnato da una serena fiducia nel futuro.

Già nel 1947 ci sono i primi segnali di ripresa del commercio con l'estero; questo fenomeno, incoraggiato prima e sostenuto poi da Mac Arthur, è ostacolato dall'Australia e da Londra: si temono conseguenze negative per le proprie esportazioni in Asia e il rafforzamento dei legami economico-commerciali nippo-americani. In questo periodo Tokyo è autorizzata ad esportare merci che potranno essere acquistate soltanto da privati (metalli leggeri, droghe, ceramiche, vetrerie, lino, pollame, carta, seterie, alcuni generi alimentari, ecc.) ed altre da governi esteri (cotonate, the, seta grezza, attrezzature minerarie, macchine tessili, motori a combustione interna, ecc.).

L'avvio degli scambi commerciali risulta difficoltoso per la mancanza di riserve valutarie per gli acquisti, per la carenza di sostegni creditizi adeguati, e per i costi di trasporto marittimi (e terrestri). Anche qui, come in Europa, Tokyo supera le difficoltà attraverso prestiti esteri a tassi accessibili con durata molto prolungata. Da osservare l'attivismo della diplomazia inglese per tutelare il commercio britannico, che nel periodo prebellico godeva di condizioni privilegiate in quest'area con una presenza significativa nel settore bancario e assicurativo. Londra ritiene che il ristabilimento di quelle precedenti condizioni sia pregiudiziale alla tutela dei propri interessi e allo sviluppo delle relazioni commerciali nippo-britanniche. Queste difficoltà saranno superate negli anni successivi con accordi specifici idonei a garantire in modo adeguato le esigenze della ripresa economica degli sconfitti e le aspettative dei vincitori.

2. *La Cina "grande potenza"*

Mentre è in atto l'occupazione del Giappone e Washington procede nella sua azione per democratizzare e smilitarizzare il Paese, sul continente si deve affrontare la critica situazione cinese, che presenta problemi molto diversi rispetto al contesto nipponico. La Cina, dopo la resa di Tokyo, non è un territorio occupato. Soltanto alcune vaste aree sono state oggetto dell'aggressione giapponese, mentre altri territori sono rimasti sotto il controllo del governo nazionalista, che ha posto la sua capitale a Chungking, e delle autorità comuniste cinesi (che hanno costituito la "Repubblica sovietica cinese" nello Shaanxi). Di fatto si tratta di due realtà distinte e contrapposte, anche se hanno combattuto ambedue contro gli invasori insulari. A parte le diverse simpatie che i due competitori cinesi possono ottenere a Washington e a Mosca, di fatto tutti riconoscono come legittimo rappresentante della Cina quello nazionalista guidato da Chiang Kai-shek. Quest'ultimo ha condotto una lunga battaglia contro la penetrazione giapponese per tutta la durata della "guerra dei quindici anni" e in più occasioni ha ricordato agli alleati che il suo Paese è stato il primo a contrastare e a subire l'aggressione, ancor prima della formazione del Tripartito e dello stesso attacco giapponese agli USA. Anche se i cinesi hanno subito pesanti sconfitte e dovuto accettare l'occupazione dei loro territori nord-orientali e costieri, non hanno mai accettato proposte armistiziali o di compromesso con il Giappone.

Gli alleati riconoscono i meriti di questa resistenza cinese e l'importanza, nella fase finale della guerra, del fronte continentale antinipponico, anche se Chungking ha dovuto ricorrere ad aiuti consistenti americani (legge affitti e prestiti). Questa resistenza, pagata con altissimi prezzi umani ed economici, è stata molto apprezzata da Londra e da Washington, anche perché si è manifestata per un lungo periodo di tempo nonostante l'assenza dell'URSS (firmataria, com'è noto, del Patto di neutralità con il Giappone del 1941). Non deve sorprendere, alla luce di questi precedenti e dell'importanza di questo Stato nel contesto asiatico e internazionale, che la Cina sia accettata dagli alleati nel ristretto "direttorio delle grandi potenze" e che le vengano attribuiti ruoli e funzioni primarie: partecipa alla conferenza del Cairo (novembre 1943) ove si decide il futuro del Giappone, è firmataria dell'*ultimatum* a Tokyo lanciato da Potsdam (USA, URSS, Gran Bretagna, Cina), entra con un seggio permanente nel Consiglio di Sicurezza dell'ONU, è accolta nel Consiglio dei (cinque) ministri degli Esteri costituito a Potsdam (1945). Nel giro di pochi anni, grazie all'inclusione del conflitto cino-giapponese in quello mondiale e alla conseguente vittoria degli alleati, la Cina ottiene importanti e insperati risultati: la ricomposizione dell'unità statale e il reinserimento nella comunità internazionale. Non fanno ombra a tutto questo il permanere di rivalità interne, la critica situazione economica e le condizioni del trattato (per l'Asia) di Yalta a favore dell'URSS.

La Cina ha conquistato questo riconoscimento con la resistenza del suo popolo e delle sue forze armate all'aggressione nipponica. Mentre all'inizio degli anni Trenta non ha potuto difendere la provincia orientale (Manciuria), nel 1937, di fronte alla nuova invasione delle aree nord-orientali e costiere, i nazionalisti e i comunisti insorgono a difesa della patria per impedire che diventi uno Stato satellite di Tokyo, cioè un Manciukuò allargato all'intero Paese. I movimenti di resistenza cinesi combattono dal 1937 alla fine del 1941, quando l'intero sforzo militare nipponico è concentrato contro di loro e gode di comode e sicure basi militari di partenza non soltanto dall'arcipelago, ma direttamente lungo le frontiere mancesi. Questa tenace e duratura opposizione mette in luce la forza della "grande potenza" cinese, che in seguito sarà apprezzata e riconosciuta anche dagli altri cobelligeranti (1° gennaio 1942). Nel 1945 tornano sotto il controllo cinese tutti i territori acquisiti dal Giappone nei decenni precedenti (Formosa, Isole Pescadores, Manciuria, Mongolia Interna) e cadono le concessioni e gli affitti concessi alle altre potenze straniere (Stati Uniti, Gran Bretagna, Francia, Italia, Portogallo, Danimarca, Paesi Bassi, Belgio). Subito dopo la resa del Giappone (agosto-settembre 1945), l'Armata Rossa occupa la Manciuria e altre aree del Nord della Cina. Le forze giapponesi presenti sul continente si arrendono e consegnano i loro armamenti, a seconda della loro dislocazione, ai sovietici, ai nazionalisti e in parte ai comunisti cinesi. Questa confusa situazione, che riflette le oggettive presenze militari nei diversi fronti sul territorio cinese, causa tensioni e complicazioni per i tempi e i modi in cui avvengono le operazioni di resa.

a) *Il trattato cino-sovietico (1945). L'evacuazione della Manciuria* - Mosca, anche se ha partecipato alla lotta contro i giapponesi per pochi giorni, cerca di utilizzare subito le favorevoli condizioni psicologiche e politico-militari di cui gode. Il Cremlino vuole ottenere dal governo cinese l'esplicita accettazione delle promesse di Roosevelt e di Churchill a Yalta. Già da tempo, in previsione del suo ingresso in guerra, l'URSS ha intavolato trattative in questo senso con gli esponenti del governo nazionalista. La trattativa si rivela presto molto difficile per le richieste russe relative ai diritti ferroviari e portuali. C'è da osservare che le clausole di Yalta relative all'ingresso in guerra contro il Giappone sono state tenute segrete sia perché nel febbraio 1945 il trattato di neutralità nippo-sovietico è ancora in vigore, sia perché non si è voluto allarmare Tokyo, che avrebbe rafforzato le difese sulle frontiere russo-mancesi. Stalin non intende andare oltre l'intesa raggiunta, ma vuole ottenere il pieno assenso cinese agli accordi di Yalta. Rispetto al periodo precedente ora ci sono la disfatta del Giappone e il rapido ingresso delle forze armate russe nel Manciukuò e in altre aree cinesi. Una mancata intesa con Mosca potrebbe pregiudicare la "liberazione" di questi territori e portare dall'occupazione nipponica a quella sovietica, ma, in realtà, la "liberazione" della Manciuria avviene in modo rapido e senza scontri significativi. Soltanto alcuni reparti giapponesi e alcune unità aeree rifiutano la resa, ma si tratta di episodi isolati e di breve durata.

Le trattative cino-sovietiche non sono facili: da parte cinese si rifiutano le concessioni che indeboliscono, di fatto, la sovranità e sembrano ricalcare le orme dei vecchi trattati ineguali del periodo coloniale. Washington, per non rompere l'equilibrio creato a Yalta, per formalizzare il riconoscimento del governo nazionalista, per rendere più debole la posizione del partito comunista cinese, sollecita la conclusione dell'accordo e opera per impedire la rottura dei negoziati, che si concludono con la sottoscrizione di alcune importanti intese (Mosca, 14 agosto 1945).

I contraenti (*Praesidium* del Consiglio Supremo dell'URSS e il presidente del governo nazionale della Repubblica cinese) confermano gli impegni assunti con le dichiarazioni del 1° gennaio 1942 e quella di Mosca delle quattro potenze (ottobre 1943) e con lo Statuto dell'ONU, ribadiscono la volontà di «collaborare nella comune guerra contro il Giappone fino alla capitolazione senza condizioni» e di non avviare trattative separate o armistizi o pace con l'attuale governo di Tokyo, affermano che, dopo la guerra, prenderanno misure comuni per impedire una nuova aggressione nipponica. Se si verificassero in seguito nuove azioni ostili, esse si presteranno «ogni aiuto militare o d'altro genere, e ogni appoggio con i mezzi di cui ognuno dispone». Nessuna delle due parti concluderà alleanze dirette contro l'altra, ed entrambe s'impegnano inoltre «a collaborare cordialmente e strettamente nel dopoguerra e di agire secondo principi di mutua stima e di rispetto della loro reciproca sovranità e della loro integrità territoriale, come pure della non ingerenza negli affari interni dei due Paesi». Si tratta di un patto d'alleanza difensivo per quanto attiene ad eventuali azioni del Giappone, da solo o insieme ad altre potenze e, più in generale, di un patto d'amicizia e di neutralità fra i due Paesi. È anche esplicita l'accettazione dei vincoli dell'Organizzazione delle Nazioni Unite.

Negli altri testi sottoscritti vengono definite e risolte le questioni più delicate, relative alle richieste sovietiche formulate durante la conferenza di Yalta (febbraio 1945). Si decide che il collegamento ferroviario fra Port Arthur, la Manciuria e l'URSS resti sotto sovranità cinese, ma che nasca una compagnia di gestione mista cino-sovietica con presidenza cinese. Il porto di Dairen deve essere aperto ai traffici commerciali internazionali, ma Mosca può godere di agevolazioni doganali e partecipare alla sua gestione. Cinesi e russi devono utilizzare e gestire «di comune accordo» Port Arthur: ai primi è attribuita la gestione civile, ai secondi le funzioni militari-difensive.

Oltre a ciò, Mosca conferma la piena sovranità cinese sulla Manciuria e sul Sinkiang. All'interno di quest'ultimo, ove forti sono le influenze russe, si sono succedute, negli ultimi anni, manifestazioni a sfondo regionalista e religioso per ottenere l'indipendenza. Uno scambio di lettere nel quadro dell'accordo cino-sovietico conferma il disinteresse russo per questo ampio territorio e l'intenzione dell'URSS «di non interferire negli affari interni della Cina» (Mosca ottiene in seguito specifici e vantaggiosi accordi commerciali per sviluppare le sue attività nella regione).

A proposito della Mongolia Esterna, di cui l'URSS pretende la totale indipendenza, i cinesi acconsentono purché si tenga un *referendum* che ne formalizzi l'approvazione da parte della popolazione. La consultazione avrà luogo pochi mesi dopo e il risultato sarà conforme alle aspettative dei sovietici, che potranno mantenere in vita la Repubblica popolare mongola in quest'area cuscinetto fra l'URSS e la Cina. Mosca manterrà anche presidi militari. A questo proposito, giova osservare che le realtà mongole, alla luce della sistemazione finale adottata, risultano tre: la Mongolia Esterna (cioè la Repubblica popolare mongola) come Stato indipendente, la Mongolia Interna, provincia nord-orientale della Cina, e Tannu Tuva, repubblica popolare all'interno dell'URSS (lungo i confini della Mongolia Esterna), proclamata da Mosca già nel 1921 e confermata in seguito (1944). Questa sistemazione significa, fra l'altro, il tramonto definitivo del progetto giapponese di un grande Stato mongolo-mancese alleato di Tokyo nel quadro del confronto nippo-sovietico-cinese. Segnala altresì l'impossibilità di unire all'interno di una stessa realtà statale tutte le popolazioni d'origine mongola, che, divise fra loro, danno vita ad esperienze politiche disarticolate.

L'accordo cino-sovietico dell'agosto 1945 segna di fatto la consacrazione della Cina postbellica e la definizione dei suoi confini dopo la lunga parentesi coloniale e le azioni giapponesi che si sono protratte per oltre cinquant'anni. La Cina, con questi confini, supera per estensione i cinque milioni di kmq (cioè trenta volte l'Italia) ed ha una popolazione di circa 500 milioni (è il Paese più popoloso del mondo). Ai residenti in patria si possono aggiungere i milioni di cinesi viventi all'estero, in particolare nel Siam (l'attuale Thailandia), in Malesia, in Indonesia, in altri Stati asiatici, africani, europei e americani. Di fronte ai risultati raggiunti, politici e territoriali, appaiono molto marginali le rinunce a favore di Mosca (ferroviarie e portuali) e di alcune potenze europee ad Hong Kong e Macao. Alcuni osservatori hanno esagerato l'importanza di queste questioni e hanno letto, nelle concessioni ottenute da Mosca, una ripresa della vecchia logica coloniale dei trattati ineguali. Sul piano formale questa lettura può essere accolta per l'oggettiva debolezza del contraente cinese nei confronti di quello sovietico. Su quello sostanziale, al contrario, essa è inadeguata e quasi ridicola, ove si considerino le contropartite ottenute dalla Cina a fronte di limitati e ben circoscritti interessi nelle comunicazioni marittime e ferroviarie rivendicati dal Cremlino: la loro collocazione geografica evidenzia che essi hanno l'esclusivo scopo di rendere più agevoli i collegamenti fra Vladivostok, il Mar Giallo e l'area siberiana ad oriente del lago Baikal (con le città di Tchita e di Man-ciu-li).

L'evacuazione delle forze armate sovietiche dalla Manciuria avviene secondo gli accordi sottoscritti, ma con scadenze diverse: essa anziché essere completata, come in un primo tempo è predisposto, entro il dicembre del 1945, si conclude di fatto nel maggio successivo.

In questo periodo si apre la delicata questione dei danni di guerra nipponici: Mosca, a fronte di quelli subiti, procede all'asportazione e al trasferimento di gran parte dell'impiantistica industriale attivata dai giapponesi dopo la creazione del Manciukuò. Questi prelievi, forzosi e sistematici (che ricordano, senza averne tuttavia la consistenza, quelli operati nella Germania orientale), provocano le proteste della popolazione mancese e del governo nazionalista: quest'ultimo sostiene che i beni sottratti appartengono al popolo cinese e che il loro prelievo pregiudica in modo grave la ripresa economica postbellica della Manciuria e della Cina. Questi "sradicamenti industriali" potrebbero costituire un obiettivo strategico-militare: si vuole prevenire un rafforzamento della siderurgia e dell'industria pesante mancese, che potrebbe in un futuro sostenere iniziative belliche cinesi contro la Siberia orientale. Le denunce dei nazionalisti cinesi non fermano le operazioni in corso. Al ritiro delle forze armate russe corrisponde un sistematico prelievo di molte strutture industriali. Questo comportamento appare tanto più ingiustificato ove si considerino i limitati danni arrecati dal Giappone all'URSS e alle sue forze armate per l'oggettiva brevità dei combattimenti (Mosca inserisce nel conto giapponese anche le riparazioni per gli scontri degli anni precedenti avvenuti lungo le frontiere sovietico-mongolo-mancesi).

Secondo un rapporto del commissario americano per le riparazioni, E. W. Pauley, che ha ispezionato l'80% delle industrie mancesi, il volume complessivo delle asportazioni da parte russa è di tale importanza che per rimettere in piedi l'industria del Paese «occorrerà un sostanziale aiuto dall'estero». I russi, senza rimuovere interi impianti, hanno asportato in prevalenza macchine utensili e apparecchiature elettriche. La produzione siderurgica e l'estrazione del carbone sono scese a livelli insignificanti e sono rilevanti anche le sottrazioni nei più importanti centri dell'industria chimica. Risulta asportata anche «una fabbrica di pneumatici e di calzature di gomma»; al contrario, non avrebbero subito danni le fabbriche di tessuti. Il ritiro russo dalla Manciuria e dalle province nord-orientali crea nuovi contrasti con i nazionalisti cinesi. Dopo la resa dei reparti nipponici (si calcola che i sovietici abbiano raccolto circa un milione di prigionieri) sono state ammassate enormi quantità di materiale bellico. Sia i governativi che i comunisti ne pretendono la consegna da parte russa. Una parte consistente di questi armamenti finisce nelle mani dei reparti comunisti, che potranno intensificare le azioni di guerriglia nel centro e nel Nord-Est del Paese.

La conclusione del conflitto con Tokyo segna una svolta importante per il popolo cinese ed inaugura una fase nuova di confronto e di lotta fra i principali protagonisti del futuro del Paese. Spesso viene esagerata ed esasperata l'influenza delle potenze straniere in questa vicenda. C'è, al contrario, da osservare che la partita che viene giocata è prevalentemente interna, cioè coinvolge partiti e movimenti cinesi. È errato ricercare le radici della guerra civile in collegamenti esterni: non c'è alcun dubbio che Washington, Londra e Mosca abbiano interessi, simpatie, rapporti in Cina, ma ciò non toglie che l'elemento centrale degli avvenimenti che sconvolgono il Paese nel periodo 1945-1949 sia legato a fattori nazionali. I principali contendenti sono mossi da motivazioni e interessi locali, anche se hanno collegamenti e ottengono sostegni militari, economici e finanziari.

Le grandi potenze, dopo l'uscita di scena del Giappone, sono più spettatrici interessate che protagoniste del confronto fra Chiang Kaishek e Mao Tsé-tung. Questa impostazione è già presente a Yalta, quando vengono definite le condizioni dell'ingresso in guerra sovietico. C'è, nei contraenti, il riconoscimento dell'unità statale cinese, l'accettazione del governo nazionalista e la sua collocazione nel "club dei grandi vincitori". Washington e Londra non hanno difficoltà a pagare Mosca con aree di colonizzazione nipponica, nella misura in cui è ricostituita l'entità statale unitaria cinese ed è riconosciuto il governo nazionalista. Mosca, ottenute le garanzie per la Mongolia Esterna, gli ampliamenti territoriali insulari e le modeste concessioni portuali e ferroviarie mancesi, non ha mire espansioniste né in Manciuria né nel Sinkiang (la prima occupata, il secondo con forti presenze economiche e commerciali). Questo equilibrio è accettabile da Washington, Mosca e Londra senza eccessive difficoltà, ma dietro di esso ci sono altri convincimenti, che saranno clamorosamente smentiti nel periodo successivo.

Roosevelt prima e Truman poi sono convinti che i nazionalisti siano destinati a dominare la Cina del dopoguerra per le posizioni che già detengono e che possono rafforzare ulteriormente con il prolungamento dei benefici della legge affitti e prestiti (è stata prorogata per «aiutare la Cina a disarmare i giapponesi»). All'inizio non c'è alcun esame critico né della forza del partito comunista cinese né della situazione del Kuomintang, che, caduta la tensione antinipponica, già denuncia divisioni interne.

Stalin accetta come interlocutore il governo nazionalista, perché è convinto che esso possa mantenere il potere, ma si garantisce, tuttavia, la copertura americana a fronte degli impegni sottoscritti a Yalta, che ha tradotto nell'accordo nippo-sovietico del 14 agosto 1945. Il dittatore sovietico non nutre eccessiva fiducia nelle forze comuniste cinesi, alle quali non ha mancato di dare sostegno politico e militare durante il conflitto. Restano, però, le riserve nei confronti del movimento che ha fallito nei decenni precedenti, poiché non è riuscito a mobilitare il proletariato urbano, i ceti medi e gli ambienti intellettuali di sinistra per imprimere una svolta radicale alla società cinese o all'interno del Kuomintang stesso. Non c'è fiducia nell'ipotesi teorizzata da Mao Tsé-tung di attivare una rivoluzione contadina. Questa esperienza, troppo lontana e diversa da quella conosciuta dai bolscevichi, pare impegnativa e teorica, senza dubbio inidonea a capovolgere i rapporti di forza creati nei decenni precedenti e consolidati dalla sconfitta nipponica. L'accordo sovietico-statunitense ha alla base questi convincimenti che si riveleranno presto errati. Washington ha sopravvalutato la forza di Chiang Kai-shek e delle forze nazionaliste. Mosca, al contrario, non ha capito la realtà contadina e ancor meno intuito la genialità politico-militare del leader cinese, ma fra i contraenti prevarrà Stalin, perché ottiene subito i compensi auspicati, mentre gli americani, soddisfatti per l'esclusiva occupazione del Giappone e per l'affermazione, riconosciuta da parte sovietica, del governo nazionalista, vedranno cadere in poco tempo questa certezza.

L'errore di valutazione americano, pur prodotto nei tempi in cui si è concretizzato l'accordo di Yalta, porterà alla perdita d'ogni controllo sulla Cina (con l'esclusione di Formosa, Hong Kong e Macao) e al tramonto delle speranze d'includere quest'area nel progetto del "mercato globale". Al contrario, Mosca ottiene subito i compensi ai danni del Giappone, la conferma, da parte di Chiang Kai-shek, dei "privilegi coloniali" ferroviari e portuali e in seguito, con la nascita della Repubblica popolare cinese, vedrà estendersi oltre ogni previsione i confini del blocco marx-leninista. Il fattore decisivo di questo cambiamento, non previsto, anzi sottovalutato sia dagli strateghi statunitensi sia da quelli sovietici, è la forza del comunismo cinese e in particolare di Mao Tsé-tung; in sintesi, Truman non ha capito una "debolezza", Stalin una "forza".

Il governo nazionalista riesce, in questo periodo, a definire anche le questioni attinenti ai suoi confini sud-occidentali, cioè con l'Indocina, caduta sotto il controllo nipponico. I cinesi, che hanno facile accesso a questo territorio, dopo la resa procedono al disarmo dei contingenti giapponesi. Le successive aspirazioni francesi in quest'area, per quanto attiene ai rapporti con la Cina, sono soddisfatte nel febbraio del 1947: i cinesi abbandonano i territori occupati a Nord del 16° parallelo a favore dei francesi. Parigi, a sua volta, cede le concessioni coloniali di Tientsin, Canton, Han-Kau, Shanghai, concede diritti daziali e di transito in condizioni di favore per i prodotti cinesi sulle linee ferroviarie indocinesi, rinuncia anche alla baia di Kuang chou Wan (Fort Bayard) e alle isolette prospicienti. Restituisce inoltre, dietro adeguato compenso economico, la ferrovia dello Junan, che collega il porto di Haiphong con Kunming e riveste una particolare importanza per la sua collocazione nella parte meridionale del Mare Cinese, proprio di fronte alla grande isola di Hainan.

Questa sistemazione sottolinea la volontà cinese di porre fine ad ogni presenza coloniale sul proprio territorio e il disinteresse per l'area indocinese nella quale, dopo la disfatta nipponica, si ripresenta la Francia. Da parte cinese non si esita a concludere la trattativa con Parigi, che si presenta come potenza coloniale e che incontrerà, negli anni successivi, gravi complicazioni in Cambogia e in Vietnam. Chiang Kai-shek vuole definire le questioni cinesi e non intervenire in quelle indocinesi, che avranno un loro specifico sviluppo nel quadro della decolonizzazione francese. In Cina ha prevalso l'esigenza di definire i problemi della decolonizzazione nipponica per la sua importanza di durata e d'estensione.

La sconfitta e l'occupazione del Giappone, la rinascita di una grande Cina territoriale, la sua accettazione nel vertice delle "grandi potenze" lasciano intendere che il Kuomintang e le maggiori capitali pensano che la Cina possa occupare il posto lasciato libero da Tokyo e rappresentare il punto di riferimento politico per il Sud-Est asiatico. In realtà, essa non dispone né dei mezzi economici né di un livello di sviluppo interno adeguato a questo ruolo. Fra l'altro, il grado di coesione fra le diverse aree del Paese, sul piano amministrativo e politico è molto fragile e il potere centrale non si trova nelle condizioni di esercitare in modo adeguato le proprie competenze. A questa difficoltà si deve aggiungere il contrasto fra gli esponenti governativi e le forze comuniste che in questi anni si sono rafforzate, occupano vasti territori e dispongono di un esercito ben armato ed addestrato.

b) *Chiang Kai-shek e Mao Tsé-tung* - La guerra civile in Cina non è la conseguenza della tensione internazionale postbellica, ma preesiste ad essa e affonda le sue radici nella rivoluzione repubblicana del Paese. Gli stessi protagonisti principali di questa vicenda, Chiang Kai-shek e Mao Tsé-tung, appartengono a questa storia.

Sun Yat-sen (il "padre della rivoluzione") aveva definito, già all'inizio del Novecento, con i tre principi del Popolo il cammino della rinascita del Paese: *a*) cacciata della dinastia imperiale mancese, abolizione dei "trattati ineguali", autonomia per le cinque nazionalità presenti in Cina (mancese, cinese, mongola, tibetana e maomettana); *b*) adozione di una Costituzione democratica con la separazione dei poteri; *c*) riforma agraria per la distribuzione della terra ai contadini e riforma industriale per ridurre i profitti del capitale e riconoscere compensi più alti alla classe operaia.

Alla sua morte, il movimento rivoluzionario cinese si divide in formazioni distinte e in competizione fra loro: il nazionalismo, il comunismo (ispirato dalla dottrina marx-leninista) e il liberalismo democratico (fautore di un sistema istituzionale analogo a quello delle democrazie occidentali), dal quale nascono la "Lega democratica" e altre formazioni minori. La conduzione successiva del Kuomintang da parte di Chiang Kai-shek accentua le tendenze nazionaliste e vede crescere l'influenza delle componenti più conservatrici, mentre non fa passi avanti il processo di democratizzazione. La fase iniziale di "dittatura educativa", destinata a durare cinque anni, finisce per protrarsi per quasi un ventennio. Neppure la nuova Costituzione, la indizione delle elezioni e l'avvio delle riforme modificano questo contesto: la scarsa partecipazione popolare, le resistenze interne al mondo nazionalista, l'opposizione comunista e le violente manifestazioni popolari (contro il "caro vita", l'inflazione, la corruzione, ecc.) fanno fallire questi tardivi tentativi, ai quali si aggiungono le oggettive difficoltà del dopoguerra e del conflitto civile in atto.

Nessuno mette in discussione l'onestà, la dirittura morale e la determinazione politica del "generalissimo", ma, con il passare del tempo, appare sempre più influenzato, quasi prigioniero, degli ambienti economico-finanziari-militari più conservatori. Lui stesso, pur discepolo di Sun Yat-sen, è nazionalista ma conservatore sul piano sociale e resta convinto del fatto che il futuro della Cina sia un ritorno ai principi sociali dell'ordine confuciano. Non nasconde questi precisi orientamenti: «Sebbene l'organismo sociale si evolva, vi sono alcuni principi eterni ed immutabili della vita sociale: la vita dei padri e dei figli, dei mariti e delle mogli, dei fratelli maggiori e dei minori; l'ordine di chi sta in alto e di chi in basso, dei superiori ed inferiori, degli uomini e delle donne, dei vecchi e dei giovani ed i principi della mutua assistenza tra i vicini ed in caso di malattia». Si tratta della nota piramide confuciana che disegna una società gerarchica, solidale ma immobile, ben lontana dalle concezioni della modernità dell'Occidente e della stessa ideologia marx-leninista.

Non sorprendono le sue decisioni in materia sindacale (sottomissione dei vertici sindacali ai funzionari governativi), la proclamazione dell'illegalità dello sciopero, l'estensione della giornata lavorativa a 12 ore (e il riposo ogni due settimane) e l'avversione per il mondo occidentale e per gli intellettuali. Sul piano militare, benché abbia frequentato in gioventù le accademie sia in Giappone sia in Russia, non fornisce significativi contributi nella lotta contro i giapponesi e contro le forze comuniste. Diverse testimonianze concordano nel riconoscere il suo modo di vivere spartano, il suo coraggio personale, ma anche la sua scarsa preparazione in materia di tattica e strategia militare. Alla lettura di testi specifici sulla materia preferisce la meditazione sugli epigrammi composti, oltre due millenni prima, da Sun Tzu sull'arte della guerra. Il Kuomintang, al di là delle dichiarazioni e dei progetti di riforme, non trova neppure una stabile intesa con le altre forze democratiche e liberali cinesi, che fanno riferimento al sistema democratico parlamentare. I rapporti non sono mai amichevoli e ancor meno costruttivi. Con il passare dei mesi e con il protrarsi della guerra civile Chiang Kai-shek e i suoi collaboratori accentuano l'ostilità nei confronti di tutti i movimenti che non si identificano con la linea ufficiale del Kuomintang. Essi vengono accusati di indebolire il "fronte anticomunista" e di costituire un elemento di confusione nella radicale contrapposizione che non permette l'esistenza di terze forze fra il nazionalismo riformatore e il comunismo rivoluzionario. I rapporti con quest'ultimo sono stati sempre difficili per la diversità dei progetti politico-economici perseguiti, per i differenti collegamenti internazionali e per la rivalità dei gruppi dirigenti. La reciproca ostilità, che ha determinato anche sanguinose repressioni e scontri armati, non si è ridotta durante la lotta contro l'invasore nipponico. Questo periodo non ha dato vita ad una "pacificazione duratura", ma ha costituito soltanto una parentesi di reciproca neutralità, una sorta di tregua per far fronte ad un pericolo maggiore che incombeva su tutta la Cina.

È difficile comprendere la ripresa delle ostilità fra i nazionalisti e i comunisti se si ignorano le tensioni degli anni precedenti: la repressione del 1927, il tentativo ad opera di Chiang Kai-shek di annientamento avvenuto nel 1934, la "lunga marcia" di Mao Tsé-tung (oltre 10.000 km) per sottrarsi all'offensiva nazionalista. Se l'aggressione giapponese del 1937 inaugura una collaborazione fra le due componenti, tale cooperazione costituisce un'esperienza momentanea: nessuno dei contendenti può rinunciare al proprio progetto politico e anche durante il conflitto non mancano scontri militari fra le loro unità.

Mao Tsé-tung ha alle spalle una lunga milizia politica. Senza essere mai andato in Russia è presente nel partito comunista cinese (partito per la divisione della ricchezza) fin dalla sua formazione e ne assume di fatto la guida dal 1937, sostiene la necessità primaria della riforma agraria e della mobilitazione dei contadini e pur aderendo alla dottrina marx-leninista, accentua il ruolo della componente contadina nella lotta di classe per abbattere i residui dello sfruttamento feudale e per aprire le porte alla «nuova democrazia» socialista. Mentre la rivoluzione russa si è completata in un Paese «capitalista e imperialista», quella cinese deve compiersi in un contesto «semifeudale e semicoloniale». La prima ha avviato la rivoluzione proletaria mondiale, mentre la seconda si è inserita, pur con propri caratteri, in quella già avviata da Marx, Lenin e Stalin. Mao Tsé-tung, mentre cerca di collegare le diverse classi sociali alla lotta del partito comunista, respinge i «grandi proprietari terrieri e la borghesia commerciale, entrambi legati agli interessi del colonialismo e dei residui feudali»; al contrario, «contadini poveri ed operai possono trovare collaborazioni nella piccola e media borghesia, negli intellettuali, fra gli studenti e fra gli artigiani». La rivoluzione apre la strada ad una «nuova democrazia» che si basa sulla dittatura non soltanto del proletariato, ma di tutte le classi che collaborano con questo. Mao Tsé-tung e la rivoluzione cinese si muovono nel rispetto della tradizionale ortodossia sovietica, pur se in un contesto socioeconomico diverso. Il partito comunista cinese si considera, fra l'altro, l'unico vero erede di Sun Yatsen, perché la rivoluzione nazionale, senza l'applicazione del terzo principio (il benessere del popolo), perde ogni significato; è doveroso unire la rivoluzione nazionale borghese a quella proletaria per soddisfare le esigenze di giustizia del popolo e la fame di terra del mondo contadino.

Il partito comunista cinese dispone, dopo oltre vent'anni di lotta, di una propria organizzazione di governo e del sostegno di Mosca, che occupa la Manciuria e una parte della Corea. Dopo la resa del Giappone e il progressivo ritiro delle forze russe, si fronteggiano due schieramenti: quello nazionalista raduna oltre sei milioni di combattenti e quello comunista circa tre milioni; lo squilibrio numerico e degli armamenti, all'inizio nettamente favorevole al Kuomintang, viene in seguito modificato dal possesso, da parte dei comunisti, di gran parte degli arsenali nipponici in Manciuria e in altre aree della Cina.

c) *La guerra civile* - In questo contesto postbellico si riaccende lo scontro militare che nessuna mediazione, né interna né internazionale, è in grado di fermare. I primi grandi scontri militari si verificano in Manciuria, nella primavera del 1946, con il procedere del ritiro delle truppe russe. Da parte anglo-americana, anche nel periodo bellico, sono state effettuate molte pressioni per favorire la collaborazione fra i nazionalisti e i comunisti al fine di fronteggiare l'aggressione nipponica. L'emergenza nazionale ha funzionato come elemento catalizzatore, anche se non ha potuto sanare i contrasti profondi di natura ideologica ed ancor meno le ferite di vent'anni di guerriglia e di persecuzioni. Nuovi tentativi di pacificazione da parte americana sono avviati anche in seguito: mediazioni, accordi, ripresa dei combattimenti si susseguono senza fine nei mesi successivi. Due sono le questioni più controverse: la confluenza delle forze comuniste nell'esercito cinese e la creazione di un governo unitario espressione di tutte le forze politiche. Neppure i viaggi intrapresi da Mao Tsé-tung nella capitale nazionalista Chungking (1945) e da Chiang Kai-shek in quella comunista riescono a risolvere il problema. In realtà, rimane l'inconciliabilità fra i due sistemi politici perseguiti dai contendenti che, con il passare del tempo, convince ambedue della necessità di prevalere con le armi. Anche la missione di Marshall, autorevole rappresentante di Truman fra la fine del 1946 e l'inizio del 1947, non ha esiti migliori delle precedenti.

Al termine della sua missione (rapporto del gennaio 1947), il generale americano osserva che il maggiore ostacolo per la pacificazione cinese è «l'assoluta esagerata diffidenza con la quale il partito comunista cinese ed il Kuomintang si considerano reciprocamente». I contrapposti dichiarati modelli politici perseguiti dai due competitori rendono impossibile una collaborazione duratura e credibile all'interno di una stessa compagine governativa: «Ognuno dei due si lascia consigliare soltanto dal proprio timore». Questo clima di reciproca sfiducia rende impossibile l'avvio di governi di coalizione. Da parte governativa si denuncia il comportamento dei comunisti che, per raggiungere i loro scopi, conducono operazioni distruttive di guerriglia; oltre a ciò la propaganda, spesso falsa, dei due contendenti contribuisce ad esasperare i termini dello scontro in atto, che da parte comunista ha anche un forte contenuto antiamericano.

Marshall osserva che, al momento, tutti i tentativi operati per superare queste difficoltà sono stati «frustrati dagli elementi estremisti d'entrambe le parti». Rileva che da parte comunista c'è «un'assoluta mancanza di volontà di venire a un giusto compromesso», mentre all'interno del fronte governativo hanno un peso eccessivo «i rappresentanti di interessi feudali e i militari». I reazionari del governo e i comunisti più intransigenti sbarrano la strada della pacificazione: gli uni contano di prevalere con l'aiuto americano, gli altri grazie all'impiego della guerriglia e al collasso economico nazionale. Chiang Kaishek potrebbe, con un «governo efficace» basato sugli elementi progressisti del Kuomintang e dai partiti di minoranza («che costituiscono un magnifico gruppo di uomini»), dare una svolta importante alla crisi in atto, ma questa ipotesi appare allo stesso Marshall molto difficile nel contesto che si è venuto a determinare all'interno del Kuomintang e con l'estensione delle operazioni militari che sembrano preludere «ad una vera e propria guerra civile nazionale».

Gli scontri si estendono a vaste aree del Paese con fasi alterne di successi e d'insuccessi. Già a metà del 1947 si delineano una prevalenza comunista e un progressivo cedimento delle forze nazionaliste. Da parte statunitense, anche se continuano gli aiuti sul piano militare e finanziario, non mancano le critiche ai dirigenti del Kuomintang, accusati di scarsa sensibilità democratica, di corruzione e di voler risolvere la crisi in atto con l'annientamento dei comunisti. Al tempo stesso, crescono nel mondo occidentale i riconoscimenti per il governo comunista cinese che gode, dove comanda, del favore delle popolazioni rurali, ha avviato la riforma agraria, abbassato i canoni d'affitto e gli interessi bancari, promosso un'efficiente amministrazione pubblica, sviluppato la rete scolastica e organizzato un esercito disciplinato e combattivo.

Di fatto, Washington, mentre si oppone con determinazione all'influenza comunista, deve prendere atto che il fronte nazionalista è ben lontano dal rappresentare quei valori democratico-liberali che professa a parole: non esistono forme di rappresentanza democratiche adeguate, molto influenti risultano alcuni esponenti della finanza e del latifondismo, la corruzione è diffusa (a livello militare e politico). Si ha l'impressione che a fronteggiare il comunismo cinese ci sia un'altra componente con le medesime caratteristiche antidemocratiche, che non dispone della forza politica necessaria per una svolta al proprio interno, per condurre una trattativa con Mao Tsétung ed ancor meno per vincere sul “campo”.

Washington, con il passare dei mesi, acquista consapevolezza di questa realtà: non ha a disposizione soluzioni alternative e può soltanto fare pressioni su Chiang Kai-shek per accelerare le riforme, combattere la disgregazione e la corruzione e trovare un compromesso con il partito comunista cinese.

Nonostante le difficoltà interne, l'Assemblea nazionale cinese approva, nel dicembre del 1946, la nuova Costituzione, che viene promulgata da Chiang Kai-shek nel gennaio 1947, ma si decide che entri in vigore nell'anno successivo. Il Kuomintang, in attesa dell'elezione della nuova Assemblea popolare, s'impegna a dar vita ad un governo di coalizione con altre forze non comuniste. Soltanto alcuni partiti minori accettano l'inserimento di propri rappresentanti nell'"esecutivo ponte", mentre le altre formazioni politiche rifiutano ogni collaborazione e denunciano l'autoritarismo e la totale insensibilità sulle riforme del gruppo dirigente del Kuomintang. Quest'ultimo, dopo aver rotto i rapporti con il partito socialdemocratico, dichiara "fuori legge", come i comunisti, anche gli aderenti alla Lega democratica, in gran parte espressione del mondo intellettuale, della borghesia urbana più evoluta e di ampi settori delle libere professioni.

In questo contesto, Truman decide di inviare il generale A. C. Wedemeyer in missione in Cina, che dipinge un quadro molto negativo della situazione e dei dirigenti nazionalisti. Nell'agosto del 1947 Wedemeyer rivolge un accorato appello ai rappresentanti del governo cinese e ai comunisti per la pacificazione del Paese. Dimostra di avere chiara consapevolezza della gravità della situazione e delle necessità sociali del dopoguerra. Il benessere del popolo cinese deve essere assicurato «nel suo insieme», al di fuori e al di sopra degli interessi dei singoli e di gruppi, e la ripresa richiede «una guida illuminata e una rinascita spirituale e morale che deve svilupparsi dalla stessa Cina». L'attuale governo, osserva il generale, «può guadagnarsi l'appoggio entusiastico» del popolo se allontana «i funzionari corrotti e gli incompetenti che occupano molti posti di responsabilità a livello centrale e negli organi provinciali e comunali»; occorrono riforme economiche, sociali e politiche da adottare «con energia e lungimiranza». Il Kuomintang deve convincersi che «la sola forza militare non basta per eliminare il comunismo». Wedemeyer invita i comunisti a rinunciare volontariamente all'uso della forza per imporre le loro idee. Se il loro desiderio di aiutare il popolo è sincero, essi potranno perseguire quest'obiettivo più facilmente «con mezzi pacifici piuttosto che con la violenza e le distruzioni che hanno caratterizzato questi ultimi tragici mesi».

A giudizio di Wedemeyer (relazione finale del settembre 1947), «malgrado tutta la corruzione e l'incompetenza che si osserva in Cina, è certo che la maggioranza del popolo non è disposta ad accettare una struttura politica ed economica comunista». Infatti, egli ritiene che alcuni abbiano aderito a questo movimento per «indignata protesta» contro i sistemi polizieschi, la corruzione e la cattiva amministrazione, altri per disperazione socioeconomica o per inerzia. Questo stato di cose è presente ai vertici del Kuomintang, che dichiara di voler dar vita ad un governo democratico ispirato ai principi di Sun Yat-sen e avviare un incisivo programma di riforme, ma la realtà è diversa, perché alle intenzioni non corrispondono i fatti: i capi reazionari prevalgono nel governo nazionale, che adotta sistemi di «repressione e corruzione». In tal modo, scrive Wedemeyer, i «gruppi moderati si trovano combattuti tra il malgoverno e l'oppressione del Kuomintang e il totalitarismo spietato dei comunisti. [...] Né i moderati, molti dei quali appartengono al Kuomintang, né i partiti di minoranza possono far sentire la loro influenza a causa della repressione del governo nazionale».

L'economia del Paese è stata distrutta dalla guerra e non dispone di mezzi per risollevarsi, tanto meno con il dilagare della guerra civile. In molte aree rurali si è tornati a primitive forme di baratto «di generi alimentari contro prodotti dell'artigianato locale». Esiste una «super inflazione» dovuta in gran parte al disastroso bilancio nazionale, sul quale pesano, per il 70%, le spese militari. Si ricorre troppo spesso all'emissione di nuova moneta e in tal modo la cura peggiora le condizioni del malato: «Nel primo semestre del 1947 l'emissione di valuta è stata triplicata, ma il prezzo del riso è aumentato di sette volte tanto». Secondo Wedemeyer, è necessaria una riduzione del bilancio militare. Chiang Kai-shek, è d'altra parte, convinto «che il problema comunista possa essere risolto soltanto con la forza», ma nonostante questa determinazione la presenza dei comunisti si estende e le forze governative non riescono né a contenere né a schiacciare la guerriglia. L'esercito nazionalista avrebbe bisogno di equipaggiamenti, di assistenza logistica e tecnica, di consulenza militare e «di munizioni». La crisi cinese minaccia la pace mondiale, ma «una Cina dominata dai comunisti sarebbe contraria agli interessi degli Stati Uniti per i principi politici e gli obiettivi di pace che hanno sempre perseguito». La Cina è sull'orlo del baratro, «è in preda ad un processo di disintegrazione crescente». È urgente provvedere per: *a*) riorganizzare il governo ed attuare le riforme promesse; *b*) ridurre il bilancio militare; *c*) fornire aiuti dall'estero. Wedemeyer raccomanda a Washington di continuare nell'opera d'assistenza, purché il governo nazionalista si muova nella direzione delle riforme necessarie. Esclude in ogni modo una partecipazione di forze armate americane nel conflitto civile cinese.

Le elezioni generali registrano un notevole successo dei candidati del Kuomintang. Nel marzo 1948 Chiang Kai-shek assume la presidenza dell'Assemblea nazionale e poco dopo (agosto) il governo vara i primi provvedimenti di carattere economico: riforma monetaria, aumenti salariali e blocco dei prezzi, revisioni dei canoni di affitto, censimento delle proprietà terriere e delle produzioni agricole. Queste decisioni, osteggiate dall'ala più radicale dei conservatori, non fermano l'inflazione e la vertiginosa corsa dei prezzi. Di fronte all'insuccesso di questi provvedimenti, all'avanzata delle forze comuniste e al ridotto appoggio americano, Chiang Kai-shek cerca un riavvicinamento con il partito comunista cinese. Purtroppo le potenze invitate a svolgere la mediazione rifiutano l'offerta (USA, URSS, Gran Bretagna e Francia).

Nonostante gli insuccessi militari e il fallimento dei tentativi per arrivare ad un accordo, Chiang Kai-shek, nel novembre 1948, si mostra molto ottimista sulla conclusione della guerra civile e ribadisce la volontà di annientare il comunismo cinese: «Non sono un guerrafondaio, [...] sto combattendo per mantenere l'indipendenza nazionale, [...] l'obiettivo finale della campagna per la soppressione del comunismo è quello della pace. Desidero annientare i comunisti perché voglio salvaguardare la nostra integrità nazionale e la nostra libertà nazionale. [...] Il programma di soppressione militare è stato deciso da gran tempo e dovrà essere condotto a termine con tutti i mezzi». A dichiarazioni tanto rassicuranti non corrisponde il contesto politico-militare, che evidenzia il progressivo sfaldamento del fronte nazionalista e la richiesta, sempre più pressante, di aiuti al governo americano. Quest'ultimo, dopo le missioni di Marshall e di Wedemeyer, ha però assunto posizioni più caute e ha riserve sulla possibile conclusione del confronto militare.

Washington segue con crescente timore l'evoluzione cinese. Alla mancata attuazione di riforme sociali, economiche e istituzionali si affiancano la crescente influenza del comunismo e l'evidente crisi dell'apparato amministrativo e militare del governo nazionalista. D'altra parte, il mito del Kuomintang come alfiere delle libertà democratiche e del liberismo economico è tramontato da tempo negli Stati Uniti, dove l'inefficienza dei governi, l'oppressione militare e poliziesca, la corruzione dilagante e la crisi militare si mostrano nella loro gravità. Ci s'interroga anche sull'opportunità di continuare negli aiuti alla Cina nazionalista, che, sotto diverse forme, non sono mai cessati con la legge "affitti e prestiti", con la cessione di rilevanti quantitativi di "residuati bellici", con finanziamenti sulla base della legge per gli aiuti all'estero e anche con il China Aid Act (aprile 1948).

Marshall precisa che gli aiuti alla Cina non rendono Washington responsabile della politica militare, economica e sociale di quel governo. Si vuole soltanto contribuire alla rinascita economica e ad alleviare le perduranti sofferenze del popolo. Si precisa che i prodotti «di importanza essenziale» inviati in Cina sono: cotone, cereali, prodotti petroliferi, fertilizzanti, tabacco, medicinali, metalli, carbone e ricambi per beni di produzione (dai dati disponibili risulta che gli aiuti USA dal 1937 al 1945 sono stati circa il 50% del totale, l'altra metà è stata fornita dal 1945 al 1948). Come si evince dalle cifre, allo sforzo consistente durante il secondo conflitto mondiale è succeduto un impegno ancor maggiore per la ripresa economica e per il consolidamento del governo di Chiang Kai-shek. Purtroppo per il Kuomintang gran parte di questi rifornimenti è finita nelle mani degli avversari: secondo le prove raccolte da inchieste statunitensi, una parte rilevante degli armamenti americani è stata abbandonata dai nazionalisti in fuga o venduta da trafficanti e passata al nemico insieme con intere divisioni e generali che hanno aderito «all'esercito rosso». In Cina si è creata una situazione pericolosa e contraddittoria e non pare utile proseguire nell'erogazione di aiuti senza la certezza della loro destinazione finale. Alla fine del 1948 la situazione è talmente difficile che le autorità governative nazionaliste non esitano a chiedere un diretto intervento americano nel conflitto. Si dicono disposte a riaprire la navigazione fluviale alle navi straniere e a favorire e tutelare futuri interessi delle potenze occidentali in Cina. Ciò appare in netto contrasto con i presupposti della rivoluzione repubblicana di Sun Yat-sen, con i programmi originari del Kuomintang e finisce per favorire la propaganda delle forze ostili al governo (antiamericane e antioccidentali) e dello stesso partito comunista cinese.

A questo punto, per verificare le vere intenzioni di Mao Tsé-tung e per obbligare gli USA ad assumere una posizione più netta di sostegno, Chiang Kai-shek si dimette da presidente, senza tuttavia nominare un successore (gennaio 1949). Si vuole accertare se «superato l'ostacolo personale» è possibile trovare un accordo di governo fra nazionalisti e comunisti, ma neppure queste "mezze dimissioni" risolvono la questione: nuove richieste comuniste ("otto punti") vengono respinte. Al tempo stesso, prosegue l'avanzata dell'esercito rosso, che occupa Tientsin (gennaio 1949), Pechino (febbraio), Canton, Shanghai, Nanchino (aprile) e Chungking (novembre 1949).

Nel luglio del 1949, Mao Tsé-tung conferma l'adesione, senza riserve, al mondo comunista internazionale, l'alleanza con l'URSS, con le democrazie popolari europee e con il proletariato di tutto il mondo. Per conseguire una vittoria «è necessario tenere per una parte»: «Non soltanto in Cina, ma dovunque nel mondo, non si può fare a meno di parteggiare o per l'imperialismo o per il socialismo. La neutralità è un travestimento, e una terza via non esiste». Conferma, inoltre, di voler dar vita alla «dittatura della democrazia popolare», l'unica in grado di rappresentare il popolo («classe operaia, classe contadina, piccola borghesia, borghesia nazionale») e «di togliere ai reazionari il diritto di esprimere la propria opinione». Senza questo risultato ci sarebbe «la sconfitta della rivoluzione, l'infelicità del popolo e la rovina dello Stato. [...] La dittatura rivoluzionaria e quella controrivoluzionaria sono per il loro carattere antagoniste». La conferma di questi indirizzi lascia ben poche speranze ai sostenitori di un governo nazionale di coalizione basato sui nazionalisti e sui comunisti. Se questa ipotesi non si è affermata negli anni precedenti diventa ora, con l'avanzata dell'esercito di Mao Tsé-tung, impraticabile.

Chiang Kai-shek, sotto l'incalzare dell'offensiva comunista, torna ad insediarsi a Chungking, nel cuore della Cina centro-meridionale da dove, durante la guerra con Tokyo, aveva condotto le operazioni militari: «Negli ultimi quattro anni – dichiara – l'Internazionale comunista prima ci ha tolto il territorio, la popolazione e le risorse della Manciuria, poi ha esteso alla linea settentrionale e centrale la sua tenebrosa ed oscura cortina di ferro. Oggi Chungking diventerà nuovamente il centro della lotta contro l'aggressione. [...] Oggi torno qui come al mio luogo d'origine, e sento dentro di me una profonda emozione. [...] I comunisti si sono smascherati come agenti dello straniero. Essi infrangono il sistema familiare della Cina. Abbandonano la nostra storia e la nostra cultura, rovinano il nostro commercio e la nostra industria. È perciò che decine di migliaia di cittadini, nelle regioni cosiddette comuniste, si levano per combattere contro di loro».

Il generalissimo immagina rivolte popolari anticomuniste, denuncia i pericoli dell'abbandono della tradizione confuciana cinese, spera di poter ripetere l'epica lotta condotta contro i nipponici, attribuisce al comunismo internazionale i meriti del successo di quello cinese, invita le popolazioni delle regioni sotto il suo controllo «a combattere fino all'estremo». Si tratta di previsioni destinate ad essere smentite in modo clamoroso nel giro di pochi mesi: non ci saranno rivolte popolari contro il comunismo, mentre il Kuomintang non soltanto non sarà in grado di difendere la «sua capitale epica», ma dovrà abbandonare tutto il territorio della Cina continentale.

Di fronte all'evidente disastro in atto, il governo americano pubblica un *Libro bianco* sulle relazioni USA-Cina (agosto 1948). Si tratta di un'opera di rilievo (fra testo, appendice, tavole cronologiche e indici supera le 1.000 pagine) che documenta la politica americana verso la Cina (inserimento commerciale, rapporti culturali, rifiuto del colonialismo, "porta aperta", contenimento del Giappone, sostegno alla repubblica, ecc.). Il segretario di Stato Acheson presenta il *Libro bianco* con una lunga introduzione sulla crisi cinese degli ultimi anni e sulle motivazioni della politica della Casa Bianca. Acheson osserva che dopo la sconfitta di Tokyo gli USA potevano scegliere fra tre ipotesi: *a*) lasciare la Cina; *b*) intervenire «su vasta scala per aiutare i nazionalisti e annientare i comunisti»; *c*) sostenere i nazionalisti per affermare la loro autorità, per evitare la guerra civile e per elaborare «un compromesso tra le due parti». È stata scelta quest'ultima strada. In questa direzione si era mosso già Marshall, con la sua missione alla fine del 1946. L'equivoco comportamento sovietico in Manciuria a favore dei comunisti cinesi ha aperto la strada alla ripresa delle ostilità e alla guerra civile. Marshall ha dovuto prendere atto della rigidità e delle contrapposte posizioni politiche e ideologiche e della decisione dei nazionalisti di risolvere la questione con le armi, benché li avesse avvertiti «non solo che essa sarebbe fallita, ma che avrebbe piombato la Cina nel caos economico e che avrebbe finito per distruggere il governo nazionale»; questa previsione strategica è stata confermata dai fatti.

Ciò nonostante, Washington ha fornito al governo nazionalista ingenti aiuti, pur consapevole di non potere intervenire in modo diretto per cambiare la disastrosa evoluzione della guerra civile: «Ora non serve illudere né noi stessi né il popolo cinese; pare certo che il futuro immediato della Cina sia quello di essere sfruttata da un partito nell'interesse di un imperialismo straniero». Acheson, alla previsione di un'imminente affermazione dei comunisti cinesi e dell'URSS, emette una speranza: «La profonda civiltà e l'individualismo democratico della Cina avranno la loro ripresa ed essa riuscirà a scuotere il giogo straniero».

Il segretario di Stato americano, con le osservazioni precedenti e con questa conclusione, evidenzia una precisa valutazione: la fine della guerra civile cinese a favore del comunismo è da attribuire più alle manovre moscovite, agli errori strategici di Chiang Kai-shek (e dei vertici del Kuomintang) che alle capacità del partito comunista cinese e dei suoi dirigenti. Nella lettura di questo testo colpisce l'assenza d'ogni riferimento all'opera sociale, economica, militare e politica di Mao Tsé-tung e al ruolo da lui esercitato nell'affermare l'originalità contadina della rivoluzione cinese e alle difficoltà nei rapporti con i sovietici. La crisi cinese è collocata nel contesto dei rapporti Est-Ovest, o meglio in quelli post Yalta fra Mosca e Washington, mentre resta in ombra il carattere prevalentemente cinese dell'intera questione. A nulla serve il ritorno di Chiang Kai-shek all'esercizio delle sue funzioni presidenziali ed ancor meno un suo solenne appello al popolo cinese per un'estrema resistenza anticomunista. Risultati analoghi ottengono il tentativo di dar vita, con le Filippine e la Corea del Sud, ad un Patto anticomunista nel Pacifico e quello alle Nazioni Unite per far approvare un documento «per la tutela dell'integrità della Cina e della pace in Estremo Oriente». La ritirata delle forze nazionaliste continua nei giorni successivi ed è segnata dal trasferimento della loro capitale a Chengtu, dalla perdita delle residue posizioni nelle province sud-occidentali dello Kwangsi e del Kwantung e dall'approdo finale nell'isola di Formosa. Qui, dove il "generalissimo" ha già da tempo trasferito il suo quartier generale, si concentrano i reparti in fuga dal continente e molti esponenti del mondo politico, economico e finanziario legati al Kuomintang.

d) *La Repubblica popolare cinese (1949). Reazioni del governo nazionalista* - Dopo i successi militari conseguiti e l'occupazione di gran parte del territorio continentale, i vertici del partito comunista cinese procedono alla costituzione degli organi della Repubblica popolare. Un primo passo in questa direzione è costituito dalla convocazione di una conferenza alla quale prendono parte numerosi delegati in rappresentanza di categorie, movimenti, partiti e personalità disposte a collaborare con i comunisti per la gestione della «nuova democrazia cinese». Nell'inaugurare questa conferenza popolare politica consultiva cinese (settembre 1949), Mao Tsé-tung ricorda che le forze residue dei nazionalisti sono ormai «con le spalle al muro». Ciò conferma la validità della rivoluzione intrapresa negli anni precedenti e dimostra al popolo «che nessun vantaggio può venirgli dai cani da guardia dell'imperialismo, dal Kuomintang e dai suoi complici. [...] Sotto la guida del partito comunista, il popolo cinese ha [...] creato un fronte unito nazionale contro l'imperialismo, il feudalesimo, il capitale burocratico ed il governo revisionario del Kuomintang».

I cinesi, continua Mao Tsé-tung, hanno sempre costituito «una nazione grande, coraggiosa e laboriosa» e solo nei tempi più recenti sono rimasti «in uno stato d'arretratezza» per colpa dei governi reazionari e dell'imperialismo straniero. Con la rivoluzione del 1911, guidata da Sun Yat-sen, è iniziata la lotta contro tutte le oppressioni.

Il partito comunista cinese vuole completare quest'opera perché la nazione «non intende più essere disprezzata».

La dittatura democratica popolare tutelerà il popolo dalle future azioni dei reazionari che operano per un ritorno ai privilegi del passato. L'opera iniziata darà importanti risultati anche sul piano economico: «Giungerà il momento in cui noi emergeremo nel mondo come una nazione di alta civiltà».

Il 1° ottobre 1949, Mao Tsé-tung proclama, sulla "Piazza Rossa" di Pechino, la nascita della Repubblica popolare cinese, il cui governo è «l'unico legale rappresentante di tutto il popolo cinese». Nel programma costituzionale approvato dalla conferenza sono definiti i caratteri costitutivi della «nuova democrazia cinese». Quest'ultima «instaura la dittatura democratica popolare, guidata dalla classe operaia, basata sull'alleanza degli operai e dei contadini, unendo tutte le classi democratiche e tutte le nazionalità della Cina». Si tratta di un «fronte unito democratico-popolare» formato dai militanti del partito, da rappresentanti del mondo operaio, di quello agricolo, della piccola borghesia, dei «militari rivoluzionari», delle minoranze cinesi residenti all'estero e di settori del mondo intellettuale.

La Repubblica popolare non riconosce le prerogative dei Paesi imperialisti, confisca il capitale privato e lo converte in proprietà statale, trasforma la proprietà latifondista in proprietà contadina, protegge le cooperative e gli interessi privati degli operai, dei contadini e della piccola borghesia, vuole trasformare la Cina da Paese agricolo in Paese industriale. Sono affermati il diritto dei cittadini all'elettorato attivo e passivo, la libertà di pensiero, di parola, di stampa, di riunione, di associazione, di fede religiosa, l'abolizione del «sistema feudale» che tiene le donne in schiavitù, garantendo loro la totale parità con gli uomini «nella vita politica, economica, culturale, educativa e sociale». Mentre vengono proclamati con tanta solennità i diritti fondamentali delle persone, si precisa che tutte le attività controrivoluzionarie saranno soppresse, che «tutti i controrivoluzionari del Kuomintang, i criminali di guerra, e gli altri inveterati controrivoluzionari» saranno puniti severamente. «Gli elementi reazionari, i signori feudali, i capitalisti burocrati e i capitalisti in genere» devono essere privati dei diritti politici, disarmati e «i loro poteri speciali aboliti». Si deve dare loro comunque un modo di vivere e «costringerli a redimersi per mezzo del lavoro». In realtà, anche dopo la proclamazione dei principi costituzionali, proseguono le eliminazioni, anche di massa, dei "reazionari" colpevoli di precedenti azioni o di progetti controrivoluzionari.

Per quanto riguarda la futura azione internazionale, il testo precisa che «la Repubblica popolare cinese si unisce a tutti i Paesi amanti della pace e della libertà del mondo», innanzitutto «all'Unione Sovietica e alle democrazie popolari e a tutte le nazioni oppresse». Ai principi generali seguono le disposizioni per il sistema militare, per la nuova politica economica e per la politica culturale ed educativa. La nuova politica per le nazionalità ne sancisce l'uguaglianza: non saranno tollerati «né il nazionalismo né lo sciovinismo sfrenato» e neppure forme di discriminazione o d'oppressione all'interno delle nazionalità stesse. Devono essere costituite apposite autonomie amministrative regionali dove sussistano autentiche "minoranze nazionali". Compaiono inoltre alcune precisazioni finali (cap. VII) sulla politica estera: Pechino difenderà l'indipendenza, la libertà, l'integrità territoriale e la sovranità della Cina, rivedrà i trattati conclusi fra il Kuomintang e i governi stranieri e «secondo il loro contenuto» deciderà «di riconoscerli, abrogarli, rivederli, rinnovarli sulla base dell'uguaglianza dei reciproci vantaggi e del mutuo rispetto». I rapporti futuri di riconoscimento e di collaborazione con governi stranieri sono possibili se «essi rompono le relazioni con i reazionari del Kuomintang». Pechino farà «ogni sforzo per proteggere i legittimi diritti ed interessi dei cinesi residenti all'estero», come tutelerà i diritti dei cittadini stranieri residenti in Cina. La Repubblica popolare cinese rifiuta ogni azione imperialistica «d'aggressione e di guerra».

L'annuncio della costituzione della Repubblica popolare e della sua struttura politico-istituzionale provoca l'immediata e prevedibile reazione dei nazionalisti, che ormai sconfitti, denunciano la violenza rivoluzionaria comunista, il sostegno ottenuto da Mosca, esprimono la volontà di combattere con ogni mezzo e di voler ricorrere alle Nazioni Unite per ottenere la condanna dell'aggressione sovietica. Chiang Kai-shek avanza, in questo frangente drammatico, un'altra ipotesi, che lascia intravedere sia la condizione disperata in cui si trova sia il bisogno estremo di aiuti esterni per contenere l'avanzata dell'esercito comunista. Sostiene che tutte le nazioni democratiche devono collaborare per fermare l'avanzata del comunismo nel nome della sicurezza collettiva: non esita ad affermare che lo scontro è di tali proporzioni che, di fatto, sul territorio cinese è iniziata «la terza guerra mondiale».

Li Tsung-jen (ottobre 1949), capo del governo nazionalista, accusa i comunisti «di aver rapinato e devastato le province nord-orientali, col pieno appoggio dei russi [...]. Le raffinate tradizioni cinesi, sociali, culturali e morali sono state spazzate via». Il proclama di Mao Tsé-tung pone la Cina «nel numero dei satelliti della Russia, al di là della cortina di ferro»; «essi hanno raggiunto un primato senza precedenti di infamie, di tradimenti e di atrocità».

Chiang Kai-shek, da Formosa (ottobre 1949), dichiara che «con la diretta partecipazione della Russia in una guerra d'aggressione contro la Cina, è ormai cominciata la terza guerra mondiale. [...] Se le nazioni democratiche non agiranno per la difesa della sicurezza collettiva la realizzazione dei piani dei militaristi russi non potrà essere impedita. [...] Il partito comunista cinese non è un qualunque partito politico, è la quinta colonna del Komintern». Il generalissimo accusa Washington di aver considerato i comunisti cinesi «dei riformatori agrari», mentre essi sono «le marionette di Mosca». È necessario che gli USA si assumano le loro responsabilità e garantiscano la difesa «della giustizia internazionale»: «Il mondo non può mantenere la libertà, se la metà di esso è schiavo». Si tratta di un appello estremo e disperato, dal quale emerge la volontà di continuare la lotta e la consapevolezza che l'intervento americano è ormai indispensabile. In questa logica, Chiang Kai-shek introduce un argomento provocatorio: la guerra in Cina è di fatto combattuta dal Kominform e dall'URSS contro i nazionalisti, mentre i comunisti cinesi sono uno strumento marginale. Per fermare l'azione di Mosca e dell'Internazionale comunista non può bastare il Kuomintang, ma devono scendere in campo gli Stati Uniti e le potenze democratiche. In altre parole, la guerra civile in atto non è una questione cinese ma mondiale.

Washington, pur convinta dell'appoggio indiretto sovietico, non raccoglierà questa pressione ed eviterà il "braccio di ferro" sovietico-americano sul territorio cinese. Pur senza abbandonare i nazionalisti, non ritiene opportuno un intervento diretto per arrestare con la forza militare l'avanzata dei comunisti nelle regioni meridionali della Cina. Condanna i loro metodi «violenti e sanguinari», conferma i giudizi sulla dottrina marx-leninista e sulla «infausta dittatura proletaria», ma non mette in campo le proprie forze armate.

e) *La posizione di Washington. Truman e la Cina* - Anche il tentativo dei nazionalisti di ottenere un appoggio da parte delle Nazioni Unite non dà i risultati auspicati (novembre 1949). Mentre il rappresentante di Formosa chiede sostegno contro l'ingerenza di Mosca, i delegati delle democrazie popolari negano che rappresenti la Cina, dal momento che i loro governi hanno già riconosciuto la nuova Repubblica popolare. L'Assemblea, con l'approvazione di alcune mozioni, si limita a chiedere il rispetto dell'integrità e dell'indipendenza della Cina, di non intervenire negli affari interni e di non ricercare privilegi speciali o diritti esclusivi. In tal modo, le questioni politiche rimangono sullo sfondo e la situazione creata dai rapporti di forze si consolida. Il ministro degli Esteri sovietico Vyshinsky ricorda che nei giorni precedenti il governo di Pechino ha informato il presidente dell'Assemblea Generale che il governo nazionalista non rappresenta più il popolo cinese: l'URSS appoggia questa dichiarazione e non intende rispondere ai quesiti posti dal rappresentante del Kuomintang.

Da parte americana, il delegato Jessup precisa che è diritto del popolo cinese decidere del proprio futuro, ma che l'ONU deve operare per rendere praticabile, all'interno dei diversi Paesi, l'utilizzo di libere istituzioni, il progresso sociale e un tenore di vita più elevato in un'atmosfera di maggiore libertà. Le Nazioni Unite devono vigilare perché la Cina non passi dalla dominazione di una nazione totalitaria (Giappone) alla sottomissione ad «un imperialismo d'altro genere» (URSS), attuato «con mezzi più sottili che non una guerra dichiarata». Jessup precisa che in Estremo Oriente e in Cina Washington appoggerà ogni iniziativa dell'ONU per favorire sviluppo, pace e sicurezza. In più occasioni il governo americano ha denunciato i pericoli dell'imperialismo sovietico in Estremo Oriente e la sua ferma opposizione ad ogni tentativo di «assoggettamento della Cina a qualsiasi potenza straniera con mezzi palesi o clandestini». La disponibilità statunitense, a Yalta, a concedere a Mosca facilitazioni nei trasporti ferroviari in Manciuria e l'utilizzo di alcuni porti è stata determinata dal desiderio di favorire «uno sbocco all'Estremo Oriente sovietico, il cui sviluppo economico era reso difficile dalla mancanza di porti liberi dai ghiacci». Al contrario, oggi Mosca dà un'interpretazione estensiva di quelle concessioni per assicurarsi un controllo completo della zona di Dairen, delle ferrovie mancesi e cerca di istituire «governi satelliti nelle province settentrionali cinesi».

Subito dopo, Truman (gennaio 1950) affronta la questione di Formosa: si tratta della parte di Cina che i nazionalisti ancora occupano e dove risiede il loro quartier generale. La difesa di questa situazione che, di fatto, corrisponde a "due Cine", una continentale e una insulare, non è facile. Il presidente ricorda l'ormai storica politica americana a favore dell'integrità e dell'indipendenza cinese, tesa a creare condizioni commerciali di "porta aperta", come d'altra parte hanno sottolineato le recenti risoluzioni dell'ONU. Questi principi trovano applicazione anche per Formosa. Gli accordi del Cairo (dicembre 1943) prevedevano il ritorno alla Repubblica cinese dell'isola, che è stata restituita al governo nazionalista e cioè al generalissimo Chiang Kai-shek e tutte le potenze alleate hanno accettato «l'esercizio della sovranità cinese sull'isola». Gli Stati Uniti, precisa Truman, non intendono intervenire nella situazione attuale né hanno mire imperialistiche su Formosa o su altre città cinesi ma ancor meno vogliono essere coinvolti «nella guerra civile cinese». In questo modo, il diritto di Chiang Kai-shek di rimanere a Formosa deriva dall'originario riconoscimento del suo governo da parte delle potenze vincitrici. Questa decisione non può essere modificata dall'esito della guerra civile che i comunisti hanno condotto con lo scopo preciso di impossessarsi della Cina. Appare evidente la forzatura interpretativa di Truman per tutelare le residue forze nazionaliste, impedire la "liberazione di Formosa" e condannare ancora una volta la violenza rivoluzionaria dei marx-leninisti cinesi, sostenuti da Mosca.

Tutto ciò, però, non ha determinato una presenza militare americana nella guerra civile. Il suo svolgimento, imprevisto e negativo, è stato accettato come fatto interno pur in presenza di un'azione rivoluzionaria e "violenta". Alla sua condanna non si è affiancata una reazione diretta per fermarla. In questo senso, più tardi, dopo la crisi coreana, Truman sarà accusato di "debolezza" e di "passività" per non aver reagito in modo adeguato di fronte ad avvenimenti destinati a cambiare l'intero quadro del Sud-Est asiatico e a cancellare gli sforzi di decenni della politica americana in Cina. Washington ritiene che i dirigenti nazionalisti siano in grado di difendere l'isola in caso di attacco e che non siano necessari né aiuti militari né assistenza tecnica. Restano, al contrario, in vigore i programmi di assistenza dell'Ente per la collaborazione economica.

Questa posizione è modificata nel giugno del 1950 dopo l'attacco nord-coreano alla Corea del Sud. Di fronte all'aggressione, Truman decide di accordare all'isola la protezione navale americana. Si apre subito la disputa per l'attribuzione del seggio al Consiglio di Sicurezza dell'ONU. Il governo americano ritiene Formosa erede del precedente esecutivo cinese e ne pretende il mantenimento in quella sede. Gli Stati Uniti si dichiarano contrari all'esame da parte dell'Assemblea del problema dell'attribuzione della rappresentanza cinese. Da parte sua, il Consiglio di Sicurezza (gennaio 1950) respinge la proposta di Mosca di sostituire il rappresentante di Formosa con quello della Repubblica popolare cinese. La reazione sovietica è immediata e drastica: l'URSS interrompe la partecipazione ai lavori del Consiglio di Sicurezza e agli organi delle Nazioni Unite. Si apre, in tal modo, la prima seria crisi delle Nazioni Unite, che potrebbe avere sviluppi imprevedibili e aprire la strada all'uscita dall'organizzazione di questo Paese e del blocco orientale. Si riaffaccia lo spettro della crisi della Società delle Nazioni e l'ipotesi di un confronto fra i due sistemi senza l'impegno unitario per la tutela della pace e della sicurezza internazionale. Sembra in pericolo l'accordo più importante raggiunto a Yalta, l'intesa anglo-sovietico-americana a collaborare per la pace, nonostante l'esistenza di diversi regimi economici e politici.

f) *Il Patto d'amicizia e d'alleanza cino-sovietico (1950). Hong Kong, Macao, Sinkiang. L'accordo cino-tibetano (1950). La rottura cino-vaticana (1951). La dichiarazione comune cino-sovietica (1954)* - L'immediato riconoscimento del nuovo governo cinese e l'inizio della battaglia per ottenere il suo inserimento nel Consiglio di Sicurezza non esauriscono l'azione diplomatica sovietica. Nel febbraio del 1950, dopo la visita di Mao Tsé-tung a Mosca, il *Presidium* del Soviet Supremo dell'URSS e il governo centrale della Repubblica popolare cinese sottoscrivono un'alleanza per rafforzare «l'amicizia e la collaborazione» fra i loro Paesi, per impedire la rinascita «dell'imperialismo giapponese» e «il ripetersi di aggressioni da parte del Giappone e di qualsiasi altro Stato che voglia unirsi, sotto qualsiasi forma, con il Giappone nella realizzazione di atti aggressivi». Mosca e Pechino desiderano consolidare «la pace duratura e la sicurezza generale nell'Estremo Oriente ed in tutto il mondo, secondo gli obiettivi ed i principi delle Nazioni Unite». Per raggiungere questi scopi, le parti contraenti s'impegnano («nel caso una di esse fosse attaccata dal Giappone e da Stati con esso alleati e fosse in stato di guerra») a darsi «assistenza militare e d'altro genere con tutti i mezzi a loro disposizione». Al tempo stesso, escludono di prendere parte ad azioni, coalizioni o misure dirette «contro l'altra parte contraente», si impegnano a consultarsi «per tutti i problemi internazionali più importanti», ad attenersi nei reciproci rapporti ai principi d'uguaglianza, di mutuo rispetto per la sovranità e l'integrità territoriale e di non ingerenza nei rispettivi affari interni e a sviluppare e consolidare legami economici e culturali. Desiderano, inoltre, condurre insieme con «reciproco accordo» ogni sforzo per definire al più presto «il trattato di pace col Giappone, di concerto con le altre potenze che erano alleate durante la seconda guerra mondiale».

L'accordo evidenzia l'apertura di Mosca all'ingresso sostanziale della Cina fra le grandi potenze: non soltanto c'è la volontà di assicurare garanzie difensive reciproche per rafforzare la sicurezza di ambedue, ma c'è anche una dichiarata intenzione di condurre insieme i più importanti affari internazionali e di muoversi nel contesto degli impegni delle Nazioni Unite. Il passaggio della Cina dal nazionalismo al comunismo e il suo allineamento nel blocco marx-leninista non modificano la precedente strategia sovietica per il mantenimento della pace fra le grandi potenze e cioè l'accordo di Yalta per l'ONU. Non a caso, Mosca si muove perché la Cina comunista accetti quel sistema e ne diventi parte importante. La successiva battaglia per l'ingresso di Pechino nell'ONU e nel Consiglio di Sicurezza non è dettata dalla volontà di cancellare Formosa, che rappresenta una realtà minimale sotto ogni punto di vista, ma risponde all'esigenza di dare al nuovo governo l'adeguata autorevolezza e di riconoscere a pieno titolo il ruolo mondiale che gli spetta. Al tempo stesso, questa pressione per l'inserimento cinese mette in luce la volontà di mantenere in piedi l'ONU e di rafforzarla con una rappresentanza più autorevole dopo la conclusione della guerra civile.

Non c'è, a Mosca, alcuna intenzione di utilizzare la nuova realtà cinese contro l'Occidente e ancor meno di associarla all'URSS per costituire un blocco di sistema alternativo all'ONU. Questa impostazione è approvata e condivisa dai vertici cinesi, che devono fare i conti con una disastrosa situazione postbellica interna, alla quale si affianca in questo periodo una drammatica carestia che colpisce molte regioni del Paese. C'è da osservare che il trattato non contiene riferimenti ideologici, anche se è sottoscritto da Paesi che hanno un sistema politico-costituzionale simile e che s'ispirano al marx-leninismo. Sul terreno più specifico della difesa e della sicurezza, i veri destinatari dell'avvertimento sono gli Stati Uniti, che, senza essere menzionati in modo diretto, costituiscono l'unica potenza che, con il Giappone o con altri, potrebbe essere tentata di giocare la "carta cinese" per impedire il consolidamento del nuovo governo.

Vyshinsky e Chou En-lai, firmatari dell'accordo, precisano che in questa eventualità gli aggressori dovranno misurarsi con le forze congiunte cino-sovietiche, cioè, in altre parole, che in questo caso si aprirebbe la strada ad un conflitto diretto fra le grandi potenze. Mosca non potrebbe accettare azioni aggressive nella parte continentale della Cina. Da parte cinese, questo accordo è anche l'ammissione di un'implicita debolezza: non c'è reciprocità con l'URSS nei "rischi di aggressione". Soltanto Pechino teme una controffensiva nazional-americana e si tutela con la garanzia sovietica. Chou En-lai non può dimenticare il sostegno americano a Chiang Kai-shek, la difesa ad oltranza di Formosa, la condanna del comunismo, il mancato riconoscimento del nuovo governo e le relazioni via via più amichevoli con i nuovi vertici di Tokyo. La logica dell'alleanza è difensiva, anche se per Mosca e per Pechino la sua importanza è diversa: nel quadro della sicurezza statale, la prima vede in questo risultato la nascita di un nuovo formidabile bastione esterno alle sue frontiere nell'Asia orientale, mentre per la seconda esso rappresenta una copertura e un'eventuale assistenza a Nord (oltre al mantenimento per ambedue della Mongolia Esterna) nel caso in cui si aprisse una crisi nel Sud sia con i Paesi confinanti (Corea, Indocina, India) sia lungo le sue estese coste marittime.

Da un punto di vista ideologico, cioè nel contesto della solidarietà internazionale comunista, l'accordo evidenzia una sostanziale convergenza sia nel difendere i rispettivi governi sia nel considerare ipotesi conflittuali. Nel settore geografico specifico il potenziale aggressore è considerato ancora il Giappone (da solo o con i suoi nuovi alleati). La mutua difesa non protegge soltanto gli Stati, ma anche i rispettivi sistemi che, pur nella diversità di contenuti e di tempi delle esperienze rivoluzionarie, fanno riferimento alle dottrine marx-leniniste. Nella stessa occasione i sovietici accettano di rivedere le clausole attinenti all'utilizzo delle ferrovie mancesi su Dairen e su Port Arthur. Mosca trasferisce gratuitamente alla Cina tutti i diritti per l'amministrazione congiunta della ferrovia di Changchun e, al tempo stesso, ritirerà le sue forze armate dalla base navale di Port Arthur e consegnerà ai cinesi le installazioni di quest'area (Pechino rifonderà le spese sostenute dai sovietici dopo il 1945 per il restauro e la costruzione delle relative strutture). Nel caso in cui una delle parti si trovasse in seguito in guerra con Tokyo o con i suoi alleati, i contraenti potranno di comune accordo utilizzare Port Arthur per «operazioni congiunte contro l'aggressore». Si precisa altresì che queste clausole saranno applicate dopo il trattato di pace col Giappone e comunque non oltre il 1952. Per il porto di Dairen si conviene che l'amministrazione e tutte le proprietà sovietiche (affidate o affittate) devono essere trasferite al governo cinese.

In queste concessioni sovietiche emerge la pressione dei comunisti cinesi per togliere di mezzo anche i più marginali residui dei «trattati ineguali», ma anche la disponibilità di Mosca a concedere un trattamento migliore di quello riservato, sulle stesse questioni, nell'agosto del 1945 ai negoziatori del Kuomintang. Le concessioni accordate a Pechino sono le uniche effettuate dall'URSS dopo la seconda guerra mondiale rispetto alle richieste formulate dopo la sconfitta del Tripartito. Si tratta di rinunce poco rilevanti (alcune saranno fra l'altro differite nel tempo a causa del conflitto coreano), a fronte delle quali Mosca acquista evidenti meriti nei confronti del partito comunista cinese, che appare "contrattualmente forte" sia all'interno del Paese sia all'esterno nei confronti degli stessi sovietici.

In questa occasione si concretizza anche un accordo finanziario: Mosca concede alla Cina un prestito di 300 milioni di dollari statunitensi (35 dollari americani sono valutati un'oncia d'oro) per fronteggiare «le estreme devastazioni subite dalla Cina per le prolungate ostilità sul suo territorio». Il tasso d'interesse annuale è fissato all'1%. Il credito consentirà forniture sovietiche di attrezzature e di materiali, impianti per le centrali elettriche, per stabilimenti metallurgici e meccanici, per le miniere, per la produzione di carbone e minerali, per le ferrovie ed altri trasporti, ecc. Pechino dovrà rimborsare il credito ottenuto entro 10 anni, con dollari americani, oro, materie prime e the (sulla base dei prezzi correnti sui mercati mondiali). L'erogazione sovietica avverrà entro cinque anni e di conseguenza il rimborso cinese dovrà avvenire entro il dicembre del 1963.

Il segretario di Stato Acheson critica il nuovo accordo cino-sovietico (febbraio 1950), sottolinea l'esiguità del prestito sovietico (300 milioni di dollari) ad un «Paese stremato sull'orlo della carestia», ricorda, per sottolineare la generosità americana, che dall'inizio della guerra cino-giapponese (1937) il suo governo ha stanziato, tra prestiti e assegnazioni gratuite, tre miliardi e cinquecento milioni di dollari. L'accordo è analogo a quelli sottoscritti da Mosca con Sofia, Varsavia, Budapest e Praga e non può essere di buon auspicio, perché «i satelliti dell'Europa orientale, nei patti conclusi con la Russia, hanno trovato soltanto dei nuovi guai». Si dice certo dell'esistenza di protocolli segreti, il cui contenuto sarà rilevato dalla politica successiva dei due Paesi.

In questo nuovo quadro vengono regolate anche alcune questioni relative alle province nord-occidentali cinesi. La definitiva sistemazione del Sinkiang riveste una particolare importanza per Pechino; questa provincia, con una superficie di 1.500.000 kmq (circa cinque volte l'Italia) e una popolazione di 9 milioni di abitanti, dispone d'importanti ricchezze minerarie, in gran parte non sfruttate (ferro, oro, carbone, petrolio) ed esporta bestiame, seta, cotone, pellicce, ecc. La popolazione è per oltre il 50% turcofona (in gran parte mussulmana), mentre quella cinese ne costituisce una piccola parte. Su questa regione ha esercitato una influenza politica e commerciale continua prima la Russia e poi l'URSS, pur appartenendo il Sinkiang all'Impero cinese. Dopo la rivoluzione sovietica, l'influenza di Mosca si è accentuata, ma l'area è rimasta sotto la sovranità formale di Pechino. I diversi tentativi per proclamare l'indipendenza su base nazionalista o religiosa non sono riusciti, né Mosca ha ritenuto opportuno annetterla all'URSS, anche se nel 1944 ha favorito la nascita di una Repubblica indipendente del Turkestan orientale composta da alcuni distretti del Sinkiang. Già negli accordi cino-sovietici dell'agosto 1945 il Cremlino dichiara di non voler interferire negli affari interni della regione e questa situazione non subisce sostanziali cambiamenti con la vittoria del comunismo cinese.

Un accordo specifico (marzo 1950) sottoscritto da Mosca garantisce la partecipazione russa allo sfruttamento del carbon fossile, del gas e del petrolio, alle attività di ricerca dei metalli rari non ferrosi e allo sviluppo dei collegamenti aerei fra i due Paesi. Di fatto, Pechino accetta una stretta collaborazione con i sovietici, che è dovuta allo stato di fatto dei rapporti commerciali esistenti e alla facilità delle comunicazioni fra il Kazakistan e il Sinkiang, mentre quest'ultimo è separato dalla madrepatria dal deserto del Gobi, che si estende per oltre 1.000 km. I vertici comunisti cinesi hanno ritenuto accettabile la presenza sovietica nella zona, pur riaffermando la piena autorità cinese e rioccupando militarmente l'intera regione. Essa, fra l'altro, ha visto crescere la propria importanza dopo la scoperta di giacimenti d'uranio, che possono nel futuro riservare positivi sviluppi per le attività sovietico-cinesi già avviate.

Mentre risolve le residue questioni con l'URSS, il governo di Pechino non occupa la colonia inglese di Hong Kong, che era stata ceduta dalla Cina alla Gran Bretagna con i trattati di Nanchino (1842) e di Pechino (1860), mentre il retroterra era stato affittato per 99 anni nel 1898. Hong Kong ha conosciuto in seguito un lungo periodo di pace e di prosperità grazie alle sue attrezzature portuali, che ne hanno fatto uno degli scali asiatici più importanti durante tutto il XX secolo. Occupata dai giapponesi (1941), è stata liberata nel 1945 e da allora, dopo necessari lavori di ricostruzione, ha ripreso le precedenti attività senza subire danni per la guerra civile cinese. Al contrario, ha visto crescere, nel periodo 1945-1950, il volume dei traffici commerciali sia con il retroterra continentale sia con gli altri Paesi dell'Asia (India, Malesia, Filippine, Corea, Giappone, Indonesia, ecc.) e di tutto il mondo. L'utilizzo di questa struttura commerciale (che è al tempo stesso economica, bancaria e finanziaria) vitale e attiva ha anche per i comunisti una rilevanza non marginale.

Non si registra nessun inasprimento della propaganda di Pechino nei confronti di questa colonia inglese e allo stesso modo Londra procede con molta prudenza e "senso della realtà" nei confronti della guerra civile, considerando che l'aspetto coloniale e le questioni ideologiche non prevalgono sugli interessi economici. Da più parti si osserva che ambedue hanno interesse a mantenere in vita questo "motore commerciale" che è d'importanza strategica. La città subisce in seguito le conseguenze dell'embargo adottato nei confronti dei beni cinesi durante la guerra di Corea. Questa riduzione delle attività commerciali produce una lievitazione nei settori bancari e finanziari e un notevole potenziamento delle iniziative industriali. Lo *status* di Hong Kong sarà oggetto di successive trattative, alla fine del XX secolo, fra Londra e Pechino, senza il ricorso alla forza da parte delle autorità cinesi, che avrebbero potuto cancellare questo "residuo coloniale" senza alcuna difficoltà.

Fra i residui del passato coloniale, oltre a Hong Kong, rimane Macao, modesto insediamento portoghese situato nella baia di Canton, proprio di fronte al possedimento inglese. Si tratta del primo insediamento europeo in Cina e risale al lontano 1557. Questo piccolo territorio, al quale devono essere aggiunte alcune piccole isole (Colòane, Taipa), non ha avuto lo sviluppo economico commerciale di Hong Kong: risparmiato dai giapponesi (per i buoni rapporti con Lisbona), ha rappresentato durante la seconda guerra mondiale un approdo per molti europei e asiatici. Sul suo territorio si sono sviluppati il contrabbando, il mercato dell'oppio e dell'oro e tutte le attività legate al gioco e ai locali notturni. Privo di significativi collegamenti stradali e terrestri con l'interno, le sue attività portuali si sono ridotte all'ancoraggio di transito. Nel dopoguerra rimane "provincia portoghese d'oltremare" retta da un governatore nominato da Lisbona. Anche qui il comunismo cinese non mostra interesse per l'occupazione della colonia. Più tardi (1974), dopo la rivoluzione lusitana, Macao diventa "territorio cinese sotto amministrazione portoghese". Successive trattative cino-portoghesi riportano, nel 1995, Macao all'interno della Repubblica popolare cinese e pongono fine ad un'ingerenza coloniale durata circa cinque secoli.

Il quadro asiatico orientale risulta in tal modo definito per molti aspetti politici e confinari. Anche Washington si trova nelle condizioni di dover affrontare la nuova situazione e di definire le linee della sua azione futura. La politica americana nel settore è illustrata dal segretario di Stato Acheson in marzo: in quest'area è in atto un movimento rivoluzionario contro la dominazione straniera ed il sottosviluppo. L'indipendenza nazionale è l'unico strumento per vincere «i due mali». Dalla fine della guerra oltre 500 milioni di persone hanno raggiunto l'indipendenza e l'autogoverno (Filippine, India, Pakistan, Ceylon, Birmania, Corea meridionale). La Cina, invece, «è in procinto di diventare una semplice colonia nell'orbita sovietica». Washington non intende interferire nelle scelte di Pechino all'interno né nelle sue relazioni con Mosca. Al contrario, avverte i cinesi che «essi riusciranno a mettersi in grandi guai e a creare difficoltà ai loro amici, sia in Asia che fuori, se si lasceranno coinvolgere dai loro nuovi capi in avventure rivoluzionarie o in aggressioni oltre confine». Esse sarebbero in contrasto con la Carta dell'ONU e violerebbero la pace e le aspettative «dei popoli liberi». Non devono esistere per il futuro equivoci sul comportamento americano e «nessuna possibilità di falsarlo o di equivocarlo». Acheson conferma la disponibilità americana a incrementare il commercio cino-statunitense in condizioni di dignità e di sicurezza. Washington non intende subire l'espansionismo sovietico né le azioni violente di «minoranze armate per la conquista del potere, ma vuole aiutare i popoli liberi a rimanere tali». L'aiuto americano potrà essere militare, finanziario o d'assistenza tecnica per rafforzare la causa della libertà sempre «nello spirito delle Nazioni Unite».

Mentre gli USA definiscono le linee politiche della loro presenza in Asia orientale, dopo l'URSS e le democrazie popolari, altri Paesi procedono al riconoscimento del nuovo governo cinese, che esercita l'effettivo controllo sulla quasi totalità della Cina, anche per l'esistenza di precisi interessi economici. Procedono in questo senso la Gran Bretagna, la Norvegia, Israele, la Birmania, l'India, il Pakistan, Ceylon e altri Stati. Questa decisione provoca un disallineamento fra Londra e Washington destinato a durare diversi anni, ma non modifica i giudizi inglesi sul comunismo e ancor meno sui metodi usati per la conquista e il mantenimento del potere. Prevale, alla luce di interessi specifici da garantire in Cina (Hong Kong), la presa d'atto della vittoria del partito comunista cinese e la certezza che non esista alcuna reale possibilità che il quadro possa subire cambiamenti significativi. In questa scelta non c'è polemica con Washington, c'è sfiducia nei confronti di Formosa e la necessità di prendere atto del fatto che il governo di Pechino controlla tutta la Cina continentale.

Il governo francese, al contrario, non procede al riconoscimento di quello di Pechino a causa delle complicazioni indocinesi. Parigi, dopo una prima fase d'incertezza e d'attesa, di fronte all'appoggio del governo cinese a quello comunista del Viet Minh (gennaio 1950) esclude la possibilità di poter procedere a riconoscere quello di Mao Tsé-tung.

Il ministro degli Esteri Chou En-lai, in occasione del primo anniversario della proclamazione della Repubblica popolare cinese, conferma la sovranità di Pechino sull'isola di Formosa e la volontà di liberarla «dalle mani degli aggressori americani e di annientare le bande reazionarie cinesi». È pure necessario «spingersi ad Occidente per liberare il popolo del Tibet e difendere i confini cinesi». Precisa che l'accordo sottoscritto con Mosca ha «un'importanza storica mondiale», perché ha dato vita ad «una stretta alleanza militare, economica e culturale di grandi popoli, che contano una popolazione europea ed asiatica di quasi 700 milioni di uomini». In Oriente, grazie a ciò, la difesa contro eventuali aggressioni è diventata molto più forte. Denuncia le difficoltà nelle trattative con Londra: quest'ultima, mentre dichiara di essere disponibile a riconoscere la Repubblica popolare cinese, accetta che il rappresentante di Formosa occupi «illegalmente il posto della Cina nell'Organizzazione delle Nazioni Unite». L'ostilità americana è cresciuta con una difesa oltranzista «della cricca reazionaria del Kuomintang» e con l'intenzione di riarmare il Giappone e di stipulare un trattato di pace con Tokyo anche senza la partecipazione cino-sovietica. Con le sue iniziative in Corea e a Formosa, Washington conferma di essere «il nemico più pericoloso della Repubblica popolare cinese». Il popolo cinese, «amante della pace», «non sopporta l'aggressione straniera» e non può essere indifferente alla sorte dei suoi vicini che subiscono aggressioni da parte degli imperialisti.

In queste dichiarazioni, la questione di Formosa e la guerra coreana sono ricondotte alla medesima radice: l'imperialismo statunitense tramite Chiang Kai-shek sogna la rivincita e al tempo stesso spera di occupare tutta la Corea per avviare successive azioni anticinesi anche da quel settore nord-orientale. La lettura è in chiave difensiva sia per quanto riguarda la violazione della sovranità insulare sia per l'avvicinamento delle forze armate americane alle frontiere terrestri, ma è lasciata in ombra l'origine del conflitto coreano, con le iniziative aggressive del comunismo locale. Si teme che Washington, sistemato il Giappone, possa riprendere iniziative continentali partendo da Formosa e dalla Corea.

Anche i riferimenti alla liberazione del popolo tibetano non sono casuali; al contrario, già in quei mesi, le autorità di Pechino hanno compiuto passi importanti per ripristinare il controllo governativo su quella regione. Nel contesto postbellico, cioè nella riaffermazione dell'autorità centrale cinese, prima nazionalista e poi comunista, la questione tibetana occupa un posto di rilievo. Questa regione, controllata dalla Cina fin dal 1600, si è proclamata indipendente nel 1912, durante la crisi istituzionale cinese. Poco dopo (1914), con la mediazione inglese, la nuova Repubblica cinese riafferma la sua sovranità ma riconosce l'autonomia al Tibet occidentale o esterno (capitale Lhasa). Questa sistemazione crea successive incomprensioni e dissidi per la difficoltà di definire i confini fra il Tibet interno e quello esterno. Londra, che in un primo tempo ha sostenuto la causa dei tibetani occidentali, si avvicina alle pretese dei nazionalisti cinesi. In questo confuso contesto, i tibetani hanno goduto di un'indipendenza di fatto con istituzioni proprie e non hanno esitato, dopo la caduta di Chiang Kai-shek, a cacciare la missione cinese presente a Lhasa. Il governo tibetano ha cercato, in questo periodo, di rafforzare i propri legami con l'estero per ottenere sostegni politici, economici e militari e anche il riconoscimento internazionale della sua totale indipendenza.

I comunisti cinesi, ora insediati a Pechino, riconfermano la piena sovranità della Cina sul Tibet e la volontà di opporsi a qualsiasi ingerenza straniera nella regione. In una nota diffusa dal Ministero degli Affari Esteri (gennaio 1950) si legge che «il Tibet costituisce parte integrante della Repubblica popolare cinese; questo fatto è noto a tutto il mondo e invano si tenta di negarlo». Il governo cinese formula precise proposte per una sistemazione definitiva: *a*) riconoscimento della sovranità cinese su tutto il Tibet; *b*) concessione di un'ampia autonomia regionale; *c*) mantenimento degli organi amministrativi locali, garanzia della libertà di culto e di rispetto degli ordini religiosi esistenti. Il mancato accoglimento di queste proposte e la ribadita volontà dei vertici tibetani di ottenere l'indipendenza determinano l'intervento militare cinese nel 1950. Pechino conferma che il Tibet è parte integrante del territorio cinese. Ogni questione tibetana è interna della Cina ed è dovere del governo centrale presidiare e difendere le frontiere cinesi. Si conferma (ottobre 1950) la disponibilità a nuove trattative per definire i contenuti dell'autonomia della regione, ma si esclude in modo categorico l'accettazione dell'indipendenza.

La decisione di occupare il Tibet provoca molte reazioni negative, fra le quali quella dell'India: il governo indiano condanna l'uso della forza e invita Pechino a percorrere la strada diplomatica e a ricordare che il ricorso a questi mezzi non facilita il suo ingresso nelle Nazioni Unite. L'India rileva altresì che non c'è alcun serio pericolo di un'invasione cinese dei suoi territori, perché il percorso himalayano è impercorribile. Ammonisce, al tempo stesso, le potenze occidentali a non effettuare pressioni di carattere militare sulla Cina né dalla Corea né da Formosa. I vertici cinesi, non ancora consolidati, vivono in una situazione di «precarietà e tensione» e temono, secondo Nuova Delhi, l'avvio di azioni ostili da parte straniera. C'è anche un tentativo di internazionalizzare l'intera questione tibetana portandone l'esame di fronte agli organi delle Nazioni Unite. La proposta, promossa dalle autorità religiose e politiche di Lhasa, è respinta dal Consiglio di Sicurezza (dicembre 1950) per il veto espresso dall'URSS e dalla Repubblica cinese (nazionalista). Questa convergenza evidenzia la concordanza di valutazioni cino-sovietiche e il fermo rifiuto del riconoscimento dell'indipendenza tibetana. Dietro il voto del rappresentante di Mosca c'è l'analoga posizione del partito comunista cinese.

La contrapposizione cino-tibetana trova una soluzione di compromesso negli accordi del maggio del 1951. Sotto la pressione militare e di fronte ad un debole sostegno internazionale i rappresentanti tibetani si vedono costretti a cedere e ad accettare la sovranità cinese sul Tibet. Nel preambolo dell'accordo si riconosce che «la nazionalità tibetana è una delle nazionalità dalla lunga storia che esistono entro i confini della Cina e, come molte altre nazionalità, ha assolto il suo glorioso compito nel corso della creazione e dello sviluppo della nostra grande patria». Dopo la sconfitta del Kuomintang e delle forze imperialiste, «il governo popolare centrale ha dichiarato che tutte le nazionalità entro i confini della Repubblica sono uguali» e devono collaborare fra loro in spirito di «fratellanza». Le autonomie locali devono garantire alle minoranze «la libertà di sviluppare la loro lingua scritta e parlata, di mantenere o riformare i loro costumi, le loro tradizioni e le loro fedi religiose». Si precisa che «la politica di libertà di fede religiosa [...] sarà attuata. Le fedi religiose, i costumi e le tradizioni del popolo tibetano saranno rispettate ed i monasteri del Lama saranno protetti. Le autorità centrali non apporteranno mutamenti ai redditi dei monasteri».

Pechino s'impegna a rispettare l'autonomia della regione e a non intromettersi nei suoi affari interni, a mantenere gli statuti emessi dal Dalai Lama, a non perseguire i tibetani che hanno aiutato gli imperialisti e il Kuomintang. L'esercito cinese potrà insediarsi «nella provincia tibetana» ed assorbirà al suo interno le forze armate locali. In questa logica, è precisato che il governo centrale tratterà tutti gli affari esteri tibetani in quanto rappresentante dell'intera Repubblica cinese. L'accordo segna la fine dei tentativi di ottenere l'indipendenza e conferma la sovranità cinese. Quest'ultima, pur accompagnata dalla concessione di un'ampia autonomia e di promesse importanti per l'esercizio di tradizionali funzioni e competenze locali, costituisce il risultato ottenuto dal governo centrale. È evidente la disparità politica e militare fra le parti interessate e la pressione esercitata dall'invasione armata del Tibet.

Questo accordo può essere ricondotto alla tipologia dei "trattati ineguali". In questo caso, tuttavia, la violenza non è subita, ma messa in atto da Pechino. Quest'ultima, però, non si discosta nelle pretese dalle linee sostenute in precedenza dalle autorità imperiali e da quelle del Kuomintang. Tutti gli esponenti governativi hanno accettato l'autonomia della nazione tibetana ma rifiutato, in modo categorico, la nascita di uno Stato tibetano, fosse esso circoscritto al Tibet esterno o, ancor meno esteso, a quello interno. Chou En-lai, alla fine di ottobre (1951), si compiace dei risultati raggiunti, che pongono le basi per una pacificazione duratura della regione nel rispetto delle aspettative di tutte le parti in causa: «Per quanto riguarda il problema delle minoranze nazionali, la politica di Mao Tsé-tung ha conseguito grandi vittorie: l'intesa per la liberazione pacifica del Tibet è in via di realizzazione e l'esercito di liberazione nazionale, entrato a Lhasa, è stato accolto amichevolmente dalla popolazione tibetana. [...] Passo dopo passo viene realizzata l'autonomia regionale e vengono creati governi democratici diretti dai rappresentanti delle varie nazionalità minori». In realtà, questa ottimistica valutazione sarà smentita negli anni successivi da nuovi e violenti contrasti fra il popolo tibetano e i vertici di Pechino. In più occasioni si dovranno registrare manifestazioni, rivolte, repressioni: la richiesta d'indipendenza tornerà ad essere l'elemento centrale della contrapposizione cino-tibetana che ancora oggi scuote quella regione.

In questo periodo, avviene la rottura delle relazioni diplomatiche cino-vaticane per iniziativa unilaterale dei vertici del comunismo cinese. Nel settembre 1951 viene espulso l'internunzio apostolico in Cina, mons. Antonio Riberi, l'ultimo diplomatico vaticano residente oltre la "cortina di ferro". Le autorità comuniste gli contestano reati di spionaggio a favore di potenze straniere e l'organizzazione di un movimento «di disobbedienza e resistenza» al regime in carica. In particolare, i capi d'accusa riguardano presunte collaborazioni con il Kuomintang, l'aver accompagnato il generale Wedemeyer durante un suo viaggio aereo in Cina, aver istigato vescovi e cattolici contro la Repubblica popolare, essere stato «in stretto contatto» con le organizzazioni dello spionaggio americano, aver costituito la «Legione di Maria» che propaganda la resistenza alle autorità costituite e prepara «azioni terroristiche», aver diffuso lettere pastorali ostili al regime comunista, essere stato connivente d'imputati (poi condannati alla pena capitale) dell'organizzazione di un complotto contro il presidente Mao Tsé-tung.

Mons. Riberi ha in seguito raccontato di essere stato già, dal mese di giugno, prigioniero nella sua residenza di Nanchino (con un consigliere e un segretario della Nunziatura) senza poter utilizzare il telefono, impedito di uscire o di ricevere qualsiasi visita dall'esterno, di aver ricevuto il decreto d'espulsione soltanto agli inizi di settembre e di essere stato costretto a partire immediatamente con i suoi collaboratori, sotto scorta armata, verso Shanghai per arrivare poi a Hong Kong. Qui è stato consegnato dalla polizia cinese alle autorità inglesi. Precisa di aver subito diverse perquisizioni, ma di aver avuto, durante gli «arresti domiciliari» e il trasferimento verso la colonia britannica, un trattamento «corretto». L'internunzio e il Vaticano respingono le accuse, «prive d'ogni fondamento» e prova «di sfacciata propaganda diffamatoria». Si fa osservare che l'attività della Nunziatura è sempre stata rispettosa delle prerogative delle autorità costituite e che l'espulsione, per il modo e con i pretesti con cui è stata eseguita, costituisce «una violazione del diritto delle genti e degli usi diplomatici».

Da parte sua la Santa Sede, di fronte alla interruzione unilaterale delle relazioni diplomatiche, considera vacante la rappresentanza della legazione cinese. Si osserva che il provvedimento adottato è da considerarsi nel contesto più ampio dell'azione intrapresa negli ultimi anni da tutte le democrazie popolari in Europa e ora in Asia. I rapporti già deteriorati sono peggiorati dopo la scomunica degli aderenti al comunismo ad opera della Congregazione del Sant'Uffizio, approvata dal pontefice Pio XII (luglio 1949). Nel decreto in questione si precisa che «il comunismo è materialista ed anticristiano» e che i suoi dirigenti, «benché a parole dichiarino qualche volta di non combattere la religione, di fatto però, con la teoria e con l'azione, si dimostrano ostili a Dio, alla vera religione ed alla Chiesa di Cristo». I sacramenti devono essere rifiutati «a coloro che non hanno le necessarie disposizioni».

Il provvedimento vaticano provoca reazioni di segno opposto in tutto il mondo. La risposta del comunismo sovietico è affidata alla «Pravda». L'autorevole giornale moscovita (luglio 1950) osserva che la scomunica «costituisce un anatema contro un terzo dell'umanità» ed è dettata «dalla reazione internazionale». Infatti, nello stesso periodo, anche Truman e Attlee «hanno scagliato la loro maledizione contro il comunismo». Questi provvedimenti, osserva la «Pravda», dovrebbero colpire milioni di persone e obbligare tutti i cittadini delle democrazie popolari «a non ubbidire ai decreti dei loro governi». Si tratta delle «prime scomuniche di massa» dal XII secolo, «anche se allora il numero degli eretici condannati al rogo non raggiunse le attuali cifre astronomiche». L'iniziativa pontificia è stata dettata dalla paura per la crescente forza del comunismo. In realtà, dove quest'ultimo è al potere, «esiste piena libertà religiosa», mentre nei «Paesi capitalistici» spesso c'è una religione dominante. Pio XII vuole «inserirsi negli affari interni degli altri Stati ma incontrerà forti resistenze fra gli stessi credenti e fra i sacerdoti che credono all'unione indissolubile tra lavoratori credenti e non credenti». La reazione internazionale, conclude la «Pravda», ha imposto questo decreto «che ricorda le teorie medievali» e i cattolici per osservarlo «saranno costretti a tradire il loro popolo, [...] diventare carne da cannone dei banchieri americani».

Nei mesi successivi i rapporti fra il Vaticano e i governi delle Repubbliche popolari europee diventano molto difficili. In qualche Paese la gerarchia cattolica, pur in assenza di specifici concordati (cioè trattati sottoscritti dalla Santa Sede), cerca la strada del dialogo e dell'intesa «sui problemi più urgenti ed essenziali al di là delle inconciliabili dottrine sostenute dalla Chiesa e dalle autorità comuniste». In questo senso si muove già, nel dopoguerra, il cardinale polacco Sapieha, arcivescovo di Cracovia. Il provvedimento adottato dal governo di Pechino è di particolare gravità per la Santa Sede, impegnata da alcuni decenni a rafforzare in quelle regioni l'opera delle missioni con personale indigeno spesso istruito in appositi istituti anche a Roma. Prima della sconfitta di Chiang Kai-shek, metà degli ecclesiastici era già cinese. Pio XII ha creato nel 1946 il primo cardinale cinese della storia, Tien Ken-sin, arcivescovo di Pechino. In Vaticano c'è ora viva preoccupazione per il futuro dei credenti, del clero, delle strutture scolastiche, universitarie e assistenziali e più in generale per l'intera attività missionaria. Negli anni successivi non si registreranno segnali positivi di dialogo o di collaborazione, mentre i rapporti ufficiali fra Santa Sede e governo comunista rimarranno difficili.

Già i primi anni di vita della Repubblica popolare cinese evidenziano i caratteri della sua politica estera. Pechino, retta «da una dittatura di democrazia popolare», si colloca, nel campo della rivoluzione proletaria mondiale, dalla parte delle forze socialiste. L'alleanza con Mosca e con le altre democrazie popolari rafforza il governo di fronte ad una realtà interna socioeconomica disastrosa e, inoltre, le consente di ribadire con maggiore autorevolezza la volontà di difendere la propria sovranità e la propria indipendenza. Ciò è in linea con il passato della Cina.

Già nella seconda metà dell'Ottocento e nella prima del Novecento le autorità cinesi (prima imperiali e poi repubblicane) hanno cercato inizialmente l'appoggio russo per contenere le pressioni delle potenze europee, in seguito quello inglese per arrestare le ambizioni zariste sulla Cina settentrionale e sulla Manciuria e infine quello statunitense per sbarrare la strada all'espansionismo nipponico. In alcune occasioni, questa politica ha dato buoni risultati, in altre si è assistito al "banchetto cinese" allestito da più commensali a spese della Cina. In quel contesto politico l'allineamento risponde a due esigenze: garantire l'ortodossia ideologica d'appartenenza e la difesa delle esigenze nazionali. Le dichiarazioni contenute nel testo costituzionale a favore dell'appoggio ai movimenti di liberazione nazionale e dei loro dirigenti evidenziano un'attenzione e un impegno specifico anche per l'estero. Si ha l'impressione che alla nascita della nuova Repubblica possa affiancarsi una presenza asiatica attiva sia per la diffusione del credo ideologico, sia per un ruolo dominante cinese. Non si dimentichi che per lungo tempo la Corea è stato un «regno vassallo», che il Tibet ha versato tributi, che la Birmania e l'Annam hanno accettato, in passato, la sovranità cinese e che solo di recente Pechino ha riconosciuto, dopo il *referendum* popolare, l'indipendenza della Mongolia Esterna. A ciò si devono aggiungere le numerose e popolose comunità cinesi all'estero (Indonesia, Malesia, Filippine, India, ecc.). Questo quadro deve essere considerato nel suo insieme, perché è l'unico in grado di offrire una lettura completa degli indirizzi internazionali del nuovo governo, che non possono essere ricondotti all'esclusivo rapporto cino-sovietico, che è stato interpretato da alcuni critici come una forma evoluta di protettorato russo sul Paese. Ciò non solo non corrisponde al vero perché nei rapporti bilaterali la "Cina non è un satellite", ma rappresenta la realtà del dopoguerra cinese. La confermata amicizia con l'URSS e lo sviluppo delle relazioni commerciali fra i due Paesi non alterano gli equilibri di fondo, che sono fra "grandi potenze".

Alla morte di Stalin, Mao Tsé-tung sottolinea la necessità di questa stretta collaborazione ed esprime la certezza che i rapporti precedenti proseguiranno con i suoi successori: «Il partito comunista dell'URSS [...] è il nostro modello così come lo sarà in avvenire». I risultati ottenuti dall'URSS, dalla Cina e dalle democrazie popolari sono di tale importanza «che non abbiamo paura di alcuna aggressione imperialista». L'amicizia fra Mosca e Pechino si basa «sui grandi principi dell'internazionalismo, di Marx, Engels, Lenin e Stalin».

In una successiva dichiarazione congiunta cino-sovietica (ottobre 1954) sono confermati gli impegni reciproci assunti nel febbraio 1950 e si rilevano «la vitalità della cooperazione» creata fra i due Stati e l'intenzione di continuare in un'azione solidale con le altre «grandi potenze» per affrontare i più urgenti problemi internazionali, come prevede la carta delle Nazioni Unite, ma nel testo ci sono esplicite accuse alla politica di Washington. I firmatari, Mikoyan e Chou En-lai, denunciano l'erroneità della politica dei circoli dirigenti degli Stati Uniti d'America, che impedisce alla Repubblica popolare cinese di prendere il proprio legittimo posto in seno all'Organizzazione delle Nazioni Unite. A ciò si devono aggiungere atti d'aperta aggressione: gli Stati Uniti occupano una parte del territorio della Repubblica popolare in quanto le loro forze armate sono presenti a Formosa (Taiwan) e appoggiano sul piano «militare e finanziario [...] la cricca di Chiang Kai-shek». I due firmatari condannano inoltre la formazione di un blocco militare aggressivo nell'Asia di Sud-Est. Da parte loro, Mosca e Pechino fonderanno le loro relazioni con i popoli dell'Asia e dell'Oceano Pacifico, come con gli altri Stati, sul rispetto della sovranità e dell'integrità territoriale. Questo documento evidenzia la comune opposizione alla politica americana in quest'area asiatica e non denuncia soltanto il rifiuto del riconoscimento e la protezione accordata a Formosa, ma anche l'intero sistema di alleanze politico-militari messo in atto dagli Stati Uniti.

Prevale anche in quest'occasione una collocazione difensiva. Alla denuncia della presunta aggressività di Washington non corrispondono né *ultimatum* né minacce, ma al contrario, si lamentano ingiustizie subite, violazioni di diritti accettati da tutti, si denunciano i pericoli di questi comportamenti per la pace, si conferma piena fiducia nell'ONU. A questo proposito, il comportamento cinese è opposto a quello tenuto di fronte alla Società delle Nazioni da parte di diversi Stati. Essi protestarono per creare le condizioni di rottura e di uscita dalla organizzazione di Ginevra, al contrario, ora Pechino vuole entrare. Ci sono un riconoscimento esplicito del ruolo dell'organizzazione e la conferma che la sostituzione del rappresentante di Formosa sarebbe auspicabile non soltanto per ciò che rappresenta il nuovo governo cinese, ma anche per consentire all'ONU una maggiore autorevolezza e una rappresentatività più reale e adeguata ai mutamenti avvenuti con la proclamazione della Repubblica popolare cinese.

g) *Il Patto di mutua difesa fra gli Stati Uniti d'America e la Repubblica della Cina (1954)* - Il problema di Formosa rappresenta un aspetto rilevante sul piano politico per i due antagonisti primari. Per Pechino la mancata restituzione dell'isola alla Cina significa una violazione dei precedenti impegni interalleati sulla ricostituzione dell'unità statale del Paese con la fine della presenza nipponica. Al tempo stesso, per Washington, dopo la delusione della guerra civile cinese, l'abbandono di Chiang Kai-shek appare come un "tradimento" verso il nazionalismo democratico e una "ritirata" a tutto campo a favore del comunismo. Quest'ultimo, fra l'altro, dimostra un forte attivismo anche in altre aree asiatiche. In questo contesto appare più marginale, rispetto alla questione politica, il rilievo strategico dell'isola di Formosa (delle Pescadores e di alcune isole minori) nel quadro più complessivo del sistema difensivo americano articolato tra Giappone, Corea del Sud e Filippine.

Washington formalizza i rapporti di amicizia e di tutela con Formosa nel dicembre del 1954 ufficializzando, in pratica, la teoria delle "due Cine". Non c'è l'intenzione di sostenere o promuovere iniziative continentali contro Pechino, ma c'è la precisa volontà d'impedire qualsiasi azione ostile nei confronti del governo di Taipei.

Questa decisione evidenzia quanto profonda fosse l'avversione per il sistema comunista e quanto forte fosse la delusione per l'evoluzione dei rapporti mondiali e asiatici fra l'Est e l'Ovest. Se i comunisti cinesi denunciano la violazione dei patti interalleati nel loro Paese, gli USA ricordano che la Repubblica popolare cinese è il frutto di una guerra civile rivoluzionaria nella quale ha prevalso la «violenza dei comunisti» sostenuti dall'estero. Anche nel patto del 1954 i due contraenti (si noti, USA e «Repubblica della Cina») riaffermano «la loro fede nei fini e nei principi della Carta delle Nazioni Unite», la «comunanza d'ideali» e la comune lotta contro l'aggressione imperialista del Giappone. Un eventuale aggressore «non [potrà] illudersi» di trovare una di esse isolata «nella zona del Pacifico occidentale». C'è l'impegno a consolidare le loro libere istituzioni e a rafforzare «la loro capacità individuale e collettiva di resistenza agli attacchi armati, alle attività sovversive comuniste dirette dall'esterno contro la loro integrità territoriale e la loro stabilità politica». Nel caso di un attacco armato si farà «fronte al comune pericolo in conformità alla propria procedura costituzionale» e anche in questo caso le misure di difesa adottate saranno portate a conoscenza del Consiglio di Sicurezza, che a sua volta prenderà le decisioni opportune. Si precisa che la copertura geografica dell'area difesa è per Formosa il suo territorio e le isole Pescadores, mentre per gli USA le isole poste sotto la loro giurisdizione nel Pacifico occidentale.

I momenti di tensione, nei mesi successivi, nello stretto di Formosa, le reciproche accuse, le rivendicazioni d'appartenenza di piccole isole della zona, la pratica esistenza di "due Cine" (pur tanto diverse nell'estensione territoriale) non determinano un confronto militare cino-americano. Neppure l'autorizzazione del Congresso all'impiego della VII flotta USA per garantire la protezione di Formosa provoca reazioni tali da compromettere l'equilibrio raggiunto; al contrario, le rispettive e contrapposte posizioni sono oggetto di dibattito in seno alle Nazioni Unite. Ciò conferma, anche in questo caso, la volontà dei due sistemi e delle "grandi potenze" di evitare un confronto diretto e di voler mantenere in piedi l'alleanza nata per garantire la pace e la sicurezza internazionali. Neppure i successivi momenti di tensione (azioni di artiglieria da parte di Pechino contro le isole Quemoy e Matsu) nell'estate del 1958 modificano la situazione.

La difesa ad oltranza del governo nazionalista, mentre sottolinea un intervento tardivo nella guerra civile cinese, evidenzia una posizione di debolezza sul piano politico e militare. Il governo di Taipei non può essere in alcun modo considerato una speranza per il futuro democratico della Cina e ancor meno un modello per le altre popolazioni asiatiche, ma può soltanto costituire una dimostrazione estrema di solidarietà americana e di protesta contro l'affermazione comunista nella Cina continentale. Questa posizione è, fra l'altro, possibile per la collocazione geografica insulare del territorio in cui si è ritirato il governo nazionalista, ma ben più difficile ne sarebbe stata la tutela se esso si fosse insediato in un'altra regione del Paese. Washington, che non è intervenuto direttamente nella guerra civile cinese, minaccia di farlo, nella fase finale, per difendere l'estremo caposaldo insulare delle residue forze nazionaliste. Questa scelta appare dettata in prevalenza da fattori d'amarezza, da senso della sconfitta e di ritorsione più che da concrete prospettive di riapertura dell'intera questione cinese.

Un'analoga difesa non è neppure tentata per l'altra grande isola Hainan presidiata dai nazionalisti, ma ben presto occupata dalle forze comuniste (aprile 1950). Ciò evidenzia ancora di più il significato dell'esclusiva difesa di Formosa e i suoi limiti nel contesto cino-americano-sovietico. C'è dunque anche in questo teatro asiatico (come c'è stata in quello europeo) una carta di guerra che finisce per imporsi, essa però non è segnata dalla sconfitta del comune nemico nipponico, ma dallo scontro di coloro che lo hanno combattuto prima del 1931 e poi dal 1937. Capovolta e contraddittoria, rispetto alle previsioni, risulta la prospettiva cinese. Washington ha contrastato per due decenni l'espansionismo nipponico in Asia e in particolare in Cina. Dopo l'aggressione ha sostenuto quasi da sola lo sforzo bellico nel Pacifico e ha piegato con le armi il "sogno imperiale" di Tokyo. Gli obiettivi primari della sua azione, l'indipendenza e l'integrità dello Stato cinese, sono stati raggiunti, però, al termine della guerra civile, la Cina finisce nelle mani del comunismo, dunque è allineata con Mosca in un fronte più esteso e più insidioso di carattere mondiale.

La Cina comunista costituisce la prova concreta del fallimento della ventennale politica asiatica statunitense.

Ben diversa la posizione del Cremlino: non soltanto non ha combattuto contro il Giappone, ma si è garantito la neutralità dal 1941 con un accordo specifico nippo-sovietico, come abbiamo già detto. Neppure dopo l'attacco giapponese agli USA ha modificato questa posizione; la sua adesione al fronte antitedesco e anti Tripartito (1° gennaio 1942) non modifica la sua posizione di non belligerante verso l'Impero del Sol Levante. Il suo ingresso in guerra è successivo e tardivo (agosto 1945). Ora le conclusioni della guerra civile hanno aperto prospettive non immaginate e ritenute improbabili: l'affermazione del comunismo locale e la sua prevalenza sul piano militare nei confronti dei nazionalisti, pur appoggiati in larga misura dal governo americano. Dopo aver condotto una politica amichevole verso il Giappone, senza una partecipazione attiva sul fronte asiatico durante il conflitto, Mosca raccoglie i frutti dello sforzo americano, cioè della sconfitta giapponese e della nascita della Repubblica popolare cinese. La crisi in questo Paese si sviluppa negli anni in cui i rapporti sovietico-americani sono già deteriorati e si è delineata la divisione dei vincitori in due "campi opposti". Questo risultato non pare conseguito né dall'azione politica né dall'ingerenza sovietica, ma è dovuto in modo quasi esclusivo alle capacità dei vertici politici del comunismo cinese. Ciò non toglie che Stalin tragga evidenti benefici dalla conclusione della guerra civile sia nello specifico contesto asiatico sia in quello più generale del confronto fra Est ed Ovest.

3. *La Corea*

Nel complesso quadro postbellico dell'Asia orientale, dopo l'occupazione del Giappone e la guerra civile cinese, si inserisce anche la crisi coreana, che deve essere ricondotta alla decolonizzazione nipponica conseguente agli accordi del Cairo del 1943. In quella sede Roosevelt, Churchill e Chiang Kai-shek convengono che Tokyo «sia privato di tutte le isole del Pacifico di cui si è impadronito e che ha occupato fin dal principio della prima guerra mondiale del 1914», che vengano restituiti alla Cina tutti i territori strappati (Manciuria, Formosa, Isole Pescadores) e che il Giappone venga «espulso da tutti gli altri territori di cui si è impadronito con violenza e cupidigia». Le tre grandi potenze, memori dell'asservimento del popolo della Corea, hanno deciso che «la Corea diventerà libera ed indipendente a tempo debito». Il Giappone, già nel 1895, ha imposto alla Cina di rinunciare alla sovranità sull'impero coreano. Più tardi, dopo la sconfitta russa (1904-1905), accresce la sua influenza sulla penisola e procede (1910) ad annetterla all'impero giapponese. Questo territorio (circa 300.000 kmq, con una popolazione di 30 milioni di abitanti), proteso verso le isole nipponiche, è importante sul piano economico e strategico e dispone di rilevanti risorse minerarie (carbone, ferro, alluminio, piombo, rame, oro, nichel, zinco, tungsteno). Si tratta di materie prime vitali per lo sviluppo giapponese e durante il periodo dell'occupazione le attività estrattive e industriali del Nord registrano un forte incremento. Né minori sono le potenzialità agricole: crescono la produzione e l'esportazione del riso e di molti altri prodotti alimentari. Questo sviluppo economico risulta, tuttavia, condizionato dalle esigenze della popolazione nipponica, mentre quella coreana non ne trae grandi benefici. Sul piano politico, il controllo delle autorità nipponiche è totale: non esistono adeguate forme di rappresentanza e di partecipazione popolare, mentre è molto attivo un duro sistema poliziesco di controllo e repressione. In questo quadro, si sviluppano numerosi e consistenti movimenti clandestini di resistenza e di lotta per l'indipendenza nazionale.

Nel 1919, in occasione dei funerali dell'ex Imperatore coreano, viene diffusa una *Dichiarazione d'indipendenza* sulla base dei principi dell'autodeterminazione proclamati dal presidente Wilson; scoppiano incidenti, sommosse e rivolte in diverse parti del Paese. La reazione di Tokyo è drastica: migliaia di persone vengono eliminate e incarcerate. Si tratta di un vero e proprio massacro. Di fronte alla brutalità della repressione, alcuni esponenti della resistenza continuano la lotta nella clandestinità, altri riparano all'estero, in Cina, in USA e in Europa. Fra questi Syngman Rhee, futuro presidente della Corea meridionale. Dopo una permanenza in Cina si trasferisce negli USA, ove costituisce un governo coreano in esilio. I comunisti si organizzano, al contrario, sul territorio coreano dove la progressiva industrializzazione del Nord offre una base operaia numerosa e sensibile alla dottrina marx-leninista. Il partito comunista coreano, fondato nel 1917 in Siberia, a Irkustk, è il più antico di quelli asiatici e sarà oggetto di una continua e brutale persecuzione da parte delle autorità giapponesi anche prima della sottoscrizione di Tokyo del Patto antiKomintern (1936).

Dopo la resa giapponese, la Corea è occupata dai sovietici e dagli americani. Le forze armate russe scendono dalla Manciuria e sbarcano sulle coste settentrionali, mentre quelle di Washington occupano la parte meridionale. Il confine fra gli occupanti è fissato al 38° parallelo, cioè a Nord della capitale storica Seoul (che rimane nella parte sotto controllo americano). Già durante il periodo bellico i rapporti fra i dirigenti comunisti e quelli nazionalisti (di ispirazione liberal-democratica) non sono positivi. Anche qui, come in Cina e in altre aree asiatiche, al comune impegno antinipponico e anticoloniale non corrisponde un analogo progetto per il futuro del Paese. Dopo la resa nipponica, la conflittualità aumenta e i contendenti cercano solidarietà e appoggi presso gli occupanti. Nei mesi successivi si assiste al fallimento dei progetti unitari, al consolidamento di autorità provvisorie nel Nord e nel Sud e all'avvio di riforme interne ispirate ai rispettivi modelli politici.

La conferenza di Mosca (dicembre 1945) precisa gli obiettivi, già dichiarati al Cairo, per la pacificazione e il futuro della Corea: *a*) costituzione di un governo democratico provvisorio per tutto il Paese sotto il controllo dei comandanti militari americano e russo; *b*) formazione di un governo sotto controllo anglo-cinese-americano-sovietico per un periodo successivo non superiore a cinque anni. Tuttavia, il lavoro dei comandanti militari e di un'apposita commissione mista incontra seri ostacoli mentre le "due Coree" si organizzano in modo autonomo e la divisione del 38° parallelo assume, con il passare dei mesi, il carattere di un vero e proprio confine. Nel Nord nasce un Comitato del popolo per la Corea settentrionale (febbraio 1946), con presidente Kim Il Sung. Nello stesso tempo, si costituisce il Fronte democratico nazionale, nel quale ha un ruolo prioritario il partito comunista. Viene in pratica applicato il modello sovietico delle democrazie popolari. Nella primavera del 1946 è avviata una riforma agraria con la distribuzione di gran parte delle terre appartenenti ai latifondisti coreani e giapponesi. Al tempo stesso, si procede alla nazionalizzazione delle maggiori attività industriali, finanziarie e bancarie d'appartenenza nipponica e dei "coreani traditori" e alla costituzione di una forte "milizia popolare" ben armata e addestrata da Mosca.

L'URSS, già in questi mesi, evidenzia solidi legami con gli esponenti comunisti del Paese, che hanno scelto come capitale provvisoria Pyongyang. È bene non dimenticare i solidi rapporti creati nel corso dei decenni precedenti fra i vertici moscoviti e i rappresentanti del comunismo coreano, che ha goduto dell'appoggio costante di Mosca e si considera "ortodosso" rispetto alla Rivoluzione d'ottobre sia sul piano ideologico sia per la base sociale che rappresenta in gran parte urbana e operaia. Il sistema marx-leninista che si vuole creare ha come modello di riferimento quello nato nell'ottobre del 1917 e per molti aspetti è diverso da quello cinese di Mao Tsé-tung, che ha dato maggior rilievo al mondo contadino.

Nel Sud del Paese, già nel 1946, viene proclamata la Repubblica ad opera di «Comitati per il mantenimento della pace e dell'ordine» e le stesse parole utilizzate dai promotori indicano le priorità perseguite nell'immediato dopoguerra: garantire la pace e assicurare una convivenza ordinata. Da parte statunitense, tuttavia, questa esperienza viene rifiutata perché appare inadeguata, affrettata e per alcuni aspetti pericolosa. Si preferisce mantenere il controllo nelle mani del comando militare, dar vita ad un'assemblea legislativa provvisoria, rinforzare le strutture amministrative indebolite dalla sostituzione di molti esponenti nipponici. L'obiettivo di questa politica è la rapida democratizzazione della Corea sul modello americano. Nelle prime consultazioni elettorali prevalgono i conservatori, anche se si presentano "polverizzati" in molti partiti e gruppi. In questo contesto, la presenza statunitense pare ancora necessaria per le difficoltà oggettive di garantire una vita democratica stabile. La lunga influenza cinese prima e la cinquantennale occupazione nipponica poi hanno lasciato alcune valide premesse amministrative, ma nessuna esperienza sul piano democratico. In tal modo, mentre al Nord Mosca si appoggia sul partito comunista (e sui suoi alleati del Fronte popolare), al Sud Washington incontra difficoltà a stabilizzare la situazione in presenza di una molteplicità di partiti e di forti rivalità personali.

Ogni zona d'occupazione si organizza sul piano economico e politico sulla base dei propri principi di riferimento e, di fatto, prendono corpo e si consolidano due realtà diverse; questa divisione accentua le difficoltà interne per entrambe in quanto esse sono, da un punto di vista socioeconomico, complementari: il Nord industriale e ricco di materie prime, il Sud prevalentemente agricolo.

La nuova situazione rompe il tradizionale equilibrio del Paese tanto più quando, con il passare del tempo, oltre alla diversa organizzazione politico-istituzionale si interrompono anche i rapporti commerciali fra le due zone e il 38° parallelo diventa una vera e propria "cortina di ferro". Questa rigidità dipende in parte dal progressivo deterioramento dei rapporti fra le grandi potenze, ma ancor più dalla pretesa dei responsabili locali di esercitare i pieni poteri nella propria area di presenza e anche di estenderla, appena possibile, sull'intera Corea. In tal modo, Mosca e Washington rimangono "prigioniere" della propria politica: c'è la rigidità delle posizioni ideologiche, c'è la volontà di mantenere le rispettive aree d'occupazione, c'è l'invadente presenza dei nuovi governanti del Nord e del Sud. Questa situazione impedisce che i lavori della Commissione mista russo-americana (accordi di Mosca, 1945) per dare unità politica e istituzionale alla Corea giungano a positive conclusioni. Essa, al contrario, deve prendere atto già nel corso del 1946 dell'impossibilità di raggiungere un'intesa sulle questioni pregiudiziali più importanti (riconoscimento dei partiti politici, assetto istituzionale, accettazione del ruolo delle potenze occupanti, ecc.). Su richiesta americana il problema viene portato alle Nazioni Unite ed esaminato dalla Commissione politica dell'Assemblea. Quest'ultima deve prendere atto delle difficoltà esistenti per dar vita a libere elezioni in tutta la Corea per l'opposizione dei sovietici e dei nord-coreani, che non accettano l'invio di una Commissione dell'ONU per gestire la fase elettorale. Di fronte a questa resistenza, dopo un voto favorevole della stessa Assemblea Generale sullo svolgimento della consultazione elettorale in tutto il territorio coreano, la Commissione politica decide di procedere nella sola parte meridionale del Paese.

Le elezioni (maggio 1948), sabotate dai comunisti locali, vedono l'affermazione delle forze conservatrici che, subito dopo, approvano la Costituzione. Alla guida della nuova Repubblica (agosto 1948), che conta una popolazione di oltre 20 milioni, è eletto Syngman Rhee. Questo nuovo contesto permette il ritiro delle forze armate americane d'occupazione e di fatto l'avvio dell'amministrazione sud-coreana, che si avvale anche, in seguito, della collaborazione economica, tecnica e militare americana. In dicembre viene stipulato un accordo fra Seoul e Washington per la fornitura di aiuti economici per «difendere e mantenere l'indipendenza del Paese».

Lo svolgimento delle elezioni, con il controllo delle Nazioni Unite, l'approvazione della Carta costituzionale e la proclamazione della Repubblica coreana sono accompagnate da un analogo processo nel Nord del Paese. Nel maggio (1948) un Comitato del popolo coreano approva una Costituzione, sulla base della quale nascono un'Assemblea elettiva e un *Presidium*. Nel settembre è proclamata la Repubblica democratica popolare coreana (circa 10 milioni d'abitanti), con a capo del governo Kim Il Sung. L'organizzazione istituzionale ed economica è analoga a quella sovietica, in quanto il Fronte popolare che unisce al partito comunista le altre formazioni a vocazione socialista è il reale detentore del potere con l'instaurazione della "dittatura temporanea del proletariato". Le ricchezze del sottosuolo, le foreste, le acque, le grandi industrie, le banche, i trasporti ferroviari, fluviali, aerei, le fonti di energia, le opere di comunicazione e le strutture idrauliche e di canalizzazione sono proprietà del popolo coreano (come tutti i beni dei giapponesi e dei "collaborazionisti"). È completata anche una riforma agraria che, a fronte di confische, mette in atto un'ampia distribuzione di terre coltivabili a favore di braccianti, fittavoli e dei cosiddetti "contadini poveri". Anche nel Nord, dopo questi avvenimenti, si assiste al ritiro delle forze armate sovietiche e alla fine dell'occupazione postbellica. Per comprendere meglio il clima di tensione fra i governi dei due nuovi Stati è bene ricordare che ambedue dichiarano di rappresentare l'intero popolo coreano e di operare per la sua riunificazione in un'unica realtà statale.

La polemica politica fra le due capitali è molto accesa: da parte di Seoul si richiama la mancata accettazione del controllo dell'ONU per lo svolgimento di "elezioni libere e segrete" su tutto il territorio nazionale, mentre Pyongyang denuncia il permanere delle influenze giapponesi, americane e degli sfruttatori latifondisti, industriali e finanziari. Ritiene che la sua consultazione elettorale sia rappresentativa di tutto l'elettorato nazionale perché sono stati coinvolti "con scrutini segreti", cioè clandestini, anche sei milioni di sud-coreani. Nel dicembre del 1948 la Corea del Sud è riconosciuta dall'Assemblea dell'ONU, poiché si è costituita con «elezioni che sono state una valida espressione della libera volontà degli elettori» sotto il controllo della Commissione nominata dalle Nazioni Unite. Da parte sua, la Corea del Nord sottoscrive, nel marzo del 1949, un patto decennale d'amicizia e di collaborazione con l'URSS. I due Paesi dichiarano di voler intensificare i rapporti commerciali «su una base di cooperazione, di parità e reciproco rispetto». Si garantiscono reciprocamente regimi preferenziali per il commercio, per la navigazione e per le attività delle persone fisiche. Al tempo stesso, intendono sviluppare le relazioni culturali, scientifiche e artistiche, scambiare i risultati delle rispettive esperienze in campo industriale e agricolo. L'intesa sovietico-coreana conferma i precedenti vincoli dei partiti nazionali di riferimento, ma anche la volontà sovietica di sostenere il Nord nonostante il riconoscimento ottenuto da Seoul da parte delle Nazioni Unite.

Nell'ottobre del 1949 l'Assemblea Generale dell'ONU approva una risoluzione in cui si prende atto che «l'unificazione della Corea non è stata raggiunta», che «le barriere sugli scambi economici sociali e di altra natura» non sono state rimosse, che nel Sud (dove vive la maggior parte del popolo) è stato costituito un governo legittimo, espressione della libera volontà degli elettori e in cui esprime serie preoccupazioni per il futuro, in quanto la situazione di crescente tensione potrebbe «provocare un aperto conflitto militare». Propone, alla luce di questo pericolo, che la Commissione per la Corea continui ad operare per evitare lo scoppio di un conflitto, per facilitare il dialogo fra le due parti nella prospettiva dell'unificazione del Paese, all'interno del cui territorio deve essere autorizzata a muoversi senza ostacoli.

Truman (giugno 1949) promuove un piano per aiutare la Corea del Sud a superare le difficoltà economiche. Ricorda che l'URSS non ha rispettato gli accordi precedenti per lo svolgimento di libere elezioni sotto il controllo delle Nazioni Unite e che la responsabilità della divisione coreana ricade totalmente su di essa e precisa che la «depressione economica» in cui i giapponesi hanno lasciato la Corea «si è aggravata per effetto della separazione del Nord, ricco di industrie idroelettriche, carbonifere e metallurgiche e di concimi chimici, dal Sud agricolo e ricco di industrie tessili e per effetto delle continue agitazioni comuniste». È necessario evitare il prevedibile collasso economico del Paese con un piano analogo a «quello che il Congresso americano ha autorizzato per i Paesi dell'Europa occidentale» e renderlo, in tal modo, autosufficiente. Ciò non sarà importante soltanto sul piano assistenziale, ma anche per il conseguimento degli obiettivi pacifici e democratici in Estremo Oriente: «Un'economia stabile e autosufficiente avrà un'immensa influenza e rappresenterà un ammonimento per il popolo dell'Asia».

a) *L'aggressione della Corea del Nord (1950). La reazione delle Nazioni Unite* - Nella primavera del 1950 la questione coreana assume un rilievo specifico per gli Stati Uniti. Dopo l'imprevista affermazione del comunismo cinese, c'è il timore che Mosca e Pechino possano accentuare le loro pressioni ed estendere la loro influenza in altre aree asiatiche. Il vuoto lasciato dall'imperialismo nipponico potrebbe essere colmato dal comunismo euro-asiatico e non, come ha sperato Washington negli anni precedenti, da un solido governo cinese filoccidentale. Il Dipartimento di Stato conferma in più occasioni di operare per la formazione di governi democratici: «I popoli hanno il diritto di essere indipendenti, di governarsi da sé e di risolvere a loro modo i propri problemi». I popoli liberi hanno il diritto di ricevere aiuti militari per difendere la propria indipendenza e libertà. Gli USA non intendono sottrarsi a questo dovere di «solidarietà democratica». Washington intende perseguire la causa della pace e della sicurezza per tutti sia attraverso le normali vie democratiche sia per mezzo delle Nazioni Unite. Mentre è confermato l'appoggio a Formosa, alle Filippine e alla Corea, il Dipartimento di Stato richiama il governo di Seoul ad adottare adeguate misure contro l'inflazione e a non rimandare le già previste elezioni politiche. Si vuole, con queste precisazioni, far presente l'importanza delle istituzioni democratiche e ricordare che gli aiuti commerciali e finanziari sono finalizzati alla stabilizzazione politica e all'autosufficienza economica. Essi devono pertanto corrispondere al progetto originario (democratizzazione, sviluppo, benessere) e non possono essere considerati «regali ad occhi chiusi».

Dopo l'esperienza cinese e il fallimento del Kuomintang, da parte statunitense si segue l'evoluzione politica sud-coreana con viva preoccupazione per le tendenze autoritarie, per la crisi economica e per la diffusa corruzione. Le riserve sull'esecutivo coreano e le pressioni per una piena democratizzazione del Sud non significano indifferenza o abbandono della penisola asiatica. Truman stesso, senza negare i problemi esistenti, osserva che «la Corea è diventata un banco di prova ove la validità ed il valore pratico degli ideali e dei principi della democrazia sono confrontati con la prassi comunista». Le elezioni (maggio 1950), mentre confermano la netta prevalenza dei conservatori, fanno registrare la moltiplicazione dei partiti politici minori.

In questo contesto di tensione fra il Nord ed il Sud, di precarietà confinaria e di crescenti incidenti lungo il 38° parallelo e nelle acque territoriali dei due Stati, si apre il conflitto coreano con l'aggressione delle forze armate nord-coreane. Essa è preceduta da un appello del Comitato centrale del Fronte democratico nord-coreano (giugno 1950): dopo una condanna dell'artificiosa divisione creata dal 38° parallelo dalla «cricca di Seoul e dagli imperialisti americani», si propone di procedere all'unificazione del Paese attraverso elezioni generali, precedute da una conferenza dei rappresentanti dei partiti democratici e delle pubbliche amministrazioni del Nord e del Sud. Essa dovrà definire le condizioni dell'unificazione, il sistema elettorale, i meccanismi di controllo delle consultazioni popolari elettorali. Nella parte finale del documento sono precisate le condizioni del Fronte democratico per partecipare alla conferenza preparatoria: non dovranno essere ammessi a questi lavori coloro che «hanno ostacolato l'unificazione pacifica del nostro Paese e i traditori della nazione, inclusi Syngman Rhee e i suoi amici». Deve altresì «essere respinto l'intervento della Commissione delle Nazioni Unite» per permettere al popolo coreano «di decidere da sé l'unificazione politica del proprio Paese, senza l'intervento straniero». Le richieste hanno carattere ultimativo e radicale, poiché presuppongono l'esclusione del gruppo dirigente sud-coreano e delle Nazioni Unite: gli uni sono dei "traditori", le altre rappresentanti d'interessi stranieri. La nota ignora le precedenti fasi della vita politica coreana: la costituzione del governo del Sud, le ragioni che hanno portato alla doppia occupazione e, in seguito, all'intervento delle Nazioni Unite per garantire libere elezioni sotto il controllo internazionale. L'appello non ha alcuna possibilità di essere accolto e risulta di conseguenza una minaccia estrema sia per il tono con cui è redatto sia per le richieste formulate.

Alla fine di giugno ingenti forze terrestri nord-coreane, senza alcun avviso o dichiarazione di guerra, superano il 38° parallelo e iniziano l'invasione del Sud. Anche le unità navali entrano in azione e pongono in essere sbarchi lungo le coste sud-coreane per stringere Seoul in una morsa «di ferro e di fuoco». Dopo lo scoppio delle ostilità la Commissione delle Nazioni Unite per la Corea si riunisce d'urgenza e conferma la legittimità del governo sud-coreano e condanna «le operazioni militari intraprese dalle forze della Corea settentrionale», che costituiscono una violazione delle decisioni dell'Assemblea Generale e dei principi della Carta delle Nazioni Unite. Lo stesso Consiglio di Sicurezza (al quale non partecipa l'URSS), dopo aver sottolineato la legittimità del governo di Seoul, prende atto «con grave preoccupazione dell'avvenuto attacco armato contro la Repubblica di Corea». Ordina la cessazione delle ostilità e il ritiro delle forze armate nord-coreane al 38° parallelo. Quest'azione «costituisce una violazione della pace».

Truman condanna «l'improvvisa e ingiustificata aggressione» e approva l'operato del Consiglio di Sicurezza. Washington non può tollerare «violazioni premeditate» che ignorano lo Statuto dell'ONU e mettono in pericolo la pace. Preso atto del proseguimento dell'attacco a Sud del 38° parallelo e della critica situazione militare delle forze di Seoul, ordina alla marina e all'aviazione statunitense d'intervenire e poco dopo autorizza lo sbarco dei primi contingenti terrestri provenienti dal Giappone.

Mosca fa proprie le motivazioni di Pyongyang, che ha dovuto reagire all'offensiva del «governo fantoccio della Corea meridionale» con adeguate contromisure militari. Secondo questa versione, che non trova alcuna conferma nel reale svolgimento dei fatti, le operazioni nord-coreane hanno carattere difensivo e non offensivo.

Di fronte alla mancata sospensione delle ostilità e alla impossibilità della Commissione per la Corea di operare, il Consiglio di Sicurezza (27 giugno) raccomanda ai membri delle Nazioni Unite di usare la forza per respingere «l'aggressione in atto» e per ristabilire la pace e la sicurezza. Anche in questa occasione Mosca non partecipa ai lavori per protestare contro il mancato riconoscimento del nuovo governo cinese e la negazione a quest'ultimo del seggio all'Assemblea e al Consiglio di Sicurezza (ove resta il rappresentante del governo nazionalista di Formosa).

Nelle prime settimane del conflitto si registra una forte avanzata delle forze nord-coreane, che conquistano Seoul e arrivano a minacciare anche il porto di Fusan. Questo attracco è di grande importanza strategica per i convogli militari americani provenienti dal Giappone. Mentre si sviluppa l'azione bellica nord-coreana vengono attivate misure militari secondo le indicazioni del Consiglio di Sicurezza. Il segretario di Stato Acheson condanna l'aggressione in atto; le decisioni del Consiglio di Sicurezza sono state prese dopo un accertamento rigoroso dello svolgimento dei fatti, che testimoniano senza ombra di dubbio «di un caso di aggressione proditoria e non provocata». Le tesi sostenute da Pyongyang sono false e appartengono «alla stessa categoria delle affermazioni naziste del 1939, secondo cui la Polonia avrebbe iniziato le ostilità assalendo la Germania nazista».

Truman prende atto delle decisioni del Consiglio di Sicurezza: resistenza all'aggressione, costituzione di un contingente militare con bandiera dell'ONU, invito a tutti i Paesi a fornire il proprio contributo militare, richiesta a Washington di assumere la guida di un «comando unico» e di «designare il comandante di tali forze». In questa ottica nomina il generale Mac Arthur, comandante in capo delle forze militari che gli Stati membri hanno posto sotto il comando unico degli USA, «affinché l'aggressione armata, non provocata, contro la Repubblica di Corea possa essere respinta». Il comandante è pure autorizzato «a servirsi, accanto alle bandiere delle diverse nazioni interessate, anche di quella dell'ONU».

Un'importante precisazione degli obiettivi della politica americana nel settore è contenuta nel messaggio di Truman al Congresso (luglio 1950). L'aggressione in Corea dimostra che «il movimento comunista internazionale è pronto a ricorrere all'invasione armata per conquistare le nazioni indipendenti», pertanto occorre difendere le Filippine, Formosa, gli Stati associati all'Indocina. A proposito di Formosa precisa di aver dato disposizioni alle forze navali americane di difendere l'isola, ma anche di aver invitato il governo nazionalista di quest'ultima a desistere da ogni operazione aerea o navale contro la terraferma. La capacità difensiva delle «nazioni libere» si è rafforzata con il Patto di Rio de Janeiro e quello Atlantico e con le decisioni adottate a favore della Grecia, della Turchia e della Persia. Anche l'attacco alla Corea del Sud richiede un maggiore sforzo economico e militare da parte di tutti i Paesi «amanti della pace e della libertà». La situazione militare in Corea è difficile perché gli aggressori hanno ben preparato la loro azione, ma, osserva Truman, «tramite le Nazioni Unite, il mondo libero ha reso ben chiaro che alle illegali aggressioni risponderà con la forza». Chiunque abbia intenzioni aggressive deve sapere con certezza che simili atti potrebbero «sforzare sino al carico di rottura l'edificio della pace mondiale».

La Gran Bretagna si schiera a fianco di Washington sia nella condanna dell'aggressione sia nel fornire, con altri Paesi dell'ONU, contingenti militari. C'è preoccupazione per l'attivismo comunista in Asia, ma anche la certezza che occorre resistere a queste prove di forza per favorire la pace in quell'area e in tutto il mondo. Il primo ministro Attlee (luglio 1950) dichiara che occorre rendere tangibile «che l'aggressione non dà alcun vantaggio» e che soltanto l'impero della legge può garantire la pace: questo è l'obiettivo primario dell'ONU, che va difeso e confermato senza esitazioni. Non manca al governo neppure l'appoggio dell'opposizione. Il leader dei conservatori Churchill coglie l'occasione del conflitto asiatico per ribadire la necessità di riprendere il dialogo con Mosca per rafforzare la pace mondiale. Formula, anche in questa occasione, osservazioni che evidenziano una non comune capacità d'interpretazione della crisi internazionale in Europa e in Asia: non c'è alcun dubbio che la Corea del Sud sia stata vittima di «un attacco abilmente e deliberatamente progettato ed organizzato: [...] la sua impreparazione ed inefficienza costituiscono una prova della sua buona fede, forse non della sua saggezza». È doveroso reagire a questo assalto, ma è bene ricordare che la pace mondiale è rafforzata dal primato atomico USA. Quando questo verrà meno, e sarà presto, il quadro risulterà più instabile. Per questa ragione, Churchill ritiene necessario trovare rapide intese con i sovietici «per via pacifica, ma sulla base della forza e non della debolezza, sulla base del successo e non di un'imbelle incapacità di resistere all'aggressione». È urgente porre termine alla tensione internazionale e il primo passo in tal senso può avvenire dopo aver represso «le forze comuniste che stanno invadendo la Corea». L'offensiva comunista in Corea non prova l'esistenza di progetti moscoviti di portata più generale. Al contrario, «in Europa non vi sono al momento indici di preparativi eccezionali o di concentramenti di truppe dietro la cortina di ferro». Si può «raggiungere la pace nel mondo su una base di tolleranza» e non si deve «disperare della vita del mondo». Però, conclude Churchill, perché ciò avvenga è necessario «che quanto i comunisti hanno intrapreso in Corea non debba risolversi in un loro trionfo. Se ciò dovesse accadere ci potrebbe venire imposta, fra non molto, una terza guerra mondiale in condizioni ancor più disastrose di quelle attuali».

Il leader dei conservatori britannici dubita che Mosca abbia deciso l'aggressione coreana (anche se non può disconoscerla, anzi la deve sostenere), ma è convinto che sia possibile procedere nella collaborazione con i sovietici sulla strada di Yalta. Una vittoria del comunismo nord-coreano può costituire un esempio per tutte le forze comuniste asiatiche e la prova della debolezza del mondo libero. Un'evoluzione di questo tipo trascinerebbe anche l'URSS in un confronto generale, non voluto ma subito. Ciò aprirebbe le porte ad un conflitto generale che neppure i sovietici vogliono, come dimostra la loro staticità militare lungo la cortina di ferro europea. Il confronto coreano non deve essere una prova di forza fra l'Occidente e l'URSS, ma essere ricondotto al contenimento di «un comunismo nazionale asiatico aggressivo ed imprudente». Le decisioni del Consiglio di Sicurezza sono oggetto di aspre polemiche da parte nord-coreana, sovietica e cinese. La Corea del Nord sostiene di essere stata oggetto di un'aggressione militare da parte delle forze armate del Sud. Dichiara, inoltre, di condurre la guerra per liberare il Paese dalla «cricca fascista» di Seoul e per ottenere l'unificazione del Paese. Mosca e Pechino insistono sulla mancanza di «validità legale» delle decisioni del Consiglio di Sicurezza per la mancanza alle votazioni di due Stati con seggio permanente

(URSS e Cina comunista). Pechino denuncia l'aggressività statunitense a Formosa, in Corea, nel Vietnam e nelle Filippine e invita tutti i popoli dell'Asia «a sollevarsi e a porre freno alla nuova aggressione degli imperialisti americani»: «I popoli dell'Est sono in grado di vincere i malvagi ed odiosi imperialisti e guerrafondai americani, nelle fiamme della lotta per l'indipendenza nazionale». Mentre si sviluppa il confronto politico-diplomatico, sul fronte militare si registra la continua avanzata delle forze armate nord-coreane. Alla fine di luglio controllano gran parte della Corea meridionale e sospingono i loro avversari nella zona di Fusan, regione che costituisce l'obiettivo strategico dell'offensiva: ad essa approdano i rifornimenti e le truppe americane provenienti dal Giappone e dagli USA.

L'andamento delle operazioni belliche durante l'estate lascia poche speranze di poter resistere all'offensiva comunista. Soltanto un rapido e poderoso sostegno da parte delle forze dell'ONU e, in particolare, degli USA potrebbe cambiare la situazione. Non pare, infatti, che essa possa essere modificata dal massiccio intervento aeronavale già in atto contro le unità nord coreane, i loro rifornimenti e le loro retrovie nel Sud e nel Nord del Paese. A Mosca e in altri ambienti politici delle democrazie popolari è diffuso il convincimento che la Corea sia al di fuori del "perimetro difensivo USA" e che la "passiva accettazione" delle vicende cinesi possa ripetersi in un'area assai meno importante. La reazione di Washington costituisce una sorpresa, perché associa la volontà di difendere l'"imperio della legge" dalla decisione di utilizzare le proprie forze armate. È diffuso il timore che il comunismo si prepari a prove di forza anche militari per estendere il suo dominio. Da questo punto di vista, il "contenimento passivo" appare una politica inadeguata, perché è in atto un'azione espansiva che deve essere combattuta e sconfitta. Non è pensabile che il mondo comunista si consideri soddisfatto dei risultati già raggiunti in Europa e in Asia e che sia sufficiente presidiare le "frontiere politiche" dei due blocchi.

b) *Mac Arthur supera il 38° parallelo. L'intervento cinese* - Contrariamente alle generali previsioni, dopo un massiccio afflusso di forze corazzate e di fanteria statunitensi, la battaglia di Fusan si conclude con la sconfitta delle forze nord-coreane e con l'inizio di una poderosa controffensiva delle divisioni delle Nazioni Unite e dei sud-coreani (settembre 1950) che porta alla riconquista della stessa capitale Seoul. Mac Arthur invita alla resa i nord-coreani, ai quali ricorda che, dopo la disfatta delle loro forze armate e del relativo potenziale bellico, è opportuno evitare «ulteriori sacrifici di vite umane e di distruzione di beni». Assicura che a tutti i combattenti che si arrenderanno sarà applicato il trattamento previsto dalle norme e dalle consuetudini civili.

Di fronte al silenzio di Pyongyang, Mac Arthur, prima di oltrepassare il 38° parallelo, invia un'ulteriore intimazione di resa ai nord-coreani: è necessario che i combattenti depongano le armi e che la Corea del Nord collabori con l'ONU per creare «un governo unico, democratico e indipendente» e per ricostruire tutte le regioni del Paese riunificato. L'equivoca situazione in atto può pregiudicare i successi della controffensiva e Mac Arthur teme che oltre il 38° parallelo possa essere riorganizzato l'esercito nord-coreano. Viene deciso di procedere, in assenza di segnali di resa, all'annientamento delle divisioni nord-coreane accerchiate nel Sud del Paese e all'inseguimento delle altre nel Nord. C'è anche un obiettivo politico da perseguire: il Comando delle forze delle Nazioni Unite conferma che, sconfitta l'aggressione, è necessario procedere alla liberazione della Corea del Nord, per poter svolgere, sotto il controllo dell'ONU, elezioni generali per dare unità istituzionale e un governo centrale a tutto il Paese. Il Comitato politico dell'Assemblea Generale dell'ONU (ottobre 1950) ricorda i precedenti riconoscimenti del governo di Seoul e la necessità di dar vita ad un unico governo nazionale. Autorizza espressamente il Comando unificato ad assumere, in via provvisoria, «tutte le responsabilità per il governo e l'amministrazione civile» dei territori che potranno essere occupati dalle forze militari delle Nazioni Unite «per l'unificazione e l'amministrazione» della Corea.

C'è, in queste decisioni, un evidente mutamento degli obiettivi iniziali. Dopo aver respinto le forze aggressive del Nord, si pensa di entrare nella Repubblica popolare nord-coreana, eliminare il sistema comunista, riunificare il Paese e procedere a libere elezioni. In tal modo, si viene a creare un contesto nuovo: gli "aggressori comunisti", dopo aver occupato gran parte del Sud, sono stati respinti ed ora sono in ritirata sul loro territorio e pare compromessa la possibilità di mantenere in piedi il governo di Pyongyang. La decisione di procedere nel Nord del Paese provoca reazioni politiche di vasta portata che superano gli interessi specifici del confronto coreano.

Mosca e Pechino hanno seguito con interesse l'avanzata nord-coreana. Non esistono prove di una loro istigazione o di pressioni a favore dell'aggressione messa in atto dai nord-coreani, anzi, diverse testimonianze, fra le quali quelle dello stesso Krusciov, e i più recenti documenti sulla politica estera sovietica del periodo confermano la freddezza di Mosca di fronte ai progetti espansionistici di Pyongyang. Ciò non toglie che i vertici cino-sovietici abbiano sostenuto l'"avventura coreana" e sperato in un suo successo. Senza dubbio, non hanno fatto nulla per scoraggiarla e ancor meno per impedirla, ma, ora, di fronte al capovolgimento del quadro militare, devono fronteggiare un'emergenza imprevista. C'è il rischio della caduta del governo del Nord, con l'avanzata delle forze delle Nazioni Unite. Queste ultime, sotto comando statunitense e composte in gran parte da contingenti dello stesso Paese, potrebbero in breve tempo raggiungere la frontiera cino-coreana. Pechino è in allarme: da poco reduce dalla vittoriosa guerra civile, ha una situazione interna non stabilizzata, a Formosa le forze residue del Kuomintang minacciano azioni continentali, mentre Washington non ha accettato la conclusione dello scontro fra comunisti e nazionalisti. I dirigenti cinesi temono che l'occupazione della Corea del Nord da parte di contingenti americani possa preludere ad azioni espansive ulteriori da parte di Formosa e degli Stati Uniti.

Non si tratta più di un confronto coreano, ma del futuro rapporto cino-americano nell'Asia orientale. Pechino protesta per il superamento del 38° parallelo e considera quest'azione aggressiva anche «una seria minaccia per la sicurezza della Cina. [...] Il popolo cinese non può pertanto rimanere passivo». Poco dopo (novembre 1950) Pechino precisa d'essere pronta a prestare aiuto ai nord-coreani non soltanto sul piano morale: «quest'appoggio rientra nell'interesse del popolo cinese ed è dettato dalla necessità dell'autodifesa». Le ambizioni degli imperialisti americani non conoscono limiti: «Essi vorrebbero anche annettersi la Corea, invadere la Cina e conquistare il mondo intero». Né sono una garanzia adeguata le assicurazioni fornite dall'ONU che le frontiere coreano-mancesi saranno rispettate e che il contingente dell'organizzazione non persegue alcun obiettivo, né politico né militare, al di fuori del territorio coreano. È evidente il timore di successive azioni continentali da parte dei nazionalisti di Formosa e dei sud-coreani sostenuti sul piano militare da Washington, che gode ancora di una indiscussa superiorità strategica.

Kim Il Sung respinge l'offerta di resa, riconosce l'insuccesso militare, invita il popolo a resistere contro l'aggressione della «cricca di Syngman Rhee su istruzione degli imperialisti americani». Questi ultimi, di fronte al fallimento militare dei «fascisti coreani», sono intervenuti con possenti mezzi aeronavali e terrestri per condizionare l'esito della guerra civile nazionale. Anche il Consiglio di Sicurezza è uno strumento nelle mani di Washington e le sue decisioni «non hanno alcun valore legale».

Di fronte a questa situazione Mao Tsé-tung prende la decisione di intervenire nel conflitto coreano con l'invio di ingenti forze armate. La discesa in campo d'intere divisioni di «volontari cinesi» ben addestrate, armate e guidate, costituisce una svolta carica di pericoli e d'incognite. Se Pechino avesse voluto aiutare Pyongyang nei suoi progetti espansivi al Sud avrebbe dovuto mobilitarsi alcuni mesi prima, durante l'accerchiamento di Fusan. Al tempo stesso, se l'obiettivo cinese è proteggere le centrali idroelettriche nord-coreane che forniscono energia alle industrie mancesi, lo scopo poteva essere ottenuto senza difficoltà per via diplomatica. Al contrario, per Mao Tsé-tung ora sono in gioco la rivoluzione comunista e la sicurezza cinese. Sul territorio nord-coreano si scontrano ingenti forze cino-americane e questa situazione può avere catastrofiche conseguenze: rompere l'equilibrio di Yalta e aprire le porte, come dichiara lo stesso primo ministro indiano Nehru, alla terza guerra mondiale.

La presenza delle due potenze rivali è indiretta e difensiva, ma non per questo meno pericolosa. Washington è intervenuta a sostegno della Corea, su mandato dell'Assemblea Generale, con l'obiettivo di fermare l'aggressione e promuovere successivamente la nascita di un governo nazionale democratico. Pechino non ha partecipato né istigato la campagna meridionale di Kim Il Sung, ma ora interviene nella Corea del Nord, non tanto per difendere questo Stato, quanto per non permettere alle forze armate statunitensi (pur sotto la bandiera delle Nazioni Unite) di insediarsi sul fiume Yalu, alle sue frontiere meridionali.

Lo stesso generale Mac Arthur s'interroga sui possibili sviluppi del conflitto. In un comunicato ufficiale (novembre 1950) dichiara che sul piano militare la guerra contro le forze nord-coreane è di fatto conclusa. Ora però, in violazione alle leggi internazionali, i comunisti hanno spostato a sud dello Yalu, «senza alcuna dichiarazione di guerra», forze militari straniere («un grande concentramento di divisioni») dietro il sicuro confine della Manciuria. Questa «trappola» contro il contingente delle Nazioni Unite è stata sventata, ma ora si trova in linea «una nuova forza armata, la quale ha la possibilità di rifornirsi in territorio straniero a poca distanza, ma fuori dei limiti della nostra attuale sfera di azione militare». Con queste parole, il generale pone il problema politico di fondo: il comportamento equivoco della Cina e la necessità di affrontare un nemico straniero che può combattere in territorio coreano, ma non può essere colpito nelle sue basi in patria. Anche Truman denuncia l'equivoca posizione del governo di Pechino, che permette l'utilizzo di basi terrestri e aeree in Manciuria per svolgere operazioni nella Corea del Nord. Conferma, al tempo stesso, che gli obiettivi politici e militari delle Nazioni Unite restano circoscritti alla Corea e che il governo americano «impedirà qualsiasi allargamento del conflitto in Estremo Oriente». Queste assicurazioni non tranquillizzano i vertici comunisti cinesi, che temono un'intensificazione delle operazioni militari fino al fiume Yalu ed «eventualmente anche oltre». La controffensiva nord-coreano-cinese obbliga Mac Arthur ad un ripiegamento strategico che, con il passare delle settimane, si trasforma in una vera e propria ritirata da gran parte della Corea settentrionale: il successo di quest'azione militare è di tale portata che i cinesi e i nord-coreani ora si avvicinano al 38° parallelo. Negli ambienti politico-militari dell'altra parte ci si interroga sulle intenzioni cinesi di fermarsi o di superare quella precedente provvisoria linea di demarcazione fra i due Stati.

Truman (30 novembre 1950), mentre esclude ogni intenzione di abbandonare il popolo coreano, adombra la possibilità di utilizzare l'arma atomica per riequilibrare la situazione, anche se si augura che questa eventualità possa essere evitata. Le affermazioni del presidente sono di estrema gravità e sottolineano l'importanza del confronto coreano. Si vuole operare in coordinamento con le Nazioni Unite, aiutare «le nazioni libere» a difendersi, ad aumentare «la forza militare nazionale». Washington è pronta ad adottare i provvedimenti militari necessari: «Tutte le armi devono essere prese in considerazione, compresa la bomba atomica che però non è mio desiderio vedere usata, dato che si tratta di un'arma terribile e che non dovrebbe essere impiegata contro uomini, donne e bambini innocenti i quali non hanno nulla a che fare con questa aggressione militare». Gli Stati Uniti non intendono cedere ad una progressiva espansione del comunismo asiatico, che si propone di adottare la strategia del "carciofo": mangiare, uno dopo l'altro, i Paesi liberi della regione.

In questo clima di crescente tensione Pechino accetta di inviare una delegazione alle Nazioni Unite per discutere la questione di Formosa e altri gravi problemi del Sud-Est asiatico. Anche la diplomazia di altri Paesi (Gran Bretagna, India, Francia) è molto attiva per evitare che la crisi porti all'estensione del conflitto e al declino della stessa Organizzazione delle Nazioni Unite. Per permettere l'avvio di trattative adeguate, l'Assemblea Generale dà vita, nel dicembre, ad una Commissione per negoziare un armistizio (Persia, India, Canada). Da parte statunitense esiste una disponibilità a sospendere le operazioni militari e a "congelare" il fronte in atto. I cinesi, al contrario, si dichiarano disponibili ad un armistizio, condizionato da alcune richieste pregiudiziali alla totale interruzione delle ostilità (ritiro della protezione americana a Formosa, uscita dalla Corea di tutte le forze straniere, riconoscimento della rappresentanza cinese all'ONU). Queste richieste sono formulate il 22 dicembre dallo stesso ministro degli Esteri Chou En-lai e costituiscono «l'unica base accettabile per intavolare negoziati». Nel mese di gennaio (1951) si sviluppa una poderosa offensiva dei cinesi e dei nord-coreani, che, rioccupata Seoul, dilagano nel Sud, ove si ripresenta l'ipotesi di una concentrazione delle forze delle Nazioni Unite nell'area circostante a Fusan. Una situazione analoga, dal punto di vista militare, a quella vissuta nell'anno precedente (ora però c'è la novità della preponderante presenza dei "volontari cinesi").

Nuovi progetti di pacificazione proposti dall'ONU e nuove mediazioni avviate da altri Paesi non modificano le rispettive posizioni politiche. Pechino ritiene che una tregua armistiziale, senza un preventivo accordo sulle sue precedenti condizioni, possa servire «soltanto a procurare alle truppe americane un periodo di respiro». Alle richieste già formulate ora si aggiunge la proposta di una conferenza della pace in Cina con la presenza di rappresentanti dell'Unione Sovietica, della Gran Bretagna, della Francia, degli USA, dell'India e dell'Egitto. In questo contesto, l'Assemblea Generale (1° febbraio 1951) approva una mozione che dichiara la Cina «Stato aggressore», «poiché ha accordato aiuto ed assistenza diretta a coloro che si erano resi colpevoli di aggressione e ha inoltre aperto le ostilità con le forze delle Nazioni Unite». Ma, contemporaneamente a questa decisione, per la pressione di molti governi, si costituisce un Comitato dei buoni uffici, per continuare ogni sforzo diplomatico e ottenere una tregua militare.

Nel periodo successivo si verifica ancora una volta un rovesciamento di posizioni sul piano militare, con un ritorno delle forze delle Nazioni Unite al 38° parallelo. In questo contesto, matura lo scontro politico militare fra Mac Arthur e i vertici statunitensi. Il generale sostiene che la controffensiva da lui condotta ha avuto successo perché con la penetrazione nel Sud i cinesi e i nord-coreani hanno dovuto allungare le loro linee di rifornimento, che sono state colpite e tagliate con operazioni aeronavali. Ora, la loro ritirata ne permette la continua riduzione e dunque la loro capacità difensiva aumenta. Occorre, per distruggerli, colpire «più a Nord», cioè in Manciuria (depositi, concentramenti di truppe, linee stradali, ferroviarie, ecc.). Senza questa decisione il conflitto non può essere concluso, ma è destinato a «stagnare nel logoramento reciproco» con enormi costi umani. Non è possibile condurre un conflitto senza l'obiettivo preciso di annientare il nemico.

Il generale non esita ad andare oltre e ad invadere il terreno politico (aprile 1951): si dice certo che la Cina non potrà far fronte a questa offensiva e che l'URSS, ammonita da tanta determinazione, ridurrà la pressione in Europa e si guarderà bene dal prendere iniziative avventate in Asia. I politici non dovrebbero sconfinare in terreno militare, ma dare «uno scopo ben definito» ad un conflitto che ha prodotto 230.000

vittime sud-coreane e 60.000 statunitensi (queste ultime, ogni mese, aumentano di 6-7 mila unità). I politici devono affrontare la realtà, rimuovere gli impacci, perché «è possibile sconfiggere i comunisti cinesi abbastanza facilmente». «In queste circostanze un intervento della Russia sovietica sarebbe improbabile. [...] il vero obiettivo di un comandante in guerra è quello di distruggere le forze avversarie, ma questo non accade in Corea». In realtà, il generale opera una semplificazione dell'intera questione: la vittoria militare precede quella politica; invece quest'ultima presuppone la prima e non viceversa. Il comportamento del governo americano impedisce una conclusione vittoriosa del conflitto e pregiudica gli obiettivi politici dell'intera regione.

Truman respinge questa impostazione e condanna il comportamento di Mac Arthur. Quest'ultimo viene rimosso dal comando delle truppe statunitensi in Estremo Oriente e di quelle delle Nazioni Unite in Corea. Contribuiscono a questa scelta anche le perplessità nei confronti del generale maturate all'interno dell'ONU e fra i più stretti alleati degli Stati Uniti (Gran Bretagna, Francia). Anche in Italia De Gasperi approva la decisione del presidente americano e ricorda di aver sperato nella vittoria militare di Mac Arthur nella difesa della Corea del Sud. Però, quando Truman interviene per non lasciarsi coinvolgere in un conflitto in Asia, onde interessarsi invece della difesa europea, dichiara: «Io plaudo a Truman e ne traggo auspici di sicurezza per l'Europa e di pace per tutti i popoli».

La proposta di estendere il conflitto alla Cina non è condivisa da Truman, nonostante i presumibili (anche se provvisori) vantaggi che ne deriverebbero in Corea. Si teme una reazione cinese che potrebbe coinvolgere Mosca (dopo la sottoscrizione del patto cino-sovietico) e aprire le porte ad un confronto militare fra le grandi potenze. Truman non vuole correre in alcun modo questo rischio. Mac Arthur ha osservato che non ci sarebbe «presumibilmente» alcuna reazione del Cremlino, ma l'espressione appare infida e carica di pericoli sproporzionati al conflitto in atto e prevalgono la risposta localizzata e l'applicazione del contenimento attivo. La guerra appare come una questione troppo importante per lasciarla nelle mani dei militari. Soltanto da parte repubblicana si levano voci a difesa del comportamento del generale e di critica all'operato di Truman. Il leader repubblicano Joseph Martin critica la sostituzione di Mac Arthur e dichiara: «Il nostro governo non può continuare a offrire il mondo come una mela matura all'URSS invitandola a morderla sempre di più, senza finire per trovarsi col torsolo del disastro in mano. [...] La sola cosa che abbia mai arrestato il Cremlino è una manifestazione di forza, di volontà e di decisione da parte di coloro che sono minacciati».

Truman (maggio 1951) riafferma la necessità di non estendere il conflitto in Estremo Oriente: questa eventualità potrebbe avere gravi conseguenze in Corea, in Giappone, in Europa, per il Patto Atlantico e «per l'avvenire delle Nazioni Unite e del mondo intero». C'è anche il pericolo, con un attacco alla Cina, di perdere la solidarietà degli alleati e di dover condurre il conflitto «da soli». Questo eventuale isolamento «costituirebbe una strepitosa vittoria sovietica», che deve essere ad ogni costo evitata. La guerra deve rimanere limitata alla Corea: «Non deve essere fatta alcuna azione che possa far ricadere su di noi la responsabilità dello scoppio di una guerra mondiale».

c) *L'iniziativa sovietica: l'armistizio* - Mentre Washington riconferma gli obiettivi della sua politica asiatica e mondiale, mentre riprendono intensi combattimenti, si registra una nuova iniziativa diplomatica sovietica. Mosca, nei mesi precedenti, pur allineandosi alle tesi nord-coreane per l'avvio di trattative armistiziali, ha tenuto un atteggiamento prudente e alle dichiarazioni politiche non ha associato pressioni militari né in Asia né in Europa. Le ragioni di questa prudenza hanno trovato spiegazioni diverse (riserve sull'aggressione nord-coreana, volontà di risolvere la questione nipponica, priorità del riconoscimento da parte dell'ONU del governo comunista cinese, ecc.). L'Agenzia Tass ha smentito nel modo più categorico l'esistenza di concentramenti di truppe non cinesi in Manciuria. In giugno il rappresentante sovietico all'ONU, Malik, propone un armistizio con il ritiro dei combattenti lungo il 38° parallelo. Dopo avere condannato la politica di riarmo e di aggressione di Washington, Londra e Parigi, il delegato conferma che l'URSS fonda la sua politica estera «sulla possibilità della pacifica convivenza dei due sistemi: socialismo e capitalismo», nel rispetto reciproco degli obblighi assunti da ciascuno. In questo spirito Mosca ha contribuito alla nascita dell'ONU, che deve «la sua forza» al fatto che «si fonda sul principio dell'unanimità delle cinque grandi potenze». Troppo spesso gli Stati Uniti d'America, con il sostegno della Gran Bretagna e della Francia, ne hanno fatto uno strumento della loro politica. Questa degenerazione ha determinato la condanna della Corea del Nord e della Cina, l'esclusione di quest'ultima dall'organizzazione e l'adozione di recenti misure d'embargo nei suoi confronti. Ciò nonostante, «i popoli russi» vogliono la pace e credono che il conflitto coreano possa essere risolto. Quale primo passo devono «essere avviate consultazioni fra i belligeranti per la cessazione del fuoco e un armistizio che preveda un reciproco ritiro delle truppe dal 38° parallelo; questo sforzo può essere fatto da tutti per raggiungere la pace in Corea».

Questa proposta incontra l'immediata approvazione anglo-franco-americana, del segretario generale delle Nazioni Unite e del governo di Pechino. A questa disponibilità si associano, poco dopo, quelle sud-coreane, nord-coreane e del comandante dei volontari cinesi. Dopo una complessa e sofferta trattativa, alla fine di novembre (1951) è sottoscritto un provvisorio accordo armistiziale fra i due eserciti: essi mantengono le rispettive posizioni (non coincidenti esattamente con il 38° parallelo), cioè la linea del fronte, ma costituiscono ambedue una fascia smilitarizzata di sicurezza di due chilometri ciascuno. Il raggiungimento di quest'obiettivo non rappresenta che un primo passo sulla difficile strada dell'intesa fra i belligeranti e nei mesi successivi questa tregua "fragile e parziale" sarà messa a dura prova da un continuo succedersi di scontri, di tensioni, d'interruzioni, prima di giungere alla sottoscrizione di un autentico armistizio. I rappresentanti delle due parti, riuniti a Panmunjom, devono risolvere numerose e complesse questioni che in più di un'occasione faranno temere la ripresa delle ostilità su larga scala.

In questa fase ancora confusa della situazione coreana avviene l'elezione del nuovo presidente americano (1952). Truman decide di non ripresentare la propria candidatura (è in carica dal 1945). Nella consultazione prevale il generale Eisenhower, esponente repubblicano, molto noto e popolare per aver condotto le operazioni belliche in Europa fino alla resa della Germania. Anche il presidente neoeletto deve misurarsi con il caso coreano e l'instabilità asiatica. Fra le difficoltà coreane più rilevanti è opportuno ricordare la custodia e lo scambio dei prigionieri, le continue violazioni della tregua in atto, il ritiro di tutti i contingenti stranieri, il rimpatrio dei prigionieri "consenzienti", la costruzione di aeroporti nella Corea del Nord, i bombardamenti delle centrali idroelettriche nord-coreane presso il fiume Yalu, i reciproci sospetti di preparare nuove offensive, la designazione dei governi neutrali per le ispezioni, gli incidenti nei campi di prigionia sud-coreani e l'opposizione alle previste clausole armistiziali del governo di Seoul. Questi problemi, la strisciante attività bellica terrestre, aerea e navale, la tensione Est-Ovest aiutano a comprendere il lungo periodo che intercorre fra la sottoscrizione della "tregua armistiziale" e l'armistizio.

Quest'ultimo viene siglato soltanto nel luglio del 1953 e definisce le zone di demarcazione fra le due parti intorno al 38° parallelo, la creazione di una fascia smilitarizzata di quattro chilometri, il blocco dell'afflusso in Corea di nuovi contingenti militari, l'avvio del rimpatrio dei prigionieri, lo svolgimento di una conferenza politica per regolare il ritiro dal Paese delle forze straniere e «la pacifica composizione della questione coreana». Questa precisazione lascia intendere che l'armistizio può essere considerato come l'avvio di un successivo processo d'unificazione politica dell'intera penisola coreana. Questa prospettiva non si realizza per le perduranti divergenze ideologiche e per il retaggio lasciato dalla stessa guerra civile. Si assiste al progressivo consolidamento dei due Stati e alla nascita di accordi di amicizia, di difesa e di collaborazione economica rispettivamente con Washington e Pechino. Al contrario, l'avvio, auspicato anche dall'Assemblea Generale dell'ONU, di una conferenza per definire le questioni politiche coreane non troverà consensi adeguati. Il presidente Eisenhower (luglio 1953) si compiace per il risultato armistiziale, anche se il popolo americano ha dovuto pagare «un prezzo assai alto per respingere l'aggressione». Nella battaglia per la libertà possono lottare insieme «uomini d'Occidente e d'Oriente», come ha dimostrato l'unità operativa di tutte le forze che hanno combattuto «sotto la bandiera delle Nazioni Unite». Anche Malenkov, presidente del Consiglio dei ministri sovietico, plaude all'accordo, che rappresenta «una vittoria importante nel campo della pace e della democrazia».

d) *Gli accordi americano-sud-coreani e cino-sovietico-nord-coreani (1953). La conferenza di Ginevra. Proteste e proposte sud-coreane* - Già nel mese d'agosto del 1953, Washington e Seoul sottoscrivono un patto «d'amicizia e di difesa» destinato a durare finché non sarà «creato un sistema più vasto ed efficace di sicurezza tra i Paesi che si trovano nel Pacifico». Le parti s'impegnano a risolvere ogni futuro contrasto internazionale con mezzi pacifici, secondo le prescrizioni dell'ONU. Si consulteranno nel caso di minacce alla loro indipendenza e sicurezza e si difenderanno, in caso di necessità, «separatamente e congiuntamente» per impedire attacchi armati. Seoul concede agli USA il diritto di far stazionare forze statunitensi di terra, di mare e di cielo entro e intorno al territorio della Repubblica di Corea. L'accordo «resterà in vigore a tempo indefinito, anche se ogni parte può uscirne l'anno successivo alla sua denuncia». Questa intesa s'inserisce nel quadro di sicurezza asiatica promossa da Washington con i precedenti patti con l'Australia e la Nuova Zelanda, con il Giappone, con le Filippine, con Formosa e con Bao Dai in Indocina. Queste garanzie americane sono rafforzate dall'impegno assunto dai 16 Stati aderenti all'ONU che hanno combattuto nella penisola. Essi dichiarano di essere pronti a riprendere la lotta nel caso in cui si verificasse «un attacco armato non provocato» ai danni della Corea del Sud da parte dei cino-coreani. Il successo ottenuto in Corea da parte di questi Paesi (Australia, Belgio, Colombia, Canada, Etiopia, Francia, Grecia, Lussemburgo, Filippine, Paesi Bassi, Nuova Zelanda, Thailandia, Turchia, Sudafrica, Regno Unito e Stati Uniti) è collettivo e tale sarà il loro comportamento per l'applicazione delle clausole armistiziali. Un particolare apprezzamento è rivolto agli Stati che, senza partecipare ai combattimenti, hanno fornito unità ospedaliere (Danimarca, India, Italia, Norvegia e Svezia). Nello stesso periodo anche il governo nord-coreano rafforza i vincoli che lo legano a Mosca e a Pechino. Kim Il Sung si reca a Mosca (settembre 1953), ove conferma i legami sovietico-coreani alla luce del precedente accordo del 1949 e ottiene aiuti finanziari per la ricostruzione, ma conferma anche di voler operare per la riunificazione del Paese e la formazione di un governo espressione della volontà del popolo coreano.

Nel mese di novembre è sottoscritto un accordo «economico e culturale» cino-nord-coreano, per consolidare e sviluppare le reciproche relazioni. Pechino cancella ogni debito per gli aiuti forniti durante il conflitto e s'impegna a fornire materie prime e prodotti finiti e ad inviare tecnici specializzati in Corea. Nel testo è confermata la stretta collaborazione politica fra i due Stati, che ha assicurato «le grandi vittorie» nella loro lotta «contro l'aggressione imperialista e in difesa della pace in Estremo Oriente». Con queste garanzie cino-sovietiche, la Corea del Nord evidenzia il permanere dei vincoli storici che la legano a Mosca, ma anche l'attenzione che viene dedicata ai cinesi dopo il loro intervento militare. All'interno del movimento comunista internazionale, in questa fase, Pyongyang non può permettersi posizioni di rottura e tanto meno di isolamento, ma, al contrario, opera per mantenere solidi vincoli con Mosca e Pechino e ottenere da ambedue solidarietà politica per la stabilità dello Stato nord-coreano e aiuti economici per far fronte alla difficile situazione postbellica.

La convocazione della conferenza coreana, prevista dagli accordi armistiziali, presenta ardui ostacoli fin dalle prime battute. La proposta formulata dall'Assemblea Generale della partecipazione solamente dei belligeranti e dell'URSS incontra l'opposizione cinese. Pechino è favorevole ad un ampliamento che renda possibile la presenza anche di altri Stati della regione (India, Pakistan, Birmania, Indonesia, ecc.). Questa conferenza, prevista dall'armistizio, non si concretizza e prende corpo, al contrario, la convocazione di una riunione a Ginevra (aprile 1954) di un gruppo di potenze (USA, Gran Bretagna, URSS, Corea del Sud e del Nord, Cina e rappresentanti di altri Paesi che hanno partecipato al conflitto coreano) per trovare una soluzione alla crisi coreana e per ristabilire la pace in Indocina, dove il processo di decolonizzazione postbellica ha aperto un nuovo fronte militare e politico. La presenza delle grandi potenze riporta sulla scena il "direttorio" e lo spirito che ha animato i lavori di Yalta e di Potsdam per risolvere le controversie e garantire la pace nella sicurezza. È l'ammissione implicita dell'impossibilità di risolvere con le armi i contrasti, è la denuncia dell'incapacità dei Paesi coinvolti nella guerra locale di uscire dalle difficoltà, ma è anche un'affermazione della volontà di collaborare e di proseguire sul cammino della distensione fra i vertici degli Stati più rappresentativi. Già all'inizio appare impossibile ottenere la riunificazione del Paese, quando i principi della sua organizzazione istituzionale e politica sono tanto diversi. Non ci sono elementi nuovi che possano far sperare in questo risultato (fra l'altro l'analogo tentativo formulato per la Germania con la conferenza di Berlino non ha portato ad alcun risultato).

Le grandi potenze sono interessate a fermare le guerre asiatiche e a cristallizzare le situazioni di fatto. Si tratta di riconoscere i risultati raggiunti da ciascuno dei combattenti e di evitare nuovi conflitti che potrebbero pregiudicare la pace generale. Si preferisce garantire lo *status quo* e definire quanto meno un *modus vivendi*.

La questione coreana si chiude a Ginevra con la dichiarazione delle 16 potenze dell'ONU (giugno 1954), che attribuiscono la responsabilità della divisione della Corea al blocco comunista che ha negato «il diritto e la facoltà» dell'ONU a intervenire nel conflitto e la riunificazione del Paese con elezioni libere e democratiche sotto il controllo delle Nazioni Unite. La negativa conclusione dei lavori di Ginevra per la Corea contribuisce a stabilizzare la situazione in atto dei due Stati.

Il presidente della Corea del Sud è convinto che si debba procedere comunque alla «liberazione del Nord dal comunismo» e riprendere l'iniziativa militare interrotta dalla tregua (armistiziale) ed espone, in un bellicoso discorso al Congresso americano (luglio 1954), le sue proposte favorevoli alla denuncia dell'armistizio e alla ripresa delle ostilità. Il fallimento della conferenza di Ginevra esige la fine dell'armistizio e il riarmo della Corea del Nord è consistente e continuo. Benché l'obiettivo sembri Seoul, in realtà «la distruzione degli Stati Uniti costituisce il principale obiettivo del Cremlino». Mosca può scagliare la bomba ad idrogeno «sulle grandi metropoli dell'America anche prima che sulle nostre rovinate e sparse città». Syngman Rhee chiede azioni preventive e di non soggiacere «al sonno di morte mediante parole di pace», perché i sovietici non hanno mai mantenuto le promesse e «non sono trattenuti da nessuno scrupolo morale, da nessun principio umanitario e da nessuna sanzione religiosa». Occorre fermare l'URSS, «scagliare ora le bombe sulle fabbriche sovietiche e non aspettare la morte come buoi al macello». Non si deve temere il governo di Pechino perché è «un gigante dai piedi d'argilla ed è odiato dalle masse». Le forze armate sudcoreane e quelle di Formosa possono condurre le operazioni continentali: «Non ci sarà bisogno di nessun fante americano, mentre sarà necessaria la copertura aerea e navale». Questa operazione porterebbe «all'automatica fine vittoriosa delle guerre di Corea e d'Indocina». Di fronte alla riconquista della Cina, l'URSS non oserà «correre il rischio di una guerra contro gli Stati Uniti». Mosca lancerà le sue forze terrestri e aeree per difendere la Cina e ciò giustificherebbe la distruzione dei centri sovietici «prima che la bomba all'idrogeno venga prodotta in grande quantità». Non ci può essere pace «in un mondo metà comunista e metà democratico». Questo discorso dà la misura delle difficoltà statunitensi a collaborare con esponenti politici tanto radicali quanto superficiali, che riducono la complessa realtà del momento a fattori competitivi di carattere militare. Questa impostazione è rifiutata da Washington (e dai leader anglo-francesi). Si spera in un possibile miglioramento dei rapporti Est-Ovest e si vuole in ogni modo evitare qualsiasi ripresa del conflitto e ancor meno un suo allargamento capace di aprire le porte ad una guerra mondiale.

Le proposte del presidente sud-coreano finiscono per agevolare la stessa azione coreana del Nord e dei cinesi, fornendo un facile alibi per mettere in allarme le loro forze armate per prevenire possibili azioni del governo di Seoul. Questo "bellicismo sud-coreano" danneggia Washington e aiuta Pyongyang. Di fatto, il 1954 si chiude con la stabilizzazione dei due Stati coreani separati dal confine segnato dal 38° parallelo. L'Assemblea Generale dell'ONU prende atto di questa realtà in dicembre e approva una mozione in cui denuncia la responsabilità comunista per l'esito negativo della conferenza di Ginevra, auspica l'unità, l'indipendenza di una Corea riunificata e chiede lo svolgimento, a tal fine, di libere elezioni (sotto il controllo dell'ONU) per dar vita ad un governo rappresentativo di tutto il popolo coreano. Questa divisione e la strisciante conflittualità fra i due Stati continua anche negli anni successivi e ancora oggi, dopo mezzo secolo, la situazione non ha subito mutamenti significativi.

Quale bilancio complessivo può essere tracciato della vicenda? Su un piano generale il conflitto termina con l'approvazione di una "carta di guerra" che corrisponde alle posizioni occupate dai belligeranti nell'estate del 1951. Non si tratta, tuttavia, di un riferimento analogo a quello adottato per l'Europa: in quest'ultima l'uso di questa espressione allude all'area che gli eserciti vincitori occupano dopo la sconfitta militare del nazifascismo. In Corea c'è stata la liberazione, ma senza guerra, e la resa nipponica precede e non segue l'occupazione sovietico-americana del Paese. Le aree d'occupazione temporanea sono definite a tavolino e allo stesso modo si è concordato che, dopo un periodo di assestamento, si debbano svolgere libere elezioni per dare al Paese un governo e un assetto istituzionali. Da questo punto di vista, si può parlare di una dichiarazione comune per la Corea decolonizzata (dal Giappone) e liberata. Le difficoltà successive sono analoghe a quelle conosciute in Germania e cioè legate all'impossibilità di dar vita ad un sistema politico comune.

L'equilibrio fra i due Stati coreani formatisi subito dopo è spezzato dall'iniziativa di Pyongyang d'invadere il Sud per riunificare con la forza, sotto il regime comunista, l'intero Paese. Il progetto fallisce e, dopo una devastante esperienza bellica, la situazione torna al punto di partenza con le frontiere intorno al 38° parallelo, cioè da dove erano iniziate le operazioni belliche aggressive. La Corea del Sud mantiene il territorio originario, ha dimostrato debolezza militare e organizzativa, ma grazie all'appoggio delle Nazioni Unite ha consolidato una rete di solidarietà asiatiche e internazionali destinate a durare nel tempo. Anche il popolo coreano ha dovuto pagare un prezzo elevato alla guerra in perdite umane (combattenti e civili) e in enormi distruzioni materiali. La penisola è stata travolta da ondate successive di avanzate e ritirate, segnate da aspri e sanguinosi combattimenti. La capitale del Sud, Seoul, viene "occupata" e "liberata" per ben quattro volte nel breve volgere di alcuni anni. Questo Paese, risparmiato dalle più dure esperienze del secondo conflitto mondiale, ha dovuto fronteggiare gli orrori della guerra cinque anni dopo per l'erronea valutazione dei dirigenti comunisti del Nord, convinti di poter estendere il proprio potere su tutta la penisola.

Pechino e Mosca traggono dalla vicenda risultati diversi: ambedue, senza aver determinato l'aggressione, l'approvano per solidarietà di sistema e per i possibili vantaggi strategici che possono conseguire nel momento in cui Washington si avvicina a Tokyo per controbilanciare la "disfatta cinese" e l'attivismo comunista in Asia. Pechino è costretta ad intervenire indirettamente nel conflitto quando la controffensiva delle forze delle Nazioni Unite (sotto guida americana) minaccia di arrivare al fiume Yalu, cioè alle sue frontiere. Non c'è stato alcun intervento precedente, neppure quando è parso che l'accerchiamento di Fusan potesse diventare la "Dunkerque asiatica" degli americani. L'arrivo ai suoi confini di forze armate statunitensi è troppo pericoloso per essere sopportato. Non c'è stato alcun interesse iniziale per l'attacco alla Corea del Sud. Se la vittoria militare di Kim Il Sung avesse rappresentato un obiettivo importante, Pechino avrebbe potuto intervenire durante la iniziale avanzata nord-coreana, ma i cinesi restano spettatori e si limitano all'approvazione dell'iniziativa. Il quadro muta con la ritirata delle forze del Nord e con la minaccia della distruzione della Repubblica popolare coreana e la conseguente presenza di forze armate ostili lungo i confini meridionali della Manciuria. Questa originaria impostazione è modificata in seguito con l'evoluzione del contesto militare. In una fase finale del conflitto, Mosca pensa di poter ottenere il controllo dell'intera Corea con una vittoria del comunismo nord-coreano. Questa speranza è analoga a quella americana, quando le forze delle Nazioni Unite si avvicinano alla frontiera mancese-coreana, ma per nessuno, all'inizio delle ostilità, esisteva una simile ipotesi, che ha preso corpo con gli sviluppi delle azioni belliche.

Queste ultime non portano ad una soluzione dei contrasti in quanto a questo punto Mosca mette sul tavolo tutto il suo peso per far prevalere il compromesso del ritorno al punto di partenza: l'accettazione dei "due Stati del 38° parallelo" e la fine delle ostilità. Le argomentazioni del Cremlino e di Malik hanno richiamato tutti ai rischi dell'escalation in atto, alla necessità che le grandi potenze mantengano l'originario patto di pace fra loro (alla cui base c'è la nascita dell'ONU), ai rischi della rottura dell'equilibrio capace di accendere la "terza guerra mondiale".

Mosca, senza sconfessare e senza partecipare alle azioni cino-nord-coreane, ha confermato il ruolo guida all'interno del movimento comunista internazionale e di capofila nel confronto diplomatico con l'Occidente nel quadro di una politica di tolleranza e di distensione. In fondo, la duttilità e la capacità di adattamento di questa azione hanno evidenziato il realismo iniziale della divisione della Corea in due aree d'occupazione, in grado di soddisfare ambedue i sistemi senza rincorrere impossibili convergenze istituzionali e, ancor meno, avventure militari. I fatti smentiscono in modo clamoroso un altro timore agitato dalla propaganda occidentale più oltranzista e cioè che il Cremlino avesse organizzato la "trappola coreana" per spingere gli USA in Asia e attaccare, da parte sua, lungo la cortina di ferro europea. Allo stesso modo, appare inesatto parlare di sconfitta sovietica in Corea.

Truman ha dimostrato, in questa occasione, che l'aggressione non paga. Il comunismo nord-coreano ha mancato l'obiettivo principale: estendere il suo dominio in tutto il Paese. In questa resistenza, ha potuto godere del sostegno militare e politico di molti altri governi e dell'appoggio ufficiale delle Nazioni Unite. Da questo punto di vista, la grande maggioranza dei Paesi aderenti all'organizzazione ha sostenuto la politica coreana degli Stati Uniti. Questa strategia difensiva rende più forte la coesione del blocco occidentale e la comune azione di "contenimento attivo" e mentre conferma il rifiuto dell'uso della forza per imporre il sistema liberal-democratico, non ne esclude l'utilizzo difensivo sia a livello generale sia in teatri circoscritti.

La crisi coreana, pur cruenta e militare, è stata meno pericolosa di quella di Berlino. Quest'ultima, con il blocco dei collegamenti della capitale tedesca, ha messo di fronte Mosca, Washington, Londra e Parigi ad una prova di forza di estrema gravità, senza intermediari e in un'area con forte presenza delle rispettive forze armate, mentre quella coreana non pone un confronto tanto aspro e diretto tra sovietici e americani, avviene in un'area di decolonizzazione nipponica non strategica sul piano della sicurezza e può avvalersi, inoltre, di numerose e qualificate mediazioni.

Sotto profili diversi ambedue le grandi potenze escono dal "pantano coreano" con risultati positivi sul piano politico, anche se con il pagamento di prezzi umani e militari diversi. Ancora una volta, come nel caso della sconfitta del Giappone e della guerra civile cinese, Washington ha dovuto sostenere oneri molto maggiori del suo competitore euro-asiatico. Tutte le grandi potenze (USA, URSS, Cina popolare e Gran Bretagna) operano per la localizzazione del conflitto, anche se sperano in esiti diversi del confronto militare. Questo chiaro comportamento evidenzia che tutte credono ad "una pace divisibile". Nessuno dei grandi pensa di utilizzare la guerra coreana per aprire un conflitto più esteso in Asia orientale e di trovare in essa un "alibi politico" per accendere un conflitto mondiale con lo scopo di annientare l'altro sistema. Al contrario, c'è una precisa volontà di tutti di tenere la questione entro i confini della penisola in cui essa si materializza.

Trionfa, in sostanza, la stabilizzazione. Tutti rinunciano a vincere sul piano militare e alla fine accettano lo *status quo* della frontiera "provvisoria d'occupazione militare" lungo il 38° parallelo. Mentre le rispettive aree d'influenza in Europa sono segnate da una guerra contro la Germania, in Corea esse restano definite dopo un conflitto fra le due Coree, quando il Giappone è già uscito di scena da un quinquennio. L'importanza di questo conflitto è stata spesso esagerata, anzi enfatizzata dalla contrapposta propaganda politica. Le opposte teorie dell'"aggressione che non paga" e dell'impotenza dei "Paesi capital-imperialisti" hanno avuto fortuna nella pubblicistica del periodo e in seguito. In realtà, i fattori di maggior importanza del dopoguerra nel Sud-Est asiatico restano la nascita della Repubblica popolare cinese e l'alleanza nippo-americana. Soltanto questi fatti avranno conseguenze significative e durature nel settore geografico specifico e in quello internazionale.

4. *La sistemazione del Giappone (1951)*

Le difficoltà postbelliche dell'arcipelago nipponico non possono lasciare in ombra, ma semplicemente rinviare, la definizione di un trattato di pace. Esso deve formalizzare la fine del conflitto e permettere a Tokyo un pieno reinserimento nella comunità internazionale. Il problema è urgente sia per le autorità nipponiche sia per gli occupanti sia per gli Stati che hanno combattuto negli anni precedenti. La sua soluzione, considerata facile nei primi mesi, diventa con il passare del tempo un nodo cruciale dei rapporti sovietico-americani e più tardi anche con la Repubblica popolare cinese.

Washington (luglio 1947) propone una conferenza delle undici potenze belligeranti contro Tokyo (Australia, Canada, Cina, Filippine, Francia, Gran Bretagna, India, Nuova Zelanda, Olanda, Stati Uniti e URSS) per definire il trattato di pace. In seguito è prevista la consultazione di tutti gli Stati che hanno dichiarato guerra all'Impero del Sol Levante. La proposta, accettata dagli altri invitati, è respinta dai sovietici perché «unilaterale e contraria ai precedenti accordi del Cairo, di Yalta, di Potsdam e di Mosca». Molotov precisa che spetta al Consiglio dei ministri degli Esteri (USA, URSS, Gran Bretagna e Cina) e alla Commissione per l'Estremo Oriente risolvere la questione. La negativa reazione dei sovietici è dettata dalla preoccupazione di essere "isolati" tra undici Stati e di poter avere maggiori possibilità di manovra nel vertice dei "quattro grandi". In realtà, le motivazioni della protesta non trovano riscontro negli accordi precedenti.

Nella conferenza che si svolse nel novembre 1943 al Cairo, USA, Cina e Gran Bretagna decisero che Tokyo doveva rinunciare ai territori strappati alla Cina (Manciuria, Formosa, le Pescadores) e alle isole del Pacifico ottenute dal 1919, ma nulla era stato precisato per l'elaborazione del trattato di pace. Anche a Yalta (1945) non vennero indicate modalità a questo riguardo, ma soltanto i compensi per l'ingresso in guerra di Mosca contro il Giappone, mentre a Potsdam (1945) si decise che il Consiglio dei ministri degli Esteri avrebbe preparato i trattati di pace, ma con esplicito riferimento alla Germania, all'Italia, all'Ungheria, alla Bulgaria, alla Romania e alla Finlandia. Neppure la Commissione per l'Estremo Oriente, costituita alla conferenza di Mosca (ottobre 1943), ha compiti specifici in questa materia. La definizione dei rapporti con il Giappone comporta preoccupazione e timori di carattere economico-commerciale e politico. Si teme che nel giro di pochi anni il Giappone possa riprendere un ruolo egemone nel Sud-Est asiatico e recuperare il terreno perduto con il disastro bellico. Gli americani desiderano una rapida ripresa della produzione agricola, industriale e commerciale in quanto gli oneri dell'occupazione gravano sul proprio bilancio, mentre gli altri Paesi temono questa evoluzione e vogliono condividere i passi che le autorità statunitensi si accingono a compiere. Canberra ha disapprovato le autorizzazioni di Mac Arthur a riattivare le miniere di fosfati di Angaur (isola sottoposta a mandato) e a permettere spedizioni antartiche delle baleniere giapponesi; né minori rimangono i malumori britannici per le limitazioni commerciali ancora in essere.

In questo contesto, gli Stati membri del Commonwealth, riuniti per esaminare i rapporti con Tokyo, confermano le concessioni fatte ai sovietici a Yalta, il mantenimento dello Stato giapponese sulle "quattro isole maggiori", il desiderio che la sorte di quelle minori sia decisa dalla conferenza dei belligeranti. Molto netta è la condanna del militarismo e dell'imperialismo dei decenni precedenti e viene rinnovata la richiesta della completa smilitarizzazione nipponica. Queste preoccupazioni non indeboliscono tuttavia il comune impegno anticomunista né riducono l'attenzione per la guerra civile cinese. Al contrario, il progressivo indebolimento del Kuomintang rende evidente la necessità di trovare punti d'appoggio alternativi per controbilanciare la presenza sovietica e un'eventuale affermazione comunista anche in Cina.

In tal modo, Londra e molti Paesi del Sud-Est asiatico, pur timorosi di una ripresa nipponica, non si sottraggono agli appelli statunitensi dettati da considerazioni di sicurezza e di contenimento strategico. Nel marzo del 1949 Mac Arthur spiega i cambiamenti della politica americana sul piano militare: negli anni precedenti la costa occidentale degli USA era considerata la base del sistema difensivo contro un'aggressione asiatica, ma, ora, dopo la sconfitta nipponica, «il Pacifico è diventato un lago anglosassone, e la nostra linea difensiva corre lungo la catena di isole che orlano la costa asiatica» (Filippine, Ryukyu, Okinawa, Giappone, Aleutine, Alaska). Il possibile avversario, la Cina, non possiede una base industriale «per sostenere un attacco di forze anfibie». Al tempo stesso, le industrie belliche sovietiche (armi e munizioni) sono negli Urali, cioè a 4.000 miglia di strada ferrata, in gran parte su un solo binario, per arrivare a Vladivostok.

Non c'è, al momento, alcun desiderio di usare il Giappone come alleato, «il suo compito è essere la Svizzera del Pacifico». La Cina non dispone di forze idonee ad attaccare il Giappone, mentre gli USA, con la loro flotta aerea, possono difenderlo senza difficoltà. Il trattato di pace è urgente perché il Giappone deve provvedere a se stesso e sollevare Washington dagli oneri dei rifornimenti. Il comunismo nipponico non è un problema, perché esso non può svilupparsi «in un Paese in cui il 48% della popolazione è costituito da piccoli proprietari terrieri» dopo la recente riforma agraria: «Non ritengo – osserva ancora Mac Arthur – che il comunismo possa essere più minaccioso in Giappone di quanto lo sia in America o in Gran Bretagna». Tutte le frazioni della razza umana aspirano alla promozione della dignità della persona, che può avvenire soltanto in una società libera. Al contrario, il comunismo «si è fatto strada come strumento di forza e d'intimidazione, che permette ad una minoranza di strappare con frodi, intimidazioni e stratagemmi, il potere politico alla maggioranza, la quale governa in virtù di norme costituzionali». Il Giappone offre le più ampie garanzie di volersi muovere per il futuro lungo la strada della democrazia americana, nonostante le enormi difficoltà postbelliche.

Mac Arthur osserva (dicembre 1949) che il Giappone, «con alle spalle un passato di vergogna», ha fatto grandi passi in avanti. Il cittadino nipponico ha una nuova coscienza del suo ruolo e delle sue responsabilità. L'economia si muove nella direzione dell'autosufficienza, che costituisce l'obiettivo di ogni suddito giapponese, e la produzione è in crescita in tutti i settori industriali, c'è maggiore disponibilità di beni alimentari e di largo consumo, i buoni raccolti agricoli e la ripresa delle attività ittiche contribuiscono a questa rinascita nazionale. C'è un graduale superamento dei precedenti razionamenti, dei calmieri dei prezzi e dei sussidi e una forte ripresa del commercio con l'estero. L'inflazione degli anni precedenti è sotto controllo e si osservano sintomi sempre più incoraggianti di un ritorno a una vita economica normale.

Il Dipartimento di Stato (agosto 1949) conferma l'evoluzione democratica del Paese e auspica una ripresa delle sue relazioni con l'estero, pur in regime d'occupazione, anche senza la sottoscrizione del trattato di pace. Questi rapporti permetteranno a Tokyo di conoscere meglio i sistemi democratici e di dissipare «le tracce di odio e di diffidenza rimaste dopo la recente guerra». Potrà così presentarsi, sulla scena mondiale, un nuovo Giappone «democratico e pacifico».

In questo sforzo di normalizzazione non si ferma la polemica moscovita, anche se essa non raggiunge i toni e la durezza di quella a proposito del futuro della Germania. Mosca chiede a Washington, a Londra e alla Cina (febbraio 1950) d'intensificare l'azione contro i criminali di guerra giapponesi e anche di agire, in questo senso, contro lo stesso Imperatore Hirohito. Quest'ultimo, con i circoli dirigenti a lui vicini, è responsabile di aver preparato piani segreti per l'uso di armi batteriologiche per lo sterminio delle truppe avversarie e delle popolazioni. Erano previste «epidemie mortali come quelle della peste, del colera, della febbre tifoidea, del cimurro, del carbonchio» e a questo fine erano state predisposte unità speciali e attrezzati centri di ricerca, sperimentazione, produzione e addestramento. Questi crimini sono in aperto contrasto con i protocolli di Ginevra del 1925 e con la prassi in genere accettata dal diritto internazionale. Mosca e Pechino (maggio 1950) protestano per la decisione di Mac Arthur «di concedere riduzioni delle pene detentive» per i criminali di guerra condannati in precedenza. Da parte statunitense si lamenta la troppo tardiva denuncia dei presunti crimini di guerra («quattro anni e mezzo dopo la resa e molti mesi dopo la conclusione dei processi dei criminali di guerra nipponici»). Si sospetta che i sovietici cerchino, con questa iniziativa, di distrarre l'attenzione dal mancato rimpatrio di circa 370.000 prigionieri giapponesi.

Mac Arthur (maggio 1950) ribadisce in più occasioni l'importanza della democratizzazione del Paese e della sua nuova Costituzione, che è una sicura garanzia per il futuro del popolo nipponico e potrebbe esserlo per tutta l'Asia, che potrebbe trarre esempio dall'arcipelago. Esiste, tuttavia, anche qui una «piccola» minoranza comunista, che «con l'abuso della libertà e del privilegio» vuole distruggere la libertà. Il partito comunista giapponese, dopo una fase iniziale di prudenza e di moderazione, è diventato «complice confesso» di una forza di sopraffazione internazionale e svolge «la funzione d'artiglio nipponico di una politica estera straniera». È pure in dubbio, osserva Mac Arthur, la sua costituzionalità, perché, mentre gode dei benefici della democrazia, si prefigge di distruggerla. Questo fenomeno deve essere affrontato dalle autorità giapponesi con determinazione: non si può accettare che i diritti umani fondamentali possano essere esercitati «senza limiti» e che diventino «strumento della loro stessa distruzione».

Mac Arthur (giugno 1950), in una lettera al primo ministro giapponese Yoshida, ricorda l'azione della politica alleata per evitare i pericoli del passato, ma ora si presenta «un nuovo e non meno funesto raggruppamento» che vuole sovvertire la democrazia nel Paese e utilizza mezzi non dissimili da quelli «dei militari di ieri», che hanno ingannato il popolo e lo porterebbero, oggi, «ad un disastro ancora maggiore». È necessario vigilare per evitare la soppressione delle istituzioni democratiche, «il tramonto dell'effettiva indipendenza politica e la distruzione della razza giapponese». Il governo è invitato ad «allontanare e ad escludere dai servizi pubblici tutti i membri del Comitato centrale del partito comunista giapponese» e ad applicare, nei loro confronti, tutte le restrizioni e le proibizioni delle direttive e delle ordinanze emesse in precedenza dal comando alleato. Da queste disposizioni si rileva un mutamento nei vertici americani. Dopo aver considerato il comunismo giapponese un fenomeno di "scarsa importanza", ora, alla luce delle vicende cinesi e di quelle coreane, si adotta una politica ben più repressiva. Si vuole evitare qualsiasi rischio d'iniziative insurrezionali locali sostenute da altre forze comuniste estere. Successive misure contro i sindacati operai, il partito comunista e altre "organizzazioni democratiche", da parte delle autorità d'occupazione americana e del governo giapponese, saranno oggetto di vibranti proteste sovietiche.

a) *La preparazione della conferenza di San Francisco* - In questo difficile quadro, fra polemiche e reciproche accuse e recriminazioni, il problema del trattato di pace resta senza soluzione. Il passare dei mesi e l'evoluzione politica nell'Asia orientale rendono sempre più evidente ai vertici americani l'urgenza di definire una nuova politica nei confronti di Tokyo dopo le proposte del luglio 1947 restate di fatto "lettera morta". Il mancato avvio di specifiche trattative per concludere, anche sul piano formale, il periodo bellico e l'accentuarsi dei contrasti Est-Ovest in Asia orientale (e in Europa) portano a considerare l'ipotesi di un trattato di pace separato dal quale possa rimanere esclusa l'URSS. Questa soluzione non trova analogie nel contesto europeo, ove i vincitori hanno sottoscritto analoghi patti con gli alleati della Germania. Anche negli ambienti governativi nipponici si fa strada l'idea che sia preferibile una "soluzione parziale" con l'adesione americana piuttosto che il prolungamento di un'incertezza strisciante. D'altra parte, Tokyo rivendica il diritto di sottoscrivere trattati di pace con gli Stati ex nemici disposti a riconoscere la sua indipendenza e condizioni di parità nei rapporti successivi.

La guerra coreana accelera questo processo e Tokyo offre piena collaborazione alle Nazioni Unite: come Paese occupato non può partecipare con proprie forze armate, ma intende dare il proprio contributo «per il trasporto di truppe, armi e munizioni». Questa politica è dettata dal desiderio di tutelare la pace, precisa il presidente del Consiglio Yoshida, e non dal desiderio di far rinascere l'imperialismo come sostengono «i sovietici ed i comunisti cinesi». La guerra coreana ha posto fine alla discussione se sia possibile una «pace separata» con l'Occidente o un «accordo globale» con URSS e Cina comunista che «solo i comunisti [giapponesi] ed una frazione di socialisti cercano ancora di sostenere». Gli Stati Uniti, di fronte all'aggressione nord-coreana, reagiscono con la forza per la difesa della libertà in quel Paese e in Estremo Oriente. Il governo, conclude il primo ministro, condivide queste decisioni e le sostiene perché «in tal modo viene garantita la sicurezza del Giappone». La necessità di compiere passi avanti in questa direzione si estende anche al mondo politico americano, nel quale prevale l'urgenza di riconsiderare il ruolo del Giappone nel nuovo contesto asiatico messo in crisi dall'inaspettato attivismo dei partiti comunisti della regione. Restano, al contrario, più cauti i vertici militari, favorevoli al proseguimento dell'occupazione.

J. Foster Dulles (luglio 1950), consigliere del Dipartimento di Stato, sostiene la necessità d'inserire i due Paesi vinti (Germania occidentale e Giappone) nel sistema difensivo anticomunista. «Dietro la cortina di ferro che misura 15 mila miglia» si preparano in segreto attacchi diretti «contro una qualsiasi delle quindici nazioni a contatto con essa». Non ci sono prove che «i capi comunisti» vogliano «scatenare una guerra generale», ma sono disposti a correre rischi maggiori di prima per estendere il loro dominio. Il mondo libero deve dare «prove di risolutezza e di forza» per far desistere Mosca dai suoi progetti.

In questo quadro, è necessario dare «alla nazione giapponese» la possibilità di tornare «in condizioni di parità» fra le nazioni libere. La guerra coreana non deve far dimenticare il Giappone e procrastinare la soluzione dei suoi problemi. Nessuno può escludere che i comunisti possano, dopo la Corea, aggredire l'arcipelago nipponico, che resta «l'unica grande potenza industriale asiatica». È necessario evitare, «per negligenza o indecisione», di perdere in Giappone più di quanto si possa guadagnare in Corea. Occorre essere presenti «su due fronti», in Europa e in Asia, ed è necessario ricordare, continua Foster Dulles, che la Germania e il Giappone, pur situati «entro l'orbita del mondo libero», si trovano all'estremo limite di esso e sono «a contatto col mondo del dispotismo». I due Paesi devono essere sostenuti, ma anch'essi devono cooperare alla propria sicurezza e difesa. Occorre renderli partecipi alla pari dello sforzo delle Nazioni Unite e di tutti i popoli liberi. L'esponente repubblicano sottolinea, con queste affermazioni, l'urgenza di fare un trattato di pace con il Giappone, mette in luce la dimensione mondiale della competizione con il sistema marx-leninista, sottovaluta l'importanza del comunismo asiatico (cinese, coreano, vietnamita, ecc.), attribuisce ai vertici moscoviti la responsabilità dei movimenti rivoluzionari asiatici. Esclude, tuttavia, che Stalin abbia progetti espansivi tali da comportare il rischio di uno scontro generale, cioè di una terza guerra mondiale.

Successive iniziative statunitensi per definire il testo del trattato di pace giapponese incontrano la ferma opposizione cino-sovietica. Appare sempre più evidente l'impossibilità di raggiungere una soluzione concordata, mentre si rafforza l'idea di una "pace separata". Su questa linea sono schierati, oltre a Washington, anche Londra e Canberra. Nel marzo del 1951 è redatto e distribuito ai Paesi interessati un progetto di trattato «di pace e di riconciliazione». Successive trattative non permettono di superare le difficoltà esistenti con i sovietici sia sul contenuto del testo proposto sia sulle modalità di convocazione degli eventuali partecipanti all'accordo. Washington rompe gli indugi e convoca la conferenza finale per il trattato di pace con il Giappone a San Francisco nel settembre del 1951, alla quale partecipano 52 Stati. Anche l'URSS, dopo le polemiche degli anni precedenti, decide di prendere parte ai lavori, senza tuttavia approvare le precedenti proposte statunitensi.

b) *Il discorso di Truman. Le posizioni di Londra, di Nuova Delhi e di Mosca* - I lavori sono aperti da un ampio intervento del presidente Truman: il testo del trattato proposto è «buono» perché tiene conto degli interessi e dei desideri di tutte le parti interessate, è «onesto» tanto per i vincitori quanto per i vinti e «non contiene i semi di un'altra guerra», è di riconciliazione perché si volge al futuro e non al passato. Si vuole, con questo atto, restituire «sovranità ed indipendenza», ma anche garantire questa nazione da ogni aggressione poiché, al momento, gravi minacce gravano sull'area del Pacifico. È necessario che essa sia posta «sotto l'egida delle Nazioni Unite», al cui interno dovrà essere accolta. Gli USA intendono garantire la sicurezza degli Stati del Pacifico, per questo hanno sottoscritto l'accordo difensivo con le Filippine, con l'Australia e con la Nuova Zelanda. Gli accordi di sicurezza sono indispensabili in un mondo in pericolo: serve «uno scudo contro la paralisi della paura» al riparo del quale vi può essere progresso economico e sociale. Gli americani, precisa Truman, non vogliono soltanto «costruire scudi sempre più grandi e più forti», ma anche contribuire alla pace con lo sviluppo delle attività economiche e con la difesa della libertà e della dignità umana.

La Gran Bretagna appoggia senza riserve il testo proposto, di cui è stata promotrice. Esso vuole perseguire un solo nobile scopo: la pace. Il lavoro preparatorio è stato svolto da parte di Washington e di Londra con quest'intenzione, con lunghe e approfondite consultazioni con molti governi e con il Commonwealth. Il rappresentante inglese K. Younger si rammarica per l'assenza dell'India e del Pakistan, che pure hanno preso parte alle precedenti consultazioni. Londra non condivide le loro preoccupazioni, che giudica «infondate». È anomala anche l'assenza della Cina popolare, che più di ogni altro Paese ha conosciuto «la violenza giapponese». Purtroppo non c'è accordo su quale dei governi cinesi, ora esistenti, avrebbe la legittimità e l'autorità per impegnare l'intero popolo cinese in modo permanente con la firma del trattato di pace. Questo chiarimento avrebbe richiesto «molto tempo» di fronte ad una situazione d'urgenza e per questo motivo Londra, «con rammarico», accetta di sottoscrivere il testo proposto anche senza la Cina, che tuttavia è tutelata «con vantaggi importanti». Londra ha riconosciuto come legittimo il governo di Pechino e «mantiene questo suo punto di vista». A questo riguardo, il governo giapponese definirà, esercitando i suoi diritti di sovranità e di indipendenza, il proprio atteggiamento riguardo alla Cina.

Le riserve manifestate in precedenza dal governo di Nuova Delhi si concretizzano nella decisione di non prendere parte ai lavori della conferenza; anche la Birmania e la Jugoslavia non accettano l'invito. Il rifiuto, netto e categorico, investe sia il trattato nel suo testo specifico sia l'intera sistemazione prevista da Washington per l'Asia orientale. Non si vuole urtare Pechino, si cerca di confermare una politica d'equidistanza dai due blocchi e difendere "a spada tratta" i diritti di tutti i popoli asiatici nei confronti degli ex colonizzatori e degli stranieri. È ripreso, in questo contesto, uno slogan già sbandierato dai vertici nipponici (seppure in un contesto e con obiettivi molto diversi): l'"Asia agli asiatici". Appare evidente il contrasto con le scelte di Londra, che, pur avendo riconosciuto il governo di Pechino, è cofirmataria del testo proposto e si muove in sintonia con gli USA.

La posizione indiana è esposta in una nota (agosto 1951) indirizzata al governo statunitense: la proposta di partecipare è respinta perché non viene garantita al Giappone «una posizione di onore e di eguaglianza» e viene impedita l'adesione di nazioni interessate a mantenere la pace in Estremo Oriente. Non può essere accolta alcuna limitazione di sovranità giapponese sulle isole Ryukyu e Bonin, né è tollerabile la sottoscrizione di un patto di difesa nippo-americano quando il Giappone non esercita ancora la sua piena sovranità e truppe straniere sono presenti in gran numero sul suo territorio. È necessario, al tempo stesso, che venga restituita Formosa alla Cina e definito il futuro delle Curili e della parte meridionale di Sahalin. Il trattato non può limitarsi alle esclusive problematiche del Giappone e ai suoi rapporti con gli Stati Uniti ed essere presentato come il risultato «non modificabile» di precedenti trattative politico-diplomatiche. Per queste ragioni, conclude la nota, «il governo indiano non potrà firmare il trattato» e «non ritiene necessario inviare rappresentanti alla conferenza».

Washington deve prendere atto della categorica chiusura indiana, che rappresenta un elemento negativo nella sua strategia asiatica. Questo rifiuto non determina cambiamenti sulle decisioni già adottate in merito alla convocazione e allo svolgimento della prevista conferenza.

Truman però non lascia senza risposta la nota di Nuova Delhi: Washington apprende con piacere che, al di là di altre riserve, l'India vuole far cessare «lo stato di guerra» con il Giappone, anche se ciò dovesse avvenire con «una pace separata» bilaterale. Contesta, al contrario, che sia negato al Giappone l'esercizio di una piena sovranità, tanto più quando lo stesso governo di quel Paese lo riconosce in modo esplicito. Washington rileva anche un'evidente contraddizione nelle osservazioni di Nuova Delhi: quest'ultima rivendica il diritto nipponico di estendere la propria sovranità «sui territori i cui abitanti hanno affinità storica con il popolo giapponese e che non sono stati acquistati tramite aggressione», ma questa proposta è in contrasto con le decisioni di Potsdam, ove fu deciso di limitare il territorio nipponico alle quattro isole maggiori e queste condizioni non sono state mai respinte dal governo indiano in precedenza e neppure all'interno della Commissione per l'Estremo Oriente durante i cinque anni e mezzo ormai trascorsi. Il Dipartimento di Stato contesta anche le critiche relative alla prevista contemporaneità fra la firma del trattato di pace e di quello di sicurezza nippo-americano: con questa scelta si vuole evitare un vuoto di potere e di sicurezza che potrebbe sollecitare iniziative aggressive. Questa valutazione è sostenuta con forza da gran parte dei più autorevoli rappresentanti della Dieta e dello stesso governo in carica: «I giapponesi non desiderano che il Giappone divenga indifeso con l'entrata in vigore del trattato di pace». Non è accettabile neppure la proposta di condizionare la conclusione delle questioni belliche nipponiche alla "restituzione" di Formosa alla Cina. Le stesse autorità indiane riconoscono che questo percorso presuppone altre trattative. In questo caso, si avrebbe un rinvio della soluzione dei problemi nipponici, che sono urgenti, in attesa di concludere quelli cinesi e cioè «fino all'epoca in cui il futuro assetto di Formosa sarà stato deciso in modo definitivo». Procrastinare la firma sarebbe un errore e porterebbe, come prima conseguenza, il perdurare dell'occupazione militare, cioè proprio l'ipotesi meno favorevole al ripristino della sovranità di Tokyo. L'occupazione, senza precisi limiti di tempo, da parte delle potenze alleate «non potrebbe distinguersi da un imperialismo colonialista nella sua peggiore manifestazione».

Nonostante le diversità di valutazione e di comportamento su questi problemi, Washington prende atto con piacere della ferma volontà dell'India di voler collaborare «per far prevalere in Estremo

Oriente una pace duratura». In ultima analisi, il Dipartimento di Stato fa risaltare le contraddizioni delle proposte indiane. Queste ultime lasciano trapelare un fondo di scarso realismo, una sottovalutazione dell'attivismo delle forze aggressive comuniste in Asia, un'utopica capacità autodifensiva di quella regione. C'è una sostanziale inadeguatezza del governo di Nuova Delhi di fronte all'emergenza in atto.

Nella risposta statunitense non compare alcuna apertura, al contrario emerge la determinazione di condurre a compimento la pacificazione del Giappone con l'approvazione del trattato già concordato con Tokyo e con le altre potenze (fra cui la Gran Bretagna). Su questa accelerazione hanno influito le precedenti e inutili trattative con Mosca, l'esito della guerra civile cinese, l'aggressione nord-coreana. Il quadro successivo al conflitto mondiale è cambiato in modo radicale e in esso assume una posizione non prevista in precedenza anche il Giappone, che da nemico e Paese occupato deve diventare al più presto un alleato nel nuovo contesto dei rapporti Est-Ovest. Il significativo operato di Mac Arthur e la disponibilità del nuovo governo nipponico offrono questa possibilità, confermata dal comportamento amichevole tenuto dai giapponesi durante le fasi più gravi del conflitto coreano.

Il confronto indo-americano prosegue anche dopo la mancata sottoscrizione del trattato di pace. Di fronte alle polemiche scoppiate in America nei confronti di Nuova Delhi e alle proposte di alcuni ambienti politici di adottare per ritorsione un blocco economico dell'India, scende in campo il primo ministro indiano Nehru (settembre 1951). Le sue dichiarazioni, in questa occasione, sono molto utili per comprendere la politica del suo Paese, che da appena quattro anni (1947) ha raggiunto l'indipendenza.

Nehru dichiara che Washington non ha capito le ragioni della decisione indiana, in quanto il suo Paese non ha mai pensato che si volesse fare «del Giappone una colonia». Al contrario, si teme che la presenza di truppe statunitensi possa «causare il sorgere di sentimenti nazionalisti, che i comunisti dirigerebbero contro il governo». In questo modo, la politica del Dipartimento di Stato, anziché eliminare il pericolo, fornisce «nuove armi» proprio ai comunisti e fra l'altro egli non crede all'ipotesi di un'invasione cino-sovietica del Giappone, perché cinesi e sovietici sanno che questo «significherebbe la terza guerra mondiale». Nehru osserva che la minaccia comunista non è solo militare, perché in Asia ha guadagnato terreno facendo intravedere un futuro migliore sul piano economico-sociale e la liberazione dallo sfruttamento coloniale. La politica democratica e di pace dell'India è più forte «al di fuori di formali alleanze con il blocco occidentale che comprende nazioni aventi interessi coloniali nell'Estremo Oriente». Ciò vale nei confronti del suo «stesso partito comunista» e di quello internazionale. Per stroncare «l'ideologia comunista» occorre che l'India si sviluppi sul piano economico per dimostrare la validità del sistema democratico come modello per tutta l'Asia orientale.

Nehru aggiunge di essere consapevole che, se ci dovesse essere un'aggressione, essa «verrebbe dall'Oriente e non dall'Occidente». Considera «ridicola» l'ipotesi della collocazione del suo Paese «nel campo sovietico», in quanto è nota l'avversione indiana per la dittatura («il totalitarismo in India è impossibile»). Inoltre, le principali relazioni economiche e culturali «rimangono con l'Europa e con l'America». Aggiunge che il rifiuto del suo governo di accettare basi strategiche «per combattere i russi» serve a scoraggiare invasioni comuniste in questa parte del mondo. La posizione di neutralità dell'India chiude la via a future aggressioni della Cina. In caso contrario quest'ultima, convinta che Nuova Delhi sia «ormai passata al campo nemico», non sarebbe trattenuta da alcuna remora. Questa valutazione evidenzia che l'India, pur con un sistema liberal-democratico, non si considera parte del mondo occidentale organizzato, poiché i vertici indiani sono molto sensibili alle esigenze della sicurezza nazionale nel contesto dei rapporti con la Cina. La stessa realtà nipponica appare lontana e valutata in un contesto postbellico che non coinvolge in modo concreto gli interessi indiani. La parte più singolare di queste dichiarazioni consiste nel sostenere che l'India dà un contributo maggiore a Washington e al "mondo libero" senza allinearsi, piuttosto che aderendo agli schieramenti militari costituiti. Ciò dimostra che la nuova democrazia indiana pone al centro della sua azione le proprie esigenze statali e considera la "pacificazione" con la Cina comunista l'obiettivo primario da conseguire e da mantenere per il futuro. La stessa scelta di neutralità risponde alla necessità di respingere ogni residuo coloniale più che di rifiutare una scelta fra Est e Ovest.

Il rifiuto sovietico del trattato di pace giapponese è espresso da Gromyko (anche i delegati della Polonia e della Cecoslovacchia non sottoscrivono l'accordo). Il capo della delegazione russa lamenta la mancanza di garanzie «contro la rinascita del militarismo giapponese», mentre «con il pretesto dell'autodifesa» è prevista la partecipazione di Tokyo «a un'alleanza militare aggressiva con gli Stati Uniti». Non ci sono disposizioni, a questo proposito, per la democratizzazione del Paese, «il che crea una minaccia diretta di rinascita del sistema fascista d'anteguerra». Questo accordo, non accettato da Mosca, viola le clausole di Yalta relative alle concessioni insulari e, nella parte economica, lega «in condizioni di dipendenza schiavistica da monopoli stranieri» lo sviluppo del Paese. Esso, inoltre, non costituisce un progetto di pace, ma prepara «una nuova guerra in Estremo Oriente».

Gromyko propone diversi emendamenti: riconoscimento dei diritti di Pechino su Formosa e altre isole, rinuncia a Sahalin meridionale e alle Curili a favore dell'URSS, conferma della sovranità nipponica sulle Ryukyu, Bonin, Volcano e altre isolette adiacenti, ritiro di tutte le forze occupanti, pagamento dei danni di guerra sopportati da tutte le nazioni alleate o associate (con «l'incondizionata partecipazione dei Paesi che hanno subito l'occupazione giapponese, cioè la Repubblica popolare cinese, l'Indonesia, le Filippine e la Birmania»). Il trattato dovrà essere ratificato anche dagli Stati assenti ai lavori di San Francisco (Cina popolare, India, Pakistan, Repubblica mongola, ecc.). Tokyo si deve impegnare a eliminare tutti gli ostacoli alle tendenze democratiche popolari e ad impedire la reviviscenza di organizzazioni fasciste o militaristiche (militari o paramilitari). Le forze militari autorizzate saranno adibite ad esclusive esigenze di autodifesa e contenute entro limiti ben precisati. A Tokyo è vietato compiere ricerche su armi atomiche, batteriologiche, chimiche, mentre deve essere autorizzata a muoversi liberamente sui mercati per fronteggiare «le esigenze della sua industria di pace» e a sviluppare senza limiti la sua flotta mercantile.

Il rifiuto sovietico è netto. La partecipazione della delegazione russa ha fatto sperare in un mutamento delle posizioni precedenti, ma le indicazioni di Gromyko fanno cadere ogni speranza. C'è il tentativo d'incrinare i rapporti Washington-Tokyo e quello più marcato, ma non meno insidioso, di aizzare i popoli dell'Asia contro la "rinascita dello Stato nipponico". Al tempo stesso, si sostiene la causa della popolazione giapponese contro l'occupazione straniera e l'asservimento "schiavista" della sua economia. Si tratta di proposte contraddittorie che evidenziano la difficoltà della diplomazia sovietica in questo Paese, all'interno del quale non gode dell'appoggio di significativi settori sociali, ma soltanto di un piccolo partito comunista. D'altra parte, di fronte alla partecipazione non prevista dell'URSS a San Francisco, il governo statunitense precisa che sarebbe stato presentato in quella sede il testo già inviato in precedenza anche a Mosca. Il testo, proposto dai governi di Londra e di Washington, non può essere oggetto di modifiche e di ulteriori trattative, visti i precedenti e inconcludenti negoziati. Il governo americano (agosto 1951) sottolinea che lo scopo della conferenza «non è la riapertura di trattative plurilaterali» già condotte e concluse, ma «la conclusione e la firma di un trattato di pace col Giappone in base ai termini del testo suddetto».

c) *Il Trattato di pace giapponese (1951). L'accordo difensivo nippo-americano (1951)* - Nel preambolo del trattato di pace viene precisato che i rapporti futuri fra il Giappone e le potenze alleate saranno «nell'uguaglianza della loro sovranità», «in amichevole associazione al fine di favorire il loro benessere comune e di mantenere la pace e la sicurezza internazionali». Tokyo accetta i principi dell'ONU, della quale aspira a diventare membro. Si impegna altresì ad operare in ogni modo per raggiungere gli obiettivi della *Dichiarazione universale dei diritti dell'uomo*. Le potenze alleate riconoscono la piena sovranità del Giappone. Quest'ultimo riconosce l'indipendenza della Corea, rinuncia a Formosa e alle Pescadores, alle Curili, alla parte meridionale di Sahalin (l'altra metà è già sotto controllo russo) e alle isole adiacenti, ai mandati istituiti dalla Società delle Nazioni e accetta le decisioni del Consiglio di Sicurezza (in data aprile 1947) che applica il regime di tutela internazionale alle isole del Pacifico, già sotto mandato nipponico. Rinuncia, inoltre, a rivendicare ogni diritto nella regione antartica e sulle isole Spratly e Paracelso.

L'articolo 3, relativo al futuro delle isole Ryukyu (e delle Bonin), riveste una particolare importanza e resterà al centro del contenzioso nippo-statunitense per molti anni. Tokyo s'impegna ad aderire a qualsiasi proposta americana alle Nazioni Unite per l'affidamento di questo arcipelago in amministrazione fiduciaria agli USA. Accetta che, in attesa di tale sistemazione, Washington eserciti pieni poteri «sul territorio, sugli abitanti e sulle acque territoriali di tali isole». Si tratta di un arcipelago posto all'estremità Sud del Giappone (comprende anche Okinawa), di rilevante valore strategico per il sistema difensivo americano. Queste isole, densamente popolate, godono di un clima tropicale, di terreni fertili e di acque ricche di pesce. Le Ryukyu, in origine regno vassallo cinese, alla fine dell'Ottocento sono diventate prima protettorato, poi parte integrante dell'Impero giapponese. Ora, mentre il trattato di Yalta indicava in modo esplicito la cessione all'URSS di Sahalin Sud e delle Curili, a Potsdam era precisato che soltanto le quattro isole maggiori (Honshu, Hokkaido, Kyushu, Shikoku) e altre minori da precisare avrebbero costituito il territorio giapponese senza ulteriori specificazioni. Ciò presupponeva la perdita di altri possedimenti insulari. Ma le isole Ryukyu (e le Bonin) non sono considerate da Tokyo parte delle sue conquiste coloniali, ma parte integrante del Giappone storico. Non sorprendano la sua opposizione a questa concessione e la formazione di forti movimenti locali per il ritorno alla madrepatria. Sia prima sia dopo la firma del trattato di pace i governi giapponesi insistono per il pieno ritorno dell'arcipelago sotto la sovranità nazionale. Nel 1953 Washington, pur mantenendo il controllo dell'arcipelago, rinuncia ad alcune di queste isole (si tratta del gruppo più settentrionale, cioè delle isole Anani, già appartenute alla prefettura di Kagoshima). Questa decisione, senza risolvere il problema di fondo, rende meno acuto il contrasto e mette in rilievo la negativa posizione sovietica, che, al momento, non ha dimostrato alcuna disponibilità a rinunciare ai compensi ottenuti a suo tempo da Londra e da Washington e tanto meno a porre fine alle ulteriori occupazioni di isole (non previste) a Sud delle Curili propriamente dette.

La ferma volontà statunitense di mantenere il controllo di questo arcipelago e di alcune isole della zona non può essere giustificata soltanto da fattori strategici difensivi nel confronto con il comunismo. Ci sono anche elementi di carattere storico-militare. Non si deve dimenticare che la conquista di Iwojima o Isola dello Zolfo è costata, fra morti e feriti, oltre 20.000 uomini e quella di Okinawa ben 50.000. Non a caso, i giapponesi chiamano quest'ultima «la porta meridionale del Giappone». Proprio per questo i vertici statunitensi non escludono che in futuro questa base possa costituire una presenza strategica, anche in chiave antinipponica, nel caso in cui il Paese dovesse imboccare strade diverse da quelle ora percorse.

Sul piano della sicurezza, Tokyo accetta gli obblighi derivanti dalla Carta delle Nazioni Unite (regolazione delle controversie internazionali con mezzi pacifici, astensione dalla minaccia o dall'uso della forza). Gli viene riconosciuto «il diritto naturale di legittima difesa individuale o collettiva» e di «negoziare accordi di difesa collettiva». Le forze d'occupazione, ancora presenti, saranno ritirate al più presto. Questa disposizione non esclude la sottoscrizione di accordi specifici bilaterali o multilaterali (fra il Giappone e altre potenze), in virtù dei quali potrà essere possibile «lo stazionamento o il mantenimento di forze armate straniere sul territorio giapponese». Tokyo accetta gli accordi conclusi per la liquidazione della ex Società delle Nazioni, rinuncia ad eventuali diritti risalenti alle Convenzioni di Saint-Germain (1919), di Montreux sul regime degli Stretti (1936) e del trattato di pace con la Turchia (Losanna 1923). Rinuncia, altresì, a tutti i diritti e interessi speciali in Cina, compresi quelli previsti dal protocollo speciale di Pechino (settembre 1901) e accetta le sentenze del tribunale militare internazionale per l'Estremo Oriente e degli altri tribunali alleati per la repressione dei crimini di guerra. S'impegna, inoltre, a intraprendere al più presto dei negoziati con ciascuna delle potenze alleate per concludere accordi idonei a regolare «le loro relazioni commerciali, marittime o d'altro genere su una base stabile ed amichevole».

In sostanza, il trattato di pace rispetta sia gli accordi interalleati del Cairo che quelli di Yalta, ricolloca il Giappone "riabilitato" nella società internazionale e lo candida ad entrare nell'ONU. Nel complesso, le riduzioni territoriali patite appaiono molto limitate e gran parte di esse riguardano regioni oggetto dell'espansionismo nipponico del Novecento. Si tratta di territori non abitati da popolazioni nipponiche e non appartenenti storicamente a questo Stato.

La politica statunitense completa l'azione intrapresa con un'altra iniziativa. Nello stesso giorno in cui è firmato il trattato di pace (e nello stesso luogo, San Francisco, l'8 settembre 1951) è sottoscritto un accordo sulla sicurezza che evidenzia in modo esemplare l'evoluzione e la conclusione dei rapporti fra i due Paesi. Tokyo e Washington hanno avuto relazioni difficili caratterizzate da momenti di collaborazione, di tensione e anche di guerra aperta. L'intesa sulla sicurezza è proiettata nel confronto in atto fra i sistemi liberal-democratici e quelli marx-leninisti. Essa non rappresenta una pacificazione fra i due Paesi firmatari, peraltro già avvenuta in presenza di una sostanziale impossibilità di ripresa di guerra fra loro, ma segnala l'allineamento nipponico al mondo occidentale, la scelta di sistema politico, la decisione americana di promuovere e accettare questo nuovo Stato nel fronte delle democrazie e di offrire protezione politica e militare. Non c'è stata ostilità nei confronti «del popolo dell'arcipelago», ma contrasti e reazioni alla politica espansionista di governi militaristi. Nella parte introduttiva si precisa che «il Giappone disarmato non sarà più in grado di esercitare efficacemente il proprio diritto naturale di legittima difesa». Questa situazione è un pericolo, «perché il mondo non è stato liberato dalla follia militarista». Per queste ragioni Tokyo desidera un accordo per garantire la propria sicurezza con gli USA e questo è previsto dalla Carta delle Nazioni Unite. L'intesa, «a titolo di soluzione provvisoria», permetterà agli Stati Uniti di mantenere sul territorio nipponico dei contingenti delle loro forze armate, «in modo da scoraggiare ogni attacco armato contro il Giappone». Washington, mentre accetta queste condizioni, si augura che Tokyo assuma al più presto la responsabilità della propria difesa contro «un'aggressione diretta o indiretta».

L'adesione al sistema occidentale nei suoi legami internazionali, ma anche nei suoi aspetti interni, è ben evidenziata dall'art. 1. In esso si precisa che i contingenti delle forze terrestri, aeree e navali statunitensi potranno essere utilizzati per mantenere la pace e la sicurezza in Estremo Oriente e per difendere il Giappone «contro un attacco armato dall'esterno», ma queste forze armate potranno pure, dietro espressa richiesta di Tokyo, portare un aiuto per «reprimere tutti i moti e le agitazioni interne di notevole ampiezza, che potrebbero avvenire per l'istigazione o in seguito all'intervento di una potenza o di un gruppo di potenze straniere». In tal modo, viene offerta una duplice garanzia: a favore dello Stato nell'ipotesi di un'aggressione dall'esterno, ma anche a favore del governo e del sistema istituzionale liberaldemocratico per reprimere movimenti rivoluzionari interni.

Questa precisazione, che rappresenta un aspetto fondamentale del testo, fa luce sulla precarietà e sulla debolezza del nuovo sistema: sia i governanti americani sia quelli nipponici non escludono che la nuova situazione politica interna possa essere oggetto di violente contestazioni e di non essere in grado di garantire la stabilità istituzionale. In questo frangente, le forze armate interne e quelle preposte all'ordine pubblico, inadeguate nel previsto confronto con movimenti con largo appoggio popolare, potrebbero godere del sostegno dei «contingenti stranieri» operanti nel Paese o nei suoi dintorni. Il loro intervento è giustificato dalla necessità di difendere il nuovo esecutivo e il recente sistema costituzionale (pluripartitico e liberal-democratico) dai moti sovversivi popolari. Questi, con il ricorso alla violenza, con la manipolazione della piazza, con la mobilitazione dei settori sociali potrebbero rendere ingovernabile il Paese e aprire la strada a soluzioni dittatoriali. In teoria, questa minaccia può venire dalle forze più estreme del nazionalismo militarista e da quelle della sinistra rivoluzionaria. In pratica, quest'ultima rappresenta il pericolo più concreto e possibile sia per le condizioni socioeconomiche di molta parte della popolazione sia per l'influenza della propaganda del comunismo asiatico e per la nascita di numerosi movimenti marx-leninisti.

I timori dei vertici governativi e delle forze d'occupazione trovano una clamorosa conferma in occasione delle manifestazioni del 1° maggio 1952, all'indomani dell'entrata in vigore dei trattati di pace e di "mutua assistenza": gravi tumulti (a sfondo economico-sociale) scoppiano a Tokyo e degenerano in violente proteste antiamericane, antioccidentali e antigovernative (si devono registrare una decina di morti e oltre 500 feriti). Appare chiaro che le dimostrazioni sono state strumentalizzate da esponenti del partito comunista giapponese che, diventato semiclandestino, non aveva fatto mistero, già nei mesi precedenti, di voler modificare la situazione politica del Paese «con una seria lotta rivoluzionaria popolare contro il governo reazionario». Secondo fonti governative, questo movimento, senza attendere di essere posto "fuori legge", si è dato una struttura semiclandestina. I suoi capi, pur noti, non hanno "fissa dimora", i suoi organi dirigenti sono segreti. Si calcola che oltre 250.000 cittadini abbiano aderito al partito "segretamente". La precedente politica governativa, mentre ne ha ridotto la rappresentanza parlamentare e ne ha impedito molte attività, non è stata in grado di fermarne l'organizzazione interna e l'opera segreta di proselitismo. In questi primi tumulti i vertici comunisti dimostrano di aver consolidato i propri collegamenti, in particolare con la parte del mondo sindacale che contesta con più durezza la politica economico-sociale governativa. Per queste ragioni, i giapponesi definiscono questo partito «l'iceberg rosso», in quanto di esso affiora soltanto una piccola parte, mentre quella più consistente rimane sommersa.

Secondo il presidente del Consiglio, Yoshida, Tokyo ha sottoscritto il trattato perché restituisce al popolo giapponese piena sovranità, eguaglianza e libertà e lo reintegra, come membro libero, nella comunità delle nazioni. Esso è equo e generoso, non è punitivo, ma strumento di riconciliazione, anche se vi sono alcuni punti che «sono fonte di amarezza e di preoccupazione». Sul piano territoriale si deve prendere atto che le Isole Ryukyu e le Bonin sono poste sotto l'amministrazione fiduciaria delle Nazioni Unite: c'è da sperare che la loro amministrazione torni ai giapponesi nel quadro di migliori condizioni di sicurezza mondiale e asiatica.

Yoshida lamenta le concessioni fatte a Yalta a favore dei sovietici; a questo riguardo, precisa che di quei possedimenti insulari il Giappone non si è impadronito con aggressioni («come ha detto il rappresentante sovietico»), ma in seguito ad accordi russo-nipponici nel 1875 e, più tardi, nel 1905 (per la parte meridionale di Sahalin) con la mediazione di Theodore Roosevelt. Sul piano economico denuncia le difficoltà conseguenti alla perdita del 45% del suo territorio, dei suoi beni d'oltremare e delle proprietà private situate nei Paesi vincitori. È problematico, osserva, in queste condizioni, il pagamento delle riparazioni «senza farne cadere l'onere su altre potenze alleate». Tokyo desidera procedere alla ricostruzione, ridurre la dipendenza dagli aiuti americani, rientrare nel circuito virtuoso dell'economia internazionale.

Anche Yoshida si rammarica per l'assenza dell'India, della Birmania e della Cina e per la perdurante divisione di quest'ultima che le impedisce d'essere presente a San Francisco. Aggiunge una considerazione singolare: la mancata sottoscrizione cinese del trattato non può avere conseguenze molto negative sul piano economico perché, se è vero che il commercio nippo-cinese è importante, il suo rilievo è stato spesso esagerato, «come ha dimostrato la nostra esperienza negli ultimi sei anni», Yoshida affronta anche la questione del patto di sicurezza nippo-americano, ritenendo che esso permetterà la temporanea presenza di contingenti stranieri in Giappone dopo la firma del Trattato di pace. Questa scelta è necessaria per la difesa e la sicurezza in quanto «le forze sinistre dell'oppressione e della tirannide totalitaristica sono ancora operanti nel mondo», «imperversano su metà del continente asiatico» e hanno determinato «aperte aggressioni qua e là, alle porte stesse del Giappone». Quest'ultimo è stato esposto in passato «alla minaccia dell'imperialismo zarista da Nord»; «oggi è il pericolo comunista che lo minaccia dalla stessa direzione». È dunque necessario, per garantire la sicurezza nazionale, evitare un vuoto di potere. Dopo il ritiro delle truppe americane «questa tendenza aggressiva si abbatterebbe sulle nostre coste». Non esiste alcun pericolo di un nuovo imperialismo nipponico: esso è agitato come uno «spauracchio» strumentale, perché non esistono «né i materiali, né i mezzi, né la volontà» per una tale politica. Il Giappone di oggi, conclude Yoshida, non è quello di ieri, perché oggi la «nazione è consacrata alla pace, alla democrazia e alla libertà».

d) *La posizione italiana. Le reazioni cinesi, nord-coreane e sovietiche* - Dopo la conferenza di San Francisco l'Italia notifica, alla fine di settembre, al governo di Tokyo la cessazione dello "stato di guerra" a partire dall'entrata in vigore del trattato di pace. Ha termine, in tal modo, la belligeranza conseguente alla dichiarazione di guerra italiana del 1945 nei confronti dell'ex alleato del Patto Tripartito e dell'alleanza militare nippo-tedesco-italiana (1942). Roma precisa che «le pendenze economiche esistenti fra i due Paesi» saranno al più presto definite con uno specifico accordo bilaterale. In occasione dell'entrata in vigore del trattato di pace (1952), De Gasperi invia un messaggio al popolo giapponese in cui si compiace «per il severo lavoro di ricostruzione materiale e morale compiuto dal Giappone» nonostante «le sofferenze e le avversità» che ha dovuto superare e auspica che i passati trascorsi italo-nipponici che hanno unito i due popoli riprendano nel contesto di «tutti i popoli liberi».

Questi rapporti si rafforzano con l'apertura dell'ambasciata italiana a Tokyo (aprile 1952) e con l'insediamento dell'ambasciatore giapponese a Roma. Nel dicembre (1952) è sottoscritto il primo accordo commerciale italo-nipponico del dopoguerra. Roma s'impegna ad esportare riso, prodotti chimici, sale, conserve di pomodoro, olio d'oliva, macchinari, vini e liquori, ecc. e ad importare lamiere d'acciaio, metalli non ferrosi, seta e cascami, prodotti ittici, ecc. Il principe ereditario Akihito si reca in visita in Italia (luglio 1953) su invito del presidente Einaudi. Questo soggiorno contribuisce a ricomporre i rapporti d'amicizia e di collaborazione fra i due Paesi e a far dimenticare le tensioni degli anni precedenti. Nel 1954 la firma di un nuovo accordo culturale sostituisce quello "in vigore" dal 1939 (pochi mesi prima dell'accordo Tripartito).

Nell'ottobre il primo ministro giapponese, in occasione di un viaggio in Europa, incontra a Roma anche esponenti politici italiani, fra i quali il presidente del Consiglio Scelba e il ministro degli Esteri Martino. In questa occasione è ribadita l'amicizia fra i due Paesi, si sottolinea il comune impegno per sviluppare il commercio mondiale e per «preservare le libere istituzioni dalla minaccia delle dottrine sovversive estranee al loro spirito e alle loro tradizioni». Yoshida ricorda di essere già stato in Italia, prima a Roma nel 1910, per tre anni come addetto d'ambasciata e più tardi, nel 1931-1932, come ambasciatore. Si rallegra per la ripresa postbellica, che costituisce una prova «concreta e sensibile» dell'energia, dell'intraprendenza e dello «zelo patriottico» dell'Italia.

Nel 1955 il ministro degli Esteri Martino si reca in Asia orientale e in Giappone dove, fra gli altri, incontra lo stesso Imperatore Hirohito. Fra i problemi esaminati vi sono anche l'ammissione dei due Paesi all'ONU e la definizione delle questioni finanziarie ancora pendenti.

Martino precisa che «dopo le terribili esperienze dell'ultima guerra» è stato necessario «tornare indietro» al vecchio regime liberale italiano, al quale si deve la ritrovata unità dell'antica nazione realizzata durante il Risorgimento. L'Italia vuole percorrere la strada della comprensione e della collaborazione fra i popoli per preservare la pace. Questo comune obiettivo potrà rendere più solidi i legami nippo-italiani.

Nell'aprile del 1952, in occasione del deposito della ratifica del trattato di pace giapponese, Truman evidenzia il legame esistente fra la cessazione dello «stato di guerra», la fine dell'occupazione, la democratizzazione, l'inserimento in condizioni di «parità ed onore» fra le libere nazioni del mondo e la necessità di vigilare contro la comune minaccia comunista. Occorre stare in guardia contro questo pericolo nel momento «in cui l'imperialismo comunista, avendo già resi schiavi enormi territori e molti disgraziati popoli, sta cercando di estendere il suo sistema di tirannia e di sfruttamento, per mezzo d'aggressioni dirette ed indirette». Occorre altresì che il popolo giapponese e quello americano cooperino «per la sicurezza internazionale e per la pace in conformità agli scopi ed ai principi delle Nazioni Unite».

La conclusione dell'avventura bellica anche per il Giappone permette un confronto con il trattamento ricevuto dai suoi alleati del Tripartito. Se si osserva il contesto postbellico, Italia e Giappone hanno perso ogni possedimento coloniale. Per quanto attiene, al contrario, ai loro territori storici il bilancio è molto diverso: Roma perde una parte importante ma non estesa (la gran parte della Venezia Giulia), mentre Tokyo deve rinunciare ai due arcipelaghi del Nord e del Sud (Curili e Ryukyu). Ambedue però mantengono l'unità statale e in sostanza la quasi integrità territoriale storica. Ben diversa la realtà tedesca: lo Stato tedesco perde circa il 25% della sua estensione originaria, deve far fronte all'espulsione forzata di milioni di cittadini delle regioni annesse da alcuni Paesi confinanti e alla fine, spezzata l'unità statale, deve affrontare una divisione destinata a durare mezzo secolo. Nel complesso la Germania paga, rispetto ai due alleati, il prezzo più alto.

Dopo la firma dei due trattati di San Francisco il governo cinese (settembre 1951) conferma le sue valutazioni negative per entrambi. Considera «non valido» quello di pace e «provocatorio» quello difensivo nippo-americano. Per Pechino questi accordi sono ostili alla Cina e all'URSS, pericolosi per la pace della regione, preparatori del riarmo del Giappone e di nuove azioni aggressive. Il governo cinese condanna il metodo adottato durante le trattative e denuncia i pericoli che esso comporta per il futuro della nazione giapponese, che «sarà trascinata in una nuova e catastrofica guerra aggressiva» da una «cricca reazionaria al servizio dell'imperialismo americano».

Analoga posizione è assunta dal ministro degli Esteri nord-coreano: le intese raggiunte hanno come scopo la legittimazione del riarmo giapponese per «sopprimere il movimento di liberazione nazionale dell'Asia» e preparare «una testa di ponte per l'attacco contro l'URSS e la Repubblica popolare cinese. [...] A quei famigerati esperti nell'aggressione che sono gli imperialisti giapponesi, viene data la possibilità di ricostituire l'esercito, la marina e l'aviazione [...] nelle vicinanze della Corea». Questa politica non può portare ad «una vera sistemazione pacifica» e pertanto questi trattati sono «illegittimi e privi d'ogni valore».

Queste posizioni cinesi e nord-coreane sono ribadite l'anno successivo quando, dopo le necessarie ratifiche, entrano in vigore gli accordi del 1951. Da parte cinese si registra una reazione violenta anche contro l'accordo fra il Giappone e Formosa. Chu En-lai (maggio 1952) attribuisce la responsabilità di questo cosiddetto "trattato di pace" a Washington, che dà credito ai relitti delle bande di Chiang Kaishek, che sono state sconfessate da tutto il popolo cinese. Si pensa di riprendere l'invasione militare della Cina iniziata fin dal 1894 e proseguita dal 1931 «per ripristinare il loro dominio imperialistico sopra i popoli della Cina e degli altri Paesi dell'Asia». Queste dichiarazioni confermano «le paure» di Pechino di fronte ad un consolidamento dello schieramento di sicurezza americana nell'Asia orientale e in particolare dei vincoli sempre più stretti che legano Seoul, Taipei, Tokyo e Washington. Questi rapporti, mentre rendono più difficile l'attivismo del comunismo locale, possono preludere ad iniziative continentali per indebolire o liquidare il nuovo regime cinese.

Anche negli anni successivi Mosca e Pechino condannano, senza mezzi termini, la nuova situazione e cercano di assumere la "tutela" del popolo giapponese nei confronti del governo degli Stati Uniti. In una dichiarazione congiunta Mikoyan e Chou En-lai (ottobre 1954) ricordano che «a nove anni dalla fine della guerra, l'indipendenza non è ancora stata accordata al Giappone», che resta un Paese «semioccupato». Ci sono sul territorio «innumerevoli basi americane», le industrie e le finanze sono tributarie dei comandi stranieri, il commercio è ostacolato: questo stato di cose offende «i sentimenti nazionali del popolo» che «il Trattato di pace ed altri accordi [...] hanno posto in una penosa situazione». Gli Stati Uniti, principale potenza occupante, hanno violato l'accordo di Potsdam, secondo il quale il Giappone doveva essere indipendente, creare «proprie istituzioni democratiche» e sviluppare un'economia ed una cultura nazionale. L'URSS e la Cina sono convinte «che il popolo giapponese troverà in se stesso le forze sufficienti per intraprendere un'emancipazione dal dominio straniero, per assicurare la rinascita della patria e per stabilire normali relazioni [...] con gli altri Stati e, soprattutto, con i suoi vicini». C'è anche un'insinuazione di carattere politico che lascia intravedere timori e interrogativi cino-sovietici: questa situazione del Giappone «fa giustamente temere ai popoli dell'Asia e dell'Estremo Oriente che sia utilizzato per servire a disegni di aggressione estranei agli interessi del popolo giapponese ed al mantenimento della pace in Estremo Oriente». Mikoyan e Chou En-lai confermano che i loro Paesi fondano la loro politica nei confronti del Giappone sul principio della pacifica coesistenza degli Stati, quale che sia la loro struttura sociale. In tal modo, ribadiscono l'ostilità alla politica e alla presenza statunitense, l'adesione ai principi dell'ONU e l'intenzione di riprendere normali rapporti con Tokyo, anche senza avere sottoscritto i patti di San Francisco (1951).

e) *Nuovi accordi fra il Giappone e altri Stati asiatici (1952-1955). L'intesa nippo-sovietica (1956). Difficoltà con Pechino* - Nel periodo successivo, Tokyo normalizza i rapporti anche con altri Paesi. Nel 1952 il Giappone sottoscrive un accordo con la Cina nazionalista, con la quale conferma la rinuncia ad ogni diritto in Cina (comprese Formosa, le Pescadores, le Spratly e le Paracelso). I contraenti s'impegnano a regolare i successivi rapporti sulla base dei principi dell'ONU. Nello stesso anno (1952) è raggiunta un'intesa per una «stabile e perpetua pace ed amicizia» con Nuova Delhi. Quest'ultima rinuncia alle riparazioni, mentre ambedue s'impegnano a restituire tutti i beni e le proprietà dei rispettivi governi e sudditi e a regolare, in via amichevole, i debiti prebellici.

Nel 1954 è raggiunto un accordo con la Birmania. Anche in questo caso si vuole garantire «pace perpetua ed amicizia», assicurare che i contenziosi commerciali in atto e quelli relativi alla pesca d'alto mare saranno risolti con successivi specifici negoziati. Rangoon riceverà, per i danni di guerra, adeguati compensi che saranno pagati a rate in dieci anni e, nello stesso periodo, anche «beni e servizi».

Nel 1955 sono definite anche le pendenze con la Thailandia (versamenti in contanti, per cinque anni, in valuta britannica, forniture di beni strumentali, servizi e crediti) e nel 1956 quelle con le Filippine (pagamenti sotto forma di merci e servizi per 20 anni, finanziamenti a fondo perduto e a titolo di prestito).

Nonostante le precedenti polemiche, che lasciano trapelare più le preoccupazioni cinesi che le intenzioni di Mosca, già nel corso del 1954 si manifestano sintomi importanti di "disgelo" nei rapporti nippo-sovietici. I due Paesi avvertono l'esigenza di porre fine, anche sul piano formale, allo "*status* di guerra" e di riprendere normali rapporti diplomatici. Molotov, ministro degli Esteri sovietico, dichiara che la normalizzazione dei rapporti con Tokyo è «matura», in particolare dopo il clima di dialogo inaugurato con la conferenza di Ginevra, che ha confermato la validità «della convivenza pacifica di Stati retti con sistemi sociali diversi». Si può iniziare dallo sviluppo delle relazioni commerciali, che «sono ben lungi dall'essere sfruttate in pieno». Mosca condanna le attuali condizioni di «sudditanza» del Giappone nei confronti degli USA, mentre non è contraria ad un suo riarmo per garantirsi un'autodifesa credibile. Molotov precisa che le proposte sovietiche per il disarmo mondiale e per «l'incondizionata proibizione delle armi atomiche, termonucleari e di sterminio di massa» non pregiudicano che il Giappone «indipendente, pacifico e democratico» possa disporre di strumenti idonei alla propria autodifesa.

Successivi contatti permettono di chiarire questioni preliminari all'avvio di trattative specifiche. Contribuiscono in questo senso anche i mutamenti politici giapponesi, con cambi ai vertici governativi e un significativo rafforzamento delle forze socialiste. Nel quadro delle trattative diplomatiche del periodo, il ruolo più delicato è svolto da Tokyo. Si deve confermare il legame con Washington e al tempo stesso bisogna ottenere importanti concessioni dall'URSS (rilascio dei prigionieri di guerra ancora in mani sovietiche, restituzione di alcune isole minori a Nord di Hokkaido occupate nel 1945, eliminazione di ogni debito per le riparazioni, riduzione dei limiti delle acque territoriali russe nel Pacifico del Nord, restituzione delle Curili e del Sud di Sahalin, liberazione e consegna alle autorità nipponiche di alcuni criminali di guerra ancora detenuti in URSS).

Mosca, pur disponibile ad alcune concessioni, desidera allentare, con un eventuale accordo, i vincoli nippo-americani. È evidente che una rinuncia sovietica ad alcuni insediamenti insulari a Sud delle Curili rende più criticabile agli occhi dei giapponesi la presenza americana alle Ryukyu (e nelle Bonin) ed espone gli statunitensi all'accusa di essere gli "unici occupanti" di territori abitati da popolazioni giapponesi e appartenenti "da sempre" all'Impero nipponico. Le trattative nippo-sovietiche hanno implicazioni con altri Stati asiatici e con Pechino. Successivi contatti permettono di trovare accordi per la pesca (Pacifico nord-occidentale) e sui soccorsi in mare. Nell'ottobre 1956, Mosca e Tokyo firmano una dichiarazione che pone termine allo stato di guerra fra i due Paesi e promuove fra loro regolari relazioni diplomatiche. Mosca rinuncia alle isole minori nel Sud delle Curili («i piccoli scogli Eterofu e Kunashiri»), che saranno però sgomberate dopo la firma del trattato di pace, s'impegna a sostenere l'ingresso giapponese all'ONU e a rimpatriare i prigionieri di guerra, mantiene il controllo delle Curili e di Sahalin, che ha ottenuto negli accordi di Yalta confermati a Potsdam. I due Paesi dichiarano di voler proseguire le trattative per definire al più presto il trattato di pace, in attesa del quale i loro rapporti saranno ispirati ai principi delle Nazioni Unite. Mosca rinuncia «a tutte le sue pretese di riparazioni da parte del Giappone» e, nella stessa occasione, sottoscrive anche un protocollo economico in cui le parti s'impegnano a sviluppare i loro rapporti, a riconoscersi il trattamento di nazione più favorita in materia di dogane, imposte, tributi (e di traffico navale per carico e scarico delle merci, rifornimenti di carburante, acqua e approvvigionamenti). Una prima importante conseguenza di quest'accordo è l'ingresso del Giappone nell'ONU nel dicembre del 1956 (ne diventa l'ottantesimo membro). Questa svolta è possibile perché Mosca non ricorre all'esercizio del "veto" nel Consiglio di Sicurezza, come aveva fatto negli anni precedenti.

La sistemazione dei rapporti con Mosca non coincide con quelli riguardanti Pechino. Ancora nel luglio del 1957 la Cina lamenta il perdurare dello «stato di guerra fra i due Paesi», benché negli ultimi anni vi siano state numerose manifestazioni di buona volontà fra i due popoli che confermano «quasi 2.000 anni» di amicizia reciproca. Chou En-lai ricorda l'ostilità del presidente Yoshida, le aperture dei suoi successori Hatoyama e Ishibashi, mentre l'attuale primo ministro Kishi è tornato all'antica inimicizia per seminare disaccordo fra la Cina e gli altri Paesi asiatici. A titolo d'esempio, precisa che si è recato a Formosa ove ha detto di ritenere «una cosa ottima se si potesse riprendere il retroterra cinese». Da ciò si può dedurre che è pronto ad appoggiare Chiang Kai-shek e che «non esiterebbe ad aprire le ostilità contro 600 milioni di cinesi». È pure falsa la sua teoria che la Cina comunista cerchi «d'infiltrarsi in tutta l'Asia». Questa tesi può essere gradita a Washington «per entrare nelle grazie dei suoi padroni americani gettando fango contro la nuova Cina». Inoltre Kishi, durante la sua visita in India, ha dichiarato che il Giappone non può riconoscere la Cina perché essa è stata dichiarata, dalle Nazioni Unite, «Stato aggressore». Con queste dichiarazioni si vuole turbare «la solida amicizia cino-indiana» e non si contribuisce alla pace asiatica. Ciò nonostante Chou En-lai, anche a nome del presidente Mao Tsé-tung, auspica, dopo la firma di un trattato di pace, la sottoscrizione, fra Pechino e Tokyo, di un accordo di amicizia e di non aggressione. È certo che il partito socialdemocratico nipponico e anche rappresentanti di quello liberale lavoreranno per una svolta nelle relazioni nippo-cinesi. Lo sviluppo dei rapporti commerciali, oltre a giovare ad entrambi, può contribuire a questo disegno per la "reciproca prosperità" e coesistenza.

5. *Nuove iniziative per garantire la sicurezza*

Nell'immediato dopoguerra si verificano profondi mutamenti in Asia e in Africa. Essi sono dovuti in gran parte ai movimenti di decolonizzazione, che pongono fine ai possedimenti coloniali ancora in essere. Il fenomeno investe il Medio Oriente (rapporti anglo-egiziani, nascita della Lega araba, tensioni in Iran e in Iraq) e più tardi tutta l'area nord-africana (Libia, Tunisia, Algeria, Marocco). In questo contesto s'inserisce anche la nascita dello Stato ebraico, che è soltanto in parte riconducibile alla decolonizzazione della Palestina. Al tempo stesso, in Asia la nascita di nuovi Stati pone problemi diversi da quelli dei decenni precedenti (rapporti indo-pachistani, questione delle Filippine, indipendenza dell'Indonesia, crisi politica indocinese).

Queste questioni necessitano di uno specifico approfondimento, in quanto non possono essere ricondotte alla seconda guerra mondiale, che esercita un ruolo anche in questi contesti, ma esso non è né diretto né prioritario. Non è pertanto giustificato voler ricondurre questi avvenimenti nel quadro della sistemazione postbellica euro-afro-asiatica, ma è bene valutarli nel loro specifico significato. È, al contrario, evidente il legame stretto che unisce la sorte dei Paesi vinti a quella delle aree da loro colonizzate in precedenza, o annesse per pochi anni, od oggetto d'invasione durante la parentesi bellica. In genere, la sistemazione di questi territori è definita già negli accordi interalleati durante la guerra e dai trattati di pace che ne segnano la fine. È sufficiente pensare alla sorte dei Sudeti, dell'Austria, all'Albania, alle colonie italiane o a Formosa, alla Corea, al Manciukuò (per quanto riguarda Tokyo). In alcune di queste ultime aree "d'influenza coloniale" o "d'occupazione militare" si verificano conflitti e contrapposizioni, non fra i vincitori e il Giappone, ma fra le forze che sostituiscono la precedente presenza nipponica.

Già si è parlato della Cina, di Formosa e della Corea. Una situazione molto critica si manifesta anche nella penisola indocinese. In questa zona, la presenza giapponese è stata di breve e non significativa durata e anche l'Indocina tuttavia ha conosciuto, con la sconfitta della potenza coloniale (della Francia e dei suoi alleati), l'occupazione. Ora, dopo la resa nipponica, il governo di Parigi pensa di poter ripristinare i precedenti assetti coloniali sul territorio. Questa operazione è però contestata dai movimenti nazionalisti e dai partiti comunisti locali. Si viene in tal modo a creare una complessa situazione conflittuale.

Questa è in parte riconducibile all'allontanamento delle forze armate giapponesi, ma per altro verso è una pagina della decolonizzazione asiatica. Ad essa può essere fatto cenno in questo lavoro perché, in una prima fase del suo sviluppo, la crisi indocinese è un aspetto della stabilizzazione postbellica asiatica, anche se in essa si mescolano elementi estranei. Anche la resistenza delle potenze coloniali europee (Gran Bretagna, Francia, Olanda, Portogallo) di fronte a questi cambiamenti non è riconducibile ad una matrice unitaria ed ancor meno ad un'azione concordata e comune. Essa, al contrario, si muove in modo autonomo sulla base delle esigenze oggettive che ognuna di esse intende tutelare per fermare o rallentare la decolonizzazione.

In Indocina si viene a creare una situazione particolare: il Paese, dopo la resa nipponica, viene occupato nel Sud da forze britanniche e al Nord da quelle cinesi. In quest'ultimo territorio si insedia, ad Hanoi, un governo (1945) promosso dal Viet-minh (Lega per l'indipendenza del Vietnam). A fronte di questa situazione d'occupazione militare e dei primi sviluppi politico-istituzionali autonomi c'è da registrare il ritorno sulla scena vietnamita (Tonchino, Annam, Cocincina, Laos, Cambogia) della Francia, la quale aspira a riportare sotto il suo controllo la regione nel quadro di una federazione indocinese e comunque nel contesto dell'Unione Francese. Questo progetto, nonostante numerosi tentativi, non trova applicazione. Al contrario, s'inaspriscono i rapporti fra le autorità francesi e i rappresentanti del governo di Hanoi, al cui interno prevale, con il passare dei mesi, la presenza comunista. Già alla fine del 1946 è in atto un duro confronto militare fra le forze francesi e quelle del Vietnam del Nord. Si apre in tal modo un altro fronte di guerra, che vede una potenza coloniale opposta ad un movimento nazionale a prevalenza comunista.

Washington, mentre segue con favore i progressi della decolonizzazione, teme che i frutti di questi cambiamenti siano raccolti dal comunismo asiatico, tanto più in quest'area che confina con la Cina e può assumere un significato strategico per l'intero subcontinente. Pur in presenza d'impegnativi confronti militari, i francesi riescono a dar vita ad un governo vietnamita nazionalista aderente all'Unione Francese (1949). Analoghe intese sono raggiunte anche con il Laos e la Cambogia. Questa nuova sistemazione non trova l'approvazione di

Mosca, che, insieme a Pechino e ad altri Stati, riconosce il governo di Hanoi. Da parte loro, statunitensi, inglesi, australiani e altri accettano i risultati dell'azione diplomatico-politica francese e la sistemazione del quadro vietnamita nel contesto dell'Unione Francese. Anche in questo settore l'equilibrio raggiunto si dimostra fragile per la dichiarata intenzione di tutti i competitori vietnamiti e dei loro sostenitori stranieri di poter estendere la propria presenza su tutto il territorio in questione. Il confronto militare è via via sfavorevole ai francesi e ai loro alleati. Crescono, in questo contesto, le domande d'aiuto agli USA (1951) e già nel 1954 le vicende belliche portano ad un progressivo indebolimento delle posizioni francesi (caduta di Dien Bien Phu).

a) *La crisi indocinese. Una proposta asiatica: l'incontro di Colombo. La conferenza di Ginevra (1954)* - La crisi indocinese è discussa anche al vertice di Colombo (aprile-maggio 1954). La conferenza, promossa per esaminare i rapporti indo-pakistani, divenuti critici in seguito all'accettazione di aiuti militari statunitensi da parte di Karachi, è utile per comprendere le valutazioni di alcuni Paesi asiatici per il futuro di questa regione e per l'Indocina. I partecipanti (India, Ceylon, Indonesia, Pakistan, Birmania) auspicano la fine delle ostilità, trattative dirette franco-vietnamite (con i tre Stati associati e il Vietnam) senza la presenza delle "grandi potenze", un impegno francese a concedere la piena indipendenza all'Indocina, il coinvolgimento dell'ONU, l'opportunità di ammettere la Cina popolare nelle Nazioni Unite e la fine di ogni forma di colonialismo. Nonostante queste dichiarazioni, i tentativi indiani di porre le rivendicazioni anticolonialiste e la solidarietà asiatica al di sopra delle esigenze di schieramento fra Est ed Ovest non hanno successo, in quanto i partecipanti adottano a questo riguardo politiche diverse.

Già in un precedente incontro dei ministri degli Esteri (USA, URSS, Gran Bretagna e Francia) è stato deciso di procedere alla convocazione di una conferenza internazionale per affrontare la crisi coreana (di cui già si è parlato), quella indocinese e altre urgenti questioni che hanno contribuito ad aumentare la tensione internazionale (disarmo). È prevista, oltre ai rappresentanti delle grandi potenze, la partecipazione delle due Cine, delle due Coree e degli altri Paesi che hanno combattuto nella penisola coreana (per alcuni è previsto lo *status* di partecipanti a pieno titolo, per altri quello di osservatori). I lavori preparatori di questa conferenza mostrano di valutazioni divergenti nel fronte occidentale. Alcuni Stati ritengono necessaria la sottoscrizione di un patto collegiale di difesa anche prima di concludere le trattative con i sovietici, mentre secondo altri questa strada renderebbe inutili gli incontri. Mosca non potrebbe che dare una lettura negativa di un accordo preventivo fra gli "occidentali". In questa ipotesi, il mondo comunista sarebbe considerato il potenziale aggressore.

Nessuno dubita della necessità di rafforzare la struttura difensiva per la sicurezza dell'Asia orientale, ma molti ritengono necessario esaurire tutti i tentativi diplomatici possibili. D'altra parte, i successori di Stalin sembrano molto favorevoli a riprendere il dialogo e a sviluppare una politica di conferenze internazionali (Berlino, Ginevra). Churchill, tornato al potere, spiega ai Comuni (maggio 1954) le ragioni della politica britannica: mentre è in corso la conferenza di Ginevra e i suoi risultati non sono ancora «chiari» non è opportuno istituire «un sistema per la difesa collettiva nell'Asia sud-orientale e nel Pacifico occidentale» nell'ambito delle Nazioni Unite. Al momento, è più urgente dare a Ginevra il massimo contributo per il «ristabilimento della pace in Indocina».

La conferenza di Ginevra (aprile 1954) non porta alle auspicate soluzioni: in Corea il cammino per la riunificazione è impedito dal rifiuto nord-coreano di accettare libere elezioni nazionali sotto il controllo delle Nazioni Unite e anche i successivi negoziati per l'Indocina non danno risultati positivi. Si raggiunge, in questo caso, un'intesa su una linea armistiziale (17° parallelo) per dividere i combattenti e per la indizione, entro due anni, di libere elezioni. Le disposizioni armistiziali vengono estese anche alle zone cambogiane e laotiane contagiate dalla guerriglia. Queste decisioni avranno parziale e temporanea applicazione e ben presto il conflitto riprenderà in tutta la sua violenza, determinando un progressivo coinvolgimento americano.

Washington non sottoscrive gli accordi raggiunti, in quanto ne ritiene troppo macchinosa e quasi impossibile l'applicazione. Specifica tuttavia, con una dichiarazione unilaterale, che pur senza assumersi alcuna responsabilità sul contenuto dei documenti approvati ne rispetterà le disposizioni, ma anche il governo sud-vietnamita formula riserve e proteste, in particolare per la divisione del Paese in due aree d'occupazione.

Con questo accordo, esteso in pratica anche al Laos e alla Cambogia, Parigi prende atto di una situazione militare non più sostenibile, sul piano operativo e finanziario. Ciò costituisce la prova evidente dell'impossibilità francese di affrontare una sfida asiatica, come potenza coloniale, contro forze comuniste e nazionaliste. La fragilità degli accordi raggiunti, la preponderanza militare del Viet-minh, il sostegno sovietico-cinese lasciano poche speranze sul futuro dell'intero territorio. Solo gli USA, com'è avvenuto in Corea, sono nelle condizioni di colmare questo vuoto e di sostenere una politica di contenimento del comunismo nazionalista vietnamita. Questa azione presuppone un intervento diretto a sostegno del Vietnam del Sud e del suo nuovo presidente Ngo Dinh Diem, fermo oppositore dell'imperatore Bao Dai, che era stato sostenuto dai francesi.

b) *Il Trattato di difesa collettiva per l'Asia del Sud-Est (SEATO) (1954). La dichiarazione unilaterale americana* - Il deterioramento dei rapporti, nel periodo postbellico, con l'URSS nel Sud-Est asiatico, la vittoria dei comunisti cinesi, le tensioni a Formosa, i conflitti coreani e indocinesi, l'attivismo di numerosi movimenti e partiti asiatici d'ispirazione marx-leninista inducono Washington ad attivare un complesso e articolato sistema di alleanze. Esso si costituisce nell'arco di alcuni anni per tutelare vecchi e nuovi Stati ed assicurare una presenza statunitense permanente in quest'area, sulla quale incombe la pressione cino-sovietica e dei partiti comunisti locali. Se è vero che l'espressione più significativa di questa politica è l'intesa con il governo di Tokyo, pure di rilievo sono altri risultati. Nel 1951 nasce l'alleanza con le Filippine, alla quale nello stesso anno seguono quelle con l'Australia e la Nuova Zelanda, nel 1953 con la Corea del Sud, nel 1954 con il Pakistan e Formosa.

Nel settembre 1954 si riunisce, nelle Filippine, la conferenza per dar vita al Patto di difesa del Sud-Est asiatico. L'iniziativa porta alla sottoscrizione di accordi difensivi che ricordano quelli del Patto Atlantico. Vi partecipano gli USA, la Gran Bretagna, la Francia, l'Australia, la Nuova Zelanda, le Filippine, la Thailandia e il Pakistan. Soltanto quest'ultimo, fra i Paesi della conferenza di Colombo, ha aderito all'iniziativa. Foster Dulles, segretario di Stato americano, dichiara che lo scopo dell'alleanza è il diritto «all'autodifesa collettiva» garantita dallo Statuto dell'ONU. Esiste un comune pericolo, «l'insaziabile sete di potere del comunismo internazionale», che si manifesta anche con aggressioni armate. Occorre garantire risposte «compatte e vigorose», capaci di resistere a queste provocazioni e di scoraggiare gli aggressori. Anche lo sviluppo socioeconomico riduce la possibilità di affermazione del comunismo. Per queste ragioni, è necessario potenziare i rapporti commerciali fra le nazioni libere del Sud-Est asiatico, dell'Asia meridionale e del Pacifico occidentale. Questi sforzi comuni per la difesa e lo sviluppo non devono mettere in ombra «l'aspirazione dei popoli asiatici ad essere liberi dal colonialismo». Le potenze occidentali devono vigilare perché «il loro zelo non le renda insensibili alla suscettibilità di coloro che tuttora associano l'idea del colonialismo con l'Occidente». Per il successo futuro è necessaria una solida alleanza «in spirito di vera amicizia» fra il mondo libero d'Oriente e d'Occidente. I trattati difensivi conclusi nel 1951 con le Filippine, l'Australia e la Nuova Zelanda non sono più adeguati per garantire la sicurezza regionale, ma è necessario un nuovo «patto di vasta portata per l'Asia sud-orientale». Non bisogna dimenticare che anche durante i lavori di Ginevra le azioni militari comuniste sono continuate. Per queste ragioni, conclude Foster Dulles, occorre essere pronti, senza paura e senza divisioni, a fronteggiare aggressioni dirette ed indirette e atti di sovvertimento interno, affiancando alla difesa militare una grande offensiva morale in nome della libertà contro «la schiavitù comunista». Si devono affermare i principi spirituali (la dignità dell'individuo e la libertà delle nazioni) professati dalle nazioni libere che, al contrario, «il comunismo materialista calpesta». La conferenza termina con la firma da parte di tutti i partecipanti di alcuni documenti: un patto di difesa collettiva, un protocollo aggiuntivo, la Carta del Pacifico (quattro punti) e una dichiarazione interpretativa unilaterale di Washington.

Nel testo del Trattato (Seato) viene ribadito il valore della pace, della libertà, della democrazia, «dell'impero del diritto». Si vuole manifestare «un sentimento di unità» in modo che ogni eventuale aggressore abbia ben chiaro che le parti costituiscono un fronte unito nella sicurezza prevista dal trattato per dar vita ad «una difesa collettiva» per la salvaguardia della pace e della sicurezza. L'accordo di natura difensiva è collocato nel quadro dei sistemi regionali delle Nazioni Unite (in modo quasi identico a quello dell'Alleanza atlantica). Il trattato non esaurisce i suoi obiettivi nella tutela degli interessi degli Stati aderenti, ma dichiara di voler tutelare una zona più vasta e cioè l'insieme della regione dell'Asia di Sud-Est e del Pacifico di Sud-Ovest, con l'esclusione di quella (del Pacifico) posta a Nord del 21°30' di latitudine Nord. La copertura di un'area tanto estesa, che supera gli stessi confini statuali degli aderenti per allargarsi a settori "grigi" nei quali o sono in corso azioni di guerriglia o vi sono in condizioni d'instabilità politica, evidenzia la natura di questi accordi. Essi sono finalizzati da un lato a creare condizioni di sicurezza diretta per i sottoscrittori, dall'altro a fornire strumenti d'intervento atti a salvaguardare anche territori esterni ma limitrofi e vicini. Da essi, ove avessero a prevalere forze aggressive e rivoluzionarie, potrebbero trarre origine iniziative pericolose per la stabilità e la sicurezza di quegli stessi Stati. Potranno essere garantiti nel futuro anche Stati che non sono al momento protetti se i loro governi lo desiderassero o gradissero una tutela da parte degli alleati (senza essere firmatari sono citati però, come garantiti, anche il Laos, la Cambogia e il Vietnam libero). Il trattato è comunque "aperto", cioè è possibile l'adesione successiva di altri Paesi che ne condividono lo spirito e le finalità. La sua durata non è definita, risulta di conseguenza "perenne" salvo la denuncia, con preavviso annuale, delle parti.

Questo "argine difensivo" ha come funzione principale quella di contenere un'eventuale ulteriore spinta espansiva del comunismo euro-asiatico, al quale si vuole impedire di acquisire nuove zone d'influenza o di occupazione sia insulari sia continentali. Anche se nel testo specifico il potenziale nemico aggressore non è menzionato, lo sviluppo degli avvenimenti e le intenzioni dei protagonisti sono evidenti.

Può servire a precisare meglio il contesto di queste intese la Dichiarazione unilaterale americana: gli Stati Uniti «dichiarano che il loro riconoscimento degli effetti di un'aggressione e di un attacco armato [...] non è applicabile che ad una aggressione comunista, ma confermano che in ogni caso di altra aggressione o attacco armato essi parteciperanno alle consultazioni previste». Questa precisazione si è resa necessaria per i sospetti che alcuni ambienti politici indiani hanno avanzato sul fatto che l'alleanza possa essere utilizzata dal Pakistan in caso di conflitto con l'India. C'è da osservare che tutti i firmatari, ad eccezione della Thailandia, sono già legati in vario modo fra loro con patti difensivi, mentre il Pakistan gode di un accordo di "mutua assistenza" con Washington. L'adesione pakistana, mentre indebolisce il fronte di Colombo, accentua i sospetti di Nuova Delhi e la sua ostilità alla Seato. C'è in sostanza l'indicazione precisa, quasi esclusiva, del "nemico", del teorico aggressore del Sud-Est asiatico, ma, mentre si assume un impegno tanto rilevante quanto insolito nella definizione dell'area protetta, si prende atto di una realtà costituita della quale si riconosce implicitamente la forza.

Il patto è difensivo e di contenimento nei confronti dei comunisti. Di fatto, si accetta che essi mantengano il controllo di quanto hanno ottenuto per via "rivoluzionaria e violenta". La logica difensiva è per sua natura riconducibile agli impegni più generali degli accordi sottoscritti in sede ONU e alla consapevolezza che superare questi limiti può significare aprire la strada ad un confronto a livello generale di sistema con il coinvolgimento diretto delle grandi potenze, ma questo accordo multilaterale segnala anche altre esigenze ed emergenze: Washington, nel momento in cui associa (per contenere la spinta espansiva comunista) Stati indipendenti di recente decolonizzazione (Pakistan, Filippine, Thailandia), potenze europee ex coloniali (Francia, Inghilterra) e Stati di più antica indipendenza (Australia, Nuova Zelanda) dimostra non solo di voler garantire la stabilità politica della zona, ma anche di volersi far carico dell'eredità post-coloniale dell'intero settore, della quale non ha responsabilità storiche dirette (con l'eccezione delle Filippine).

C'è una mescolanza equivoca di Paesi con un passato diverso, a volte contrapposto, che trova un momento di convergenza nella solidarietà anticomunista. Il colonialismo passato, e anche recente, anglofrancese non è d'impedimento ad un impegno comune né con gli Stati ex coloniali né con gli USA. Ciò conferma la radicalità dello scontro in atto fra i sistemi a livello globale (Francia, Inghilterra e USA sono promotori e membri della NATO) e come sia forte la paura per i successi conseguiti dai partiti comunisti asiatici. Washington, pure in presenza di queste difficoltà e contraddizioni, può presentare un "fronte di resistenza" ampio, capace di azioni difensive concrete sul piano militare, diplomatico e politico e di offrire concreti aiuti economici.

c) *Le reazioni sovietiche e indiane. La conferenza di Bandung (1955)* - Mosca condanna (settembre 1954) le decisioni adottate a Manila, frutto di un lavoro preparatorio svolto nei mesi precedenti che avrebbe danneggiato la conferenza di Ginevra. Benché si parli di Sud-Est asiatico, soltanto tre Paesi di quell'area vi partecipano (Thailandia, Filippine e Pakistan), tutti «legati mani e piedi agli accordi iugulatori» con Washington. Molti altri Stati, fra i quali l'India e la Cina, non hanno partecipato o non sono stati invitati. In realtà, questi accordi, secondo i sovietici, hanno natura aggressiva e si legano a quelli costituiti in Europa, che vedono la presenza «della Germania rimilitarizzata». Non si possono confondere l'aspirazione all'indipendenza, alla fine del colonialismo, e il movimento di liberazione nazionale con presunte «attività sovversive». In realtà, gli USA e i loro alleati del Patto Atlantico guardano alle risorse di questa zona perché sono necessarie per i loro progetti militari (stagno, piombo, gomma, minerali di ferro e petrolio). Si tratta del vecchio colonialismo che pretende ora di difendere gli interessi dei popoli asiatici; la pace può nascere soltanto da un'intesa dei popoli della regione senza intromissioni straniere. Mosca rifiuta anche la tesi che il patto sia riconducibile agli scopi delle Nazioni Unite, perché in realtà esso pone le premesse di guerre future, in particolare contro la Repubblica popolare cinese.

Anche Nehru (settembre 1954) critica con durezza la nascita della nuova alleanza, osservando che molti Stati agiscono in modo difforme dalle loro dichiarazioni verbali. Troppi, mentre parlano di pace, danno vita a strumenti che possono portare la guerra («c'è un doppio linguaggio e un doppio pensiero»). Il patto di Manila «è molto deplorevole» perché mette in pericolo la pace: sono state discusse e decise questioni asiatiche da Paesi di altri continenti. Oltre a ciò, alcuni Stati dichiarano di voler proteggere altri Paesi che non hanno voluto sottoscrivere quegli accordi. Questo è un fatto «straordinario» perché le alleanze e le protezioni, che sono sempre esistite, presuppongono le adesioni degli interessati. Nessuno sospetta delle intenzioni pacifiche dei sottoscrittori della SEATO, mentre molti dubitano delle conseguenze delle loro azioni, che potrebbero ridurre anziché aumentare la sicurezza generale. Ci sono troppi accordi che «s'incrociano e si accavallano» fra loro in un groviglio confuso e a volte contraddittorio (Paesi coloniali sono associati con accordi che di fatto puntano a mantenere lo *status quo*). Questa realtà è in contrasto con le dichiarazioni delle Nazioni Unite, che hanno più volte affermato che questo *status quo* è "un male". In tal modo talvolta, mentre s'invoca la Carta delle Nazioni Unite, nei fatti ci si allontana da essa e si fanno «cose contrarie al loro spirito». Ci sono in Asia e in Africa possenti forze anticoloniali: non è accettabile un ostruzionismo da parte di Paesi che ancora detengono colonie ed ancor meno da parte di coloro che «li appoggiano».

Nehru attacca anche l'Alleanza Atlantica, che, nata per difendere uno spazio eropeo, ora tutela interessi coloniali, come ha fatto in occasione della discussione di Goa (possedimento portoghese). D'altra parte, l'India, mentre ha accettato aiuti economici statunitensi negli anni precedenti, già nel 1954 ha rifiutato collaborazioni di carattere militare. Questa posizione è coerente con la politica indiana, che aspira ad assumere la guida del movimento neutralista (terzomondismo) mondiale e a mantenere una rigorosa posizione anticolonialista.

Questi indirizzi saranno confermati da successive iniziative che coinvolgono alcuni Paesi afro-asiatici. In particolare, gli aderenti all'incontro di Colombo (India, Ceylon, Indonesia, Birmania e Pakistan) promuovono una conferenza a Bandung (aprile 1955) per esaminare i più gravi problemi internazionali, fra i quali la decolonizzazione, i rapporti Est-Ovest e il non allineamento. L'elevato numero dei partecipanti (Arabia Saudita, Yemen, Giordania, Siria, Egitto, Libia, Iraq, Libano,

Iran, Afghanistan, Turchia, Etiopia, Costa d'Avorio, Liberia, Sudan, Cambogia, Laos, Vietnam del Sud e del Nord, Nepal, Thailandia, Repubblica popolare cinese, Filippine, oltre i cinque del gruppo di Colombo) e le loro diverse esperienze ed esigenze politico-economiche, inducono all'esame di molte questioni non previste nella fase preparatoria del lavori (Formosa, colonialismo francese in Nord Africa, colonialismo sovietico in Europa orientale, segregazione razziale, rapporti fra Israele e il popolo arabo-palestinese, ecc.). Al termine dei lavori sono approvati una *Dichiarazione* ("dieci principi") e un ampio comunicato finale (cooperazione economica e culturale, diritti dell'uomo e autodecisione, problemi dei popoli dipendenti, misure in favore della pace e della cooperazione mondiale).

Si tratta di formulazioni molto vaghe e di carattere generale, che ben evidenziano le dissonanze politiche dei singoli Stati. Sono ripresi molti dei principi proclamati nella Carta delle Nazioni Unite e nella *Dichiarazione universale dei diritti dell'uomo*. Nel comunicato finale è condannato il colonialismo («rappresenta un male cui deve essere presto posto fine»), è denunciato il pericolo di «una guerra atomica mondiale», è auspicata la riduzione degli armamenti e l'eliminazione degli ordigni nucleari ed è ribadito il diritto di tutti i popoli alla libertà e all'indipendenza. Alla ferma condanna del colonialismo non corrisponde un'analoga accettazione delle teorie neutraliste a causa della collocazione di molti partecipanti all'interno dei sistemi difensivi esistenti. È, comunque, sottolineata la necessità di considerare ogni vincolo come strumento di sicurezza e di rifiutare logiche coattive o strumentali da parte delle "grandi potenze".

La conferenza consente a due dei principali protagonisti (Nehru e Chou En-lai) di riproporre, in questo consesso afro-asiatico, alcune tesi già enunciate in passato. Nehru ribadisce, con la consueta chiarezza, la sua posizione neutralista («l'India si difenderà qualora fosse attaccata, ma in ogni altro caso non parteciperà mai ad alcuna guerra [...]. La filosofia di Gandhi è la sola risposta alle esigenze mondiali»). Le pressioni in atto «per ridurre la zona non schierata» del mondo accrescono il pericolo di guerra, ma è un'umiliazione intollerabile per qualsiasi Paese asiatico «diventare seguace di una parte o dell'altra». Chou En-lai conferma l'appoggio cinese alla lotta per la decolonizzazione dell'Algeria, del Marocco e della Tunisia e del popolo palestinese e auspica l'apertura di nuove trattative per risolvere i problemi della Corea e dell'Indocina e quelli di Formosa con Washington.

d) *Il vertice dei "grandi" e dei ministri degli Esteri a Ginevra (1955). Il dialogo prosegue* - I rapporti avviati con la conferenza di Ginevra del 1954 trovano uno sviluppo nell'anno successivo in un vertice dei "grandi" e in una conferenza dei ministri degli Esteri. Il parziale insuccesso degli incontri precedenti non impedisce un nuovo appuntamento internazionale con la presenza di Eisenhower, Bulganin, Eden e Faure. In questa occasione si riprende l'esame della questione tedesca nel contesto di una maggiore sicurezza europea. Le proposte sovietiche (accordi diretti fra le due Germanie, neutralizzazione e sicurezza, democrazia popolare tedesca, ecc.) non sono accolte dagli occidentali che chiedono elezioni libere in tutto il territorio tedesco e la possibilità di adesione alla NATO, mentre più positive risultano le conversazioni per migliorare i rapporti fra i due blocchi in materia di commercio e di libertà di comunicazione. Le delicate questioni del disarmo sono affrontate soltanto in modo preliminare e alla fine si conviene che esse vengano esaminate dall'apposita Commissione delle Nazioni Unite.

La conferenza termina senza risultati apprezzabili sul piano concreto. Essa, tuttavia, conferma la necessità di intensificare le occasioni d'incontro e di dialogo per risolvere i problemi più gravi, ma questa pratica conferma anche la comune adesione allo spirito dell'accordo originario delle grandi potenze e la volontà di evitare prove di forza capaci di alterare l'equilibrio creato dalle intese di Yalta e dalla costituzione delle Nazioni Unite. Nel comunicato finale del vertice fra i capi di governo (luglio 1955) si conferma la volontà di ridurre la tensione internazionale, di rafforzare la fiducia reciproca e di consolidare la pace anche con la contemporanea soluzione dei problemi della riunificazione tedesca e della sicurezza europea. Si affida, al tempo stesso, ai rispettivi ministri degli Esteri, che dovranno riunirsi nel mese di ottobre, il compito specifico di approfondire l'esame dei problemi già esaminati.

Quest'ultimi, come previsto, si riuniscono, sempre a Ginevra (ottobre-novembre 1955), ma anche in questa occasione non si raggiungono risultati apprezzabili, anzi in alcuni momenti, a causa della forte tensione internazionale, si teme una rottura clamorosa fra i quattro. Questa difficile situazione sarà in seguito superata con l'avvio di nuove trattative, che confermeranno la generale intenzione di procedere nel cammino della coesistenza. Al termine dei lavori, di fronte alle oggettive difficoltà di adottare decisioni comuni, i ministri convengono di continuare l'esame dei problemi già discussi «attraverso le vie diplomatiche».

Spesso vengono rilevate l'inutilità e l'inconcludenza di questi "vertici". Si tratta di giudizi affrettati e superficiali. È vero che essi non raggiungono risultati concreti sulle questioni esaminate o più urgenti, ma il successo di questi incontri non consiste tanto nei risultati, quanto nel fatto stesso di aver avuto luogo. Essi costituiscono la prova della solidarietà operativa degli Stati più importanti, i quali confermano di voler mantenere la pace fra loro e trovare soluzioni ai contrasti in atto. Questi ultimi raramente interessano in modo diretto queste capitali, ma coinvolgono altri Stati, governi e i movimenti di riferimento ideologico degli uni o degli altri. Nessuna delle grandi potenze esaspera queste tensioni, anzi, nei momenti di maggiore pericolo, esse tendono al compromesso, alla ritirata "politica" e alla mediazione. Spesso subiscono le "avventure" dei propri amici senza averle né auspicate né provocate ed ancor meno sostenute. I coreani e i vietnamiti del Nord non rinunciano all'occupazione dell'intero territorio nazionale. Allo stesso modo, quelli del Sud e i vertici di Formosa hanno analoghi progetti (arrivano ad immaginare l'estensione del conflitto e auspicano un intervento statunitense che sarebbe decisivo per la superiorità strategica di Washington sul piano militare). Non esitano a chiedere l'intervento delle grandi potenze, senza valutare le possibili conseguenze di un confronto militare diretto per la pace mondiale. Le grandi potenze, tuttavia, senza cedere alle pressioni, devono, ciò nonostante, dare ad esse sostegno e copertura politica nel più ampio contesto della solidarietà di sistema (liberal-democratico o marx-leninista). Di fronte alle difficoltà si passa dai capi di governo ai ministri degli Esteri, per arrivare ai diplomatici, ma il filo delle trattative non viene "spezzato" da nessuno degli autorevoli interlocutori. Tutti restano convinti che, al di là dei sistemi politico-economici che ciascuno preferisce, non ci sono alternative possibili alla prosecuzione del dialogo per una politica di distensione nella coesistenza.

X. IL NUOVO SISTEMA EURO-ASIATICO E MONDIALE

Alla fine degli anni Cinquanta è possibile fare un bilancio della guerra, del funzionamento del sistema Yalta-Potsdam e della competizione fra gli Stati vincitori. Appare evidente l'impossibilità d'interpretare, in modo esauriente, questo arco di tempo alla luce della sorte riservata ai vinti più significativi (Berlino, Tokyo, Roma) che, se hanno determinato, prima in Asia (1937) e poi in Europa (1939), l'avvio del conflitto, ne hanno avuto in mano le "redini" per un periodo limitato (fino al 1942-1943) e in seguito hanno dovuto prendere atto della superiorità dei loro competitori. È, dunque, inadeguata una lettura del periodo limitata ai trattati di pace italiano e giapponese, alla formazione delle due Repubbliche tedesche e al trattato di Stato austriaco.

Per Washington, Mosca e Londra, già sul finire del conflitto, il problema dei vinti è marginale. Le emergenze del dopoguerra appaiono condizionate da altre questioni e non soltanto dalle sistemazioni confinarie e dalle aree d'influenza degli aderenti al Tripartito. Questi aspetti, pur importanti, non costituiscono l'elemento centrale del confronto anglo-sovietico-americano, che, è, al contrario, polarizzato sul futuro delle rispettive aree d'influenza euro-asiatiche. Non ci sono contrasti con i vinti, ma fra i vincitori. D'altra parte, lo sviluppo delle vicende belliche dal 1937 al 1945 mette in luce una sostanziale divaricazione di motivazioni, d'interessi e di scelte politiche da parte di coloro che prevalgono alla fine delle ostilità.

Mosca e Berlino sono alleate fino al 1941. Nonostante la dichiarazione di guerra anglo-francese alla Germania del 1939, né i francesi né gli inglesi, al di là delle dichiarazioni formali, aprono il fronte occidentale: questa decisione è presa da Berlino e Roma nel 1940. L'URSS subisce l'aggressione tedesca, senza la quale non aveva in programma alcuna azione offensiva ad Ovest. Al tempo stesso, sottoscrive il Patto di neutralità con Tokyo (1941) e lo mantiene in vigore anche dopo avere aderito alle Nazioni Unite (1° gennaio 1942) e avere di conseguenza approvato la Carta Atlantica. Ciò evidenzia che la guerra è condotta insieme, dai vincitori, soltanto negli ultimi anni, anche se con impegni diversi e senza un fronte militare comune di carattere mondiale. Ma la situazione evidenzia anche le preoccupazioni delle grandi potenze di assicurare la tutela di proprie specifiche esigenze statali e del sistema politico al quale appartengono. La collaborazione fra Londra, Washington e Mosca rappresenta una fase straordinaria, casuale, determinata dalle aggressioni subite in Europa e in Asia, non una scelta preparata e voluta dai rispettivi vertici. Essi si sono combattuti, confrontati, ostacolati dal 1917 in avanti. Da questo punto di vista, la breve collaborazione (1942-1945) rappresenta un'eccezione nei rapporti fra le liberal-democrazie e il comunismo sovietico (e internazionale). I due sistemi politici e ideologici hanno ben presente la radicale contrapposizione esistente fra loro.

Mosca, negli anni difficili fra le due guerre, deve consolidare il regime rivoluzionario al potere e dimostrare che è possibile realizzare una società socialista, si sente accerchiata, teme manovre ostili e anche azioni militari aggressive. Le affermazioni del nazifascismo in Europa (Italia, Germania, Spagna) e del militarismo espansionista giapponese in Asia accentuano questa paura: i sovietici temono che "gli Stati capitalisti" possano usare queste potenze come avanguardie di azioni aggressive per distruggere la nuova esperienza marx-leninista. I democratico-capitalisti appaiono le retrovie potenziali di un disegno più ampio destinato a liquidare la neonata esperienza russa. Senza approfondire l'aspetto difensivo della politica estera moscovita non si possono capire né gli accordi Ribbentrop-Molotov del 1939 né il Patto di neutralità nippo-sovietico del 1941. Il loro vero obiettivo è togliere di mezzo le punte più avanzate di un presunto fronte aggressivo euro-asiatico. Sono decisivi, per capire questi timori, l'esperienza fatta negli anni successivi al 1917, la nascita del Manciukuò e gli accordi di Monaco. Questa paura non viene meno neppure dopo l'apertura effettiva del conflitto anglo-franco-tedesco (1940) e l'inizio delle ostilità nippo-americane. I vertici moscoviti temono una possibile ricomposizione del fronte capitalista contro di loro e reagiscono soltanto di fronte all'aggressione (operazione Barbarossa). La decisione di denunciare gli accordi con Tokyo e di iniziare le ostilità è tardiva e arriva "a guerra finita", pur comportando compensi e vantaggi strategici.

Gli anni del conflitto mettono in luce una discontinuità accentuata nelle alleanze, negli impegni militari e negli obiettivi perseguiti dal vertice dei vincitori. Non è un percorso lineare e coerente che si sviluppa in questo periodo, ma sono scelte disarticolate fra loro, a volte contrapposte (cambiamenti d'alleanze): soltanto nella fase finale del conflitto si delinea un'intesa più solida fra le democrazie e il comunismo per annientare le forze del Tripartito. Lo sforzo bellico produce effetti che vanno ben oltre la vittoria sui nemici del momento. Nessuno dei due maggiori alleati (Mosca e Washington) ha piena coscienza delle proprie potenzialità finché non si trova di fronte alle emergenze del giugno e del dicembre del 1941 (operazione Barbarossa e attacco a Pearl Harbour).

Le due aggressioni scatenano reazioni profonde sia nella società americana sia in quella sovietica, che si rendono conto di avere energie morali, militari ed economiche di cui non pensavano di poter disporre. La grande mobilitazione nazionale non impegna soltanto i vertici politici e militari, ma promuove una vera e propria reazione popolare. Da questo punto di vista, gli esponenti del Tripartito commettono diversi errori: hanno sottovalutato le potenzialità militari dei loro avversari e non hanno considerato le conseguenze dello sforzo bellico sulle loro economie e sulle loro società. La provocazione militare ottiene dunque un duplice risultato: la prevalenza delle Nazioni Unite, a partire già da 1943, e l'enorme crescita degli USA e dell'URSS. Di questi due elementi il primo resta legato ai risultati immediati e contingenti del conflitto, mentre il secondo si proietta in avanti nei decenni successivi.

Gli USA, pur "trascinati in guerra", dimostrano una straordinaria capacità di trasformazione di parte della loro struttura produttiva da pacifica in militare, registrano uno sviluppo consistente delle produzioni agricole e industriali, vedono la crescita della loro forza commerciale e finanziaria e la lievitazione senza precedenti delle proprie riserve auree (che diventano circa il 50% di quelle mondiali). Riescono a coinvolgere in questo ciclopico sforzo il Canada e gran parte degli Stati dell'America Latina. Ma ancora più significativa appare la capacità di combattere su due fronti strategici molto lontani fra loro: quello europeo oltre l'Atlantico e quello asiatico oltre il Pacifico. Se è vero che il loro territorio non è direttamente coinvolto nelle ostilità, è altrettanto evidente che devono sostenere lo sforzo di milioni di combattenti impegnati a migliaia di chilometri dalla patria, con problemi logistici enormi. Oltre a questo, Washington riesce a rifornire "tutti gli alleati" in ogni parte del pianeta. Crescono in tal modo la consapevolezza della propria forza e il convincimento di avere potenzialità enormi, di cui prima non si aveva certezza.

L'URSS conosce un fenomeno analogo, anche se è vissuto in modo diverso e mette in luce potenzialità più ridotte. Benché abbia subito pesanti perdite umane e gran parte dei suoi territori europei e della sua popolazione sia stata sotto il controllo del nemico, lo Stato sovietico è rimasto in piedi. Esso ha saputo legare il proprio destino alla difesa della "nazione russa", ha sviluppato le potenzialità industriali degli Urali e della Siberia, ha condotto una controffensiva nel cuore dell'Europa e nell'area balcanica. I vertici del Cremlino sono riusciti, con la guerra, in un'opera di mobilitazione e d'utilizzo delle risorse e di compattezza nazionale sconosciuta nei decenni precedenti. Anch'essi hanno ora la consapevolezza di disporre di una forza inaspettata e di essere i rappresentanti di una grande potenza vittoriosa. Ma la sconfitta dei tedeschi e dei loro alleati europei non è che un aspetto del problema. Mosca è consapevole di poter garantire lo sviluppo del comunismo internazionale.

Mosca e Washington vivono un passaggio fondamentale della loro azione nel mondo. La piena coscienza delle loro capacità e della loro potenza determina il superamento per gli uni dell'isolazionismo e per gli altri della psicologia dell'accerchiamento. Questo passaggio apre le porte ad un impegno nuovo sul teatro mondiale che prima del conflitto non era previsto. La breve pausa della loro collaborazione non ha potuto recidere le radici profonde della loro diversità né le naturali aspirazioni dei due sistemi. Il conflitto, mentre estremizza lo scontro tra le democrazie e i totalitarismi, segna il definitivo tramonto di uno dei competitori, ma questa eliminazione è una delle conseguenze dello scontro. Anche se essa appare, a prima vista, la più importante, in realtà risulta marginale rispetto ai fenomeni che mette in movimento. Cresce l'interesse per i futuri assetti internazionali, cioè per le rispettive influenze. Non può stupire questo allargamento d'orizzonti: se prima la guerra mondiale era stata localizzata in prevalenza sul territorio europeo, questa si è poi sviluppata su diversi continenti. Quale bilancio complessivo è possibile fare al termine di questo ventennio (1937-1957) per i vincitori?

Il comunismo internazionale si trova in un contesto molto diverso dal precedente. La guerra ha mutato profondamente la situazione dell'URSS, che ha esteso la sua influenza. Dopo la Rivoluzione d'ottobre, con le sistemazioni di Versailles e la guerra civile, Mosca ha condotto una politica prudente, di sicurezza, ha voluto salvare la rivoluzione in un solo Paese. Ha visto nascere, lungo le sue frontiere, una fascia di Stati capitalisti, potenziali alleati della Francia, dell'Inghilterra, della Germania e degli USA. Al di là di momentanei accordi, ha temuto la nascita di un fronte democratico-capitalista ostile alla nuova esperienza marx-leninista. In Asia (in Siberia) ha conosciuto le iniziative congiunte di molte potenze per insidiare i risultati rivoluzionari. In Cina ha dovuto prendere atto del prevalere dei movimenti nazionalisti e del sostanziale fallimento della missione Borodin e, poco più tardi, dell'espansionismo nipponico in Manciuria. Ora Stalin e i dirigenti del Cremlino hanno di fronte una realtà capovolta: in Europa hanno allargato i confini dello Stato sovietico con importanti espansioni territoriali (Stati baltici, Finlandia, regione di Königsberg, linea Curzon, Bessarabia) e in molti "Stati liberati" sono nati governi "comunisti" (Germania orientale, Polonia, Cecoslovacchia, Ungheria, Romania, Bulgaria, Jugoslavia, Albania). Mentre prima della guerra c'era una cintura di sicurezza democratico-capitalista lungo i confini dell'URSS, ora ne esiste una di Stati socialisti: la situazione politica in Europa è capovolta rispetto al passato.

Mosca ha accresciuto la propria sicurezza lungo le sue frontiere occidentali, i suoi alleati sono anche omogenei dal punto di vista politico e rappresentano la punta geograficamente più avanzata del suo schieramento europeo, ma anche in Asia la sua posizione è molto mutata, per molti aspetti in maniera imprevista. I compensi di Yalta le attribuiscono possessi insulari, il ripristino di diritti mancesi e la conferma dello Stato mongolo. La sconfitta nipponica accelera la crisi cinese, che porta alla vittoria inaspettata di Mao Tsé-tung e il comunismo può ottenere, inoltre, il controllo di parte della Corea e del Vietnam. Si crea in tal modo, anche in Asia, una cintura di sicurezza a favore dell'URSS: essa estende il suo controllo sulle Curili e su Sahalin, ha la garanzia delle frontiere sud-orientali con la Mongolia Esterna, si allea con la Repubblica popolare cinese, alle cui frontiere si formano nuove realtà amiche, coreane e indocinesi. Si tratta di un fronte ampio, geograficamente strategico, che corre dal centro dell'Europa al Sud-Est asiatico. Nascono due grandi "cortine di ferro": una, segnata dall'avanzata dell'Armata Rossa (e dei partigiani jugoslavi e albanesi), corre dal Baltico all'Adriatico, l'altra, scritta dagli accordi di Yalta, dalle vittorie di Mao Tsé-tung, dalle forze armate nord-coreane e nord-vietnamite, si estende dai confini indiani fino a Vladivostok, dalla Siberia orientale fino al Mar Giallo. Queste due "cortine" (una di "ferro" e una di "bambù") racchiudono territori molto estesi, gran parte della popolazione del mondo ed hanno un riferimento comune nelle dottrine marx-leniniste.

Ora il comunismo è bicefalo e bicontinentale. Se è vero che questo si espandeva in Asia anche prima, in quanto l'URSS è geograficamente euro-asiatica, è innegabile che abbia la testa in Europa e soltanto il corpo in Oriente. Ora, con l'adesione della Cina, la presenza in Asia diventa più significativa; c'è lo schieramento di un grande Paese asiatico, tale per collocazione geografica, per cultura e per tradizione storica. Con la vittoria cinese il comunismo diventa anche una importante realtà di questo continente. Fra l'altro, questa esperienza sopravvivrà, in seguito, alla stessa decomposizione dell'URSS e al tramonto del comunismo europeo, e nelle sue successive trasformazioni dimostrerà un'imprevista capacità di rinnovamento in campo economico e sociale, pur nel rispetto dell'ortodossia politica del marx-leninismo con il mantenimento della dittatura del "proletariato".

Anche se esistono problemi e differenze al suo interno, il "mondo socialista" rappresenta un blocco formidabile e costituisce uno dei competitori postbellici più significativi. I vertici del Cremlino hanno di fronte una carta geopolitica nuova e senza dubbio assai più favorevole rispetto a quella dell'anteguerra. Questo contesto permette di guardare con maggiore serenità alla costruzione delle società socialiste. Non c'è, né a Mosca né a Pechino, l'intenzione di scatenare offensive contro l'Occidente capitalista, ma c'è piena coscienza di avere raggiunto un livello di sicurezza difensiva più alto e non c'è alcuna rinuncia all'azione di propaganda e di influenza in tutte le aree del mondo. L'esclusione dell'ipotesi dello scontro armato con "l'Occidente" e la scelta della "pace" permettono però confronti, scontri, competizioni per affermare il proprio sistema, che ora appare in grado di operare con maggiore efficacia sia all'interno sia all'esterno.

La partecipazione di questo blocco comunista alla grande alleanza per la pace, con la nascita dell'Organizzazione delle Nazioni Unite, conferma una scelta strategica che sarà ribadita anche in seguito. Questa decisione risulta più affidabile e più rassicurante quando l'URSS è nelle condizioni di disporre di armamenti nucleari (1949), che pongono fine ad uno squilibrio in essere dal 1945. Questa sistemazione è insidiata da un timore, sempre presente nei vertici marx-leninisti, di natura ideologica. Essi hanno temuto, negli anni precedenti, un'offensiva nazi-nipponica sostenuta dalle democrazie capitaliste, ora non escludono un'altra eventualità: è diffuso il convincimento che la decolonizzazione aprirà le porte ad una profonda crisi delle economie dei Paesi occidentali e questi ultimi saranno costretti, dalle difficoltà, ad entrare in conflitto fra loro per sopravvivere ad una emergenza economica senza via d'uscita. Potrebbero pertanto avviare azioni comuni offensive verso i Paesi comunisti per evitare il tramonto ineluttabile dell'imperialismo coloniale e del capitalismo economico basati sullo sfruttamento interno e internazionale. Questa eventualità obbliga a "tenere alta la guardia", a vigilare con adeguate iniziative politiche e a sviluppare, con il riarmo, solide strutture difensive.

Nonostante queste preoccupazioni e sospetti, i dirigenti sovietici possono guardare con orgoglio e soddisfazione i risultati raggiunti in 40 anni (1917-1957). Dopo la Rivoluzione d'ottobre il bolscevismo era ristretto in un'area limitata della Russia europea, accerchiato e combattuto su tutti i fronti interni. Ora, se essi volgono lo sguardo ad Occidente arrivano all'Elba e ad Oriente controllano un'area molto estesa dal Mar Giallo allo stretto di Bering. Quasi la metà del globo e della sua popolazione è sotto il controllo degli eredi di Lenin.

Anche gli USA sono al centro di un cambiamento significativo in questo arco di tempo. Dopo aver sostenuto la resistenza inglese, prendono parte attiva al conflitto dove emerge la straordinaria potenzialità del loro sistema economico, finanziario e militare. Gli obiettivi di guerra sono ben evidenziati sia dalla Carta Atlantica (1941) sia dall'Atto costitutivo dell'alleanza delle Nazioni Unite (gennaio 1942), che affianca, alla dichiarata rinuncia a compensi territoriali, la volontà di distruggere la tirannide nazista e l'imperialismo nipponico. A questa fase, che evidenzia un'enorme capacità offensiva a livello mondiale, succede l'incrinatura fra gli alleati: da parte anglo-americana c'è il convincimento che i popoli liberati debbano, in tempi e modi ragionevoli, dar vita a libere elezioni e ad istituzioni democratiche di tipo occidentale. Mosca, al di là delle dichiarazioni sottoscritte, non può permettere consultazioni politiche "libere", dalle quali è certa che i partiti comunisti uscirebbero sconfitti.

La speranza di poter continuare una collaborazione politica con Mosca cade ben presto. Il contrasto non è sui compensi euro-asiatici richiesti dall'URSS, che vengono accettati e concessi. Washington crede che questi "premi" possano soddisfare le esigenze di sicurezza dei sovietici. Si è convinti che, dopo queste concessioni (riconoscimento del prezzo pagato dal popolo russo per la guerra), senza mettere in discussione il sistema marx-leninista ove esso è già al potere (URSS), sia possibile mettere da parte la "carta di guerra" e far prevalere l'intesa sull'Europa liberata e sulla democratizzazione della Corea. L'auspicata gestione comune di questo progetto non avviene. Non c'è un contenzioso in ordine alla sistemazione confinaria degli Stati vinti o alle richieste di compensi. La rottura nasce dalla decisione sovietica di estendere il proprio sistema politico alle aree liberate e a ciò si aggiunge l'evoluzione della guerra civile cinese. Truman si trova, in tal modo, di fronte ad un evidente insuccesso rispetto alle prospettive della propria azione, anche in rapporto agli enormi aiuti concessi ai sovietici durante la guerra. In Europa deve prendere atto che è possibile procedere a libere elezioni soltanto nella parte "liberata" dalle forze anglo-americane, mentre in Asia deve accelerare il processo di democratizzazione e di alleanze con Tokyo dopo la nascita della Repubblica popolare cinese.

Washington, dopo aver vinto la guerra, teme di perdere la pace, dal momento che la fine del tradizionale isolazionismo coincide con l'evoluzione del complesso contesto euro-asiatico del periodo. Da un punto di vista formale, l'impegno iniziale a fianco di Londra già costituisce un primo passo in questa direzione. Questo comportamento indica la consapevolezza di un ruolo mondiale e la necessità di una presenza. Sul piano sostanziale il "precedente disimpegno" si rompe con l'aggressione nipponica e con le dichiarazioni di guerra italo-tedesche, ma il confronto con le potenze del Tripartito non genera nulla che vada oltre gli accordi di guerra né prima né dopo la sconfitta delle potenze dell'Asse. Alla sconfitta di quest'ultime può subentrare l'ordine previsto dal sistema Yalta-Potsdam senza un necessario "interventismo" americano postbellico. Esso diventa, però, una necessità per contrastare l'influenza acquisita dall'URSS e la sua evidente strategia minacciosa ed espansiva a livello planetario.

Le radici del superamento del tradizionale isolazionismo si trovano nella lotta contro la tirannia nazista e il militarismo giapponese, ma il loro rafforzamento e il loro pieno sviluppo si raggiungono nella competizione con il comunismo. Non è dunque il conflitto l'origine più autentica della nuova politica americana, ma l'emergenza della competizione con il più potente dei propri alleati nello scenario postbellico euro-asiatico e nelle altre aree interessate da una decolonizzazione accelerata. Mentre Berlino e Tokyo hanno determinato la discesa in campo di Washington, la politica di Mosca determina l'assunzione statunitense di responsabilità permanenti e globali. In questo quadro si collocano la dottrina Truman, il piano Marshall e la rete di alleanze difensive che abbracciano tutto il globo. Il rafforzamento del comunismo, la mancata intesa con Stalin, i difficili equilibri in molte aree del pianeta fanno assumere agli USA un ruolo attivo internazionale preventivo sconosciuto nei decenni precedenti. Non c'è l'intenzione di attaccare "l'avversario ideologico", ma di contenerlo, di evitare che possa, con rivoluzioni e aggressioni, espandere il proprio dominio. In questa logica prendono corpo le solidarietà economiche e finanziarie verso tutti gli Stati "liberi" e un sistema difensivo integrato con un grande numero di Paesi.

Anche questo quadro, esteso dall'Australia al Giappone, dall'Europa occidentale al Canada, dagli USA all'America Latina, è ispirato da una logica difensiva, che non progetta espansioni e ancor meno aggressioni, ma si prefigge una reazione militare e politica comune di fronte ad azioni lesive dell'integrità e della sovranità degli Stati aderenti. Questi stessi accordi sono ricondotti alla legittimità dell'autodifesa singola o collettiva nel quadro dello Statuto delle Nazioni Unite. L'accettazione "implicita" dell'altro sistema non comporta la rinuncia a sostenere le proprie ragioni per estendere, ove possibile, il sistema liberal-democratico. La competizione e la reciproca accettazione, garantite dall'adesione all'ONU, sono la sostanza stessa della politica di coesistenza che, pur nei contrasti, prende corpo in modo esplicito a Yalta e sarà confermata nei decenni successivi. A differenza dell'altro aspirante ad un ruolo egemone mondiale (il Tripartito), i due sistemi vincenti, dopo averlo sconfitto, inaugurano una politica nuova di carattere "condominiale" .

Dalla conferenza di Yalta del febbraio del 1945 non hanno avuto origine né la spartizione dell'Europa né la cosiddetta guerra fredda, ma, al contrario, è scaturita la grande intesa sovietico-americano-britannica per una gestione comune del futuro del mondo attraverso le garanzie e le tutele offerte dalla nuova organizzazione per la pace e la sicurezza internazionale. Le tensioni, gli scontri, le guerre locali e le contorsioni della decolonizzazione sono i sussulti, le scosse d'assestamento successive al conflitto e alla sistemazione di questo nuovo e impegnativo equilibrio planetario. Esso costituisce l'autentica svolta, dopo il 1917, nei rapporti fra il mondo occidentale democratico e i sovietici. Questo patto "scritto ed operante" resterà per decenni l'asse portante delle rispettive politiche, senza che nessuno rinunci all'affermazione del proprio sistema e senza le pretese di affermarlo con la forza sull'altro. È dunque fuorviante, e in sostanza superficiale, un'analisi di questo periodo che vede l'evoluzione postbellica articolata in due fasi contrapposte. Dopo un periodo iniziale di grande pericolo per la pace mondiale ("guerra fredda"), si verifica un passaggio graduale ad una situazione più tranquilla nella quale prevale il dialogo ("distensione"). In realtà, la "cogestione" e la "coesistenza" planetarie sono il risultato più concreto e durevole di Yalta e Potsdam e proprio il periodo successivo al conflitto è la prova della solidità dell'intesa di carattere generale raggiunta e della volontà di mantenerla in vigore nonostante gli immancabili contrasti di un difficile dopoguerra.

Non si dimentichi che quel periodo successivo, che molti critici definiscono della distensione e della coesistenza, è proprio quello che vede la corsa più sfrenata al riarmo, alla formazione di enormi arsenali nucleari e all'attivazione di vettori aerei e missilistici idonei al loro trasporto. Risultano molto maggiori i pericoli per l'umanità in questi anni di quelli esistiti nel primo decennio postbellico. Questa realtà permette di escludere anche un'altra erronea interpretazione: spesso si sostiene che il terrore di un conflitto termonucleare porta all'esclusione della guerra e determina la distensione. Questa valutazione non è confermata dai fatti. Al contrario, la decisione di coesistere fra i sistemi competitori avviene prima sia della disponibilità delle nuove armi sia della loro diffusione. Ciò conferma esattamente il contrario: questi estremi strumenti distruttivi accentuano il clima di paura e di reciproco sospetto e rappresentano una seria minaccia per il processo di cooperazione e di pacificazione già avviato dalla grandi potenze. La minaccia della ritorsione nucleare non si affaccia nell'immediato dopoguerra, ma molti anni dopo, proprio durante il periodo che taluni identificano come quello della "distensione".

Il secondo conflitto mondiale non genera la guerra fredda, come spesso si dice, ma dà vita ad un'esperienza nuova di straordinaria importanza per il mezzo secolo successivo: l'esperienza della guerra fa nascere un'organizzazione a vocazione universale per la pace e per la sicurezza internazionali. I vincitori si fanno garanti della sua costituzione e della sua attività e nonostante essi abbiano al proprio interno sistemi politico-istituzionali contrapposti, accettano di collaborare e d'impegnarsi per evitare uno scontro diretto che li potrebbe coinvolgere. La guerra fredda non è dunque l'aspetto più rilevante del dopoguerra, ma rappresenta semplicemente la fase più delicata ed iniziale di una collaborazione limitata, ma strategica negli obiettivi, fra le capitali dell'Occidente e del comunismo internazionale. Questo legame è talmente forte e condiviso che non è spezzato neppure dalle gravi crisi che ricorrono in questo periodo (rivoluzione cinese, Formosa, Corea, Berlino, ecc.).

L'aspetto più rilevante dei rapporti Est-Ovest non sono gli scontri politico-diplomatici e militari che si presentano, ma la grande intesa raggiunta. La sua solidità segna una svolta rispetto ai rapporti fra Mosca e le democrazie occidentali dalla Rivoluzione d'ottobre al 1945. La sottovalutazione di questo aspetto pone in risalto questioni drammatiche ma non strategiche, mentre ignora il grande contributo dato alla causa della pace dai vertici delle liberal-democrazie e da quelli del comunismo euro-asiatico. Ciò mette in luce non solo la consapevolezza di appartenere a mondi diversi e di avere obiettivi finali divergenti, ma anche la volontà di non voler sacrificare la pace mondiale a delle esigenze di sistema o di ideologia. Si tratta di competizione fra Stati e sistemi politici, mentre pare inadeguata l'espressione di concorrenza di "civiltà nuove". Ambedue i "mondi", infatti, affondano le loro radici nella comune storia occidentale e sono legati all'evoluzione di dottrine politiche europee sulla rappresentanza, sul processo di industrializzazione e su esigenze di sicurezza sociale del XIX e del XX secolo. Senza voler mettere in ombra le differenze, già esaminate, dei rispettivi progetti politici, essi hanno numerosi punti d'incontro, di dialogo e anche di cooperazione. Per molti aspetti sembrano perseguire, con mezzi diversi, obiettivi analoghi. Gli USA sono senza dubbio in una posizione di vantaggio per quanto attiene ai fattori che incidono sulla politica internazionale: dispongono di una dottrina politica sperimentata e affascinante, di una forza finanziaria ed economica enorme, di mezzi militari e di basi strategiche in tutto il globo e di sostegno di decine di Stati in tutti i continenti. L'URSS offre un'ideologia che pare più adeguata a far crescere i Paesi emergenti, gode del prestigio ottenuto dal suo esercito nel conflitto europeo, dispone di enormi risorse minerarie, energetiche e in genere economiche non ancora utilizzate. Al tempo stesso, ha acquisito un'importanza crescente in Europa e in Asia dopo l'affermazione del comunismo cinese.

Questa singolare convergenza dei due grandi vincitori è anche l'espressione di un cambiamento significativo degli obiettivi dell'azione politica e delle tutele che devono essere garantite. Con la nascita dell'ONU e la solenne affermazione della priorità assoluta del mantenimento della pace è stato fatto un "passo" storico molto significativo: emerge la primaria necessità di tutelare l'umanità, dunque tutti gli uomini, dal disastro di un nuovo conflitto. Non c'è più la difesa esclusiva e la protezione dei propri cittadini (americani, russi, inglesi, ecc.). Non c'è neppure la volontà di limitare i propri impegni alla salvaguardia delle rispettive aree dottrinali e ideologiche, cioè alla salvezza dei comunisti, dei democratici parlamentari, dei liberisti, dei dirigenti pianificatori. C'è, al contrario, l'emergere di una coscienza umanitaria che va oltre i confini degli Stati e dei blocchi, per garantire un quadro di sicurezza a tutti gli uomini del pianeta. In questo passaggio è evidente la consapevolezza che il contesto è mutato. Rispetto ad un passato di guerre di Stati e di continenti, si vuole evitare un conflitto che sarebbe una "grande guerra civile mondiale".

Questa consapevolezza rappresenta un'evoluzione importante nel contesto dei rapporti Est-Ovest e il riconoscimento della priorità dell'uomo e della stessa famiglia umana rispetto alla "dittatura delle ideologie". Questo passaggio, più facile per i rappresentanti delle democrazie che non per i responsabili del comunismo internazionale, costituisce per ambedue l'approdo finale consigliato dalle tremende prove del periodo bellico. Questa dichiarata volontà "di pace e di sicurezza" è affiancata dalla *Dichiarazione universale dei diritti dell'uomo*, punto di convergenza delle aspettative dei due sistemi. Essa esprime una "tavola di valori" universali che devono essere tutelati. La stessa pace mondiale risulta alla fine condizionata e pertanto conseguente alla tutela dei diritti umani. È difficile immaginare uno di questi presupposti senza l'altro: la condanna della guerra come strumento per risolvere i contrasti fra gli Stati comporta la tutela diretta dei cittadini, che assumono un ruolo prioritario in quanto esseri umani e come tali vanno protetti e garantiti. In questa ottica, si assiste ad uno storico superamento della sovranità statale e alla volontà di proteggere gli esseri umani in quanto tali e non soltanto come cittadini.

Se è vero che la *Dichiarazione* è una raccomandazione agli Stati e non crea obblighi giuridici specifici (è bene non dimenticare che il problema del suo *status* giuridico ha perso d'attualità, in quanto diversi dei diritti in essa riportati sono considerati "norme consuetudinarie"), essa risulta innovativa, anzi rivoluzionaria, rispetto ai tradizionali convincimenti sull'assoluta priorità dei diritti dello Stato. Quest'ultimi, già messi in crisi dalle precedenti richieste di riconoscimento dell'autodeterminazione dei popoli, risultano ancora più indeboliti. Gli impegni morali, accettati dai sottoscrittori, sono protesi verso il futuro e rappresentano sia la coscienza delle terribili violazioni avvenute in passato di quei principi sia la volontà di inaugurare una nuova stagione di rispetto dell'uomo. In via teorica si tratta di diritti inalienabili che gli Stati dovrebbero osservare nei confronti delle persone anche quando essi sono violati da altri governi in cui si estende il loro potere. Nei rapporti interstatuali, anche senza l'accettazione della reciprocità della loro tutela, ogni Stato è tenuto al loro rispetto e a garantirne, da parte propria, l'osservanza.

Non si dimentichi che la sottoscrizione di questo documento, pieno di "buone intenzioni" per il futuro, non cancella responsabilità passate per quanto attiene al periodo bellico dei vinti e dei vincitori. Tutti hanno alle spalle comportamenti riprovevoli, anche se in misura diversa: la Germania ha la responsabilità dello scatenamento del conflitto in Europa, il trattamento riservato ai polacchi e ai russi (civili e militari), l'orrore dello sterminio degli ebrei e di altre comunità; Tokyo ha scatenato la guerra in Asia, dove si è macchiata di atrocità nei confronti di inermi popolazioni, in particolare in Cina; Mosca non ha esitato ad eliminare interi gruppi dirigenti (sia in Russia sia nei Paesi occupati dall'Armata Rossa) e ad infliggere grandi sofferenze al popolo tedesco; Gran Bretagna e USA hanno condotto "bombardamenti terroristici" sulle città tedesche (e nipponiche) e Washington non ha esitato ad impiegare l'arma atomica contro la popolazione giapponese. Anche la consapevolezza della gravità di queste azioni, pur diverse fra loro, contribuisce a rafforzare gli impegni per il futuro e a creare, per quanto possibile, un sistema di principi e di garanzie per evitare che esse possano ripetersi.

La *Dichiarazione* è in prevalenza d'ispirazione occidentale, in quanto in essa i diritti proclamati sono in gran parte riconducibili all'esperienza politica occidentale e in particolare al cammino compiuto per la tutela delle prerogative individuali, civili e politiche. Questa impostazione originaria è accettata, pur con molte riserve, da tutti i partecipanti ai lavori preparatori sia da quelli che rappresentano il mondo comunista sia dai Paesi di più recente decolonizzazione.

Questi aspetti positivi non possono far dimenticare che nel documento approvato vi sono carenze evidenti a proposito del futuro dei popoli coloniali e dello stesso diritto di autodeterminazione nazionale. Gli Stati socialisti, pur presenti ai lavori, non si esprimono a favore del testo finale, ma si astengono. Essi, senza negare la validità dei diritti proclamati, mantengono forti riserve perché, a loro giudizio, quelli sociali, economici e culturali non godono di adeguato riconoscimento e tutela. Non senza motivo, nei decenni successivi, si registra uno sviluppo significativo delle protezioni internazionali. Non vi è stata, da parte del "mondo socialista" e dei Paesi decolonizzati, un'opposizione al testo originario della *Dichiarazione*. Ne sono state denunciate le carenze, ma si è operato in seguito per il suo miglioramento e non per il suo rifiuto.

I due sistemi politici, consapevoli del ruolo e delle responsabilità assunte, sembrano favorire una riduzione della sovranità statale. C'è un evidente legame fra la tutela dei diritti umani e l'esercizio del potere statale. Nessuno può negare che quest'ultimo si possa considerare l'unico legittimo interprete "al proprio interno" di quella tutela, ma questo convincimento può essere affermato soltanto in via teorica. In pratica, evidenti inadempienze nella tutela dei diritti umani (accettati e proclamati) aprirebbero la strada a proteste, denunce, condanne da parte di soggetti interni ed esterni. Sotto questo profilo della "vigilanza" sui contenuti della *Dichiarazione*, l'ONU è considerata uno strumento di mediazione e di pressione nei confronti di tutti gli Stati ("grandi e piccoli").

Questa impostazione è andata affermandosi nel tempo, in particolare con il moltiplicarsi dei conflitti interni agli Stati (per motivi etnici, religiosi, tribali, ecc.). Mentre l'originaria tutela dalle aggressioni interstatuali è stata invocata sempre meno, quella a favore di minoranze o di collettività all'interno delle singole compagini statali è andata via via crescendo. In tal modo, sia l'ONU sia le maggiori potenze hanno dovuto accentuare i propri interventi e hanno spesso assunto funzioni di diretta tutela di esigenze umanitarie con operazioni di "polizia internazionale". In questi sanguinosi e frequenti conflitti (Africa, Asia, Balcani, ecc.) l'affermazione (o difesa) della propria identità ha prevalso sui legami istituzionali e politici all'interno degli Stati e ha finito per generare le più diffuse emergenze del periodo successivo.

Al di là delle divergenze e dei condizionamenti di potere, i due sistemi ambiscono alla liberazione dell'uomo e conducono un'azione che può essere di giovamento per tutti. I due contendenti credono in un progresso futuro, nella possibilità di fare avanzare tutta l'umanità e in ultima analisi nel miglioramento dell'uomo, delle sue condizioni di libertà e di giustizia e hanno in fondo radici comuni e si muovono nel contesto della tradizione occidentale.

Alla luce di queste osservazioni riesce più difficile l'esame degli obiettivi degli sconfitti, cioè delle potenze del Tripartito: le motivazioni nazional-imperial-colonialiste italo-nipponiche si collocano facilmente nel contesto di esperienze espansionistiche ed istituzionali di decenni precedenti. Esse, per loro natura, non hanno aspirazioni mondiali e non vogliono costituire né modelli né progetti a vocazione mondiale e tanto meno per l'intera umanità. Ben più complessa, originale ed indistinta è l'origine delle motivazioni del nazismo nelle sue radici più profonde di carattere razziale. I richiami agli albori della civiltà, alle tribù e ai popoli originari, alla purezza del sangue, cioè al "razzismo puro", quello "biologico", non sono riconducibili alla comune esperienza del pensiero sociopolitico prevalente, europeo e occidentale, ma appartengono ad una esperienza molto diversa e contrapposta. Lo stesso convincimento che il motore del progresso, della conoscenza e della giustizia risieda nel ristabilimento di una gerarchia razziale e di uno «stato selvaggio di competizione naturale» è una prospettiva non riconducibile al percorso culturale euro-americano nel suo insieme, ma ad esperienze e riflessioni personali o di ambienti più circoscritti.

Più complesso appare, nella logica del sistema d'equilibrio bipolare, esaminare la situazione europea: essa non ha più, da un punto di vista politico, una sua esistenza unitaria ed ancor meno la capacità di esprimere un'azione comune concordata. Dopo la prima guerra mondiale il continente, pur provato e diviso, ha cercato di riprendere un posto di primo piano nello scenario mondiale. Il tentativo di alcune potenze ha guidato questo sforzo per garantire la ripresa economica e mantenere il controllo degli imperi coloniali, ma l'avvio dell'esperienza bolscevica, le difficoltà italiane e tedesche, la guerra iberica, il disimpegno statunitense hanno fortemente condizionato questi tentativi. A ciò si deve aggiungere l'impatto della crisi economica mondiale degli anni Trenta. Ben più gravi sono le conseguenze del secondo conflitto mondiale: la guerra è combattuta da Mosca all'Atlantico, dalla Norvegia alla Grecia, dalla Finlandia alla Sicilia.

Quasi tutte le capitali europee conoscono la presenza di eserciti occupanti, alcune anche in più occasioni. Le perdite umane e i danni economici risultano molto più rilevanti rispetto al conflitto del 1914-1918. Dopo la guerra una parte degli Stati europei aderisce al blocco sovietico, l'altra a quello occidentale; quest'ultima non è nelle condizioni né di mantenere le precedenti presenze coloniali né di garantire autonome strutture difensive, né di avviare la ripresa economica senza il sostegno americano. L'Europa occidentale non può mettere a punto un progetto autonomo né di sviluppo né di sicurezza avendo bisogno del sostegno del piano Marshall, di mantenere la presenza di forti contingenti statunitensi e di appoggiarsi allo scudo difensivo nord-atlantico. Si sviluppa una coscienza euro-americana molto diversa da quella prebellica. Gli stessi fenomeni integrativi del momento (CECA, EURATOM, Mercato Comune) rispondono in via prioritaria alla comune volontà di porre fine a precedenti contrasti interstatuali e a mettere in atto collaborazioni circoscritte ma di rilievo: sono i presupposti di successive collaborazioni e integrazioni. Le due "mezze Europe" non possono svolgere ruoli primari nello scenario mondiale, ma assumono posizioni importanti nella geografia politica dei sistemi dei "blocchi postbellici". L'illusione nazista di una rinascita europea su base razziale e imperiale con una guerra continentale (e più tardi mondiale) coincide con la distruzione delle residue speranze europee e con l'affermazione indiscussa dei nuovi competitori mondiali: gli USA e l'URSS. Anche in questa circostanza è bene non confondere i "burattini" con i "burattinai" e cioè con chi detta le regole del "gioco internazionale".

Il sistema internazionale nato dagli accordi Yalta-Potsdam è innovativo negli obiettivi e negli strumenti rispetto a quelli nati dopo la Rivoluzione francese del 1789. Anch'esso si basa sulla convergenza di un gruppo di grandi potenze vincitrici, ma esse, con la nascita dell'ONU, proclamano un obiettivo comune per tutti i popoli e per tutti gli Stati: «la difesa della pace e della sicurezza internazionale». Non soltanto indicano questi traguardi e ne esaltano i principi ispiratori, ma mettono in campo le rispettive forze politiche e militari per garantirli.

Questa struttura è ben diversa da quella prevista a Vienna (1815), dove il Congresso attribuisce il compito di garante del nuovo ordine (la cosiddetta Restaurazione) alle potenze vincitrici sulla Francia napoleonica e si avvale della Quadruplice Alleanza (novembre 1815) per garantire il rispetto delle decisioni adottate anche con massicci interventi militari. Questi Stati (Austria, Russia, Prussia, Inghilterra) vogliono proteggere «dal ritorno nefasto dell'usurpazione criminale bonapartista» l'Europa restaurata e le case dinastiche riportate o rimaste sui rispettivi troni. Quest'obiettivo pare sufficiente al mantenimento della pace.

L'assetto politico successivo, quello bismarckiano, si basa su una rete di alleanze fra loro collegate (Intesa dei tre Imperatori, 1873, Trattato di Alleanza austro-ungarico-tedesco, 1879, Triplice alleanza, 1882, Trattato di controassicurazione russo-tedesco, 1887) in virtù delle quali è garantita la pace. Dopo la guerra di Crimea e le rivoluzioni nazionali italiana e tedesca si afferma un nuovo equilibrio al cui centro c'è, con l'unificazione di gran parte del mondo germanico, la nuova Germania. Questo sistema si rompe con l'urto fra le grandi potenze in occasione della prima guerra mondiale. Alla sua fine viene immaginata una nuova sistemazione alla luce dei principi di Wilson con la nascita della Società delle Nazioni. Anche quest'ultima persegue obiettivi di pace e di sicurezza, ma non gode né della presenza né del sostegno di tutti i grandi Stati (disimpegno USA, ostilità sovietica, esclusione iniziale dei vinti, ecc.).

Dopo il secondo conflitto mondiale, il "direttorio a tre" dei vincitori non soltanto riprende gli obiettivi «della pace e della sicurezza», ma impegna questi Stati all'interno della nuova organizzazione, che è aperta a tutti i Paesi. Non c'è accordo fra loro soltanto sui fini da perseguire, ma anche sui mezzi di cui la nuova struttura societaria potrà disporre per garantire gli scopi sociali. La difficoltà maggiore, cioè la possibile divergenza fra la maggioranza dei membri e gli interessi di una delle grandi potenze, è risolta con l'artificio, tanto ingiusto quanto realistico, del diritto di "veto" nel Consiglio di Sicurezza. Al fondamento dell'intero edificio esiste una considerazione banale ma basilare: l'impossibilità della guerra fra le grandi potenze. Nuovi conflitti potranno manifestarsi ancora in mille modi e in tutte le aree del globo, ma non dovranno coinvolgere gli Stati più importanti e in primo luogo i fondatori e i garanti del nuovo equilibrio rafforzato dalla nascita dell'organizzazione preposta alla tutela di questo bene supremo.

I concetti di pace e sicurezza sono strettamente collegati ai diritti di difesa e di autodifesa e agli strumenti per renderli efficaci: senza questa strutturazione a nulla sarebbe servita la precedente lezione della Società delle Nazioni. Per quanto riguarda in generale i sistemi adottati per garantire l'ordine e la pace dopo le fasi di turbolenza internazionale (rivoluzioni, guerre), si può osservare che due di essi, quello di Vienna e quello di Berlino, sono creati da statisti del mondo germanico: Metternich e Bismarck. I successivi, quelli scaturiti dalla prima guerra mondiale e dalla seconda, hanno registi americani: Wilson e Roosevelt. A proposito di quest'ultimo, c'è da osservare che ha goduto dell'appoggio di un autorevole esponente del mondo liberal-democratico inglese, Churchill, e del leader del comunismo mondiale di quel periodo, Stalin. Di fatto, la convergenza di questi tre statisti nel prefigurare l'ordine internazionale postbellico gode del sostegno dei due sistemi politici che essi rappresentano e delle tre potenze che li esprimono (USA, URSS, Inghilterra). Sebbene con pesi e caratteristiche diverse, esse sono le grandi potenze di quel momento. Dimostrano di operare per la pace futura, non soltanto per quella tra i vinti e i vincitori, ma di voler attivare strumenti nuovi perché non abbia più a verificarsi un altro conflitto di grandi proporzioni, cioè "mondiale".

Per questo occorre superare pregiudizi, risentimenti storici, aspirazioni e condizionamenti ideologici. Non si tratta soltanto di «riconoscersi e accettarsi vicendevolmente», come appare a prima vista, ma di compiere un passo ulteriore molto più impegnativo e vincolante: si deve assumere l'impegno di operare insieme in futuro per risolvere i problemi che possono compromettere la sicurezza e la pace della comunità internazionale. La coesistenza e la competizione fra sistemi tanto diversi presuppone, nella logica dell'intesa di Yalta-Potsdam, la "gestione comune" della comunità internazionale, una sorta di paternità politica che nasce dalla intenzione di impedire un nuovo disastro bellico. Come dimostrerà la politica di queste capitali negli anni successivi, il binomio "coesistenza-cogestione" non è scindibile. Le guerre locali (e dunque circoscritte) sono fisiologiche ad un mondo non ancora assestato, dimostrano anche i limiti e le impotenze dei "custodi del nuovo ordine", ma non determinano lo scontro diretto fra loro. Da questi fatti è smentita un'autorevole previsione politologica secondo la quale «la pace è impossibile mentre la guerra è improbabile». In realtà, la guerra totale diventa impossibile, mentre la pace è molto improbabile.

Un bilancio di questo lavoro anglo-sovietico-americano non è ancora possibile, perché il tempo passato da quelle storiche intese è molto limitato. Può essere utile ricordare che i sistemi di Metternich e di Bismarck hanno evitato ciascuno per circa cinquant'anni nuovi conflitti europei. Quello ideato da Wilson (ma non accettato e condiviso neppure dal suo Paese) ha retto un ventennio, mentre l'ultimo, quello di Yalta, ha funzionato per mezzo secolo. Non è, dunque, un periodo di tale ampiezza da poter giustificare considerazioni definitive, ma soltanto alcune osservazioni. Il «patto per la pace perenne» ha contribuito a garantire al mondo circa sessant'anni di pace, pur in presenza di conflitti locali, di rivoluzioni e di profondi mutamenti. Esso, nato quando ancora non c'era la disponibilità degli ordigni nucleari, ha retto alla loro apparizione e alla loro diffusione (anzi, lo sviluppo di questi armamenti ne ha reso più evidente l'importanza) e non è stato spezzato dalla decolonizzazione, che ha operato drastici e spesso drammatici mutamenti nelle relazioni internazionali. Ha resistito alle prove di forza dei movimenti nazionali e comunisti in Asia, non è stato rigettato dopo importanti cambiamenti istituzionali all'interno di una grande potenza come l'URSS, tornata ad essere Russia, non è stato indebolito dai contrasti fra Mosca e Pechino quando erano i vertici del comunismo mondiale.

L'importanza dell'ONU è tornata alla ribalta negli ultimi anni, quando è sembrata sempre più evidente l'inadeguatezza delle rappresentanze costituite all'interno dell'organizzazione. L'attribuzione dei seggi permanenti nel Consiglio di Sicurezza è apparsa la cristallizzazione di un risultato bellico troppo lontano, comunque inadeguato ad interpretare l'evoluzione successiva. In seguito, sono stati formulati nuovi progetti per adeguare l'organizzazione alle esigenze di oggi: allargare il numero dei seggi nel Consiglio di Sicurezza (in parte già realizzato), assicurare la presenza alle nuove grandi potenze (India, Brasile, Germania, Giappone, ecc.), riconoscere almeno una rappresentanza ai continenti ancora assenti (Africa, Oceania, America Latina), tener conto, in queste nuove attribuzioni, della popolazione, dell'estensione territoriale, del numero degli abitanti dei singoli Stati e del prodotto interno lordo (PIL).

Benché queste proposte siano "rivoluzionarie", tutti ne hanno sottolineato la caratteristica riformista e nessuno ha posto queste richieste in modo ultimativo. Non è stato minacciato, in caso di mancata accoglienza, l'abbandono del sodalizio e ancor meno si è auspicato il suo "decesso politico". Tutti, al contrario, mentre avanzano richieste pressanti di riforma, sottolineano l'importanza di questa organizzazione e non esitano a chiedere il suo intervento nelle più complesse e delicate situazioni internazionali. Neppure hanno avuto successo i tentativi di dar vita a soluzioni alternative all'ONU, giudicata da alcuni "impotente", perché paralizzata fra la tutela dei diritti umani e il rispetto della sovranità degli Stati. Si è pensato che fosse possibile attivare forme di "governo globale" per assicurare una più incisiva legalità internazionale, in cui avrebbero dovuto avere un ruolo preponderante nuovi equilibri regionali meno compromessi con le politiche militari e con l'invadenza della grandi potenze. L'apprezzamento per questa organizzazione non è soltanto, come a prima vista può apparire, per la struttura costituita (e per tutte le attività che essa svolge), ma anche per la perdurante convergenza delle grandi potenze in ordine ai reciproci rapporti e allo svolgimento di un comune impegno nel mondo.

Nessuno dei contraenti ha pensato di fare dell'ONU un "governo mondiale" dopo il 1945. Al contrario, la costante collaborazione fra le grandi potenze ha evidenziato una sorta di gestione "condominiale" dei più rilevanti fatti internazionali. Per restare al periodo ora considerato (1945-fine anni Cinquanta) emerge, in tutta evidenza, il ruolo proclamato e accettato del "direttorio" delle grandi potenze. Non senza motivo, alcuni critici hanno osservato la tendenza a trasformare questo "direttorio" in "dittatura" e ne hanno evidenziato l'anomalia di fronte ad una domanda crescente di conduzione "multilaterale" della politica internazionale e della stessa organizzazione. In ultima analisi, se il "direttorio" pare indispensabile per assicurare la sopravvivenza e la rappresentatività dell'ONU, un maggiore coinvolgimento di altri Stati nella conduzione degli affari internazionali può rafforzare la "cogestione". Non si dimentichi che gli Stati aderenti sono cresciuti di numero in questi decenni: dai cinquanta originari si è arrivati ai duecento attuali.

C'è, a questo proposito, un equivoco da chiarire. Spesso s'insiste sull'importanza dell'ONU per il consolidamento dei rapporti fra le grandi potenze. È vero, ma ciò sarebbe possibile anche al di fuori o senza di essa, come è stato nei decenni precedenti alla seconda guerra mondiale. Non si deve dimenticare, nel formulare questi auspici, che non è l'ONU che regola i rapporti fra i "grandi", ma che essa è nata e tutt'oggi mantiene la sua importanza per il loro perdurante sostegno. Senza la forza di questa convergenza, questa organizzazione sarebbe ben poca cosa, e probabilmente conoscerebbe il tramonto di quella che l'ha preceduta. Non è l'ONU che sostiene le grandi potenze, ma al contrario sono queste ultime che ancora oggi le consentono di vivere e di operare con l'autorevolezza che deriva dalla loro adesione. Questa realtà evidenzia, ove ce ne fosse bisogno, l'importanza delle decisioni adottate nel 1945 dai padri fondatori di quest'ordine pacifico, cioè da Roosevelt, Stalin e Churchill.

BIBLIOGRAFIA

Per un esame approfondito del periodo 1917-1957 abbiamo consultato le raccolte dei documenti diplomatici, gli atti parlamentari, i resoconti dei congressi dei partiti politici, le dichiarazioni e i volumi di memorie dei più autorevoli esponenti del mondo politico ed economico e la stampa periodica. Si tratta di fonti documentarie consistenti che interessano ormai tutti gli Stati oggetto del presente studio, anche se, per taluni di essi, le disponibilità sono ancora ridotte.

Raccolte di documenti e di trattati:

A Calendar of Soviet Treaties, 1917-1957, Stanford 1959.

A Guide to the Use of United Nations Documents (Including Reference to the Specialized Agencies and Special U. N. Bodies), Dobbs ferry, New York, 1962.

Actes et documents du Saint Siège relatifs à la Seconde Guerre Mondiale, 11 voll., Roma 1965-1981.

Akten zur Deutschen Auswärtigen Politik. 1918-1945, Gottingen 1966.

Allianz Hitler-Horthy-Mussolini. Dokumente zur Ungarischen Aussenpolitik (1933-1944), Budapest 1966.

Die Bundesrepublik Deutschland und Frankreich: Dokumente 1949-1963, volume I, *Aussenpolitik und Diplomatie*, Monaco 1997.

Documents Diplomatiques Français. 1932-1939, Parigi 1963 e ss.

Documents Diplomatiques Suisses. Diplomatische Dokumente der Schweiz. Documenti Diplomatici Svizzeri, Berna 1979 e ss.

Documents of the United Nations Conference on International Organization, San Francisco 1945, 15 voll., Londra-New York 1945.

Documents on Australian Foreign Policy (1937-1949), Canberra 1975.

Documents on British Foreign Policy. 1919-1939, Londra 1947.

Documents on German Foreign Policy. 1918-1945, Washington-Londra 1949 e ss.

Documents on International Affairs (1939-1946). Vol. II (*Hitler's Europe*), Londra-New York-Toronto 1954.

Documents on Polish-Soviet relations (1939-1945), 2 voll., Londra 1961-1967.

Documents on the Tokyo International Military Tribunal: Charter, Indictment and Judgements, Oxford, New York, 2008.

Dokumente aus den Jahren 1945-1949, Berlino 1968.

Dokumente zur Aussenpolitik der DDR (1963-1966), Berlino 1965-1970.

Dokumente zur Aussenpolitik der Regierung der Deutschen Demokratischen Republik (1949-1963), Berlino 1954-1963.

Foreign Relations of the United States. Diplomatic Papers, Washington 1861 e ss.

Guide to League of Nations publications. A bibliographical Survey of the work of the League, 1920-1947, New York 1951.

I Documenti Diplomatici Italiani, Roma 1952 e ss.

La diplomazia contemporanea, a cura di E. ANCHIERI, Padova 1959.

Les relations polono-allemandes et polono-soviétiques au cours de la Période 1933-1939. Recueil de Documents Officiels, Parigi 1940.

OTAN. Documentation sur l'Organization du Traité de l'Atlantique Nord, Givor (Rhone) 1965.

Public Papers of the Secretaries-General of the United Nations, 8 voll., New York 1969-1977.

Résolutions et déclarations du Conseil de Sécurité (1946-1992), Bruxelles 1993.

Soviet Documents on foreign policy, 3 voll., Londra-Toronto 1951-1953.

Soviet foreign policy during the Patriotic War: documents and materials (1941-1944), 2 voll., Londra 1946-1947.

Storia delle relazioni internazionali. Testi e documenti (1815–2003), a cura di Ottavio Bariè, Massimo De Leonardis, Anton Giulio De Robertis e Gianluigi Rossi, Bologna 2004.

The Agreements of the People's Republic of China with foreign Countries, 1949-1990, Monaco 1992.

The Communist International 1919-1943, 3 voll., Londra-Toronto 1956-1971.

United States relations with China, with special reference to the period 1944-1949, based on the files of the U.S. Department of State, Washington 1949.

Yearbook of the United Nations, New York 1946 e ss.

Memorialistica, letteratura storica e pubblicistica:

AA. VV., *Europa adriatica: storia, relazioni, economia*, a cura di F. Botta e I. Garzia, Roma-Bari 2004.

ADAM U. D., *Judenpolitik im Dritten Reich*, Düsseldorf 1972.

AGA ROSSI E. (a cura di), *Il Piano Marshall e l'Europa*, Roma 1983.

AGA ROSSI E. (a cura di), *Gli Stati Uniti e le origini della guerra fredda*, Bologna 1984.

AGA ROSSI E., *Una nazione allo sbando*, Bologna 2006.

AKAGI R. H., *Japans, foreign relations*, Tokyo 1936.

ALBERTINI L., *Le origini della guerra del 1914*, 3 voll., Milano 1942.

ALBERTINI L., *I giorni di un liberale. Diari 1907-1923*, a cura di L. Monzali, Bologna 2000.

ALBRECHT-CARRIÉ R., *Storia diplomatica dell'Europa 1815-1968*, Roma-Bari 1978.

ALLARD S., *Stalin und Hitler. Die sowjetrussische Aussenpolitik 1930-1941*, Bern-München 1974.

ALLEN G. C., *The Industrialization of Japan and Manchukuo, 1930-1940*, New York 1940.

ANDERSON T. H., *The United States, Great Britain and the Cold War, 1944-1947*, Missouri 1981.

ANDRÈ G., *Annuario di Politica internazionale (1939-1945)*, vol. 6, tomo 1, *La guerra in Europa (1° settembre 1939-22 giugno 1941)*, Milano 1967.

ANDREATTA F., *Istituzioni per la pace*, Bologna 2000.

ANDREOTTI G., *1948: l'anno dello scampato pericolo*, Milano 2005.

ANDREOTTI G., *De Gasperi*, Palermo 2006.

ANTONUCCI A., *Le bilan des Réparations et la crise mondiale*, Paris 1935.

ARDIA D., *Alle origini dell'Alleanza occidentale*, Padova 1983.

ARON R., *Il grande dibattito*, Bologna 1965.

ARON R., *Leçon sur l'histoire*, Paris 1989.

BAGNATO B., *Vincoli europei, echi mediterranei: l'Italia e la crisi francese in Marocco e in Tunisia: 1949-1956*, Firenze 1991.

BAGNATO B., *Storia di un'illusione europea: il progetto di unione doganale italo-francese*, London 1995.

BAGNATO B., *L'Europa e il mondo: origini, sviluppo e crisi dell'imperialismo coloniale*, Grassina (Firenze) 2006.

BARIÈ O. (a cura di), *L'alleanza occidentale. Nascita e sviluppi di un sistema di sicurezza collettivo*, Bologna 1988.

BARIÈ O., *Dal sistema europeo alla comunità mondiale*, Milano 1999.

BAUMONT M., *La faillite de la paix, 1918-1939*, Paris 1951.

BEASLEY W. G., *Japanese Imperialism 1894-1945*, Oxford 1987.

BEETHAM D., *Democracy and Human Rights*, New York 1999.

BEHR E., *Hirohito: Behind the Myth*, New York 1989.

BELOFF M., *La politica estera della Russia sovietica*, 2 voll., Firenze 1955.

BENVENUTI F., *Storia della Russia contemporanea (1853-1996)*, Roma-Bari 1999.

BERGÈRE M.-C., *La Cina dal 1949 ai nostri giorni*, Bologna 2000.

BERGÈRE M.-C., BIANCO L. *et alii*, *La Chine au XXe siècle*, Paris 1989-1990.

BESYMESKI L., *Sonderakte «Barbarossa»*, Stuttgart 1968.

BISSON T. A., *American Policy in the Far East, 1931-1940*, New York 1940.

BLACKETT P. M. S., *Atomic Weapons and East-West Relations*, New York 1956.

BLOCH C., *Le troisième Reich et le monde*, Paris 1986.
BOFFA G., *Dall'URSS alla Russia*, Roma-Bari 1995.
BOLECH CECCHI D., *L'accordo di due imperi: l'accordo italo-inglese del 16 aprile 1938*, Pavia 1977.
BOLECH CECCHI D., *Non bruciare i ponti con Roma: le relazioni fra l'Italia, la Gran Bretagna e la Francia dall'accordo di Monaco allo scoppio della seconda guerra mondiale*, Pavia 1986.
BOLECH CECCHI D., *Alle origini di un'inimicizia: Italia-Cecoslovacchia, 1918-1922*, Soveria Mannelli 2008.
BORGOGNI M., *Mussolini e la Francia di Vichy*, Città di Castello (Perugia) 1991.
BORSA G., *La nascita del mondo moderno in Asia orientale. La penetrazione europea e la crisi delle società tradizionali in India, Cina e Giappone*, Milano 1977.
BOUISSOU J.-M., *Storia del Giappone contemporaneo*, Bologna 2003.
BRACHER K. D., *Zeit der Ideologien. Eine Geschichte politischen Denkens im 20. Jahrhundert*, Stuttgart 1984^3 (ed. it. 1984).
BRACKMAN A., *The Other Nuremberg: The Untold Story of the Tokyo War Crimes Trials*, New York 1987.
BRANDT C. - SCHWARTZ B., *A documentary history of Chinese Communism*, Cambridge (USA) 1952.
BRECCIA A., *Jugoslavia: 1939-1941: diplomazia della neutralità*, Milano 1978.
BRECCIA A., *L'Italia e la difesa dell'Europa: alle origini del "Piano Pleven"*, Roma 1984.
BREYER R., *Das Deutsche Reich und Polen 1932-1937. Aussenpolitik und Volkgruppenfragen*, Würzburg 1955.
BROOKER P., *The Faces of Fraternalism: Nazi Germany, Fascist Italy, and Imperial Japan*, Oxford 1991.
BROSZAT M., *Nationalsozialistische Polenpolitik 1939-1945*, Stuttgart 1961.
BROWN D. M., *Nationalism in Japan*, Berkeley 1955.
BRUCK W. F., *Social and economic History of Germany from William II to Hitler*, London 1938.
BRÜGEL J. W. (a cura di), *Stalin und Hitler. Pakt gegen Europa*, Wien 1973.

BRUGGER B., *China: Liberation and Transformation, 1942-1962*, London 1981.

BRUNDU OLLA P., *Le origini diplomatiche dell'accordo navale anglo-tedesco del giugno 1935*, Milano 1974.

BRUNDU OLLA P., *L'equilibrio difficile: Gran Bretagna, Italia e Francia nel Mediterraneo 1930-1937*, Milano 1980.

BRUNDU OLLA P., *Ostracismo e Realpolitik: gli alleati e la Spagna franchista negli anni del dopoguerra*, Cagliari 1984.

BRUNDU OLLA P. (a cura di), *Yalta. Un mito che resiste*, Roma 1988.

BUCARELLI M., *Mussolini e la Jugoslavia (1922-1939)*, Bari 2006.

BUCARELLI M., *La questione jugoslava nella politica estera dell'Italia repubblicana (1945-1999)*, Roma 2008.

BUCCIANTI G., *Verso gli accordi Mussolini-Laval: il riavvicinamento italo-francese fra il 1931 e il 1934*, Milano 1984.

BUCCIANTI G., *Libia: petrolio e indipendenza*, Milano 1999.

BUCKLEY R., *Occupation Diplomacy: Britain, United States and Japan 1945-1952*, Cambridge 1982.

BUTOW R. J. C., *Japan's Decision to Surrender*, Stanford 1954.

BUTOW R. J. C., *Tojo and the Coming of War*, Princeton 1969.

CACCAMO F. - MONZALI L., *L'occupazione italiana della Iugoslavia (1941-1943)*, Firenze 2008.

CALANDRI E., *Il Mediterraneo e la difesa dell'Occidente, 1947-1956: ambizioni imperiali e logiche di guerra fredda*, Firenze 1996.

CAMPANA A., *Il dilemma coreano. Gran Bretagna fra Stati Uniti e Cina. 1945-1953*, Milano 1995.

CAMPANA A., *Sitting on the Fence: Italy and the Chinese Question. Diplomacy Commerce and Political Choices 1941-1971*, Firenze 1995.

CAMPANA G. A., *L'armistizio di Corea: tra uso della forza e mediazione diplomatica*, in «Storia delle relazioni internazionali», 1986/1, pp. 95-146.

CANSACCHI G., *I principi informatori delle relazioni internazionali*, Torino 1972.

CAREDDA G., *Le politiche della distensione: 1959-1972*, Roma 2008.

CAROLI R. - GATTI F., *Storia del Giappone*, Roma-Bari 2006.

CARR E. H., *The Bolshevik Revolution, 1917-1923*, New York-London 1985.

CASINI F., *L'opposizione tedesca al Nazismo*, Milano 2002.
CASINI F., *Espansionismo giapponese e contromisure anglo-americane fra le due guerre: la missione Inghersoll*, Siena 2007.
CASINI F., *Churchill e la campagna d'Italia. Agosto 1944: passaggio in Toscana*, Siena 2009.
CASTRONOVO V., *Un passato che ritorna. L'Europa e la sfida dell'Asia*, Roma-Bari 2006.
CATTARUZZA M. - DOGO M. - PUPO R., *Esodi. Trasferimenti forzati di popolazione nel Novecento europeo*, Roma-Napoli 2000.
CAVIGLIA D., *De Gaulle e il tentativo di spostare l'asse politico europeo: il piano Fouchet*, Padova 2000
CAVIGLIA D.-CRICCO M., *La diplomazia italiana e gli equilibri mediterranei: la politica mediorientale dell'Italia dalla guerra dei Sei Giorni al conflitto dello Yom Kippur*, Soveria Mannelli 2006.
CHANG I., *Lo stupro di Nanchino. L'olocausto dimenticato della seconda guerra mondiale*, Milano 2000.
CHEN KING C., *Vietnam and China, 1938-1954*, Princeton (N. J.) 1969.
CHURCHILL W., *The Second World War*, 6 voll., London 1948-1954 (ed. it. 1948-1959).
CLABAUGH WRIGHT M. (a cura di), *China in Revolution: The First Phase, 1900-1913*, New Haven 1973.
CLEMENS D. S., *Yalta*, Torino 1975.
COLLOTTI PISCHEL E., *Le origini ideologiche della rivoluzione cinese*, Torino 1979.
COLLOTTI PISCHEL E., *Storia dell'Asia orientale 1850-1949*, Roma 1994.
COLLOTTI PISCHEL E. - PUGGIONI T. - TESCARI A., *La Corea di ieri e di oggi*, Milano 1998.
COLLOTTI PISCHEL E., *La Cina. La politica estera di un Paese sovrano*, Milano 2002.
COSTA BONA E., *Helsinki-Ginevra, dicembre 1939-marzo 1940: la guerra d'inverno e la Società delle Nazioni*, Milano 1987.
COSTA BONA E., *L'Italia e la Società delle Nazioni*, Padova 2004.
COTTON J. - NEARY I. (a cura di), *The Korean War in History*, Manchester 1989.
CRAIG G. A., *Germany 1866-1945*, New York-Oxford 1978.

D'AMOJA F., *La politica estera dell'impero: storia della politica estera fascista dalla conquista dell'Etiopia alla partecipazione al secondo conflitto mondiale*, Padova 1961.

D'AMOJA F., *Declino e prima crisi dell'Europa di Versailles: studio sulla diplomazia italiana ed europea, 1931-1933*, Milano 1967.

DALLEK R., *Franklin D. Roosevelt and American Foreign Policy, 1932-1945*, New York 1979.

DANIELS J., *The Wilson Era, 1917-1923*, Chapel Hill 1946.

DE FELICE R. (a cura di), *L'Italia fra tedeschi e alleati. La politica estera fascista e la seconda guerra mondiale*, Bologna 1973.

DE FELICE R., *Mussolini*, 4 voll., 7 tomi, Torino 1965-1991.

DE LEONARDIS M., *La Gran Bretagna e la resistenza partigiana in Italia: 1943-1945*, Napoli 1988.

DE LEONARDIS M., *La "diplomazia atlantica" e la soluzione del problema di Trieste (1952-1954)*, Napoli 1992.

DE LEONARDIS M. (a cura di), *La nuova NATO: i membri, le strutture, i compiti*, Bologna 2001.

DE LEONARDIS M. - PASTORI G., *Le nuove sfide per la forza militare e la diplomazia: il ruolo della NATO*, Bologna 2008.

DE LUCA D., *Fuochi sul canale: la crisi di Suez, gli Stati Uniti e la ricerca di una nuova politica in Medio Oriente, 1955-1958*, Milano 1999.

DE PALMA D., *Il Giappone contemporaneo*, Roma 2008.

DE ROBERTIS A. G., *Le grandi potenze e il confine giuliano: 1941-1947*, Bari 1983.

DE ROBERTIS A. G., *Le grandi potenze e la ricostruzione politica dell'Europa, 1942-1943: il miraggio dell'azione congiunta*, Bari 1988.

DE ROBERTIS A. G., *L'amministrazione Roosevelt e la sicurezza collettiva: il problema dell'enforcement 1942-1945*, Bari 1994.

DE ROBERTIS A. G., *Roosevelt e la sicurezza collettiva*, Bari 1994.

DE VOS G. A. - WAGATSUMA H., *Japan's Invisible Race: Caste in Culture and Personality*, Berkeley 1966.

DEAKIN F. W., *Die brutale Freundschaft. Hitler, Mussolini und der Untergang des italienischen Faschismus*, Berlin 1964 (ed. it. 1990).

DEGRAS J., *The Communist International, 1919-1943*, vol. I, *1919-1922*, London 1956.

DEVLIN P., *Too Proud to Fight. Woodrow Wilson's Neutrality*, London 1974.
DI NOLFO E., *Vaticano e Stati Uniti (1939-1952). (Dalle Carte di Myron C. Taylor)*, Milano 1968.
DI NOLFO E., *Storia delle relazioni internazionali (1918-1999)*, Roma-Bari 2000.
DI NOLFO E., *Dagli imperi militari agli imperi tecnologici. La politica internazionale nel XX secolo*, Roma-Bari 2002.
DILIBERTO O., *La fenice rossa*, Roma 1998.
DILIBERTO O., *La scrivania di Togliatti*, Roma 1999.
DILKS M., *Peace without Promise. Britain and the Peace Conferences 1919-1923*, London 1981.
DIRLIK A., *The Origins of Chinese Communism*, Oxford 1989.
DOBB M., *Soviet economic Development since 1917*, London 1949[2].
DOMARUS M., *Hitler. Reden und Proklamationen 1932-1945*, München 1965.
DOMENACH J.-L. - PHILIPPE R., *La Chine 1949-1985*, Paris 1987.
DOMINIONI M., *Lo sfascio dell'Impero*, Bari 2008.
DONNINI G., *Il 1917 di Russia nella stampa italiana*, Milano 1976.
DONNO A., *La questione comunista negli Stati Uniti: il Communist Party dal Fronte Popolare alla guerra fredda, 1935-1954*, Lecce 1983.
DONNO A., *Gli Stati Uniti, il sionismo e Israele: 1938-1956*, Roma 1992.
DUCE A., *Considerazioni sul Canale di Suez nella politica internazionale dal 1869 ad oggi*, in «Studi parmensi», anno XIV, Varese 1968.
DUCE A., *Pio XII e la Polonia (1939-1945)*, Roma 1996.
DUCE A., *La Santa Sede e la questione ebraica (1933-1945)*, Roma 2006.
DULFFER J., *Yalta, 4 febbraio 1945*, Bologna 1999.
DUROSELLE J. B., *Histoire diplomatique de 1919 à nos jours*, Paris 1993[11] (ed. it. 1998).
EASTMAN L. E., *The Abortive Revolution: China under Nationalist Rule, 1927-1937*, Cambridge 1974.
EASTMAN L. E., *Seeds of Destruction: Nationalist China in War and Revolution, 1937-1949*, Stanford 1984.

ELLWOOD D. W., *L'alleato nemico: la politica dell'occupazione anglo-americana in Italia, 1943-1946*, Milano 1977.

ELLWOOD D. W., *L'Europa ricostruita: politica ed economia tra Stati Uniti ed Europa occidentale*, Bologna 1994.

ELSBREE W. H., *Japan's Role in Southeast Asian Nationalist Movements, 1940-1945*, Cambridge (Mass.) 1953.

FABRY P. W., *Die Sowjetunion und das Dritte Reich. Eine dokumentierte Geschichte der deutsch-sowjetischen Beziehungen von 1933 bis 1941*, Stuttgart 1971.

FAIRBANK J., *La grande révolution chinoise 1800-1989*, Paris 1989.

FEJTO F., *Chine-URSS. De l'alliance au conflit (1950-1972)*, Paris 1973.

FERRARIS V. L., *Manuale della politica estera italiana (1947-1993)*, Roma-Bari 1993.

FEST J., *Hitler. Eine Biographie*, Berlin 1973 (ed. it. 1998).

FIFIELD R. H., *Woodrow Wilson and the Far East. The diplomacy of the Shantung Question*, New York 1952.

FILORAMO G. - MASSENZA M. - RAVERI M. - SCARPI P., *Manuale di storia delle religioni*, Roma-Bari 2006.

FISCHER F., *Griff nach der Weltmacht*, Düsseldorf 1971^2.

FISCHER L., *I Sovieti nella politica mondiale*, 2 voll., Firenze 1957.

FLEMING D. F., *The Origins and Legacies of World War I*, New York 1968.

FLORINSKY M. T., *World Revolution and the URSS*, London 1933.

FORMIGONI G., *La politica internazionale del Novecento*, Bologna 2007.

FOWKES B., *L'Europa orientale dal 1945 al 1970*, Bologna 2004.

FRANCIONI A., *Il banchetto cinese*, Firenze 2004.

FRIEDMAN N., *The fifty-year War: conflict and Strategy in the Cold War*, London 2000.

FUNKE M., *Sanktionen und Kanonen. Hitler, Mussolini und der internationale Abessinienkonflikt 1934-1936*, Düsseldorf 1971 (ed. it. 1972).

FURET F., *Le due Rivoluzioni*, Torino 2002.

GAETA P., *Il sogno dei diritti umani*, in A. CASSESE (a cura di), *Voci contro la barbarie*, Milano 2008.

GALBRAITH J. K., *The great Crash 1929*, London 1955.

GALLI G. (a cura di), *Il pensiero politico del Novecento*, Bologna 2005.

GALLICCHIO M., *The Cold War Begins in Asia*, New York 1988.

GANKIN O. - FISHER H., *The Bolsheviks and the world war. The origins of the third International*, Stanford 1940.
GARDNER L. (a cura di), *The Korean War*, New York 1972.
GARZIA I., *Pio XII e l'Italia nella seconda guerra mondiale*, Brescia 1988.
GARZIA I., *L'Italia e le origini della Società delle Nazioni*, Roma 1995.
GATTI F., *Il fascismo giapponese*, Venezia 1997.
GATTI F., *Storia del Giappone contemporaneo*, Milano 2000.
GELFAND L. E., *The Inquiry. American Preparation for Peace, 1917-1919*, Westport 1976.
GENTILE E., *L'apocalisse della modernità. La grande guerra per l'uomo nuovo*, Milano 2008.
GHILARDI F., *Le relazioni italo-canadesi, 1944-1947*, Pisa 1991.
GHILARDI F., *Italia e Canada, 1947-1951: due esperienze a confronto*, Milano 1997.
GHILARDI F., *Il sistema internazionale postwestfaliano: crisi, trasformazioni e prospettive rivoluzionarie*, Milano 2007.
GILBERT M., *Churchill: A Life*, New York 1991.
GILBERT M., *Storia politica dell'integrazione europea*, Bari 2005.
GILPIN R., *War and Change in World Politics*, Cambridge 1983.
GIORDANO G., *Storia della politica internazionale. 1870-2001*, Milano 2004.
GIRAUD E., *La nullité de la politique internationale des grandes démocraties, 1919-1939*, Paris 1948.
GIRAULT R. - FRANK R. - THOBIE J., *La loi des géants 1941-1964*, Paris 1993.
GONCHAROV S. N. - LEWIS J. W. - LITAI X., *Uncertain Partners. Stalin, Mao and the Korean War*, Stanford 1993.
GORI F. - PONS S. (a cura di), *The Soviet Union and Europe in the Cold War, 1943-1953*, London 1996.
GORODETSKY G. (a cura di), *Soviet Foreign Policy 1917-1991. A Retrospective*, London 1994.
GORODETSKY G., *Grand Delusion*, London 1999.
GRAML H., *Europa in des Zwischen der Kriegen*, München 1969.
GRAZIOSI A., *L'Urss di Lenin e di Stalin*, Bologna 2007.
GRUCHMANN L., *Nationalsozialistische Grossraumordnung. Die Konstruktion einer «deutschen Monroe-Doktrin»*, Stuttgart 1962.

GUASCONI M. E., *L'altra faccia della medaglia: guerra psicologica e diplomazia sindacale nelle relazioni Italia-Stati Uniti durante la prima fase della guerra fredda, 1947-1955*, Soveria Mannelli 1999.

GUDERZO M., *Madrid e l'arte della diplomazia: l'incognita spagnola nella seconda guerra mondiale*, Firenze 1995.

GUILLERMAZ J., *Storia del Partito Comunista cinese (1921-1949)*, Milano 1970.

GUITARD O., *Bandoung et le réveil des peuples colonisés*, Paris 1961.

HALLIDAY J., *History of Japanese Capitalism*, New York 1975.

HANHIMAKI J. M., *Contraining Coexistence*, London 1997.

HARDACH G., *Der Erste Weltkrieg (Geschichte der Weltwirtschaft im 20. Jahrhundert)*, vol. II, München 1973.

HARRISON J. P., *The Long March to Power: a History of the Chinese Communist Party, 1921-1972*, New York-London 1972.

HASLAM J., *The Soviet Union and the Struggle for Collective Security in Europe. 1933-1939*, London 1984.

HEIBER H., *Goebbels Reden 1932-1945*, Düsseldorf 1971.

HELLER M. - NEKRIC A., *Storia dell'URSS dal 1917 a Eltsin*, Milano 2001.

HENKE J., *England in Hitlers politischem Kalkül, 1935-1939*, Boppard am Rhein 1973.

HERSHBERG J. (a cura di), *The Cold War in Asia*, Washington 1995-1996.

HESSE F., *Das Spiel um Deutschland*, München 1953.

HILBERG R., *La distruzione degli ebrei d'Europa*, Torino 1999.

HILDEBRAND K., *Il Terzo Reich*, Bari 1997.

HILGENBERG, *From Enemy to Ally: Japan, the American Business Press and the Early Cold War*, Lanham 1993.

HILLGRUBER A., *Hitlers Strategie. Politik und Kriegführung 1940-1941*, Koblenz 1982 (ed. it. 1986).

HILLGRUBER A., *Der Zweite Weltkrieg 1939-1945*, Stuttgart 1982 (ed. it. 1987).

HILLGRUBER A., *La distruzione dell'Europa. La Germania e l'epoca delle guerre mondiali, 1914-1945*, Bologna 1991.

HIMMLER H., *Geheimreden 1933-1945 und andere Ansprachen*, a cura di B. F. Smith e A. F. Peterson, Frankfurt a.M. 1974.

HOETZSCH O., *Le Caractère et la Situation Internationale de l'Union des Soviets*, Genève 1932.

HOFER W., *Die Entfesselung des Zweiten Weltkrieges*, Frankfurt a.M. 1964.

HOGAN M. J., *The Marshall Plan*, Cambridge 1987.

HOSSBACH F., *Zwischen Wehrmacht und Hitler*, Wolfenbüttel 1965^2.

HYLAND W. G., *The Cold War is Over*, New York 1990.

IENAGA S., *The Pacific War, 1931-1945*, New York 1978.

IGNESTI G., *Francia e Santa Sede tra Pio IX e Leone XIII*, Roma 1988.

IGNESTI G., *Laici cristiani fra Chiesa e Stato nel Novecento: profili e problemi*, Roma 1993.

INDELICATO A., *L'Unione Sovietica e la Società delle Nazioni*, in «Nuova Storia Contemporanea», anno X, n. 4, 2006.

IRIYE A., *Across the Pacific. An Inner History of American-East Asian Relations*, New York 1967.

IRIYE A., *The Cold War in Asia*, New York 1974.

IRIYE A., *The Origins of the Second World War in Asia and the Pacific*, London 1987.

ISHIDA S., *Japan among foreign powers. A Survey of international relations*, New York 1940.

JACOBSEN H.-A., *Nationalsozialistische Aussenpolitik 1933-1938*, Frankfurt a.M.-Berlin 1968.

JEANNESSON S., *La guerra fredda*, Roma 2003.

JOHNSON S. K., *American Attitudes Toward Japan, 1941-1975*, Stanford 1975.

JONES F. C., *Japan's New Order in East Asia. Its Rise and Fall, 1937-1945*, London-New York-Toronto 1954.

JOYAUX F., *La tentation impériale*, Paris 1994.

JUNKER D., *Der unteilbare Weltmarkt. Das ökonomische Interesse in der Aussenpolitik USA 1933-1941*, Stuttgart 1975.

KAPLAN L. S., *The United States and Nato*, Kentucky 1984.

KARDELI E., *Socialism and War. A Survey of Chinese criticism of the Policy of Coexistence*, New York 1960.

KASZA G. J., *The State and the Mass Media in Japan, 1918-1945*, Berkeley 1988.

KEEGAN J., *The Second World War*, London 1989.

KENNAN G. F., *La Russie soviétique et l'Occident: 40 années d'histoire*, Paris 1962.

KENNEDY P., *Ascesa e declino delle grandi potenze*, Milano 1989.

KIM S. S., *China, The United Nations and World Order*, Princeton (N. J.) 1979.

KINDLEBERGER C. H., *The World in Depression. 1929-1939*, London 1973.

KISSINGER H., *Nuclear Weapons and Foreign Policy*, New York 1957.

KISSINGER H., *Diplomacy*, New York 1994 (ed. it. 2004).

KNIPPING F., *Die amerikanische Russlandpolitik in der Zeit des Hitler-Stalin Pakts 1939-1941*, Tübingen 1974.

KNOPP G., *Tedeschi in fuga*, Milano 2004.

KREBS G., *Japans Deutschlandpolitik 1935-1941. Eine Studie zur Vorgeschichte des Pazifischen Krieges*, 2 voll., Hamburg 1984.

KRUSCIOV N. S., *Krushchev Remembers*, Boston 1970.

KU D., *Korea under Colonialism*, Seoul 1985.

KURZMAN D., *Kishi and Japan*, New York 1960.

KUUSISTO S., *Alfred Rosenberg in der nationalsozialistischen Aussenpolitik 1933-1939*, Helsinki 1984.

LANKOV A., *From Stalin to Kim Il Sung. The Formation of North Korea 1945-1960*, London 2002.

LARGE S. S., *Emperor Hirohito and Showa Japan: A Political Biography*, London 1992.

LE BRETON J.-M., *L'Europe centrale et orientale de 1917 à 1990*, Paris 1994.

LEBRA J. C. (a cura di), *Japan's Great East Asia Co-prosperity Sphere in World War II*, Oxford 1975.

LEDOVSKY A., *The USSR, the USA and the People's Revolution in China*, Mosca 1979.

LEE S. H., *La Guerra di Corea*, Bologna 2005.

LEFEBVRE D'OVIDIO F., *L'intesa italo-francese del 1935 nella politica estera di Mussolini*, Roma 1984.

LEFEBVRE D'OVIDIO F., *La questione etiopica nei negoziati italo-franco-britannici del 1935*, Roma 2000.

LHUILLIER F., *De la Sainte-Alliance au Pacte atlantique*, vol. II, *1898-1954*, Neuchâtel 1955.

LIBAL M., *Japans Weg in den Krieg. Die Aussenpolitik der Kabinette Konoye 1940-1941*, Düsseldorf 1971.

LINK A. S., *Wilson the Diplomatist*, Baltimora 1957.

LOCKWOOD W., *The economic Development of Japan. Growth and structural change, 1868-1938*, Princeton 1954.

LOTH W., *Stalins ungeliebtes Kind. Warum Stalin die DDR nicht wollte*, Rowoholt-Berlin 1994 (ed. it. 1997).

LUARD E., *Britain and China*, London 1962.

MACGREGOR BURNS J., *Roosevelt: The Soldier of Freedom*, New York 1970.

MAIER CH. S. (a cura di), *The Cold War in Europe. Era of a Divided Continent*, New York 1991.

MAMMARELLA G., *Destini incrociati. Europa e Stati Uniti 1900-2003*, Bari 2005.

MAMMARELLA G. - CACACE P., *La politica estera dell'Italia*, Roma-Bari 2006.

MARCOU L., *Le Kominform (1947-1956)*, Paris 1977.

MARGOLIN J.-L., *L'esercito dell'imperatore. Storia dei crimini di guerra giapponesi, 1937-1945*, Torino 2009.

MARTIN B., *Deutschland und Japan im Zweiten Weltkrieg. Vom Angriff auf Pearl Harbor bis zur deutschen Kapitulation*, Göttingen-Zürich-Frankfurt a.M. 1969.

MARTINO A., *Una media potenza come l'Italia fra politica estera e politica economica*, Milano 1994.

MARUYAMA M., *Le radici dell'espansionismo: ideologie del Giappone moderno*, Torino 1990.

MASER W., *Adolf Hitler. Legende, Mythos, Wirklichkeit*, München 1974^6.

MASTNY V., *The Cold War and Soviet Insecurity. The Stalin Years*, London 1996.

MAXWELL N., *L'India e la Cina. Storia di un conflitto*, Milano 1972.

MAZOWER M., *Hitler's Empire*, New York 2008.

MCCOY A. W. (a cura di), *Southeast Asia under Japanese Occupation*, New Haven 1985.

MEDICI L., *Colonialismo al tramonto: la neutralità dell'Iraq durante la seconda guerra mondiale*, Perugia 1998.

MEDLICOTT W., *British foreign Policy since Versailles, 1919-1939*, London 1942.

MEDVEDEV R. e Z., *Krushchev: The Years in Power*, London 1977.

MEINECKE F., *Die deutsche Katastrophe*, Wiesbaden 1946.

MEISNER M., *Mao's China. A History of the People's Republic*, New York 1977.

MEISSNER B., *Russland, die Westmächte und Deutschland. Die sowjetische Deutschlands-politik, 1943-1953*, Hamburg 1953.

MELCHIONNI M. G., *La vittoria mutilata: problemi ed incertezze della politica estera italiana sul finire della grande guerra*, Roma 1981.

MENEGUZZI ROSTAGNI C., *L'Organizzazione internazionale tra politica di potenza e cooperazione*, Padova 2000.

MENZEL J. M., *Hitler and Japan. The Hollow Alliance*, New York 1966.

MEYR G., *Guerra di Corea: alcune considerazioni sulla politica degli Stati Uniti e dell'ONU*, Gorizia 1991.

MEYR G., *La crisi petrolifera anglo-iraniana del 1915-1954: Mossadegh tra Londra e Washington*, Firenze 1994.

MICHAEL F. H. - RAYLOR G. E., *The Far East in modern World*, London 1956.

MICHALKA W., *Nationalsozialistische Aussenpolitik*, Paderborn 1978.

MICHELETTA L., *Italia e Gran Bretagna nel primo dopoguerra*, Roma 1999.

MICHELETTA L., *La resa dei conti. Il Kosovo, l'Italia e la dissoluzione della Jugoslavia (1939-1941)*, Roma 2008.

MILIUKOV N., *La politique extérieure de l'URSS*, Paris 1931.

MILLER D. H., *The Drafting of the Covenant*, 2 voll., New York-London 1928.

MILLIS W., *This is Pearl! The U. S. and Japan, 1941*, New York 1947.

MILLS L. A., *The New World of Southeast Asia*, Minneapolis 1949.

MILWARD A. S., *The Reconstruction of Western Europe 1945-1951*, London 1984.

MISSIROLI A., *La questione tedesca. Le due Germanie dalla divisione all'unità (1945-1990)*, Firenze 1991.

MITCHELL R. H., *Thought Control in Prewar Japan*, London-Ithaca 1976.

MOMMSEN W. J., *Imperialismustheorien*, Göttingen 1980.

MONZALI L., *L'Etiopia nella politica estera italiana (1896-1925)*, Parma 1996.

MONZALI L., *Italiani di Dalmazia. Dal Risorgimento alla Grande Guerra*, Firenze 2004.

MONZALI L., *Italiani di Dalmazia (1914-1924)*, Firenze 2007.

MONZALI L., *Antonio Tacconi e la comunità italiana di Spalato*, Padova-Venezia 2008.

MOON C. - WESTAD O. A. - KAHNG G. (a cura di), *Ending the Cold War in Korea. Theoretical and Historical Perspectives*, Seoul 2001.

MORELLI U., *Storia dell'integrazione europea*, Torino 1989.

MORRIS-SUZUKI T., *A History of Japanese Economic Thought*, London-New York 1989.

MOSSE G. L., *Il razzismo in Europa dalle origini all'olocausto*, Roma-Bari 2007.

MUGNAINI M., *L'America Latina e Mussolini: Brasile e Argentina nella politica estera dell'Italia (1919-1943)*, Milano 2008.

NAGAI Y. - IRIYE A. (a cura di), *The Origins of the Cold War in Asia*, New York 1977.

NAKAMURA M., *The Japanese Monarchy: Ambassador Joseph Grew and the Making of the "Symbol Emperor System", 1931-1991*, New York 1992.

NAPOLITANO M. L., *Mussolini e la Conferenza di Locarno*, Urbino 1966.

NAPOLITANO M. L., *Pio XII tra guerra e pace: profezia e diplomazia di un papa (1939-1945)*, Roma 2002.

NATH M.-L., *Chinas Weg in die Weltpolitik: die nationalen und aussenpolitischen Konzeptionen Sun Yat-Sens, Chiang Kai-Sheks und Mao Tse-Tungs*, Berlin 1976.

NEUMANN W. L., *America Encounters Japan: From Perry to McArthur*, Baltimore 1963.

NISH I. H., *Japanese foreign Policy, 1869-1942*, London-Henley-Boston 1977.

NOLTE E., *Die Krise des liberalen Systems und die faschistischen Bewegungen*, München 1968 (ed. it. 1970).

NUTI L., *L'esercito italiano nel secondo dopoguerra, 1945-1950: la sua ricostruzione e l'assistenza militare alleata*, Roma 1989.

NUTI L., *La sfida nucleare. La politica estera italiana e le armi atomiche. 1945-1991*, Bologna 2007.

PAL R., *International Tribunal for the Far-East: Dissentient Judgment*, Calcutta 1953.

PANIKKAR K. M., *Storia della dominazione europea in Asia dal Cinquecento ai nostri giorni*, Torino 1958.

PARESCE G., *Russia e Cina*, Milano 1971.

PARLATO G., *La sinistra fascista: storia di un progetto mancato*, Bologna 2000.

PASTORELLI P., *La politica estera italiana del dopoguerra*, Bologna 1991.

PASTORELLI P., *Dalla prima alla seconda guerra mondiale. Momenti e problemi della politica estera italiana. 1914-1943*, Milano 1997.

PASTORELLI P., *Il ritorno dell'Italia nell'Occidente: racconto della politica estera italiana dal 15 settembre 1947 al 21 novembre 1949*, Milano 2009.

PAXTON R. O., *Vichy (1940-1944). Il regime del disonore*, Milano 1999.

PAYNE S. G., *Il fascismo*, Roma 2006.

PEPPER S., *Civil War in China: The Political Struggle, 1945-1949*, Berkeley 1978.

PERFETTI F., *Il movimento nazionalista in Italia (1903-1914)*, Roma 1984.

PERFETTI F., *Fiumanesimo, sindacalismo e fascismo*, Roma 1988.

PETERSEN J., *Hitler-Mussolini. Die Enstehung der Achse Berlin-Rom 1933-1936*, Tübingen 1973 (ed. it. 1975).

PETRACCHI G., *Diplomazia di guerra e rivoluzione: Italia e Russia dall'ottobre 1916 al maggio 1917*, Bologna 1974.

PETRACCHI G., *La Russia rivoluzionaria nella politica italiana: le relazioni italo-sovietiche 1917-1925*, Roma-Bari 1982.

PETRACCHI G., *Da San Pietroburgo a Mosca: la diplomazia italiana in Russia, 1861-1941*, Roma 1993.

PETRICIOLI M., *L'occupazione italiana del Caucaso: un ingrato servizio da rendere a Londra*, Pavia 1972.

PETRICIOLI M., *L'Italia in Asia Minore: equilibrio mediterraneo e ambizioni imperialiste alla vigilia della prima guerra mondiale*, Firenze 1983.

PETRICIOLI M., *Oltre il mito: l'Egitto degli italiani, 1917-1947*, Milano 2007.

PIETROMARCHI L., *Il mondo sovietico*, Milano 1963.

PINESCHI L. (a cura di), *La tutela dei diritti umani. Norme, garanzie, prassi*, Milano 2006.

PISTONE S., *L'Italia e l'unità europea: dalle premesse storiche alle elezioni del Parlamento europeo*, Torino 1991.
PIZZIGALLO M., *Mediterraneo e Russia nella politica italiana: 1922-1924*, Milano 1983.
PIZZIGALLO M., *L'AGIP degli anni ruggenti 1926-1932*, Milano 1984.
PIZZIGALLO M., *La politica estera dell'AGIP. 1933-1940: diplomazia economica e petrolio*, Milano 1992.
PIZZIGALLO M. (a cura di), *Cooperazione e relazioni internazionali*, Milano 2009.
POGGIOLINI I., *Diplomazia della transizione: gli alleati e il problema del trattato di pace italiano (1945-1947)*, Firenze 1990.
POLSI A., *Storia dell'ONU*, Bari 2006.
PONS S., *Stalin e la guerra inevitabile 1936-1941*, Torino 1995.
POTEMKINE V., *Histoire de la diplomatie*, Paris 1956.
PRESSEISEN E. L., *Germany and Japan. A Study in Totalitarian Diplomacy 1933-1941*, Den Haag 1958.
PROKOPOVICZ S. N., *Russlands Volkswirtschaft unter den Sowjets*, Zürich 1944.
QUARONI P., *Problemi della politica del nostro tempo*, Milano 1966.
QUARONI P., *Russia e Cina*, Milano 1967.
QUARTARARO R., *Roma fra Londra e Berlino. La politica estera fascista dal 1930 al 1940*, Roma 1980.
RAUSCHNING H., *Gespräche mit Hitler*, Zürich 1973.
RECKE W., *Die polnische Frage als Problem der europäischen Politik*, Berlin 1927.
RENOUVIN P., *La question d'Estrème-Orient, 1840-1940*, Paris 1953[3].
REYNOLDS D., *One World divisible*, London 2001.
RICCARDI A. (a cura di), *Pio XII*, Roma-Bari 1984.
RICCARDI A., *Il Vaticano e Mosca: 1940-1990*, Roma-Bari 1992.
RICCARDI A., *L'inverno più lungo. 1943-'44: Pio XII, gli ebrei e i nazisti a Roma*, Milano 2009.
RICCARDI L., *Alleati non amici: le relazioni politiche tra l'Italia e l'Intesa durante la prima guerra mondiale*, Brescia 1992.
RICCARDI L., *Francesco Salata tra storia, politica e diplomazia*, Udine 2001.
RICCARDI L., *Il problema Israele: diplomazia italiana e PCI di fronte allo Stato ebraico, 1948-1973*, Milano 2006.

RIDGWAY M. B., *The Korean War*, New York 1967.
ROBERTS J. A. G., *Storia della Cina*, Bologna 2001.
ROENNEFARTH H. K. G., *Die Sudetenkrise in der internationalen Politik. Entstehung, Verlauf, Auswirkung*, Wiesbaden 1961.
ROMANO S., *Disegno della storia d'Europa: dal 1789 al 1989*, Milano 1991.
ROMANO S., *Lo scambio ineguale: Italia e Stati Uniti da Wilson a Clinton*, Roma 1995.
ROMANO S., *Europa, storia di un'idea*, Milano 2004.
ROOS H., *Polen und Europa. Studien zur polnischen Aussenpolitik 1931-1939*, Tübingen 1965.
ROSENBERG A., *History of Bolshevism*, Oxford 1939.
ROSSI A., *Zwei Jahre deutsch-sowjetisches Bündnis*, Köln-Berlin 1954.
ROSSI G., *L'Africa italiana verso l'indipendenza (1941-1949)*, Milano 1980.
RUBINSTEIN A. Z., *The Foreign Policy of Soviet Union*, New York 1960.
RUHL K.-J., *Spanien im Zweiten Weltkrieg*, Hamburg 1975.
SABATTINI M. - SANTANGELO P., *Storia della Cina. Dalle origini alla fondazione della Repubblica*, Roma-Bari 2003[6].
SAIU L., *Le grandi potenze e la Romania 1944-1946: uno studio sulle origini della guerra fredda*, Cagliari 1990.
SAIU L., *Stati Uniti e Italia nella grande guerra, 1914-1918*, Firenze 2003.
SALVADORI M. L., *Storia del pensiero comunista: da Lenin alla crisi dell'internazionalismo*, Milano 1984.
SALVADORI M. L., *L'utopia caduta. Storia del pensiero comunista da Lenin a Gorbaciov*, Roma-Bari 1991.
SALVADORI M. L., *La parabola del comunismo*, Roma-Bari 1995.
SCALAPINO R. A., *Parties and Politics in Contemporary Japan*, Berkeley 1962.
SCALAPINO R. A., *The Japanese Communist Movement 1920-1960*, Berkeley 1967.
SCHALLER M., *Douglas MacArthur: The Far Eastern General*, Oxford 1989.
SCHROEDER P. W., *The Axis Alliance and Japanese-American Relations, 1941*, Ithaca-New York 1958.

SCHULTZE H., *Weimar. Deutschland 1917-1933*, Berlin 1982.
SCHULZ G., *Aufstieg des Nationalsozialismus. Krise und Revolution in Deutschland*, Berlin 1975.
SCHUMPETER E. B. (a cura di), *The Industrialization of Japan and Manchukuo*, New York 1940.
SCHWARTZ B., *Moscow Peking Axis: Strengths and Strains*, New York 1957.
SCHWARZ H. P., *Die Ära Adenauer*, 2 voll., Stuttgart 1981-1983.
SCOTT LATOURETTE K., *Storia della Cina moderna*, Rocca San Casciano 1959.
SEBALD W. J. - BRINES R., *With McArthur in Japan*, New York 1965.
SEIZELET E., *Monarchie et democratie dans le Japon d'après-guerre*, Paris 1990.
SENESI L., *Italia e Stati Uniti: tra collaborazione e diffidenza, 1936-1940*, Siena 1991.
SENESI L., *Francia e Vaticano dall'avvento al soglio pontificio di Pio XII fino alla disfatta francese (1939-1940)*, Siena 1995.
SENESI L., *La missione a Roma di Wladimir D'Ormesson: un ambasciatore francese in Vaticano, maggio-ottobre 1940*, Milano 2004.
SERRA E., *Manuale di storia delle relazioni internazionali e diplomazia*, Tavernerio (Como) 1996.
SERVICE R., *Compagno*, Bari 2008.
SIPOLS W., *Das diplomatische Ringen am Vorabend des Zweiten Weltkrieges*, Mosca 1979.
SMITH J., *The Cold War (1945-1991)*, Oxford 1998.
SOAVE P., *Le minacce globali alla sicurezza internazionale*, Roma 2005.
SOAVE P., *La scoperta geopolitica dell'Ecuador. Mire espansionistiche dell'Italia ed egemonia del dollaro 1919-1945*, Milano 2008.
SOLERI F., *Cina 1948-1950*, Milano 2006.
SOMMER T., *Deutschland und Japan zwischen den Mächten 1935-1940. Vom Antikominternpakt zum Dreimächtepakt*, Tübingen 1962.
SOUTOU G.-H., *L'or et le sang. Les buts de guerre économiques de la Première Guerre mondiale*, Paris 1989.
STEIN B. E., *Die russische Frage auf der Pariser Friedens-Konferenz, 1919-1920*, Leipzig 1953.
STEINERT M., *Hitlers Krieg und die Deutschen*, Düsseldorf-Wien 1970.

STOCKWIN J. A. A., *The Japan Socialist Party and Neutralism: A Study of a Political Party and Foreign Policy*, London 1968.

STREIT C., *Keine Kameraden. Die Wehrmacht und die sowjetischen Kriegsgefangenen 1941-1945*, Stuttgart 1981.

SUKHANOV N., *The Russian Revolution, 1917*, London 1955.

SVENNILSON I., *Growth and stagnation in the European economy, 1913-1945*, Ginevra 1954.

SWEARINGEN R., *The Soviet Union and Postwar Japan*, Stanford 1978.

TAKEDA K., *The Dual Image of the Japanese Emperor*, Handmills 1988.

TANAKA Y., *Hidden Horrors, Japanese War Crimes in World War II*, Boulder 1998.

TANSILL CH. C., *America goes to war*, Boston 1938.

TAYLOR A. J. P., *Storia della seconda guerra mondiale*, Bologna 1990.

THAMER H. U., *Il terzo Reich. La Germania dal 1933 al 1945*, Bologna 1993.

THIES J., *Architekt der Weltherrschaft. Die «Endziele» Hitlers*, Düsseldorf 1956.

TONDO L., *L'Aquila e il Sol Levante. La politica degli Stati Uniti verso il Giappone (1920-1932)*, Martina Franca (Taranto) 2007.

TOSCANO M., *Guerra diplomatica in Estremo Oriente (1914-1931). I trattati delle ventun domande*, 2 voll., Torino 1950.

TOSCANO M., *Le origini diplomatiche del Patto d'Acciaio*, Firenze 1956.

TOSCANO M., *Storia dei trattati e politica internazionale*, Torino 1963.

TOSI L., *Alle origini della FAO. Le relazioni fra l'Istituto internazionale di agricoltura e la Società delle Nazioni*, Milano 1989.

TOSI L., *Politica ed economia nelle relazioni internazionali*, Roma 2002.

TOSI L. - GIOVAGNOLI A. (a cura di), *Un ponte sull'Atlantico. L'Alleanza occidentale 1949-1999*, Firenze 2003.

TOSI L. - COSTA BONA E., *L'Italia e la sicurezza collettiva. Dalla Società delle Nazioni alle Nazioni Unite*, Perugia 2007.

TRACHTENBERG M., *Reparations in World Politics*, New York 1980.

TSOU T., *America's Failure in China, 1941-1950*, Chicago 1963.

UCHINO T., *Japan's Postwar Economy*, Tokyo 1978.

ULAM A. B., *Storia della politica estera sovietica. 1917-1967*, Milano 1970.

ULAM A. B., *Stalin*, Milano 1981.
VARSORI A., *Il Patto di Bruxelles (1948): tra integrazione europea e alleanza atlantica*, Roma 1988.
VARSORI A. (a cura di), *Europe 1945-1990s. The End of an Era?*, London 1995.
VARSORI A., *L'Italia nelle relazioni internazionali dal 1943 al 1992*, Roma-Bari 1998.
VIE M., *Le Japon et le monde au 20ème siècle*, Paris 1995.
VON ALBERTINI R., *La decolonizzazione. Il dibattito sull'amministrazione e l'avvenire delle colonie tra il 1919 e il 1960*, Torino 1971.
WALTERS F. P., *A History of the League of Nations*, 2 voll., London 1952.
WATANUKI J., *Politics in Postwar Japanese Society*, Tokyo 1977.
WEINBERG G. L., *Germany and the Soviet Union 1939-1941*, Leiden 1972.
WERTH N., *Storia della Russia del Novecento*, Bologna 1993.
WESTAD O. A., *The global Cold War*, Cambridge 2007.
WETZLER P., *Hirohito and War: Imperial Tradition and the Military Decision-Making in Prewar Japan*, Honolulu 2000.
WHITE J. A., *The Siberian Intervention*, London 1953.
WHITING A. S., *China Crosses Yalu. The Decision to Enter the Korean War*, New York 1960.
WILLIAMS J. Sr., *Japan's Revolution under McArthur*, Tokyo 1979.
WILLIAMSON D. G., *Il Terzo Reich*, Bologna 2005.
WILLOUGHBY W., *The Sino-Japanese controversy and the League of Nations*, New York 1935.
WIPPERMANN W., *Europäischer Faschismus im Vergleich (1922-1982)*, Frankfurt a.M. 1983.
WOODWARD W. P., *Allied Occupation of Japan, 1945-1952 and Japanese Religions*, Leiden 1972.
YOSHIDA S., *The Yoshida Memoirs*, Boston 1962.
YOSHITSU M. M., *Japan and the San Francisco Peace Settlement*, New York 1982.
YOUNG J. W., *Britain, France and the Unity of Europe. 1945-1951*, London 1984.
ZANICHELLI M., *Il discorso sui diritti*, Padova 2004.

ZIEGLER W., *Versailles. Die Geschichte eines missglückten Friedens*, Hamburg 1933².
ZUBOK V. M. - PLESHAKOV C., *Inside the Kremlin's Cold War. From Stalin to Krushchev*, Cambridge 1996.
ZUBOK V. M., *A Failed Empire*, New York 1999.
ZWEIG F., *Poland between two wars. A critical Study*, London 1944.

INDICE DEI NOMI DI PERSONA

INDICE DEI NOMI GEOGRAFICI

LA CULTURA

ultimi volumi pubblicati

77. Stefano Trinchese, *Il Cavaliere Tedesco. La Germania antimoderna di Franz von Papen.*
78. Gianfranco Spagnesi, *L'architettura a Roma al tempo di Pio IX (1830-1870).*
79. Francesca Russo, *Alle origini della Società delle Nazioni. Pacificazione e arbitrato nella cultura europea del Seicento.*
80. Leonardo Allodi, *La modernità controversa. Analisi storico-sociologica e prospettive epistemologiche.*
81. AA.VV., Divinarum rerum notitia. *La teologia tra filosofia e storia. Studi in onore del Cardinale Walter Kasper.* A cura di Antonio Russo e Gianfranco Coffele.
82. M. Apa, G. Casoli, P. Dal Poggetto, M. Dell'Aquila, C. Ferrucci, F. Foschi, A. Frattini, G. Galeazzi, E. Giordano, P. Girolami, E. Landoni, F. Lanza, A. Luccarini, A. Marchese, A. Mariani, L. Martellini, A. Negri, E. Niccoli, F. Russo, B. Salvarani, S. Sconocchia, A. Trifogli, P. Venditti, *Ripensando Leopardi. L'eredità del poeta e del filosofo alle soglie del terzo millennio.* A cura di Alberto Frattini, Giancarlo Galeazzi, Sergio Sconocchia.
83. Alda Giambelluca Kossova, *Da Mosca all'impero degli Zar. Letteratura e ortodossia nella Rus' Moscovita (1240-1700).*
84. Stelio Zeppi, *Baudelaire e l'inquietudine di Dio. Dalla disperazione alla speranza.*

85. Donatella Pacelli, *La conoscenza dei media nella prospettiva sociologica.*
86. Augusto D'Angelo, *De Gasperi, le destre e l'«operazione Sturzo». Voto amministrativo del 1952 e progetti di riforma elettorale.*
87. M. de Leonardis, G. Formigoni, G. Laschi, D. Preda, R. Ranieri, F. Romero, L. Segreto, L. Tosi, A. Varsori, *Politica ed economia nelle relazioni internazionali dell'Italia del secondo dopoguerra.* Studi in ricordo di Sergio Angelini. A cura di Luciano Tosi.
88. Rita Giuliani, *La «meravigliosa» Roma di Gogol'. La città, gli artisti, la vita culturale nella prima metà dell'Ottocento.*
89. Danilo Veneruso, *Storia d'Italia nel Novecento.*
90. Marialuisa-Lucia Sergio, *Dall'antipartito al partito unico. La crisi della politica in Italia agli inizi del '900.*
91. Andrea Gentile, *Ai confini della ragione. La nozione di «limite» nella filosofia trascendentale di Kant.* Presentazione di Wilhelm Vossenkuhl.
92. G.B. Bronzini, M.T. Lanza, M. Teodonio, P. Gibellini, S. Luttazi, S. Caronia, M. Mazzocchi Alemanni, C. Costa, L.G. Nardini, F. Onorati, *Il sacro nella letteratura in dialetto romanesco. Da Belli al Novecento.* A cura di Franco Onorati.
93. Giuseppe Langella, *L'utopia nella storia. Uomini e riviste del Novecento.*
94. Matteo Truffelli, *La «questione partito» dal fascismo alla Repubblica. Culture politiche nella transizione.*
95. Leonardo Allodi, *Globalizzazione e relativismo culturale.*
96. Gianfranco Coffele, *Apologetica e teologia fondamentale. Da Blondel a de Lubac.*
97. AA.VV., *Culture, incroyance et foi. Nouveau dialogue.* Études réunies par Bernard Ardura et Jean-Dominique Durand en hommage au Cardinal Paul Poupard.
98. Maria Grazia Melchionni, *Quale domani per questa Europa?*
99. Masino Glauro Moretti, *Scienza ed epistemologia in Francesco Bacone. Dal* Novum organum *alla* New Atlantis.
100. Giovanni Dessì, *Walter Lippmann. Informazione / Consenso / Democrazia.*
101. Fabrizia Abbate, *L'occhio della compassione. Immaginazione narrativa e democrazia globalizzata in Martha Nussbaum.*
102. Giorgio Regoli, *Mercato, efficienza e benessere. Saggi di politica economica.*
103. Augusto D'Angelo, *Moro, i vescovi e l'apertura a sinistra.*

104. Antonio Fiori, *Poveri, Opere Pie e assistenza. Dall'Unità al fascismo.*
105. Maria Cristina Marchetti (ed.), *Il processo di integrazione europea. Comunicazione interculturale e ruolo dei media.*
106. Alessandro Duce, *La Santa Sede e la questione ebraica (1933-1945).*
107. Antonio Scornajenghi, *L'alleanza difficile. Liberali e popolari tra massimalismo socialista e reazione fascista (1919-1921).*
108. Diomede Ivone - Marco Santillo, *Alcide De Gasperi e la ricostruzione (1943-1948).*
109. Paola Dalla Torre - Claudio Siniscalchi, *Gesù di Nazareth nella Settima Arte.*
110. Marialuisa-Lucia Sergio, *Confronto con la fede. Religione civile e identità cristiana nella cultura laica della Costituente.*
111. Donatella Pacelli, *L'esperienza del sociale. L'emergenza persona fra relazioni comunicative e condizionamento strutturale.*
112. Achille Tartaro, *Cielo e terra. Saggi danteschi.*
113. Massimo Borghesi, *L'era dello Spirito. Secolarizzazione ed escatologia moderna.*
114. *Meridionalisti cattolici. Antologia di scritti (1946-1960).* A cura e con introduzione di Diomede Ivone.
115. Claudio Siniscalchi, *Il cinema europeo nell'epoca della secolarizzazione.*
116. Anna Maria Casavola, *7 ottobre 1943. La deportazione dei Carabinieri romani nei* Lager *nazisti.*
117. Anna Paola Peratoner, *Le minoranze nazionali. 1919-1939: la mobilitazione della società civile internazionale.*
118. Giorgio Campanini, *Famiglia, storia, società. Studi e ricerche.*
119. AA.VV., *La storia, il dialogo, il rispetto della persona. Scritti in onore del Cardinale Achille Silvestrini.* A cura di Luca Monteferrante e Damiano Nocilla.
120. AA.VV., *Italia e Slovenia fra passato, presente e futuro*. A cura di Massimo Bucarelli e Luciano Monzali.
121. Claudio Siniscalchi, *La Hollywood classica. L'impero costruito sull'etica americana (1915-1945).*
122. Gianfranco Spagnesi, *Il centro storico dell'Aquila. Memoria e progetto.*
123. Alessandro Duce, *Storia della politica internazionale (1917-1957). Dalla Rivoluzione d'ottobre ai Trattati di Roma.*

Stampato per conto delle Edizioni Studium
su carta FSC (Forest Stewardship Council)
dalla "GESP srl" - Città di Castello (PG)
Tel. 075/8511762 - Fax 075/8511753
e-mail: gesp@gespitalia.it
info: www. gespitalia.it